专家法官疑难指导系列

最高人民法院
专家法官阐释
疑难问题与案例指导

损害赔偿卷

《最高人民法院专家法官阐释疑难问题与案例指导》编写组　编

中国法制出版社
CHINA LEGAL PUBLISHING HOUSE

目　录

人身损害赔偿的权利人和义务人范围释疑

01 第一章

第一节　司法解释中的疑难问题

1 人身损害指的是何种权利的损害？

解答：《最高人民法院关于审理人身损害赔偿案件适用法律若干问题的解释》（以下简称《人身损害赔偿解释》）第 1 条第 1 款规定：“因生命、健康、身体遭受侵害，赔偿权利人起诉请求赔偿义务人赔偿财产损失和精神损害的，人民法院应予受理。”

本款对于人身损害赔偿的客体范围进行了规定。

《中华人民共和国民法通则》第 98 条规定：“公民享有生命健康权。”第 106 条第 2 款规定：“公民、法人由于过错侵害国家的、集体的财产，侵害他人财产、人身的，应当承担民事责任。”《中华人民共和国民法总则》第 110 条第 1 款规定：“自然人享有生命权、身体权、健康权、姓名权、肖像权、名誉权、荣誉权、隐私权、婚姻自主权等权利。”第 120 条规定：“民事权益受到侵害的，被侵权人有权请求侵权人承担侵权责任。”《中华人民共和国侵权责任法》第 2 条第 2 款：“本法所称民事权益，包括生命权、健康权……等人身、财产权益。”上述规定是人身损害赔偿的基本依据。侵权案件中，人身损害案件应该是十分重要的案件类型，需要人们着重地探讨。

（一）概述

《人身损害赔偿解释》第 1 条第 1 款明确规定了人身损害是自然人何种权利的损害。从我国关于民法的定义和民法传统理论中可以得出，民事权利包括人身权利和财产权利。人身权利是与自然人人格或身份相伴的权利，而财产权利则是经济利益性的权利。而人身损害通常情形下指的是人格利益损害和身份利益损害，即广义上的人身损害。人格利益损害又指的是人格权遭受侵害所产生的损害，包括侵害自然人的生命健康和人格权所导致的人格利益损害，即精神损害。而身份利益损害是身份权遭受侵害所导致的损害。而本解释所称之“人身损害”显然不属于上述广义上的人身损害。

侵权行为法的重要任务就是保护人格权。[①] 而人格权通常会分为一般人格权和具体人格权，因此对于人格权的保护也分为一般人格权和具体人格权的保护。法律对于两类人格权的保护是不同的，对于一般人格权通常是给予受害人或其他请求权人停止侵害、排除妨害、消除危险等权利，而对于具体人格权则除上述三种权利外，一般情形下还允许其请求精神损害赔偿。

《人身损害赔偿解释》中所说的人身损害并不是指广义上的人身损害，即“人身损害”中所谓的“人身”仅是一般生活用语，与民法传统理论中的“人身权损害”的意义具有明显的区别。此处的人身损害是习惯用法，仅指“生命权、健康权、身体权”，并不是上文所述的人格权和身体权的简称。传统理论上，有精神性人格权和物质性人格权之分。前者指的是以抽象精神价值为标的、不可转让的人格权，例如名誉权、姓名权、隐私权等权利；后者指的是自然人的生命、身体、健康等物质性要素的不可转让的支配权，例如生命权、健康权、身体权[②]。在法国学界也有类似的划分。从《人身损害赔偿解释》第 1 条第 1 款的明确列举权利来看，本解释所称之“人身”应该是物质性人格权。

物质性人格权属于本解释的客体范围，主要是由于物质性人格权和精神性人格权具有重大的区别。首先，在权利主体方面，物质性人格权的主体是自然人，并且只能是自然人，这是因为生命、健康、身体等仅在自然人的人身之上。而法人也有可能享有精神性人格权。其次，物质性人格权具有很强的固有性、专属性，伴随着自然人的出生而自动取得，与主体不可分离，不能在不同的主体间任意流转。如果丧失物质性人格权，则人的属性就不存在。而精神性人格权在特殊情况下可以转让一些权能，例如肖像使用权。通常情形中，精神性人格权是能够商品化的。再

---

① 王泽鉴：《侵权行为法》，中国政法大学出版社 2001 年版，第 103 页。

② 杨立新：《人身权法论》，人民法院出版社 2002 年版，第 77 页；王利明：《人格权法研究》，中国人民大学出版社 2005 年版，第 44 页。

次，侵害物质性人格权多是物理性人身侵害等形式，损害后果不仅包括财产损失还包括生理疼痛、精神痛苦等。外在表现上主要是权利的物质载体受到侵害。而侵害精神性人格权的形式则不限于物理性人身侵害，损害后果也经常不会造成生理痛苦，多是精神痛苦。① 最后，物质性人格权遭受侵害的救济方式也是物质性损害赔偿。该损害赔偿一般是法定的，可以明显量化的。而精神性人格权救济则主要是精神损害赔偿、恢复名誉、消除影响等特殊手段。但是该赔偿标准是很难确定的，并且是比较宽松的。不但如此，其他国家对于物质性人格权遭受精神损害赔偿较于精神性人格损害赔偿更重。因此，本解释对于人身的理解仅限于物质性人格权是合理的。

（二）生命权

生命权是自然人生命安全的权利。不同学科对于生命理解的角度不同，而法律上所说之生命是自然人的最高人格利益。这说明了几个生命权标的——生命的几个特征。第一，生命是由自然人所唯一享有的。生命是自然人个人的人格利益，是自然人享有权利的基础。法人本质上只是社会组织，是法律拟制的人，不可能具有生命。而且，动物也不具有法律上的生命权。虽然有学者认为动物也享有生命权，但动物是法律上的客体，而不是法律主体。尽管动物在现实中确实是有生命的，但在法律上动物不具有生命权，保护动物的要求并不会导致赋予动物以生命权，尤其是在民法中。第二，生命是自然人人格根本的载体且是其享有权利的基础，即自然人具有民事权利能力的前提。《中华人民共和国民法通则》第 9 条规定，公民从出生时起到死亡时止，具有民事权利能力，《中华人民共和国民法总则》第 13 条也有相同的规定。生命和自然人的权利能力联系紧密，生命不仅是人格利益之一种，而且还是自然人的主体资格或人格本身。如果人丧失生命，则其不再作为民事主体而存在，自然也就丧失权利能力。生命不存在，权利的存在也无从谈起。自然人死亡之后，其生前之权利或由继承人继承，或是变为受法律保护的利益，或是不复存在。第三，生命是一种人格利益。有学者认为，生命如果是人格利益，则其既是权利客体，也是权利主体的组成部分，主体和客体的界限就不明朗了。但是，目前通说认为，生命本身与权利主体并不等同，生命作为一种人格利益指的是基本的生活利益或安全活动的自由。② 第四，生命是最高的人格利益，没有其他的人格利益可以和

① 陈忠武：《法国侵权法上损害之概念》，载台湾大学《法学论丛》第 34 卷第 4 期。

② 陈民：《论人格权》，载台湾《法律评论》第 28 卷第 8、9 期；王利明：《人格权法研究》，中国人民大学出版社 2005 年版，第 305 页。

生命相等。并且，生命也不仅仅是个人的问题，在现代社会其已经成为社会最关注的利益。生命权的侵害，也是对整个社会秩序和人类利益的侵害，违背了法律根本的价值和目标。

生命权的特点如下：1. 固有性。如上所述，生命权是一种物质性人格权，自然具有固有性，即生命权与权利人主体资格的联系密切。固有性体现在，生命权与生俱来，无须法律赋予，自出生起就产生。并且，该权利不能转让、抛弃，甚至也不能继承，为权利人所专有。2. 崇高性。生命是主体的载体，在人格权和整个民事权利中处于最高地位。生命权不仅是民事权利，更是宪法所保护的基本权利。其他人格权的存在皆以生命权的存在为前提。除此之外，民法和整体法律秩序都以保护生命权为目标和价值追求，因此保护生命权就意味着在维护基本的社会秩序。3. 专属性、绝对性和有限的支配性。生命权具有专属性指的是生命权专属权利人享有，绝对不能转让。生命权不能与权利人相分离，死者也丧失生命权。生命权具有绝对性指的是生命权属于绝对权，即其他自然人和组织都不得侵害或妨害。所有的社会成员都承担着这样的不作为义务，既有民法的保护，也有其他法律更强的保护。生命权的支配性是有限的，指的是权利人维护自己生命、防止他人侵害等方面，但是，权利人不能处分自己的生命权，该处分行为也是绝对无效的。正因生命权具有这些特点，我们的法律才应当保护生命权。

但是，对于生命权能否成为一项独立的权利，理论上存在争议。“否定说”的学者认为，生命权受到侵害时该人也已经死亡，则生命权的保护已经不存在客体，即权利人生命权受到侵害的同时也已丧失生命权，则损害赔偿请求权也已无从谈起。而且，生命权侵害是很难确定赔偿标准的，因为生命是无法衡量的。因此，学者认为生命权保护的任务应当交由刑法来承担，民法难以完成这样的任务。所以，现代法治国家都不提倡以人自身作为意思支配的客体。①“肯定说”的学者则认为，生命权可以以民法来保护，《中华人民共和国民法通则》和《中华人民共和国民法总则》都已经确认了生命健康权。而且，生命权的含义并不是直接以生命作为客体，其内容在于防止侵害。很多学者所提出的“自杀权”是明显的理解错误，生命权的支配并不是权利人任意的支配。

本文认为，生命权作为一种独立的权利是合理的，理由如下：首先，这体现了

① 龙显铭：《私法上人格权之保护》，台湾地区中华书局1958年版，第2页。

我国“以人为本”的价值追求。生命权的承认是法律宣布其不被任何人所侵害。对于生命的尊重是法律的追求，也体现了民法的社会价值。其次，生命权的承认强化了救济侵害生命的方式。虽然受害人在死亡之后不能请求救济，但是受害人的近亲属可以请求损害赔偿。近亲属的损害赔偿请求权是受害人生命权法律保护的延长，赋予近亲属以损害赔偿请求权，首先要确定自然人的生命权。再次，这明确了社会成员的义务和责任。任何个人、组织都不能侵害自然人的生命权，这是其义务。而且，一些特殊组织或个人负有救助的义务和责任，例如警察、医疗机构等。最后，民事权利体系更加完整。如上文所述，生命是自然人其他权利的前提，生命权是最重要的权利，只有承认生命权，才能建立更加完整的民事权利体系。任何其他权利相比生命权都处于较低的地位，也就是说，生命权优先。因此，我国在民法中确认了生命权受害的制度并予以保护，具有相当重要的意义。

生命权具有以下内容：一是生命享有权，即权利人有权享有生命利益，并且该生命利益不受任何侵犯，只有在特殊情形下才能被剥夺（例如刑法中的死刑）。由此，既对于保护胎儿利益、解决心脏停止跳动但仍未死亡等问题具有意义，也保障了权利人在社会上的正常活动。二是生命维护权，即权利人对于生命的积极和消极维护。生命面临危险或遭受侵害时，权利人享有排除妨害、消除危险请求权，也享有自卫权，包括正当防卫和紧急避险。

综上，生命权在我国属于独立的人格权，对于生命权的侵害构成侵权，加害人应当承担相应责任。因此，《人身损害赔偿解释》明确将生命权纳入是十分正确的。

（三）身体权

身体权指的是自然人维护身体组织器官的完整性并支配其肢体、器官和其他组织的权利。身体是自然人生理组织的整体，身体权以其为客体，在人格权体系中占有重要地位。同生命权一样，身体权只能由权利人所享有且是权利人所固有的。

关于身体权的客体理论上存在不同观点，一者认为身体权的客体就是身体，另一者认为身体权的客体仅是身体安全利益①。两个观点都仅仅强调了身体权的一方面，身体权的客体应该包括两部分，一部分是身体及其组成部分，另一部分是身体的完整利益。身体及其组成部分指的是由身体各个器官、组织及其附属部分。这些

---

① 梁慧星：《民法总论》，法律出版社 2011 年版，第 106 页；史尚宽：《债法总论》，中国政法大学出版社 2000 年版，第 148 页。

都是自然人存在的基础，缺乏其中重要的部分，身体的存在便会受到影响，应当受到法律的保护。身体的完整利益指的是身体的组成部分和辅助部分完整地结合在一起，各个组成部分不受非法的侵害，权利人对身体可以自主支配。这两部分是紧密结合的，不可分割的。身体权以身体为客体，权利人在法律允许和善良风俗的范围内，对身体的个别部分处分，例如献血、捐献器官等。但身体并不是身体权仅有的客体，否则权利人可以任意处分自己的身体。另外，身体的完整性也是身体权的客体之一。权利人可以支配自己的身体，还可以保持身体的完整性。某些行为虽然可能侵犯他人的人格利益，但如果没有侵犯身体的完整性，仍然没有侵害身体权。

世界上对于身体的立法主要有三种：第一种是德国和我国台湾地区所采用的立法。《德国民法典》第 823 条第 1 款规定：“故意或有过失地不法侵害他人的生命、身体、健康、自由、所有权或其他权利的人，有义务向该他人赔偿因此而发生的损害。”我国台湾地区“民法”第 193 条第 1 款规定：“不法侵害他人之身体或健康者，对于被害人因此丧失或减少劳动能力或增加生活上之需要时，应负损害赔偿责任。”上述规定并没有将身体权作为一种明确的人格权，但是学者认为该规定间接地承认了身体权。① 第二种是奥地利的立法。《奥地利民法典》第 1325 条规定：“侵害他人身体的人，应承担受害人的治疗费用；赔偿其已损失的可得利益，或者如果受害人丧失劳动能力，还应当赔偿其未来的收入损失；此外，应受害人的请求，还应当考虑已查明的个案情况，支付适当的慰抚金。”该条虽然只规定了身体，但是该身体指的是一切对身体、健康的损害，即将身体权和健康权合并规定。第三种是法国的立法。《法国民法典》第 1128 条规定：“人的身体、人的身体的组成部分和人的后代不得成为财产权的标的。”法国将身体作为一种法益，受到法律的保护。

《中华人民共和国民法通则》并没有明确规定身体权，而仅仅是规定了生命健康权，随后的《中华人民共和国侵权责任法》也是如此，仅仅规定了健康权，似乎将身体和健康权合并规定。但是，身体和健康还是有一定区别的，不宜合并，因此《人身损害赔偿解释》将身体权明确提出，而《中华人民共和国民法总则》也对此予以确认，即确认了身体权的独立性。这有利于明确身体权的确切含义，也有利于加强对自然人身体权利的保护，使人格权更加全面，也是与社会实际相一致的。

---

① 杨立新：《人身权法论》，人民法院出版社 2002 年版，第 400 页。

（四）健康权

健康权是公民所享有的以其身体的生理机能的完整性和保持持续、稳定、良好的心理状态为内容的权利。《中华人民共和国民法总则》和《中华人民共和国侵权责任法》都明文确定了健康权是独立的人格权。健康权以健康为客体，并以生理健康和心理健康为内容。

健康作为一种人格利益，内涵的界定在学界一直存有争议。一种观点认为，健康仅仅关系到生理上的机能，而和人的心理无关，健康仅是人体生理的一种完善的状态。健康权是自然人以其器官乃至整体的功能利益为内容的人格权。① 因此，民法所说的健康是身体健康，精神健康应当且仅能通过精神损害赔偿的方式予以救济。② 另外一种观点则认为，健康不仅指身体的正常工作，也包括心理的一般情形，即包括生理健康和心理健康。

心理健康虽然可以通过精神损害赔偿制度进行救济，但是这样的保护仍然不足。心理健康的损害是持续性的损害，而精神疾病的损害具有长期性和不确定性。由此导致两者的赔偿方式存在不同。具体言之，心理健康的损害赔偿应采取支付治疗费用的方式。精神损害赔偿针对受害人的肉体痛苦、精神痛苦以及心理消极的情绪，是一次性的补偿。并且，精神痛苦仅仅是一种情绪，有可能不构成持续性的病症，达不到心理疾病的程度。因此，健康应当包括心理健康。除此之外，还要注意的是，应区分生活中的健康即医学健康和法学上的健康概念。医学的健康概念的内涵大于法学的健康概念的内涵。这是基于充分保护人权的必要，而提出更高的健康标准，将心理甚至道德因素也引入健康的内涵之中。但所谓健康权旨在与需法律救济之人格利益相联系。医学中认定轻微的健康损害无法获得法律的救济，则这种轻微损害就不属于健康权的保护范畴。因此，健康权的保护范畴与医学中的健康范围不同，以避免滥诉，也与侵权法的救济原则一致。

疑难问题和其他问题

（一）劳动能力是否属于健康权的客体？

劳动能力指的是劳动者从事各方面劳动的能力，包括提供劳务、技术以及从事

---

① 张俊浩主编：《民法学原理》，中国政法大学出版社 1997 年版，第 144 页。

② 杨立新：《人身权法论》，人民法院出版社 2002 年版，第 425 页。

经营活动等能力。关于劳动能力能否成为独立的人格权，我国学界观点不一。有学者认为，劳动能力是一种独立的人格利益[①]，基础在于我国台湾地区的“民法”规定。“民法”第 193 条第 1 款规定：“不法侵害他人之身体或健康者，对于被害人因此丧失或减少劳动能力或增加生活上之需要时，应负损害赔偿责任。”从该条文看出，劳动能力的存在以身体组织和生理机能的完善和良好状态为前提，因此不能被身体权、健康权所完全吸收。劳动能力不同于身体的健康和完整，是一种独立的利益。也有学者认为，劳动能力并不是一种独立的人格权，而仅属于健康权的客体之一[②]。如上所述，劳动能力以身体器官和生理机能正常状态为前提条件，因此劳动能力的受损也就意味着健康权的受损。也就是说，当自然人的劳动能力受到他人侵害或是有被侵害之危险时，该人的健康权也就受到了侵害或是有被侵害之危险，被害人可以基于健康权的损害而享有相应的请求权。并且，在实际中很难分清是劳动能力抑或是健康权受到侵害。还有的观点认为，劳动能力的丧失仅仅是健康权被侵害的一种表现形式而已，但是因为在实践中比较重要而被独立成一个权利，本质上并不属于独立的人格权。《中华人民共和国民法通则》对劳动能力的丧失没有进行规定，《最高人民法院关于贯彻执行〈中华人民共和国民法通则〉若干问题的意见（试行）》（以下简称《民通意见》）第 145、147 条明确提及劳动能力，并由此认为劳动能力权是自然人以其大脑功能利益为内容的物质性人格权。

本书认为，劳动能力不是一种独立的人格权。理由如下：首先，劳动能力与身体权、健康权不是同一层次的概念。劳动能力不仅包含身体、健康等内容，也包含知识储备、工作技能、经验等内容，而这些并不当然都属于人格利益的范围。并且，劳动能力既有脑力劳动，也有体力劳动，无法将其都视为一种独立的人格权而保护。其次，劳动能力的损害，可能是健康权的侵害所引起的，也有可能是身体权的侵害所引起的，不能以劳动能力的侵害为理由主张损害赔偿。劳动能力的损害赔偿一般也不是单独计算的，而是纳入身体权和健康权的损害赔偿当中。《中华人民共和国民法通则》第 119 条规定“侵害公民身体造成伤害的，应当赔偿医疗费、因误工减少的收入、残废者生活补助费等费用”，而该条所说的赔偿是健康权受侵害时所获得的赔偿，而不是所谓劳动能力权受到侵害时所得的赔偿。再次，劳动能力

---

① 史尚宽：《债法总论》，中国政法大学出版社 2000 年版，第 148 页。

② 尹飞：《人身损害赔偿概述》，载王利明主编：《人身损害赔偿疑难问题》，中国社会科学出版社 2004 年版，第 10 页。

不作为一种独立的人格权，并不意味着劳动能力受到侵害时无法得到保护。《中华人民共和国劳动法》《中华人民共和国消费者权益保护法》以及其他法律都对于劳动者劳动能力的丧失明确规定了赔偿。因此，劳动能力的损害是损害赔偿额计算的重要影响因素。

综上，劳动能力不属于一种独立的人格权，我国法律制度也没有确认其独立权利的地位。

（二）遗体的法律性质问题

自然人死亡之后，遗体在法律上具有何种性质，或者说是否属于人格权保护的范围，在理论上颇有争议。主要有以下几类观点：

第一种是“权利客体学说”。该学说的观点是，身体权本质上就是自然人对其身体享有所有权。自然人死亡之后，其身体变为遗体，而该遗体属于物的一种，可以作为权利的客体。当自然人死后，遗体就失去了人格，应当能够被人力所支配。有人进一步认为，自然人死亡之后，既然主体不复存在，则遗体即成为自然物。但是，也有学者反对这样的归属，其认为遗体作为物，生前为自然人本身所享有，死亡之后由近亲属取得所有权。①

第二种是“人格利益学说”。该学说反对将遗体视为物，而认为自然人无论生前还是死后，都存在与身体利益不同的先期身体利益和延续身体利益，而这些利益都受到法律的保护。遗体所享有的法益属于延续身体利益，不是物质性利益，而是人格利益。因此，德国部分学者认为，遗体是死者本人人格的延续和残存，是生前人格权在自然人死亡之后的继续存在。②

第三种学说是以上两种学说的折中。该学说认为，遗体是物，但是一种特殊的物，不能和一般的物相等同。因为如果遗体是一般的物，则遗体的继承人可以任意使用、收益和处分，但这是与法律和社会的善良风俗相背离的。死者的遗体不能作为所有权的标的，而应该是火化、埋葬、祭祀的标的，死者的近亲属对遗体享有管理权。因此，遗体是管理权的标的，死者近亲属不享有对遗体的所有权，仅有照管的权利和义务，并且必须符合善良风俗。③

遗体既没有主体性，也不能简单视为权利客体。自然人死亡之后，他的身体就

① 龙显铭：《私法上人格权之保护》，中华书局1948年版，第59页。
② 杨立新：《人身权法论》，人民法院出版社2002年版，第418页。
③ 【德】迪特尔·梅迪库斯：《德国民法总论》，法律出版社2007年版，第876页。

成为遗体，由于自然人人格的消灭，身体利益也就自然不复存在。既然身体利益不存在，遗体就不能再成为主体的载体而继续存在。即使遗体之中体现了一定的精神内涵，但是不能将其视为人格权的组成部分。自然人死亡使其主体资格消灭，自然身体权等人格权随着所依附之主体的死亡而消亡，所谓延伸出的利益，也不再是死者个人所能享有的利益。因为死者已经不再是民事主体，不能享有民法中的利益。不过，遗体也不能简单地成为所有权的客体，既然死者的人格已经消灭，则其不能再拥有对遗体的所有权。如果认为死者近亲属对于遗体享有所有权，则应该适用物权法的一般规定，意味着近亲属对于遗体有自由支配的权利，这也是与法律和善良风俗相违背的。

所以，遗体并不是一般的物，但死者的近亲属对遗体享有一定的精神利益。按照社会的一般观念，遗体中寄托了近亲属对于死者的个人感情、怀念以及死者和生者的尊严。因此，对遗体的保护并不是对于死者身体权的保护，而是对死者近亲属人格利益的保护。因此，许多学者认为，应当承认死者死后的身体受尊重权利以及亲属对于遗体的处置权。死者近亲属对于遗体没有所有权，但是享有管理权，包括对于遗体的处置权，及火化、埋葬等按照社会公序良俗的管理职责。这既是权利，也是义务，因此不能任意处置，而是应当符合法律规定，遵遁善良风俗。

（三）生命权的支配问题

生命权的支配问题首先涉及到安乐死的问题。安乐死的概念自从被介绍至中国以来，就成为法律的热点问题。而在民法当中，安乐死涉及自然人是否有权处分自己生命权的问题。当自然人患上严重疾病并且因之而承受巨大痛苦时，病人是否有权利通过安乐死来结束自己的生命。不同国家基于国家的历史、文化、社会伦理等原因而作出不同的选择，但必须清楚的是，法律承认自然人对自己生命利益享有支配权，该支配权是有限的，并不意味着承认自然人可以自由处分生命权，换句话说，不意味着自然人可以选择安乐死。生命权是法律上最高的权利，不仅涉及自然人个人的利益，也涉及到社会利益。因此，即使在我国承认了病人可以选择安乐死，也不意味着能够随意处置自己的生命权。生命是神圣且无价的，安乐死的问题在目前仍不应该鼓励，需要社会和法律进一步的发展和涉及。

其次就是人体试验的问题。人体试验是指对人体进行新药、新技术的实验，以提高医疗技术和药物治疗水平而进行的以人体为对象的试验。但是，人体实验很有可能给受试人造成损害。因此，在民法中，出于尊重和保护个人生命权、身体健康权的需要，人体试验应当经过个人的同意，尊重该个人的选择，并且该同意不应违背法律和善良风俗。如果明显是对自然人生命、身体健康产生严重损害，则即使本人同意也是无效的。

最后就是自然人是否有权拒绝接受治疗的问题。根据现有的规定和认识，从尊重生命权的角度出发，对病人进行治疗时，应当经过本人的同意。如果本人没有同意能力，即属于未成年人、丧失行为能力者或者神志不清者，则应当经过他的父母、配偶、监护人或其他近亲属的同意。未经他人同意，不得非法对他人进行强制治疗。但是，出于公共利益的需要，医疗人员可以对自然人进行体格检查或者接种疫苗，但不得未经同意而强制治疗。

2 人身损害赔偿的权利人是否仅限于受害人？

解答：《人身损害赔偿解释》第 1 条第 2 款规定："本条所称'赔偿权利人'，是指因侵权行为或者其他致害原因直接遭受人身损害的受害人、依法由受害人承担扶养义务的被扶养人以及死亡受害人的近亲属。"

本款对于人身损害赔偿的权利人范围进行了规定。

赔偿权利人，也被称为赔偿请求权人，指的是根据损害发生的有关事实，有权利请求加害人进行损害赔偿的受害人。赔偿权利人可以分为两类，即直接受害人和间接受害人，前者是被加害人直接侵害的人，后者是由于加害人的侵害致使直接受害人伤残、死亡而遭受损失的被扶养人以及直接受害人的近亲属。以下分别述之：

（一）直接受害人

原则上赔偿权利人应当是直接受害人。但是，由于可能造成的损害结果不同，应当具体分析直接受害人能否成为法律上所称的赔偿权利人。在本书的情形中，应该根据损害结果的形态进行区分，分别包括生命权、身体权、健康权等情形。

在生命权受到侵害的情况下，受害人死亡。而且，该死亡也是生命权侵害的构成要件。受害人死亡的后果使得受害人作为民事主体的资格消灭，因此理论上认为此时不存在损害赔偿的问题，死亡的受害人并不是赔偿的权利人，因死亡而不可能就其生命权受到侵害而请求赔偿。不过，反对此种观点的学者认为，受害人在生命权受到侵害时享有损害赔偿请求权，而该权利在死亡后由其继承人继承。主要的学说有“权利能力转化说”和“人格继承说”。前者认为，虽然死亡和权利能力丧失的时间同时发生，但是死亡是由权利能力存在向不存在转化的过程，因此受害人的赔偿请求权可被视为在这样的过程中已经产生，然后转移给继承人。但是，该学说严重脱离实际，不足信。后者则认为，继承人和被继承人可能会成为同一人格，因此当被继承人侵害致死时，继承人原始取得损害赔偿请求权。同样，该学说明显与现代独立人格的观念不符，亦仅仅是牵强附会，无法使人信服。我国学者几乎没有人采纳这两种学说，学者们观点基本达成一致，即死亡人因死亡而不能成为权利人。但是，现实情况很可能是，死亡事实经常被与赔偿请求权相联系，从而逻辑上使人误以为死亡人在其生命权受到侵害时享有损害赔偿请求权。法律上所说的死亡赔偿金并非对于生命价值的计算衡量，而生命亦不可能以金钱计算和评价，因此，赔偿是对于现实生活中能够计算的价值或利益进行补偿，死亡赔偿金也仅是对赔偿权利人可能损失的收入的补偿。值得强调的是，这里的赔偿权利人并不是死者，而是其近亲属。死亡赔偿金同样也不是死者生前劳动所可得的全部，而只是其中一部分，必须将个人消费排除在外。死者的权利能力已然消灭，因此不存在须补偿的利益，也就不得要求赔偿。而赔偿金实质上是死者近亲属因死者死亡而可能导致的利益的损失。

综上，法律上所说的死亡赔偿的权利人是死者的被扶养人以及其近亲属。而在受害人受伤过重无法抢救而死亡的情形中，因治疗所支付的费用以及误工损失，赔偿权利人就是受害人本人。即使受害人最后仍然死亡，但是该费用以及损失的赔偿请求权在死者死亡之前就已经产生，因此可以被其继承人继承。但是必须澄清的是，此时赔偿权利人的权利客体是身体权以及健康权，而不是生命权。换句话说，权利人请求赔偿的理由是身体、健康权受到侵害，而不是生命权的损害。

（二）间接受害人

间接受害人和直接受害人存在很大的不同。直接受害人所遭受的损害，不仅包括生命、身体、健康等人格利益的损害，而且还包括由于人格利益的损害所导致的其他利益的损害，例如医疗费、护理费、误工费等。但是，间接受害人仅仅遭受了财产利益的间接损失和精神利益的所谓反射损害，而没有遭受上述人格利益的损害。

侵权责任法中有一个基本原则，就是间接受害人原则上不得请求赔偿其所遭受的纯粹经济损失。这是因为通过这样的限制使赔偿范围不至于过于广泛，从而使侵权责任漫无边际，难以预见。因此，教科书上经常使用的例子是歌星在前往演唱地点的过程中遭受侵害，组织人员因而受到损失，该损失不得请求赔偿。但是，在致人死亡的情形中，学者认为，“被害人既已死亡，其权利能力即行中止，固无损害赔偿请求权之可言，惟其死亡影响其他人的利益甚大，故被害人以外之人受到损害者，亦得请求赔偿，始合情理”。[①] 因此，我国法律制度进行了规定，间接受害人既可以是死者的近亲属以及其生前依法承担扶养义务的被扶养人，也可以是残疾受害人丧失劳动能力前依法承担扶养义务的被扶养人。

（三）被扶养人

《人身损害赔偿解释》第1条第2款明文确定了直接受害人依法承担扶养义务的被扶养人属于赔偿权利人，拥有请求损害赔偿的权利。那么，理解上就应该从下列方面开始：

首先，依法承担扶养义务。依法承担扶养义务指的是根据亲属法上的规定承担扶养、抚养或者赡养义务。所谓“扶养”，既有广义的扶养，也有狭义的扶养。狭义的扶养指的是辈分相同之人的扶养。而广义的扶养既包括狭义的扶养，也包括长辈对晚辈的抚养和晚辈对长辈的赡养。因此，本解释所称“扶养”应该是广义的扶养。而扶养义务承担的重要基础就是当事人之间存在一定的身份关系。需要强调的是，如果扶养请求权利人死亡时，该死者的继承人不能继承该权利。因为扶养请求权因被他人侵害而产生的损害赔偿权利，必然以扶养请求权的存在为前提条件，但是扶养请求权有属于权利人专属的权利。所以，该权利随着权利人的死亡而消灭，其继承人不能取得该权利。

其次，被扶养人既包括未成年人也包括丧失劳动能力且无生活来源的成年人。而被扶养人必须以无生活来源且无谋生能力为前提条件，一些国家或地区的学说都有相应的观点。特殊问题是，如果直接受害人是未成年人，当其死亡时对其父母等近亲属没有赡养能力，而法定扶养请求权人是否能够对未来发生的赡养权利请求赔偿，我国台湾地区对此予以肯定，而人民法院对此予以否定。法院的否定出发点在于必须存在实际的扶养，而这就是只承认以前及现在发生的扶养请求权，未来的扶养请求权不被承认。但是，这样的观点是否正确值得思考，也为以后的判决和学说提供了空间，因为条文中并没有明文规定“实际扶养”。另外一个问题是，如果诉

---

① 王泽鉴：《民法学说与判例研究》（第1册），中国政法大学1998年版，第363页。

讼当事人损害赔偿的争议已经解决，此时又有新的被扶养人出生，能否再主张权利。原则上加害人无须对扶养请求权人出生前发生的损害承担损害赔偿义务，但是事故发生的时候已经受孕且出生时为活体的除外。

再次，通说的观点认为，受害人死亡时，被扶养人的权利是独立的权利，与被害人的权利无关。但是，当受害人仅是丧失劳动能力时，被扶养人的损害赔偿请求权是不是独立的权利，一直存有争议。“肯定说”认为，劳动能力的丧失关乎直接受害人，因此该请求权只能由直接受害人独立享有且行使，作为专属债务人自身的权利，其不能被他人行使。被扶养人因此而可能会陷入不利的地位，因此法律赋予被扶养人特殊地位，使其基于扶养而产生直接的损害赔偿请求权。“否定说”认为，本司法解释通过劳动能力丧失而确定赔偿范围、标准，也就是说，劳动能力丧失的程度，会使收入减少或者完全丧失，而损害赔偿请求权也就属于直接受害人。被扶养人基于法定扶养义务而享有的权利是直接受害人权利的反射性利益，因此被扶养人的损害赔偿请求权仅仅是间接的权利，并不独立。综上，否定的观点难以令人信服，被扶养人应该享有独立的请求权。

最后，被扶养人是间接受害人，但其损害赔偿请求权是独立的权利，这是明确的。但是在一些情形中，如果直接受害人在损害发生之前已经约定免除加害人的赔偿责任或者自担风险时，则只要该允诺不违反法律的规定或善良风俗，损害赔偿请求权的构成要件此时就没有具备，因此间接受害人不能主张权利。

（四）近亲属

近亲属作为间接受害人而享有独立的损害赔偿请求权，仅发生在直接受害人死亡的情形中。该损害赔偿的范围包括办理丧葬而支付的相关费用以及因受害人死亡而导致的财产损害和精神损害。

近亲属的范围，根据法律、司法解释的规定，包括配偶、父母、子女、兄弟姐妹、祖父母、外祖父母、孙子女、外孙子女等。而在具体损害赔偿请求权的顺位上，应当分别根据赔偿的内容确定。

在财产赔偿的死亡赔偿金中，应该根据我国继承法的相关规定，在没有遗嘱的情形下适用法定继承顺序，即配偶、父母和子女是第一顺位的继承人。同一继承顺位中，原则上应该按照共同生活的紧密程度继承份额。也就是说，死亡赔偿金由家庭生活成员共同取得。在丧葬费用的请求中，如果有近亲属实际支付了费用，则应该享有损害赔偿请求权。近亲属之外的第三人实际支付该费用的，根据无因管理，第三人享有费用请求权，而没有赔偿请求权。

（五）精神损害赔偿抚慰金请求权和间接受害人

如果直接受害人死亡时，第一顺位继承人存在的，第二顺位继承人不享有精神损害抚慰金请求权。如果直接受害人因他人侵害而伤残，间接受害人不享有精神损害抚慰金请求权。我国法律、司法解释等都有这样的规定。但是，在实务中，这样的规定已经存在不合理性。比如说，如果某人路上偶遇自己的孙子被杀，因场面极其惨烈，该人精神受创，因年事已高而受到惊吓。但是，因为死者的父母没有死亡，被惊吓之人没有精神损害赔偿请求权。因此，普通法系有一种类型叫作“第三人休克损害”，德国法上也有所谓“惊吓损害”的类型，间接受害人在一定情形下也能够请求精神损害赔偿请求权。

间接受害人享有“惊吓损害”的赔偿请求权的构成要件主要有下列三个：首先，间接受害人直接感知了受害人遭受人身方面的损害，例如亲眼看见、耳闻。其次，间接受害人遭受了精神损害，并且其有证据证明该损害的发生，但该损害须达到一定的严重程度，轻微的损害仍不得请求损害，比如震惊、不安、沮丧等一般痛苦。最后，间接受害人的范围应该满足理性和可预见性的标准，一般来说，间接受害人的范围限于近亲属。因此，上述情形中该人作为死者的祖父，能够享有赔偿请求权。

所谓“惊吓损害”或者说“第三人休克损害”目前被很多国家引进。我国学界和实务上可以进一步讨论该问题，赋予间接受害人享有精神损害赔偿请求权。

（六）未出生胎儿

关于人身损害赔偿请求权利人的范围，这次司法解释没有涉及到未出生胎儿的问题。但是实际情形中，未出生胎儿因侵权或者其他事故遭受损害的案例并不少见。《中华人民共和国民法总则》中第 16 条规定：“涉及遗产继承、接受赠与等胎儿利益保护的，胎儿视为具有民事权利能力。但是胎儿娩出时为死体的，其民事权利能力自始不存在。”该条虽然没有明确规定未出生胎儿的损害赔偿请求权问题，但是既然损害事故涉及到胎儿保护的问题，且胎儿能被视为具有民事权利能力，则该条似乎可以通过解释而成为胎儿保护的基础法条。

传统的民法理论认为，民事主体的资格的判断标准是自然人是否具有权利能力。而各国的立法都基本规定了，自然人的权利能力，始于出生，终于死亡。《中华人民共和国民法通则》如此规定，《中华人民共和国民法总则》第 13 条也同样延续了这样的规定，“自然人从出生时起到死亡时止，具有民事权利能力”。所以，原来的民法理论将未出生的胎儿不视为法律意义上的“人”，也就是说，从侵权法角度来说，未出生胎儿不能作为损害赔偿的请求权利人。如果未出生胎儿因此而受损害，应该作为其母亲的身体健康受到了损害，所以其母亲是损害赔偿请求权利人，未出生胎儿不享有权利。但是，随着社会的发展，人们的观念也发生了重大的变化。虽然法律主体意义上的人格的取得是因为出生，但是胎儿在出生前已经具有了生物上人类存在的事实。我们应该区分，自然人自生命的开始受到法律的保护和自然人能够作为生物上之人存在而具有权利能力。这是两个完全不同的事情。虽然胎儿仍未出生，但是其已经作为生物上的人具有一定的人类特征，其在出生之前所受到的损害，会对其正常成长和发展产生不利的影响，即使出生，该影响仍然会存在。如果人在出生前受到了不利的影响，使其身体健康受到损害，则出生后可以成为请求权利人。

胎儿权利能力的性质在理论上有两种观点。一种观点是附条件解除，即胎儿在出生前就已经获得了民事权利能力，但是如果胎儿出生时是死体的，溯及性地丧失了权利能力。另外一种观点是附停止条件，即胎儿必须等到其出生时，才溯及出生之前获得民事权利能力。两种学说不仅仅是理论上的争议，在具体上也有争议。在附条件解除下，胎儿因为他人故意或者过失的侵权行为遭受损害，就享有损害赔偿请求权，由胎儿的父母作为法定代理人而请求损害赔偿。胎儿出生后不是活体的，其父母应当根据不当得利制度，返还所获得的损害赔偿。在附停止条件下，胎儿出生后是活体的，其才能对其出生之前受到的损害请求损害赔偿。在胎儿未出生之前，因为将来出生时是不是死体无从知晓，其父母不能作为法定代理人请求损害赔偿。我国台湾地区的学者多采纳附条件解除的观点，因为其对于胎儿的保护比较周到。《中华人民共和国民法通则》对于胎儿的权益保护没有进行规定，而根据《中华人民共和国民法总则》的规定，似乎更加倾向于附条件解除的观点，因为该学说有利于胎儿出生后能够及时得到救济。也有学者认为，对于胎儿的损害赔偿金额可以向法院或公证机关提存。如果胎儿出生时是死体的，其权利能力视为自始不存在，法院或者公证机关可以将提存的损害赔偿金额返还给赔偿义务人。

鉴于此，未出生胎儿的利益在很多国家或地区的民事立法中都有所体现。《瑞士民法典》第31条规定："（1）权利能力自出生开始，死亡结束。（2）子女，只要其出生时尚生存，出生前即具有权利能力。"我国台湾地区"民法"第7条规定："胎儿以将来非死产者为限，关于其个人利益之保护，视为既已出生。"

更加特殊的问题是，如果胎儿出生后是间接受害人，则胎儿损害主要涉及其是否能对扶养请求权请求赔偿以及主张精神抚慰金。按照《中华人民共和国民法总则》的规定，似乎应该采取肯定说，即允许胎儿及其法定代理人主张损害赔偿。

3 人身损害赔偿的义务人范围如何界定？

解答：《人身损害赔偿解释》第1条第3款规定："本条所称'赔偿义务人'，是指因自己或者他人的侵权行为以及其他致害原因依法应当承担民事责任的自然人、法人或者其他组织。"

本款是关于承担人身损害赔偿的义务人范围的规定。

（一）概述

本款明文规定了承担人身损害赔偿义务的义务人范围，即因自己或他人的侵权行为或其他原因而承担赔偿责任的自然人、法人或其他组织。而造成人身损害的损害事故，其原因可以是人的不法行为，也可以是自然事实等。人的行为包括作为和不作为。作为，指的是造成他人人身损害的积极加害行为或者过失行为。不作为，指的是根据法律规定、合同义务或者由于先行行为而应承担积极作为义务的人消极不进行某种行为。因自然事实而造成他人损害主要指的是动物致人损害和物件致人损害。动物致人损害如宠物伤人，物件致人损害多指的是建筑物以及建筑物上的悬挂物、搁置物倒塌、脱落、坠落致使他人损害。一般情形中，不论是因人的行为还是因为所谓自然事实，最终都会有人应该承担责任，该人就是加害人。即使在动物致人损害或物件致人损害中，所有人或管理人等人负有管理、维护等义务，而其违反了不作为的义务，因此法律上要求其负责。

不过，损害赔偿的义务人并不总是和行为人相一致，换句话说，造成具体损害事故的行为人可能不是人身损害赔偿的义务人，义务人是行为人之外的第三人。综上所述，具体行为人和行为人之外的第三人应当承担损害赔偿责任，则该人就是司法解释所称的损害赔偿义务人。[1]

---

① 曾世雄：《损害赔偿法原理》，中国政法大学出版社2001年版，第30-31页。

本款明文规定，损害赔偿义务人具体可以分为因自己或他人的侵权行为依法应当承担民事责任的人和因其他致害原因依法应当承担民事责任的人。

（二）因自己的侵权行为承担赔偿责任的义务人

侵权责任法中有一个最为基本的原则——自己责任原则，指的是行为人应该对自己的过错行为负责，承担民事责任。任何一个能够独立自主负责的人，都应该对自己故意或者过失的侵害行为负责，也就是说，其自己承担法律上不利的后果，弥补权利人所受之损害。《法国民法典》对此进行了经典的规定，第 1382 条规定："任何行为使他人受损害时，因自己的过失而致行为发生之人对该他人负赔偿的责任。"第 1383 条规定："任何人不仅对其行为所致的损害，而且对其过失或懈怠所致的损害，负赔偿的责任。"我国立法也有类似的规定。《中华人民共和国民法通则》第 106 条第 2 款规定："公民、法人由于过错侵害国家的、集体的财产，侵害他人财产、人身的，应当承担民事责任。"《中华人民共和国民法总则》第 176 条规定："民事主体依照法律规定和当事人约定，履行民事义务，承担民事责任。"有学者认为，这类规定从形式到内容都借鉴了法国民法典一般条款的模式，是自己责任原则在立法上的体现。[①]。如果行为人故意或者过失而侵害他人的人身权益，即生命权、身体权或健康权，则行为人应当对其自己的行为承担损害赔偿责任。而在这种情形之下，行为人自己就是人身损害赔偿的义务人，行为人与责任人具有一致性。

（三）因他人的侵权行为承担赔偿责任的义务人

因他人的侵权行为而承担赔偿责任的情形，在民法中被称为替代责任。替代责任最为典型的领域是雇主责任以及监护人对于未成年人侵权所承担的责任。虽然对于监护人的责任还存在一些争议，但是学界基本的观点都是将监护人的责任纳入替代责任范畴。《法国民法典》第 1384 条规定："任何人不仅对其自己的行为所致的损害，而且对应由其负责的他人的行为或在其管理之下的物件所致的损害，均应负赔偿的责任。父，或父死后母，对与其共同生活的未成年子女所致的损害应负赔偿的责任。主人与雇佣人对仆人与受雇人因执行受雇的职务所致的损害，应负赔偿的责任。学校教师与工艺师对学生与学徒在其监督期间所致的损害，应负赔偿的责任。前述的责任，如父、母、学校教师或工艺师证明其不能防止发生损害行为者，免除之。"《德国民法典》第 831 条第 1 款规定："为某事务而使用他人的人，对该他人

---

① 张新宝：《法路心语》，法律出版社 2003 年版，第 81 页。

在执行事务中所不法加给第三人的损害，负赔偿义务。使用人在挑选被用人时，并且，以使用人须置办机械或器具或须指挥事务的执行为限，使用人在置办或指挥时尽了交易上必要的注意，或纵使尽此注意也会发生损害的，不发生赔偿义务。”第832条第1款规定：“依法律规定有义务对因未成年或因精神上或肉体上的状态而需监督者实施监督的人，有义务赔偿需监督者所不法加给第三人的损害。监督义务人已满足其监督义务的要求，或即使在适当实施监督的情形下也会发生损害的，不发生赔偿义务。”我国法律上对此也进行了明确的规定。《中华人民共和国侵权责任法》第32条：“无民事行为能力人、限制民事行为能力人造成他人损害的，由监护人承担侵权责任。监护人尽到监护责任的，可以减轻其侵权责任。有财产的无民事行为能力人、限制民事行为能力人造成他人损害的，从本人财产中支付赔偿费用。不足部分，由监护人赔偿。”第34条第1款规定：“用人单位的工作人员因执行工作任务造成他人损害的，由用人单位承担侵权责任。”第35条规定：“个人之间形成劳务关系，提供劳务一方因劳务造成他人损害的，由接受劳务一方承担侵权责任。提供劳务一方因劳务自己受到损害的，根据双方各自的过错承担相应的责任。”

如上述法律规定，替代责任一般而言是无过错责任。换句话说，只要雇员是在执行事务时对他人侵权，雇主对雇员对他人的侵权就应承担损害赔偿责任。但是侵权责任法的主要归责原则是过错责任，即义务人承担侵权责任的原因是由于其行为有过错。而替代责任却违反了这样一个归责原则，其合理性是什么？本书认为，替代责任的合理性主要原因是社会公共政策基于危险分担的理念。雇主一般情形下比雇员承担责任的能力要强，有利于受害人利益的保护，并且雇主也可以通过保险的方式减轻责任。

而监护人替代责任的主要原因是监护的职责。关于责任性质，学者的观点不一，有的认为是无过错责任，也有的认为是过错责任或者更准确地来说是推定过错责任。根据我国现有法律规定，如果在未成年人致人人身损害时，且其没有独立的财产，则监护人不能以其尽到监护职责而免除责任。如果未成年人被他人侵害时，监护人又可以举证其已经尽到监护职责而对抗行为人与有过失的抗辩。所以，监护人替代责任既有无过错责任的特点，也具备过错责任的特征。但是，目前通说认为，监护人责任是无过错责任，其尽到监护职责仅仅是对抗行为人与有过失的主张而已。

不过，必须强调的是，赔偿义务人对他人行为承担责任的前提是他人的行为构成侵权行为，也就是说，他人的行为必须符合侵权行为的构成要件，可以是一般侵权行为，也可以是特殊侵权行为。在这种情形之下，行为和责任不具有一致性。

（四）因动物致人损害承担赔偿责任的赔偿义务人

动物侵害人，是一种自然事实。然而，动物的所有人、管理人或者饲养人，有管理动物并防止动物伤害他人的义务。《德国民法典》第 833 条规定："因动物致使某人死亡，或某人的身体或健康受到伤害，或某物被损坏的，动物饲养人有义务向受害人赔偿因此而发生的损害。损害系由规定用于动物饲养人的行业、从业活动或生计的家畜引起，且动物饲养人在监督动物时尽了交易上必要的注意，或纵使尽此注意也会发生损害的，不发生赔偿义务。"第 834 条规定："以合同为动物饲养人承担动物看管的实施的人，对动物以第 833 条所称方式所加给第三人的损害负责任。看管人在实施看管时尽了交易上必要的注意，或纵使尽此注意也会发生损害的，不发生该项责任。"《法国民法典》第 1385 条规定："动物的所有人，或使用人在其使用动物期间，对动物所致的损害，不问是否系动物在管束之时或在迷失及逃逸之时所发生，均应负赔偿的责任。"《中华人民共和国民法通则》第 127 条规定："饲养的动物造成他人损害的，动物饲养人或者管理人应当承担民事责任；由于受害人的过错造成损害的，动物饲养人或者管理人不承担民事责任；由于第三人的过错造成损害的，第三人应当承担民事责任。"《中华人民共和国侵权责任法》则专设第十章以 7 个法条对饲养动物造成的损害事故进行了规定。动物的所有人、饲养人或者管理人对动物负有管理的义务，因此，在发生事故时应当依法承担责任。

（五）因物件致人损害承担赔偿责任的赔偿义务人

物件，一般指的是建筑物及其设施、地上工作物、树木果实等物件。在我国台湾地区该情形被称为"工作物责任"。物件损害事故是人身损害事故中的一种重要情形，世界上很多国家的民法对此都有相应的规定。《德国民法典》第 836 条第 1 款规定："（1）因建筑物或其他附着于土地的工作物倒塌，或因建筑物或工作物的部分脱落，致使某人死亡，或某人的身体或健康受到伤害，或某物被损坏的，只要倒塌或脱落系因建造有瑕疵或维护不足所致，土地占有人就有义务向受害人赔偿因此而发生的损害。占有人已以避开危险为目的尽了交易上必要的注意的，不发生赔偿义务。"第 837 条规定："某人因权利的行使而在他人的土地上占有建筑物或其他工作物的，即代替土地占有人而担负着第 836 条所规定的责任。”第 838 条规定：“为占有人而承担建筑物或附着于土地的工作物的维护，或根据其所享有的使用权而须维护建筑物或工作物的人，以与占有人相同的方式对倒塌或部分脱落所引起的损害负责任。”《法国民法典》第 1386 条规定：“建筑物的所有人对建筑物因保管或建筑不善而损毁时所致人的损害，应负赔偿的责任。”《中华人民共和国民法通则》第 126 条进行了规定，《中华人民共和国侵权责任法》第十一章对物件损害进行了专章规定。包括建筑物等设施及其搁置物、悬挂物脱落及坠落损害责任，建筑物等设施倒塌损害责任，不明抛掷物、坠落物损害责任，堆放物倒塌损害责任，妨碍通行物损害责任，林木折断损害责任，公共场所、道路施工和井等地下设施损害责任。赔偿义务人包括所有人、管理人或使用人，或者建设单位与施工单位等。

4 人身损害的赔偿范围包括哪些？

解答：《人身损害赔偿解释》第 1 条第 1 款规定：“因生命、健康、身体遭受侵害，赔偿权利人起诉请求赔偿义务人赔偿财产损失和精神损害的，人民法院应予受理。”

本款后句明确规定了人身损害的赔偿范围是财产损失和精神损害。

（一）概述

生命权、身体权、健康权遭受他人不法的侵害，权利人遭受了不利益，这就是损害。有损害，一般情形就会有法律上之救济，在人身损害中就主要是损害赔偿。而损害赔偿之方法，原则上只有两种：一为恢复原状，二为金钱赔偿。恢复原状为原则，金钱赔偿为例外。金钱赔偿，应该根据法律的规定或当事人的约定，其适用原因主要是不能恢复原状或者恢复原状虽非不能但显然有重大困难，抑或是恢复原状虽非不能亦非显然有重大困难但为赔偿义务人所不为。[①]恢复原状和金钱赔偿的适用，关键在于遭受损害的类型。

（二）损害

损害者，指的是财产或法益受到不利益。而在人身损害事故中，损害是指其他自然人生命、健康、身体遭受侵害。对于人身权益的损害，必然首先导致人体自身的伤害，一般包括人体组织的破坏、正常生理机能的伤害或者功能的紊乱，并且由此会使自然人产生身体组织上的痛苦或者心理上的痛苦。对于生理和心理侵害的救

① 曾世雄：《损害赔偿法原理》，中国政法大学出版社 2001 年版，第 146-147 页。

济方法，第一位的必然是治疗和恢复。而经治疗恢复健康，在本质上应当属于恢复原状。因治疗以及健康的恢复等方法所支出的费用，属于财产上的损失，财产损失的赔偿只能采取金钱损害赔偿的方法。但是，如果受害人因为人身侵害而受到终身残疾或甚至于死亡的，身体健康的毁损和生命权的丧失是无法恢复原状的，因此为治疗等方法而支出的费用，应当得到金钱赔偿。除此之外，受害人将来收入的损失或者生活费用的增加等财产消极损害，也应当得到金钱赔偿。

德国理论界将民事主体因其财产被剥夺或毁损或者身体的伤害所受的不利益，称为真实损害或者直接损害，将上述直接损害之外的损害称为利益损害。但是，这种区分在实际上并没有太多的意义，关键还是在于何种损害适用恢复原状，何种损害适用金钱赔偿。根据本司法解释的文义可以看出，不论何种损害，着重于财产损失和精神损害的赔偿。也就是说，在人身损害中，恢复原状在实务上并不作为损害赔偿的首要意义，而是指金钱赔偿。因为恢复原状一般通过侵权责任法解决，并且治疗在实际中必然是自然人的首要目标。这不仅仅是基于程序法上证明责任的需要，还基于恢复原状转化为金钱赔偿。

（三）财产损害

如上所述，在人身损害案件中，最重要的请求权是金钱损害赔偿请求权，而即使是恢复原状最终也会转化为金钱赔偿，人身损害的恢复原状一般情形下仍然需要金钱支付。因此，损害赔偿首先就是财产的赔偿。

民法损害赔偿法原理中，财产上损害指的是一切财产上发生的不利益，包括积极的财产损害和消极的财产损害。积极的财产损害是指现有财产不应减少而减少，消极的财产损害是指财产应增加而未增加，又称消极损失。积极损失包括医疗费、护理费、交通费、住宿费、住院伙食补助费、必要的营养费等。消极损失包括误工费或者因丧失劳动能力导致收入减少或丧失等。对于因生命权、健康权、身体权的侵害导致的财产损失可以具体区分为三个方面：第一是因治疗而支付的费用，第二是因生活需要增加的费用，第三是因误工或丧失劳动能力而丧失或减少的收入。不论是财产的积极损害还是消极损害，都是由于行为人的侵害而丧失的利益，赔偿义务人应该对此赔偿。

损害赔偿的计算方法一般是差额计算方法和定型化计算方法（或称之为公式计算方法）。差额计算方法的基础是“利益说”，或者又称“差额说”，即损害时财产或法益上所受到的不利益，最终在财产上表现为总财产在损害事故前后的变化情况。也就是说，把损害事故前的总财产与之后的总财产相减，或者把损害事故之后的实际总财产与如果损害事故不发生而应有的财产情况相减。若结果是正数，则该数额就是赔偿金额；若为负数，则没有损害，无须赔偿。定型化计算方法则是不将上述差额计算额纳入考虑范围之内，而是依据社会合理性和公正性的原则，为某种特殊损害明确确定的标准或计算方法。目前，各国损害赔偿法中计算方法基本上仍然以差额计算为原则，虽然符合弥补损害的法律理念，但是差额计算可能也会导致损害赔偿的贫富差距或者分化，因此也受到一定的冲击。因此，在现代的损害赔偿计算方法中，对于不能直接计算或者计算难度大的损害采取了定型化或者公式化的计算方法。例如，医疗费、误工费、交通费、住宿费、必要的营养费等损失，都是能够直接计算的，或者说是实际具体的损失，应采取差额计算的方法。而因劳动能力丧失或者受害人死亡等情形所受到的损害，则难以直接以金钱衡量，法律便规定了一定的赔偿标准及赔偿期限给予一定的补偿。

（四）精神损害

损害赔偿法上的损害，可以区分为财产损害和非财产损害。对于精神损害，德国民法和我国台湾地区“民法”上一般称之为“非财产上之损害”（Nicht Vermögensschaden），判例或学说有时称为“精神上之损害”（Immaterieller Schaden，Ideeller Schaden）。法国判例或学说对于非财产上之损害则称为“精神上之损害”。而在我国法律和学说上，一般都称之为“精神损害”。本质上，非财产损害和精神损害在含义上并没有不同，一般情形下可以混用。

精神损害与财产的减少或者应增加而没有增加无关，实际上应当是生理上或者心理上的痛苦。而根据生理上或者心理上反应包含范围大小，学说上将其分为最广义、广义和狭义两种类型。最广义的精神损害不仅包括生理上和心理上的痛苦，还包括低层次的不愉快或者不舒服。例如，因他人在公交车的不小心碰撞而不愉快。广义的精神损害指的是生理上或者心理上的痛苦，但是低层次的不愉快或者不舒服不包含在内。狭义的精神损害指的是广义的精神损害中符合损害赔偿法规定要件而能够获得赔偿的部分。本书认为，精神损害既包括积极可以感受的肉体痛苦和精神痛苦，而且还包括受害人丧失生理、心理感受性的精神损害。[①]

对于精神损害是从主观还是客观方面来认定，也有一定的问题。精神上的痛苦，是受害人自己身体机能的正常反应。如果某人已经丧失普通人的意识，没有意思能力，是否仍然有精神损害的可能性。精神上的痛苦是身体机能的自然反应，与常人的意识应有一定的关系。精神痛苦应与普通人有无意识、有无知觉有关，因此应该采取主观说。所以，本书认为，精神损害赔偿的主体范围仅限于自然人，不包括精神病人和植物人等无民事行为能力人。

《最高人民法院关于确定民事侵权精神损害赔偿责任若干问题的解释》（以下简称《精神损害赔偿司法解释》）第1条明确规定了自然人的具体人格权和人格法益遭受非法侵害，其可以请求精神损害赔偿。而本司法解释第1条也明确规定了自然人的生命、健康、身体受到侵害的，权利人有权请求精神赔偿。实践中，有观点认为，人身权益遭受侵害，须造成受害人残疾等严重后果，此时才能请求精神损害赔偿。其依据是《中华人民共和国侵权责任法》第22条，该条规定："侵害他人人身权益，造成他人严重精神损害的，被侵权人可以请求精神损害赔偿。"但是，这种观点明显是对法律条文的过度解读。条文的原义是精神损害的严重，并不是实际后果的严重与否。如果故意侵害其他人的人身，即使没有造成非常严重的伤害后果，例如残疾或者丧失劳动能力等，则仍然是对其他人的人格的严重侵害，精神上的感受也是十分严重的，因此仍然可以请求精神损害赔偿。当然在此我们必须区分两种情形，即故意或者过失。在主观上是故意时，不应以实际严重后果作为精神损害赔偿的构成要件；但是，在主观上为过失时，行为人没有恶意，仅仅是义务的违反，因此应当以严重后果作为请求赔偿的要件，以避免精神损害的肆意扩张，使行为人不至于承担过重的责任。

关于精神损害的计算问题，由于精神损害不能直接以金钱衡量，因此精神损害的计算就不能像财产损害那样原则上采用差额计算。根据《精神损害赔偿司法解释》第10条的规定："精神损害的赔偿数额根据以下因素确定：（一）侵权人的过错程度，法律另有规定的除外；（二）侵害的手段、场合、行为方式等具体情节；（三）侵权行为所造成的后果；（四）侵权人的获利情况；（五）侵权人承担责任的

---

① 唐德华主编：《最高人民法院关于确定民事侵权精神损害赔偿责任若干问题的解释理解和适用》，人民法院出版社2001年版，第20-21页。

经济能力；（六）受诉法院所在地平均生活水平。法律、行政法规对残疾赔偿金、死亡赔偿金等有明确规定的，适用法律、行政法规的规定。”

《人身损害赔偿解释》对于残疾赔偿金和死亡赔偿金分别采用了劳动能力丧失和继承丧失学说，因此其皆以城镇居民人均可支配收入或者农村居民人均纯收入为计算标准，所以应该属于损害赔偿金，而并非精神损害抚慰金。也就是说，行为人在赔偿残疾赔偿金和死亡赔偿金之后另外仍然需要赔偿精神损害抚慰金。但是，根据《精神损害赔偿司法解释》第 9 条的文义，残疾赔偿金和死亡赔偿金就是精神损害抚慰金，这两个司法解释存在明显的冲突。又根据本司法解释第 36 条第 2 款的规定，《精神损害赔偿司法解释》由于与其冲突，不再适用。换言之，权利人既可以请求残疾赔偿金和死亡赔偿金，也可以再请求精神损害抚慰金，二者并不互相排斥。

第二节　裁判规则与典型案例

1 被帮工人属于赔偿义务人

裁判规则

为他人无偿提供劳务的帮工人，在从事帮工活动中致人损害的，被帮工人应当承担赔偿责任。

基本案情[①]

于先臻、孙瑞芹育有一女，取名于丽亚，于丽亚与张翠哲于 2015 年 10 月 16 日登记结婚，张净伟与张翠哲之父系同父异母兄弟。张翠哲与于丽亚登记结婚后，张净伟作为张翠哲方的亲属前往于丽亚处与其亲属协商二人结婚事宜。协商完毕后，张净伟驾车载张翠哲及其亲属与于丽亚一同返回河北省赵县。2015 年 10 月 24 日 18 时 46 分，张净伟驾驶浙 G××××× 号江淮牌小型普通客车，沿 G20 高速公路由东向西行驶至 327 公里+600 米处时，轧到路面上的金属板状物体后导致右前轮胎爆胎，车辆失控，撞到右侧护栏后车辆发生侧翻，造成浙 G××××× 号江淮牌小型普通

① 于先臻等与紫金财产保险股份有限公司义乌支公司机动车交通事故责任纠纷二审民事判决书，来源：中国裁判文书网。

客车乘车人张建辉、于丽亚死亡，车辆受损，高速公路路产损失的交通事故。经询问，张净伟及车辆其他乘车人均表述当时在最左侧车道内有异物，经鉴定，该交通事故是因事故车辆右前轮与事故现场路面上的金属板状物接触爆胎所导致。经调查，事故现场无交通监控设施，无法查清金属板状物是何时、自何车辆遗落。交警部门对本次事故的形成原因无法查清。事故发生后，于丽亚在济钢集团有限公司总医院进行抢救支出抢救费用275.08元。于先臻、孙瑞芹、张翠哲及其亲属为处理事故及于丽亚后事支出了部分费用，其向山东高速股份有限公司、张净伟、紫金财险义乌支公司主张赔偿事宜未果，为此引起诉讼。

另查明，1. 浙G×××××号江淮牌小型普通客车在紫金财险义乌支公司投保交强险一份，商业三者险一份，保险金额50万元，事故发生在保险期间。

2. 经北京中机车辆司法鉴定中心对事故车辆进行鉴定，浙G×××××号江淮牌小型普通客车在事故时的行驶速度约为100km/h，事故路段车辆限速110km/h。

3. 山东高速股份有限公司主张其公司按照相关规定对事故路段进行巡查，根据山东高速股份有限公司向一审法院提交的公路路政巡查日记记载，事故发生时间为2015年10月24日18时46分，在18时至18时50分期间，山东高速股份有限公司安排鲁A6××××号车辆、鲁AD××××号车辆对事故路段进行了巡查，在巡查过程中，未发现事故路段遗留有造成本次事故的金属板状物。

4. 于丽亚生前自2013年6月至事故发生在青岛金汇天地物流有限公司工作。

于先臻、孙瑞芹、张翠哲上诉请求：1. 变更一审判决第二项为限山东高速股份有限公司于判决生效之日起十日内赔偿于先臻、孙瑞芹、张翠哲死亡赔偿金645920元（40370元/年×20年×80%）。2. 变更一审判决第四项为限山东高速股份有限公司于判决生效之日起十日内赔偿于先臻、孙瑞芹、张翠哲精神损害抚慰金80000元（10万元×80%）。3. 变更一审判决第九项为限张净伟于判决生效之日起十日内赔偿于先臻、孙瑞芹、张翠哲死亡赔偿金161480元（40370元/年×20年×20%）。4. 变更一审判决第十一项为限张净伟于判决生效之日起十日内赔偿于先臻、孙瑞芹、张翠哲精神抚慰金20000元（10万元×20%）。5. 一、二审诉讼费用由山东高速股份有限公司、张净伟承担。于先臻、孙瑞芹、张翠哲认为原审法院在核定死亡赔偿金及精神损害抚慰金的过程中事实认定不清，适用法律不当，损害了于先臻、孙瑞芹、张翠哲的合法利益，具体理由如下：一、死亡赔偿金的计算标准应按2015年度青岛市城镇居民人均可支配收入40370元计算，而不是31545元的标准。原审判决查明部分认定：于丽亚生前自2013年6月至事故发生在青岛金汇天地物流有限公司工作。原审判决在计算死亡赔偿金时认为计算标准应按2015年度城镇居民人均可支配收入31545元/年计算。《人身损害赔偿解释》第30条规定，赔偿权利人住所地或者经常居住地城镇居民人均可支配收入高于受诉法院所在地标准的，死亡赔偿金可以按照其住所地或者经常居住地的相关标准计算。鉴于于丽亚生前在青岛工作、生活，根据《2015年青岛市国民经济社会发展统计公报》，2015年度青岛市城镇居民人均可支配收入为40370元，高于原审法院所在地标准31545元，因此本案死亡赔偿金应按于先臻、孙瑞芹、张翠哲主张的青岛市城镇居民人均可支配收入的标准计算，即死亡赔偿金=40370元/年×20年=807400元。对于山东高速股份有限公司、张净伟而言，应就死亡赔偿金807400元按照8：2的责任比例承担赔偿责任，即山东高速股份有限公司承担死亡赔偿金645920元，张净伟承担死亡赔偿金161480元。二、原审法院判定的精神损害抚慰金过低。根据《精神损害赔偿司法解释》第10条之规定，精神损害的赔偿数额根据侵权人的过错程度、侵权行为造成的后果、侵权人承担责任的经济能力等因素确定。本案中，山东高速股份有限公司存在疏于管理的过错，张净伟亦未尽充分的安全谨慎义务，山东高速股份有限公司、张净伟的过错导致年轻的刚办理结婚登记正在筹备婚礼的新娘于丽亚在涉案事故中死亡，显然对其父母及丈夫造成了严重的精神创伤。结合《2011山东省高级人民法院全省民事审判工作会议纪要》之规定，侵权人是法人的，精神损害抚慰金的赔偿标准为5万元到10万元。因此，于先臻、孙瑞芹、张翠哲认为原审法院认定精神损害抚慰金为1万元过低，不能因为侵权人中有自然人就适用较低的精神损害抚慰金标准，这也不符合侵权赔偿“就高不就低”的原则。对此，于先臻、孙瑞芹、张翠哲认为本案的精神损害抚慰金应调高至10万元，山东高速股份有限公司、张净伟应就精神损害抚慰金100000元按照8：2的责任比例承担赔偿责任，即山东高速股份有限公司承担精神损害抚慰金80000元，张净伟承担20000元。综上所述，原审法院对本案死亡赔偿金及精神损害抚慰金的认定金额应当适当调高，于先臻、孙瑞芹、张翠哲恳请贵院依法查清事实并支持于先臻、孙瑞芹、张翠哲的上诉请求，以维护于先臻、孙瑞芹、张翠哲的合法权益。

山东高速股份有限公司针对于先臻、孙瑞芹、张翠哲的上诉请求辩称，一、死亡赔偿金计算标准错误，其主张应不予支持。《人身损害赔偿解释》第30条虽然规定，赔偿权利人举证证明其住所地或者经常居住地城镇居民人均可支配收入或者农村居民人均纯收入高于受诉法院所在地标准的，残疾赔偿金或者死亡赔偿金可以按照其住所地或者经常居住地的相关标准计算。但在本案中，赔偿权利人是死亡受害人的近亲属，即于先臻、孙瑞芹、张翠哲，而非死亡受害人本人（《人身损害赔偿解释》第1条规定，本条所称赔偿权利人，是指因侵权行为或者其他致害原因直接遭受人身损害的受害人、依法由受害人承担扶养义务的被扶养人以及死亡受害人的近亲属）。一审中于先臻、孙瑞芹、张翠哲提交的户籍证明显示，其住所主要地位于农村。所以，本案应适用受诉法院所在地农村居民人均年纯收入标准作为计算标准，即以12930元/年为计算标准。二、原审法院酌定精神损害抚慰金1万元正确。机动车驾驶人对涉案事故应负主要责任，符合《山东省高级人民法院2011年民事审判工作会议纪要》关于精神损害抚慰金的赔偿标准问题的规定（侵权人是自然人的，一般精神损害，赔偿标准为1000元至5000元；严重精神损害，赔偿标准为5000元至10000元），于先臻、孙瑞芹、张翠哲主张的数额过高，于法无据。三、山东高速股份有限公司对于本次涉案事故的发生没有过错，不应承担任何责任。故，本案应依法撤销一审判决，改判驳回于先臻、孙瑞芹、张翠哲对山东高速股份有限公司的全部诉讼请求。

张净伟针对于先臻、孙瑞芹、张翠哲的上诉请求辩称，本案张净伟无过错行为，不应承担赔偿责任。一审法院认定张净伟作为张翠哲方的亲属前往被害人于丽亚处与其亲属协商二人结婚事宜，属于认定事实不清，判决张净伟承担赔偿责任是错误的。虽然张净伟和张翠哲的父亲是同父异母的兄弟，但是张净伟并不是作为张翠哲的亲属身份去和于丽亚家人协商二人结婚事宜，而是张翠哲的家人让张净伟以司机的身份去的，协商张翠哲和于丽亚婚事的是张翠哲家里人所请本村本家的长辈张小丑、张书献，张净伟在此次事件中属于为张翠哲无偿帮工。退一万步讲即便是张净伟作为张翠哲的亲属去山东，也是为了协商张翠哲和于丽亚的婚事。因此，根据《中华人民共和国侵权责任法》第35条规定，“个人之间形成劳务关系，提供劳务一方因劳务造成他人损害的，由接受劳务一方承担侵权责任。提供劳务一方因劳务自己受到损害的，根据双方各自的过错承担相应的责任”；《人身损害赔偿解释》第13条规定，“为他人无偿提供劳务的帮工人，在从事帮工活动中致人损害的，被帮工人应当承担赔偿责任。被帮工人明确拒绝帮工的，不承担赔偿责任。帮工人存在故意或者重大过失，赔偿权利人请求帮工人和被帮工人承担连带责任的，人民法院应予支持”等法律法规的有关规定，即便是张净伟有赔偿责任，因为其帮工是为张翠哲提供帮忙，所以该赔偿责任也应该由张翠哲承担，本案中张净伟不应承担赔偿责任。为此，张净伟在一审审理期间曾提出追加张翠哲为本案被告，一审法院依案件当事人无法表述为由予以拒绝，在判决书中也未表述张净伟和张翠哲之间的帮工关系及责任承担问题，因此，一审判决是错误的应予撤销。

山东高速股份有限公司上诉请求：1. 请求依法撤销一审判决，改判驳回于先臻、孙瑞芹、张翠哲对山东高速股份有限公司的全部诉讼请求。2. 依法改判于先臻、孙瑞芹、张翠哲、张净伟、紫金财险义乌支公司承担相应责任。3. 本案的诉讼费用由于先臻、孙瑞芹、张翠哲、张净伟、紫金财险义乌支公司共同承担。事实与理由：一、原审法院认定山东高速股份有限公司“在巡查日记记载的时间段未能发现事故地点遗留在通行路面上的金属板状物，从而导致事故的发生，山东高速股份有限公司存在疏于管理的过错”系事实认定错误。山东高速股份有限公司已按照法律、法规、规章、国家标准、行业标准或者地方标准对涉案路段履行了管理义务，不存在疏于养护、放任该隐患于不顾的情况，山东高速股份有限公司对本案事故的发生没有过错。根据目前的道路巡查、清扫工作的特点和技术、人力、物力、财力的局限，高速公路管理者只能采取巡回作业的方式对道路进行巡查、养护，对妨碍道路通行安全的障碍物进行“及时”清理，但巡回作业的特点不可能“随时”发现和清扫障碍物。交通部《对关于请求明确有关条款含义的紧急请示的答复》中明确表示，“及时并不等于随时，《公路养护技术规范》没有也不可能要求公路养护单位对路面杂物做到随时清除”。我国法律对于高速公路管理者的义务也均规定的是“及时”清理，而非“随时”清理。事故当日，山东高速股份有限公司在涉案的路段已按规定进行了巡查、养护，已履行了相关义务，不存在“疏于管理的过错”。二、原审法院认定山东高速股份有限公司承担80%的责任系责任判定错误。山东高速股份有限公司不存在“疏于管理的过错”，不应承担任何责任。驾驶机动车在高速公路上行驶，具有天然的高度危险性，机动车驾驶人应充分注意行车安全。但张净伟在行车中轧上的金属板状物有70多厘米长，系其未仔细观察、采取措施不当所致，其应承担事故的主要责任。另外事发时，死者于丽亚未系安全带，导致碰撞发生时无法得到有效保护，对于事故也有一定过错。于丽亚事发时系涉案车辆的乘坐人，但根据原审当庭出示的证据，事发后其与涉案车辆发生了碰撞，为保险合同及法律规定的第三者，紫金财险义乌支公司应承担相应赔偿责任。三、原审法院适用法律错误。本案作为发生在高速公路上的损害赔偿案件，如果一审法院认定山东高速股份有限公司存在“疏于管理的过错”，也应优先适用《最高人民法院关于审理道路交通事故损害赔偿案件适用法律若干问题的解释》第10条的有关规定：“因在道路上堆放、倾倒、遗撒物品等妨碍通行的行为，导致交通事故造成损害，当事人请求行为人承担赔偿责任的，人民法院应予支持。道路管理者不能证明已按照法律、法规、规章、国家标准、行业标准或者地方标准尽到清理、防护、警示等义务的，应当承担相应的赔偿责任。”但山东高速股份有限公司对于涉案路段已按法律、法规、规章、国家标准、行业标准或者地方标准尽到了相应义务，对于本案事故无责任。综上，原审法院认定事实不清，适用法律错误，恳请贵院依法支持山东高速股份有限公司的上诉请求。

于先臻、孙瑞芹、张翠哲针对山东高速股份有限公司的上诉辩称，高速公路是一种全封闭供车辆高速行驶的道路，该特征决定高速公路的管理者负有及时清理物障，确保道路安全畅通的义务，而山东高速股份有限公司作为涉案管理者未能举证证明其已经尽到了法定的清理、防护、警示等多项义务，对事故发生显然存在过错，应当承担赔偿责任，恳请二审法院驳回山东高速股份有限公司的上诉请求。

张净伟针对山东高速股份有限公司的上诉辩称，在本案中，山东高速股份有限公司收费通行应当保证安全行驶的义务，因本案发生事故是高速路上有板状物体、金属物体所造成的，所以高速公路没有尽到保证安全通行的义务，应当承担责任。本案张净伟无过错行为，不应承担赔偿责任。根据济南市公安局高速公路交通警察支队历城大队道路交通事故证明，调查事故得到的事实是2015年10月24日18时46分，张净伟驾驶浙G×××××号江淮牌小型普通客车，沿G20高速公路由东向西行驶至327公里+600米处时，轧到路面上的金属板状物体后导致右前轮胎爆胎，车辆失控，撞到右侧护栏后车辆发生侧翻，造成乘车人张建辉、于丽亚死亡，车辆受损，高速公路路产损失的交通事故；该路段夜间无路灯照明；根据北京中机车辆司法鉴定中心鉴定意见，浙G×××××号江淮牌小型普通客车，当时行驶速度约为100km/h，G×××××号江淮牌小型普通客车右前轮爆胎为该车事故时与事故现场路面上的金属板状物体接触所导致。张净伟有合法驾驶资格，根据鉴定无酒后驾驶，经鉴定所驾驶的车辆制动、灯光和转向系统装置齐全。在 2015 年 10 月 24 日 18 时 46 分天色已黑，车辆所轧的金属板状物体面积小，当张净伟等人看到时已经无法采取措施，因此济南市公安局高速公路交通警察支队历城大队才无法做出责任认定，这足以证明张净伟无过错责任，不应承担本事故的赔偿责任。

张净伟上诉请求：1. 依法撤销一审判决。2. 请求二审法院查明本案事实，依法改判或发回重审。3. 一、二审的诉讼费用由于先臻、孙瑞芹、张翠哲承担。事实与理由：一审法院认定事实不清、证据不足应予撤销。首先，一审法院认定张净伟未尽到安全谨慎义务，亦存在过错，应承担20%的责任是错误的。事故发生在2015 年 10 月 24 日 18 时 46 分，当时天色已黑，张净伟驾驶车辆发现金属板状物时已经无法避免事故的发生，为此济南市历城高速交警也没有认定张净伟未尽到安全谨慎义务的责任，对于张净伟来说，此事故是意外事件，因此一审法院判决让张净伟承担20%的责任是错误的。其次，一审法院认定张净伟作为张翠哲方的亲属前往于丽亚处与其亲属协商二人结婚事宜，属于认定事实不清，判决张净伟承担赔偿责任是错误的，虽然张净伟和张翠哲的父亲是同父异母的兄弟，但张净伟并不是作为张翠哲的亲属身份去和于丽亚家协商二人结婚事宜，而是张翠哲的家人让张净伟以司机的身份去的，协商张翠哲和于丽亚婚事的是张翠哲家里人所请本村本家的长辈张小丑、张书献，张净伟在本次事件中属于为张翠哲无偿帮工，因此，根据《中华人民共和国侵权责任法》第 35 条“个人之间形成劳务关系，提供劳务一方因劳务造成他人损害的，由接受劳务一方承担侵权责任。提供劳务一方因劳务自己受到损害的，根据双方各自的过错承担相应的责任”；《人身损害赔偿解释》第 13 条“为他人无偿提供劳务的帮工人，在从事帮工活动中致人损害的，被帮工人应当承担赔偿责任。被帮工人明确拒绝帮工的，不承担赔偿责任。帮工人存在故意或者重大过失，赔偿权利人请求帮工人和被帮工人承担连带责任的，人民法院应予支持”等法律法规的规定，即便是张净伟有赔偿责任，因为张净伟作为司机是为张翠哲提供帮忙，所以该赔偿责任也应该由张翠哲承担，本案中张净伟不应承担赔偿责任。为此，张净伟在一审审理期间曾提出追加张翠哲为本案被告，一审法院依当事人无法表述为由予以拒绝，在判决中也未表述张净伟和张翠哲的责任承担问题，因此一审判决是错误的应予撤销。综上，请求二审法院查明本案事实，依法改判或发回重审。

于先臻、孙瑞芹、张翠哲针对张净伟的上诉辩称，张净伟作为涉案车辆的驾驶人员在高速公路行驶时未能尽到谨慎驾驶高度注意义务，未能及时发现高速公路上的板状物，应当承担相应赔偿责任，张净伟未举证证明帮工关系的存在，其上诉请求没有事实和法律依据，恳请二审法院予以驳回。

山东高速股份有限公司针对张净伟的上诉辩称，在高速公路驾驶机动车具有高度危险性，机动车驾驶人应充分注意行车安全。张净伟为事故发生时的机动车驾驶人，在行车中轧到足有70厘米长的金属板状物，系其未仔细观察，采取措施不当所致，其应对事故的发生承担主要责任。

紫金财险义乌支公司未作陈述。

于先臻、孙瑞芹、张翠哲向一审法院起诉请求：判令山东高速股份有限公司、张净伟、紫金财险义乌支公司赔偿于先臻、孙瑞芹、张翠哲医疗费275.08元、死亡赔偿金807400元、丧葬费26969元、交通费3157.9元、精神损害抚慰金10万元、误工费1034.46元、住宿费100元、殡葬火化费11870元、购买墓地、刻碑费用30279元，以上共计981085.13元。要求紫金财险义乌支公司在交强险和商业三者险范围内承担赔偿责任，不足部分由山东高速股份有限公司、张净伟承担赔偿责任。

审理要览

高速公路是由专门机构管理的具备高速、封闭、机动车专用等特点的道路。车辆进入高速公路系通过付费方式以获得运行高效的保障，高速公路管理者应保证道路畅通安全，如未尽管理义务或管理有瑕疵，应承担相应的赔偿责任。本案中，山东高速股份有限公司作为事故发生路段高速公路的管理机构，虽向一审法院提供其公司的公路巡查日记，但在巡查日记记载的时间段内未能发现事故地点遗留在通行路面上的金属板状物，从而导致事故的发生，山东高速股份有限公司存在疏于管理的过错，应对于先臻、孙瑞芹、张翠哲的损失承担赔偿责任。张净伟在驾驶事故车辆过程中，未能发现车辆行进前方路面上的金属板状物，其行为未尽充分的安全谨慎义务，亦存在过错，根据山东高速股份有限公司的过错程度，一审法院确定山东高速股份有限公司与张净伟承担8：2的责任。于丽亚在事故发生时系事故车上的乘坐人员，并非交强险及商业三者险中约定的第三者，故对于先臻、孙瑞芹、张翠哲要求紫金财险义乌支公司在交强险和商业三者险范围内承担赔偿责任的诉讼请求，一审法院不予支持。

于先臻、孙瑞芹、张翠哲所主张的医疗费、丧葬费，其提供证据及计算依据和标准均符合法律规定，故一审法院对于先臻、孙瑞芹、张翠哲的上述二项诉讼请求予以支持。于先臻、孙瑞芹、张翠哲所主张的死亡赔偿金，计算方式符合法律规定，但计算标准应按 2015 年度城镇居民人均可支配收入 31545 元/年计算。本次事故造成于先臻、孙瑞芹、张翠哲亲属于丽亚死亡，给于先臻、孙瑞芹、张翠哲造成较大的精神损害，一审法院酌定精神损害抚慰金 1 万元。于先臻、孙瑞芹、张翠哲主张的误工费、住宿费、交通费，系事故发生后因处理事故及于丽亚后事所支出，一审法院根据处理事故人员及人数的需要酌定 3 人 7 天的误工费用，标准按 100 元/天计算，住宿费支持于先臻、孙瑞芹、张翠哲诉求的 100 元，交通费酌定 2000 元。于先臻、孙瑞芹、张翠哲所主张殡葬火化费、购买墓地刻碑费用，应包含在丧葬费之内，不应重复主张，故一审法院对于先臻、孙瑞芹、张翠哲的该二项诉讼请求不予支持。

裁判解析

关于赔偿标准问题。《人身损害赔偿解释》第 29 条规定，死亡赔偿金按照受诉法院所在地上一年度城镇居民人均可支配收入或者农村居民人均纯收入标准，按二十年计算。第 30 条规定，赔偿权利人举证证明其住所地或者经常居住地城镇居民人均可支配收入或者农村居民人均纯收入高于受诉法院所在地标准的，残疾赔偿金或者死亡赔偿金可以按照其住所地或者经常居住地的相关标准计算。被扶养人生活费的相关计算标准，依照前款原则确定。本案中，于先臻、孙瑞芹、张翠哲提交的房屋租赁合同、房租收据、工作单位证明、工作单位组织机构代码、营业执照、税务登记证等，能够证明至发生事故之日于丽亚在青岛居住和工作一年以上，且不以农业生产为主要收入来源。根据《2015 年青岛市国民经济和社会发展统计公报》统计数据，2015 年青岛市城镇居民人均可支配收入为 40370 元，高于 2015 年山东省城镇居民人均可支配收入 31545 元的标准，于先臻、孙瑞芹、张翠哲主张死亡赔偿金按 2015 年青岛市城镇居民人均可支配收入标准赔偿于法有据，本院予以支持。关于精神损害赔偿问题。根据侵权人的过错程度、场合、行为方式、侵权人的获利情况、受诉法院所在地平均生活水平等综合因素，一审法院酌定精神损害抚慰金 1 万元并无不当。

关于责任承担问题。车辆进入高速公路系通过付费方式以获得运行高效的保障，高速公路管理者应保证道路畅通安全，如未尽管理义务或管理有瑕疵，应承担相应的赔偿责任。山东高速股份有限公司虽提供了事故发生之日的公路巡查日记，但其仍未发现事故地点遗留在通行路面上的金属板状物，未尽到足够的管理及维护责任，从而导致事故的发生，应对于先臻、孙瑞芹、张翠哲的损失承担赔偿责任。张净伟在驾驶事故车辆过程中，未尽充分的安全谨慎义务，亦存在过错，综合本案情况，一审法院确定山东高速股份有限公司与张净伟按 8∶2 的比例承担责任并无不当。

关于张净伟与张翠哲之间的法律关系问题。《人身损害赔偿解释》第 13 条规定，为他人无偿提供劳务的帮工人，在从事帮工活动中致人损害的，被帮工人应当承担赔偿责任。被帮工人明确拒绝帮工的，不承担赔偿责任。帮工人存在故意或者重大过失，赔偿权利人请求帮工人和被帮工人承担连带责任的，人民法院应予支持。本案中，张净伟开车载张翠哲亲属协商张翠哲婚事的过程中，所驾车辆系张翠哲家人借来的，张净伟未获任何报酬，且从河北到青岛以及从青岛回河北均是张净伟一人开车，结合本案的实际情况分析，张净伟作为司机，其行为属无偿提供劳务的帮工人，加之，张净伟在本案中并无故意或重大过失，故张净伟承担的赔偿责任应由被帮工人承担。

2 近亲属属于赔偿权利人

裁判规则

赔偿权利人的范围是因侵权行为或者其他致害原因直接遭受人身损害的受害人、依法由受害人承担扶养义务的被扶养人以及死亡受害人的近亲属。

基本案情[①]

2016 年 3 月 15 日 23 时 20 分许，张好亮驾驶冀 J×××××、冀 J×××××号重型半挂货车，沿保沧公路由东向西行驶至茶棚村路段时，与由北向南横过公路的行人金

① 中国人民财产保险股份有限公司沧州市分公司、冯福成保险纠纷二审民事判决书，来源：中国裁判文书网。

轮相撞，造成金轮死亡的交通事故。沧县公安交警大队出具的道路交通事故认定书中认定：张好亮驾驶机动车遇情况采取措施不当，违反《中华人民共和国道路交通安全法》第22条第1款之规定；金轮因患有智障，在横过道路时不能尽到确认安全的义务，在车辆临近时有折返的行为，违反《中华人民共和国道路交通安全法实施条例》第75条之规定。依据《道路交通事故处理程序规定》第46条认定，张好亮和金轮负此事故的同等责任。另查明，原告冯福成为肇事车辆冀J×××××、冀J×××××号车的实际所有人，肇事司机张好亮为原告所雇用。原告冯福成分别与沧县广诚汽车运输队、沧县广诚运输有限公司签订汽车营运服务协议，将其所有的冀J×××××、冀J×××××号车分别挂靠于沧县广诚汽车运输队、沧县广诚运输有限公司名下。沧县广诚汽车队与被告人保财险签订保险合同，为冀J×××××号车投保了交强险（保险期限为2015年10月10日至2016年10月9日）和保险金额为1000000元的第三者责任保险（保险期限为2015年10月18日至2016年10月17日）。沧县广诚运输有限公司与被告人保财险签订保险合同，为冀J×××××号车投保了保险金额为50000元的第三者责任保险，保险期限为2015年11月5日至2016年11月4日。又查明，2016年3月28日，在公安机关交通管理部门主持下，肇事司机张好亮与死者金轮的亲属金凯林签订了道路交通事故损害赔偿调解书：由张好亮一次性包干赔偿死亡赔偿金、丧葬费、精神抚慰金等相关损失共计260000元。双方业已完成赔偿款的交接。

上诉人人保财险上诉请求：1. 撤销原判，并依法改判上诉人不承担赔偿责任；2. 诉讼费用由被上诉人承担。事实与理由：一、被上诉人虽就本次交通事故造成的损失已向金凯林进行了赔偿，但该赔偿没有事实和法律依据，被上诉人不能据此向上诉人主张赔偿。被上诉人原审中提交的证据，既不能证实死者金轮是否有其他近亲属，也不能证实金凯林与死者金轮是否系近亲属关系，因此被上诉人的赔偿没有任何法律依据，系被上诉人的自愿行为，对上诉人不具有法律约束力。二、本案中死者金轮负事故同等责任，精神抚慰金应当结合其过错程度认定，原审认定的精神抚慰金数额过高。

被上诉人冯福成辩称，一审法院认定事实正确，适用法律正确，应当依法维持。本案中金凯林与死者是亲兄弟关系，死者除此之外没有其他近亲属，故被上诉人就涉案交通事故造成的损失向金凯林赔偿是有事实及法律依据的。因为涉案交通事故造成了死者近亲属金凯林的相应损失，死者亲属要求被上诉人赔偿，且被上诉人在交警队的主持下给金凯林26万元的赔偿。关于上诉人所提出的精神抚慰金应结合过错程度进行认定，我方认为上诉人的上诉没有事实及法律依据。

被上诉人冯福成向一审法院起诉请求：1. 判令被告向原告支付保险金260000元；2. 诉讼费由被告承担。

审理要览

三份由被告人保财险承保的保险合同全部为合同双方真实意思表示的结果，并且不违反法律和行政法规中的强制性规定，依法成立生效，本案中的保险事故发生在保险期间内，保险公司应当依照保单约定的数额支付保险金。因原告冯福成为肇事车辆的实际拥有者，投保人沧县广成汽车运输队、沧县广成汽车运输有限公司只是代为办理保险业务，保险费用由冯福成承担，故本案中所涉及保险合同的实际被保险人应为冯福成。根据交警部门出具的事故责任认定书，司机张好亮和死者金轮负事故的同等责任，故对于因事故所造成的损失，应根据《河北省实施〈中华人民共和国道路交通安全法〉办法》第58条之规定，因死者金轮为行人，机动车方应对事故造成的损失承担80%的赔偿责任。参照河北省2016年度道路交通事故人身损害赔偿标准有关数据，确定死者金轮的各项损失为：1. 死亡赔偿金221020元（11051元/年×20年）。2. 丧葬费23119.5元。3. 精神抚慰金60000元。以上各项共计304139.5元。应当由人保财险首先支付交强险的保险金110000元，剩余的194139.5元（304139.5元－110000元）损失中应由原告冯福成承担的部分为155311.6元（194139.5元×80%），因原告实际赔偿了死者金轮260000元，故由被告人保财险应支付第三者责任险的保险金为150000元。综上所述，被告人保财险应当向原告冯福成支付的保险金共计260000元。

裁判解析

《人身损害赔偿解释》第1条对“赔偿权利人”的范围进行了界定，即因侵权行为或者其他致害原因直接遭受人身损害的受害人、依法由受害人承担扶养义务的被扶养人以及死亡受害人的近亲属。同时，《最高人民法院关于适用〈中华人民共和国民事诉讼法〉的解释》第85条对《中华人民共和国民事诉讼法》第58条第2

款所规定的“近亲属”的范围进行了界定，即与当事人有夫妻、直系血亲、三代以内旁系血亲、近姻亲关系以及其他有抚养、赡养关系的亲属。本案中，根据被上诉人冯福成在一、二审中所提供的证据，可以证明被上诉人冯福成向死者金轮唯一的近亲属金凯林进行赔偿26万元这一基本事实，一审判决判令上诉人人保财险在保险限额内赔偿被上诉人冯福成上述款项，有事实和法律依据，并无不当。上诉人人保财险主张被上诉人冯福成的赔偿没有任何法律依据，系其自愿行为，对上诉人人保财险不具有法律约束力，其理据不足，本院不予支持。关于本案精神抚慰金问题。金轮因案涉交通事故死亡，致其近亲属遭受精神损害，一审判决将该项款项确定为6万元与本院司法实践相符且不违反相关法律规定。

3 健康权遭受损害属于人身损害赔偿解释的范围

裁判规则

健康权纠纷，公民的合法权益受法律保护，侵害他人造成人身损害的，应当承担侵害的损害赔偿责任。

基本案情①

2016年1月4日18时许，原告与被告因琐事发生争吵并打架，双方均有受伤。2016年1月5日上午，原告前往保亭县人民医院就诊治疗，临床诊断：多发性软组织挫伤（面部、胸部、左肘），随后，CT检查：头颅平扫、眼眶平扫、鼻骨平扫、腰椎平扫等未见异常。2016年2月26日，原告前往保亭县人民医院复查，临床诊断：胸部软组织挫伤，医生建议如有不适，随诊。原告因就医花费医疗费为2602.2元，原告称其在保城富春济和堂药店购买药品花费440元。原告并未实际住院治疗，看诊就医后，回家治疗，平日自行照顾起居。另查明，2016年2月26日，保亭县公安局查明“2016年1月4日18时许，南茂农场八一队的陈慧清和邓增汉因琐事发生争吵并打架，双方均有受伤”，并据此对邓增汉作出500元的行政处罚决定。而后，被告向保亭县公安局缴纳了500元的罚款。还查明，原告系非农业户口，原保亭县南茂农场工人，现退休，每月领取约900元退休工资。被告系非农业

① 原告陈慧清诉被告邓增汉身体权纠纷民事判决书，来源：中国裁判文书网。

户口。

陈慧清上诉请求：一、撤销原审判决，改判支持上诉人陈慧清的诉讼请求，判令邓增汉赔偿医疗费3043元，误工费4320元，护理费、营养费、住院伙食补助费、交通费及住宿费、精神抚慰金共5000元，以上合计12363元；二、本案一、二审诉讼费用由邓增汉承担。事实与理由：一、2016年1月4日，陈慧清探看老乡，路过邓增汉家门，邓增汉看到后，抓住陈慧清做出流氓动作，陈慧清因此与邓增汉打了起来。邓增汉拿竹竿朝陈慧清头、面、手、胸、腰打来，结果将陈慧清的帽子打烂，衣服呈现出一条条的伤痕迹。陈慧清当即拨打110报警，南茂派出所出警后，邓增汉开车逃跑，其第二天到派出所自创伤势，说是陈慧清打伤他的手。二、陈慧清从来没有欺负过邓增汉妻儿。2015年9月，因邻里之间的用水、卫生等问题，邓增汉曾辱骂过陈慧清，还做出流氓的举动。2015年10月4日，邓增汉拿竹竿打了陈慧清的腰部，陈慧清当即向派出所报了案。事后邓增汉叫他人威胁陈慧清，邓增汉妻子的弟弟夫妇二人在今年正月初六上门要打陈慧清的孩子，邓增汉的孩子在正月初十到陈慧清家里偷冲击钻，陈慧清报案后，派出所找了回来。以上的事实说明邓增汉欺负陈慧清是寡妇。

邓增汉答辩称，邓增汉的儿子患有精神病，在玩耍时不小心与陈慧清发生矛盾，陈慧清追到家中要对其进行人身攻击，邓增汉的妻子是残疾人，无法阻拦，邓增汉身矮体弱，根本无法与陈慧清相抗，为防止陈慧清的不法侵害，只能采取防卫手段打伤陈慧清，陈慧清也打伤了邓增汉，但邓增汉没有保留好相关的证据材料来证明。对此，陈慧清应负全部的责任。事件发生后，公安机关已对邓增汉作出治安处罚500元。

邓增汉上诉请求：一、撤销原审判决，改判驳回陈慧清的诉讼请求；二、诉讼费由陈慧清支付。事实和理由：2016年1月4日18时许，邓增汉患有精神病的儿子与陈慧清发生矛盾，陈慧清想打邓增汉的儿子，追至邓增汉家中，邓增汉患有残疾的妻子上前阻拦，被陈慧清推开，邓增汉见状也立即上前阻拦，双方发生争吵，而后双方发生相互推拉。由于陈慧清身强体壮，而邓增汉身矮体弱，无法与陈慧清相抗，邓增汉被迫顺手拿起家中的一条小木棍打陈慧清，陈慧清才停止对邓增汉的攻击。由此可见，邓增汉被迫防卫才将陈慧清打伤，不应负赔偿责任，应当撤销原审判决，驳回陈慧清的诉讼请求。

陈慧清答辩称，邓增汉诉称陈慧清冲进其家中不是事实，双方发生争吵的地点在屋后，因邓增汉提起陈慧清去世的老公，然后双方发生争吵。

陈慧清向一审法院起诉请求：一、被告赔偿原告医疗费3043元、误工费4240元、护理费2000元、营养费300元、住院伙食补助费700元、交通费500元、精神抚慰金1500元，合计12283元；二、本案诉讼费由被告承担。

审理要览

本案系身体权纠纷。根据《中华人民共和国民法通则》第98条"公民享有生命健康权"、第119条"侵害公民身体造成伤害的，应当赔偿医疗费、因误工减少的收入、残废者生活补助费等费用；造成死亡的，并应当支付丧葬费、死者生前扶养的人必要的生活费等费用"和《人身损害赔偿解释》第1条第1款"因生命、健康、身体遭受侵害，赔偿权利人起诉请求赔偿义务赔偿财产损失和精神损害的，人民法院应予受理"的规定，具体到本案，原、被告为了琐事发生争执，原、被告间打架的行为致使原告就医的结果存在因果关系，被告应承担赔偿责任。1. 医疗费。根据《人身损害赔偿解释》第19条第1款"医疗费根据医疗机构出具的医药费、住院费等收费凭证，结合病历和诊断证明等相关证据确定。赔偿义务人对治疗的必要性和合理性有异议的，应当承担相应的举证责任"的规定，原告主张其在保亭县人民医院住院花费医疗费2602.20元，并提交13张加盖县医院收费专用章的票据予以证实，予以采信，被告称此次纠纷是原告引起的，原告因此就医产生医疗费的收费票据应由原告自行负担的辩解，不予认可。而原告主张其因购买药品而花费440元系手撕发票，该证据无法证实原告购买的药品名称正是原告自己书写的药品名称，也无法证实原告所需药品的价值为440元，故对原告主张440元的医疗费不予采信。2. 误工费。根据《人身损害赔偿解释》第20条"误工费根据受害人的误工时间和收入状况确定。误工时间根据受害人接受治疗的医疗机构出具的证明确定。受害人因伤致残持续误工的，误工时间可以计算至定残日前一天。受害人有固定收入的，误工费按照实际减少的收入计算。受害人无固定收入的，按照其最近三年的平均收入计算；受害人不能举证证明其最近三年的平均收入状况的，可以参照受诉法院所在地相同或者相近行业上一年度职工的平均工资计算。"的规定，庭审调查可知，原告系农场退休工人，每月领有固定收入，因该起事故并未导致原告减少误工时间和收入。故，原告主张误工费根据《2015—2016年度海南省道路交通事故人身损害赔偿项目和计算标准》按照每天80元计算53天（纠纷发生日为2016年1月4日至医院复查日2016年2月26日止）费用为4240元，不予采信，被告称县医院并未证明原告存在误工时间的辩解，予以认可。3. 护理费2000元、营养费300元、住院伙食补助费700元、交通费500元、精神抚慰金1500元。根据《人身损害赔偿解释》第21条“护理费根据护理人员的收入状况和护理人数、护理期限确定。护理人员有收入的，参照误工费的规定计算；护理人员没有收入或者雇佣护工的，参照当地护工从事同等级别护理的劳务报酬标准计算。护理人员原则上为一人，但医疗机构或者鉴定机构有明确意见的，可以参照确定护理人员人数。护理期限应计算至受害人恢复生活自理能力时止。受害人因残疾不能恢复生活自理能力的，可以根据其年龄、健康状况等因素确定合理的护理期限，但最长不超过二十年。受害人定残后的护理，应当根据其护理依赖程度并结合配制残疾辅助器具的情况确定护理级别”的规定，本案中，原告并未实际住院，纠纷发生当日在县医院就诊后便回家，其自行照顾自己起居，并未提供护理人员和护理人数的证据，故，原告主张护理费2000元，不予支持。根据《人身损害赔偿解释》第22条“交通费根据受害人及其必要的陪护人员因就医或者转院治疗实际发生的费用计算。交通费应当以正式票据为凭；有关凭据应当与就医地点、时间、人数、次数相符合”的规定，原告主张其在县医院就医产生往返的交通费500元，但未提供证据予以证实，无法采信。根据《人身损害赔偿解释》第23条“住院伙食补助费可以参照当地国家机关一般工作人员的出差伙食补助标准予以确定。受害人确有必要到外地治疗，因客观原因不能住院，受害人本人及其陪护人员实际发生的住宿费和伙食费，其合理部分应予赔偿”的规定，原告主张其住院伙食补助费700元，但通过庭审调查，原告并未实际住院，对该费用不予认可。根据《精神损害赔偿司法解释》第8条第1款“因侵权致人精神损害，但未造成严重后果，受害人请求赔偿精神损害的，一般不予支持，人民法院可以根据情形判令侵权人停止侵害、恢复名誉、消除影响、赔礼道歉”和第11条“受害人对损害事实和损害后果的发生有过错的，可以根据其过错程度减轻或者免除侵权人的精神损害赔偿责任。”的规定，结合本案案情来看，原告虽因纠纷受伤但并未造成严重后果，考虑到原、被告同住南茂农场八一队，原告因琐事与被告发生争执，双方对此都有一定过错，都没有顾及邻里关系，互不相让，导致争吵演变成了打架，酿成今日局面。被告称因该纠纷自己也有受伤，也因此受到了行政机关的处罚，已知晓打架致害的错误所在，今后双方应和睦相处。

裁判解析

本案系健康权纠纷，公民的合法权益受法律保护，侵害他人造成人身损害的，应当承担侵害的损害赔偿责任。本案争议的焦点：陈慧清是与邓增汉互相打架还是被邓增汉殴打致伤；邓增汉应否赔偿陈慧清所受损失。本案中，陈慧清与邓增汉在2016年1月4日18时许因琐事发生争吵并打架受伤的事实，已为保亭县公安局作出的行政处罚决定书所认定，因此，陈慧清上诉主张邓增汉单方殴打其受伤的事实，不足以推翻其一审提供的行政处罚决定书认定的事实，本院不予采纳。邓增汉因琐事与陈慧清发生争吵并将陈慧清打伤，其行为违法，对造成陈慧清受伤的损害后果存在过错，依法应对陈慧清因此遭受的经济损失承担赔偿责任。陈慧清因与邓增汉打架受伤后在保亭县人民医院就医花费医疗费2602.20元的事实，由陈慧清提供的保亭县人民医院的门诊病历、疾病证明书及收费单据等证据所证实，陈慧清主张邓增汉赔偿该部分医疗费用有事实根据和法律依据，一审法院予以支持并无不当，本院予以维持。对于陈慧清主张的其他医疗费440元，因其提供的发票，并非医疗机构所出具，无法证实其主张购买的药品及其用途、价值，一审法院不予采信作为赔偿依据并无不当，本院予以确认。陈慧清上诉主张邓增汉赔偿误工费，因陈慧清是退休工人，每月固定领取退休金，其未因与邓增汉打架受伤造成误工损失。陈慧清上诉请求邓增汉赔偿护理费、营养费、住院伙食补助费、交通费及精神损害抚慰金等，根据本案查明的事实和证据，陈慧清受伤后仅到门诊就诊，并未住院治疗，不产生护理费、住院伙食补助费等损失；其主张营养费，但未能提供医院机构确定其需要增加营养的意见予以证实；其主张交通费损失，亦未能提供其因就医支出的交通费正式票据加以证明；其主张精神损害抚慰金，同样未能提供其因与邓增汉打架受伤造成其严重的精神损害后果的相关证据。因此，陈慧清上诉请求邓增汉赔偿医疗费、误工费、护理费、营养费、住院伙食补助费、交通费及精神损害抚慰金等损失共计12363元，缺乏事实根据和法律依据。

④ 被扶养人属于人身损害赔偿权利人

裁判规则

依法由受害人承担扶养义务的被扶养人在受害人伤亡之后可以向侵权行为人请求侵权损害赔偿。

基本案情[①]

上诉人孙中文、江苏省电力公司连云港供电公司（以下简称供电公司）、连云港绿生水晶制品有限公司（以下简称绿生公司）触电人身损害赔偿纠纷一案，原经连云区人民法院于2006年7月13日作出（2005）港民一初字第0969号民事判决，孙中文、供电公司不服，提起上诉，本院于2007年11月8日作出（2006）连民一终字第0966号民事判决。孙中文不服，向江苏省高级人民法院申请再审。江苏省高级人民法院于2011年3月7日作出（2009）苏民再终字第0038号民事裁定，撤销上述一、二审民事判决，发回连云区人民法院重审。该院重审后于2012年5月15日作出（2011）港民初字第0611号民事判决，孙中文、供电公司不服该判决，提起上诉，本院审理后以“原判决认定事实不清，证据不足”为由，于2012年9月10日作出（2012）连民终字第0679号民事裁定，撤销（2011）港民初字第0611号民事判决，发回重审。连云区人民法院于2012年9月28日立案再审，并于2013年2月1日作出（2012）港民再初字第0003号民事判决，孙中文、供电公司、绿生公司均不服，又提起上诉。本院于2013年3月25日立案受理后，依法组成合议庭，并于同年4月19日公开开庭审理了本案。上诉人孙中文委托代理人孙信永、上诉人供电公司委托代理人成静、朱健，绿生公司委托代理人孙柱文到庭参加诉讼，本案现已审理终结。

孙中文在原审诉称，2005年8月20日下午6时许，孙中文在路边玩耍，见原京兴海实业有限公司所在地（该地现已转让给绿生公司）路旁有三根并排的电线杆，上面没有变压器，空中也没有连接电线，而且又是在旷野地上，周围又没有任何围栏和警示标志。孙中文认为是废弃电线杆，出于天生的玩性，向上攀爬，在准

① 孙中文与江苏省电力公司连云港供电公司、连云港绿生水晶制品有限公司触电人身损害责任纠纷再审民事判决书，来源：中国裁判文书网。

备从电线杆上下来时，突然被该电线杆上的电缆线高压电电击而摔下来。孙中文被电击受伤后即被送往连云港市第一人民医院东方医院后转至连云港市第一人民医院治疗。在治疗期间，右手截肢，左手爪型手，不能对指，功能丧失。原使用单位京兴海实业有限公司于2001年向供电公司对以上电力设施申请报停用电，供电公司接受报停但未断电，后由国土局将该地块转让给绿生公司。绿生公司在取得变压器的使用权后未予审查，致使本不应带电的设施却带有高压电，而致孙中文损伤，供电公司、绿生公司依法对孙中文应当承担民事赔偿责任。在（2005）港民一初字第0969号案中孙中文要求供电公司、绿生公司连带赔偿原告医疗费、护理费、交通费、住宿费、住院伙食补助费、营养费、残疾赔偿金、残疾辅助器具费、法医鉴定费、精神损失抚慰金共计677740元，后又将诉讼请求增加至960000元。本案重审时，即（2011）港民初字第0611号案中，孙中文将诉讼请求变更为：一、请求判令供电公司、绿生公司连带赔偿原告医疗费32578.50元、护理费884442.50元、伙食补助费4600元、营养费4600元、交通住宿费891.50元、残疾赔偿金367104元、残疾器具费1021900元、精神抚慰金300000元、法医鉴定费1500元、其父扶养费287140元，共计2851186.50元；二、请求判令供电公司、绿生公司承担本案诉讼费用。

供电公司原审中辩称，电线杆上有变压器材，监护人负有教育子女认识到攀爬电线杆危险的责任。孙中文攀爬电线杆，其监护人有过错，应当承担20%—30%的责任。对孙中文伤残等级及护理依赖程度，法庭应依据具有法律效力的鉴定意见作为定案依据。孙中文的残疾辅助器具费用，应参照连云港市中级人民法院在（2006）连民一终字第0966号案中的计算标准计算。孙中文在原审一审时以农村标准计算相关费用，且提出缓交诉讼费也是根据村委会出具的证明，因此，孙中文主张按照城镇标准计算相关费用没有依据。精神抚慰金是按照伤残等级计算的，孙中文要求300000元没有依据。本案的供电设施随土地流转，现在绿生公司使用的土地范围内。根据《中华人民共和国土地管理法》的规定，该供电设施产权人是绿生公司。绿生公司只是报停电，不必然要断电，供电公司只负巡视管理责任。

绿生公司原审中辩称，孙中文受伤是因其擅自爬电线杆造成的，其监护人对本案的发生存在严重过失，应该承担相应的责任；供电公司在原京兴海实业有限公司向其申请暂停用电后，没有按照规定作业，继续对该线路供电，导致孙中文所爬的电线杆在事发时仍然带电，因此，供电公司存在重大过错；绿生公司在2005年1月和连云港市国土资源局签订土地使用权出让合同，并于2005年6月取得土地使用证，连云港市国土资源局出让给绿生公司的土地并不包括事发现场的电线杆，并且绿生公司在事发时还没有取得该土地的实际使用权，孙中文也没有证据证明电力设施是绿生公司的，故该供电设施不属绿生公司所有。事发前绿生公司曾经多次向供电公司申请供电，但供电公司多次现场斟察认为现场无电可供，绿生公司主观上不知道该土地上有电可供。故绿生公司不应承担赔偿责任，孙中文对绿生公司的诉讼请求没有事实和法律依据。

再审一审查明，2005年8月20日下午6时许，孙中文在连云港经济技术开发区泰山路路边玩耍，后攀爬位于绿生公司施工工地边上的一根立着的电线杆（该电杆原为京兴海实业有限公司架设变压器所用，共有三根立着的电线杆，变压器已被人拆掉），因该电线杆上有一裸露的电压为10千伏的电缆线头，孙中文在攀爬过程中，被电击伤摔到地上，即被送至连云港市第一人民医院东方医院抢救治疗，次日，转至连云港市第一人民医院住院治疗，于2005年11月19日出院，共住院92天。在原告住院期间，经医生诊断，先后进行了四肢深度创面清创术，右手截除术，四肢深度创面清创植皮术，左前臂创面清创、腹部皮瓣转移修复术，腹部带蒂皮瓣断蒂术等治疗。

在原审一审审理过程中，孙中文伤情经本院委托连云港市第三人民医院司法鉴定所鉴定，于2006年2月20日作出鉴定结论为：被鉴定人孙中文2005年8月20日被电击伤后致右肘关节下1/3处截肢后缺失，左手对指功能差，不能对指，爪型手，痛觉消失，左手屈曲功能缺如，伸展功能减退，其功能丧失约40%以上，此伤参照《人体损伤致残程度鉴定标准》2.5.34条、2.8.38条之规定，分别构成5级伤残、8级伤残；右前臂缺失需安装假肢；医疗终结期从伤起以10个月为妥。孙中文支付法医鉴定费1000元。

另查明，原京兴海实业有限公司于2001年5月24日向供电公司下属的供电营业部门申请暂停用电，并已经其同意，京兴海实业公司此后一直未申请恢复用电。2005年1月，绿生公司与连云港市国土资源局签订土地使用权出让合同，于同年6月取得事故发生地的土地使用权。

在（2005）港民一初字第0969号案中，经审理后于2006年7月13日判决供电公司赔偿孙中文医疗费、护理费、住院伙食补助费、营养费、交通费、残疾赔偿金、残疾辅助器具费、法医鉴定费、精神损害抚慰金共计616636.8元，其余损失由其监护人负担。驳回孙中文要求绿生公司承担连带赔偿责任的诉讼请求。

孙中文及供电公司均不服（2005）港民一初字第0969号判决，提起上诉。连云港市中级人民法院在二审中委托国家康复辅具研究中心对孙中文假肢赔偿所需费用进行了鉴定，该中心出具鉴定意见：一、临床检查。患者孙中文，男，1993年3月生，于2005年8月20日因高压电击伤导致右前臂截肢，左手致残。经查，右前臂截肢，残肢长10厘米（肱骨外侧踝至残肢末端）；残肢侧肩、肘关节活动正常；左前臂掌侧有8厘米×4厘米植皮疤痕，左手功能完全丧失。二、处理意见。作为假肢赔偿费用，以安装普通适用型假肢为准。根据患者实际情况，左手功能完全丧失，日常生活需完全依赖假肢，故建议右侧安装国产单自由度肌电前臂假肢。患者需终生佩戴假肢。三、安装假肢所需费用。1. 国产单自由度肌电前臂假肢的寿命一般为2年，但因该患者左手功能完全丧失，右侧使用假肢频率明显高于正常情况，故其使用寿命应按1.5年计算为宜。国产硅胶手套的使用寿命为半年。又，对于生长期的患者需要每年更换一次假肢，即患者自肇事之日起至18岁，每年更换一次假肢，其中硅胶手套每半年更换一次；18岁以后，每一年半更换一次假肢，其中硅胶手套每半年更换一次。2. 上述国产单自由度肌电前臂假肢的费用为每只15000元，硅胶手套为易损件，价格为每只500元。3. 另加假肢总价格10%的日常维修费用。患者安装假肢的交通、食宿、训练以及残肢修整手术费用另行计算。连云港市中级人民法院未采信该鉴定意见，于2007年11月8日作出终审判决，认为原审法院认定事实清楚，但对于赔偿数额和责任承担明显不当，依法予以改判：撤销一审判决；上诉人供电公司给付上诉人孙中文475106.40元；被上诉人绿生公司给付上诉人孙中文138030.40元；驳回上诉人孙中文的其他诉讼请求。该判决生效后，供电公司已主动履行了生效判决确定的义务，共向原告支付492368元。被告绿生公司经本院强制执行，共给付原告174000元（含给付原告预交的执行费1970元）。

本案重审时，针对孙中文伤情及护理依赖程度，经孙中文申请，一审法院委托鉴定机构鉴定，因在鉴定期间，孙中文父亲对鉴定提出质疑，并在互联网上发帖，鉴定机构认为不宜继续鉴定，终止鉴定。2008年6月27日，孙中文针对伤情是否需要终身护理及护理依赖程度问题自行委托连云港市灌云县人民医院司法鉴定所进行鉴定，鉴定意见为：被鉴定人孙中文，电击伤致右前臂截肢，左手功能丧失，右前臂装配假肢，但仍不能独立完成进食、大小便、穿衣、洗漱等日常生活自理动作，属终身二级护理依赖。2012年1月6日，原告自行委托连云港市灌云县人民医院司法鉴定所对原告的伤残等级进行鉴定，鉴定意见为：被鉴定人孙中文，2005年8月20日被电击伤，经综合治疗，遗留右前臂中段以远缺失，左手功能完全丧失，综合评定为人体损伤致残四级残疾。原告另提供其父孙信永的2010年2月18日颁发的残疾证，残疾类别为肢体，残疾等级为三级，有效期10年。

在诉讼过程中，孙中文提供灌云县东王集乡任圩村、连云港市公安局开发区分局华盖山派出所、连云港经济技术开发区中云街道办事处山后居委会等单位出具的证明，以证实其受伤时一家三口在连云港经济技术开发区居住打工，于2011年1月3日在灌南县新安镇购房，现已居住在新安镇中江国际花苑8幢602室。孙中文主张其父系残疾人，丧失劳动能力，其受伤时只12岁，现已满18岁，应当扶养其父亲，供电公司、绿生公司应赔偿其父的被扶养人生活费，按2009年城市人口人均消费支出14357计算20年即287140元。另孙中文据此要求其相应赔偿费用按城镇标准计算。供电公司、绿生公司认为上述证据是孙中文新增加的证据，证据不足，不予认可。

对本案中孙中文单方委托的二份法医鉴定和连云港市中级人民法院委托国家康复辅具研究中心对孙中文假肢赔偿所需费用进行的鉴定，供电公司、绿生公司虽不予认可，但并未提出证据证明鉴定人没有鉴定资质或鉴定程序不合法，亦未申请重新鉴定，故再审一审对上述鉴定结论和意见予以采信。

关于孙中文定残前的护理费。依据2008年6月27日的鉴定结论，期限自2005年8月20日起至2012年1月6日止，计2330天，按照再审一审法院所在地2010年度城镇居民人均可支配收入22944元/年计算，为146464.44元，定残后护理费计算20年，每年按照受诉法院所在地上一年度城镇居民人均纯收入22944元计算为458880元。护理费共计：605344.44元。

对孙中文主张的各项损失，再审一审依据相关规定认定如下：1. 医疗费，孙中文主张医疗费32578.50元，并提供了相关的医疗费票据、门诊病历、出院小结等予以证实，再审一审依法予以确认。2. 护理费605344.44元。3. 住院伙食补助费2760元。4. 营养费1840元。5. 交通住宿费891.50元。6. 残疾赔偿金，孙中文为伤残四级，按照江苏省2010年度城镇居民人均可支配收入22944元/年的标准计算为321216元。7. 残疾器具费，计算至孙中文74岁。孙中文主张的每次更换需食宿费100元/人，路费往返200元/人，每次需2人次，该主张较为合理，再审一审依法予以支持。根据鉴定意见，前臂假肢更换及硅胶手套更换费用为917600元，此外根据鉴定意见中需训练及残肢修整手术费用，再审一审酌定为60000元，合计977600元。8. 精神抚慰金，孙中文主张300000元过高，无法律依据。依据孙中文的伤残等级四级，依法确定为35000元。9. 法医鉴定费，依据原告提供的票据，认定为1700元。再审一审认为，1. 关于孙中文的损失项目及数额问题：被扶养人生活费应以死者生前或者残疾者丧失劳动能力前实际扶养的、没有其他生活来源的人为限。孙中文主张其父的被扶养人生活费335640元，因其受伤时未成年，不能扶养其父，因此该主张不符合法律规定，再审一审不予支持。其主张的其他各项赔偿费用，按相关法律规定，经审核确定为：医疗费32578.50元、交通住宿费891.50元、鉴定费1700元、护理费605344.44元、住院伙食补助费2760元、营养费1840元、残疾赔偿金321216元、残疾器具费977600元、精神抚慰金35000元，共计1978930.44元。2. 关于民事责任承担问题：公民的生命健康权受法律保护。对因高压电引起的人身损害是由多个原因造成的，应按照致害人的行为与损害结果之间的原因力确定各自的责任。本案中，供电公司作为供用电合同一方，没有举证证明电力设施的产权人，应承担举证不能的不利后果；在原京兴海实业有限公司申请暂停用电，并已经供电公司同意，此后京兴海实业有限公司一直未申请恢复用电，供电公司亦未举证证明其有法定的免责事由，故供电公司未暂停供电是孙中文损害结果发生的主要原因，供电公司具有重大过错，应对孙中文触电人身伤害承担80%赔偿责任。虽无充分证据证明绿生公司系涉案电力设施产权人，但因电力设施在绿生公司土地范围内，绿生公司对其具有管理义务，其未尽到管理职责，对本次事故的发生具有一定过错，因此绿生公司对孙中文触电受伤应承担10%的赔偿责任。事故发生时，孙中文未成年，其监护人未尽到监护职责，具有过错，应适当减轻供电公司的赔偿责任，即剩余的10%赔偿责任由孙中文监护人承担。供电公司已向孙中文支付的赔偿款项应从其应付赔偿款中予以扣除，绿生公司给付孙中文预交的执行费1970元不应冲抵赔偿款，即供电公司还应付孙中文赔偿款1090776.35元（1978930.44元×80%-492368元），绿生公司还应付孙中文赔偿款25863.04元［（1978930.44

元×10%-（174000元-1970元）］。再审一审遂判决：原审被告江苏省电力公司连云港供电公司于本判决生效后10日内赔偿原审原告孙中文各项损失1090776.35元（已扣除已支付的492368元）。原审被告连云港绿生水晶制品有限公司于本判决生效后10日内赔偿原审原告孙中文各项损失25863.04元（已扣除已支付的172030元）。驳回原审原告孙中文其他诉讼请求。

孙中文不服再审一审判决，向本院上诉请求予以改判。其上诉请求在本案审理过程中经多次增加变更，现综合整理为：1.不服再审一审的责任认定标准，即孙中文的监护人不应当承担10%的监护责任。其理由为，孙中文在距家四米至五米范围内活动，并没有脱离监护范围，有证据证明，该事故现场无电，所以监护人及孙中文均无法辨别该供电设施有电，因此，监护人及孙中文均无过错；根据《人身损害赔偿解释》第2条"只有在受害人有重大过失才会减轻赔偿义务人的赔偿责任，受害人只有一般过失的，不减轻赔偿义务人的赔偿责任"的规定和《最高人民法院关于曹豪哲诉延边电业局、姜国政赔偿一案的责任划分及法律适用问题的复函》"无行为能力人被供电局与第三人共同造成的危险致残，不宜认定监护人未尽到监护职责"的规定，只有监护人有重大过失的情况下，才减轻被上诉人责任，因此再审一审法院对责任划分是错误的，其仅适用《中华人民共和国民法通则》第131条的规定，而没有适用《人身损害赔偿解释》第2条的规定，对过失相抵做出的限制性规定是不当的，应予以纠正。2.再审一审按"伤残时实际抚养"判决被抚养人生活费违反现行法律和公序良俗。《人身损害赔偿解释》第2条和第28条，把被扶养人的定义从"伤残时实际扶养"改为"依法应当承担扶养义务的人"，在此之前，江苏省高级人民法院早在1995年12月15日公布的《关于审理人身损害赔偿案件若干具体问题的意见》中就把被扶养人的界定从"伤残时"外延至"人民法院裁决时"，其第95条明确规定"依法应当由受害人抚养的人，在受害人死亡或丧失劳动能力前不需要其实际抚养，而在受害人受害后至人民法院裁决前丧失了生活来源，其要求侵害人支付必要生活费的，应予支持"。再审一审在认定被扶养人生活费时，不顾受害人已满十八岁时被扶养人丧失劳动能力和没有生活来源的事实，以"原告受伤时为未成年，不能扶养其父"作为判决依据，违反了婚姻法的规定和最高人民法院的司法解释，也违反了江苏省高级人民法院的规定，同时也触犯了最起码的道德底线，破坏了公序良俗。3.再审一审按照2010年度的赔偿标准计算赔偿数额明显不当。本案的有效伤残鉴定日为2012年1月6日。根据最高人民法院民一庭《民事审判参考》(总第4、43集),[民事审判信箱]第238页的[残疾赔偿金、死亡赔偿金能否按照人身损害行为或结果发生时的统计标准计算]及《两次伤残鉴定,受害人的误工费应算至哪一次定残日前一天》。按照上述两个意见,残疾赔偿应以有效鉴定作为计算的基准来确定赔偿标准的上一年度,所以本案应以2012年1月6日的伤残鉴定的辩论结果作为上一年度的赔偿标准确定日。《人民司法》作为最高人民法院院刊,在2011年第11期司法信箱当中,刊登《两次伤残鉴定,受害人的误工费应算至哪一次定残日前一天》,同一期文章《如何理解赔偿损害计算的时间标准问题》明确表示,应按重审一审作为赔偿标准,上述两本杂志代表的是最高人民法院的观点,各级法院应当参照执行。同时,《人身损害赔偿解释》的起草人陈现杰在专家讲座中,关于人身损害赔偿案件也阐明,只要变更了诉讼请求,或者追加了诉讼当事人,就是一个新的诉讼,就应该使用新的重审标准,并且成都市中级人民法院把重审一审作为赔偿标准,获得了良好的社会效果,并发文要求全市所有法院照此办理,所以我认为应当按照有效鉴定日2012年1月6日的辩论作为赔偿标准时间点的计算依据。4. 一审判决的精神抚慰金不足以抚慰受害人所遭受的精神创伤,应当根据全国相同或相近案件合理确定精神抚慰金的数额。5. 辅助器具中的假肢安装费用应按法律规定计算。本案中假肢安装机构的《假肢安装证明》和司法鉴定对假肢安装费用赔偿标准作出了明确的意见,法律也明确规定按假肢安装机构意见确定,但是原审法院却抛开上述证据和法律,由法官酌定辅助器具费用,请求二审予以纠正。

上诉人供电公司上诉请求依法改判或发回重审。其理由为,一、一审事实不清,证据认定严重错误。1. 涉案电力设施产权不清。依据《最高人民法院关于审理触电人身损害赔偿案件若干问题的解释》第2条,“因高压电造成人身损害的案件,由电力设施产权人依照民法通则第一百二十三条的规定承担民事责任”。因此,查明电力设施产权人是审理触电人身损害赔偿案件的基础。在原一审、二审判决中,都认定孙中文攀爬的电线杆属于原来京兴海实业有限公司架设变压器所用,这足以证明,该电力设施为非上诉人所有。重审中,一审法院本应适用“谁主张,谁举证”的举证分配规则,相反,一审法院却滥用证据责任倒置的证明规定,使供电公司承担“无”这一无法完成的举证任务,违反了《最高人民法院关于民事诉讼证据的若干意见》。2. 受害人伤残等级、护理依赖程度事实不清。本案中关于伤残等级、护理依赖程度相继出现四次鉴定。重审一审判决中，采纳了上诉人有异议的单方鉴定结论，却不采纳法院自身委托的鉴定结论，是不当的。二、一审责任划分不当。1. 供电公司承担80%的责任过重。本案中，供电公司对客户申请停电是按规定执行的，本无过错，原二审判决供电公司承担70%责任已属不轻，再审一审判决却进一步加重了供电公司的责任，判决承担80%的责任，明显过重。2. 绿生公司承担10%的责任过轻。绿生公司在事故发生时已取得了土地使用权，相应取得了土地上的建筑物、附着物的所有权，并承担相应的管理义务，但因其管理不善，致未成年人孙中文攀爬电线杆致残，应承担相应的责任。原二审判决其承担20%责任并无不妥，重审一审却判决其承担10%的责任，明显过轻。3. 受害人承担10%责任过轻。国务院《电力设施保护条例》第14条规定，任何单位或个人，不得从事下列危害电力线路设施的行为之（五）擅自攀登杆塔。本案中，孙中文为12岁的限制民事行为能力人非无民事行为能力人，其监护人在其成长过程中就应加强安全教育，可其竟然胡乱攀爬至几米高处的电缆线上玩耍，法定监护人未履行监护责任负有重大过失，一审确定其自身承担10%的责任显然过低。三、损失计算标准法律适用错误。1. 受害人的户籍为农村户口，在原一审、二审中，其申请减免诉讼费也是由其户口所在地的村委会出具证明，因此各项损失的依据应按农村标准计算，一审法院却按城镇标准计算，违反了《人身损害赔偿解释》的规定。2. 损失计算应当适用原审时即2005年度各项费用标准，而不应当适用2010年标准。四、一审违反诉讼程序。一审中双方对受害人的伤残等级护理依赖程度存在严重的分歧，法院也委托南京医科大学对此进行鉴定，在由于原告父亲上网发贴，上访干扰终止鉴定的情况下，法院应当另寻其他有资质的鉴定机构进行重新鉴定，相反，一审法院却认为未申请重新鉴定，明显违反了民事诉讼程序。

上诉人绿生公司上诉请求驳回被上诉人对上诉人的诉讼请求。其理由为，一、一审法院认定事实错误，导致判决错误。1. 上诉人并不是事故电力设施的产权人。本案事故的电力设施中的电线杆是原京兴海实业有限公司投资架设，该公司才是该动产的所有权人，该事实在多次庭审中均得到各方当事人的证实，是没有任何争议的。2. 本次事故发生时，上诉人并未取得土地的实际使用权，上诉人在原审时已向法庭提供了证明该事实的充分证据，因此，一审法院认定上诉人对电力设施具有管理义务，未尽到管理责任，无事实依据。3. 上诉人签订土地使用权出让合同后，曾多次向供电部门申请对现场供电，但供电部门经多次现场勘察后，告知上诉人项目现场无电可供，必须重新架设线路。因此，上诉人主观上并不知道事故现场的电线上有电，不具有所谓的管理义务，对本次事故的发生没有任何过错，不应当承担任何责任。二、一审法院适用法律不当，导致判决错误。1. 一审法院认定被上诉人的损失数额过高，应依法予以调整；2. 一审法院认为上诉人承担10%的赔偿责任，无法律依据；3. 本案的发生是被上诉人孙中文擅自攀爬电线杆造成的，其监护人对本案的发生存在严重过失，一审法院仅认定监护人承担其中10%的责任，显失公正。

本院再审二审查明：一、有关事故发生及电力设施情况的事实：2005年8月20日下午6时许，孙中文在连云港经济技术开发区泰山路路边玩耍，后攀爬位于绿生公司施工工地边上的一根立着的电线杆（该电线杆原为京兴海实业有限公司架设变压器所用，共有三根立着的电线杆，变压器已被人拆掉），因该电线杆上有一裸露的电压为10千伏的电缆线头，孙中文在攀爬过程中，被电击伤摔到地上，即被送至连云港市第一人民医院东方医院抢救治疗，次日，转至连云港市第一人民医院住院治疗，于2005年11月19日出院，共住院92天。

漏电的线路由京兴海实业有限公司于2001年5月24日向供电公司下属的供电营业部门申请暂停用电，当日连云港供电局杂项工作传票［户号：3857—1］记载：5月24日申请暂停200KVA变压器，5月28日承办意见记载：该户因生产亏损，同意暂停。京兴海实业有限公司此后一直未申请恢复用电。

2005年1月，绿生公司与连云港市国土资源局签订土地使用权出让合同，于同年6月取得事故发生地的土地使用权，该合同第23条规定："土地使用权转让、出租、抵押，地上建筑物、其他附着物随之转让、出租、抵押。"2005年5月29日，绿生公司在该地块设置"禁止播种"标志牌。

2005年8月20日发生事故，2005年8月25日，连云港经济技术开发区安监局向供电局发出《关于请对变电设施停电的函》，内容为：我局发现泰山路10KV经Ⅱ线3号杆用户电缆出线过路，现带电运行。为了确保安全，请给此变电设施以停电处理。2005年8月31日，绿生公司由于无电使用，向连云港经济技术开发区管委会发出《关于协调本公司项目用地用电进线的申请》，请求协商供电部门完成公司供电事宜。经管委会协商后，连云供电分局认为原线路无法供电，只能从开发区泰山路接电，并于9月4日向绿生公司发出供电方案答复意见，收取方案编制费1万元。

二、关于孙中文户籍及经常居住地的事实：在诉讼过程中，孙中文提供灌云县东王集乡任圩村、连云港市公安局开发区分局华盖山派出所、连云港经济技术开发区中云街道办事处山后居委会等单位出具的证明，以证实其受伤时一家三口在连云港经济技术开发区居住打工，于2011年1月3日在灌南县新安镇购房，现已居住在新安镇中江国际花苑8幢602室。

三、关于孙中文伤残鉴定情况的事实：2006年2月20日，连云港市第三人民医院司法鉴定所经连云区法院委托作出鉴定结论：被鉴定人孙中文于2005年8月20日被电击伤后致右肘关节下1/3处截肢后缺失，左手对指功能差，不能对指，爪型手，痛觉消失，左手屈曲功能缺如，伸展功能减退，其功能丧失约40%以上，此伤参照《人体损伤致残程度鉴定标准》2.5.34条、2.8.38条之规定，分别构成5级伤残、8级伤残；右前臂缺失需安装假肢；医疗终结期从伤起以10个月为妥。原告支付法医鉴定费1000元。

本院在二审中委托国家康复辅具研究中心对原告孙中文假肢赔偿所需费用进行了鉴定，2007年6月13日该中心出具鉴定结论：一、临床检查。患者孙中文，男，1993年3月生，于2005年8月20日因高压电击伤导致右前臂截肢，左手致残。经查，右前臂截肢，残肢长10厘米（肱骨外侧踝至残肢末端）；残肢侧肩、肘关节活动正常；左前臂掌侧有8厘米×4厘米植皮疤痕，左手功能完全丧失。二、处理意见。作为假肢赔偿费用，以安装普通适用型假肢为准。根据患者实际情况，左手功能完全丧失，日常生活需完全依赖假肢，故建议右侧安装国产单自由度肌电前臂假肢。患者需终生佩戴假肢。三、安装假肢所需费用。1. 国产单自由度肌电前臂假肢的寿命一般为2年，但因该患者左手功能完全丧失，右侧使用假肢频率明显高于正常情况，故其使用寿命应按1.5年计算为宜。国产硅胶手套的使用寿命为半年。又，对于生长期的患者需要每年更换一次假肢，即患者自肇事之日起至18岁，每年更换一次假肢，其中硅胶手套每半年更换一次；18岁以后，每一年半更换一次假肢，其中硅胶手套每半年更换一次。2. 上述国产单自由度肌电前臂假肢的费用为每只15000元，硅胶手套为易损件，价格为每只500元。3. 另加假肢总价格10%的日常维修费用。患者安装假肢的交通、食宿、训练以及残肢修整手术费用另行计算。

2008年6月27日原告针对伤情是否需要终身护理及护理依赖程度自行委托连云港市灌云县人民医院司法鉴定所进行鉴定，鉴定意见为：被鉴定人孙中文，电击伤致右前臂截肢，左手功能丧失，右前臂装配假肢，但仍不能独立完成进食、大小便、穿衣、洗漱等日常生活自理动作，属终身二级护理依赖。

2011年7月，在本案经江苏省高级人民法院撤销原审判决，发回重审时，针对孙中文伤情及护理依赖程度，经孙中文申请，连云区法院委托鉴定机构鉴定，因在鉴定期间，原告父亲对鉴定提出质疑，并在互联网上发帖，鉴定机构认为不宜继续鉴定，终止鉴定。

2012年1月6日，原告自行委托连云港市灌云县人民医院司法鉴定所对原告的伤残等级进行鉴定，鉴定意见为：被鉴定人孙中文，2005年8月20日被电击伤，经综合治疗，遗留右前臂中段以远缺失，左手功能完全丧失，综合评定为人体损伤致残四级残疾。

审理要览

一、关于孙中文、供电公司、绿生公司在孙中文触电人身损害赔偿中的责任分配问题

在本案的多次审理中，孙中文、供电公司、绿生公司针对自身在本案事故中的责任分配，均提出不同观点。总体而言，孙中文、绿生公司不认为自身应当承担事故责任，供电公司认为其自身承担的责任过重，应当重新调整分配比例。其各自的观点和依据在前文上诉意见中本院已予以综合整理。再审一审根据触电事故形成的复杂性及本案事故的根本原因，确定供电公司、孙中文、绿生公司在本案事故中的责任比例为80%、10%、10%。

对如何确定各当事人在本案事故中的责任比例，本院认为，应当结合各当事人在事故中的过错程度予以综合衡量。在本案中，供电公司作为供电管理部门，其在收取相关用电及管理费用的同时，应当行使对相关电力设施管理和警示的义务。但与一般触电事故不同的是，本案导致触电事故发生的电力设施，已被用电使用人申报暂停供电多年，且在事故发生后当地安监部门致函明示相关设施仍然带电运行，存在安全隐患的情况下，供电公司仍然确认该电力设施无法供电，并导致现用电使用人绿生公司交纳了方案编制费，重新调整用电线路，启动变线工程，投入大

量资金。对这样一个供电公司明确确认无电的电力设施，在孙中文攀爬时却发生触电损害，作为电源提供方的供电公司应承担主要过错责任，再审一审因此而确认其承担 80%的赔偿责任，并无不当。其主张电力设施产权人应当承担主要赔偿责任的观点，与本案事实并不相符，如果是一个正常的带电运行的电力设施发生触电，电力设施产权人应承担主要过错，但就本案而言，供电公司疏于管理导致本应无电而有电这一事实，才是导致触电事故的真实原因所在。因此，判令供电公司承担 80%的责任是恰当的。其对责任分配失当的上诉理由与本案事实不符，亦无法律依据，本院再审二审不予支持。

绿生公司认为其在事故发生时未完全取得对涉案土地的使用权，且事故发生的电线杆已暂停供电，其也不是该电线杆的实际所有人，其不应当承担赔偿责任。对此，本院再审二审认为，绿生公司是否取得对涉案土地的使用权、是不是涉案电线杆的所有权人，应当依据本案事实而定。在绿生公司取得土地使用权的合同中明确规定，土地使用权转让、出租、抵押，地上建筑物、其他附着物随之转让、出租、抵押。2005 年 5 月 29 日，绿生公司已在该地块设置“禁止播种”标志牌。上述事实可以证明绿生公司在签订土地转让合同的同时即享有对地上附着物的所有权，且已对该地块实施管理，且该行为均发生在事故发生之前，因此，绿生公司以不实际享有涉案土地、电线杆的使用权和所有权，与本案查明事实不符，其对该事实的上诉理由无事实依据，本院不予支持。涉案电线杆所涉供电线路已暂停供电，是再审一审认定绿生公司承担次要责任，并确定其承担 10%责任的主要原因。电力设施具有高度的危险性，这是常识问题，因此绿生公司对该地块范围的供电设施与地上附着物，均有责任尽到相应的安全管理义务，在此情况下，再审一审根据供电线路暂停供电以及绿生公司未能完全尽到管理义务的事实，给予绿生公司 10%的赔偿比例，是恰当的。

对于孙中文而言，其作为一个限制行为能力的未成年人，其监护人对距离其居住地域非常近的电力设施的危险性，应当尽到警示及监护的责任。孙中文根据《人身损害赔偿解释》第 2 条“只有在受害人有重大过失才会减轻赔偿义务人的赔偿责任，受害人只有一般过失的，不减轻赔偿义务人的赔偿责任”的规定和《最高人民法院关于曹豪哲诉延边电业局、姜国政赔偿一案的责任划分及法律适用问题的复函》“无行为能力人被供电局与第三人共同造成的危险致残，不宜认定监护人未尽到监护职责”的规定，认为只有监护人有重大过失的情况下，才减轻被上诉人责任，因而其监护人不应承担本案事故的10%责任的观点，与本案事实不符，本院不予支持。首先，就孙中文依据的《人身损害赔偿解释》第2条而言，该条款涉及到责任主体责任的划分过程中减轻情形的规定，本案根据事实对相关责任主体的责任划分，完全依据各责任主体在事故中的过错程度而确认，不存在对哪一个责任主体进行减轻的情形，故本案中责任比例划分与该条款并不冲突。对于本案中孙中文的监护人是否符合《最高人民法院关于曹豪哲诉延边电业局、姜国政赔偿一案的责任划分及法律适用问题的复函》中的情形，本院认为，孙中文与曹豪哲之间的主要区别是孙中文已满10岁，为我国民法规定的限制行为能力人，而曹豪哲未满10岁，为无民事行为能力人。根据我国民法通则的规定，无论是无行为能力人还是限制行为能力人，其行为导致的责任都由其监护人承担。在曹豪哲案中，最高人民法院复函的观点是：曹豪哲无行为能力，被延边电业局和姜国政共同造成的危害致残，如法院认定其监护人未尽到监护职责，要求过苛，不宜这样处理。而本案中，再审一审之所以确定孙中文承担10%的责任，是因为孙中文作为限制行为能力人，其对自己的行为有一定的判断能力，其监护人也应当根据孙中文的日常情况进行必要的管理以及距离其住所较近的电力设施的高危险性进行必要的教育。事实上，对于孙中文而言，无论攀爬电力设施这样的高危险性物体还是其他较高的设施，其均应具有相应的危险意识，在此情况下其不应攀爬危险性物体而自行攀爬，进而导致损害，虽然涉案电线杆不应带电是主要原因，但其擅自攀爬危险设施责任不可免除，再审一审在此情况下确定其承担10%的过错责任，并不苛刻，故对孙中文在该问题的上诉理由，本院再审二审亦不予支持。

二、关于孙中文触电人身损害赔偿的范围和数额

孙中文触电人身损害赔偿的范围和数额计算，主要是结合案件事实、司法鉴定所确定的伤残情形，根据孙中文的诉求，依照《人身损害赔偿解释》的具体规定，综合确定赔偿的范围、计算标准和最终赔偿数额。

在本案中，孙中文诉求不断变更、增加，至再审一审时，其请求由原审一审时的677740元变更为目前的：一、请求判令供电公司、绿生公司连带赔偿原告医疗费32578.50元、护理费884442.50元、伙食补助费4600元、营养费4600元、交通住宿费891.50元、残疾赔偿金367104元、残疾器具费1021900元、精神抚慰金

300000元、法医鉴定费1500元、其父扶养费287140元，共计2851186.50元，从而形成医疗费、交通住宿费、鉴定费、护理费、住院伙食补助费、营养费、残疾赔偿金、残疾器具费、精神抚慰金、扶养费等共计十项赔偿内容。再审一审认定医疗费32578.50元、交通住宿费891.50元、鉴定费1700元、护理费605344.44元、住院伙食补助费2760元、营养费1840元、残疾赔偿金321216元、残疾器具费977600元、精神抚慰金35000元，共计1978930.44元。三方当事人对医疗费32578.50元、交通住宿费891.50元、鉴定费1700元、住院伙食补助费2760元、营养费1840元、残疾赔偿金321216元没有争议。目前，有争议的是残疾器具费977600元中涉及的残疾器具更换时训练及残肢修整费用、精神损害赔偿数额、定残前护理费605344.44元中涉及的起算时间点、孙中文的监护人的扶养费共四项。

（一）残疾器具费977600元中涉及的残疾器具更换时训练及残肢修整费用问题

国家康复辅具研究中心对孙中文假肢赔偿所需费用的鉴定结论中对残疾器具更换时训练及残肢修整费用没有具体明确，而是注明患者安装假肢的交通、食宿、训练以及残肢修整手术费用另行计算。对此，由于这一方面并无明确的标准，再审一审根据假肢更换次数等情况酌定该部分费用为6万元。孙中文认为再审一审酌定费用过低，上诉请求二审予以调整。本院认为，对于这部分费用，因无明确的标准，再审一审根据本案具体情况酌定数额，并无不当，因此，对该部分费用，本院维持再审一审酌定的数额。

（二）关于精神损害赔偿数额问题

精神损害是一种无形损害，这种损害因其不表现为某种具体物质形式因而无法进行物质方面的比照，本质上不可计量，因而导致各地法院对精神损害赔偿数额的判处因案而异，但其数额的不一致并不代表判决结果失当。《精神损害赔偿司法解释》对精神损害的具体数额也并无明确标准，但其第10条规定，精神损害的赔偿数额根据以下因素确定：（1）侵权人的过错程度，法律另有规定的除外；（2）侵害的手段、场合、行为方式等具体情节；（3）侵权行为所造成的后果；（4）侵权人的获利情况；（5）侵权人承担责任的经济能力；（6）受诉法院所在地平均生活水平。在有据可依的相关规定中，国务院《医疗事故处理条例》第50条第11项规定，精神损害抚慰金，按照医疗事故发生地居民平均生活费计算，造成死亡的，赔偿年限最长不超过6年，造成残疾的，赔偿年限最长不超过3年。《江苏省高级人民法院、江苏省公安厅关于处理交通事故赔偿案件有关问题的指导意见》第 28 条第 2 款规定，确定精神损害抚慰金时，一般不宜超过 5 万元。综合上述法律规定，再审一审根据孙中文综合伤残评定四级残疾的情况，酌定判决给予孙中文精神抚慰金 35000 元是恰当的。孙中文要求按照其他法院的判决给予相应的调整，考虑到本案与相关案件的地域、案情等均有不同的实际情况，再审一审酌定的上述数额是恰当的，因此，对再审一审确定 35000 元的赔偿数额，本院再审二审予以维持。

（三）关于定残前护理费 605344. 44 元中涉及的起算时间点问题

根据《人身损害赔偿解释》的相关规定，定残前护理费、残疾赔偿金的计算基本是按照受诉法院所在地上一年度城镇居民人均可支配收入或者农村居民人均纯收入标准计算，其中所称的上一年度，是指一审法庭辩论终结时的上一统计年度。

因为年度收入不断增长，故起算时间点越近，则费用计算数额越高，这对各方当事人利益有较大的影响。本案历时较长，又经过原审、重审、再审多重审理，因此当事人在上述两费的起算时间点上产生不同观点。孙中文认为应当按照再审一审 2012 年 1 月 6 日的时间节点作为赔偿标准时间点的计算依据，供电公司认为应当以原审一审时即 2005 年度为计算各项费用的起算时间点，再审一审综合本案情况后确定 2010 年为本案各项费用的起算时间点。

本院再审二审认为，虽然《人身损害赔偿解释》确认了起算时间，但因本案出现多次一审的特殊原因，因此，选择哪一个时间点作为本案各项费用的起算时间，应当结合该司法解释、民事诉讼法相关原理以及本案属于再审案件这一具体特点进行综合判断，总的原则应当是考虑各种费用的赔偿，是对赔偿权利人利益损失的填补，而这种填补的利益应当指向未来。因此，在出现不同争议的情况下，以最接近实际填补时间的事实审言词辩论终结时作为本案损害赔偿计算时间是恰当的，当然，在选择时间点的时候，还要兼顾本案属于再审案件这一特殊性质。总体而言，无论审理时间如何变化，再审案件首先应当立足于对原审生效判决的审查和在此基础上对当事人权利的救济，在法律适用上，再审案件的实体部分应当按照原审时的事实和法律进行处理，仅仅在程序法上适用现行法律。孙中文主张应当以再审一审即 2012 年作为起算时间点，主要原因是其将再审与重审这两个概念混同，但二者区别明显，再审案件是适用审判监督程序对已经生效的案件进行审查和审理，其一审结果可以维持原生效判决，也可以撤销原生效判决进行改判；重审案件针对的是尚未生效的案件，其一审结果只能重新作出新的判决，不存在维持或改判原判决的情形。就本案而言，如果是重审案件，则孙中文的观点是正确的，但因本案属于再审案件，因此其主张的观点与适用的法律与本案特点并不相符，其在上诉中引用的《人民司法》《民事审判指导与参考》的相关文章观点都是在重审前提下，不能完全适用于本案。供电公司主张应当以原审一审即2005年为赔偿时间点，其忽略了本案在原审审理后又历经多次鉴定以及发回重审的事实，因此，原审一审并不是本案中最接近实际填补时间的事实审。再审一审综合本案特点，兼顾双方当事人的利益，以2010年作为赔偿起算时间点，从最接近实际填补时间以及双方当事人利益调整而言是恰当的，本院予以维持。

另外，供电公司在上诉中还提及孙中文的居民身份问题。根据《人身损害赔偿解释》相关规定，人身损害赔偿的赔偿权利人身份首先以其户籍登记为准，登记为农村户口的，按农村收入标准赔偿，反之，则按城镇标准。在此前提下，供电公司认为孙中文户籍登记为农村户口，应当按照农村收入标准赔偿，而不应按再审一审确定的城镇收入标准。对此，再审二审认为，对人身损害赔偿权利人的身份标准审查时，一方面参照《人身损害赔偿解释》的规定，同时，还要结合《最高人民法院民一庭〈关于经常居住地在城镇的农村居民因交通事故伤亡如何计算赔偿费用〉的复函》意见，即受害人虽然是农村户口，但在城市经商、居住，其经常居住地和主要收入来源均为城市的，有关损害赔偿费用应当根据当地城镇居民的相关标准计算。本案中孙中文虽然是农村户口，但其提供相关证据可以证明其随父母居住的区域属城镇区域，且超过一年以上，因此，再审一审在计算赔偿费用时按城镇居民标准是正确且有依据的，再审二审予以维持。

裁判解析

孙中文主张应对其监护人赔偿相应的扶养费用。对此，再审二审认为，在人身损害赔偿案件中，依据法律规定可以赔偿受害人对应扶养的人的抚养费，但是否判决赔偿这一方面的费用，关键在于受害人的情形是否存在扶养的事实。孙中文虽然认为依据《人身损害赔偿解释》《江苏省高级人民法院关于审理人身损害赔偿案件若干具体问题的意见》的规定，认为其本人的情形符合上述法律及意见的规定，但本院再审二审认为，其之所以坚持应当判决扶养费，认为本案事实的基础应当以

2012年再审时为基准，此时孙中文已19岁，而其父亲为残疾人，其依法应当扶养的观点，系对上述法律及意见和本案事实理解有误。从《人身损害赔偿解释》到《江苏省高级人民法院关于审理人身损害赔偿案件若干具体问题的意见》，上述法律及意见的观点都是明确的，即赔偿权利人获得赔偿的事实前提是以受害时的事实状态为准，本案虽经再审，但判决认定的事实基础仍然要依据事故发生时的事实状态。在《人身损害赔偿解释》第28条中，明确确定被扶养人是指受害人依法应当承担扶养义务的未成年人或丧失劳动能力又无其他生活来源的成年近亲属，而本案受害人孙中文在受伤时因未成年，因此依法不承担扶养其父母的义务。《江苏省高级人民法院关于审理人身损害赔偿案件若干具体问题的意见》第94条规定，依靠受害人实际扶养的人，是指受害人死亡或丧失劳动能力以前实际扶养、赡养、抚养而无其他生活来源的人；第95条规定，依法应当由受害人扶养的人，在受害人死亡或丧失劳动能力前不需要其实际抚养，而在受害人受害后至人民法院裁决前丧失了生活来源，其要求侵害人支付必要的生活费的，应予支持。在本案中，因孙中文的父亲在事故发生前即为残疾人，其时孙中文并未成年，在本案再审以及之前，其并没有发生江苏省高级人民法院规定的在人民法院裁决前丧失生活来源这种生活状态的变化，且结合本案审理历时较长，事故发生在2005年的情形，本案在再审中因孙中文的成长而脱离事故发生的事实基础判决给予其相应的扶养费，对其他当事人而言是不公平的，因此，对孙中文要求再审判决扶养费的请求，应该不予支持。

混合过错和共同数人侵权释疑

02 第二章

第一节 司法解释中的疑难问题

1 受害人在遭受损害时存在过失或故意，该如何处理？

解答：《人身损害赔偿解释》第 2 条规定：“受害人对同一损害的发生或者扩大有故意、过失的，依照民法通则第一百三十一条的规定，可以减轻或者免除赔偿义务人的赔偿责任。但侵权人因故意或者重大过失致人损害，受害人只有一般过失的，不减轻赔偿义务人的赔偿责任。适用民法通则第一百零六条第三款规定确定赔偿义务人的赔偿责任时，受害人有重大过失的，可以减轻赔偿义务人的赔偿责任。”

本条是关于在人身损害赔偿情形中的过失相抵规定。

《中华人民共和国民法通则》第 131 条规定：“受害人对于损害的发生也有过错的，可以减轻侵害人的民事责任。”《中华人民共和国侵权责任法》第 26 条规定：“被侵权人对损害的发生也有过错的，可以减轻侵权人的责任。”第 27 条规定：“损害是因受害人故意造成的，行为人不承担责任。”

（一）过失相抵概述

过失相抵是我国侵权责任法明文确定的概念，指的是对于损害的发生或者扩大，受害人有过错甚至于故意，此时应减轻或者免除加害人的侵权责任。理论上又称为“被害人与有责任”（Mitverantwortung des Verletzten），英美法也将之称为“与有过失”。

所谓过失相抵的用语，不是像文义所说的那样是受害人和加害人过失的相互抵销。抵销，一般在债之关系消灭制度中提及，指的是债权债务的相互抵销，或者在损害赔偿法中的损益相抵，即损害和所获利益的相互抵销。但是，过失是无法相互抵销的。过失相抵是根据公平正义以及诚实信用的原则而产生的。加害人承担侵权责任法上的损害赔偿责任的原因是其对于损害的发生或者原本已经发生的损害的扩大有过错。而如果受害人对此损害的发生或者由加害人导致的损害的扩大也有过错，甚至是其故意造成的，则其也应该对此负责。否则，受害人的过错行为所引发的损害就由加害人承担了，这是违反自己责任的基本原则的。因此，目前的通说认为，过失相抵是衡平和诚实信用原则的具体体现。

关于过失相抵理论基础的学说有以下几个：1.“惩罚不当行为说”，即受害人的过错导致损害发生或者扩大，本身是一种不当行为，该行为本身就应该由受害人承担一定的不利后果，而过失相抵就是惩罚该不当行为。[①] 2.“损失分担说”，即将损失在受害人和加害人或者行为人之间进行合理的分担。由于受害人有过错，对损失在加害人和受害人之间进行分配，受害人必须分担部分损失。[②] 3.“损害控制说”，即社会生活中每一个人都应该对自己的权益尽到合理的注意义务，通过过失相抵以督促其对自身利益的维护，从而避免损害。[③] 4.“保护加害人说”，即基于受害人具有过错而保护加害人，换言之，加害人的责难可能性或者行为的违法性降低。[④] 5.“危险领域说”，即对于一定的不利益，这种损害的风险，属于何人影响或者控制领域，从而由何人负责，换言之，通过危险分配而使受害人承担损害结果。[⑤] 本书认为，上述学说从不同的角度揭示了过失相抵的理论基础。但是，过失相抵的理论基础是受害人的过错和损失的发生或者扩大具有因果关系。从过错的角度出发，受害人对损害的发生或者扩大具有过错，因而按照过错责任相应地减轻或免除行为人的责任。从因果关系角度来看，受害人的过错是损害发生或者扩大的部分原因，发挥了相应的作用，因此应该按照其作用力不同来减轻或者免除行为人的责任。

过失相抵的构成要件一般从客观和主观两个方面出发。客观要件主要是两个，第一，受害人和加害人所造成的损害结果是同一损害。换句话说，加害人所造成的损害，与由于受害人造成的损害是一个损害，以及二者的过失相互联系而导致

---

① 程啸：《论侵权行为法上的过失相抵制度》，载《清华法学》2005 年第 6 辑，第 31 页。
② 陈聪富：《过失相抵之法理基础及其适用范围》，载《中德私法研究》2008 年第 4 卷，第 9 页。
③ 程啸：《论侵权行为法上的过失相抵制度》，载《清华法学》2005 年第 6 辑，第 31 页。
④ 陈聪富：《过失相抵之法理基础及其适用范围》，载《中德私法研究》2008 年第 4 卷，第 9-12 页。
⑤ 陈聪富：《过失相抵之法理基础及其适用范围》，载《中德私法研究》2008 年第 4 卷，第 14 页。

损害结果的发生或者扩大。如果受害人与加害人所造成的损害是完全不同的两个损害，则不存在过失相抵，仍然发生两个诉讼。第二，加害人和受害人的过错行为都是同一损害的发生原因。也就是说，不仅加害人的恶行为需要满足侵权行为的构成要件，即具有条件性和相当性因果关系，而且受害人的行为也与损害结果具有条件性和相当性因果关系。不论是损害结果的发生还是损害结果的扩大。

但是，在因果关系中也有特殊的问题，即因果关系中断的问题。如上所述，加害人与受害人在损害上具有同一性，在因果关系上具有一致性，但是如果这两个条件有一个不具备或者两个都不具备时，就很有可能发生因果关系中断的问题。损害上不具有同一性的例子是甲、乙当事人订立租赁合同，出租人甲在交付时发生迟延，而后仍然履行了合同。承租人乙气愤不过，在甲交付后毁损租赁物。本案中，甲因迟延交付造成的损害与乙毁损导致的损害明显不同一，不会发生过失相抵的问题。后者因果关系不具有一致性的例子是甲故意殴打乙的人身伤害事故。甲乙素有恩怨，甲见到乙便拳脚相向，将乙打成重伤。后乙在前往医院治疗的过程中因车祸又致其他方面发生伤害。虽然打伤和车祸造成的损害具有同一性，但是因果关系显然不具有一致性，发生因果关系的明显中断。因为因果关系的中断，则加害人原则上仅对与自己过失行为有因果关系的损害负损害赔偿责任，而因果关系中断之后的损害应该由相应的义务人承担责任，完全与过失相抵的情形有异。

因此，从过失相抵的实质之处判断，过失相抵虽然字面上说的是主观上的过错，而本质上是从因果关系的方面来进行损害结果的衡量。因此，过失相抵是当事人过错行为对损害发生或者扩大的原因力的公平衡量。①

过失相抵的主观构成要件是受害人主观上有过错或者说是有过失。如果纵有受害人的行为导致了同一损害结果，若受害人对其行为没有过错，则仍然不能因其行为而对加害人损害赔偿责任进行减免。从根本层面上说，某人因其行为承担法律责任是由于其行为具有过错，也就是说，具有社会上的可非难性。行为没有过错，就不存在过失相抵。

所谓过失，在传统民法理论中有两种学说，分别是主观说和客观说。

主观说指的是过失在主观上的一种应当受到责难的心理状态。一般分为以下几

---

① 张新宝：《中国侵权行为法》，中国社会科学出版社 1995 年版，第 421 页；刘士国：《现代侵权损害赔偿研究》，法律出版社 1998 年版，第 114 页。

种类型：一为故意，指行为人对于侵权行为，明知并有意使其发生，或者已经预见其可能发生，且其发生并不违背其本意。民法上故意的成立，通说采纳故意说，即认为必须要有违法性的认识，而对违法性的错误认识会排除故意。二为过失，指行为人并非是故意，但按其情节应当预见并且能够预见而未预见到损害的发生，或者对于侵权行为的事实，虽然预见其能发生，但确信其不会发生。由此，过失可以具体分为疏忽大意的过失和过于自信的过失。

主观说在民法学界成为很长一段时间的通说，但是随着社会的发展，过失的判断标准由主观化越来越走向客观化，也就是所谓的客观说。客观说指的就是对于某种义务的违反，而该义务又是行为人可以知道并且能够履行的。一般来说，该义务乃是注意义务。这种注意的区分不是现在才有的理论，早在罗马法时期就已经有了类似的区分。罗马法将注意义务分为疏忽之人的注意和善良家父应有的注意。疏忽之人的注意指的是损害的发生是疏忽之人极易能够注意并且避免的，若有违反，就产生了现代民法理论中的所谓重大过失。善良家父的注意指的是一个普通谨慎的人能够达到的注意程度，而违反该注意则构成了一般轻过失。王泽鉴认为："惟就方法论言，民法上过失的功能及其认定标准，应有别于刑法，因为二者的规范目的不同。申言之，即刑法在于行使国家权力，对犯罪者加以处罚，从而关于过失的认定，应采主观说；民法（尤其是侵权行为法）则在合理分配损害，过失的认定应采客观的标准。准此以言，在刑法因无过失（主观）而不成立犯罪的，在民法上得因过失（客观）而构成侵权行为。"① 杨立新也认为："既然过失是一种不注意之心理状态，即对于自己注意义务的违反，那注意义务就应当有客观的标准。"②

对于注意义务程度的标准也有三种类别：一是普通人的注意程度，即在通常情况下，只需要轻微注意就能够预见，依照一般人在通常情况下能注意到作为标准。如果在通常情况下，一般人也难以注意，即使行为人造成了损害，此时行为人也不存在过失。如果行为人没有尽到普通的注意义务，则存在重大过失。二是与处理自己事务之同一注意，即应与行为人平时处理自己事务所尽到的相同的注意义务。行为人是否尽到该注意义务应该分别从具体个案中判断，如果行为人没有尽到与处理自己事务之同一注意义务，就构成了具体的轻过失。三是善良管理人之注意，即与

---

① 王泽鉴：《侵权行为法》，北京大学出版社 2009 年版，第 241 页。
② 杨立新：《侵权法论》，人民法院出版社 2004 年版，第 186-187 页。

英美法中的合理人之注意相类似，以具有相当的经验和知识之人所应尽到的注意为标准。换句话说，善良管理人之注意就是一般理性之人的注意。如果行为人没有尽到善良管理人的注意，则构成了抽象轻过失。这三个类别的注意义务中，善良管理人的注意要求最高，普通人的注意义务程度最低，与处理自己事务为同一注意居中。

过失虽然已经客观化，但是过失仍然还是不确定的概念，如果要具体认定过失，则必须由法官根据个案中的具体情况而进行客观判断。

而在过失相抵中的过失与平时之过失又不相同。一般来说，过失有两种含义，第一种是真正的过失，其以义务的违反为前提。第二种含义的过失是不真正过失，其不以义务的违反为前提，即行为人对自己利益的维护有过错。本司法解释第2条的规定可以得出一个结论，在受害人具有轻微过失，违反善良管理人的注意义务，导致损害的发生或者扩大时，可以减轻非故意或者重大过失致人损害的加害人的损害赔偿责任。也就是说，受害人的过失和加害人的过失所认定的标准相同，即以善良管理人的注意义务为标准。① 不过，这种观点也有学者反对，他们认为受害人过失的标准应当低于加害人过失的标准。本书认为，受害人过失标准应该不同于加害人过失标准，换句话说，受害人的注意义务程度要低于加害人的注意义务程度。受害人过失标准，比较正确的观点是以与处理自己事务相同的注意为标准。这是因为，加害人的行为是对于他人的侵害，其过失是对他人利益侵犯的过失，因此其是否尽到注意义务会对他人的利益产生重大影响，加害人具有更高的注意义务。但是，受害人的过失是不真正过失，因此对于受害人的注意义务不应进行过高的苛求。而且，过失相抵的基础是公平正义和诚实信用，受害人仅仅是违反了保护自己权益的注意义务，所以更合适的是以处理自己事务为同一注意的标准来判断是否具有过失。不仅如此，法律对于二者的评价具有不同。加害人使其他人处于危险的境地，受害人则是使自己处于危险之中，两者的评价显然具有差异。

（二）责任能力

在侵权行为受害人过失相抵的情况下，是否要求受害人具有能承担过失相抵的相应能力？另外一个问题是，该能力的标准是什么？目前有以下几种观点：

一是注意能力说。该观点认为，受害人与有过失与加害人的侵权行为存在不同，受害人违反的仅仅是不侵害自己利益的不真正义务。注意义务程度的要求居

① 冉可平：《论未成年人受侵害的过失相抵》，载《法律科学》2010年第4期，第121页。

中，受害人仅需具有避免危险发生之必要注意义务即可。

二是责任能力说。该观点认为，受害人和加害人的责任能力应当相同，此时才可根据其过失相抵，减轻或者免除加害人的损害赔偿责任。在此责任能力之下，其判断标准是识别能力，即受害人可以认识并且辨别自己行为在法律上可能产生的后果。如果受害人是无行为能力人或者限制行为能力人，而且也没有辨别能力，则他即使对损害的发生或者扩大也有过失，即虽然已经满足了过失相抵的其他构成要件，但是加害人的损害赔偿责任不会因此而被减轻或者免除，也就是说，受害人没有责任能力，加害人的责任不会因此而受影响。①

三是事理辨别能力说。该观点是日本判例所引出的观点，即过失相抵的问题与加害人因其积极的侵权行为而承担损害赔偿责任的宗旨不同，该制度不过是损害赔偿的计算因公平正义的考量而斟酌具体赔偿。正是由于受害人对于损害的发生或者扩大没有尽到必要的注意义务，因此在判断受害人的过失时，只要具备“足以辨识事理智能”（事理辨识能力）就已经足够。② 事理辨识能力的标准低于责任能力的标准。

四是客观说。该观点认为，在过失相抵制度当中，无须考虑受害人的能力，只要受害人具有过失就已足够，此时在损害赔偿责任的考量中就应该减轻或者免除加害人的责任。

在过失相抵的情形，并非是使受害人赔偿他人所受的损害，而是让其对自己的行为后果负责，不能将自己因过失行为所产生的损害转嫁给他人。无识别能力人原则上虽然不对其强加给他人的损害负损害赔偿责任，但是从衡平的角度考虑，其自己无须承担因自己过失行为而致自己之法益损害，实在难谓公平正义。既然过失相抵是公平法，则受害人对于损害的发生或者扩大存在过失时，就应根据过失的轻重分配责任，识别能力则不应该纳入考虑的范围。因此，过失相抵不以受害人具有责任能力或者注意能力抑或是事理辨识能力为必要条件。

在《中华人民共和国民法通则》和新近的《中华人民共和国民法总则》当中都没有责任能力的概念，因此不能认为无行为能力人可以过失相抵。但是，在实际情况中，如果无行为能力人的监护人在履行监护职责时有过失，则应该减轻加害人的

① 梅仲协:《民法要义》，中国政法大学出版社 1998 年版，第 221 页。
② 于敏:《日本侵权行为法》，法律出版社 2006 年版，第 414 页。

损害赔偿责任。

（三）受害人过错的性质

受害人的过错是否具有法律上的可归责性，理论上争议较大。例如，德国学者拉伦茨就认为受害人的过错表面上具有可归责性①。“如果他因此遭受损害，并为此而向共同导致损害的他人提出请求的，只要对损害与由原因的、他自己的行为，在个人负责的意义上可得归结于他，那么该行为这时可以评价为他的行为。”但也有学者认为，受害人的过错并不是侵权责任意义上的注意义务的违反，而仅仅是造成损害发生时的不注意。大部分学者都认为，受害人的过错和加害人的过错完全不同，二者有本质上的区别。② 侵权人的过错是在过错归责之下而加之于他身上的可归责性，体现了法律对其的否定性评价，但是受害人的过错则是对自己的权益没有尽到必要的关注，主观上没有损害他人的过错，因此没有法律上的可归责性。虽然《中华人民共和国侵权责任法》规定了侵权行为发生前或者发生时，受害人应当采取措施防止损失的扩大或者预防损失的发生，以减轻加害人的责任。如果受害人没有尽到这样的义务，受害人自己承担该扩大或者发生的损失。因此，某些学者认为，受害人的该注意义务是一种法定义务，而不是单纯的道德义务。但是，本书认为，即使法律规定了受害人的此项义务，也不意味着该义务就是法定的一般强制性义务。法律规定的强制义务指的是不得损害他人的义务，而个人照顾自己的义务是根据诚实信用原则产生，该义务的违反不导致侵权责任的承担，而可能导致赔偿责任的减轻或者免除。

该义务是一种不真正义务（Oliegenheiten）③，换言之，该义务是一种法律规定的义务，但并不是法定义务，不是强制性的义务。侵权责任法没有规定个人应该合理地照顾自己，否则就应该承担相应的法律责任。受害人照顾自己的义务是不真正义务，违反该义务的法律后果是对受害人产生不利益，导致其无法获得损害赔偿或者无法完全获得损害赔偿，对他人没有损害赔偿责任。并且，该义务没有可请求履行性。受害人虽然根据法律负担该义务，但是加害人或者侵权行为人没有因此获得请求权而可以直接请求受害人履行。因此，从行为结果来说，受害人的行为一般不会导致他人损害的结果，否则，受害人沦为加害人，混合过错就变成了一般侵权行

① Larenz, Lehrbuch des Schuldrechts, Band Ⅰ, Allgemeiner Teil, 10. Auf., 1970, §13 Ⅰ a.

② 王利明：《侵权责任法研究》，中国人民大学出版社 2010 年版，第 487 页。

③ ［德］迪特尔·梅迪库斯：《德国债法总论》，杜景林、卢谌译，法律出版社 2004 年版，第 514 页。

为。另外，受害人的过错即使会导致受害人承担不利益，但是其行为也不会直接侵害他人。

特殊问题

（一）过失相抵的适用范围

有学者提出这样的观点，即不管是在大陆法系还是在英美法系，过失相抵仅在过错责任之中适用，因为过失相抵中责任相互抵免是基于过错理论，因此在严格责任或者无过错责任中没有适用的余地。① 《中华人民共和国侵权责任法》第 7 条规定："行为人损害他人民事权益，不论行为人有无过错，法律规定应当承担侵权责任的，依照其规定。"在严格责任或者无过错责任中，关键并不在于行为人是否具有过错，但受害人的过错是否可能影响责任的范围，该条没有进行规定。但是，从理论上分析，严格责任并不是绝对的无过错责任，即使责任免除的条件被法律严格限制，但并不意味着不能免除或者减轻行为人的责任。如果需要免除或者减轻责任，则必须适用过失相抵。《中华人民共和国侵权责任法》第 78 条已经确定过错相抵原则的适用。在高度危险作业致人损害的情形之下，当造成损害的危险原因是行为人或者所有人、占有人或者管理人不知并且不应当知道，但是受害人明知该危险的存在却没有督促上述人员予以关注时，行为人的责任可以被减轻。②

不过有问题的是，法律对于某些严格责任的类型明确规定了减轻责任的事由，但是并不是所有的严格责任类型都作此规定。当法律没有规定特别的减轻责任事由时，过失相抵原则是否仍然可以适用？有人认为，法律没有规定减轻责任事由时，这就意味着该严格责任不存在特别的免责事由，不适用过失相抵。也有人认为，虽然法律没有规定特别的减轻责任事由，但是过失相抵属于总则规定，当然可以适用。台湾地区学者对此达成共识，即过失相抵可以对严格责任适用③。因为"过失相抵，为基于赔偿制度之公平分担及支配债权债务关系之诚信原则之一具体体现，即不得以因自己过失之损害，转嫁于他人。其适用范围，不限于侵权行为及债务不履行，而并及于其他依法律之规定所生之损害赔偿。义务人纵应负无过失之

---

① 张新宝：《中国侵权行为法》，中国社会科学出版社 1995 年版，第 416 页。

② 杨立新：《侵权行为法案例教程》，知识产权出版社 2003 年版，第 144 页。

③ 曾世雄：《损害赔偿法原理》，中国政法大学出版社 2001 年版，第 263 页。

赔偿责任，亦非例外”。[①] 国内也有学者认为，受害人之过错行为是损害发生或者继续扩大的原因，该原因抵消了受害人本身所受损害所可能得到的损害赔偿的一部分。并且，立法者虽然没有规定减轻责任的事由，但这并不意味着排除过失相抵的适用[②]，仅仅是因为考虑到在不同规定中逐个规定减轻责任的事由过于繁复和僵化，法律对此采取简单化和回避的做法，需要具体问题具体分析，根据个案进行考量。

严格责任中的过失相抵与一般过错责任中的过失相抵是有区别的。在过错责任中可以直接完全适用过失相抵，根据行为人和受害人双方的过错程度来确定双方的责任。在严格责任的情形中，则不能完全适用过失相抵。换句话说，当受害人有重大过失时，赔偿义务人的责任可以减轻；当受害人仅仅是一般过失和轻微的过失时，赔偿义务人的责任不能减轻。

（二）过失相抵的适用限制

受害人应是重大过失。在严格责任的类型中，加害人如果主张减轻其损害赔偿责任时，受害人应该限制在重大过失。这是因为，法律对侵权案件中的加害人或者行为人规定严格责任时，考虑到受害人与有过失的程度或者比例，应该比加害人负担过错责任时要轻，这样才符合法律加重加害人或者行为人责任的立法本意。换句话说，严格责任的立法目的在于给予受害人特殊保护，即使加害人或者行为人没有过错也应当对受害人的损害负责任，所以，当受害人也有过错的时候，其过错的程度肯定应比加害人或者行为人的过错要轻。简言之，当加害人或者行为人有过错时，受害人应该有重大过失，因此需要进行这样的限制。

加害人故意或者重大过失而导致损害发生时，过失相抵则不适用。因为加害人或者行为人的义务是法律规定不得侵害他人的一般性义务。该一般性义务是一种法定义务，因此违反该义务即违反法定义务，加害人或者行为人自然应当承担损害赔偿的责任，以使受害人的损害得到弥补。受害人如果有过失，但该过失仅仅违反的是不真正义务，违反的并不是不得损害他人的一般性义务。该不真正义务指的是受害人对于自己的人身或者财产权利未尽到合理的注意义务，或者没有采取适当的预

---

① 史尚宽：《债法总论》，中国政法大学出版社 2000 年版，第 203 页。
② 王利明：《侵权责任法研究》，中国人民大学出版社 2010 年版，第 504 页。

防措施①，绝对不是因故意或者过失而导致他人发生损害或者违反对他人应当尽到而事实上没有尽到的合理注意的法定义务。此时，受害人的过错一般情况下并没有不法性。受害人的过错所违反的义务是消极的义务，其并没有积极地实施侵害他人的行为。因此，该义务是基于诚实信用而产生的照顾自身的义务。因此，对于加害人的过错程度和受害人或者行为人的过错程度不应当作相同的评价。并且，损害结果的发生是加害人或者行为人积极追求的结果，受害人即使有过失，但该过失是否会因为故意加害行为的加入而发生因果关系中断存在疑问。虽然一般认为，因果关系中断和过失相抵是两回事，二者不能相提并论。但是在加害人或者行为人故意或者存在重大过失的时候，应该考虑到因果关系已经进入加害人的预期之中，可以发生观念上的因果关系中断，排除了过失相抵的适用。

2 有意思联络而共同侵权的数个加害人或者没有意思联络但属于累计因果关系的数人侵权如何承担责任？

解答：《人身损害赔偿解释》第 3 条第 1 款规定："二人以上共同故意或者共同过失致人损害，或者虽无共同故意、共同过失，但其侵害行为直接结合发生同一损害后果的，构成共同侵权，应当依照民法通则第一百三十条规定承担连带责任。"

本条是关于因共同侵权或者无意思联络但累计因果关系而承担连带责任的规定。

《中华人民共和国民法通则》第 130 条规定："二人以上共同侵权造成他人损害的，应当承担连带责任。"《中华人民共和国侵权责任法》第 8 条规定："二人以上共同实施侵权行为，造成他人损害的，应当承担连带责任。"第 11 条规定："二人以上分别实施侵权行为造成同一损害，每个人的侵权行为都足以造成全部损害的，行为人承担连带责任。"《中华人民共和国民法总则》第 178 条规定："二人以上依法承担连带责任的，权利人有权请求部分或者全部连带责任人承担责任。连带责任人的责任份额根据各自责任大小确定；难以确定责任大小的，平均承担责任。实际承担责任超过自己责任份额的连带责任人，有权向其他连带责任人追偿。连带责任，由法律规定或者当事人约定。"

（一）共同侵权

共同侵权行为，也被称为共同过错、共同致人损害，指的是数人基于共同过错

---

① 王利明：《侵权责任法研究》，中国人民大学出版社 2010 年版，第 485 页。

而侵害他人的合法权益，依法应当承担连带赔偿责任的侵权行为。对于侵权责任法第 8 条进行体系解释可以知道，该条强调了主观的共同性。主要具有以下特点：首先，主体上具有多人性。共同侵权是二人以上实施侵权行为。换言之，共同侵权必须是两个或者两个以上的人共同实施，侵权人既可以是自然人，也可以是法人组织。数人侵权致人损害是侵权行为中比较常见的现象，但类型很复杂，法律根据类型的不同而分别作出规定，确定不同的法律后果。其次，主观上过错具有共同性。共同侵权人存在共同致人损害的故意或者过失。侵权责任法对于狭义共同侵权的规定，基本上强调主观的共同。有人认为，所谓主观共同指的是共同过错，即有意思联络的主观共同。[①] 本书认为，该观点并不准确。德国法中所说的共同过错，仅仅指的是行为人具有共同故意或者意思联络。只要受害人能够证明数个行为人对损害结果的发生具有共同的意思联路以及其遭受的损害与数人中有一人的行为存在因果关系，他无须证明其他人的行为与损害之间存在因果关系，便可以要求承担连带责任。[②] 虽然共同故意是正确的，但是随着社会的发展和对受害人保护的加强，共同侵权行为的范围得到扩大。共同侵权并不只限于共同故意，也包括共同过失，即所谓共同过错。本司法解释第 3 条第 1 款在区分共同侵权行为和无意思联络的数人侵权时，采取了直接结合和间接结合的方法，对共同侵权行为的概念作出了解释，即如果数个侵害行为直接结合，发生同一损害后果的，构成侵权行为。但侵权责任法并没有采用该观点。由于共同侵权人具有共同的过错，所以，它不同于无意思联络数人侵权和并发的数个单独侵权。尽管无意思联络侵权和共同侵权行为在客观上都是几个行为结合在一起，但从主观上看，无意思联络数人侵权仅仅是多个行为的偶然结合而致人损害，行为人主观上却没有共同过错。在损害结果上，无意思联络数人侵权致他人损害并不是单一、不可分的损害。因此，在无意思联络数人侵权时，应当根据其过错大小各自承担责任，并不是承担连带责任。再次，行为具有共同性。一方面，在共同侵权行为情况下，数人的行为相互具有联系，成为一个统一的致人损害的原因。共同致人损害的行为既有可能是共同的作为，也有可能是共同的不作为。另一方面，从因果关系上看，任何共同侵权人中的一人对损害结果的发生都发挥了作用，即各种行为交织在一起，共同发生了作用，因此由各个侵权人承

① 奚晓明主编：《〈中华人民共和国侵权责任法〉条文理解与适用》，人民法院出版社 2010 年版，第 67 页。
② 程啸：《论意思联络作为共同侵权行为构成要件的意义》，载《法学家》2003 年第 4 期。

担连带责任是合适的。数个行为人的行为与损害结果之间具有因果关系，在数个行为人的行为中，个人的行为可能对损害结果所起的作用是不同的，但都和损害结果具有因果关系。共同行为不意味着要求每个人都实际地进行了某个行为，可能出现的情况是，两个人共同决定，由一个人完成，也可以是一个人起主要作用，另一个人起辅助作用。其中，每一个人的行为和结果之间并不一定都有直接的因果关系，只要共同侵权人具有以他人的行为作为自己行为的意思，就足以认定存在因果关系。因此，共同侵权不是以每一个人的单个行为的原因力来判断，而是以行为的整体对结果的原因力来判断的。又次，结果具有同一性。即数人的侵权行为造成了同一损害结果。也就是说，共同侵权行为造成的结果是同一的，如果各个行为人是针对不同的受害人实施了侵权行为，或者即使针对同一受害人而对不同的对象分别实施了侵害行为，损害后果在事实上和法律上能够分开，则可能构成分别的侵权行为或并发的侵权行为，不是共同侵权行为。最后，责任具有连带性。共同侵权行为的连带责任是基于法律规定而产生，因此，民法理论认为，除非行为人具有主观上的意思联络，否则不能让其承担苛刻的连带责任，因为连带责任对于加害人而言是十分严重的。

（二）共同侵权行为的本质

共同侵权在德国被称为“eine gemeinschaftlich begangene unerlaubte Handlung”。《德国民法典》第 830 条规定：“数人因共同侵权行为造成损害者，各人对被害人因此所受的损害负其责任。”德国通说认为，该“共同”指的是共同的故意（vorsaetzliches Zusammenwirken），即多个行为人存在意思联络，都明知并且希望追求损害后果的发生。[①] 虽然共同侵权要求主观上必须是故意的，但是共同故意过于狭窄，因此需要适用特别法。德国法从扩大责任范围、及时填补受害人的损失出发，数人即使没有意思联络，但是如果各人对损害所产生的部分无法确定的，也应该负共同侵权的连带责任。[②]

瑞士、奥地利、日本等国家也采纳了德国立法例。《瑞士债务法》第 50 条规定：“如果数人共同造成损害，则不管是教唆者、主要侵权行为人或者辅助侵权行为人，均应当对受害人承担连带责任和单独责任。”瑞士通说认为“共同”指的是

---

① Larenz, Schuldrecht, Ⅱ, 1968, S. 406f.

② 王泽鉴：《民法学说与判例研究（一）》，中国政法大学出版社 1998 年版，第 50 页。

共同故意。《日本民法典》第719条规定："因数人共同实施侵权行为损害于他人时，各加害人负连带赔偿责任。"目前，日本通说认为"共同"指的是客观共同，即客观的关联，重要的不是共同行为人主观的联系，即使是与他人行为竞合发生损害的场合，只要由该竞合发生的结果处于相当因果关系之上，就应该对其结果全部负责。[①] 英美法则采纳了主观说，即以加害人之间的意思联络为共同侵权行为的构成要件。[②]

我国学者对于共同侵权的共同看法不同。一为主观说，即共同过错指的是数人致人损害，其主观上具有主观的过错。如果没有主观过错，则数人的行为不可能成为一个整体，也不能使数人致人损害的行为人负连带责任。因此，无意思联络的数人侵权并不是共同侵权。主观说分为共同故意说和共同过错（故意或者过失）说。前者认为共同侵权仅仅指的是共同故意，后者则认为共同过失也能构成共同侵权。二为客观说，即如果每一个加害人的侵害行为产生同一损害，则每个行为人之间即使没有共同同谋和共同认识，也可能构成共同侵权行为。其理由是每一个人的加害行为具有不可分割的联系，因此共同侵权行为是从行为本身出发。并且，刑事责任注重的是行为人的主观状态，而民事责任注重的是填补受害人的损失。因此，即使没有意思联络，也应该负担连带责任，从而有利于保护受害人。根据客观说，无意思联络的数人侵权同样也是共同侵权。从《人身损害赔偿解释》第3条第1款可以看出，最高人民法院认为数个行为人主观上具有共同意思联络构成共同侵权，不具有意思联络的也可以构成共同侵权，采纳了客观说。三为折中说，即数个行为人的侵害行为是否具有共同性，换句话说，是否构成了共同侵权行为，不能仅仅从主观或者客观一个方面来确定，而是应该从主客观两个方面一起来判断。充分把握行为人和受害人之间的利益平衡。具体言之，在主观方面，每一个行为人应该都要有过错，或者是故意或者是过失皆可，但是却不要求共同故意或者意思联络，仅仅只要求过错的内容应当是相同的或者相似的。在客观方面，每一个行为人的行为都应该具有联系，构成一个统一的不可分割的整体，且是损害发生的不可或缺的共同原因。[③]

从《中华人民共和国侵权责任法》第8条的规定可以看出，我国目前采纳了主

---

① 于敏：《日本侵权行为法》，法律出版社1998年版，第179页。

② 王泽鉴：《民法学说与判例研究》（一），中国政法大学出版社1998年版，第50页。

③ 张新宝：《中国侵权行为法》，中国社会科学出版社1998年版，第167-168页。

观说，但没有接受传统的意思联络的要求，而仅仅是要求共同过错，包括共同故意和共同过失。这是因为，如果采用严格的主观说，也就是说，要求行为人应当具有共同的意思联络，那么受害人证明行为人是否具有意思联络的证明责任又过重，必然导致共同侵权行为难以成立，而这对于受害人的保护极其不利。如果采取客观说，对于受害人利益的保护也过于倾斜，对行为人的要求过于苛刻。因此，该处的共同就指的是主观共同。侵权责任法严格区分了有意思联络的共同侵权和无意思联络的数人侵权，无意思联络的数人侵权规定在第 11 条和第 12 条。通过体系解释，侵权责任法已经对无意思联络的数人侵权进行了单独的规定，那么第 8 条就应该是有意思联络的共同侵权。无意思联络的数人侵权虽然都造成了同一损害结果，客观上无法与共同侵权相区分，在主观上，共同侵权具有共同过错。

我国侵权责任法采纳主观过错的原因是：首先，在共同侵权行为中，每一个行为人主观上具有共同过错是依法应承担连带责任的基础。因为共同过错，所以数个行为人构成了一个整体。在共同侵权之中，每一个行为人都可能认识和意识到共同行为所可能造成的损害结果，因此，其行为构成了集体行为，损害后果应该由集体行为导致。损害结果是单一的，无法从原因上进行分割。如果没有共同的过错，则就没有共同的单一的损害结果。所以，共同侵权人对于受害人的损害承担连带责任。如果仅仅从客观行为来解释连带责任的基础，则不仅不能对共同侵权人对外承担连带责任提供正当性理由，而且很有可能扩大共同行为的范围。其次，客观说不符合自己责任的原则。在民法中，连带债务或者连带责任只能由法律明确规定或者当事人明确约定而产生，因为侵权责任法一贯要求自己责任原则，即每一个人只能也只应对自己行为所造成的损害后果负责，而无须对他人的行为及其后果负责。数人共同对他人实施的侵害行为被称为共同侵权行为，从而该数人承担连带赔偿责任，主要就是因为他们之间具有意思联络。他们已经认识到或者主动追求自己的行为和他人的行为结合为整体，共同对他人造成损害。[①] 假如由无意思联络的行为人由于所谓共同侵权行为而对损害结果承担连带赔偿责任，则实际上就是强制行为人对他人的行为负担。因此，这违背自己责任的原则。再次，如果忽视主观上的共同过错，则共同侵权行为和无意思联络的数人侵权就无法区别。但是在司法实践上作此区分十分必要。例如，甲在盖新房时盖得很低，导致无行为能力人乙轻易地爬了上

---

① 程啸：《论意思联络作为共同侵权行为构成要件的意义》，载《法学家》2003 年第 4 期。

去，并且丙在架设电线时违反有关管理规定，导致架设电线过低，乙因此触电身亡。根据《人身损害司法解释》第3条第1款的规定，甲、丙之间虽无共同过错，但仍构成共同侵权，二人承担连带责任。显然，这是不合理的。因为虽然数个行为人造成同一损害，但主观上没有共同过错。尤其对于甲而言，房子盖得过低是没有任何过错的，该行为没有违反任何规定。而且，甲盖房时根本无法预见到电线架设也会过低。因此，甲在此没有过错，让其承担全部赔偿责任是极其不合理的。最后，虽然客观说使受害人的证明责任减轻，但是仍然需要要求受害人证明因果关系，也就是行为和损害结果之间具有因果关系。在某些特殊侵权行为中，该因果关系很难证明，因此都是采取推定的方式。如果采取客观说，因果关系需要由受害人证明，受害人可能会举证困难。所以，客观说不一定比主观说更加有利于受害人。综上，本书认为，根据我国目前侵权责任法的规定，需要区别共同侵权行为和无意思联络的数人侵权，而区别的标准是共同过错。

（三）共同过错

在共同侵权行为中，共同过错仅仅指的是共同故意，还是包括共同过失，一直是理论上有争议的地方。在德国法上，共同实际上就是意思联络，而意思联络又是多个行为人之间具有共同的故意或者进行恶意的串通。换句话说，共同的意思联络就是故意。在发生共同侵权的情况下要由受害人证明行为人之间是否具有共同的意思联络，这是十分困难的。德国法采取主观标准，要求行为人必须具有意思联络，这是为了缩小责任人的范围。德国学者因此认为，过失行为不能构成共同侵权。在共同侵权时，行为人承担连带责任，行为人不仅对受害人的过错负责，而且每一个行为人都对所有人的行为负担。如果有过失的行为人也要承担共同侵权的责任，将可能造成不公平的后果。① 在共同侵权时，损害结果往往十分严重，要求过失行为人对该后果承担连带责任是极其苛刻的。不过，随着社会的发展，大工业的兴起，当代民法倾向于保护受害人的利益。因此，此时再强调行为人之间必须具有意思联络不利于保护受害人的利益。所以，数个行为人主观上具有过失，也可能构成共同侵权。

在我国，共同过错的认识也有不同的理论：一种观点是共同故意说。该观点认为，共同过错指的是共同的意思联络。支持者认为意思联络更加有利于保护受害

---

① 程啸：《侵权行为法总论》，中国人民大学出版社2008年版，第388-389页。

人，因为确定共同行为人之间的意思联络，有助于减轻受害人对因果关系的证明责任。以意思联络作为共同侵权行为的构成要件，那么受害人只要证明各个行为人之间存在意思联络即可，无须逐一证明各个行为人的行为与损害之间的因果关系。另一种观点是共同过错说。该观点认为，共同侵权行为中各个行为人之间的意思联络不仅仅包括共同故意，还包括共同过失。本书赞成后者，即共同侵权行为中的共同过错包括共同故意和共同过失。共同故意，不仅仅指的是每一个行为人对结果的发生具有过错，而是强调行为人之间具有意思联络。共同过失，应该指的是每一个行为人都预见或者应当预见结果的发生。换句话说，尽管行为人之间没有共同的意思联络，无意追求损害结果的发生，但都预见结果的发生。采纳共同过错，一方面从《中华人民共和国侵权责任法》第 8 条的字面解释出发，共同没有限定在共同故意，另一方面共同过失的侵权形态是客观的，若仅指故意，显然加重了受害人的证明责任。因此，只要能证明共同过错，就能够成立共同侵权。

共同过失，指数人共同实施侵权行为时，各个行为人对其行为所造成的损害结果应该预见或者认识到，但因疏忽大意或者不注意而致使损害结果的发生。并且，数人共同实施行为造成他人的损害，即使不能确定行为人对损害结果的发生具有共同故意，但可以根据案件的情况，确定行为人之间具有共同的过失。共同过失具有以下几个特点：首先，多个行为人之间不存在意思联络。换句话说，数个行为人没有事先进行通谋。其次，多个行为人在实施侵权行为时，都对结果的发生具有共同的预见性。简而言之，每一个行为人对于其实施的行为可能造成的同一损害结果的发生都必须能够认识到，预见到损害结果的发生。最后，因为多个行为人的疏忽大意或者过于自信，损害结果的发生未能被避免。对行为人具有共同过失的确定，应该依据客观标准，而不是主观标准。例如，每一个行为人对于损害结果的发生是否具有共同的预见或者认识，应该遵循的是一个合理的、谨慎的人是否在该情况下应该预见和认识损害结果的标准。至于行为人因为其自身的智力、能力、反应力等主观因素而难以预见损害结果的发生，也不会阻碍过失的成立。

本书认为，在共同侵权中的主观共同应包括共同过失。因为共同故意说仅将共同侵权限于主观故意，由于故意是一种主观的心理状态，此种状态很难被其他人所了解，因此受害人承担该故意的证明责任是十分苛刻的。这种观点让受害人无法证明侵权人具有共同故意，从而难以让行为人承担连带责任。将传统德国侵权责任法中的共同故意扩张至共同过失，有利于更好地保护受害人。如果共同侵权仅仅包括共同故意，也让侵权行为的适用范围过于狭窄。事实上，早在罗马法中就已经存在共同过失构成共同侵权的例子。随着现代社会的发展，各种侵权大量产生，过失早已成为侵权行为中过错的重要方式。因此，许多国家的立法和判例已经承认了基于共同过失的共同侵权行为，认为从事活动或者进行某项行为相互关联的当事人违反共同的注意义务，造成对他人的损害时，应当承担共同侵权的责任。承认共同过失构成共同侵权行为是现代侵权责任法发展的趋势。共同过错扩张至共同过失符合现代社会发展的需要。基于过失的共同侵权是以现代社会中事故致人损害的大量发生为背景。在共同的生产、经营和其他社会活动中，人们相互协作、联系和影响的机会增加，产生大量的共同注意义务。大量的事故损害和产品致人损害等主要是由于过失造成的，德国和荷兰等国家目前已经有判例确立了共同行为人的连带责任。① 如果共同侵权行为仅仅局限于具有故意的意思联络，就很难解释新型的侵权行为中行为人是否承担连带责任。比如，设计师和建筑者都有过失，因此而造成了损害。再比如，《中华人民共和国证券法》第 173 条规定："证券服务机构为证券的发行、上市、交易等证券业务活动制作、出具审计报告、资产评估报告、财务顾问报告、资信评级报告或者法律意见书等文件，应当勤勉尽责，对所依据的文件资料内容的真实性、准确性、完整性进行核查和验证。其制作、出具的文件有虚假记载、误导性陈述或者重大遗漏，给他人造成损失的，应当与发行人、上市公司承担连带赔偿责任，但是能够证明自己没有过错的除外。"在中介机构实施弄虚作假等情况时，中介机构可能与该上市公司之间不存在共同的意思联络，原告也几乎无法证明中介机构和上市公司之间具有共同的故意或者就是恶意串通，因此我国证券法认为具有共同的过错就可以构成共同侵权，承担连带责任。

我国司法实践向来以共同过错作为确定共同侵权行为的标准。如果行为人的行为偶然地与他人的行为发生结合，法院一般情况下都应该区分责任。《人身损害赔偿解释》第 3 条明确规定了共同过错包括共同故意和共同过失。从理论上说，将共同过失纳入共同侵权中的共同过错之中，有利于确定当事人之间的责任、保护受害人的利益。

综上，共同过错是共同侵权的基础，应该彻底、完全地贯彻过错责任原则，即

---

① 【德】冯·巴尔：《欧洲比较侵权行为法》（上），张新宝译，法律出版社 2001 年版，第 77 页。

不仅以过错作为判断共同侵权行为是否成立的要件，而且也要以过错作为归责的标准。当然，对于共同侵权中共同过错的认定在实际情况中经常会发生困难，在此法院需要根据法律规定和案件的实际情况推定行为人之间具有共同过错，使行为人对受害人承担连带责任。但是，共同侵权的共同过错主要由受害人承担证明责任。

（四）共同侵权人责任承担

根据《中华人民共和国民法通则》第 130 条、《中华人民共和国侵权责任法》第 8 条、《人身损害赔偿解释》第 3 条第 1 款的规定，共同侵权人应当承担连带责任。连带责任的承担是法律明确规定的，而不是由当事人约定所产生。当然，连带责任的承担不能因为共同侵权人之间存在约定而被排除适用。也就是说，即使共同侵权人之间在内部约定了责任的承担，但是该约定对受害人不产生任何效力。

在共同侵权的情形下，每一个行为人应当承担连带责任的原因有以下几点：首先，每一个行为人之间具有共同过错。共同过错是每一个行为人承担连带责任的法理基础。并且，每一个行为人的共同过错也说明他们已经预见到自己的行为与其他人的行为相结合而产生损害，因此，承担连带责任并不会带给行为人过于沉重的、出乎意料的责任。其次，连带责任的承担也有利于保护受害人的利益。一方面，每一个行为人的赔偿能力是不同的，有的人经济实力较强，有较强的责任承担能力，而有的人正好相反。如果每一个行为人不承担连带责任，而是分别承担责任，受害人可能就会因为某些行为人没有责任承担能力，而最后无法获得全部的赔偿。相反，行为人承担连带责任就不需要考虑到每一个行为人的责任承担能力，受害人可以任意选择行为人中的一人而让其承担所有责任。另一方面，当受害人提起侵权诉讼时，他不一定能够知道每一个侵权行为人。按份责任要求受害人为了获得全部的赔偿，必须起诉所有的侵权行为人。这显然违背受害人的利益，因为对于受害人来说很难知道所有的侵权行为人并起诉他们。如上所述，即使受害人知道所有的侵权行为人并且提起诉讼，但是并非所有侵权行为人都具有完全的责任承担能力，要求侵权行为人承担按份责任，对受害人极其不利。最后，侵权行为人承担连带责任也并非不公平。在共同侵权的情形下，虽然每一个行为人对结果的发生具有不同的原因力，但共同侵权人具有共同的目的，对损害结果都具有可预见性。所以，每一个人的行为和损害结果之间具有因果关系。在共谋时，尽管可能会有共谋的人可能没有实际实施侵权行为，但是其他人的行为之中都体现了他的意志，因此都应该对损害结果负责。从因果关系的角度，每一个人的行为都与结果具有相当性，所以应该共同对结果承担责任。不过，因为每一个人的行为具有不同的原因力，在某个或者某些行为人承担连带责任后，在行为人之间再进行分担和追偿。

（五）无意思联络但属于累计因果关系的数人侵权

无意思联络的数人侵权，是指多个行为人之间没有共同的过错，基于偶然的行为结合而导致受害人遭受到同一损害。《中华人民共和国侵权责任法》第 11 条规定："二人以上分别实施侵权行为造成同一损害，每个人的侵权行为都足以造成全部损害的，行为人承担连带责任。"本解释第 3 条第 1 款后段规定："虽无共同故意、共同过失，但其侵害行为直接结合发生同一损害后果的，构成共同侵权，应当依照民法通则第一百三十条规定承担连带责任。"这就在法律上明确规定了累计因果关系的无意思联络的数人侵权。根据条文原意，该行为属于"分别实施、足以造成"，也就是说，多个行为人分别实施侵权行为，每一个行为都足以导致损害结果的发生。例如，建筑物的设计单位设计存在巨大瑕疵，足以导致建筑物在建成后倒塌。施工单位在施工时偷工减料，也足以导致建筑物建成后倒塌。在建筑物倒塌之后，两者都要承担连带责任。这种无意思联络的数人侵权的特点包括：

首先，多个行为人分别实施侵权行为，不存在共同过错。两个以上的侵权行为人之间在实施行为的时候不存在主观意思联络，分别实施了侵权行为。如果行为人之间存在事前的意思联络，或者具有共同过失，就应该构成共同侵权行为。无意思联络的数人侵权与共同侵权存有本质上的区别，主要就是行为人在主观上没有共同过错。累计因果关系的无意思联络数人侵权与共同危险行为的区别是在共同危险行为时，多个行为人实施了危险行为，但具体行为人不明确。但前者中，行为人和原因力是明确的，并且行为人之间也没有共同的过错。其次，损害结果是同一的。一方面，同一损害结果的造成是因为多个行为造成的损害结果不可分割，也就是说，多个行为只造成了一个损害结果，而不是造成了多个独立的损害结果。如果造成数个可以分别的损害结果，则构成多个独立的侵权行为。另一方面，这些独立的侵权行为，有可能是同时进行的，也有可能是先后进行的，但不管怎样，无论采取何种形式，每一个行为人的行为与损害结果之间都有因果关系。最后，每一个人的侵权行为都足以造成全部损害。也就是说，每一个行为都构成损害结果发生的充足原因。也就是说，根据一般社会经验或者科学理论认为，可以单独造成全部损害结果的发生。一方面，充足原因的判断标准是一般社会经验。另一方面，该侵权行为能够造成全部损害结果，而不是部分后果，否则该损害就可以被认为是可分的损害。换句话说，同时存在的各个行为人的行为，其中任何一个行为都足以导致全部损害结果的发生。由于每一个行为都可以导致损害结果的发生，所以要求行为人承担连带责任。这是合理的，对行为人也是公平的。

关于累计因果关系的无意思联络数人侵权的责任承担，理论上有两种观点：一种观点是连带责任说。欧洲学者认为，在数人造成损害时，如果数人的行为都有可能造成损害的发生，那么所有潜在的行为人都应该承担连带责任。也就是说，“对于每一个侵权人而言，侵权行为中的所有其他因素都必须成立，并且必须肯定地排除其他因果关系来源（受害人的行为、不可抗力）”①。《德国民法典》第830条第1款第2句关于共同危险行为的规定，也隐含了这一含义，即如果共同侵权人造成了同一损害，但不知道是何人的行为造成了这一损害，那么共同侵权人也要承担连带责任，但是德国民法典并没有将其作为一个全面完整的规则。但是鉴于多人的行为造成了同一损害的情况在实际情况中越来越多地出现，很多时候都难以判断何人是具体的行为人，每一个行为都有可能是导致损害结果发生的原因。因此，借鉴共同危险行为的理论来解释这一规则。《欧洲侵权法原则》第9：101（1）（b）规定的就是这种数个充足原因偶然竞合造成不可分的损害的连带责任。另外一种观点是按份责任说。普通法系的某些判例对此仍然坚持采纳按份责任。② 在普通法系国家，大多数的判例都支持了连带责任。主流学说都认为采取连带责任更为合理。在欧洲，也有一些侵权法学者认为，对此类侵权行为，行为人应当采取按份责任。基于过错和原因力等因素来分担责任，也就是说，根据每一个行为人对损害的相应责任，以及各自的过错程度和其他与确定或者减少其责任有关的事项，合理确定。不能确定责任份额的，平均分担。

根据《中华人民共和国侵权责任法》第11条和本解释第3条第1款的规定，对于累计因果关系的无意思联络数人侵权，行为人应该承担连带责任。我国侵权责任法在法律上正式确认了累计因果关系，并且规定了连带责任。我国侵权责任法之所以规定累计因果关系的行为人承担连带责任，是因为从因果关系上说，虽然多个侵

---

① 【荷】施皮尔：《侵权法的统一：因果关系》，易继明等译，法律出版社2009年版，第94页。

② 王利明：《侵权责任法研究》，中国人民大学出版社2010年版，第574页。

权行为人之间没有共同过错，但是每一个行为人的行为都足以造成全部损害。即使在此时不认为他们承担连带责任，但因为每一个行为人的行为都足以造成损害责任，他们仍对全部损害承担责任。另外，赋予受害人享有请求连带责任的权利，实际上增加了承担责任的责任财产范围，有利于保护受害人的利益。此外，行为人进行侵权行为时，虽然没有共同过错，但是其自身的行为应当预见或者已经预见其对受害人承担全部责任，所以强制他们承担连带责任，并不是过于沉重。在行为人承担了连带责任之后，如果行为人所承担的责任份额超过其应该承担的责任份额，其仍然可以向其他人追偿。

3 无意思联络而分别侵权的数个加害人如何承担责任？

解答：《人身损害赔偿解释》第 3 条第 2 款规定："二人以上没有共同故意或者共同过失，但其分别实施的数个行为间接结合发生同一损害后果的，应当根据过失大小或者原因力比例各自承担相应的赔偿责任。"

本条是关于无意思联络的数人侵权而承担按份责任的规定。

《中华人民共和国侵权责任法》第 12 条规定："二人以上分别实施侵权行为造成同一损害，能够确定责任大小的，各自承担相应的责任；难以确定责任大小的，平均承担赔偿责任。"《中华人民共和国民法总则》第 177 条规定："二人以上依法承担按份责任，能够确定责任大小的，各自承担相应的责任；难以确定责任大小的，平均承担责任。"

（一）无意思联络的数人侵权

在狭义的共同侵权之中，数个行为人都是基于共同过错而实施侵权行为；但是在无意思联络的数人侵权中，多个行为人是基于分别的行为而致使受害人受损害，行为人之间没有共同过错。无意思联络的数人侵权与共同侵权一样，都是数人致人损害的行为，具有主体的复合性、结果同一性的特点，也就是说，多人行为共同造成了同一的损害结果。二者的根本区别并不是在于客观行为，而是在于主观状态的不同。这是因为，在客观上，他们都是数个行为结合在一起造成他人损害。在主观上，共同侵权是每个行为人之间具有共同的过错，但是无意思联络的数人侵权中没有共同过错。

具体来说，首先，每一个行为人之间没有共同过错。无意思联络的数人侵权并不仅仅指的是当事人之间主观上没有意思联络，而是指当事人没有共同过错。无意思联络的数人侵权，不仅仅包括没有共同故意，也包括行为人之间没有共同过失。换句话说，行为人主观上没有意思联络，就是事先没有通谋，也就是每一个行为人之间事先没有统一的致他人损害的共同故意。另外，每一个行为人主观上没有共同过失。无意思联络的共同行为人一般情况下没有任何身份上的联系或者其他联系，彼此之间互不相识，因而不可能认识到他人的行为性质和可能导致的后果，尤其是指每一个行为人不能预见到自己的行为会和其他人的行为之间发生结合并造成对受害人的同一损害。所以，无意思联络的数行为人之间没有共同的可预见性。在共同侵权时，共同过错是其本质的特征，不管是共同故意还是共同过失。但是应该强调的是，在无意思联络的数人侵权之中，虽然多个行为人之间没有共同的过错，但每一个人主观上都有单独的过错。其次，各个行为人的行为偶然结合或者间接结合造成对受害人的同一损害。《中华人民共和国侵权责任法》第 12 条规定，无意思联络的数人侵权是指二人以上分别实施侵权行为造成同一损害。《人身损害赔偿解释》第 3 条第 2 款规定，二人以上没有共同故意或者共同过失而分别实施的数个行为间接结合发生同一损害后果的是数人侵权。简而言之，一方面数人的行为发生了偶然结合或者间接结合。偶然结合或者间接结合，指的是由于数个行为人在主观上没有共同过错，只是因偶然因素而致无意思联络的各个行为结合在一起而造成同一损害后果。另一方面，多个行为人的行为造成了同一损害结果。也就是说，各个行为与损害结果的发生之间都有因果关系。虽然都有因果关系，但是有的损害是可分的，有的损害是不可分的。因此，无意思联络的数人侵权与共同过错即使客观结果上都造成了同一损害，但是主观上根本没有共同过错，只是因为行为的偶然结合造成的。最后，在责任后果上，采用按份责任或者连带责任。无意思联络的数人侵权的主要特点在于因果关系的多样性和复杂性，多个行为的偶然结合造成了同一损害，因此在因果关系上具有特殊性。[①]《中华人民共和国侵权责任法》第 11 条规定了累积的因果关系，如果各个行为都足以造成全部损害的发生，那么，他们对外要承担连带责任。《中华人民共和国侵权责任法》第 12 条规定了部分的因果关系，对于此种行为，各个行为人应当按照过错程度和原因力分别承担责任。

---

① 程啸：《无意思联络的数人侵权》，载王利明主编：《人身损害赔偿疑难问题：最高人民法院人身损害赔偿司法解释之评论与展望》，中国社会科学出版社 2004 年版，第 190-191 页。

无意思联络的数人侵权在实践中发生较多，其不仅发生在过错责任中，在过错推定责任和严格责任中也时常发生。

部分因果关系，也被称为共同的因果关系，指的是数个行为人分别实施侵害他人的行为，主观上没有意思联络，由行为人分别承担损害赔偿责任。这种侵权行为的特点是“分别实施、结合造成”。比如说，未成年人甲在小区门口放鞭炮，行人丙正好此时路过该小区门口，手被鞭炮炸伤，随即离开准备回家。但其经过附近马路时，又被另一个人的鞭炮炸中相同位置，伤情加重，后共花费治疗费用500元。

上述数人侵权的特点在于：一是多个行为人分别实施侵权行为，但是没有共同过错。在部分因果关系中，多个行为人事先没有意思联络和共同过失，仅仅是因为行为的偶然结合或者间接结合而导致损害结果的发生。与累积因果关系相同，理论上通常将之称为无意思联络的数人侵权。二是造成了同一损害。一方面，同一损害指的是多个行为人实施的行为都造成了一个损害结果，而不是多个损害结果。因此，在部分因果关系中，经常应该确定多个行为是否造成了损害结果，如果部分行为和损害之间不存在因果关系，或者其中一个行为造成的损害极其微小，不构成部分因果关系。例如，在前面的例子中，如果行人丙在两个地点所遭受的损害分别是左右手，就并不是同一损害，应该按照分别的侵权行为处理。另一方面，各个行为人的行为与损害结果之间有因果关系。但是，需要进一步强调的是，这里所说的因果关系是各个行为作为一个整体与损害结果之间的因果关系，而不是每一个行为分别与损害结果之间的因果关系。例如，某个人在被他人撞伤之后又被另外一个人打伤。如果该人身上有两处伤，则两者没有任何联系，并且是不同的行为人造成的，实际上是完全分开的，但如果两者的伤害结合在一起导致整个身体健康受到损害，并且导致其精神损害，该损害又是不可分的。三是每一个行为都不足以单独导致损害结果的发生。如果将这些行为分开来观察，每一个行为都不足以单独造成损害结果的发生。比如，多个企业向河流排放污水，单独的排放都不足以导致污染，但是结合在一起才造成污染的后果。该认定规则也可以看作相当因果关系认定中的特殊规则，因为每一个行为人的行为都不足以造成损害结果，所以，通过每一个行为人的行为与损害结果之间的因果关系来认定，就会导致每一个行为人都不会对损害承担连带的全部赔偿责任。否则，连带责任会给行为人带来过于沉重的责任。

对于部分的因果关系，世界上主要国家的立法和判例大多认为，行为人应当承担按份责任。根据《中华人民共和国侵权责任法》第 12 条和《人身损害赔偿解释》第 3 条第 2 款的规定，这种无意思联络的数人侵权，应当采用按份责任。每一个行为人按照责任大小对外承担责任。

如此规定原因在于：首先，从因果关系上看，由于每一个行为单独都不足以导致损害结果的发生，所以这才要求行为人按照相应的份额承担按份责任。也就是说，如果严格按照因果关系的一般规则，则每一个行为人都不应该对损害结果承担责任。但是，既然每一个行为人的行为都单独不足以导致损害结果的发生，但是又因为每一个人的行为又都与损害结果有一定的因果关系，所以每个行为人都对损害结果承担责任是不公平的，但不承担责任同样也是不合理的，因此应当承担按份责任，而不承担连带责任。其次，从主观方面考虑，在部分因果关系的情形中，每一个行为人并不存在共同过错，所以要求其承担连带责任，也缺乏法理上的基础。有学者认为："数个行为人主观上没有意思联络，仅仅因为行为偶合导致损害后果发生，若各人的加害部分无法单独确定则应以共同侵权论，各人对损害应承担连带赔偿责任。"① 本书认为，这种观点是错误的。因为本质上说，无意思联络的数人侵权应该是单独侵权而不是共同侵权，行为人之间主观上都没有共同过错，各个行为人的行为也都是单独的行为，所以绝对不能按照共同侵权处理。多个行为人主观上没有共同过错，而且每一个行为人的行为无法造成全部的损害结果，仅仅是因为行为的偶然结合或者间接结合造成损害，如果这些行为人仍然承担连带责任就不符合过错责任原则，并且也会带给他们不合理的责任。最后，虽然理论上行为人承担连带责任对于受害人利益的保护更加有利，但是实际上情况却有可能恰好相反。因为行为人承担连带责任，受害人应当承担证明因果关系存在的证明责任。但是在部分因果关系的情形下，每一个行为人的行为并不足以导致损害结果的发生，所以，受害人难以证明行为形成一个整体与损害结果之间形成相当性的因果关系。

（二）责任承担

根据《中华人民共和国侵权责任法》第 12 条和《人身损害赔偿解释》第 3 条第 2 款的规定，对于部分因果关系的无意思联络数人侵权对外承担责任需要采用两种方式。

---

① 蓝承烈：《连带侵权责任及其内部求偿权》，载《法学与实践》1991 年第 1 期。

一是在能够确定责任大小时，应该根据责任大小分担。根据责任大小分担损害赔偿责任，指的是按照每一个行为人的行为对损害结果的原因力和各自行为人的过错程度分担。原因力指的是在共同构成损害结果的共同原因之中，每一个原因对于损害结果的发生或者扩大所发挥的作用。[①] 进一步说，根据每一个行为对损害结果的发生所起到的作用的大小来分别承担责任，也就是说，行为的作用越大，所承担的损害赔偿责任就越大。过错程度指的是行为人过错的大小。行为人的过错对于导致损害结果的发生作用越大，其过错程度也越大。相反也是一样的。根据《人身损害赔偿解释》第 3 条第 2 款的规定，应根据“过失大小”或者“原因力比例”承担责任。根据《中华人民共和国侵权责任法》第 12 条的规定，我国立法采取了“责任大小”的概念。侵权责任法改变了人身损害赔偿解释的说法，提出了责任大小既不是指单纯的过错程度，也不是指单纯的原因力，而是二者的结合。本书认为，采取这样的概念，比较公平合理，也有利于法官的实际操作。如果能够确定过错程度和原因力大小，就应该按照过错程度和原因力来判断，而不是单纯以原因力大小或者过错程度为主来考察。关键在于过错程度和原因力两者之间何者能够被查明。如果两者都不能被查明，就应当由所有行为人平均承担责任。

二是当难以确定责任大小的时候，行为人之间应该平均承担责任。《人身损害赔偿解释》对此没有规定，因此应根据《中华人民共和国侵权责任法》第 12 条的规定。在大部分情况中，当行为人的行为导致损害之后，多个行为人的行为对损害结果的发生所起到的作用很难进行确定，原因力大小和过错程度极其难以判断。在此情形下，只能采取平均分担的方法。必须强调的是，平均分担在形式上虽然公平，但是实质上却是一种迫不得已的做法。因此，只能在不能确定责任大小时适用，在能够确定责任大小时不能采取这种方法。

除此之外，比较法上还有一种责任承担方式。《欧洲侵权法原则》第 3. 105 条“不确定的因果关系”规定：“在存在多个活动时，如果任何一个活动都没有造成全部损害或者损害的某个确定部分的，则（至少）那些可能引起损害的活动应被推定为造成了等量的伤害。”[②] 意思就是说，如果多个行为分别实施而造成同一损害后果的，其中一人或者一些人所造成的损害结果可以被确定，但是其他人的行为所造成

---

① 杨立新：《侵权法论》，人民法院出版社 2004 年版，第 525 页。

② 欧洲侵权法小组编著：《欧洲侵权法原则：文本与评注》，于敏、谢鸿飞译，法律出版社 2009 年版，第 5-6 页。

的损害结果不能被确定时，能够确定部分损害结果的行为人对自己的行为承担赔偿责任，其他的损害结果则由其他行为人分别承担。

需要强调的是，无意思联络的数人侵权所承担的按份责任是对外的按份责任，而不是内部的责任分担。因此，受害人根据《中华人民共和国侵权责任法》第12条和《人身损害赔偿解释》第3条第2款的规定，有权向侵权行为人请求侵权损害赔偿。

4 共同进行危险行为的数个加害人如何承担责任？

解答：《人身损害赔偿解释》第4条规定："二人以上共同实施危及他人人身安全的行为并造成损害后果，不能确定实际侵权行为人的，应当按照民法通则第一百三十条承担连带责任。共同危险行为人能够证明损害后果不是由其行为造成的，不承担赔偿责任。"

本条是关于共同危险行为下责任承担的规定。

《中华人民共和国侵权责任法》第10条规定："二人以上实施危及他人人身、财产安全的行为，其中一人或者数人的行为造成他人损害，能够确定具体侵权人的，由侵权人承担责任；不能确定具体侵权人的，行为人承担连带责任。"

（一）共同危险行为概述

共同危险行为，又称为准共同侵权行为或者共同参与行为（Beteiligung），指的是多个人实施的危险行为皆有可能造成他人的损害，实际上是其中一人或者多人的行为造成他人损害，但造成实际损害的该他人或者多人难以确定。例如，甲、乙、丙三人在打猎，几乎同时向同一个目标开枪射击，但实际上只有一颗子弹射中他人，而击中他人的子弹却难以查明是由何人所射出。再比如，甲、乙、丙三个未成年人向路边投掷石块，将路人砸伤，但是无法确定是何人所投掷出的石块将人击伤。理论上将此种行为称为共同危险行为，关键并不在于侵权行为本身可能具有的高度危险性，也不是说所有参与的人的行为都是危险行为，其中重要的是多个行为对于侵权他人人身权益时具有高度的可能性。因此，共同危险行为的概念可能会有些误导，但考虑到我国实际用语的习惯，还是采用共同危险行为的概念。本书认为需要进一步强调的是，共同危险行为和严格责任中的危险活动并不是相同或者相似的概念。虽然共同危险行为具有高度的危险性，广义上说仍是属于危险活动的范围，实际情况下所发生的某些共同危险行为也可能就是高度危险活动，但是，共同危险行为所说的“危险”和高度危险活动中的“危险”完全不同，前者是导致损害的可能性，后者指的是某类活动相较于一般社会活动具有需要法律特别关注的危险。

现在社会的社会关系极其复杂，基于共同行为导致他人损害的情形越来越普遍，但是当损害事故发生之后，很有可能发生证明责任上的困难，无法确定实际的行为人。因此，侵权责任法上产生了共同危险行为制度对此进行解决。《中华人民共和国民法通则》和关于《中华人民共和国民法通则》的相关司法解释对此都没有进行规定。2001 年《最高人民法院关于民事诉讼证据的若干规定》第 4 条第 7 项规定：“因共同危险行为致人损害的侵权诉讼，由实施危险行为的人就其行为与损害结果之间不存在因果关系承担举证责任。”这是我国首次对于共同危险行为作出规定，但是程序法的规定，并且是从证明责任的角度。《人身损害赔偿解释》第 4 条也对此进行了相似的规定，从实体法上确定了共同危险行为制度的规则。而侵权责任法在免责事由上进行了严格的限制，不仅有利于保护受害人，也符合社会经济生活的发展和完善法制的需要，有利于预防共同侵权行为和共同危险行为的发生。

共同危险行为的主要特点是：一是二人以上实施危及他人的行为。共同危险行为是广义的数人侵权类型中的一种，是多个人实施的行为。但是，共同危险行为与共同侵权行为存在不同，具体言之，在狭义的共同侵权之中，行为人是基于共同的过错而实施的侵权行为，即使行为人之间有分工的不同，在法律看来，每一个行为人都参与了侵权行为的实施。在共同危险行为中，虽然每一个行为人都进行了危及他人人身或者财产安全的危险活动，但是不能认为是都实施了侵权行为，因为不是所有人都造成了损害结果的发生，而仅仅是某个人或者部分人造成了实际的损害结果。并且，从法条的文义来看，造成损害的行为人是不明确的。所谓造成损害的行为人不明确并不意味着共同危险的行为人不明确。因为在共同危险性位置中，实施共同危险行为的行为人是明确的，只是何人造成了实际损害是不明确的。例如，很多人在街边燃放烟花，其中一人所燃放的鞭炮导致附近一家仓库着火。此时，因为燃放烟花的人是确定的，因此共同危险行为人是可以明确的，只是因为只有一人的行为导致仓库着火，但是不能确定具体的造成损害的行为人是谁。还有就是，造成损害的行为人不明和损害份额不明也是不同的。《中华人民共和国侵权责任法》第 10 条不包括损害份额不明的情况。因为所谓造成损害的行为人不明是不能确定何人的行为与损害结果之间具有因果关系，但是损害份额不明是因果关系是确定的，具体造成损害的行为人也是确定的，只是其行为人的份额不能确定。二是多个行为人在实施危及他人的行为方面具有共同过错。在共同危险行为中，数个行为人主观上虽然没有共同的意思联络，但是他们在实施共同危险行为时具有共同过错。关于共同过错是共同过失还是共同故意，理论上一直有争论。本书认为，在共同危险行为中，必须没有意思联络，因为行为人之间如果具有共同的意思联络，那么就不再构成共同危险行为，而是共同侵权了。因此，有学者据此认为共同过错是共同过失。[①] 三是共同危险行为具有时间和空间上的同一性。换句话说，各个共同危险行为人几乎是同时实施了行为，并且实施该危险行为的地点也相同。当然，在例外情况下，共同危险行为的时间和地点可以不完全相同。构成共同危险行为，行为人在实施危险行为时的时间和地点必须具有同一性，即"多数人之行为间，应有一定空间和时间上关联之同类损害"。[②] 本书认为，应该具有时间和地点的一致性，但并非是完全一致。因为不同时间和不同地点发生的单独危险行为并不能构成共同危险行为，例如某人在街上放鞭炮炸伤甲，后甲在回家路上又被炸伤同一部位，此时应该适用无意思联络的数人侵权规则，若是炸伤不同部位，则属于分别侵权，单个处理。而且，时空上的一致性要求共同发生数个行为。此时，共同危险行为和高空抛物就完全不同，因后者只存在一个行为，只是加害人难以查明，没有所谓的共同危险。因此就是单独侵权行为。再者，这样也有利于限制连带责任的范围，不至于连带责任的泛滥。四是共同危险行为人中的一人或者部分人实际造成了损害结果。根据《中华人民共和国侵权责任法》第 10 条和《人身损害赔偿解释》第 4 条的规定，在共同危险行为的情况下，虽然有多个人实施了危及他人人身或者财产的行为，但是损害结果的发生只是由于一人或者部分人的行为而造成的。这就是共同危险行为和单独侵权行为或者共同侵权行为的不同所在。在共同危险行为实际发生之后，如果能够确定侵害行为是由何人的行为造成的，那么共同危险行为就转化为单独侵权，如果是数人造成的，就转化为共同侵权行为。五是无法确定造成损害结果的具体行为人。在共同危险行为的情形下，在行为与损害结果的关系上，每一个危险行为的行为人都仅仅是可能造成损害结果，也就是说，其行为与损害结果之间的因果

① 张新宝：《中国侵权行为法》，中国社会科学出版社 1998 年版，第 172 页。
② 黄立：《民法债编总论》，中国政法大学出版社 2002 年版，第 291 页。

关系是法律推定，或者说是一种替代因果关系。理论上也将之称为择一的因果关系，指的是受害人的损害是由二人以上中的某一个或者部分人的行为造成的，但是实际上无法查明是由何人的行为造成的，则所有人的行为都可能造成损害的发生。[①]在共同危险的情况下，数人都实施了危险行为，但是真正的行为人是不确定的，如果真正的行为人能够确定下来，则转化为单独侵权或者共同侵权，这也是共同危险行为的免责事由之一。

（二）共同危险行为与因果关系的推定

共同危险行为的责任确定采用了因果关系推定的方式，但是，其不能替代各种因果关系的推定。在共同危险行为责任中，“要是没有”的规则几乎无法使用。在共同危险行为中，因果关系的推定，是根本无法确定谁是真正的侵权行为人，而采用的方法。在损害结果发生以后，推定各个行为人的行为与损害结果之间都有因果关系。这是法律基于公平正义和保护受害人的目的出发而进行的。在侵权法中，为了救济受害人，因果关系推定运用得十分广泛。而且，一般因果关系推定包括两种情形，即法定的因果关系推定和裁定的因果关系推定。但是，两者区别主要在一般因果关系推定中，并非所有的行为人都实施了侵权行为，而可能只有其中某个人实施了侵权行为。而在共同危险行为之中，虽然不能确定真正的行为人，但是可以确定所有的行为人都实施了危险行为。而且，在一般因果关系推定中，主要由于产品、动物、物件等损害类型，而不是由于危险行为。在共同危险行为的情况下，损害是行为人的直接行为造成的。最后，在一般因果关系推定中，如果有人可以证明自己的行为或者物价与损害结果之间没有因果关系，则其就可以免责。但是在共同危险行为中，根据《中华人民共和国侵权责任法》第 10 条的规定，行为人证明自己行为与损害结果之间没有因果关系也不能免责，其必须证明何人是真正的行为人方可以免责。

共同危险行为人承担连带责任，其属于一般侵权行为，适用过错责任原则。根据我国“谁主张，谁举证”的原则，过错事实应当由受害人承担证明责任。但是在共同危险行为中，受害人不可能对真正造成损害的行为人具有过错作出证明责任，这是因为受害人实际上不知道真正的造成损害行为人是何人。但这并不意味着

---

① 程啸：《共同危险行为》，载王利明主编：《人身损害赔偿疑难问题：最高人民法院人身损害赔偿司法解释之评论与展望》，中国社会科学出版社 2004 年版，第 224 页。

受害人无须承担过错的证明责任。本书认为，受害人通过举证证明何人是共同危险行为人，实际上就算是完成对过错的举证责任。因为危险行为的实施就已经表明行为人具有相应的过错，因此证明何人实施危险行为，也证明何人具有过错。本书认为，共同危险行为普遍适用于过错责任。不过，共同危险行为也可以适用过错推定和严格责任。现代社会的危险活动大量发生，受害人往往没有证据证明是何种具体的危险导致了损害结果的发生。例如，受害人因患有疾病而使用了多个药厂的药品，但是该多个药品都有缺陷，当事人无法查明是何者生产的药品导致了损害。因此，这就应该采纳共同危险行为制度。共同危险行为适用严格责任的原因是：第一，在共同危险行为中，受害人无须举证证明共同危险行为在实施危险行为时主观上具有过错，而应该由行为人自己举证证明其本身没有过错或者其行为与损害结果之间不存在因果关系。而且，法律对于共同危险行为人举证证明自己没有过错的免责事由有严格的限制。

（三）构成要件

首先，二人以上实施了共同危险行为。多个人实施了共同危险行为，如果仅仅是一个人实施行为，就应该是单独的侵权行为。在共同危险行为中，实际造成损害结果的行为人不能确定，但是实施共同危险行为的行为人应该是确定的，否则不能让共同危险行为人承担连带责任。如前例，多个人在不同的位置燃放鞭炮，能够查明是其中两个人燃放的鞭炮致使损害的发生，其他人并没有燃放该品种的鞭炮。因此，其他人就不是共同危险行为人。而且，多人的行为具有共同危险性。而共同危险性，指的是数人的行为在客观上有危及他人人身或者财产安全的可能性。危险是现实存在的，而不能仅仅是具有一种潜在的可能性或者或然性。有学者认为，共同危险行为人之间既不需要共同故意，也不需要共同过失，共同危险行为的关键在于各个危险行为具有违法性。本书认为，尽管危险本身危及他人的人身，但并不意味着危险行为都具有违法性。例如，有三个人在河边用石子扔着玩，正好有一个人在河边路过，被所扔的石子砸伤眼睛，至医院为治疗而花费金钱若干。本案中，多人在河边扔石子的行为并不能算是具有违法性。

其次，所有人的危险行为均有可能造成损害结果。在共同危险行为之中，行为人已经实施了危险行为，并且损害结果已经发生，只是不能确定具体实际的行为人。并且，在共同危险行为中，多个人所实施的危险行为都有可能导致实际的损害结果。

数人的行为都有可能导致损害，一方面，指的是数人所实施的行为造成的损害结果只是一种可能性，各个危险行为人在实施危险行为时主观上都没有共同的方面，而且也不是基于共同的意思联络侵害受害人，损害发生的实际原因是多人中的一个人或者一些人的危险行为，不是这样的数人因共同过错而实施共同侵权行为。另一方面，如果有人的行为根本不存在造成损害结果的可能性，则其就并不是共同危险行为人。

再次，损害结果已经发生，但不知道实际上是何人造成该损害。《中华人民共和国侵权责任法》第 10 条规定，二人以上实施危及他人人身、财产安全的行为，其中一人或者数人的行为造成他人损害。因此，共同危险行为的重要特点就是虽然实际造成损害结果的行为人不能被确定，但是一定是共同危险行为人造成的。换句话说，一方面，损害结果和共同危险行为人实施的危险行为之间存在一定的因果联系。如果实际损害的发生和行为人的行为之间没有联系，就排除共同危险制度的适用。法律让所有行为人承担责任的原因在于他们实施了危险行为并且具有过错，以及无法证明是何人实际造成了损害结果。另一方面，损害结果不管是何人造成的，但必然是共同危险行为人中之一人或部分人造成的。在共同危险行为中，多个人分别独立实施侵害他人的行为，但事实上只有一个行为真正导致了实际损害结果的发生。也就是说，如果查明是何人的行为直接导致了损害结果的发生，则二者存在因果关系，其他人就应不负责任。德国法中，共同危险行为的参与人与损害结果之间的因果关系被称为“替代因果关系”。

最后，危险行为人法定的抗辩事由。共同危险行为人中，在危险行为作出之后，真正行为人没有确定之前，法律上推定所有行为人都是致人损害的行为人，并且强制这些行为人承担责任。如果这些行为人的某人或者某些人具有法定的免责事由，就可以免除责任。

（四）免责事由

行为人证明自己没有过错或者其行为与损害结果之间没有因果关系，是否可以免责？对此理论上有两种不同的观点。

有学者对上述问题表示赞成。[①] 如果行为人证明自己的危险行为和损害结果之间没有因果关系，就可以免除责任。行为人无须证明何人是实际造成损害结果的行

---

① 张新宝：《中国侵权行为法》，中国社会科学出版社 1998 年版，第 238 页。

为人。这是因为，行为人证明自己不是真正的行为人，其行为与损害结果之间没有因果关系就可以。证明何人是造成损害结果的行为人并不是其他共同危险行为人承担的义务。法律对此也没有强制要求。

也有学者对此持反对意见。他们认为，共同危险行为人如果要免责，既要证明自己没有过错或者其行为与损害结果之间没有因果关系，更必须证明何人是真正造成损害的行为人。我国台湾地区的学者郑玉波就认为：“为保护受害人计，应从否定说。良以证明自己未有加害行为，并非当然他人应负责，若他人亦得证明未有加害行为而免责，则势必发生全体脱卸责任之现象，被害人将无法获偿矣。故仅能证明自己未有加害行为者，应不能负责，必须证明孰为加害人时，始得免责。盖法文明定‘不知’孰为加害人即应连带负责，因而虽能证明非加害人，但仍不能因之‘知’孰为加害人，故仍不能免责也。”①

《最高人民法院关于民事诉讼证据的若干规定》第 4 条第 7 项规定：“因共同危险行为致人损害的侵权诉讼，由实施危险行为的人就其行为与损害结果之间不存在因果关系承担举证责任”，也就是说，只要行为人证明了其行为和损害结果之间没有因果关系，就可以免责，不需要证明何人是具体造成损害结果的行为人。《人身损害赔偿解释》第 4 条规定：“二人以上共同实施危及他人人身安全的行为并造成损害结果，不能确定实际侵害行为人的，应当按照民法通则第一百三十条规定承担连带责任。共同危险行为人能够证明损害后果不是由其行为造成的，不承担赔偿责任。”由此，最高人民法院一直坚持其关于证据规则的规定，采纳了赞成说。《中华人民共和国侵权责任法》第 10 条规定：“二人以上实施危及他人人身、财产安全的行为，其中一人或者数人的行为造成他人损害，能够确定具体侵权人的，由侵权人承担责任；不能确定具体侵权人的，行为人承担连带责任。”我国侵权责任法改变了原来司法解释的规定，将确定具体侵权人作为抗辩事由。“能够确定具体侵权人”包含两个含义：共同危险行为人必须能够证明何人是真正的行为人，不能仅仅因为证明自己的行为与损害结果之间没有因果关系而免责；法院经过查证能够确定具体的行为人。根据《中华人民共和国侵权责任法》第 10 条的规定，如果能够确定具体侵权人，则共同危险行为也就应该转化为单独侵权或者共同侵权。所以，共同危险行为人能够构免责的抗辩事由就是确定具体的侵权人，而在查明之前，共同危险

---

① 郑玉波：《民法债编总论》，台北三民书局 1996 年版，第 168 页。

行为人不得主张损害结果与自己之行为无因果关系而免责。

本书认为，侵权责任法的规定更为合理。首先，侵权责任法作为基本法律肯定比司法解释优先适用。其次，法理上的理由在于：一是从共同危险行为制度的目的和立法宗旨上看，其立法目的在于强化对受害人的保护。如果共同危险行为人都能够证明损害不是因其过错造成就可以免责，那么受害人的损害就很难得到补救。如果行为人都能够证明自己的行为与损害结果之间不存在因果关系，则其都可以免除责任，就没有人对其共同危险行为造成的损害结果负责了，那么受害人的损害结果只能由自己承担。二是共同危险行为人毕竟实施了共同危险行为，该行为的实施将他人置于一种极有可能遭受损害的危险之中。共同危险行为人是有过错的，如果其不能证明何人是真正的行为人，就应当共同对危险行为造成的损害后果负责。应该强调的是，要求共同危险行为人必须证明何人是真正的行为人，并非对共同危险行为人不公平。共同危险行为人都实施了危险行为的事实，换言之，其都有过错。在共同危险行为的情况下，只要有一个人被证明为真正的行为人，其他人就应当被免除责任，或者只要其中一个危险行为人自己承认其为真正的行为人，也可能免除其他人的责任，此时就转化为一般的侵权行为。但这时候侵权行为不再是共同危险行为，而应该是共同侵权行为。三是民事证明理论要求得到“法律真实”，而非客观真实。由于行为人距离危险行为更近，而受害人对此往往不太了解，因此由共同危险行为人来证明何人是真正的行为人，更加有利于发现事情真相。各个危险行为人最能了解共同行为的产生和发展经过，因而有能力证明何人是具体造成损害的行为人。

因此，《中华人民共和国侵权责任法》第 10 条从保护受害人的目的出发，对共同危险行为人的免责事由作出了严格限制。事实上，共同危险行为制度的建立目的就在于保护受害人，只要受害人证明具体的行为人共同实施了危险行为，该危险行为与损害结果之间就具有一定的因果关系。此时，受害人就已经完成了初步的因果关系的证明，行为人就应当承担责任。除非危险行为人有确切的证据证明自己根本没有参与共同危险行为，或者指出具体的行为人，否则行为人不能免除责任。

（五）责任承担

共同危险行为人所承担的责任，世界上主要国家都认为是连带责任。例如，《德国民法典》第 830 条规定：“数人因共同侵权行为造成损害者，各人对被害人由此所受的损害负其责任。不能查明数关系人中谁的行为造成损害时，亦同。”《日本民法典》第 719 条规定：“因数人共同为不法行为而对他人加以损害时，应各自连带负其赔偿责任。共同行为中，何人加其损害不能确知者，亦同。”我国台湾地区“民法”第 185 条规定：“数人共同不法侵害他人之权利者，连带负赔偿责任。不能知其中孰为加害人者，亦同。”也是因此，很多学者将共同危险行为称为准共同侵权行为。

但是，也有学者认为共同危险行为人应该承担按份责任。因为不能确定何人的行为导致损害结果的发生，行为人因此承担按份责任。① 并且，承担按份责任对于行为人也是公平的。因此，《欧洲侵权法原则》第 3：301 条第 1 款规定：“在多方行为的情况下，若任何一方的单独行为都可能足以造成损失，但事实上并不明确哪一方的行为造成损失，则每一方的行为依据其造成受害方损失的可能性来判断其作为造成受害方损失的原因的程度。”

《中华人民共和国侵权责任法》第 10 条和《人身损害赔偿解释》第 4 条规定，共同危险行为人承担连带责任。因为，首先，根据过错责任原则，每一个行为人都是具有过错的。多个行为人共同实施了危险行为，而且每一个人的行为对损害结果的发生也具有可能性，实施此种危险行为本身就说明了其具有过错。在真正造成损害的行为人没有被确定之前，让每一个行为人承担连带责任，符合过错责任原则。在判断多人的行为是否已经造成了不合理的危险之时，主要是从行为性质本身、周围的环境以及损害发生的概率等各个方面进行审查。如果多人的行为在正常情况下根本不会发生损害，只是因特殊因素的介入才造成损害，而且也不能确定何人是真正的行为人，就不应该通过共同危险行为制度进行解决。其次，根据形成危险就承担危险的原则，因为每一个共同危险行为人的行为已经形成了危及他人人身或者财产的危险，使他人的人身、财产处于危险状态之中，则共同危险行为人应该对其危险行为负责。即使危险行为人可能并非真正造成损害的行为人，其也应该在无法查明具体造成损害的行为人之时承担责任。再次，加强对受害人的保护。如果仅仅是由共同危险行为人证明其行为与损害结果之间不存在因果关系就能够免责，则所有的行为人都可能通过证明其行为与损害结果之间没有因果关系而避免损害赔偿。

---

① 欧洲侵权法小组编著：《欧洲侵权法原则：文本与评注》，于敏、谢鸿飞译，法律出版社 2009 年版，中文本序言。

受害人只能自己承担损害，对其是不公平的。最后，预防损害的发生。共同危险行为人最接近损害发生的源头，其能控制风险的发生，由其承担责任，可以促使共同行为人预防和减少不合理的危险行为，或者谨慎行事。在共同危险行为中，严格免责事由，要求共同危险行为中必须确定具体造成损害的行为人，才能使其他人免责，这有利于督促每一个行为人都努力避免实施危险行为，尽量避免损害结果的发生。

当共同危险行为人承担了连带责任之后，本书认为，共同危险行为的行为人不能证明何人造成损害，应当承担连带责任，但在承担连带责任后，也应当在行为人之间分担损失。由于共同危险行为人在实施共同危险行为时，致人损害的概率相等，过失相同，而且又因为共同危险行为责任的不可分割性，在共同危险行为损害赔偿的承担上应该平均分担，各人以相等的份额对损害结果负责，在等额的基础上实行连带责任。因此，在责任的分担上，原则上应当采取平均分担的方式，以相等的份额对损害结果负责，这样才能充分体现公平合理。

5 共同侵权行为的数个加害人在诉讼中是否为共同被告？

解答：《人身损害赔偿解释》第 5 条第 1 句：“赔偿权利人起诉部分共同侵权人的，人民法院应当追加其他共同侵权人作为共同被告。”

本条是关于共同侵权人共同诉讼的规定。

共同诉讼指的是当事人一方或者双方为两个或者两个以上的诉讼，是一种特殊的民事诉讼。共同诉讼制度的目的是通过对数个当事人同时诉讼并且同时进行审理，节省法院和当事人的时间和财力，也可以避免出现法院作出不同裁判或者不同法院作出的裁判相互抵触之情形。

共同诉讼属于诉的合并，属于诉的主体合并。共同诉讼从普通法时代开始，德国逐渐形成了必要的共同诉讼和普通的共同诉讼两种形式。前者之中，争议的诉讼标的是同一的；后者之中，争议的诉讼标的属于同一种类。必要的共同诉讼又可以分为固有的必要共同诉讼和类似的共同诉讼。在德国的理论中，也称之为程序法上的必要共同诉讼和实体法上的必要共同诉讼（《联邦民事诉讼法》第 62 条第 1 款第 1、2 项）。[①] 在固有的必要共同诉讼中，所有的利害关系人必须一起起诉或者被起

① 【德】狄特 · 克罗林庚：《德国民事诉讼法律与实务》，刘汉富译，法律出版社 2001 年版，第 273-287 页。

诉，否则当事人就是不适格。在类似的必要共同诉讼中，当事人可以选择一起或者分别起诉或者应诉。如果当事人已经选择了一起起诉或者应诉，就必须对共同诉讼人的诉讼标的进行合一确定，由法院对其作出统一的裁判。当事人不能够单独实施诉讼行为，必须统一行动。在英美法上也规定了在某些特定的情况下可以合并多数当事人进行诉讼。合并的形式包括强制合并和任意合并。强制合并通过当事人与案件联系的密切程度不同而分为必要的和必不可缺的强制合并。必要的当事人指的是为了全面、正确地解决纠纷而有必要被合并为当事人的人。对于这一类人，如果符合法定的条件，法院最好将他们合并进入诉讼。必不可缺的当事人指的是为了全面、正确地解决纠纷，在任何情况下法院必须将其合并为当事人的人。对于这一类人，在任何情况下，法院都必须将其合并。

共同诉讼根据主体的诉讼标的是同一或者同一种类的不同而分为必要的共同诉讼和普通的共同诉讼。如果诉讼标的是同一的，就是必要的共同诉讼，对此法院必须合并审理和裁判。在共同侵权的情形之中，数个行为人是基于同一侵害事实或者法律上之原因而具有共同的权利义务关系，在民事诉讼之中应该属于必要的共同诉讼。必要的共同诉讼的构成要件有两个，一是当事人一方或者双方为两个人以上，即诉讼主体的复数性；二是诉讼标的同一，即当事人产生争议和要求法院裁判的民事法律关系是同一的。

根据《人身损害赔偿解释》第 3 条对共同侵权构成要件的规定，因共同侵权产生的诉讼在诉讼主体的复数性完全符合必要的共同诉讼。在诉讼标的同一方面，无论属于何种形式的共同侵权，受害人和共同侵权人之间所争议的法律关系都是同一的。因此，共同侵权人提起的损害赔偿诉讼属于必要的共同诉讼。

6 赔偿权利人免除部分加害人的责任时其他共同侵权人责任如何确定?

解答:《人身损害赔偿解释》第 5 条规定："赔偿权利人起诉部分共同侵权人的，人民法院应当追加其他共同侵权人作为共同被告。赔偿权利人在诉讼中放弃对部分共同侵权人的诉讼请求的，其他共同侵权人对被放弃诉讼请求的被告应当承担的赔偿份额不承担连带责任。责任范围难以确定的，推定各共同侵权人承担同等责任。人民法院应当将放弃诉讼请求的法律后果告知赔偿权利人，并将放弃诉讼请求的情况在法律文书中叙明。"

本条是关于赔偿权利人放弃部分加害人责任时的规定。

（一）免除部分共同侵权人的责任

所谓责任免除，指的是受害人通过明示的方式明确地免除部分或者全部的共同侵权人的责任。赔偿权利人免除全部或者部分共同侵权人的责任的前提是存在共同侵权行为。换句话说，如果侵权行为人之间不存在共同过错，就不存在共同侵权行为。因此，不存在共同过错虽然可以成为侵权行为人的抗辩事由，但一般不认为这属于责任免除。如果侵权行为人能够证明他们之间没有共同过错，则可以此为由提出抗辩。不过，如果受害人能够证明在没有共同侵权的情况之下，各个行为人的行为仍然单独构成一般侵权行为，则就应该由各个行为人单独承担损害赔偿责任。此时，如果各个共同侵权行为人能够证明其具有侵权责任法上正当的抗辩事由，即损害是正当防卫、紧急避险、不可抗力等原因造成的，那么共同侵权人也不应该承担损害赔偿责任。

受害人可以免除共同侵权人的部分责任，也可以免除共同侵权人的全部责任。在法律上，免除有三个特点：一是性质上具有特殊性，免除是赔偿权利人处分自己债权的行为，根据私法自治原则，债权人在不损害国家利益、社会公共利益和他人合法权益的情况下，完全可以自由处分自己的权利，法律和法院对此没有理由干涉。因为共同侵权行为产生的是一种损害赔偿之债，所以债权人自然而然有权免除赔偿义务人的责任，法律没有必要强制债权人行使其权利。受害人如果明确表示免除全体共同侵权人的责任，就会使共同侵权行为产生的损害赔偿之债消灭。除非受害人在免除的时候明确表示继续保留追究侵权人的其他责任，否则责任的免除可能会使整个共同侵权人责任消灭。二是免除是一种单方行为，无须得到赔偿义务人的同意，因此免除通知一旦到达赔偿义务人，就发生免除的法律效果。三是免除仅是权利人的一种单方行为，但受害人必须采取明确的意思表示，而不能采取默示的方式。

本解释采取了相对效力的态度，对赔偿权利人免除部分共同侵权人责任的意思表示的相对效力予以确认。条文原意虽然是“赔偿权利人在诉讼中放弃对部分共同侵权人的诉讼请求”，但并不是意味着赔偿权利人只能在诉讼中以放弃诉讼请求的方式免除侵权人的责任。只要免除的意思表示确定和真实，在连带债务被全部清偿以前，免除之意思表示就是完全有效的，均可发生所谓相对之效力。

本书认为，受害人免除全体共同侵权人责任的权利是应当得到法律承认的，因为如果债权人处分其权利的行为还要受到债务人或者其他的限制，这就是不合理地限制了债权人的处分权，明显是不合适的。民法一贯强调私法自治原则，法律允许债权人作出责任免除的行为。换言之，债权人有权利处分自己的权利，只要法律未予以限制，禁止免除和债权的性质就不相协调。具体言之，债权人可以免除全部的共同侵权人的责任，也可以免除部分共同侵权行为人的责任或者免除共同侵权人部分责任。但是，免除部分共同侵权人的责任并不意味着其他共同侵权人的损害赔偿责任也相应免除，法律对此作出一定的限制，即免除部分共同侵权人的责任不能导致其他共同侵权人责任的增加，否则就是不公平的。因此，有两种方式可以保护其他共同侵权人的责任，一是区分免除的外部效力和内部效力，即赔偿权利人即使可以免除部分共同侵权人的责任，但是不能免除共同侵权人内部存在的追偿权，其他共同侵权人可以继续向被免除责任的侵权人进行追偿；二是赔偿权利人免除部分共同侵权人的责任，那么这种免除对于其他共同侵权人的损害赔偿责任不发生任何效力，其他共同侵权人仍然承担连带责任，只是责任范围不包括已经被免除的那部分损害赔偿责任。当然，也有学者认为免除部分责任的情况下应该推定对全部共同侵权人的责任都予以相应的免除。本书认为，此种观点对于保护受害人是极其不利的，因为受害人没有明确的意思表示说明对全部责任人的责任都免除，就不能免除全部责任人的责任。

（二）免除部分共同侵权人责任的释明

本解释的第 5 条第 2 款规定，法院应该将赔偿权利人放弃诉讼请求的法律后果告知权利人，并将放弃诉讼请求的情况在法律文书中叙明。这一款的规定表明了法院在审理共同侵权案件时，如果出现赔偿权利人放弃对部分共同侵权人的诉讼请求的情形时应尽到的释明义务。

法官的释明义务，也被称为释明权、阐明权。释明义务的主体是法院，它是法院的一项职责，属于法院诉讼中职权的范围。履行释明义务的主体是法官，法院只有通过法官的具体释明行为才能让释明义务得以履行。我国民事诉讼法中没有关于“释明”制度的规定，《最高人民法院关于民事诉讼证据的若干规定》第 35 条初步对法院的释明作出了规定，但是仍然很不成体系，也缺乏进一步的完善。

关于释明内容的范围，一般包括：当事人的主张或者陈述不明确、不清楚、不充分的时候，法官应该解释说明；当事人陈述不当或者存在自相矛盾的时候，法官应该解释说明；当事人提出的证据材料不够或者存在瑕疵的时候，法官应该解释说明；当事人对相关法律术语或者法律制度不熟悉时，法官应该解释说明。因此，本书认为，第5条关于赔偿权利人可以根据其自己的意愿而放弃对部分共同侵权人的诉讼请求的规定，属于一个新的规定。对于赔偿权利人不一定能够完全理解该权利且很好地行使该权利，法院此时应该有释明义务。

关于法律履行释明义务，法官原则上只能在审判阶段进行。包括：起诉和受理阶段；开庭审理阶段，这一时间节点是法官履行释明义务最主要、最集中的阶段，不过在审理后合议庭评议时法官就不可以再进行释明；二审阶段，我国的二审程序中，实行以开庭审理为主、不开庭审理径行判决、裁定为辅，法官因此也承担释明义务；再审阶段，法院按照审判监督程序对案件进行再审时，分别适用一审程序和二审程序，因此法官也在此时有释明的义务。而释明的方式，法官应该通过对赔偿权利人进行询问、正面阐述的方式，使赔偿权利人能够完全知晓放弃对部分共同侵权人诉讼请求的法律后果，并将其记入笔录。在案件的裁判文书当中，应对释明的过程和内容以及赔偿权利人放弃相应诉讼请求的情况叙述清楚。

特殊问题

关于本条规定的“共同侵权”是否包括共同危险行为，原则上应该作肯定性回答。首先，从本条款所处的位置来看，前面第3、4条分别规定了共同侵权行为和共同危险行为，本条处于二者之后。第4条规定了共同危险行为的情形应按照《中华人民共和国民法通则》中第130条关于共同侵权而承担连带责任的规定。所以，第5条中所说的“共同侵权”应该包含共同危险行为。其次，在共同危险行为中，如果受害人仅仅起诉部分共同危险行为人，法院应该追加其他共同危险行为人为共同被告。这并不构成对当事人处分权的不合理干预。当然，也有学者对受害人能否免除部分共同危险行为人的民事责任持否定的态度。本解释没有采纳该观点。假如被放弃诉讼请求的共同危险行为人中存在实际造成损害的行为人并且没有被赔偿权利人放弃诉讼请求的其他共同危险行为人也可以对此进行证明，则本案就不再属于共同危险行为的范畴，而是构成了一般侵权行为。在此时，法官向赔偿权利人进行解释说明之后，如果赔偿权利人仍然坚持原来的做法，则其诉讼必然将导致被驳回的结果。如果未被赔偿权利人放弃诉讼请求的其他共同危险行为人不能证明被放弃诉讼请求的共同危险行为人是实际造成损害的行为人或者行为人之一的时候，那么本案的情形仍然是共同危险行为，但是根据共同危险行为人的内部赔偿责任份额的承担，赔偿权利人的放弃意思表示只发生相对的效力。被起诉的共同危险行为人只对其应承担的份额总和承担连带责任。但是，这样的安排并不会损害共同危险行为人具有的责任共同性，也不会对共同危险行为人的合法权益造成损害。

7 共同侵权人的具体赔偿份额如何确定？

解答：《人身损害赔偿解释》第 5 条第 1 款后段："责任范围难以确定的，推定各共同侵权人承担同等责任。"

本条是关于共同侵权人内部责任承担的规定。

共同侵权人承担的连带责任是对外而言的，也就是说，共同侵权人对于受害人而言承担连带损害赔偿责任。但是对内，也就是在共同侵权人内部，一般都认为承担的是按份责任。但是对于按份责任的承担标准，各国立法和理论上却有不同的观点。

一是平均分担说，即在共同侵权人内部，原则上应当采用平均承担损害赔偿责任，并按照这个原则进行追偿。美国《关于共同侵权人共同分担责任的统一法律》第 2 条规定："在决定共同加害人对全部侵权责任的份额时，其相关的过错程度将不予考虑。"依据平均分担的方法，每一个被告分担均等的赔偿份额。《德国民法典》第 426 条第 1 款第 1 句规定："连带债务人相互间，除另有规定外，应平均负担义务。"《瑞士债务法》第 148 条规定："（1）对债权人已为之给付，由全体连带债务人平均分担之，但由连带债务人之间之法律关系可得出反对之结论者，不在此限。（2）连带债务人中之一人所为之给付，超过其分担额者，就其超过部分，对其他连带债务人，有求偿权。（3）连带债务人中之一人无力分担的部分，由其他连带债务人平均分担之。"

二是过错程度说，即根据过错程度来确定不同的内部责任。所谓根据过错程度的不同来分担，包括两种方式：第一种是"纯粹的比较过失分摊法"，即完全按照每一个侵权人的过失在造成受害人损害的总过失中的比例来确定其责任。第二种是"相对的比较过失分摊法"，即除了考虑到各个侵权人的过失在总过失中所占比例之外，还要考虑到各个行为人的侵权行为所造成的损害后果的严重程度、原因力、加害人所获得的非法利益、加害人的经济负担能力等多种因素，综合确定赔偿责任份额。

三是原因力说，即根据每一个侵权行为对损害结果所起到的作用程度的不同而对责任进行分担。[①]《中华人民共和国侵权责任法》第14条规定，连带责任人承担连带责任后，根据责任大小确定相应的赔偿数额；难以确定的，平均承担赔偿责任。这实际上就在立法上确定了责任人在已经承担了责任之后，在内部如何分担赔偿数额的规则。具体言之，连带责任人的内部责任分担具有以下特点：首先，内部责任分担应该符合法律规定或者当事人约定。一方面，在法律明确规定了内部责任分担的时候，应该根据法律的规定来处理内部责任的分担。另一方面，连带责任人之间也可以就内部责任的分担事先或者事后达成一定协议，此时就应该按照连带责任人之间的协议分担责任。其次，连带责任的内部分担必须是以责任的大小来确定，不能确定责任大小的时候要采取平均分担的方法。如上所述，责任大小包括原因力、过错程度在内的判断因素，是一种综合判断的方法，而不能单纯地依据某一个标准来判断。不过，《中华人民共和国侵权责任法》第14条的规定只是法律的一般规定，并且是任意性的规定，责任人当然可以通过自己的约定来予以一定改变。如果当事人之间通过一定协议重新确立了分担标准，有些当事人自愿承担较多的责任，就可以改变法律的规则。最后，内部分担可以形成分担之诉，这就是说，在内部分担的情形，承担了过多责任的人可以通过诉讼的方式向其他责任人行使追偿权。

第二节　裁判规则与典型案例

1 受害人有重大过失的，可以减轻义务人责任

裁判规则

受害人有重大过失的，可以减轻赔偿义务人的赔偿责任。在无过错责任中也应适用过失相抵原则，但仅限于受害人有重大过失的情形。

---

① 程啸：《共同侵权行为人的连带赔偿责任》，载王利明主编：《人身损害赔偿疑难问题：最高人民法院人身损害赔偿司法解释之评论与展望》，中国社会科学出版社2004年版，第180页以下。

基本案情[①]

被告泰盛公司为“远东9”号船的所有权人。2015年4月24日，原告经人介绍到“远东9”号船工作，上船任职轮机长，至8月4日，原告解职离船。在“远东9”号船任职期间，原告持有合法有效的中华人民共和国海船船员适任证书，具备履行管理级轮机工程、电气电子和控制工程、维护和修理、船舶作业和人员管理的职能的资格。2015年6月27日下午，“远东9”号船正在中国西沙海域作业，由于船上的专职厨师请假上岸，船长让原告在空闲时帮代班做饭。在炒菜过程中，原告在关火后重新点火时引起大火瞬间喷烧，其身体被火焰烧伤多处，而周边的物品未被烧及。原告立即关掉燃气灶开关，火很快熄灭。原告担心第二次着火，随即跑出厨房进行呼救，随后跑到机舱间用冷水冲身体。事故发生后，“远东9”号船立即请求救援，南海舰队航空兵某飞行团救援直升机搭载两名医生紧急升空，并于次日凌晨抵达西沙机场，在对原告进行紧急救治后，将原告送往三亚中国人民解放军四二五医院救治，入院时间为2015年6月28日。经诊断，原告为“火焰烧伤全身多处，面积59%，浅Ⅱ度35%，深Ⅱ度18%，Ⅲ度6%，吸入性肺炎”。2015年9月22日，原告从解放军第四二五医院出院，并于10月14日转院至岱山县第一人民医院继续进行治疗，于11月25日从岱山县第一人民医院出院。原告在解放军四二五医院住院治疗期间，被告泰盛公司已支付医疗费93500元。原告在岱山县人民医院住院治疗期间，产生医疗费16722.97元，原告已自行支付并持医疗费票据原件向民生人寿保险股份有限公司浙江分公司进行人身意外伤害保险理赔。被告盛泰公司还另行向原告赔付了2万元，其后再没有赔偿其他费用。2015年11月13日，原告委托浙江绿城医院司法鉴定所对其进行伤残程度鉴定，11月18日，该司法鉴定所作出浙绿医〔2015〕临鉴字第1982号法医临床鉴定意见书，鉴定意见为：徐国祥遗留全身多处瘢痕形成，达体表总面积30%以上，其损害鉴定为人体损伤残疾程度八（捌）级伤残。同时，该司法鉴定所还对原告伤后误工期、营养期作出评定意见：一、鉴于被鉴定人伤后不能正常工作劳动，结合其严重烧伤情况，建议评定伤后误工期130日为宜；二、鉴于被鉴定人伤后发生代谢变化，通过日常饮食已不能满足其营养需求，须从其他食物中获得必要的营养素以提高治疗质量、加速损伤康

---

① 广西防城港市泰盛船务有限公司、徐国祥海上、通海水域人身损害责任纠纷二审民事判决书，来源：中国裁判文书网。

复，结合其损失情况，建议评定伤后营养期120日为宜。当日，原告向该鉴定所支付鉴定费用1800元。××理鉴定、法医临床鉴定、法医物证鉴定，该鉴定意见书的署名鉴定人都某具有法医临床鉴定的执业资质。

另查明：被告泰盛公司向被告人保财险防城港公司投保了雇主责任险，被保险人和投保人都是泰盛公司。就本案原告被火烧伤事故，泰盛公司已经向人保财险防城港公司口头报案。

"远东9"号轮船籍港为防城港，船舶类型为海船，船舶所有人登记为被告盛泰公司。在本案诉讼中，原告向本院提出海事请求保全申请，请求扣押被告泰盛公司所有的"远东9"号船，对该船舶采取限制船舶处分或者抵押等保全措施。经审查，本院于2016年5月26日裁定扣押被告泰盛公司所有的"远东9"号船，允许该船舶继续营运，但不得进行转让、抵押、赠与、注销及其他处分或者限制所有权的行为，并于6月8日通知中华人民共和国防城港海事局协助执行对该轮的扣押。

原告的户籍资料显示，其住所地在浙江省岱山县高亭镇，属于浙江省城镇居民。根据2015年8月18日实施的《2015年广西壮族自治区道路交通事故人身损害赔偿项目计算标准》，上一统计年度广西壮族自治区交通运输、仓储及邮政业城镇单位在岗职工年平均工资为55447元。根据政府统计部门公开的统计数据显示：2015年度广西壮族自治区城镇居民人均可支配收入为26416元，2015年度浙江省城镇居民人均可支配收入为43714元；2015年度浙江省全社会单位就业人员年平均工资为51463元，2015年度海南省全省在岗职工年平均工资为45573元。2015年，海南省一般国家工作人员出差伙食补助为50元/日，浙江省一般国家工作人员出差伙食补助为30元/日。

上诉人广西防城港市泰盛船舶有限公司（下称泰盛公司）因与被上诉人徐国祥、中国人民财产保险股份有限公司防城港市分公司（下称人保财险防城港公司）海上人身损害责任纠纷一案，不服北海海事法院（2016）桂72民初33号民事判决，向本院提起上诉，本院于2016年10月28日受理后，依法组成合议庭，并公开开庭进行了审理。上诉人泰盛公司的委托诉讼代理人欧敬新、被上诉人徐国祥的委托诉讼代理人虞琦芬、人保财险防城港公司的委托诉讼代理人唐程到庭参加诉讼。本案现已审理终结。

上诉人泰盛公司上诉请求：1. 撤销北海海事法院（2016）桂72民初33号民事判决；2. 改判驳回被上诉人徐国祥的全部诉讼请求。理由：一、一审庭审中，泰盛公司对徐国祥单方委托的浙江绿城医院司法鉴定所作出的《法医临床鉴定意见书》提出了异议，对其关联性及真实性均不予确认。司法鉴定意见书对伤残等级的确定对本案的赔偿数额具有十分重大的影响，泰盛公司对于作为本案认定事实和确定赔偿数额依据的司法鉴定书提出异议，一审法院没有指定重新鉴定，也没有要求出具该鉴定意见的鉴定人出庭作证，就以该鉴定意见作为本案认定事实和确定赔偿数额的依据，严重损害泰盛公司的权利。二、一审法院的责任分配错误，徐国祥具有严重过错，应承担主要责任。1. 徐国祥在一审中主张事故发生时厨师陈哲瑞已请假下船，但并没有举证证明该事实，应承担相应的不利后果。2. 一审判决认为本案侵权责任适用无过错责任归责原则是错误的，本案应适用过错责任归责原则。徐国祥在本次事故中存在重大过错，应负主要责任，泰盛公司只需负次要责任。(1) 一审判决在确认泰盛公司与徐国祥之间存在劳动合同关系的前提下，又适用《人身损害赔偿解释》第11条第1款无过错责任原则，但《人身损害赔偿解释》第11条第3款明确排除了劳动关系和工伤保险不适用该条规定，因此，一审判决适用法律错误，本案应适用《人身损害赔偿解释》第2条的规定，适用过错责任原则。(2) 徐国祥对事故的发生存在过错：作为轮机长超出职权范围做饭；在非用餐时间擅自做饭不符常理，而只可能是自己饿了做饭加餐；徐国祥用火操作不当；做饭时没有穿上衣；事故发生后用冷水冲洗，加重了伤势。三、泰盛公司已向人保财险防城港公司投保了雇主责任险，徐国祥为泰盛公司的雇员，则本案所涉的赔偿责任也在该保险的理赔范围内，人保财险防城港公司应在其保险责任范围内理赔，只有在赔偿数额超出理赔额时泰盛公司才需要补足不足部分，人保财险防城港公司与本案有直接关系，应该承担赔偿责任。

被上诉徐国祥辩称：一审判决查明事实清楚，法律适用正确。一、浙江绿城医院司法鉴定所具有鉴定资质，一审中，泰盛公司对鉴定意见有异议但没有提出重新鉴定申请，也没有反驳证据，该鉴定结论应予采信。二、泰盛公司与徐国祥构成雇佣关系，泰盛公司除每个月支付徐国祥劳动报酬外，没有为其缴纳各种社会保险，且从泰盛公司与人保财险防城港公司之间保险合同来看，也可以认为他们之间存在雇佣关系。一审判决适用《人身损害赔偿解释》第11条第1款无过错责任原则是正确的，无论徐国祥是否有过错，均不影响责任的认定。徐国祥在船上任轮机长职务，是因为厨师请假在班长调配下代班，是临时调整，而且船员的工作和生活都在船上，其履行职务的时间和空间的区分比陆地工作人员困难，即使是自己做饭吃造成伤害，雇主也应承担责任。故请驳回上诉，维持原判。

被上诉人人保财险防城港公司辩称：同意上诉人泰盛公司提出的上诉理由中除要求人保财险防城港公司承担赔偿责任之外的理由。本案是基于人身伤亡提起的诉讼，人保财险防城港公司与泰盛公司存在雇主责任险关系是另一法律关系，而且是商业性责任险，不是类似交强险的保险。如果本案确实需要赔偿，应由泰盛公司承担赔偿责任。至于赔偿后如何理赔是其他法律关系，请求驳回泰盛公司针对人保财险防城港公司的上诉请求。

徐国祥一审诉请：1. 泰盛公司赔付徐国祥损失378614.47元；2. 人保财险防城港公司在保险范围内承担连带赔偿责任。

审理要览

本案系海上人身损害责任纠纷。原告在本案中已举证其于2015年4月24日至8月4日在被告泰盛公司所有的“远东9”号船担任轮机长，虽然双方未签订书面劳动合同，但结合本案的证据来看，该院认定原、被告之间形成事实上的劳动合同关系，双方均应依法享有权利，并承担和履行相应的义务。被告泰盛公司否认原告为其雇员，无相反证据证明，该院不予采纳。由于原告与被告泰盛公司之间的劳动合同关系不属于个人劳务关系，本案应适用《人身损害赔偿解释》第11条第1款“雇员在从事雇佣活动中遭受人身损害，雇主应承担赔偿责任”的规定，以无过错责任归责原则认定本案的侵权责任构成。本案中，虽然原告在船上的职务是轮机长，煮菜做饭并非其固有职责范围，但由于船上的专职厨师请假上岸，船长让原告在空闲时帮代班做饭。这是一种临时性的工作调整，并且也是在船长的安排下进行的。在船舶海上作业期间，船员工作和生活的场所都在船上，其履行职务的行为与非履行职务的行为在空间和时间上的区分，相比陆上工作人员而言更为困难。因此，该院认为，根据《人身损害赔偿解释》第9条第2款“前款所称‘从事雇佣活动’，是指从事雇主授权或者指示范围内的生产经营活动或者其他劳务活动。雇员的行为超出授权范围，但其表现形式是履行职务或者与履行职务有内在联系的，应当认定为‘从事雇佣活动’”的规定，原告被烧伤应当属于雇员在从事雇佣活动中遭受人身损害，二被告均辩称原告的损失是在非履行职务期间超出职权范围的行为导致，但未提供反驳证据加以证实，无事实及法律依据，该院不予采纳。关于本案失火事故的原因，原、被告均未充分举证证明，该院认为，由于适用无过错归责原则，原告无须举证证明被告泰盛公司具有过错，更无须证明自己在使用燃气灶的过程中无过错。二被告认为原告在做饭时用火不当，操作失误，但未举证证明，该院不予采纳。二被告还认为原告在失火时未穿上衣，被烧伤后用冷水冲洗，系自身过错扩大了受伤的程度及损失。对此，该院认为，原告持有海员船员适任证书级别为管理级，具有丰富的船上工作经验和资历。事发地为西沙海域，事发当时为夏季，做饭并非具有危险性的工作而需要穿着特定工作服，原告在做饭时穿着较少甚至不穿上衣，符合人体对当时的气温、湿度等环境因素的适应需求，无任何过错；原告被烧伤后忍受剧烈痛苦，第一反应即关火防止火势扩大并进行呼救，已经尽到通常人的最大理性，其之后再用冷水冲洗身体，即便此行为在医学上有所不当，但对于一个被严重烧伤而遭受剧烈痛苦的人来说也符合本能反应。因此，该院认为原告在事故中并无明显过错，被告泰盛公司并未举证证明其对原告主张的人身损害存在不承担责任或减轻责任的情形，根据《中华人民共和国侵权责任法》第 7 条“行为人损害他人民事权益，不论行为人有无过错，法律规定应当承担侵权责任的，依照其规定”、《人身损害赔偿解释》第 11 条第 1 款之规定，被告泰盛公司应该承担原告因本案事故受到的损失。

关于原告主张的各项损失的赔偿数额如何确定的问题。该院认为，根据《人身损害赔偿解释》第 17 条第 1 款“受害人遭受人身损害，因就医治疗支出的各项费用以及因误工减少的收入，包括医疗费、误工费、护理费、交通费、住宿费、住院伙食补助费、必要的营养费，赔偿义务人应当予以赔偿”、第 2 款“受害人因伤致残的，其因增加生活上需要所支出的必要费用以及因丧失劳动能力导致的收入损失，包括残疾赔偿金、残疾辅助器具费、被扶养人生活费，以及因康复护理、继续治疗实际发生的必要的康复费、护理费、后续治疗费，赔偿义务人也应当予以赔偿”、《精神损害赔偿司法解释》第 1 条第 1 款“自然人因下列人格权利遭受非法侵害，向人民法院起诉请求赔偿精神损害的，人民法院应当依法予以受理：（一）生命权、健康权、身体权;”、第 8 条第 2 款“因侵权致人精神损害，造成严重后果的，人民法院除判令侵权人承担停止侵害、恢复名誉、消除影响、赔礼道歉等民事责任外，可以根据受害人一方的请求判令其赔偿相应的精神损害抚慰金”的规定，原告主张的赔偿项目包括医疗费、误工费、残疾赔偿金、住院伙食补助费、营养费、交通费、护理费、精神损害抚慰金，属于法定赔偿范围。

1. 医疗费。根据《人身损害赔偿解释》第 19 条第 1 款“医疗费根据医疗机构出具的医药费、住院费等收款凭证，结合病历和诊断证明等相关证据确定”、第 2 款“医疗费的赔偿数额，按照一审法庭辩论终结前实际发生的数额确定”之规定，原告主张的医药费 16722.92 元有岱山县第一人民医院出具的收费票据证明，亦属法庭辩论终结前实际发生，该院予以支持。

2. 误工费。根据《人身损害赔偿解释》第 20 条第 2 款“误工时间根据受害人接受治疗的医疗机构出具的证明确定。受害人因伤致残持续误工的，误工时间可以计算至定残日前一天”之规定，原告的误工时间可以从其 2015 年 6 月 28 日到解放军第四二五医院入院治疗计至 11 月 25 日从岱山县第一人民医院出院，共 151 日。原告根据浙江绿城医院司法鉴定所的鉴定意见主张误工时间为 130 日，属于合法合理范围，该院予以认可。根据《人身损害赔偿解释》第 20 条第 3 款“受害人有固定收入的，误工费按照实际减少的收入计算。受害人无固定收入的，按照其最近三年的平均收入计算；受害人不能举证证明其最近三年的平均收入状况的，可以参照受诉法院所在地相同或者相近行业上一年度职工的平均工资计算”的规定，原告未能举证证明其固定收入或最近三年的平均收入，该院参照《2015 年广西壮族自治区道路交通事故人身损害赔偿项目计算标准》，上一统计年度广西交通运输、仓储及邮政业城镇单位在岗职工年平均工资 55447 元计算，确定原告每日误工损失 152 元（55447 元÷365 日），原告的误工费损失共计 19760 元（152 元/日×130 日）。

3. 残疾赔偿金。根据《人身损害赔偿解释》第 30 条第 1 款“赔偿权利人举证证明其住所地或者经常居住地城镇居民人均可支配收入或者农村居民人均纯收入高于受诉法院所在地标准的，残疾赔偿金或者死亡赔偿金可以按照其住所地或者经常居住地的相关标准计算”之规定，浙江省 2015 年度的城镇居民人均可支配收入是 43714 元，高于广西壮族自治区 2015 年度的城镇居民人均可支配收入 26416 元，即原告住所地的城镇居民人均可支配收入水平高于法院地的标准，伤残赔偿金应该按照浙江省的标准 43714 元/年计算。根据《人身损害赔偿解释》第 25 条第 1 款“残疾赔偿金根据受害人丧失劳动能力程度或者伤残等级，按照受诉法院所在地上一年度城镇居民人均可支配收入或者农村居民人均纯收入标准，自定残之日起按二十年计算。但六十周岁以上的，年龄每增加一岁减少一年；七十五周岁以上的，按五年计算”的规定，参照《道路交通事故受伤人员伤残评定》第3.6条“本标准根据道路交通事故受伤人员的伤残状况，将受伤人员伤残程度划分为10级，从第Ⅰ级（100%）到第Ⅹ级（10%），每级相差10%”的规定，原告被鉴定为8级伤残，该院酌定原告伤残赔偿系数为30%；原告在定残之日2015年11月18日已满61岁，故赔偿年限为19年，残疾赔偿金计为249169.80元（43714元/年×19年×30%）。

4. 住院伙食补助费。原告从2015年6月28日至9月22日在解放军第四二五医院住院，历时87日；从2015年10月14日至2015年11月25日在岱山县第一人民医院住院，历时42日。根据《人身损害赔偿解释》第23条第1款“住院伙食补助费可以参照当地国家机关一般工作人员的出差伙食补助标准予以确定”的规定，该院查明海南省一般国家工作人员出差伙食补助为50元/日，浙江省一般国家工作人员出差伙食补助为30元/日，住院伙食补助费共计为5610元（50元/日×87日+30元/日×42日）。

5. 营养费。根据《人身损害赔偿解释》第24条“营养费根据受害人伤残情况参照医疗机构的意见确定”，参照浙江绿城医院司法鉴定所的鉴定意见，该院酌定原告的营养期按120日计算，50元/日，营养费为6000元（50元/日×120日）。

6. 交通费。根据《人身损害赔偿解释》第22条“交通费根据受害人及其必要的陪护人员因就医或者转院治疗实际发生的费用计算。交通费应当以正式票据为凭；有关凭据应当与就医地点、时间、人数、次数相符合”的规定，原告在就医和转院治疗过程中必然产生其本人及必要陪护人员的交通费，其提供的交通费票据与住院治疗的地点、时间相符，人数、次数也合理，原告根据其交通费票据的票面金额主张交通费损失1736.50元，该院认为属于合理范围，予以支持。

7. 护理费。根据《人身损害赔偿解释》第21条第1款“护理费根据护理人员的收入状况和护理人数、护理期限确定”和第2款“护理人员有收入的，参照误工费的规定计算；护理人员没有收入或者雇佣护工的，参照当地护工从事同等级别护理的劳务报酬标准计算”的规定，原告应举证证明护理人员的收入状况和护理人数，但其未举证证明，而护理费亦属客观必然产生，该院酌情按照原告就医地点的职工平均工资予以支持。原告从2015年6月28日至9月22日在位于海南省××亚市的解放军第四二五医院住院，历时87日，2015年度海南省全省在岗职工年平均工资为45573元，平均约125元/日（45573元/365日），护理费计为10875元（125元/日×87日）；从2015年10月14日至2015年11月25日在位于浙江省的岱山县第一人民医院住院，历时42日，2015年度浙江省全社会单位就业人员年平均工资为51463元，平均约141元/日，护理费计为5922元（141元/日×42日）；以上两个时间段住院期间的护理费合计16797元。

8. 精神损害抚慰金。原告因本案事故造成8级伤残，其肉体和精神上均遭受巨大的痛苦，根据《精神损害赔偿司法解释》第10条第1款“精神损害的赔偿数额根据以下因素确定：（一）侵权人的过错程度，法律另有规定的除外；（二）侵害的手段、场合、行为方式等具体情节；（三）侵权行为所造成的后果；（四）侵权人的获利情况；（五）侵权人承担责任的经济能力；（六）受诉法院所在地平均生活水平”的规定，酌情综合考虑原告的伤残程度、被告对雇佣活动的获利性、被告的经济能力以及受诉法院所在地广西的平均生活水平，该院认为原告主张的15000元精神损害抚慰金属合理范围，予以支持。

关于原告主张的鉴定费1800元，本院认为，原告自行委托鉴定是为了举证证明其人身损害程度，属于其举证责任的范围，故鉴定产生的费用应由原告自行承担，对其该项主张本院不予支持。

综上，该院认定原告的各项人身损害赔偿金数额合计330796.22元，被告泰盛公司已赔偿原告2万元，还应赔偿原告310796.22元。

关于被告人保财险防城港公司是否应基于其与被告泰盛公司的保险合同关系直接向原告承担赔偿责任。该院认为，根据《中华人民共和国保险法》第65条第1款“保险人对责任保险的被保险人给第三者造成的损害，可以依照法律的规定或者合同的约定，直接向该第三者赔偿保险金”和第2款“责任保险的被保险人给第三者造成损害，被保险人对第三者应负的赔偿责任确定的，根据被保险人的请求，保险人应当直接向该第三者赔偿保险金。被保险人怠于请求的，第三者有权就其应获赔偿部分直接向保险人请求赔偿保险金”的规定，泰盛公司与人保财险防城港公司的雇主责任保险合同关系与本案讼争法律关系无直接联系，法律并无规定雇主责任保险的保险人对被保险人的雇员在从事雇佣活动中自身受到的损害直接承担赔偿保险金的责任，也无证据证明保险合同条款对此有约定；本案事故发生后，泰盛公司已经向人保财险防城港公司口头报案，保险人已经知道可能将产生责任保险赔偿，泰盛公司并未怠于主张其保险索赔权；同时，泰盛公司亦未在其赔偿责任已确定之情形下请求或怠于请求人保财险防城港公司直接向原告赔偿保险金。因此，原告向人保财险防城港公司的诉讼主张无事实和法律依据，该院不予支持。

依照《中华人民共和国侵权责任法》第7条，《人身损害赔偿解释》第11条、第17条第1款和第2款，《精神损害赔偿司法解释》第8条第2款和《中华人民共和国民事诉讼法》第64条第1款“当事人对自己提出的主张，有责任提供证据”判决：一、被告广西防城港市泰盛船务有限公司赔偿原告徐国祥人身损害经济损失310796.22元；二、驳回原告徐国祥的其他诉讼请求。案件受理费6669元，财产保全费2310元，合计8979元，由原告徐国祥负担1616元，被告广西防城港市泰盛船务有限公司负担7362元。

裁判解析

本案为海上人身损害责任纠纷，综合当事人各方的诉辩主张，本案的争议焦点为：1. 案涉鉴定意见是否应当采信？2. 徐国祥是否应当承担相应的过错？3. 人保财险防城港公司是否应当在本案中承担责任？

1. 关于案涉鉴定意见是否应当采信的问题。

在一审审理中，被上诉人徐国祥提交了其委托浙江绿城医院司法鉴定所对其伤情进行鉴定之后所出具的司法鉴定意见书，该意见书经对徐国祥本人当面检验并结合其住院病历而认为徐国祥构成八级伤残。浙江绿城医院司法鉴定所具有司法鉴定许可证，且出具鉴定意见书的两名鉴定人员杨建庆、××理鉴定、法医临床鉴定的资格证书。上诉人泰盛公司对鉴定结论提出异议，但未提出任何异议理由。泰盛公司认为鉴定人员须出庭作证，根据《中华人民共和国民事诉讼法》第78条“当事人对鉴定意见有异议或者法院认为鉴定人有必要出庭的，鉴定人应当出庭作证”的规定，本院通知鉴定人员出庭作证。而本院基于泰盛公司提出的异议没有任何理由故要求其预付鉴定人出庭的费用，但上诉人泰盛公司拒不支付，致使鉴定人员无法出庭作证，该后果应由泰盛公司自行承担。故本院认为，浙江绿城医院司法鉴定所作为具有司法鉴定资质的鉴定机构，指派具有鉴定能力及证书的鉴定人员对徐国祥作出的司法鉴定意见，鉴定程序合法，没有证据证明鉴定意见存在错误，故上诉人泰盛公司认为浙江绿城医院司法鉴定所出具的鉴定意见不能采信的上诉理由不能成立，本院不予支持。

2. 关于徐国祥是否应当承担过错责任的问题。

2015 年 4 月 24 日，徐国祥经人介绍到泰盛公司所属“远东 9”号船上任职轮机长，至 6 月 27 日发生本案事故时，徐国祥在船上工作的时间为两个月，双方并没有签订任何书面合同，亦没有约定工作期间，仅仅约定了支付报酬的数额。在短短的两个月的工作时间里双方并没有形成长期的、固定的经济依附及人身管理的关系。况且，根据本案所查明的事实，徐国祥从 2014 年 7 月即已退休且从 8 月开始领取养老保险，根据《最高人民法院关于审理劳动争议案件适用法律若干问题的解释（三）》第 7 条“用人单位与其招用的已经依法享受养老保险待遇或领取退休金的人员发生用工争议，向人民法院提起诉讼的，人民法院应当按劳务关系处理”的规定，徐国祥与泰盛公司之间构成的是劳务关系而非劳动关系，一审判决认定其与泰盛公司构成事实上的劳动关系的认定无事实依据，本院予以纠正。

泰盛公司雇请徐国祥到其所属船舶工作，属于单位与个人之间构成的劳务（雇佣）关系，徐国祥在工作期间本人受到伤害，根据《人身损害赔偿解释》第 11 条“雇员在从事雇佣活动中遭受人身损害，雇主应当承担赔偿责任”规定，泰盛公司作为用人单位应当承担无过错责任，即使泰盛公司没有过错，也应按法律的规定承担损害赔偿责任。但同时，根据《人身损害赔偿解释》第 2 条第 2 款“适用民法通则第一百零六条第三款规定确定赔偿义务人的赔偿责任时，受害人有重大过失的，可以减轻赔偿义务人的赔偿责任”、《中华人民共和国民法通则》第 106 条第 3 款“没有过错，但法律规定应当承担民事责任的，应当承担民事责任”的规定，在无过错责任中也应适用过失相抵原则，但仅限于受害人有重大过失的情形，即如果徐国祥对损害的发生存在重大过失，则可减轻泰盛公司的赔偿责任。在本案中，徐国祥在船上期间因烧饭时使用燃气灶而发生损害事故，虽然泰盛公司对徐国祥主张其为代班厨师持有异议，且认为徐国祥存在超出职权范围、未穿上衣、用冷水冲洗等过错行为，但对于生活作业均在船上的徐国祥，在工作时间做饭、在夏季的西沙海域作业时因天气炎热而未穿上衣、作为一般常识的人在受伤后用冷水冲洗的行为均不构成重大过失，而泰盛公司认为徐国祥存在用火操作不当但未提交证据证实，故其认为因徐国祥存在过错自身应承担相应责任的上诉主张无事实及法律依据，本院不予支持。故泰盛公司作为徐国祥的雇主，应对雇员在雇佣活动中受到的伤害承担全部损害赔偿责任。各方当事人对一审判决认定的各项赔偿项目、认定标准及数额均无异议，本院予以维持。

3. 关于人保财险防城港公司是否应当在本案中承担责任的问题。

在二审审理过程中，上诉人泰盛公司提交人保财险防城港公司出具的保险单，泰盛公司向人保财险防城港公司投保雇主责任险，双方构成以泰盛公司对其雇员依法应负的赔偿责任为保险标的保险合同关系。在保险责任期间（2015 年 6 月 17 日零时）开始之后的 2015 年 6 月 27 日，发生了案涉的徐国祥受伤事故。且前已述及，对徐国祥的受伤，泰盛公司作为雇主应当承担相应的赔偿责任，此亦属于其投保的雇主责任险的范围。但《中华人民共和国保险法》第 65 条规定，“保险人对责任保险的被保险人给第三者造成损害，可以依照法律的规定或者合同的约定，直接向该第三者赔偿保险金。责任保险的被保险人给第三者造成损害，被保险人对第三者应负的赔偿责任确定的，根据被保险人的请求，保险人应当直接向该第三者赔偿保险金。被保险人怠于请求的，第三者有权就其应获赔偿部分直接向保险人请求赔偿保险金”。据此规定，责任保险中，在无法律规定及合同约定保险人有直接支付义务的情况下，只有在被保险人对第三者赔偿责任明确之后，保险人根据被保险人的请求才可直接向第三者支付，而在保险人怠于请求时，第三者可以直接请求保险人支付，即第三者有权请求被保险人支付保险赔偿金的条件必须是赔偿责任明确且被保险人怠于请求。本案保险为雇主责任险，没有法律规定且保险合同中亦没有约定保险人对第三者的直接支付责任。而本案审理的是徐国祥提起的请求泰盛公司承担人身损害赔偿责任的纠纷，只有通过本案的审理，泰盛公司赔偿责任及赔偿数额才能明确，即本案的判决未生效之前，泰盛公司的赔偿责任及数额是不明确的，其亦无法向保险公司提出具体的赔偿请求，更无法谈及怠于行使权利的问题，故本案并不符合第三者可以直接向保险人请求赔偿保险金的条件及前提。而在本案判决生效之后，如果被保险人泰盛公司仍怠于向保险人提出直接支付请求，徐国祥可以自己的名义请求保险人人保财险防城港公司赔偿保险金。故上诉人泰盛公司认为人保财险防城港公司应在本案中直接承担赔偿责任的上诉主张与法律规定不符，本院不予支持。

综上，徐国祥与泰盛公司之间构成个人与单位之间的劳务（雇佣）关系，徐国祥在工作期间受到伤害且没有证据证明其存在重大过失，泰盛公司作为雇主应当对其受到的损害承担全部赔偿责任。而在泰盛公司的赔偿责任及数额不明确的情况下，泰盛公司无法请求人保财险防城港公司直接向第三者徐国祥支付，第三者徐国祥亦无权直接请求人保财险防城港公司承担给付保险金的责任。故一审判决认定事实基本清楚，虽将徐国祥与泰盛公司之间劳务关系认定为劳动关系有误，但适用《人身损害赔偿解释》认定泰盛公司的赔偿责任正确。

2 实施共同侵权行为的行为人应承担连带责任

裁判规则

各责任人行为相互结合，共同造成的侵权事故，构成共同侵权行为。

基本案情[①]

2011 年以来，蔡金排、叶凤花夫妻二人在经营集顺公司东浦路供应站期间，明知叶志典没有燃气经营资格，不具备燃气运输资质等条件，仍向叶志典销售用于经营的液化石油气。叶志典在不具备燃气从业资格，无《燃气供应许可证》和相应的《工商营业执照》、车辆没有危险货物运输资质、驾驶员没有危险货物从业资格和没有押运员资格的情况下，非法从事燃气配送经营活动，将燃气销售给本市湖里区福园公寓一带的商家，从中赚取差价，并向没有气化装置、不符合安全用气环境的湖里区福园公寓“家乡瓦罐煨汤馆”配送气、液双相双阀钢瓶，自 2014 年 7 月起雇用不具备燃气从业资格的陈长太作为送气工。2014 年 9 月 19 日 11 时 23 分许，由叶志典、陈长太配送燃气的“家乡瓦罐煨汤馆”（经营者：何魁、张爱琴）发生燃气爆炸，造成被害人宁某、林某及店内人员何魁、张爱琴、李德毅 5 人死亡，被害人杨某、陈某、周某、邓某、张爱容等多人受伤，周边店面及住宅受损，直接经济损失 890 余万元的后果。

经厦门市湖里“9·19”燃气爆炸事故调查组调查，认定本次爆炸事故是一起

---

① 张爱容与蔡金排、叶凤花等生命权、健康权、身体权纠纷二审民事判决书，来源：中国裁判文书网。

生产安全责任事故，爆炸的直接原因是：液化石油气钢瓶使用安装不正确，操作人员将本应连接在液化石油气钢瓶（YSP118-II 型）气相阀上的减压阀连接在液相瓶阀上，且减压阀安装连接不到位，导致瓶阀开启时液化石油气以液相状态大量泄漏并迅速汽化，与空气混合形成爆炸性混合物，在相对封闭的空间内遇电器开关、空调、电风扇等点火源，引发爆炸。爆炸的间接原因是：有关单位及个人安全责任不落实，安全意识淡薄，非法经营、违法使用液化石油气；有关监管部门及工作人员履行安全监管职责不到位，致使液化石油气经营和使用环节安全监管存在漏洞：1. 家乡瓦罐煨汤馆经营者安全意识淡薄，未建立安全管理制度，安全责任不落实，对店内员工安全教育培训不到位，在不符安全规范的场所使用液化石油气钢瓶，未指定专人负责液化气使用管理，致使液化石油气瓶安装使用失当，导致液化气泄漏，引发爆炸，这是造成事故的主要原因。2. 集顺公司及东浦路供应站未严格落实相关安全管理制度，未建立客户档案，未与燃气用户签订供气协议，未落实实瓶出入库登记及出站记录，在被公司及监管部门检查发现并下达整改通知书后，仍未落实整改，对客户管理及钢瓶管理失控。长期向不具备燃气运输资质、未取得送气工证的叶志典提供经营性气源（叶志典雇用陈长太自行联系客户，赚取差价）。未对送气工进行安全管理教育，向没有气化装置的用户提供 YSP118-II 型气、液双相双阀钢瓶，致使发生接口连接错误，导致液化石油气泄漏引发爆炸，这是事故发生的重要原因。3. 嘉福园公司未能认真履行安全管理职责，对福园公寓餐饮店存在的违法占用、封堵消防疏散通道，违法使用燃气钢瓶的事故隐患督促整改不到位，造成安全管理漏洞，这是事故发生的重要原因。4. 厦门市湖里区江头街道吕厝社区居委会、江头公安派出所、江头街道办事处、湖里区市政园林局、市市政园林局等有关监管部门及有关工作人员组织餐饮企业燃气专项整治以及日常安全检查履行职责不够到位，对事发单位所在建筑消防疏散通道被占用，店家违规使用燃气钢瓶的情况检查、整改不到位，致使餐饮店面安全管理及液化石油气经营和使用环节监管存在漏洞，这也是事故发生的原因之一。

张爱容受伤之后，被送往中国人民解放军第 174 医院急诊治疗，因伤情严重住院治疗 9 天，出院诊断：1. 右面部开放性外伤伴异物；2. 双腿部软组织挫裂伤；3. 外伤性鼓膜穿孔。出院医嘱建议：1. 保持术区干燥，避免大张口、颈部过度拉伸，防止面部创面裂开，若创面有异常分泌物，立即就诊；2. 保持左耳干燥，观察

3 个月后就诊耳鼻喉科进一步专科检查；3. 出现面神经功能减弱随诊；4. 建议全休 1 个月。后经福建历思司法鉴定所鉴定，张爱容面部疤痕整形费用 6900 元，损伤后护理期限为 30 日、误工期限为 90 日。张爱容索赔未果，遂诉至厦门市湖里区人民法院，请求判令如前述诉讼请求。诉讼过程中，张爱容表示不对厦门市湖里区人民法院追加的何寿庚、徐如珍、张木良、蔡莲香、张某、何某六人主张权利。张爱容还表示其主张的护理费和误工费已经将后续整容手术相关费用计算在内。

2015 年 12 月 16 日，厦门市中级人民法院作出（2015）厦刑终字第 582 号刑事判决，以过失以危险方法危害公共安全罪判处蔡金排有期徒刑三年，缓刑三年；判处叶凤花有期徒刑三年，缓刑四年；判处陈长太有期徒刑二年，缓刑二年。以非法经营罪判处叶志典有期徒刑三年六个月，并处罚金人民币二十万元；以过失以危险方法危害公共安全罪判处叶志典有期徒刑三年三个月；数罪并罚，决定执行有期徒刑六年，并处罚金人民币二十万元。

家乡瓦罐煨汤馆位于湖里区嘉禾路 390 号之 14B（福园公寓一层北侧），2014 年 7 月 9 日湖里区工商行政管理局为其颁发《个体工商户营业执照》，注册号 350206830137600，经营者：张爱琴，注册名称：湖里区张爱琴小吃店（门店名称：家乡瓦罐煨汤馆），系由张爱琴与其丈夫何魁共同经营。该馆厨房后面是福园公寓一层中间通道，中间通道被各店家隔出来设置了洗碗池及放置液化石油气瓶等物品。

东浦路供应站工商登记为集顺公司分公司，负责人是蔡金排，由蔡金排与其妻子叶凤花共同经营。2015 年 4 月 8 日，东浦路供应站被注销营业执照。

蔡金排、叶凤花上诉请求：一、撤销一审判决第一项、第二项；二、改判叶志典、陈长太、集顺公司、嘉福园公司对张爱容的实际损失按责任比例承担侵权责任；三、驳回张爱容对蔡金排、叶凤花的全部诉讼请求。

事实理由：一审法院认定事实有误，适用法律不当。一、依据《中华人民共和国侵权责任法》第 34 条“用人单位的工作人员因执行工作任务造成他人损害的，由用人单位承担侵权责任”以及《人身损害赔偿司法解释》第 8 条“法人或者其他组织的法定代表人、负责人以及工作人员，在执行职务中致人损害的，依照民法通则第一百二十一条的规定由该法人或者其他组织承担民事责任”之规定，蔡金排作为集顺公司的法定代表人及集顺公司东浦路供应站（以下简称东浦路供应站）的负责人，叶凤花作为东浦路供应站的工作人员，均不应承担民事赔偿责任，相应的赔偿责任应由集顺公司承担。

二、依据《中华人民共和国侵权责任法》第12条“二人以上分别实施侵权行为造成同一损害，能够确定责任大小的，各自承担相应的责任；难以确定责任大小的，平均承担赔偿责任”以及《人身损害赔偿解释》第3条第2款“二人以上没有共同故意或者共同过失，但其分别实施的数个行为间接结合发生同一损害后果的，应当根据过失大小或者原因力比例各自承担相应的赔偿责任”之规定，结合厦门市湖里“9·19”燃气爆炸事故调查组的调查报告对事故原因的认定，本案应根据各赔偿义务人的过错程度确定各赔偿义务人应承担的赔偿责任份额。

三、嘉福园公司与事发餐饮店存在物业管理关系，其在履行消防安全检查职责时存在疏漏，未督促事发餐饮店整改或将安全隐患上报有关部门，致使安全隐患未及时消除，存在过错，应当承担相应的责任。原判决认为嘉福园公司与本案损害结果无直接因果关系，判决驳回周某对嘉福园公司的诉讼请求，明显错误。

四、一审判决对张爱容主张的部分赔偿金额认定有误。1. 护理费。张爱容住院天数为9天，出院后无须护理人员护理，护理天数应为9天。2. 营养费。张爱容的该项诉请无依据，原审法院酌情认定的金额过高。3. 误工费。误工费根据受害人的误工时间和收入状况确定，误工时间根据受害人接受治疗的医疗机构出具的证明确定。张爱容并未提供其工资表等具体收入证明，其误工费应按同行业工资标准计算；关于误工时间，2014年9月28日中国人民解放军第一七四医院出具的疾病诊断证明书建议休息1个月，因此张爱容的误工时间应为39天。4. 精神损害抚慰金。本案相关责任人已承担刑事责任，根据《最高人民法院关于适用〈中华人民共和国刑事诉讼法〉的解释》第138条第2款“因受到犯罪侵犯，提起附带民事诉讼或者单独提起民事诉讼要求赔偿精神损失的，人民法院不予受理”以及《最高人民法院关于人民法院是否受理刑事案件被害人提起精神损害赔偿民事诉讼问题的批复》“对于刑事案件被害人由于被告人的犯罪行为而遭受精神损失提起的附带民事诉讼，或者在该刑事案件审结以后，被害人另行提起精神损害赔偿民事诉讼的，人民法院不予受理”之规定，张爱容主张精神损害抚慰金不应得到支持。

张爱容辩称，事故调查报告已经认定蔡金排、叶凤花有过错，本案系多因一果共同侵权，应当由全体侵权人承担连带责任。

叶志典辩称，对一审查明事实没有意见，没有其他答辩意见。

嘉福园公司辩称，嘉福园公司与事件没有因果关系。

张木良、蔡莲香、张某辩称，蔡金排、叶凤花所述的事故原因和上诉理由不能成立。

何寿庚、徐如珍、何某辩称，蔡金排、叶凤花具有双重身份，承担连带责任没有问题。

集顺公司、陈长太未提交书面答辩意见。

张爱容向一审法院起诉请求：判令集顺公司、蔡金排、叶凤花、叶志典、陈长太、嘉福园公司、张木良、蔡莲香、张某、何寿庚、徐如珍、何某赔偿张爱容本次受伤所产生的各项损失57859.13元，其中医疗费7427.06元、护理费2730元、住院伙食补助费540元、营养费5000元、误工费19262.07元、交通费3000元、后续治疗费16900元、精神损失费3000元。

审理要览

公民的生命健康权受法律保护，当公民的人身遭受损害时有依法请求赔偿的权利。厦门市湖里区家乡瓦罐煨汤馆“9·19”较大燃气爆炸事故是一起生产安全责任事故，事故造成了包括张爱容在内的数十人伤亡和重大财产损失的损害后果，张爱容要求责任主体赔偿损失，应予支持。与该损害后果有直接因果关系的是有关单位及个人安全责任不落实，安全意识淡薄，非法经营、违法使用液化石油气，具体有：1. 家乡瓦罐煨汤馆经营者张爱琴、何魁安全意识淡薄，未建立安全管理制度，安全责任不落实，对店内员工安全教育培训不到位，在不符安全规范的场所使用液化石油气钢瓶，未指定专人负责液化气使用管理，致使液化石油气瓶安装使用失当，产生重大事故隐患，导致液化气泄漏及应急处置不当，引发爆炸。张爱琴、何魁对损害结果的发生存在过错，依法应当承担相应的法律责任。2. 集顺公司及其下属东浦路供应站违反国家对燃气的管理规定，未严格落实相关安全管理制度，未建立客户档案，未与燃气用户签订供气协议，未落实实瓶出入库登记及出站记录，在被公司及监管部门检查发现并下达整改通知书后，仍未落实整改，对客户管理及钢瓶管理失控。长期向不具备燃气运输资质、未取得送气工证的叶志典提供经营性气源。未对送气工进行安全管理教育，向没有气化装置的用户提供YSP118-II型气、液双相双阀钢瓶，致使发生接口连接错误，导致液化石油气泄漏引发爆炸。

集顺公司对损害结果的发生存在过错，依法应当承担相应的法律责任。蔡金排、叶凤花作为东浦路供应站的实际经营人，未履行安全管理职责，疏于管理，对客户及钢瓶管理失控，存在安全管理漏洞，致使发生事故造成重大损害后果，对损害结果的发生存在过错，并被追究刑事责任，依法亦应当承担相应的法律责任。3. 叶志典违反国家对燃气的管理规定，在不具备燃气从业资格、无《燃气供应许可证》和相应的《工商营业执照》、使用没有危险货物运输资质的车辆、驾驶员没有危险货物从业资格和没有押运员资格的情况下，雇佣不具备燃气从业资格的人员，非法从事燃气配送经营活动。特别是向没有气化装置的家乡瓦罐煨汤馆配送 YSP118-II 型气、液双相双阀钢瓶，致使发生液化石油气泄漏引发爆炸。叶志典对损害后果的发生亦存在过错，依法应当承担相应的法律责任。陈长太作为雇员，在从事雇佣活动中存在重大过失致人损害，依法应当与雇主叶志典承担连带赔偿责任。以上各责任主体没有共同的故意或过失，但任何一方尽到相应的法律义务均可以避免事故的发生，故可认定上述侵害行为直接结合发生同一损害后果，构成共同侵权，应当依照《中华人民共和国民法通则》第 130 条和《中华人民共和国侵权责任法》第 11 条的规定承担连带责任。鉴于张爱琴、何魁在事故中死亡，其应承担的责任应由其法定继承人在继承遗产的范围内承担。法律规定承担连带责任的，被侵权人有权请求部分或者全部连带责任人承担责任，本案中张爱容表示不对何魁、张爱琴的法定继承人主张权利，符合法律规定，可以照准。嘉福园公司与本案损害结果无直接因果关系，张爱容要求其承担赔偿责任于法无据，故不予支持。

关于张爱容各项损失赔偿金额的认定问题。

1. 医疗费。张爱容的医疗费 7427.06 元，有费用清单等证据佐证，可以认定。但医疗费系政府垫付，张爱容没有该方面的经济损失，故该项诉讼请求不予支持。

2. 护理费。张爱容伤在头面部和腿部，住院期间确需护理，故虽无医生明确医嘱，但考虑张爱容的伤情及鉴定意见，张爱容护理期限应为 39 天，每天按 70 元计算，对张爱容主张的护理费予以认定 2730 元。

3. 住院伙食补助费。张爱容住院 9 天，其主张按 60 元/天的标准计算可以照准。对张爱容主张的住院伙食补助费 540 元，予以认定。

4. 营养费。张爱容受到一定伤害，且需二次手术治疗，考虑其受伤及治疗情况，对张爱容主张的营养费酌情予以认定 1000 元。

5. 误工费。张爱容误工天数参考鉴定意见为90日，张爱容主张参照2013年度厦门市城镇职工平均工资4655元/月计算，可以照准。故认定张爱容的误工费为13965元（4655元/月÷30天/月×90天=13965元）。

6. 交通费。张爱容未提供交通费票据，结合其伤情及治疗情况，故酌定张爱容的交通费为100元。

7. 后续治疗费。闽历思司鉴所（2015）临鉴字第255号《法医临床司法鉴定意见书》评定张爱容面部疤痕整形费用为6900元，故予以认定。

8. 精神损失费。刑事责任适用的主要目的是惩罚犯罪人，同时教育、警戒犯罪人以及潜在的犯罪人，从而达到预防犯罪的目的。而侵权责任适用的主要目的是补偿受害人所受的损害，通过赔偿使已经遭受侵害的财产关系和人身关系得到恢复和补救。法律也规定侵权人因同一行为应当承担行政责任或者刑事责任的，不影响依法承担侵权责任，而精神损害赔偿是就特定侵权行为承担侵权责任的重要方式，属于侵权责任范畴。本案中，张爱容作为年轻女性，面部受伤，经治疗后仍留下疤痕，需继续治疗，势必造成其内心痛苦，故根据实际情况予以酌情支持1000元。

张爱容因本次燃气爆炸事故造成的损失为26235元。

综上所述，集顺公司、蔡金排、叶凤花、叶志典、陈长太应连带偿还张爱容护理费、住院伙食补助费、营养费、误工费、交通费、后续治疗费及精神损失费合计26235元。集顺公司、叶志典、陈长太、何寿庚、徐如珍、何某经合法传唤，无正当理由拒不到庭参加诉讼，依法缺席审理和判决。

裁判解析

本案系生命权、健康权、身体权纠纷。根据《中华人民共和国侵权责任法》第12条规定，二人以上分别实施侵权行为造成同一损害，能够确定责任大小的，各自承担相应的责任。本案事故是各责任人违规供气、不当用气和管理不到位的行为相互结合，共同造成的。集顺公司、蔡金排、叶凤花、叶志典、陈长太作为供气方的责任人，应与不当用气的责任人张爱琴、何魁以及物业管理人嘉福园公司在各自过错范围内承担相应的责任。其中，作为违规供气的责任方，集顺公司及东浦路供应站未严格落实相关安全管理制度，对客户、钢瓶管理失控；蔡金排、叶凤花在经营东浦路供应站期间违规经营，向叶志典销售用于经营的液化石油气；叶志典在未取得燃气经营资格的情况下，雇佣陈长太从事燃气配送经营活动；陈长太不具备燃气从业资格，向不具有气化装置的用户提供气、液双相双阀钢瓶，致使发生接口连接错误，以上责任人均违反了燃气经营的管理规定，对违规供气负有共同责任，根据《中华人民共和国侵权责任法》第8条“二人以上共同实施侵权行为，造成他人损害的，应当承担连带责任”之规定，集顺公司、蔡金排、叶凤花、叶志典、陈长太应在属于供气方的责任范围内对事故损害后果承担连带责任。

根据以上各责任人的过错与事故损害后果之间的联系程度，集顺公司、蔡金排、叶凤花、叶志典、陈长太长期违规供气，且在日常安全管理教育和指导用户安全用气方面存在较大疏漏，对事故发生负有重要责任，应对本案损害后果连带共同承担50%的责任；张爱琴、何魁缺乏安全管理意识，在不符合安全规范的场所不当使用液化石油气钢瓶，对事故发生具有较大过错，应对损害后果承担45%的责任；嘉福园公司未尽到物业管理职责，对其管理范围内的餐饮店存在的事故隐患没有及时督促整改，对事故发生也有一定程度的过错，应承担5%的责任。

3 数人侵权根据责任大小承担相应责任

裁判规则

数人侵权的情形中，多人的行为间接结合而造成同一损害结果，数人应该根据责任大小承担责任，不承担连带责任。

基本案情[①]

上诉人张延芬、高某甲、芦香兰因机动车交通事故责任纠纷一案，不服泰安市岱岳区人民法院（2013）岱民初字第2831号民事判决，向本院提起上诉。本院于2014年7月21日受理后，依法组成合议庭，于2014年8月13日公开开庭进行了审理。上诉人张延芬及张延芬、高某甲、芦香兰的委托代理人王毓奎、张和忠，被上诉人周军峰的委托代理人冯滨，被上诉人李传远、宋倩的委托代理人张敏，被上诉人中华联合财产保险股份有限公司泰安中心支公司的委托代理人牛月昇到庭参加诉讼。本案现已审理终结。

---

① 张延芬、高厚森等与周军峰、李传远等机动车交通事故责任纠纷二审民事判决书，来源：中国裁判文书网。

三原告提供的泰安市公安局交通警察支队事故三大队的道路交通事故证明记载：2013年11月5日18时许，被告周军峰驾驶其自有的鲁J×××××号轿车沿泰东路由东向西行驶至331省道15千米+600米处（泰东路夏张加油站东侧500米）时与高某及其燃油助力摩托车相撞，被告李传远驾驶车主为被告宋倩的鲁J×××××小型客车由西向东至事发地点时碾轧躺在地上的高某，现场另有其他车辆对高某碾轧后逃逸，无法确定高某及其摩托车倒地原因，无法确认高某是由哪辆车撞击碾轧致死，被告周军峰对公安机关的“事故证明”提出异议并提供了公安机关委托鉴定的“山东交院交通司法鉴定书”证明其车辆只是与倒地状态下的助力摩托车相撞，没有与高某接触，而被告李传远驾驶的小型客车与高某有接触，与摩托车无接触，除小型客车外还有其他车辆碾轧死者高某，还提供了公安机关对证人王某的询问笔录，以证明其只与已倒地的摩托车相撞，没有与高某接触，因“事故证明”与“山东交院交通司法鉴定书”的表述不一致，本院要求出具事故证明的公安机关予以解释，公安机关为此出具说明认为：不能排除被告周军峰的车辆没有与高某接触；鲁J×××××号轿车先于鲁J×××××小型客车进入现场；未查明摩托车的行驶方向。被告周军峰驾驶鲁J×××××号轿车及被告李传远驾驶的鲁J×××××小型客车均在被告中华联合财产保险股份有限公司泰安中心支公司投保了交强险及商业三者险30万元，并均有三者不计免赔险，事故发生在保险期内。被告李传远自称是借用被告宋倩的车辆，但事发时宋倩也在车上。另查明，死者高某为农业户口，生于1973年5月5日，系原告张延芬之夫，原告高某甲之父，原告芦香兰之五子，为此原告诉至本院要求被告赔偿死亡赔偿金、丧葬费、交通费、住宿费、事故处理人员误工费、被扶养人生活费、精神损害抚慰金、财产损失、鉴定费、律师费合计738998.60元。

上诉人张延芬、高某甲、芦香兰不服原审判决上诉称，一、原审判决对被上诉人应承担的赔偿费用认定错误。（一）死亡赔偿金的适用标准错误。1. 一审按受害人的农村户籍计算死亡赔偿金错误。第一，本案受害人高某虽为农村户口，但在本案事故发生前，其在泰安市工作、居住已超过一年。对此，上诉人提交了南京市消防工程有限公司济南安装分公司泰安宝盛广场项目部和南京市消防工程有限公司济南安装分公司出具的证明（并有南京市消防工程有限公司济南安装分公司的营业执照和组织机构代码证明）以及高某在泰安宝盛广场项目部工作出勤和发放工资的原始记录，证实高某自2012年7月15日至2013年11月5日死亡之前，在泰安市工作、居住已超过一年。所以，对其死亡赔偿金应当按照城镇居民的标准计算。第二，原审判决采信被上诉人对上诉人上述证据的异议错误。被上诉人所谓上诉人“无劳动合同、缴纳工伤保险及单位发放工资的情况，也未提交在城市居住地及当地派出所的证据，证明死者在此居住一年以上，应按其户籍性质计算”的主张根本不能成立。受害人高某是否在泰安市工作、居住超过一年，劳动合同、缴纳工伤保险、派出所暂住证明等证据并非必不可少的证据。现实中用工单位不与务工人员签订劳动合同，不为其缴纳工伤保险的情况很普遍，农民工在城市打工不办理暂住手续的情况系普遍现象。受害人高某的情况就是如此，其虽在泰安宝盛广场项目部工作，但项目部并未与其签订劳动合同。高某跟着包工头干活，包工头根本不可能为其缴纳工伤保险。高某与众多的农民工一样，虽在城市打工但并未办理暂住手续，常年与工友们住在工地的宿舍中。上诉人两份证明证实了高某在泰安市工作、居住已超过一年这一事实，对该两份证据的真实性、合法性、关联性和证明力，被上诉人未提出任何实质性异议，也未提出任何反证予以推翻。故该两份证据对本案事实的证明力应予认定。2. 一审按《2012 年山东省国民经济和社会发展统计公报》的相关数据计算死亡赔偿金错误。本案原审法庭辩论终结于 2014 年 4 月 22 日，此时，《2013 年山东省国民经济和社会发展统计公报》已经公布，理应按照该公报公布的相关数据计算死亡赔偿金。（二）对被扶养人生活费的适用标准错误。原审判决适用《2012 年山东省国民经济和社会发展统计公报》的相关数据计算被扶养人的生活费是错误的，理由同上。（三）对办理丧葬事宜支出的住宿费、交通费和误工损失的认定错误。上诉人提交的住宿费、交通费单据仅是实际花费的部分费用，实际支出远大于单据数额，原审判决认定“要求的数额过高”与事实不符，酌定为 1500 元是错误的。上诉人办理丧葬事宜支出的误工损失应按 3 人，每人误工一个月计算，一审仅按 3 人 3 天计算误工损失，既没有法律依据，也不符合事实。（四）对事故受损车辆不予赔偿错误。高某车祸事故受损助力车购买价 3800 元，该车已无修理价值，上诉人提供了购车收据，被上诉人应予赔偿。（五）对律师费不予赔偿错误。上诉人为维护自身合法权益，聘请律师代理诉讼，支出律师费 4000 元。根据《中华人民共和国民法通则》第 119 条和《人身损害赔偿解释》第 17 条第 3 款规定，该费用应由被上诉人承担。而且最高人民法院于 2013 年 11 月发布的第五批指导性案例中的第 19 号案例，法院支持了律师费的诉讼请求，该案例可以佐证上诉人的该诉讼请求合理合法。原审法院应参照执行。（六）对精神抚慰金的赔偿认定错误。受害人高某因交通事故死亡给其亲人造成的精神损害不言而喻，所造成的精神痛苦和创伤是长期的、难以抚平的。因此，上诉人主张 90000 元的精神抚慰金既符合法律的规定，也符合人之常情。原审判决判令被上诉人周军峰、李传远各赔偿精神抚慰金 2500 元错误。此外，一审免除了被上诉人保险公司的精神抚慰金赔偿责任适用法律错误。《最高人民法院关于审理道路交通事故损害赔偿案件适用法律若干问题的解释》第 16 条第 2 款明确规定："被侵权人或者其近亲属请求承保交强险的保险公司优先赔偿精神损害的，人民法院应予支持。"上诉人在原审起诉状诉讼请求第 1 项明确提出由被上诉人保险公司在交强险内赔偿 90000 元精神损害抚慰金，原审判决以保险公司不同意赔偿为由免除被上诉人保险公司的精神抚慰金赔偿责任，违反了最高人民法院司法解释的规定。二、原审判决适用《中华人民共和国侵权责任法》第 12 条错误。原审判决认定了被上诉人周军峰、李传远驾驶车辆与受害人高某相撞的事实。故完全可以认定无论是周军峰还是李传远均足以造成受害人高某的死亡。因此，应适用《中华人民共和国侵权责任法》第 11 条之规定，认定周军峰、李传远对全部损害承担赔偿责任并承担连带责任。综上所述，原审判决对被上诉人应承担的赔偿费用认定错误，适用法律错误或故意不适用应当适用的法律，明显司法不公。请求依法撤销原审判决，改判支持上诉人原审的诉讼请求，一、二审诉讼费及二审律师费由被上诉人承担。

被上诉人周军峰辩称，一、关于死亡赔偿金的计算标准。一审中，上诉人提交的一系列证据均不足以证实受害人在城镇连续居住、工作、生活一年以上的事实，一审法院曾中途休庭，为上诉人预留了足够的时间去准备、调取相关的证据材料，但直到二次开庭，上诉人依然没有提交确实充分的证据。因此，上诉人应当承担举证不能的法律后果。二、上诉人主张按照 2013 年的相关标准计算死亡赔偿金和被扶养人的生活费与事实不符。三、上诉人办理丧葬的住宿费、交通费、误工费应当以实际发生数额为依据，且上诉人应当对以上主张提交充分证据予以证实，若没有相关证据，根据法律规定应当承担相应法律后果。四、一审中，上诉人并未提交相关证据证实摩托车的车损价值，提交的购车发票不能反映车辆损失价值，一审法院不予认定是合理的。五、上诉人主张律师费，法律没有规定，虽然上诉人提供了案例，但判例非法律规定，且司法实践中律师费的承担除当事人有约定外，一般均由委托人承担。六、根据《山东省高级人民法院关于审理人身损害赔偿案件若干问题的意见》，严重精神损害的精神损害抚慰金是3000—5000元，一审法院判决5000元已是最高额。综上，应当驳回上诉，维持原判。

被上诉人李传远、宋倩辩称，1. 受害人为农村户口，上诉人虽主张其在外打工，但不能提供劳动合同、缴纳保险及工资发放情况，也没有居住地及派出所证明，证实受害人在城市居住生活一年以上。根据本案的开庭时间，应按2012年度的相关标准计算。依照有关规定，对处理事故人员按3人3天计算，根据上诉人提供的证据，只有1100余元，一审认定2000元误工费已高于上诉人的举证。因此，上诉人主张11400元误工费不应支持。上诉人没有提供车辆受损的实际价值证据，亦未进行鉴定，一审不予支持符合规定。上诉人主张的精神抚慰金过高，不应得到支持。上诉人要求律师费没有依据。2. 一审适用法律正确。综上，一审法院认定事实清楚，证据确实充分，应维持原判。

被上诉人中华联合财产保险股份有限公司泰安中心支公司辩称，一审法院适用法律正确，判决被上诉人承担赔偿金标准无误，请求驳回上诉，维持原判。

审理要览

被告周军峰驾驶车辆撞击倒在路上的高某的摩托车这一事实，已经公安机关确认，其辩称未接触死者，死者死亡与其行为之间没有因果关系，其提供的证据及证人证言均系出自公安机关的卷宗，但公安机关并未采信这些证据，根据公安机关的说明不排除该车是否与高某接触，该被告在本院庭审调查中也未提供新的证据证明其车辆未与死者接触，因此对其辩称本院不予采信，对公安机关的事故证明，本院予以确认，对三被告辩称的死者高某也应承担事故的部分责任，因公安机关的事故证明未记载其是否有违法行为，只记载了该案被告所驾驶的车辆与该事故有关，其他车辆对高某碾轧后逃逸，未查明共有几辆车碾轧，但是公安机关并未排除本案被告的车辆是致死高某的车辆，《中华人民共和国侵权责任法》规定，二人以上分别实施侵权行为造成同一损害，难以确定责任大小的，平均承担赔偿责任。现无法确定高某是被哪辆车碰撞、碾轧致死，无法确认该案被告及其他碾轧高某车辆之间的责任，而每次碾轧均足以造成死亡的后果，因此其他多部车辆和被告对高某死亡的后果均有因果关系，被告可待查获肇事逃逸的其他车辆后，另行向肇事逃逸的车辆驾驶人主张赔偿责任，对原告主张的死亡赔偿金，被告均提出异议认为原告无劳动合同、缴纳工伤保险及单位发放工资的情况，也未提交在城市居住地及当地派出所的证据，证明死者在此居住一年以上，应按其户籍性质计算，死者系农村户口，原告只提交了单位证明死者在工地宿舍居住及出勤表及8、9、10三个月的工资单原件，证据过于单一，出勤表记录至2013年11月4日死者发生事故的前一天，此后死者及表中其他十人也均未再上班，而且原告提供的该表自2013年5月始至2013年11月4日止，即使死者生前居住于单位宿舍也不足一年时间，结合事故发生的时间及地点，对被告的异议本院予以采信，原告未能证明死者在城市居住一年以上，应按其户籍性质计算死亡赔偿金，对原告要求按《2013年山东省国民经济和发展统计公报》计算的该项损失，因公报发布时间不确定，而且数据不完整，本地法院均执行自5月1日起方适用新的赔偿标准，对其要求本院不予采信。对原告要求的住宿费、交通费1989元，本院认为这两项费用均是在处理丧葬事宜的花费，是必然的花费，但其要求的数额过高，被告也提出异议，本院酌定为1500元，对其要求的处理事故人员误工费11400元，依照有关规定应为处理丧葬事宜人员的误工费，计算3人3天，原告提供的此项证据只有误工人员的单位证明，即使按照原告提供的单位收入证明计算，也只有1140元，考虑到本案的特殊情况，本院酌定为2000元。对原告的车损，其只提供了购车收据，未提供该车的实际修复支出依据也未提供车辆灭失的证据，其证据不合法，本院不予采信，对原告要求的律师费、餐饮费，无法律依据，本院不予支持，其要求的尸检费，是事故的必然支出，证据合法有效，应由被告赔偿。对原告要求的精神抚慰金90000元，因死者高某遭多车碾轧，未能查明其确切致死车辆及责任，保险公司不同意赔偿，被告周军峰、李传远、宋倩同意赔付5000元以内，本院予以准许，该事故两辆肇事车均在被告中华联合财产保险股份有限公司泰安中心支公司参加了交强险及商业险，事故发生在保险期内，原告要求该公司在保险项下赔偿符合法律规定，超过和不属于保险责任限额部分，应由被告周军峰、李传远各按50%承担责任，因未查明被告宋倩与被告李传远的关系，且在事故发生时宋倩也在车上，故其应与被告李传远负连带赔偿责任。

裁判解析

关于被上诉人周军峰、李传远的责任承担问题，泰安市公安局交通警察支队事故三大队的道路交通事故证明记载：2013 年 11 月 5 日 18 时许，被上诉人周军峰驾驶其自有的鲁 J×××××号轿车沿泰东路由东向西行驶至 331 省道 15 千米+600 米处（泰东路夏张加油站东侧 500 米）时与高某及其燃油助力摩托车相撞，被上诉人李传远驾驶车主为宋倩的鲁 J×××××小型客车由西向东至事发地点时碾轧躺在地上的高某，现场另有其他车辆对高某碾轧后逃逸，无法确定高某及其摩托车倒地原因，无法确认高某是由哪辆车撞击碾轧致死，该证明只记载了被上诉人所驾驶的车辆与该事故有关，其他车辆对高某碾轧后逃逸，未查明共有几辆车碾轧，但是公安机关并未排除本案被上诉人的车辆是致死高某的车辆，《中华人民共和国侵权责任法》第 12 条规定，二人以上分别实施侵权行为造成同一损害，难以确定责任大小的，平均承担赔偿责任。因此，一审判令两被上诉人周军峰、李传远各承担 50%的责任依法有据。

4 数人侵权难以确定责任大小时的责任承担

裁判规则

二人以上分别实施侵权行为造成同一损害，能够确定责任大小的，各自承担相应的责任；难以确定责任大小的，平均承担赔偿责任。

基本案情①

上诉人曹忠凡、上海今日合理物流有限公司（以下简称物流公司）因与被上诉人何兴海提供劳务者受害责任纠纷一案，均不服广东省佛山市顺德区人民法院（2015）佛顺法勒民初字第 4 号民事判决，向法院提起上诉。该案经本院依法组成合议庭进行审理，现已审理终结。

上诉人曹忠凡上诉提出：

一、一审判决认定事实部分不正确。

（一）一审判决书第 16 页第 2 段第 7 行至第 9 行认定事实错误。一审法院不顾证人证言证明的事实及曹忠凡代理人主张的法律关系为雇佣关系的事实，单凭庭审对曹忠凡本人的询问即认定涉案损害的发生与何兴海没有关系，何兴海只为工作介

---

① 曹忠凡、上海今日合理物流有限公司与何兴海提供劳务者受害责任纠纷二审民事判决书，来源：中国裁判文书网。

绍人，属认定事实不正确，双方应为雇佣关系。曹忠凡认为何兴海只是介绍工作的回答与事实不符。

（二）曹忠凡主张与物流公司的关系实为劳动关系，但由于物流公司用与何兴海签订承包合同来规避自己的劳动关系法律责任的事实，及劳动仲裁书确认曹忠凡与物流公司不存在劳动关系裁决的客观事实，这两个事实的存在导致一审不认定曹忠凡与物流公司的关系为劳动关系确有道理，但应依据其与何兴海的承包合同认定其与何兴海属承包关系，不免除其应承担的损害赔偿责任为宜；至于曹忠凡与物流公司的法律关系认定为劳务关系并未错误。

二、一审判决本院认为部分由于认定事实部分错误导致论述理由及适用法律错误，判决结果不合理。

（一）一审判决书第16页倒数第二段认定曹忠凡的损害与何兴海没有关系，不予支持实属错误。根据一审证人证言证实，何兴海名为介绍工作，实则为雇佣关系，因为介绍工作不可能长期收取介绍费，这既不合理，也不合法；曹忠凡等人每月报酬的10%由何兴海收取，这已超出了介绍费的报酬，另，何兴海还参与管理，还与物流公司签署承包合同，这些事实充分证明，何兴海不只是为曹忠凡介绍工作那么简单；其与曹忠凡等2人之间可以认定为雇佣关系，何兴海从曹忠凡等人的工作中获取利益，不能简单地认为其与曹忠凡之间只是介绍工作关系，这与事实不符，按照权利义务一致的原则，何兴海从曹忠凡的劳务中获取利益，应该承担相应的义务，即何兴海应该对曹忠凡的损害承担赔偿义务。

（二）一审判决书第17页第一段论述并适用《中华人民共和国侵权责任法》第12条的规定，判定曹忠凡与物流公司对损害方承担50%责任属适用法律错误。前述，不但物流公司，何兴海也应对本案损害承担赔偿义务；曹忠凡本人在提供劳务过程中就算存在轻微过失，承担50%损害的赔偿责任对曹忠凡明显偏重，这是曹忠凡本人无法承受的一个结果，是不公平的。原审适用《中华人民共和国侵权责任法》第12条明显属适用法律错误，该条适用的前提是物流公司及何兴海同时作为侵权人的条件下适用，依据该条规定及本案的实际情况，物流公司及何兴海应作为侵权人承担本案80%损失，曹忠凡自己承担20%的赔偿责任是较为公平、合理的，也是曹忠凡及各方都可以承受的。

上诉请求：1. 依法改判原审判决第一项为：何兴海、物流公司向曹忠凡支付赔偿款237947.92元的80%即190358.34元加精神损害抚慰金8000元，扣减何兴海、物流公司已支付的医疗费106148元，应支付的剩余款项为92210.34元，何兴海、物流公司承担连带支付责任。2. 判决何兴海、物流公司支付一、二审诉讼费用。

物流公司答辩称：答辩意见与物流公司上诉意见一致。

何兴海答辩称：一、曹忠凡实际上是由物流公司直接聘请工作的，他们两者之间的法律关系实为劳动关系，曹忠凡在为物流公司工作中受伤本应属于工伤，何兴海与物流公司之间并不存在承包关系。其一，无论是在劳动仲裁过程中，还是在一审过程中，曹忠凡均确认其是由物流公司直接聘请并为物流公司工作的，何兴海只是其工作的介绍人。而且，曹忠凡在上诉状事由第1条第2点中，曹忠凡也确认其与物流公司的关系实为劳动关系。其二，证人物流公司的仓库主管钟某的证言、曹忠凡的同事何平的证言，曹忠凡提供的由物流公司仓管杨再辉、郑菊兰签名确认的记录单、由物流公司负责人签名确认的排车单，何兴海提供的由曹忠凡和物流公司负责人签名确认的排车单，均相互印证曹忠凡是物流公司聘用的，曹忠凡等装卸工人每天必须要有一个班组6个人固定从早上8点左右至下午5点半在物流公司的场所内上班工作，即使当天没有任何货物需要装卸，也要有6个人固定如此上班，下班后如果货物运输来了，也得赶回去加班，工作过程中均接受物流公司的安排管理和指示，计件工资的单价是由曹忠凡等人直接与物流公司协商确定的，何兴海从不参与曹忠凡日常工作的管理和指示，充分证明曹忠凡与物流公司之间形成了长期稳定的劳动关系，也证明何兴海与物流公司之间并不存在承包关系。其三，对于物流公司提供的所谓承包合同，作为经办签订该合同的物流公司仓库主管钟某确认，该合同只是物流公司为了方便公司的管理，起初是要求每位装卸工人签订，因他们不同意签订，曹忠凡等人才推荐何兴海作为他们的代表而签订的，何兴海与物流公司之间并不存在事实上的承包关系。而且，该合同第2条第3点、第6点均约定工作人员必须听从公司对装卸货物的要求、费用清单均须仓库主管签名，合同第7条记载的内容为“劳动合同的解除与终止约定”等内容，并明确显示装卸工人不服从物流公司工作安排或者工作中有违规行为的，物流公司可以随时解除与装卸工人的劳动合同。因此，从该合同记载的内容上看，该合同的内容反映的法律关系本质上是劳动关系，并非承包关系。因此，该合同名称上虽有“承包合同”字样，但该合同记载的内容反映的却是劳动关系，是物流公司为了违法规避其与曹忠凡等人的劳动责任而签订，是物流公司企图用合法的形式掩盖其逃避劳动合同责任的非法目的，故该合同应是可撤销、无效的合同。综上，曹忠凡实际上是由物流公司直接聘请工作的，他们两者之间的法律关系实为劳动关系，曹忠凡受伤本应属于工伤，何兴海与物流公司之间并不存在承包关系。

二、一审法院认定曹忠凡在为物流公司的工作中受伤，并认定他们各自承担50%的赔偿责任、何兴海对曹忠凡的受伤不存在过错，是正确的。对于本来应由物流公司对曹忠凡承担的工伤责任，曹忠凡及物流公司却反而要求何兴海来承担赔偿，显然是荒谬的、毫无法律依据的。

首先，结合一审中查清的以上事实证明曹忠凡与物流公司之间的法律关系实为劳动关系，故曹忠凡的受伤本应属于工伤。但由于曹忠凡与物流公司均未对顺劳人仲案非终字（2014）2855号仲裁裁决书提起起诉，导致一审法院不对他们之间的劳动关系予以审查而无法按工伤处理，故一审法院按劳务关系认定他们之间的关系并无不当。但是，曹忠凡及物流公司也不能因他们自身服从仲裁裁决所带来的法律后果，却反过来将本应由物流公司对曹忠凡承担的工伤责任而要求何兴海来承担赔偿，曹忠凡及物流公司这种承担赔偿的要求显然是荒谬的、毫无法律依据的。

其次，曹忠凡受伤的原因是在物流公司的场所内，为了搬卸物流公司在货车上的货物而从货车上摔下来导致受伤的。曹忠凡是按照物流公司的管理安排和指示搬卸货物的。物流公司在其车辆的货物较高的情况下，也没有设置相应的安全防护措施。故物流公司对曹忠凡的受伤具有一定的责任。曹忠凡长期从事装卸工作，在其受伤当天，其也没有尽到安全注意义务，故对其自身受伤也具有一定的责任。而曹忠凡受伤当天，何兴海并不知道曹忠凡当天在为物流公司工作，也未对其进行过任何管理和指示，曹忠凡受伤时，何兴海也不在现场，曹忠凡受伤后，物流公司仓库主管电话通知何兴海，何兴海才知道曹忠凡受伤的事实。而且，何兴海只是工作介绍人，从不参与曹忠凡日常工作的管理和指示，何兴海对曹忠凡的受伤没有任何过错，故不应承担赔偿责任。由于无法分清曹忠凡、物流公司各自对曹忠凡受伤的具体责任比例大小，故一审法院认定曹忠凡、物流公司各自承担50%赔偿责任是合法、正确的。

三、何兴海只是为曹忠凡介绍工作并应其要求为其提供其他服务的中介人，曹忠凡自愿支付服务费给何兴海的行为是其自主处分的行为，是另一层法律关系，何兴海对曹忠凡的受伤并不存在关联过错。

首先，无论是在劳动仲裁过程中，还是在一审过程中，曹忠凡均确认其是由物流公司直接聘请并为物流公司工作的，何兴海只是工作介绍人。

其次，由于装卸工人较多，物流公司觉得统计每个人的出勤情况和工资的工作量太大，并为了方便其公司管理，就要求曹忠凡等人必须签订所谓的承包合同，并推选一个人出来作为代表，代表他们收取物流公司支付的所有工资，曹忠凡等装卸工人中有些是只能写自己名字的文盲、半文盲，于是他们一致要求由何兴海代表他们签订前述所谓的承包合同，代为收取物流公司支付给他们的工资，再由何兴海根据曹忠凡即班组长自行统计的出勤情况分发工资给他们。另外，由于物流公司处也没有饭堂，并且曹忠凡等人还经常要晚上加班，曹忠凡等人于是也要求何兴海为他们提供加班的夜宵安排、帮忙买水喝等服务。于是曹忠凡等人与何兴海之间协商同意曹忠凡等人按其所得工资总额的10%作为中介服务费支付给何兴海，曹忠凡等人与何兴海之间的这种行为，是何兴海为曹忠凡等人提供服务、曹忠凡自愿支付服务费给何兴海的一种自主处分行为，属于另一层法律关系，何兴海对曹忠凡的受伤并不存在关联过错。

综上所述，何兴海对曹忠凡的受伤不存在任何过错，曹忠凡及物流公司对曹忠凡本应属于工伤的责任，因他们自身服从仲裁裁决所带来的法律后果而反过来要求何兴海承担赔偿，显然是缺乏事实与法律依据的。一审法院认定事实清楚、适用法律正确，作出的判决公平正确，请二审法院依法驳回曹忠凡及物流公司的上诉请求。

物流公司上诉提出：

一、一审法院认定事实不清，适用法律错误。

（一）物流公司与曹忠凡没有劳动关系或劳务关系。一审法院认定“2012 年 4 月 10 日起，曹忠凡经何兴海介绍，在物流公司处从事货物装卸工作，并协商装卸费用单价为 3.5 元/平方米”“2012 年 10 月，物流公司要求曹忠凡等装卸工人签订《装卸承包合同书》，曹忠凡等装卸工人推荐何兴海与物流公司签订《装卸承包合同》”等事实是错误的。

（二）何兴海主导曹忠凡等人在物流公司处从事装卸工作，曹忠凡等人是由何兴海聘请的。在庭中，何兴海提供了大量的工作量清单（排车单）的原件，提供了曹忠凡等人的保险卡原件。在原审第一次庭审时，曹忠凡明确表明，曹忠凡等人在完成每天的装卸工作后将工作量清单（车单）交给何兴海，保险卡是由何兴海代为购买，保险费在应付给曹忠凡等人的工资中扣除。在原审第一次庭审时，曹忠凡明确，其工资单是由何兴海计算及填写，工资由何兴海支付。何兴海对填写工资单的事实不持异议。在庭审中，曹忠凡、证人、何兴海均承认何兴海在每月的装卸收入中提成10%给何兴海，且物流公司将每月的装卸费全部支付给何兴海，由何兴海在扣除提成10%后将装卸收入分配给曹忠凡等人。何兴海又间接承认，何兴海也有到物流公司处。何兴海是每月扣除提成10%，如属于单纯的介绍费，是不可能每月都要提取的。从常理而言，假若何兴海仅为代表曹忠凡等人与物流公司签订《装卸承包合同书》，那么，何兴海根本上无须持有工作量清单（排车单）的原件，更无须计算及填写曹忠凡等人工资单，何兴海也无须以自己的名义收取物流公司全部的货物装卸费，何兴海无权从货物装卸费提成10%作为自己的收益，何兴海也无权向曹忠凡等人计算及发放工资。唯一可以解释的是，何兴海与物流公司签订《装卸承包合同书》后聘请曹忠凡等人完成其承揽的装卸货物工作。依据佛山市顺德区劳动人事争议仲裁委员会作出的顺劳人仲案非终字（2014）2855号仲裁裁决书的裁决，鉴于物流公司与何兴海签订《装卸承包合同书》，由何兴海聘请曹忠凡从事卸货工作，曹忠凡的工作由何兴海安排，由何兴海进行管理和支付劳动报酬，物流公司不对曹忠凡进行劳动管理，物流公司制定的规章制度也不适用于曹忠凡，物流公司与曹忠凡之间并无支配与被支配的关系，曹忠凡与物流公司不存在劳动关系。该仲裁裁决书送达给曹忠凡后，曹忠凡在法定时间内并没有向人民法院提起诉讼。即该仲裁裁决书已生效，具有法律效力，且曹忠凡对仲裁裁决书的裁决没有异议，接受仲裁裁决书的裁决认定的事实及裁决。在仲裁委员会开庭审理时，曹忠凡申请了四名证人出庭作证。该四名证人为：何兴海、何明辉、范用义、阮清胥。何兴海在仲裁委员会的庭审时明确表明，在何兴海与物流公司签订《装卸承包合同书》的有效期间，何兴海聘请的曹忠凡等人平时也在外从事其他装卸工作，且曹忠凡等人如不参与物流公司装卸工作时无须向物流公司请假、在为物流公司进行装卸工作时，也不需接受物流公司的管理。何明辉、范用义、阮清胥明确表明，曹忠凡等人是由何兴海安排工作，由何兴海叫他们到物流公司处从事装卸工作，曹忠凡等人可以自由选择是否到物流公司处从事装卸工作，且到仲裁委员会出庭作证也是何兴海叫他们的。因此，从上述证据而言，何兴海主导曹忠凡等人到物流公司处从事装卸工作，曹忠凡等人是由何兴海聘请的。

（三）曹忠凡、何兴海以混淆概念作为本案的论点。在庭中，曹忠凡、何兴海陈述曹忠凡等人在从事装卸工作时“听从”物流公司的指挥。这是曹忠凡、何兴海故意混淆概念的表现。曹忠凡等人装卸的货物是物流公司负责承运的，货物要如何装卸、装卸到何处，这需由物流公司确定，安排装卸的时间、装卸数量是物流公司的职责，也是从事物流工作的正常流程。作为货物的承运人，均有义务保证货物的安全性、货物的完整性。故物流公司要求其如何进行货物装卸是合情、合理的。这与对员工管理、支配是不同的概念。曹忠凡、何兴海企图以混淆概念方式达到其诉讼目的。

由此可见，综观涉案的事实，曹忠凡与物流公司不存在劳动关系或劳务关系是事实。

二、曹忠凡在涉案的受伤过程中存在过错，应承担70%的责任。曹忠凡自称从事装卸的货物工作已数年时间，有一定装卸货物的经验，知悉装卸货物的操作规程，且物流公司有对其进行安全教育，在涉案事故中，曹忠凡在尚未确保安全的情况下，擅自操作，导致其受伤。因此，曹忠凡应对本次事故承担70%的责任。

三、物流公司在涉案事故中没有过错，不应承担赔偿责任。何兴海与物流公司签订了《装卸承包合同书》，物流公司将货物装卸业务交由何兴海承揽。且涉案的货物装卸业务无须具备法定资质的人员进行操作，依据《关于确立劳动关系有关事项的通知》（劳社部发〔2005〕12号）的规定，非法用工主体的范围仅为建筑施工、矿山企业等用人单位将工程（业务）或经营权发包给不具有用工主体资格的组织或自然人。而涉案的业务仅为一般的体力工作，无须具有特定的资质或资格。故物流公司不存在违反强制性法律规定的事项。且物流公司已履行了《装卸承包合同书》的约定向何兴海支付了货物装卸费。故物流公司在涉案事故中没有过错，不应承担曹忠凡因涉案的受伤所产生的民事或侵权赔偿责任。

四、曹忠凡提出赔偿项目及数额有一部分缺乏法律依据。1. 护理费：没有医嘱，也没有护理费单据。2. 伤残赔偿金：物流公司提供的鉴定意见书，其出具该意见书的鉴定机构没有涉及精神损伤鉴定的资质，所以关于颅脑损伤鉴定意见不应采纳。另，因物流公司无法提供其在顺德居住满一年的相关依据，故应以农村标准进行计算。3. 误工费：没有收入的证明，也没有证据证明曹忠凡因本次事故减少收入。4. 交通费：没有相应的票据。5. 司法鉴定费：由于是曹忠凡自己进行鉴定，且该鉴定机构没有涉及精神损伤鉴定的资质，故该项费用不应支持。6. 精神抚慰金：曹忠凡因在本次事故发生中需承担主要过错责任，故该项请求不应支持。

五、何兴海及曹忠凡在庭审中的陈述相互矛盾，其陈述不足信，不能作为定案的依据。何兴海及曹忠凡在庭审时称，曹忠凡不识字，故需委托何兴海计算工作量。曹忠凡是认识字的，其表现为，曹忠凡可以在工作量清单（排车单）签名确认，曹忠凡可以在仲裁申请及诉讼中签名确认，曹忠凡在庭审中提交的手写记录，足以证明曹忠凡是认识字的，由此推定曹忠凡在庭审中的陈述是虚假的，其目的是配合何兴海进行涉案的诉讼。何兴海的陈述前后矛盾，举证时称是曹忠凡等人每天将工作量清单（排车单）交给他，由他计算工作量，原审第二次开庭时又称是每月曹忠凡等人才将工作量清单（排车单）交给他；在原审第一次庭审时称保险卡是由曹忠凡等人购买，保险卡由何兴海保管，原审第二次开庭时又称保险卡是为了本次诉讼向曹忠凡等人索要的。何兴海在仲裁庭审时作为证人的证言又与在法庭的陈述不相符。

六、何兴海应对曹忠凡涉案事故所产生的损失承担赔偿责任。如前所述，何兴海主导曹忠凡等人在物流公司处从事装卸工作，曹忠凡等人是由何兴海聘请的。何兴海从曹忠凡等人的装卸业务中获得巨额利益，何兴海每月均从曹忠凡等人的装卸业务收入中提成10%的收益，且该收益的数额是巨大的，每月的收益可能达到3000元至5000元。因此，何兴海应对曹忠凡涉案事故所产生的损失承担赔偿责任。

七、物流公司放弃对何兴海主张权利，是物流公司对自身相关权利的处理，该权利的处置不应影响涉案事实的认定。法院认定案件的事实应以相关的证据作为依据，不能以“体恤”弱小群体或伤者而作出与事实不符的认定。

上诉请求：一、撤销广东省佛山市顺德区人民法院（2015）佛顺法勒民初字第4号民事判决书第一项。二、判令驳回曹忠凡对物流公司的全部诉讼请求。三、判令曹忠凡承担一、二审的诉讼费用。

曹忠凡答辩称：基本意见与上诉状一致。一、物流公司、何兴海都应对本案曹忠凡的损害承担责任，物流公司是实际的用工单位，应承担用工主体应该承担的责任，何兴海承接物流公司的部分工作并雇佣曹忠凡为其做事，所以无论物流公司还是何兴海都从曹忠凡的工作当中获得利益也应该承担相应的责任。二、一审判决认为何兴海与曹忠凡的损害没有关系是错误的，其依据是曹忠凡陈述何兴海只是介绍关系，但是从一审证人证言来看何兴海并非介绍关系这么简单，也过分加重了曹忠凡应该承担的责任。曹忠凡承担20%的责任是合理的。三、对于一审认定的曹忠凡损失总额没有异议。

何兴海答辩称：曹忠凡在上诉状第一项第二点确认其与物流公司为劳动关系，既然是劳动关系又何来何兴海介绍工作，显然是自相矛盾毫无根据的。曹忠凡在一审及仲裁时均确认其与物流公司是劳动关系，而且一审查清事实也能确定曹忠凡与物流公司是劳动关系。

审理要览

原审法院经审理，依照《中华人民共和国侵权责任法》第6条第1款、第12条，《人身损害赔偿解释》第17、18、19、20、21、22、23、25条，《中华人民共和国民事诉讼法》第64条第1款的规定，作出如下判决：一、物流公司应于判决发生法律效力之日起十日内向曹忠凡支付赔偿款75973.96元；二、驳回曹忠凡的其他诉讼请求。如果未按判决指定的期间履行给付金钱义务，应当依照《中华人民共和国民事诉讼法》第253条之规定，加倍支付迟延履行期间的债务利息。

裁判解析

关于曹忠凡与物流公司之间不存在劳动关系，已由佛山市顺德区劳动人事争议仲裁委员会作出顺劳人仲案非终字（2014）2855号仲裁裁决书认定，曹忠凡、物流公司均服从裁决，故本院不再审查。因此，本案应按过错确定各方责任。

关于各方当事人的责任。因事故发生时何兴海不在现场，何兴海在曹忠凡等人的报酬中收取10%的费用，也不能证明何兴海与曹忠凡有管理与被管理的关系，或者何兴海有保障曹忠凡人身安全的义务。何兴海在曹忠凡受伤事故中无过错，故曹忠凡要求何兴海承担赔偿责任没有依据，本院对该项诉请不予支持。曹忠凡在从事装卸工作的过程中，需接受物流公司的管理，且需根据物流公司的工作时间待在物流公司处，故曹忠凡工作期间的安全防护工具应由物流公司提供，对于工作场所和工作工具的安全性应由物流公司予以保证。曹忠凡受伤的场所为物流公司的物流仓库，受伤的原因是为了搬卸物流公司的货物，且从物流公司的车上摔下，因此物流公司在其车辆所垒的货物较高的情况下，没有设置相应的安全防护设备，对于曹忠凡受伤，物流公司具有一定的责任。曹忠凡从事装卸工作时间较久，但在此次装卸工作的具体操作中没有完全尽到安全注意义务，才导致自身从车上摔下，故对其受伤亦具有一定的责任。综合上述分析，曹忠凡本人与物流公司均对曹忠凡受伤存在过错，但难以确定责任大小，根据《中华人民共和国侵权责任法》第 12 条的规定："二人以上分别实施侵权行为造成同一损害，能够确定责任大小的，各自承担相应的责任；难以确定责任大小的，平均承担赔偿责任。"故曹忠凡与物流公司需平均承担赔偿责任，各承担 50%的责任。

关于曹忠凡的损失数额。其中，依据佛山市顺德区大良医院的《诊断证明书》，曹忠凡住院期间需 2 人陪护，原审计算陪护费无误；鉴定机构依据评残标准对曹忠凡的颅脑损伤进行伤残评定，不属于精神损伤程度评定，没有超出鉴定机构的鉴定资质，所出具的鉴定意见程序合法、依据充分，物流公司认为不应采信、曹忠凡申请重新鉴定，本院均不予采纳；曹忠凡 2012 年 4 月 10 日起已在物流公司从事货物装卸工作，受伤时已满 1 年，原审适用城镇标准计算曹忠凡的伤残赔偿金无误；因曹忠凡无法证明其平均工资数额，原审参考 2014 年国有同行业在岗职工平均工资中装卸搬运和运输代理业的工资标准计算误工费正确；虽曹忠凡未能提供交通费单据，但该项费用必然发生，原审酌定交通费损失 400 元并无不当；鉴定费因本案纠纷而产生，应按当事人责任比例分担；因曹忠凡受伤后遗有××，精神上受伤害较大，原审酌定 7000 元精神损害抚慰金恰当。

5 能确定具体侵权人的，不属于共同危险行为

裁判规则

在案件中能够确定具体侵权人，不属于共同危险行为的情形，而应该按照侵权行为承担责任。

基本案情[①]

2010 年 7 月 15 日 19 时 40 分许，周钰松无证驾驶无号牌二轮摩托车从东莞市企石镇东山（南）往宝石路（北）方向行驶至东莞市企石镇振华路开确工业邮路口

① 李安元、李洪林、李洪涛与中国大地财产保险股份有限公司东莞中心支公司，贺惇，东莞市华星化妆洗涤用品有限公司、周钰松机动车交通事故责任纠纷审判监督民事判决书，来源：中国裁判文书网。

时，与龙淑兰驾驶的无号牌自行车发生碰撞。碰撞后，龙淑兰在倒地过程中与从东山（南）往宝石路（北）方向行驶，由贺惇驾驶的粤S×××××号小型越野客车右前轮相接触，造成龙淑兰受伤经抢救无效于当天死亡，周钰松受伤及三车不同程度损坏的交通事故。该事故经东莞市公安局交通警察支队企石大队处理，认定周钰松、贺惇负事故同等责任，龙淑兰不负事故责任。贺惇、东莞市华星化妆洗涤用品有限公司（以下简称华星公司）及中国大地财产保险股份有限公司东莞中心支公司（以下简称大地财保公司）对事故认定书的真实性不予确认，认为交警不能证明粤S×××××号车辆与死者龙淑兰存在接触。且死者骑自行车在机动车道内发生事故，依据非机动车不能进入机动车道的规定，死者对此次事故的发生应承担一定的责任。

一审法院依据贺惇及大地财保公司的申请，向交警调取了涉案的交通事故卷宗。其中华南理工大学出具检测报告，证明粤S×××××号车辆副驾驶位一侧前轮胎上提取的红色纤维与死者龙淑兰内衣破损处纤维成分相同；粤S×××××号车辆副驾驶位一侧前轮胎上提取的蓝色纤维与死者蓝色外衣破损处纤维成分相同。贺惇、华星公司及大地财保公司认为上述检测报告不能说明粤S×××××号车辆与死者有接触。

粤S×××××号车辆的登记车主是华星公司，该车辆在大地财保公司处投保机动车交通事故责任强制保险（以下简称交强险），其中死亡伤残赔偿限额为110000元，医疗费用赔偿限额为10000元，财产损失赔偿限额为2000元。事故发生在保险期间内。

事故发生后，龙淑兰被送往东莞市企石医院抢救无效于当日死亡，花费医疗费204.90元。龙淑兰的尸体于2010年8月18日在东莞市殡仪馆火化。

李安元、李洪林、李洪涛诉请10000元交通费，提供了章东志、李安元、赵治洪、李平、李洪涛五人于2010年7月20日自重庆至广州的飞机票及部分其他交通费单据。李安元、李洪林、李洪涛主张30000元处理事故及丧葬事宜的各项开支，其中包括处理事故丧葬人员误工工资10000元、处理丧葬事宜10000元、生活食宿费10000元，提供了东莞市殡仪馆出具的处理遗体费用发票5160元和部分住宿费发票。贺惇向李安元、李洪林、李洪涛支付了殡葬费等共计15000元。死者龙淑兰是农村户口，其未成年子女李洪林于1995年10月10日出生，仍需被抚养3年3个月；李洪涛于2006年4月18日出生，仍需被抚养13年10个月，由龙淑兰夫妻两人共同抚养。

一审法院认定上述事实的证据有：交通事故认定书、保险单、驾驶证及行驶证复印件、户口本复印件、家庭证明、公证书、夫妻关系证明、企业营业执照复印件、急救病历、死亡医学证明书、尸检报告、检测报告、火化证明、注销户口证明、证人证言、暂住证某（2010）第A201000003号交通事故卷宗材料以及原审庭审笔录等。

申诉人李安元、李洪林、李洪涛因与被申诉人贺惇、周钰松、大地财保公司、华星公司机动车交通事故责任纠纷一案，不服广东省东莞市中级人民法院（2011）东中法民一终字第2860号民事判决，向检察机关申诉。广东省人民检察院作出粤检民抗（2012）296号民事抗诉书，向本院提出抗诉。本院作出（2012）粤高法审监民抗字第545号民事裁定，提审本案。本院依法组成合议庭，公开开庭审理了本案。广东省人民检察院指派检察员陈蓉、万芳出庭履行职务。申诉人李安元、被申诉人贺惇和华星公司的委托代理人曹柏荣、大地财保公司的委托代理人赵春芳到庭参加诉讼。被申诉人周钰松经本院合法传唤无正当理由拒不到庭。本案现已审理终结。

2010年8月23日，李安元、李洪林、李洪涛向东莞市第一人民法院起诉称，2010年7月15日19时40分许，周钰松无证驾驶无号牌二轮摩托车从东莞市企石镇东山（南）往宝石路（北）方向行驶至东莞市振华路开确工业邨路口时，与龙淑兰驾驶的无号牌自行车发生碰撞。碰撞后，龙淑兰在倒地过程中与从东山（南）往宝石路（北）方向行驶，由贺惇驾驶的粤S×××××号小型越野客车右前轮相接触，碰撞，造成龙淑兰受伤当场死亡，周钰松受伤及三车不同程度损坏的交通事故。该事故经东莞市公安局交通警察支队企石大队处理，认定周钰松、贺惇负事故同等责任，龙淑兰不负事故责任。为维护自己合法权益诉至法院，请求判令：1. 四被告赔偿各项损失共计634754.80元，包括医疗费204.90元、丧葬费20387.50元、死亡赔偿金431494元、被抚养人生活费42668.40元、交通费10000元、处理事故及丧葬事宜的各项开支30000元、精神损害抚慰金100000元。2. 本案诉讼费由四被告共同承担。

审理要览

本案是机动车与非机动车之间的道路交通事故人身损害赔偿纠纷，当事人应根据《中华人民共和国道路交通安全法》等相关法律法规的规定及事故责任大小承担相应的民事责任。周钰松经一审法院合法传唤，无正当理由拒不到庭参加诉讼，应视为放弃抗辩、质证的权利。

根据华南理工大学出具的检测报告，粤 S×××××号车辆副驾驶位一侧前轮胎上提取的红色纤维与死者龙淑兰内衣破损处纤维成分相同；粤 S×××××号车辆副驾驶位一侧前轮胎上提取的蓝色纤维与死者蓝色外衣破损处纤维成分相同，可以证明粤 S×××××号车辆与死者有发生碰撞。另事故现场并没有区分机动车道和非机动车道，除周钰松供述死者龙淑兰交通方式及事实路线为驾驶自行车横过马路，没有其他证人、证言及痕迹支持，因此无法判断龙淑兰的交通路线是否违反交通法规，故周钰松、贺惇、华星公司及大地财保公司主张龙淑兰应对此次事故承担一定的责任没有事实依据和法律依据，一审法院不予采纳。综上，交警部门对本次事故的认定准确，一审法院予以确认。

关于本案的民事赔偿责任问题。依据《中华人民共和国道路交通安全法》第 76 条的规定："机动车发生交通事故造成人身伤亡、财产损失的，由保险公司在机动车第三者责任强制保险责任限额范围内予以赔偿……" 周钰松在事故发生时没有依法为摩托车购买交强险，由于该过错行为而导致李安元、李洪林、李洪涛不能依法获得交强险赔偿的结果，依据过错责任原则，周钰松应对此承担民事责任，即李安元、李洪林、李洪涛不能依法从保险公司获得的赔偿应由周钰松承担。另龙淑兰相对于粤 S×××××号车辆而言，属于该车投保的交强险中的"第三者"。根据《机动车交通事故责任强制保险条例》第 21、23 条的规定，大地财保公司应在交强险责任限额范围内对李安元、李洪林、李洪涛的损失承担赔偿责任。超出交强险赔偿限额部分，应根据《中华人民共和国道路交通安全法》第 76 条第 1 款的规定按责进行赔偿。因周钰松与贺惇负事故的同等责任，龙淑兰不负事故的责任，因此周钰松与贺惇应分别对龙淑兰超出交强险赔偿限额的损失各承担 50%的赔偿责任。华星公司作为粤 S×××××号车辆的登记车主，应对贺惇的赔偿责任承担连带赔偿责任。因龙淑兰的伤情是由两次事故碰撞导致，无法区分龙淑兰的死亡是因第一次碰撞还是第二次碰撞造成，因此周钰松与贺惇应对龙淑兰的超出交强险赔偿限额内的损失承担连带赔偿责任。

根据李安元、李洪林、李洪涛的诉讼请求，法定的赔偿计算标准，李安元、李洪林、李洪涛的举证情况及周钰松、贺惇、华星公司、大地财保公司的答辩意见，一审法院认定李安元、李洪林、李洪涛在本次事故中遭受的损失有：

1. 医疗费：204.90 元，有相应的医院收费专用发票证明，一审法院予以确认。

2. 丧葬费：按照职工平均工资 40775 元/年的标准计算 6 个月，即 40775 元/年÷12 个月/年×6 个月＝20387.50 元。

3. 死亡赔偿金：事故发生时，龙淑兰属于农业户口居民。其未成年子女李洪林于 1995 年 10 月 10 日出生，仍需被抚养 3 年 3 个月；李洪涛于 2006 年 4 月 18 日出生，仍需被抚养 13 年 10 个月，由龙淑兰夫妻两人共同抚养。李安元、李洪林、李洪涛诉请的被抚养人生活费应计入残疾赔偿金，故残疾赔偿金依法计算为：6906.93 元/年×20 年+5019.81 元/年×3 年 3 个月×2（两个小孩）÷2（夫妻分担）+5019.81 元/年×10 年 7 个月÷2（夫妻分担）＝138138.60 元+16314.38 元+26563.16 元＝181016.14 元。李安元、李洪林、李洪涛请求按城镇居民人均可支配收入标准计算死亡赔偿金，理据不足，一审法院不予支持。

4. 交通费：龙淑兰发生死亡的交通事故，其家属李安元、李洪涛及其委托代理人李平乘坐飞机到东莞处理相应事宜，符合实际情况，由此发生的机票费用共计 2540 元，一审法院予以支持。李安元、李洪林、李洪涛提供章东志、赵治洪两人于 2010 年 7 月 20 日自重庆至广州的飞机票，超出合理的交通费用范畴，一审法院不予支持。李安元、李洪林、李洪涛诉请的其他交通费用，提供了部分交通费票，一审法院根据李安元、李洪林、李洪涛处理交通事故的客观需要，酌情支持其他交通费 3000 元。两项合计共 5540 元。

5. 处理事故人员误工费：按 3 人处理事故，每人误工按 10 天标准来计算，因李安元、李洪林、李洪涛未提供处理事故人员的工作收入证明，以东莞市职工最低工资标准 920 元/月标准计算，920 元/月÷30 天×10 天×3 人＝920 元。李安元、李洪林、李洪涛超出部分诉请，一审法院不予支持。

6. 处理丧葬事宜：10000 元，该项费用已经在丧葬费用里予以支持，李安元、李洪林、李洪涛另行主张，一审法院不予支持。

7. 处理事故人员住宿费：根据李安元、李洪林、李洪涛处理交通事故的实际需要，一审法院酌情按 3 人参加处理事故，每人住宿 10 天，参照住宿费 150 元/天标准计算，即 3 人×10 天×150 元/天＝4500 元。李安元、李洪林、李洪涛超出部分诉请，一审法院不予支持。

8. 精神损害抚慰金：本次事故造成龙淑兰死亡，必然使李安元、李洪林、李洪涛在精神上遭受较大的痛苦。结合损害后果和周钰松、贺惇、华星公司、大地财保公司的赔偿能力以及当地的平均生活水平等因素考虑，一审法院酌情支持30000元。

以上费用，第1项属于医疗费用赔偿限额范围共204.90元，由大地财保公司和周钰松在交强险医疗费用赔偿限额10000元内分担赔偿责任，即204.90元÷2=102.45元。第2—8项属于死亡伤残赔偿费用242363.64元，应由大地财保公司在死亡伤残赔偿限额110000元的范围内承担；周钰松没有购买交强险，也应在死亡伤残赔偿限额110000元的范围内承担赔偿责任。余下部分22363.64元，应由贺惇与周钰松分别承担50%的赔偿责任，即22363.64元×50%=11181.82元。综上，贺惇共需赔偿李安元、李洪林、李洪涛11181.82元，扣除其已支付的15000元，根据损失填补原则，李安元、李洪林、李洪涛超过上述标准多获得的赔偿款（15000元-11181.82元=3818.18元），应该在大地财保公司的赔偿款内扣除，即大地财保公司共应赔偿李安元、李洪林、李洪涛102.45元+110000元-3818.18元=106284.27元。周钰松应赔偿李安元、李洪林、李洪涛102.45元+110000元+11181.82元=121284.27元。对于李安元、李洪林、李洪涛超出上述计算标准的请求，一审法院依法予以驳回。

二审认为：一、一审法院以农村居民标准计算龙淑兰的死亡赔偿金是否正确。李安元、李洪涛、李洪林虽然提供了对刘灿科的调查笔录、东莞市企石镇铁炉坑村新莞人服务管理站证明、龙淑兰暂住证等证据以证明龙淑兰在东莞居住满1年以上，但李安元、李洪涛、李洪林提供显示为“东莞利奇文教用品有限公司”盖章确认的工作证明未附有该公司的营业执照复印件，且该证明反映龙淑兰在该公司工作时间为2009年3月11日至2009年12月18日，不足1年。东莞市社会保障局对龙淑兰于2010年7月15日发生涉案事故伤害所作出的工伤认定书中显示的工作单位为“东莞市奇利电子科技有限公司”，而李安元、李洪涛、李洪林未能提交证据证明龙淑兰在该公司的工作时间。另外，李安元、李洪涛、李洪林仅提供龙淑兰4个月工资单且该工资单亦并未显示龙淑兰的工作单位。经对李安元、李洪涛、李洪林提供前述证据进行分析，在李安元、李洪涛、李洪林未能对其提供前述证据进行相应合理说明的情况下，应认定李安元、李洪涛、李洪林提供的证据不足以证明龙淑兰在东莞市居住满1年以上并有固定收入。因龙淑兰的户籍性质是农业户口，而龙淑兰亦不符合《广东省高级人民法院、广东省公安厅关于〈道路交通安全法〉施行后处理道路交通事故案件若干问题的意见》第 27 条关于“受害人的户口在农村，但发生交通事故时已在城镇居住一年以上、且有固定收入的，在计算赔偿数额时按城镇居民的标准对待”的规定，一审法院按广东省 2010 年度人身损害赔偿计算标准中农村居民标准计算龙淑兰死亡赔偿金，于法有据，李安元、李洪涛、李洪林主张应按城镇居民标准计算龙淑兰的死亡赔偿金的理由不成立，依法予以驳回。

二、一审法院对本案赔偿责任的处理是否正确。华南理工大学出具的检测报告显示，粤 S×××××号车辆副驾驶位一侧前轮胎上提取的红色纤维与死者龙淑兰内衣破损处纤维的主要成分相同；粤 S×××××号车辆副驾驶位一侧前轮胎上提取的蓝色纤维与死者蓝色外衣破损处纤维的主要成分相同，交警部门据此报告并综合事故机动车方、刘权满的陈述，认定粤 S×××××号车辆与死者有发生碰撞，依法可予采纳。大地财保公司、贺惇、华星公司关于粤 S×××××号车辆与死者未发生碰撞的主张，依法不予支持。由于事故现场并没有设置专门的自行车道，而除周钰松供述死者龙淑兰事故前驾驶自行车横过马路外，没有其他证人证言或痕迹记录予以证明，一审法院认定本案现有证据不足以证明龙淑兰存在违反交通法规的行为，并无不当。大地财保公司、贺惇、华星公司主张龙淑兰应对此次事故承担一定的责任缺乏依据，依法不予采纳。交警部门对本次事故的认定证据充分，符合法律的规定，依法应予以认可。因周钰松、贺惇对事故负有同等责任，一审法院判决双方对超出两车交强险限额的损失，各承担 50% 的赔偿责任，并无不当。一审法院判决华星公司作为粤 S×××××号车辆的登记车方，应对贺惇的赔偿责任承担连带责任，华星公司对此未提起上诉，依法予以维持。一审法院认定周钰松、贺惇对龙淑兰超出交强险限额的损失承担连带赔偿责任并没有侵犯龙淑兰的合法权益，李安元、李洪涛、李洪林上诉要求周钰松、贺惇、华星公司及大地财保公司对龙淑兰全部损失承担连带赔偿责任的理由不成立，依法予以驳回。

裁判解析

《道路交通事故处理程序规定》第 46 条规定，公安机关交通管理部门应当根据当事人的行为对发生道路交通事故所起的作用以及过错的严重程度，确定当事人的责任。因两方或者两方以上当事人的过错发生道路交通事故的，根据其行为对事故发生的作用以及过错的严重程度，分别承担主要责任、同等责任和次要责任。

《最高人民法院关于审理道路交通事故损害赔偿案件适用法律若干问题的解释》第27条规定："公安机关交通管理部门制作的交通事故认定书，人民法院应依法审查并确认其相应的证明力。但有相反证据推翻的除外。"据此，本院确认东莞市公安局交通警察支队企石大队出具的《道路交通事故认定书》可作为本案认定事实的依据。《中华人民共和国侵权责任法》第12条规定："二人以上分别实施侵权行为造成同一损害，能够确定责任大小的，各自承担相应的责任；难以确定责任大小的，平均承担赔偿责任。"本案《道路交通事故认定书》认定：周钰松无证驾驶无号牌机动车行驶，没有遵守道路交通安全法律、法规的规定，按照操作规范安全驾驶、文明驾驶，是造成事故的原因；贺惇驾车行驶没有与前车保持足以采取紧急制动措施的安全距离，这也是造成事故的原因；对本案交通事故周钰松、贺惇负事故同等责任。由此可见，周钰松与贺惇对本案事故负同等责任，并非连带责任。虽然《中华人民共和国侵权责任法》第10条规定："二人以上实施危及他人人身、财产安全的行为，其中一人或者数人的行为造成他人损害，能够确定具体侵权人的，由侵权人承担责任；不能确定具体侵权人的，行为人承担连带责任。"但根据《道路交通事故认定书》的认定，周钰松与贺惇均为侵权人，不属于不能确定具体侵权人的情形，故本案不适用该条规定。

根据《中华人民共和国道路交通安全法》第17条和《机动车交通事故责任强制保险条例》第2条的规定，中国境内上路行驶的机动车投保交强险是机动车所有人或管理人的法定义务。因此，未依法投保交强险的机动车发生交通事故造成损害的，投保义务人首先应当在交强险责任范围内承担赔偿责任。购买交强险是周钰松的法定义务，其未购买交强险并不能免除其应当购买交强险所承担的责任。原审判决认定因周钰松未购买交强险，则其应在交强险限额内对龙淑兰的死亡伤残赔偿承担赔偿责任，周钰松与贺惇在交强险的责任限额内对龙淑兰的死亡伤残赔偿各承担50%的责任，有事实和法律依据。

特殊人身侵权行为释疑

03 第三章

第一节　司法解释中的疑难问题

1 受害人在经营活动或其他社会活动时所受人身损害由何人承担？

解答：《人身损害赔偿解释》第6条规定："从事住宿、餐饮、娱乐等经营活动或者其他社会活动的自然人、法人、其他组织，未尽合理限度范围内的安全保障义务致使他人遭受人身损害，赔偿权利人请求其承担相应赔偿责任的，人民法院应予支持。因第三人侵权导致损害结果发生的，由实施侵权行为的第三人承担赔偿责任。安全保障义务有过错的，应当在其能够防止或者制止损害的范围内承担相应的补充赔偿责任。安全保障义务人承担责任后，可以向第三人追偿。赔偿权利人起诉安全保障义务人的，应当将第三人作为共同被告，但第三人不能确定的除外。"

本条是关于在经营活动或者其他社会活动中人身损害的规定。

《中华人民共和国侵权责任法》第37条规定："宾馆、商场、银行、车站、娱乐场所等公共场所的管理人或者群众性活动的组织者，未尽到安全保障义务，造成他人损害的，应当承担侵权责任。因第三人的行为造成他人损害的，由第三人承担侵权责任；管理人或者组织者未尽到安全保障义务的，承担相应的补充责任。"

（一）违反安全保障义务的概念

违反安全保障义务的责任，指的是侵权人未尽到法律法规所规定的，或者基于合同、习惯等产生的对他人人身财产安全的保障义务，造成他人损害时应承担赔偿责任。我国称之为安全保障义务，来源于德国法上的交往安全义务（Verkehrsicherheit），是指在一定社会关系中当事人对另一方的人身、财产安全依法承担的关心、照顾、保护等义务。违反安全保障义务的行为有可能因行为人直接导致损害的发生，也可能因第三人的直接侵权行为而导致损害的发生。因此，负有安全保障义务的人既可能是直接侵权人，也可能是间接侵权人，即是行为人以外的责任人。本司法解释首先对于安全保障义务的责任进行了规定，但是《中华人民共和国侵权责任法》第 37 条进行了小的改变。《中华人民共和国侵权责任法》在违反安全保障义务责任的范围内作出了更加严格的限制。司法解释中关于“其他社会活动”的规定过于宽泛，《中华人民共和国侵权责任法》改变了司法解释的做法，仅仅将安全保障义务限制在两种情形，即场所责任和组织者责任。并且，原来司法解释所规定的过错概念与违反安全保障义务的行为是相互分离的，而侵权责任法将两者合并在一起，将违反安全保障义务的行为视为过错，实现了在此情形下的过错客观化。

违反安全保障义务的责任有以下几个特点：首先，安全保障义务是一种不作为责任，不作为指的是违反作为义务而不作为，进而造成他人损害，应该承担相应的责任。在此种侵权行为之中，侵权行为体现在有作为之义务而未作为。[①] 公共场所管理人或者活动组织者负有积极作为的义务，但是因为他们没有尽到义务，才应该负担责任。因此作为不作为侵权行为，责任人是因为消极的不作为而承担责任，并非因为其积极地实施了某些侵权行为。因此，在违反安全保障义务的案件中，判断过错的标准是行为人是否负有某种积极作为的义务。在一般侵权行为中，责任人都是直接侵害他人，故基于自己责任原则而对自己的行为负责。但是在违反安全保障义务的案件中，安全保障义务人并非直接的侵权行为人。其次，安全保障责任是特殊的过错责任。《中华人民共和国侵权责任法》第 6 条第 1 款规定了过错责任的一般条款，而安全保障责任就是其中一种特殊的情形。其之所以特殊是因为过错责任的特殊和法律的特别规定。一方面，其过错的判断具有特殊性，即违反安全保障义务的过错认定采用客观标准，具体言之，违反安全保障义务就意味着存在过错；另一方面，其责任范围具有特殊性，即在有第三人直接侵权之时，公共场所的管理人或者活动组织者根据法律规定只承担补充责任。这样规定很大程度上是基于限制安全保障人责任的政策考量。安全保障责任一定程度上已经突破了传统的自己责任的范围，某些时候要求公共场所的管理人或者活动组织者对他人的行为承担责任。再次，责任主体具有特殊性，即在违反安全保障义务的情况下，可能有直接的侵权

---

① 张新宝：《侵权责任法原理》，中国人民大学出版社 2005 年版，第 286 页。

人，也可能不存在这样的侵权人。在实践中，时常会出现公共场所的管理人或者活动的组织者并非直接的侵权行为人，但是，又因其没有尽到必要的安全保障义务，所以仍需对损害结果承担责任。也就是说，此时发生了行为主体和责任主体的分离，换句话说，违反安全保障义务的人不一定是直接的侵权行为人，但是要对损害结果负责。所以，责任人的范围会大于行为人范围。不过，违反安全保障义务的责任与监护人责任、用工责任存在一定的区别，因为公共场所的管理人或者活动的组织者自身一般并不是直接侵权人，因此，他们无须对所有的损害负责，而只是承担相应的补充责任。最后，责任承担方式具有特殊性，即在没有他人实施侵权行为的情况下，公共场所的管理人或者活动的组织者违反了义务造成损害结果的发生，其需对自己的过错负责。但是，在存在他人行为的情况下，公共场所的管理人或者活动的组织者与行为人之间的责任，就构成了复杂的责任状态，即相应的补充责任。违反安全保障义务的责任，主要是损害赔偿责任。因为安全保障义务的建立，目的不在于赋予其他人请求义务人积极履行其义务的请求权，而在于在义务违反之后请求承担损害赔偿责任，也就是说，当事人不能请求义务人为积极的行为。

（二）安全保障责任的归责原则

违反安全保障义务责任的归责原则，在我国司法实践中，一直都是采取过错原则说。例如，根据《人身损害赔偿解释》第 6 条第 2 款的规定，只有在义务人有过错时，才应当承担责任。《中华人民共和国侵权责任法》所采用的也是过错责任原则。虽然《中华人民共和国侵权责任法》第 37 条没有明确使用“有过错”的表述，但是，从解释上看，其仍然采纳过错责任原则。具体来说，从文义解释来看，所谓“未尽安全保障义务”实际上就是指具有过错，也就是说，如果已经尽到了安全保障义务但仍然造成了损害，行为人不必承担责任。而且，根据《中华人民共和国侵权责任法》第 37 条第 2 款的规定，管理人或者组织者未尽到安全保障义务的，承担相应的补充责任。再者，从体系解释来看，该条可以适用于教育机构的责任、公共道路管理人的责任以及医疗机构的责任等，在随后几种情况下都采取了过错责任。

本书认为，我国侵权责任法将安全保障责任确定为过错责任，主要是由于：首先，对安全保障义务人的责任提供合理限制。在违反安全保障义务的情况下，责任主体一般情况下都不是行为主体。换句话说，责任主体与行为主体发生分离，但是责任主体仍要对损害结果的发生承担责任。因此，为了预防对公共场所的管理人或者活动的组织者强加过重的责任，有必要通过过错要件的限制来实现当事人之间的利益平衡。法律要求公共场所的管理人或者活动的组织者负有保护他人义务的同时，也应该将该义务限制在合理的限度之内，即通常应当在以其对该风险能够预测和控制为前提，如果所引起的危险超出其预测和控制能力，就不应该认为其违反义务。如果义务人对于可能发生的潜在风险具有识别和控制能力，而且此种风险对与其交易的相对人的人身、财产安全有着至关重要的影响，但是其没有采取措施积极地防范和消除这种风险的发生，此时义务人主观上应该具有过错，因此应该承担相应的侵权责任。在确定安全保障义务人的责任时，也应该考虑到义务人的防范能力，不能要求每一个人都做到事无巨细。义务人应该承担合理的义务，避免过分限制义务人的行为自由，也为了实现当事人之间的利益平衡。并且，安全保障义务本身就属于过错的客观标准，违反了安全保障义务本身就是义务人具有过错。

其次，防止作为义务的过分扩张。原则上，公民一般负有不得伤害他人的消极不侵害义务，但是没有负担积极保护他人的义务。在特殊情况下，基于政策考量，法律也在一定范围内设定了积极保护他人的义务，尤其是对于银行、酒店、物业公司等特定的经营者而言，为了保护公众的人身安全，应当负有积极的安保义务。但是，义务的承担并非就意味着突破过错责任原则，不应要求人们负有过重的义务。在违反安全保障义务的责任中，过错要件的设置，虽然是从义务人主观心理状态的角度考虑的，但是，其间接也具有限制作为义务扩张的作用。

再次，平衡安全保障义务人的行为自由和受害人的权益保护。严格责任的重心在于保护受害人，较少地考虑到自由的保障。而过错责任可以兼顾自由保障和权益保护。虽然安全保障义务的设置对受害人给予充分的救济，但是义务人毕竟不是侵权行为人，要求其承担过重的责任会带来人人自危的不利后果。要求受害人举证证明义务人的过错，可以平衡自由保障和权益保护。在违反安全保障义务的案件中，行为人是否承担责任，要判断其是否具有过错，过错的判断要在不同的情况下由法官根据不同的标准来作出，因而过错的标准也成为限制责任的一种重要因素。如果侵权法对此采用严格责任，规定无论是否设置路灯，无论是否进行了必要提示都要承担责任，将可能导致诉讼泛滥，甚至引发道德风险。

最后，公平合理地确定责任范围。违反安全保障义务的情况，大多涉及行为人和责任人并存的情形，此时，不能让责任人承担过重的责任。因此，在确定安全保障义务人的责任时应当考虑过错程度。由此，《中华人民共和国侵权责任法》对违反安全保障义务的责任采用过错责任原则，规定在因第三人行为造成损害的情况下，违反安全保障义务的人应该承担相应的补充责任。相应的责任是以过错责任为基础的，公平合理，也有利于实现预防侵权行为。

综上，虽然违反安全保障义务的责任是过错责任，但它是一种特殊的过错责任。特殊性表现在过错认定、责任承担方式等方面。因此，重要的是《中华人民共和国侵权责任法》第 37 条和第 6 条第 1 款关于过错责任一般条款的互相关系。第 6 条第 1 款属于一般规范，而第 37 条限于公共场所的管理人和活动组织者的责任。因此，因先前行为引发的违反安全保障义务的责任，并无适用第 37 条的余地，此时，应该适用第 6 条第 1 款关于过错责任归责原则的一般规定。

（三）构成要件

一是损害。损害是侵害绝对权的结果，具体来说，包括生命权、身体权、健康权。安全保障义务的产生很大程度上是因为侵权行为造成了受害人的人身伤亡，如果是单纯的财产损害，似乎没有必要确立安全保障义务。但是，这并不意味着，安全保障义务仅仅救济人身财产，而对于财产损害不提供救济。侵权责任法只规定了“造成他人损害”，但是这种损害是否包括财产损害，则没有任何限制。从文义上说，损害原则上应该包括人身损害和财产损害，除非法律有特别的理由，不应当作不同的解释。所谓人身损害也不仅包括人身权益本身被侵害，也包括侵害人身权益的后果。

应该强调的是，违反安全保障义务的责任在救济人身损害和财产损害的情况下，应当存在一定的差异。具体言之，在保护人身的时候，公共场所的管理人或者活动的组织者所负担的义务较重；在保护财产时，公共场所的管理人或者活动的组织者所负担的义务较轻。例如，在酒店就餐期间，顾客的财产丢失，对此，酒店一般情况下不负有违反安全保障义务的责任。但是如果顾客在酒店遭受他人的人身损害，酒店原则上就负有该义务。这是因为，人身权益和财产权益的重要性程度不同。人身权益是最高的法益，法律对此种权益的保护应当置于最高的地位，因此，有必要要求公共场所的管理人或者活动的组织者承担更高的安全保障义务。

二是过错。过错指的是安全保障义务人应受谴责的主观心理状态，通常都是通过责任人违反安全保障义务的具体行为表现出来的。但是，过错究竟指的是违反安全保障义务本身，还是指违反安全保障义务行为以外的心理状态？过错与违反安全保障义务的关系如何，对此有不同的观点：首先是等同说，即过错和违反安全保障义务是同一问题，违反安全保障义务本身就意味着过错。既然行为人已经违反了安全保障义务，那么他在主观上应当有过错，推定其有过错是合理的。① 其次是区分说，即安全保障义务和过失的判断标准之间虽然相同，但是两者毕竟属于侵权责任中不同的构成要件的范畴，不能相互替代。② 安全保障义务，即“在自己与有责任的领域内，从事或持续特定危险的，负有义务情况采取必要的、具有期待可能性的防范措施，保护第三人免于危险”的义务，因此，在违反义务之外仍需要判断行为人主观上是否具有过错。

根据本司法解释第 6 条的规定，安全保障义务人有过错的，应当在其能够防止或者制止损害的范围内承担相应的补充赔偿责任。因此，本司法解释采用区分说。但是，《中华人民共和国侵权责任法》第 37 条规定删除了“有过错”的表述，而直接采用“未尽到安全保障义务，造成他人损害的，应当承担侵权责任”。因此，《中华人民共和国侵权责任法》第 37 条采用了等同说。也就是说，未尽到安全保障义务本身就是过错。本书表示赞同，一方面，采用等同说就意味着违反安全保障义务的过失是客观过失，应当以客观的行为标准来判断。这是符合客观情况的，因为实践中违反安全保障义务都是过失的行为。也就是说，考察行为人是否违反安全保障义务的主要依据是行为人是否采取了合理的措施，尽到了必要的注意义务。另一方面，采取等同说有利于简化侵权责任的认定，不仅有利于受害人的救济，而且有利于简化法官认定责任的过程。

关于过错的判断，首先确定责任人是否负有针对特定人的安全保障义务，然后确定责任人是否尽到了安全保障义务。而关于安全保障义务的来源，有不同的学说，主要有附随义务说、法定义务说和注意义务说等。附随义务说认为，安全保障义务是根据民法中诚实信用原则发展而来的，应当适用于存在合同关系的当事人。责任人是否负有安全保障义务以及义务的具体内容，应该由法官根据诚信原则来判断。注意义务说认为，安全保障义务并非来源于合同，而是基于责任人对社会一般人所负有的注意、保护、关照等义务，违反此种义务就应该承担责任。法定义务说

---

① 杨立新：《中华人民共和国侵权责任法》，法律出版社 2010 年版，第 275 页。
② 周友军：《侵权责任认定：争点与案例》，法律出版社 2010 年版，第 307 页。

认为，安全保障义务是法律规定的责任人对他人负有的义务，违反此种义务就承担侵权责任。本书认为，三种观点都有一定的正确性，但是附随义务说存在明显的缺陷。因为附随义务主要是合同法上的义务或者说与合同义务密切相关，其产生的目的在于要求合同当事人负担对相对人固有利益进行保护的义务。但是，安全保障义务并不限于合同所涉及的当事人。虽然安全保障义务和附随义务具有功能上的相似性，但是，二者之间有明显区别。而注意义务说所采取的标准过于笼统，其仅注重根据特定的关系应负有的注意义务，而忽略在很多情形下当事人所原本负担的法定义务。因此，本书认为应兼采法定义务说和注意义务说。安全保障义务来源于法律规定、行业习惯、合同约定及基于特定关系而负有的注意义务。安全保障义务大多是基于法律规定而产生的义务，法官在确定义务人是否违反安全保障义务时，首先要确定是否有相关规定。但是法律不可能对每一种义务都作出具体规定，在很多情况下，都无法查明安全保障义务是否存在法律法规的规定。在此情况下，就要考虑义务人的行为是否尽到了合理的、谨慎的行为人应当尽到的注意义务。判断某人是否具有过失，要考虑行为人是否具有一个在同样的情况下合理地为了避免损害的发生所应当采取的注意义务。

安全保障义务的内容，主要包括以下几个方面：保护义务，即针对人身的保护义务。当然，《中华人民共和国侵权责任法》第 37 条的规定不限于保护人身权益，也可以保护财产权益；警示义务，即公共场所的管理人或者活动的组织者在公共场所和群众性活动中可能存在危及他人的危险时，安全保障义务应当负有警示义务，提醒潜在的受害人注意危险的存在；防护义务，即提供防护措施对受害人进行保护；看管义务，即对他人所有的或自己所有的危险装置高度注意，并加以看管的义务。[①]

安全保障义务责任的认定应当从个案出发，分别加以确定，因为在法律上不存在一个一般的、通行的标准来普遍适用于各类情形，因此采用个别化理论（die individuelle Theorie）来确定。具体言之，第一，法定标准，即根据法律、法规、规章或者操作规定等所要求达到的程度，判断义务人是否尽到了法律要求的特定安全防护措施的设置义务。只要法律法规出于安全生产生活的需要而规定了特定主体的安全设施设置义务，相应主体就应当严格遵守，这也是维护整个社会秩序安全与稳定的

---

① 周友军：《侵权责任认定：争点与案例》，法律出版社 2010 年版，第 304 页。

需要。第二，行业标准，即在法律、法规没有明确规定的情况下，安全保障义务应当达到同类经营或者其他社会活动组织所应当达到的通常注意义务。行业标准在一定程度上就是习惯标准，具有补充法律不足的作用，因而在考虑法定标准之后，如果没有相应的法律依据，就应当考虑行业标准。第三，合同标准，即考虑当事人的约定。如果合同约定负有对另一方的安全保障的义务，则在违反合同约定的情况下，可能也会产生违反安全保障义务的责任，而且会产生合同责任与侵权责任的竞合。第四，合理人标准或者善良管理人标准。安全保障义务人应当达到一个理性的人应当具有的注意义务。在法定的安全保障义务和行业标准之外，行为人是否还负有安全保障义务，不仅需要根据合理谨慎的一般人的标准来进行判断，而且在某些情况下的要求可能更高。除此之外，还应当考虑到其他几种特殊的情形：安全保障义务的保护对象，对于特殊群体经常出入的经营场所和相关领域应当负担更重的安全保障义务；考虑违反安全保障义务防范损害的能力以及预防与控制风险和损害的成本；受害人是否被允许进入某场所的人；考虑安全保障义务人是否获得利益。

三是因果关系。安全保障义务的违反与损害之间是否存在因果关系，应当与一般情形下的因果关系判断存在区别。因为对于一般的侵权行为来说，应当采用相当因果关系说。但是，在违反安全保障义务的情况下，则有很大的不同，因为公共场所的管理人或者活动的组织者的义务违反只是对结果发挥了一定的作用，即便其尽到安全保障义务，也仍然可能发生损害结果。本书认为，因果关系的判断应分为两种情况：第一，在没有直接侵权人的时候，如果安全保障义务人违反安全保障义务，造成了损害结果，可以直接认定其违反安全保障义务的行为与损害结果之间具有因果关系。[①] 第二，在存在直接侵权人的情况下，需要考虑违反安全保障义务是否对损害结果的发生起到了一定的作用。只要义务人违反义务的行为对结果的发生起到了一定的作用，就认定有因果关系的存在。受害人虽然不必证明安全保障义务的违反是损害发生的充分原因，但是，要证明二者之间存在关联性。此种关联性的判断，主要考虑损害发生的时间、空间，被告的不作为增加了损害发生的可能性，被告的不作为对损害的扩大也发挥了作用。本书认为，安全保障义务的违反与损害结果之间的因果关系不能采取推定的方式，除非法律另有规定。

---

① 杨立新：《中华人民共和国侵权责任法》，法律出版社 2010 年版，第 278 页。

（四）责任范围

关于违反安全保障义务责任的范围，实务界和理论界存在不同的看法。《中华人民共和国侵权责任法》第 37 条规定，将安全保障义务人的责任区分为两种情形：一是没有实际加害人的情形下，只要符合违反安全保障义务的责任构成要件，安全保障义务人就要承担全部的赔偿责任；二是存在直接侵权人的情形下，如果符合违反安全保障义务的责任构成要件，安全保障义务人就要承担相应的补充责任。根据体系解释，第 37 条第 1 款应当适用于没有直接侵权人的情形。在没有直接侵权人时，公共场所的管理人或者活动的组织者应当完全负责。

1. 全部赔偿。根据《中华人民共和国侵权责任法》第 37 条第 1 款的规定，在没有直接侵权人时，公共场所的管理人或者活动的组织者违反了安全保障义务，就要承担侵权损害赔偿责任。义务人承担全部赔偿责任，这是因为在没有直接侵权人的情况下，损害是由义务人的原因造成的。义务人不是为他人的行为负责，而是为自己的行为负责。而且，从强化对受害人救济的角度，在没有直接侵权人时，如果义务人不承担全部的损害赔偿责任，受害人的救济就存在困难。不过，安全保障义务人对受害人的全部赔偿，也必须以损害与违反安全保障义务之间有因果关系为前提。在某些情况下，即使存在因果关系，但是原因力较弱，法官可以根据具体情况适当减轻安全保障义务人的责任。

有疑问的是，公共场所的管理人或者活动的组织者所承担的责任是全部赔偿责任还是相应的责任？根据《中华人民共和国侵权责任法》第 37 条的规定，首先要确定是否存在第三人侵权的情况，如果没有第三人侵害等因素的介入，而损害的原因主要是由安全保障义务人引发的，此时，违反安全保障义务的人可能要承担全部的损害赔偿责任。如果其过错程度较轻，或者其行为对损害结果起到的作用很小，也可能只是承担部分责任。不过，当受害人对于损害的发生同样存在过错时，则义务人可以根据《中华人民共和国侵权责任法》第 26 条的规定承担损害赔偿责任。《中华人民共和国侵权责任法》第 37 条第 1 款的规定有利于对受害人提供救济。

2. 相应的补充责任。根据《中华人民共和国侵权责任法》第 37 条第 2 款的规定，因第三人的行为造成他人损害的，由第三人承担侵权损害赔偿责任。因此，实施行为的第三人所承担的责任是第一顺序的责任，而且是独立的责任。从因果关系的角度来看，该行为独立地引发了损害结果，所以直接加害人应对损害结果负责。

只有在受害人无法从第三人那里获得救济的情况下，才应当要求违反安全保障义务的人承担责任，这就是补充责任。这样的补充责任在于弥补受害人的全部损失，但同时不能使其获得超过损失的额外补偿。如果受害人已经获得全部的补偿，就不能再额外地要求安全保障义务人赔偿，否则就构成了不当得利。具体言之，如果第三人无法确定，或者第三人虽然确定但受害人无法向第三人主张赔偿，又或者第三人无力赔偿，受害人才能要求公共场所的管理人或者活动的组织者承担责任。本书认为，从救济受害人的角度考虑，只要受害人证明第三人不具有足够的清偿能力即可，不需要经过法院强制执行的程序。

根据《中华人民共和国侵权责任法》第 37 条第 2 款的规定，安全保障义务人应承担相应的补充责任。所谓相应，指的是根据补充责任人的过错程度和原因力大小承担的责任。这样考虑，主要由于从因果关系上看，如果存在第三人（直接加害人）的行为，第三人的行为是损害发生的充分原因，此时，首先，应当由第三人负责。如果第三人不能承担，或者不能全部承担责任，就要考虑违反安全保障义务人的过错以及行为对结果的原因力，来确定其最终所要承担的责任。如果要使违反安全保障义务人承担全部的而不是相应的责任，实际上就是把违反安全保障义务的人当作了直接加害人，此时就不符合因果关系的基本原理。即使不存在直接加害人，毕竟公共场所的管理人或者活动的组织者没有直接实施侵权行为，也要根据其原因力而确定最终应当承担的责任。其次，从过错的角度来看，公共场所的管理人或者活动的组织者通常只是未履行危险控制义务，对损害的发生存在消极的不作为。而且公共场所的管理人或者活动的组织者只具有一般过失，其在主观心理状态方面的可非难性程度较低，要求其承担过重的责任，显然和其过错程度不符合。最后，本司法解释在吸收理论界研究成果的基础上，确立了公共场所的管理人或者活动的组织者的补充责任。

在判断违反安全保障义务人所承担的相应责任时，应当考虑以下因素：一是原因力大小。原因力指的是安全保障义务人对于损害的防止和制止所起的作用大小。在判断原因力时，必须考虑义务程度，即公共场所的管理人或者活动的组织者的义务大小，必须根据不同的案件具体认定。一般来说，从事不同的经营活动，举行不同形式的集会，组织不同的活动其义务的程度也不同。注意程度越高，越要求其尽到更多的注意和保障义务，没有尽到此种义务就是有过错的。另外，需考虑未尽安全保障义务对结果产生的影响力。在安全保障义务的案件中，损害的发生可能因为多种原因，违反安全保障义务对于损害发生的影响力也是不同的。在通常的侵权案件中，判断原因力是比较容易的。但是，在安全保障义务的案件中，判断原因力的大小相对比较困难。因为损害是由直接加害人造成的，责任人只是起到了疏于防范或者未能阻止的作用。在考虑原因力时，应当综合考虑直接加害人的行为对损害结果的作用、违反安全保障义务人对阻止损害发生所具有的能力和采取的措施等因素。如果违反安全保障义务的人采取了其能够采取的各种措施，也不能阻止损害的发生，则不能认为其行为对结果的发生具有原因力。二是过错程度的比较。包括受害人和安全保障义务人的过错比较、直接加害人和安全保障义务人的过错比较和安全保障义务人的过错比较。过错程度的考虑主要是从主观心理状态进行的考虑，但其具体的认定应通过客观的标准进行。在安全保障义务案件中，仍然可以对过错程度进行区分。责任人的心理状态都是过失，而不可能是故意。在过失的情况下，要区分安全保障义务人是否意识到其没有尽到安全保障义务的后果。

根据《中华人民共和国侵权责任法》第 37 条第 2 款的规定，违反安全保障义务人所承担的责任是“相应的补充责任”，这又如何理解？本书认为，应当分为以下几个步骤：第一，确定补充责任的范围，也就是说，在第三人能够承担全部责任的情况下，违反安全保障义务人的责任将消灭，不承担任何责任。如果第三人无法确定，或者其无力赔偿，那么第三人所承担的全部赔偿责任就是补充责任的范围。如果第三人仅承担了部分责任，那么剩余部分的责任就是补充责任的范围。第二，确定相应责任的比例。换句话说，要根据违反安全保障义务的人的过错程度和原因力在整个损害赔偿中所应当占有的比例，以此来确定责任。第三，确定相应的补充责任。如果需要补充范围超过相应份额的，以相应份额为准；如果需要补充范围小于相应份额的，以实际需要补充的份额为准。

本司法解释还确定安全保障义务人拥有追偿权。但是《中华人民共和国侵权责任法》第 37 条没有规定相应的追偿权。主要是因为在不存在第三人侵权的情况下，损害是安全保障义务人违反义务的结果，此时应当由违反安全保障义务的人自己负责，谈不上追偿的问题。再者，在存在第三人侵权的情形下，违反安全保障义务人的责任是相应的责任。所谓相应责任，就是指与自己的过错和原因力相一致的责任。义务人不是为他人的行为负责，而是为自己的行为负责。既然是对自己的过错和行为结果负责，就不应当再行使追偿权。最后，相应的补充责任已经限制了安全保障义务人的责任范围，尤其是如果相应的比例较低、责任范围又小，就没有必要赋予安全保障义务人追偿。

2 未成年人接受教育过错中所受人身损害由何人承担?

解答:《人身损害赔偿解释》第7条规定:“对未成年人依法负有教育、管理、保护义务的学校、幼儿园或者其他教育机构，未尽职责范围内的相关义务致使未成年人遭受人身损害，或者未成年人致他人人身损害的，应当承担与其过错相应的赔偿责任。第三人侵权致未成年人遭受人身损害的，应当承担赔偿责任。学校、幼儿园等教育机构有过错的，应当承担相应的补充赔偿责任。”

本条是关于教育机构责任的规定。

《中华人民共和国侵权责任法》第38条规定:“无民事行为能力人在幼儿园、学校或者其他教育机构学习、生活期间受到人身损害的，幼儿园、学校或者其他教育机构应当承担责任，但能够证明尽到教育、管理职责的，不承担责任。”第39条规定:“限制民事行为能力人在学校或者其他教育机构学习、生活期间受到人身损害，学校或者其他教育机构未尽到教育、管理职责的，应当承担责任。”第40条规定:“无民事行为能力人或者限制民事行为能力人在幼儿园、学校或者其他教育机构学习、生活期间，受到幼儿园、学校或者其他教育机构以外的人员人身损害的，由侵权人承担侵权责任；幼儿园、学校或者其他教育机构未尽到管理职责的，承担相应的补充责任。”

（一）概述

教育机构责任，指的是无民事行为能力人和限制民事行为能力人在幼儿园、学校等教育机构学习、生活期间，因教育机构未尽到相应的教育管理职责，导致其遭受人身损害或者致他人损害时，教育机构所应当承担的赔偿责任。

校园是学生接受教育的主要场所，在这个场所中所从事的教育活动是人类特有的活动。校园安全是人类教育活动目的得以实现的前提。社会安全最重要的是人身安全，尤其是学生的人身安全。在校学生大多是未成年人，自我保护意识和能力都不强，且学校内人口密度较大，一旦发生侵权事件，则极有可能造成重大伤亡。针对校园安全事故，《中华人民共和国侵权责任法》以三个条文规定了教育机构的责任，以全面保护学生的合法权益，督促教育机构尽到其管理职责。

教育机构责任的特点：一是责任主体的特殊性，即教育机构的责任主体是幼儿园、学校或者其他教育机构。学校主要是指中小学，不包括高等学校。其他教育机构包括聋哑学校、技术学校、职业学校等。这种责任主体的特殊性主要表现在教育机构性质的特殊性。教育机构具有公益性，它主要是承担社会教育职责，因此不宜让其承担过重的赔偿责任。虽然我国存在大量的民办教育机构，而且随着社会的发展也将越来越多，但是其仍然以教育为主要目的，具有浓厚的公益色彩。而且，教育机构对于学生的学习、生活环境具有一定的责任和控制力。学生在校学习、生活期间，因其脱离了监护人的监护，因此教育机构对其负有保护、看管等义务和职责。而且，因为其对学生学习、生活环境具有控制力，因此有义务避免学生在学习、生活期间的危险发生。教育机构对于学生所负有的教育、管理的职责也具有一定的特殊性。二是保护的对象具有特殊性，即教育机构的责任主要保护的是在校学习的无民事行为能力人或者限制民事行为能力人的人身安全。具体言之，受害人必须是未成年人。只有在未成年人遭受了人身损害的情况下，教育机构才可能承担责任。由于未成年学生往往社会经验较少，识别能力较弱，辨别能力不强，尤其是其正处于成长过程中，自我保护能力较差，在脱离了监护人保护时，对学校等教育机构赋予了明确的教育、管理职责。关于教育机构责任的受害人限于无民事行为能力人和限制民事行为能力人，主要是未成年人，原则上不包括成年的精神病人。并且，受害人必须是在校学习的未成年人。如果是已经毕业离校的学生，或者是因为辍学、退学、开除等离开学校的学生，就不属于在校学习的学生，因为教育机构和学生之间的权利义务关系已经结束。除此之外，教育机构责任是针对无民事行为能力人或者限制民事行为能力人在学习、生活期间所遭受的人身损害承担的责任。所谓人身损害，是指受害人的生命权、健康权、身体权等人身权利遭受的损害。如果是财产损害或者精神性人格权的损害，一般不构成教育机构责任。三是责任产生的时空范围的特殊性。教育机构所针对的是未成年学生在教育机构学习、生活期间所遭受的损害。从时间上看，损害必须在教育机构学习和生活期间。学习和生活期间不一定是指学生在校园内的学习期间。因为学校在寒暑假或周末等节假日也可能会组织学生参加一些校外活动，因学校未尽教育、管理之责，让学生遭受的损害也应该属于教育机构的责任范围。学习是指正常的教育、学习活动。生活指的是学习以外的活动，如住宿、饮食、在校园内的自主体育锻炼等。主要是学校组织的活动，即使地点不是在校园内发生的，也属于学校负责的范围。从职责上看，必须是在教育机构的监督管理范围内。一般而言，只要学生处于学校的监督管理之下，无论地点在何处，均处于学校的监督管理范围之内。本书认为，在一些特殊情况中，很难判断未成年学生是否处于教育机构的监督管理之下，此时应当根据受害人的具体情况而定，如受害人是无民事行为能力人还是限制民事行为能力人，以及教育机构是否尽到了对在校生的监督管理职责等来综合考量。

（二）教育机构与学生之间的关系性质

教育机构与学生之间的关系性质界定，直接关系到教育机构的责任认定，以及应将其纳入何种法律调整的范围。关于教育机构与学生之间的关系，理论上有以下几种观点：第一种观点是行政关系说，即教育机构与学生之间是一种行政关系而非合同关系，是一种法定的教育、管理关系。① 第二种观点是准行政关系说，即幼儿园、学校或者其他教育机构与在校学生的关系，其基本性质是依据《教育法》成立的教育关系，不是依据合同关系而成立。② 第三种观点是监护关系说，即教育机构作为未成年学生在校期间的监护人，应当对未成年学生承担监护责任。监护人将未成年学生送到学校，则监护职责就此发生转移，就应当由教育机构承担监护职责。第四种观点是教育、管理关系说，即学校不是行政机构，学校与学生之间不完全是行政管理机构，但也不同于一般意义上的民事关系。学校对学生承担着教育、管理和保护的职责，这一职责是一种社会责任。在教育教学活动期间，学校对学生负有进行安全教育、通过约束指导进行管理、保障其安全健康成长的职责，学校与学生的关系应为教育、管理和保护关系。只有在教育机构违反教育管理职责时，才对因为自己的过错而导致未成年学生的损害承担侵权责任。③ 第五种观点是安全保障义务说，即教育机构基于教育管理关系而产生的法定的保护性义务，与经营者的安保义务属于同一性质的义务，特别是在第三人侵权时都只承担补充责任，二者是十分相似的。

本书认为，教育机构与学生之间的关系既不是行政关系，也不是准行政关系。即使是公立的教育机构，也不是行政机构，而是从事教育活动的事业单位。学校只

① 张新宝：《侵权责任法原理》，中国人民大学出版社 2005 年版，第 316 页。
② 杨立新：《中华人民共和国侵权责任法》，法律出版社 2010 年版，第 287 页。
③ 张新宝：《侵权责任法原理》，中国人民大学出版社 2005 年版，第 314-331 页。

是组织实施教育教学活动的机构，并不享有公权力，因此不能认定其与学生之间是行政关系或准行政关系。所以，因教育机构违反其教育管理职责导致在校学生损害，原则上不适用行政法。教育机构和学生之间也不应当认定为存在监护关系。尽管未成年人脱离监护之后，教育机构对其负有保护、管理等职责，但是，该职责并不是监护义务。另外，教育机构被认定为委托监护人，应当以委托合同的存在为前提，在法律上很难认定教育机构与学生的监护人之间存在委托合同关系。本书赞成教育、管理关系说，教育机构对未成年学生依法负有教育、管理和保护的义务，但因为其不是未成年学生的监护人，所以不应承担监护人的责任。只有在违反了教育管理职责时，教育机构才对因自己的过错而给未成年学生造成的损害承担侵权责任。①

（三）教育机构责任的分类

一是校外人员侵害责任和校内人员侵害责任。教育机构责任可以分为校外人员侵害责任和校内人员侵害责任。所谓校外人员侵害，指的是教育机构以外的人或者物所造成的损害。校内人员侵害，指的是未成年学生在教育机构内，因教育机构内部的人或者物的因素而遭受的损害。在校内人员侵害中，大多是学生相互致害，即学生在学习、生活期间，因学校内其他学生的行为遭受损害。一般而言，学生相互致害的，由无民事行为能力人和限制民事行为能力人的监护人承担侵权责任，但校外人员致害的，由校外人员承担侵权责任，学校仅在没有尽到安全保障义务的范围内承担相应的责任。此外，在学生相互致害的情况下，如果学校有过错，学校也必须承担侵权责任。

区分这种损害在于，首先是责任主体的不同。在校外人员侵害的情况下，直接侵权人要承担责任，教育机构也可能要承担相应的补充责任。而在校内人员侵害的情况下，直接侵权人不承担责任，仅由教育机构承担责任。其次是责任形态不同。在校外人员侵害的情况下，教育机构承担相应的补充责任。而在校内人员侵害的情况下，教育机构承担一般的侵权责任。除此之外，教育机构只是因其不作为而导致了损害的发生，其也不应当承担直接侵权的责任。最后是损害发生的原因不同。在校外人员侵害的情况下，只有在教育机构以外的人员导致学生损害的，教育机构才承担责任。而在校内人员侵害的情况下，无论是因人员还是因物件导致损害，教育

① 张新宝：《侵权责任法原理》，中国人民大学出版社 2005 年版，第 314 页。

机构都要承担责任。

二是作为的侵权责任和不作为的侵权责任。所谓作为的侵权责任，指的是教育机构的工作人员实施积极的侵权行为造成学生的人身损害，教育机构应当承担的责任，例如教师的体罚。不作为侵权责任，指的是教育机构因其消极不作为的侵权行为造成学生的人身损害，所应当承担的责任。教育机构的责任大多是不作为的侵权责任，因为教育机构本身是教育、培养学生的，其不太可能实施侵害学生的作为。在实践中常见的是，教育机构没有尽到教育、管理职责而导致学生在学习、生活期间遭受损害，或者因教育机构以外的第三人侵害学生造成损害。

作为的侵权责任和不作为的侵权责任区别在于，首先是作为义务的确定不同。在不作为侵权中，教育机构必须负有作为义务，违反了作为义务才构成侵权。而在作为侵权中，教育机构的积极行为可以直接认定为侵权行为。再者，责任范围不同。在作为侵权中，教育机构要对其行为负责。而在不作为侵权中，可能会存在第三人的责任、监护人的责任等。如果因第三人侵权导致损害，教育机构仅负有相应的补充责任。

（四）教育机构责任

1. 教育机构对校内人员侵害的责任

《中华人民共和国侵权责任法》对于教育机构因校内人员侵害的责任，根据未成年人是无民事行为能力人还是限制民事行为能力人而规定了两种形态。主要原因是由于无民事行为能力人和限制民事行为能力人在认识能力、自我保护能力等方面存在差异，教育机构对他们的教育、管理职责不同，由此所承担的责任不同。也就是说，教育机构对于无民事行为能力人所承担的责任要更重。还有就是归责原则不同。无民事行为能力人的年龄、智力等因素，要求受害人对教育机构是否尽到教育、管理职责进行举证是比较困难的，因此教育机构对无民事行为能力人的损害的责任采用过错推定责任。相反，限制民事行为能力人的年龄、智力等决定了受害人具有一定的举证能力，要求其对教育机构是否尽到教育、管理职责举证，可以在一定程度上减轻教育机构的责任，从而避免教育活动受到妨碍。

本书认为，如何判断教育机构没有尽到教育、管理职责，进而认定其过错，理论上有两种观点。一是法定说，即教育、管理职责都是由法律明确规定的，如果法律没有明确规定，教育机构就不负有相应的职责。二是注意义务说，即教育机构的教育、管理职责是其注意义务，法律的规定只不过是认定其注意义务的依据之一。

原则上，应当以法律的规定为依据确定教育机构负有的教育、管理职责。如果没有法律依据，则应当以善良管理人的标准来确定其教育、管理职责。教育机构没有尽到教育、管理职责就应当认定其具有过错，在实践中应当从以下几个方面考虑：一是教育机构的设施是否安全。学校应当提供达到安全标准的校舍、场地、其他教育设施和生活设施。学校如果因其校舍、场地和其他公共设施不符合国家规定的标准或者具有明显不安全的因素而造成学生损害，就应该依法承担责任。二是教育机构是否违反了相关的规定。国家在有关校园门卫制度、校车制度、危险物品管理制度、消防安全制度等方面，都有一些明确规定。违反这些规定造成损害，应当承担责任。三是教育机构是否尽到必要的注意义务，在实践中，应该结合具体情况考虑。四是教育机构是否尽到必要的保护义务。

如果学生相互之间的侵权行为导致损害，教育机构没有尽到教育、管理职责，教育机构和在校学生的监护人是否负责？本书认为，教育机构和监护人应承担不真正连带责任。教育机构是因其教育、管理职责而负有责任，而监护人因为监护关系的存在而负有责任。监护人和教育机构是因为偶然原因而对同一损害负责，符合不真正连带责任。

2. 教育机构对校外人员侵害的责任

教育机构对校外人员侵害的责任，主要是因为教育机构的师生以及工作人员以外的第三人进入教育机构造成学生的人身损害，教育机构未尽到安全保障义务所应当承担的责任。《中华人民共和国侵权责任法》第 40 条规定："无民事行为能力人或者限制民事行为能力人在幼儿园、学校或者其他教育机构学习、生活期间，受到幼儿园、学校或者其他教育机构以外的人员人身损害的，由侵权人承担侵权责任；幼儿园、学校或者其他教育机构未尽到管理职责的，承担相应的补充责任。"于是，我国侵权责任法只是规定了教育机构以外的人员的侵害行为导致损害的情形，不属于教育机构所有或者管理的物导致损害的，适用物件致人损害。

将教育机构对校外人员侵害的责任与对校内人员侵害所造成的未成年学生的责任，都置于教育机构责任的范围内，在比较法上是特殊的。两者责任存在明显的区别，主要表现在：第一，其是对校外人员侵害的责任。《中华人民共和国侵权责任法》第 38、39 条规定的责任是对校内人员的责任，是因教育机构未尽到教育、管理职责而造成损害；而第 40 条所规定的责任是对于校外人员侵害的责任，即教育机构以外的人员导致在校学生的人身损害，教育机构因未尽安全保障义务而应承担的责任。第二，其是教育机构违反安全保障义务的责任。通常教育机构承担的管理职责是基于其与学生之间的法定的教育关系而产生的义务，教育机构违反安全保障义务的责任，在性质上仍然是安全保障义务的一种类型，更确切地说，是安全保障义务中场所责任的一种类型。严格地说，此种责任可以包括在《中华人民共和国侵权责任法》第 37 条之中，但考虑到教育机构的管理职责大多是法律法规明确规定的，所以，《中华人民共和国侵权责任法》对其单独作出规定，表明了对校园安全的高度重视。最后，教育机构以外的人员导致损害，直接侵权人要承担责任，教育机构未尽到安全保障义务，要承担相应的补充责任。而教育机构对于校内人员侵害的责任，通常是仅由教育机构自身承担责任。

所谓相应的补充责任，是指如果无法查明侵权人或者侵权人没有足够的赔偿能力的，应当根据补充责任人的过错程度和原因力大小承担的侵权责任。这就是说，首先，应该由第三人承担责任，如果侵权人不能承担责任或者不能全部承担责任，教育机构应当承担相应的补充责任。其次，要确定学校相应的责任比例。最后，将补充责任按照“相应”的比例来计算，也就是补充责任乘以相应的责任比例，最终确定相应补充责任的范围。

3 因执行职务致人损害应由谁承担民事赔偿责任？

解答：《人身损害赔偿解释》第 8 条规定：“法人或者其他组织的法定代表人、负责人以及工作人员，在执行职务中致人损害的，依照民法通则第一百二十一条的规定，由该法人或者其他组织承担民事责任。上述人员实施与职务无关的行为致人损害的，应当由行为人承担赔偿责任。属于《国家赔偿法》赔偿事由的，依照《国家赔偿法》的规定处理。”

本条是关于职务侵权的规定。

《中华人民共和国侵权责任法》第 34 条规定，用人单位的工作人员因执行工作任务造成他人损害的，由用人单位承担侵权责任。该条的实质即职务侵权，相较于《人身损害赔偿解释》而言，《中华人民共和国侵权责任法》从法律上确立了职务侵权制度。对于《中华人民共和国侵权责任法》与本司法解释的适用关系。从法理上讲，司法解释并非独立的法律渊源，属审判实践中对于法律的权威解释，实际上属于法律的一部分内容。本司法解释归根结底是对《中华人民共和国民法通则》的解释，在讨论《中华人民共和国侵权责任法》与本司法解释的适用关系时，实际上会涉及《中华人民共和国侵权责任法》与《中华人民共和国民法通则》的关系。整体而言，本司法解释属于旧法，而《中华人民共和国侵权责任法》属于新法，两者的基本关系包括两个方面：其一，在存在冲突的情况下，按照“新法优于旧法”的冲突规则的要求，优先适用《中华人民共和国侵权责任法》的规定。其二，在本司法解释与《中华人民共和国侵权责任法》均有规定且不冲突的情况下，由于《中华人民共和国侵权责任法》是正式的国家立法，在法律适用上应优先援引《中华人民共和国侵权责任法》。[①]对比两法，两者规定都体现了公平原则的要求，在价值取向上并无冲突，并且都体现了用人单位对于工作人员的替代责任，其内在精神上是一致的。因此，即使在《中华人民共和国侵权责任法》实施后，本条关于法人侵权责任的规定仍然可以适用。

职务侵权赔偿，是指公民、法人或其他社会组织因其合法权益遭受国家机关或国家工作人员执行职务行为损害而应获得的恢复性救济。由于职务侵权是法人的法定代表人及其工作人员、其他组织的负责人及其工作人员执行职务的行为引起的侵权，尤其是国家机关及其工作人员引起的职务侵权，与通常意义上的侵权相比，职务侵权具有在侵权主体身份和侵权行为性质上的不同之处。我国现有法律中直接调整职务侵权行为引起的民事赔偿责任的法律或法律规范，既有具有公法性质的《中华人民共和国国家赔偿法》，也有属于私法性质的《中华人民共和国民法总则》《中华人民共和国民法通则》《中华人民共和国侵权责任法》《人身损害赔偿解释》等相关民事法律法规司法解释。职务侵权产生的赔偿责任的性质为何、受哪种法律关系调整等一系列的法律问题的探析，对于司法实践中发生的大量相关行政纠纷与民事纠纷而言，至关重要。

（一）职务侵权赔偿的公私法属性

1. 国家机关工作人员职务侵权的责任性质

《人身损害赔偿解释》第 8 条规定的是执行职务致人损害所产生的民事责任问题，该法条依据的是《中华人民共和国民法通则》第 121 条，该条规定国家机关或者国家机关工作人员在执行职务中，侵犯公民、法人的合法权益造成损害的，应当承担民事责任。2017 年 3 月 15 日《中华人民共和国民法总则》颁布，于 2017 年 10 月 1

---

① 单国军：《医疗损害》，中国法制出版社 2010 年版，第 51 页。

日起正式施行。

《中华人民共和国民法总则》第62条规定，法定代表人因执行职务造成他人损害的，由法人承担民事责任。法人承担民事责任后，依照法律或者法人章程的规定，可以向有过错的法定代表人追偿。《中华人民共和国民法总则》第170条规定，执行法人或者非法人组织工作任务的人员，就其职权范围内的事项，以法人或者非法人组织的名义实施民事法律行为，对法人或者非法人组织发生效力。法人或者非法人组织对执行其工作任务的人员职权范围的限制，不得对抗善意相对人。

应当认为，原有的《中华人民共和国民法通则》部分有效，《中华人民共和国民法通则》没被废止，待民法典各编内容进行系统整合后，再予以废止。《中华人民共和国民法总则》与《中华人民共和国民法通则》的规定不一致的，根据新法优于旧法的原则，适用民法总则的规定。因此，在《中华人民共和国民法通则》第121条的规定未与《中华人民共和国民法总则》的规定冲突时，仍然有效适用。因此，根据《中华人民共和国民法总则》第121条的规定，首先应当明确国家机关工作人员职务侵权的责任性质。针对该条中职务侵权的赔偿责任，有人认为属于国家机关的民事责任，有人理解为国家赔偿责任，也即行政赔偿责任，还有人理解为二者兼而有之。自2013年1月1日起施行的《中华人民共和国国家赔偿法》对国家赔偿的适用情形和计算方式进行了规定。国家赔偿是指国家机关及其工作人员因行使职权给公民、法人及其他组织的人身权或财产权造成损害，依法应给予的赔偿，国家赔偿由侵权的国家机关履行赔偿义务。

在现实法律体系中，通过分别属于公法和私法的《中华人民共和国国家赔偿法》与《中华人民共和国民法通则》来调整职务侵权赔偿引起的法律关系，不仅给受害人在寻求维权依据和维权路径等方面带来复杂的判断和困难的选择，也给裁判机关处理职务侵权赔偿问题增加了法律适用选择上的难度。为此，既要尊重我国关于职务侵权行为调整的这一现实法制框架，根据不同的情形，对《中华人民共和国民法通则》或《中华人民共和国国家赔偿法》加以选择适用，又要从尽可能最大限度地救济公民权益的考虑出发，淡化《中华人民共和国国家赔偿法》与《中华人民共和国民法通则》之间的公私法区别。①

---

① 刘一纯：《职务侵权赔偿的法律适用——游走在公法与私法之间》，载《武汉大学学报》（哲学社会科学版），第65卷第4期。

《中华人民共和国国家赔偿法》第 1 条关于为保障公民、法人和其他组织享有依法取得国家赔偿的权利，促进国家机关依法行使职权，依据宪法，制定本法的内容，开宗明义地明确表达了其作为公民权益救济法的宗旨。从该条行文意思的前后顺序来理解，促进国家机关依法行使职权应该是其间接目的，是公民取得国家赔偿权利之后产生的良好效应。同时，从《中华人民共和国国家赔偿法》是围绕公民在什么情形下、按照什么程序以及可以取得哪些范围和项目的赔偿而展开的具体内容来看，对公民权益的救济才是其直接目的。《中华人民共和国国家赔偿法》虽然属于公法，但并不以限制权力为直接目的，相反，是以恢复被损害的私权益为己任的。因此，在适用《中华人民共和国国家赔偿法》来处理职务侵权赔偿问题时，要根据具体案情和证据情况，对有关规定作最能够实现救济公民权益的解释。对于公民权益确实遭受国家权力行为损害却因法律规定所限而难以通过适用《中华人民共和国国家赔偿法》来予以救济的情形，就可以适用《中华人民共和国民法通则》的相关规定给予法律救济。

对于行政权力行为、刑事司法行为以及人民法院在民事、行政诉讼中的司法行为引起的侵权，《中华人民共和国国家赔偿法》明确规定必须是有本法规定的侵权情形，受害人才享有取得赔偿的权利，而本法规定的情形都要求具备行为的违法性要件；如果确实难以证明行政行为具有过错或违法性，或甚至行政行为本身不存在过错或违法，就不能适用《中华人民共和国国家赔偿法》。这里只要查明受害人的损失是行政行为造成的，完全可以适用《中华人民共和国民法通则》第 121 条的规定来救济受害人的权益。对于国家机关的立法行为，因《中华人民共和国国家赔偿法》对于立法行为引起的侵权是没有加以规定的，而现实中也确实存在立法行为导致的权益损失情形；从尽可能地救济权益的原则出发，这时也完全可以适用《中华人民共和国民法通则》第 121 条的规定来实现权益救济。

国家权力行为而产生的责任与国家民事行为而产生的责任存在区分，行政赔偿仅仅是国家机关侵权赔偿的一部分，国家责任分为立法损害责任、国家行政侵权责任、国家司法损害责任和国家民事责任四种。《中华人民共和国国家赔偿法》将国家责任的一部分从民事赔偿中分离出去，注意是否“行使职权”，此处的“行使职权”，一般是指“公共管理职权”，即只有在侵权行为是行使公共管理职权过程中发生的或者与行使公共管理职权有直接关系的情况下，受害人才能依照《中华人民共和国国家赔偿法》的规定请求赔偿。此处也应当注意，《中华人民共和国国家赔偿法》只负责调整国家行政机关、司法机关执行公共权力所引起的侵权责任，对立法机关、党政机关、政协机关、军事机关以及享受国家机关待遇的大学、科学研究机构（如中国科学院、中国社会科学院）等教学研究机构、工会、共青团、妇联等社会团体以及其工作人员的职务侵权行为的赔偿问题，不能适用《中华人民共和国国家赔偿法》。

2. 法人及其他组织的法人代表或工作人员职务侵权的性质

本条司法解释的行为主体是法人及其他组织的法人代表、负责人或工作人员，本条所产生的侵权责任与本司法解释第 9 条所产生的雇主责任的界限在于侵权行为人是否享有代表权或代理权。在《中华人民共和国民法通则》第 121 条中，国家机关工作人员在执行公务时乃以国家机关的名义为执法或司法，除法人的法定代表人外，其他工作人员中有代表权或代理权的人（如董事长之外的公司董事、监事、经理、清算人、重整人以及其他有代理权的职员）执行职务的侵权行为，属于本条司法解释所适用范围之内，而其他不具有代表权或代理权的普通职员和雇员，因执行职务损害他人，应认定为雇主责任。[①] 因此，法人的法定代表人和他的工作人员所为的一切职务行为都是法人的行为，其中包括法人的工作人员因执行职务致人损害的行为。[②]

《中华人民共和国民法通则》第 43 条规定，企业法人对它的法定代表人和其他工作人员的经营活动，承担民事责任。《民通意见》第 58 条第 2 款规定，企业法人的法定代表人和其他工作人员，以法人名义从事的经营活动，给他人造成经济损失的，企业法人应当承担民事责任。本条司法解释规定了在除上述国家机关外，法人作为社会组织，因其自身无法实施具体行为，因此都通过法人的代表人或代理人来完成对外业务活动。在《国家赔偿法》出台以前，有学者认为，国家赔偿责任是国家机关对其机关本身或它的工作人员的损害赔偿承担的代位责任。[③] 也有学者认为，只有法人为其工作人员承担责任才属于替代责任，属于特殊的侵权赔偿责任。如果法人为自己的侵权行为承担赔偿责任，依照侵权行为法的基本原理，行为人为

---

① 参考梁慧星：《民法总论》，法律出版社 1996 年版，第 134 页。

② 马原主编：《中国民法教程》，中国政法大学出版社 1998 年版，第 419 页。

③ 《法学研究》编辑部编著：《新中国民法学研究综述》，中国社会科学出版社 1990 年版，第 497 页。

自己的侵权行为负责，属于一般的侵权行为。①

（二）职务侵权赔偿责任的性质

应当明确的是，国家赔偿责任与国家机关工作人员个人责任的关系并非一般连带责任关系。首先，从理论上分析，民事连带责任的成立须以一定连带关系的存在为前提，如合伙人之间的连带责任、代理人与被代理人的连带侵权责任、雇主与雇员的连带侵权责任及共同侵权人的连带责任分别以合伙关系、代理关系、雇佣关系及共同侵权行为为基础，而国家机关与国家机关工作人员之间的关系从性质上看与上述代理关系或雇佣关系是不能等同起来的。后者实质上是一种契约关系，代理人、受雇人之所以承担连带责任是因为他们在完成代理事务或执行受雇职务时仍然是独立的行为主体，有权在代理或受雇权限范围内独立地为意思表示，故而应对其行为所造成的侵权后果承担个人责任，而国家机关与其工作人员之间的关系则是一种依法产生的职务授权关系。国家机关工作人员在执行公务时实际上已不体现为独立的行为主体而是国家机关的化身或称代表，其行为即国家机关自身行为因此产生的法律后果包括侵权责任应由国家机关承担，即其责任主体为国家机关。这是法理上的必然结论而不会发生连带责任问题。其次，从立法条文上分析《中华人民共和国民法通则》对于合伙人、代理人及共同侵权人的连带责任均有明文规定，而对于职务侵权的民事责任则未明确规定为连带责任，实际上正好表明否定将连带责任适用于此的立法态度。最后，从实践角度看，如果主张国家机关工作人员应就其职务侵权行为与所属国家机关承担连带责任从而使之经常处于被追诉的“危险”之下，势必将影响其执行职务的积极性、主动性和进取精神而走向过分谨小慎微的极端甚至分心旁骛，这对于发挥国家机关工作人员执行公务的能动性、提高国家机关的工作效率将造成不利影响。另外，对于职务侵权案件中的受害人来说承认国家机关工作人员的连带责任，并不意味着就能使其合法权益得到切实的保障。相反，如果径直以国家机关工作人员为被告，由于个人赔偿能力的限制及诉讼程序上的延迟受害人反而难以得到及时和有效的赔偿。

替代责任又称代理责任、代位责任，认为国家或法人、其他组织承担的责任并非自己本身的责任，而是代工作人员承担的责任。直接责任认为，工作人员的职务侵权行为造成损害，国家、法人或其他组织应直接负赔偿责任，而不是代公务员承

---

① 杨立新：《侵权法论》，吉林人民出版社2000年版，第394页。

担责任。

职务侵权赔偿责任的性质应当属于替代责任，而非直接责任。国家机关与其工作人员之间的关系是一种依法产生的职务授权关系，国家机关工作人员在执行公务时实际上已不体现为独立的行为主体，而是国家机关的化身或称代表，其行为即国家机关自身行为，因此产生的法律后果包括侵权责任应由国家机关承担，即其责任主体为国家机关，它代表国家承担责任。[①] 此外，机关与其工作人员本身具有一种从属关系，对其工作人员负有监督、管理和教育的义务，这一点与被代理人和代理人、受托人和委托人有区别，即使机关工作人员有故意或重大过失，机关本身也有不可推卸的责任，从长远来看，这也有利于加强机关自我约束机制，促使机关加强对其工作人员的监督管理，也避免降低工作人员的工作积极性和主观能动性。对于受害人来说，由在经济上处于强势地位的机关承担责任更有利于其获得有效的赔偿。

根据本条司法解释以及最新的《中华人民共和国民法总则》的规定，国家机关在承担赔偿责任后又可以责令有故意或重大过失的国家机关工作人员承担全部或部分赔偿责任，其关键在于正确认识到国家机关与国家机关工作人员的关系。从行政法角度，二者之间体现为职务授权关系，故而从整体上来说国家机关工作人员的职务行为无论合法行为或违法行为均视同国家机关的行为，这是其外部关系的基本特点。但从内部关系上来看，国家机关的职务授权本身包括两种情形：一为依法执行职务的授权即合法授权，这是一般情形；二为违法执行职务的授权，即违法授权，这是特殊情形。在后一种情形下，国家机关工作人员依照命令违法执行公务，其行为不体现个人意志，因而无论在行政法上抑或在民政法上均可免负个人责任；而在前一种情形下，即合法授权的情况下，职务授权本身为合法，国家机关工作人员因个人过错实施职务侵权行为。这就违背了职务授权的要求，违反了其对国家机关所承担的职务义务。因此将产生两方面的法律后果：一是依据《中华人民共和国公务员法》或有关行政法规而受行政惩戒；二是对所属国家机关因此而受到的损失即向受害人支付的赔偿金承担赔偿责任。

（三）职务行为的界定

一般来说，职务行为是与法人的工作人员职责范围密切相关的，法律规范明确规定和法人的章程、条例中明确设定的应当由机关法人行使的职权以及为了实现法

---

① 温世扬:《论职务侵权民事责任的承担》，载《法学评论》1990 年第 2 期。

人的生产经营活动的目的和维护法人自身管理及社会活动需要而实施的行为。适用本条司法解释的前提是，法人或其他组织的法定代表人、负责人及其工作人员为职务行为之时，方由法人承担替代责任。

在此，需对职务侵权民事责任与国家赔偿责任中的职务行为作一定区分。一是若要构成国家赔偿责任，侵权行为必须是依照法律规定、上级授权、命令或特别委托执行国家职能的行为，如系执行法定职权以外的活动造成侵权损害，国家不承担赔偿责任；二是执行公务行为仅限于国家权力活动，而不包括平等主体间的民事活动，否则不构成职务侵权行为。

（四）职务侵权的归责原则

所谓归责，通说认为是指在侵权行为人的行为或物件致使他人损害的事实发生后，应以何种根据使其负责，亦即确认和追究侵权行为人的民事责任。所谓归则原则，一般是指行为人因其行为或物件致使他人损害的事实发生时，确定应承担民事责任的一般性规则。[①]

对于职务侵权采取何种归责原则，在理论界与实务界都有所争议。有部分学者认为应当适用过错责任，过错是指行为人实施侵权行为时的心理状态，包括故意和过失。在一般的民事侵权中，根据加害人有无过错来确认是否要承担民事责任，有过错即承担责任，无过错即不承担责任，因为当时的《中华人民共和国民法通则》第 106 条第 2 款已经规定了法人侵权赔偿适用过错原则。此外，在现实生活和审判实践中，很难适用所谓的“无过错原则”，如以国家机关职务侵权民事责任为例，尽管国家机关及其工作人员没有任何主观过错，也要负赔偿责任，只要他们的行为在客观上造成了损害，这一做法是行不通的。在实践中，如果具体执行职务的工作人员没有任何过错，就不会产生侵权责任的问题，只有具体工作人员有了过错，才有国家机关承担责任的问题，此处适用的并非无过错原则而仍然是过错原则。[②] 有部分学者认为应当适用无过错责任，无过错责任是过错原则的例外，在加害人无过错的情况下，法律规定仍要其承担责任，实际上是一种加重责任。法人的工作人员侵权与法人自己直接的侵权行为不同，应当适用《中华人民共和国民法通则》第 121 条的规定，采用无过错责任。还有学者认为适用过错推定原则，因为无

---

① 李双元、温世扬主编：《比较民法学》，武汉大学出版社 1998 年版，第 800-801 页。
② 张佩霖：《国家机关职务侵权民事责任的几个问题》，载《政治与法律》1988 年第 3 期。

过错原则对加害人过于严苛，适用过错原则对受害人过严，不利于保护处于弱势地位的受害人的合法利益，但是应当注意的是，过错推定原则的适用具有过渡性，不能独立作为侵权行为的归责原则。

对此，实践中采用较多的是适用无过错原则。[①] 根据《中华人民共和国民法通则》第 121 条条文表述理解，只要是客观上造成了损害的，就应当承担民事责任，而至于发生侵犯时行为人主观心态上是否存在主观故意或过失在所不论。与此相对应的是，在《中华人民共和国国家赔偿法》第 2 条关于“国家机关和国家机关工作人员行使职权，有本法规定的侵犯公民、法人和其他社会组织合法权益的情形，造成损害的，受害人有依照本法取得国家赔偿的权利”的规定和本法相关规定的各种情形中，作出侵权行为时有违法或有过错是追究国家赔偿责任所应当具备的一个重要条件，适用过错责任。[②] 此外，要判断国家机关或法人存在过错比较困难，执行职务的行为要受形势、政策等方面因素的影响，若采用过错责任可能会造成互相推诿的局面，并且国家机关虽在具体的执行职务过程中并无过错，但对其工作人员负有选任、教育、监督的责任，在这方面可能存在选人不当，教育、监督不严的过错。最后，基于如上适用“替代责任”的理论，责任基础在于雇佣关系本身，而不在于法人或其他机关有无过错。受害人很难证明法人或其他机关具有过错，并且其与雇员相比较，后者总处于经济上的弱势地位，由其承担赔偿责任，不利于纠纷的解决。

疑难问题

（一）职务侵权的赔偿义务人

确定了职务侵权所产生国家赔偿责任的条件后尚有一个赔偿义务人的问题，即受害人有权向谁请求国家赔偿，顾名思义“国家赔偿”的责任主体，即赔偿义务人应当是国家，即由国家支付赔偿。但是国家本身是一个抽象的法律主体，难以承担各种赔偿事务，如同国家职能必须通过各级各类国家机关加以实现一样，国家赔偿责任的直接承担者也应当是一定的国家机关，由它们代表国家承担赔偿责任，这也

---

① 最高人民法院民事审判庭编著：《最高人民法院人身损害赔偿司法解释的理解与适用》，人民法院出版社 2004 年版，第 147 页。

② 刘一纯：《职务侵权赔偿的法律适用——游走在公法和私法之间》，载《武汉大学学报》（哲学社会科学版），第 65 卷第 4 期。

是世界各国立法上的通行做法。

职务侵权赔偿义务机关的确定在立法和实践中应当体现的原则是便利赔偿的实现，因为职务侵权赔偿责任归根结底是一种国家责任，国家是真正的赔偿义务人，即赔偿金由国家财政支付，由哪一个国家机关负责应诉、理赔并不影响其实质，关键在于如何便利受害方提出赔偿请求或提起诉讼，并尽快得到赔偿，以切实保障其权利的实现。以此为出发点，将职务侵权赔偿义务机关归为两种情况：一是实施职务侵权的国家机关。如果职务侵权主体为国家机关本身，该国家机关便成为当然的赔偿义务机关，至于其职务侵权损害是发生于该机关执行自身职务过程中还是在执行其他国家机关委托事务的过程中，则在所不问。二是国家机关工作人员所属国家机关。例如，职务侵权主体为国家机关工作人员，则应由其所隶属的国家机关承担赔偿责任。这里应当指出的是，某些国家机关的派出机构，如人民法庭、公安派出所、税务所、工商所等并不是一级国家机关，与在该派出所机构任职的国家工作人员也不存在实质上的隶属关系，即职务授权关系，因而它们不能成为职务侵权赔偿义务主体。在发生职务侵权时，赔偿义务机关应为它们所属的国家机关，如人民法院、公安局、税务局、工商局等。

根据《中华人民共和国民法总则》的相关规定，国家机关内部责任应当为有条件的追偿责任。国家机关按国家赔偿的条件向受害方承担赔偿责任后，有权依一定条件要求实施职务侵权行为的国家机关工作人员赔偿其所支付赔偿金的一部分或全部。这种内部追偿责任的条件是：一是它只发生于职务侵权主体为国家机关工作人员的情形下。如果侵权行为主体是国家机关本身，尽管从表面上看损失后果也是由特定人员的行为造成的，但它只产生外部责任即国家赔偿问题而无内部追偿（即个人责任）可言；二是以国家机关向受害方支付赔偿为前提。国家机关工作人员赔偿责任是他对于国家机关所承担的责任，以国家机关受到损失为条件，如果国家机关未履行赔偿义务或法院判令免除其赔偿责任，它也就无权要求国家机关工作人员支付赔偿，以国家机关工作人员有故意或重大过失为条件。

（二）国家赔偿规定的适用问题

正确地认识《中华人民共和国民法通则》的相关规定与《中华人民共和国国家赔偿法》之间的关系是对其进行合理选择、正确加以适用的前提。在《中华人民共和国民法通则》的相关规定与《中华人民共和国国家赔偿法》之间关系的问题上，论者观点不一。一位学者将其归纳为一般法与特别法的关系、排斥关系、并行关系和竞合关系等四种观点；该学者赞同排斥关系。[①] 一般法与特别法关系论认为，随着《中华人民共和国国家赔偿法》的出台，按照特别法优于一般法、新法优于旧法的原则，《中华人民共和国民法通则》第121条已不再有效。排斥关系论认为，这两者在法律效果上是互不相容的。并行关系论认为，这两者分别针对的是第三人发生的职务侵权和对直接相对人发生的职务侵权。竞合关系论认为，《中华人民共和国国家赔偿法》是对《中华人民共和国民法通则》第121条部分内容的具体规定，在《中华人民共和国国家赔偿法》规定范围之外的内容仍然适用《中华人民共和国民法通则》第121条。

讨论《中华人民共和国民法通则》与《中华人民共和国国家赔偿法》两者之间的关系，首先要确定这两者各自的公法或私法属性。虽然公法与私法的划分标准尚无统一之论，目前，主要有利益说、主体说、意思说和综合说等影响力较大的四大学说[②]。但是，无论按照哪一学说的观点来判断，《中华人民共和国国家赔偿法》都被归类为公法，而《中华人民共和国民法通则》当然毫无疑问地是私法。既然《中华人民共和国民法通则》与《中华人民共和国国家赔偿法》分别属于私法与公法，两者之间肯定不应该是一般法与特别法的关系。而排斥关系与并行关系应当是不矛盾的，或者说是对同一个问题的不同说法。彼此排斥不意味着对方不能存在，相反，恰恰因为都是不可否定地存在的，才出现并行的情形。

根据本条司法解释应当认为这是法条竞合，即具有位阶关系的数个规范之间的竞合。本条司法解释第2款规定，凡属于《中华人民共和国国家赔偿法》规定事由的，优先适用《中华人民共和国国家赔偿法》的规定处理，具体指《中华人民共和国国家赔偿法》第2、5、15条；不能适用《中华人民共和国国家赔偿法》的，适用《中华人民共和国行政诉讼法》第67条；若《中华人民共和国行政诉讼法》第67条也不能适用的，才能适用《中华人民共和国民法通则》第121条。

（三）正确区分法人的侵权责任与国家赔偿责任、雇主赔偿责任

应当认识到法人的侵权责任与国家赔偿责任、雇主赔偿责任是有所区别的。国家赔偿责任的调整范围仅指国家行政机关、国家机关的侵权责任，除此以外不能依

---

① 黄芬：《职务侵权赔偿责任研究——从侵权法与〈国家赔偿法〉的关系切入》，法律出版社2009年版，第78-92页。

② 孙国华、杨思斌：《公私法的划分与法的内在结构》，载《法制与社会发展》2004年第4期。

据《中华人民共和国国家赔偿法》的规定执行。雇主赔偿责任，只适用于私营企业、三资企业、个体工商户、个人合伙、承包经营户以及个人雇工等情况。根据《中华人民共和国民法总则》的规定，法人包括营利法人即取得利润并分配给股东等出资人为目的成立的法人，非营利法人即为公益目的或者其他非营利目的成立，不向出资人、设立人或者会员分配所取得利润的法人，包括事业单位、社会团体、基金会、社会服务机构等。本条司法解释中所指代的法人工作人员侵权赔偿责任中的“法人”是广义的概念。因此，尽管三者有所区别，本条第2款也采取了排除规定的办法。

4 雇员致人损害时雇主应承担怎样的民事责任？

解答：《人身损害赔偿解释》第9条规定：“雇员在从事雇佣活动中致人损害的，雇主应当承担赔偿责任；雇员因故意或者重大过失致人损害的，应当与雇主承担连带赔偿责任。雇主承担连带赔偿责任的，可以向雇员追偿。前款所称‘从事雇佣活动’，是指从事雇主授权或者指示范围内的生产经营活动或者其他劳务活动。雇员的行为超出授权范围，但其表现形式是履行职务或者与履行职务有内在联系的，应当认定为‘从事雇佣活动’。”

本条是关于雇主责任的规定。

所谓的雇主责任即雇主对雇员执行职务时致他人损害承担的责任。《中华人民共和国侵权责任法》确立了较为完整的雇主责任制度，一定程度上改变了本司法解释中将法人、其他组织工作人员致害与狭义雇主责任区分的分别立法模式，从而确立了统一的雇主责任，但是其法律规定仍有些许不足，导致雇主责任在法律适用上存在疑惑。

根据本条司法解释规定，我国民法学者和立法者的主流观点已经将雇主责任的性质定位为替代责任。[①] 雇主替代责任，指雇主就受雇人在执行雇佣职务之际侵害他人人身或财产的不法行为，对受害人承担的损害赔偿责任。在侵权责任的承担上，以对自己之不法行为负责为原则、对他人之不法行为负责为例外。雇主替代责任是对他人之不法行为负责，属于特殊侵权责任，在责任主体、归责原则、构成要

① 郑晓剑：《揭开雇主“替代责任”的面纱——兼论〈中华人民共和国侵权责任法〉第34条之解释论基础》，载《比较法研究》2014年第2期。

件及免责事由等方面有别于一般侵权责任。

（一）本条司法解释的立法背景

针对《中华人民共和国民法通则》中雇主替代责任制度之阙如的立法现状，《人身损害赔偿解释》第 9 条规定雇主的替代责任，正是在我国民事立法上欠缺雇主替代责任制而现实经济生活和司法实践又急需该项法律制度的背景下，以司法解释的形式确立了雇主替代责任制度。这不但填补了我国民事立法的空白，为司法实践中相关问题的处理提供了法律依据，而且丰富了我国的侵权行为法律制度，为将来在民法典中规定雇主替代责任制度，奠定了基础。

（二）雇主责任的理论基础与学说发展

雇主责任是一种替代责任，替代责任是以特定关系为基础的一种严格责任，根据普通法的基本观点，替代责任的产生需要满足若干条件，并非具有特定的关系就可以自动地导出替代责任。雇主对雇员的行为承担替代责任，必须要同时满足如下条件：存在一份雇佣合同；雇主仅仅对雇员在从事雇佣活动中所实施的行为负责，而非对其实施的每一个行为都承担责任；雇员必须在雇佣活动中实施了一个错误行为；如果雇员自身（对于损害的发生）都没有责任，那么雇主同样也不需要承担责任。[①] 这也说明雇主所承担的替代责任并非绝对责任。之所以要求雇主对其雇员在雇佣活动中实施的侵权行为承担替代责任，在普通法学者之间存在不同的观点。主流观点认为，替代责任的理论基础在于“深口袋理论”或“损害分散理论”和“激励理论”：前者认为在赔偿受害人方面，要求雇主赔偿比要求雇员赔偿来得更保险一些，通常雇主比雇员更有赔偿能力，而且其可以通过购买保险或者通过提高产品或服务的价格的方式来消化由此所产生的法律成本，因此与雇员相比，雇主处于一个较佳的损害分散位置；后者认为通过对雇主课以替代责任，可以激励其在经营事业的过程中采取最高程度的安全标准，[②] 以减少雇员侵权行为发生的概率。

（三）法人对其工作人员的替代责任与本条司法解释雇主责任的界分

本司法解释第 8 条第 1 款规定了法人侵权责任，即法人或者其他组织的法定代表人、负责人以及工作人员在执行职务中致人损害的，由该法人或者其他组织承担

---

① Mark Lunney、Ken Oliphant，Tort Law 807（3d ed.，Oxford University Press 2008）.

② John Hodgson、John Lewthwaite，supra note 9，at 270.

民事责任，同时规定了例外情形，即上述人员实施与职务无关的行为致人损害的，应当由行为人承担赔偿责任。本条司法解释规定了雇佣人侵权责任的复杂情况，原则上雇员在从事雇佣活动中致人损害的，雇主应当承担赔偿责任，这一原则亦有例外，当雇员因故意或者重大过失致人损害的，应当与雇主承担连带赔偿责任，同时雇主享有追偿权，承担连带赔偿责任的，可以向雇员追偿。

可以说，本司法解释将第8条第1款和第9条的规定采用了法人侵权责任和雇佣人侵权责任的二元分立的制度安排。就如何区分法人侵权责任与雇主替代责任，理论界及实务界有四种观点：第一种观点认为，与我国现阶段公有制为主体的社会主义劳动用工制度相适应，国家机关工作人员职务行为造成损害的应当适用国家赔偿责任；其他法人的工作人员职务行为造成损害的，应当适用法人的工作人员赔偿责任；而对私人企业、三资企业、个人合伙、个体工商户、承包经营户以及其他公民用工的情况，则适用雇主责任，在特定情况下由雇主和实施不当行为的雇员承担连带责任。① 第二种观点则认为，法人的法定代表人和其他工作人员在执行职务时所为的行为，不论是合法还是违法，都应视为法人的行为，其法律后果均应由法人承担。② 据此推论，雇主责任将仅适用于自然人作为雇主情形。第三种观点则着眼于雇主概念对于法人或者其他组织、雇员对于法定代表人、负责人以及工作人员的涵盖，认为前述司法解释第8、9条实际属于重叠规范，即所解决的都是具有使用关系的主体对被使用人加害行为所致损害承担责任，以及使用人与被使用人对前述损害的责任分担问题。③ 第四种观点则认为，法人侵权责任调整的是行使公权力之外的其他国家机关、法人和社会组织的工作人员在行使非公权力的职务行为时造成他人人身伤害的赔偿责任，而将临时性用工为主的雇佣关系中的雇员侵权适用《人身损害赔偿解释》第9条。④ 该观点似乎认为第9条雇主责任中所称之雇佣关系是指除劳动法调整的劳动关系之外的狭义的民事雇佣关系。一般情形下指的也仅仅是自然人作为使用人的情形。⑤

---

① 杨立新：《侵权法论》，吉林人民出版社2000年版，第392页；王利明、杨立新：《侵权行为法》，法律出版社1996年版，第254-257页；杨立新：《〈侵权责任法草案〉应当重点研究的20个问题》，载《河北法学》2009年第2期。

② 魏振瀛：《民法》，北京大学出版社2000年版，第83页。

③ 张民安：《雇主替代责任在我国未来侵权法中的地位》，载《中国法学》2009年第3期。

④ 黄松有主编：《侵权法司法解释实例释解》，人民法院出版社2006年版，第105-106页。

⑤ 唐德华主编：《人身损害赔偿司法解释及相关法律疑难释解》，人民法院出版社2004年版，第258页。

虽然有的学者认为，法人工作人员致害责任与雇主责任，在责任构成、赔偿范围等方面并无差异，其区别只是表现在用工者的所有制性质上。随着经济体制改革的深入，我国各类企业立法已不再依所有制类型来分别立法，各种混合所有制企业也日渐增多，各类所有制类型的领导者身份上的差异将逐渐消失。因此，没有必要对其加以区分，也就没有必要单独规定雇主责任。[①] 但是，虽然法人对其工作人员的替代责任与雇主责任有相似之处，法人对其工作人员的职务侵权行为承担责任并非基于传统的雇佣关系，而是两者之间的代理关系与代表关系，[②] 对两者作出区分还是很有必要的。

（四）雇主责任的归责原则

归责原则是确定侵权行为人侵权损害赔偿责任的一般准则，它是在损害事实已经发生的情况下，为确定侵权行为人对自己的行为造成的损害是否需要承担民事赔偿责任的原则。[③] 目前关于归责原则的体系，有几种基本对立的观点：一是单一归责原则说，以王卫国教授为代表。这种观点否认在过错责任原则之外确认任何其他的归责原则，主张扩大过错责任原则来解决侵权行为领域的新问题，如高度危险作业致人损害、环境污染致人损害等[④]。二是二元论说，即过失责任原则与无过失责任原则并存。而公平责任多半是赔偿标准问题而不是责任依据问题。所以，它能否作为一种独立的归责原则还大有探讨余地[⑤]。三是三元论观点，其中又有几种不同看法：有学者主张归责原则包括过错责任原则、过错推定责任原则和公平责任原则三种，无过错责任不是一种独立的归责原则；[⑥] 有学者则认为我国民事法律制度中同时存在三个归责原则：一般侵权损害适用过错责任原则，特殊侵权损害适用无过失责任原则，无行为能力人致人损害而监护人不能赔偿的特别案件适用公平责任原则[⑦]；还有学者认为侵权归责原则体系是由过错责任原则、过错推定责任原则和无

---

① 最高人民法院民事审判庭编著：《最高人民法院人身损害赔偿司法解释的理解与适用》，人民法院出版社2004年版，第154页。

② 翁国民、马俊彦：《论用人单位侵权责任的统一与分立——基于法人侵权责任与雇佣人侵权责任的关系视角》，载《浙江大学学报》（人文社会科学版）2014年第2期。

③ 杨立新：《侵权行为法》，复旦大学出版社2005年版，第71页。

④ 王卫国：《过错责任原则·第三次勃兴》，浙江人民大学出版社1987年版，第213页。

⑤ 米健：《现代侵权法归责原则探索》，载《法学研究》1985年第5期。

⑥ 王利明：《侵权行为法归责原则研究》，中国人民大学出版社1991年版，第30页。

⑦ 刘淑珍：《试论侵权损害的归责原则》，载《法学研究》1984年第4期。

过错责任原则三个归责原则构成。[1]

应当说，从我国关于雇主责任的法律条文可以看出，我国立法中采纳了无过错责任原则。不论是本司法解释第 8、9 条，还是《中华人民共和国侵权责任法》第 34 条和第 35 条，关于责任承担的用语都是由法人或者其他组织承担责任、雇主应当承担责任、由用人单位承担责任、由接受劳务一方承担责任，且并无雇佣人可以免责的但书规定。我国立法顺应了雇主责任归责原则的世界发展趋势。无过错责任归责原则本身具有其存在的合理性和价值：其一，有利于社会安定。无过错责任的承担有助于督促雇主谨慎选任并规范雇员依法行事，提高雇主的风险防范意识，提高选任水平，对整个社会的安定具有重大的作用。其二，有利于保护被侵权人的利益。由经济实力较强的雇佣人对被侵权人进行赔偿，使被侵权人的受偿机会增加，有利于被侵权人得到及时有效的救济。其三，雇员的行为是雇佣人权利的扩张，可被视为雇佣人自己的行为。基于报偿论，按照民法风险、收益相一致的原则，那么雇员在雇佣活动中的风险理应由雇主承担，而不是雇员。其四，雇员一般在雇佣人指定的时间、地点工作，工作内容也由雇主指定并在雇主的监督和管理之下执行，那么在一定的范围内，雇佣人可以对雇员的行为进行监督和控制，并负有安全注意和保障的职责义务。其五，有利于社会的管理和进步。雇主为了避免责任的承担，往往会通过提高管理水平、改进安全防范措施、提高产品质量、投保社会保险等措施避免侵权行为的发生，与此同时促进了社会生产力的发展，推动了社会的进步[2]。

（五）“执行职务”之判断标准：主客观相结合

雇主替代责任是雇主就受雇人在执行雇佣职务之际侵害他人人身或财产的不法行为，对受害人承担的损害赔偿责任。所以，雇主替代责任之承担，除雇主与不法行为人之间须存在雇佣关系外，还以侵权行为发生在受雇人执行雇佣职务之际为必要。因此，受雇人的不法行为是否发生在执行雇佣职务之际，于雇主替代责任之承担，具有重要意义。这就要求确立一定的标准来界定受雇人执行职务的范围并借此判断受雇人的不法行为是否发生在执行雇佣职务之际。

执行职务之范围的判断标准有三种主张：（1）以雇主的意思为标准，即执行职

---

① 杨立新：《侵权行为法》，复旦大学出版社 2005 年版，第 75 页。

② 奚晓明主编：《中华人民共和国侵权责任法条文理解与适用》，人民法院出版社 2010 年版，第 246-258 页。

务的范围应该依照雇主所命办理之事件决定，受雇人处理雇主未授权或指示办理之事宜时不法致他人损害者，雇主无须对受害人承担责任。（2）以受雇人的意思为标准，即执行职务原则上固然应依雇主所命办理之事件决定，但如果受雇人系为雇主利益而为之，也应属于执行职务。该说实际上是以受雇人在处理相关事务时是否具有为雇主利益考虑之意思，作为判断标准。（3）以执行职务之外表为标准，即受雇人之行为在客观上具有执行职务之外观，即使是非雇主命其办理之事项，也属于执行职务之范围，因此而致他人损害的，雇主也应负赔偿责任。

以上三种主张，前二者以雇主或受雇人之意思为标准，可称其为主观说，而第三种观点以受雇人行为之外观为标准，可谓之客观说。有学者指出主观说和客观说都存在缺陷：前者将判断之标准委诸雇主或受雇人之主观意思，不但在实务上不易操作，而且采雇主意思说不利于受害人利益之维护；客观说以行为之外观为判断标准，形式上容易判断便于实务操作，但忽略了决定职务范围，系属价值判断，含有政策上的考虑，不能纯从外表上加以判定。因此，所谓职务范围，应指一切与雇主命令执行的职务通常合理相关联的事项。

（六）雇佣、雇员职务行为的界定

1. 雇佣关系的界定

对雇主责任中职务侵权行为的界定，是判断雇主责任成立与否的关键，只要把职务行为界定清楚了，雇主责任中的其他问题也就迎刃而解了，其中对职务行为争议很大的问题主要包括雇佣关系和职务范围两个方面。雇佣一般是指根据当事人预订，一方于一定或不定的期限内为他方提供劳务，他方给付报酬的契约。传统的雇佣关系是劳务关系的基本类型。本司法解释中的雇佣应当认为是一个大的概念，包括人事关系、劳动关系以及劳务关系中的雇佣情况。① 其中，法人、其他经济组织等用工主体同劳动者的雇佣关系属于劳动关系的范畴，而个人之间的雇佣关系属于劳务关系的范畴。②

雇主为雇员的侵权行为承担责任的基础条件在于有雇佣关系的存在。雇佣关系不仅是雇主责任发生的前提，更是界定职务行为的前提条件。认定雇佣关系的存在

① 最高人民法院民事审判庭编著：《最高人民法院人身损害赔偿司法解释的理解与适用》，人民法院出版社2004年版，第155页。

② 最高人民法院民事审判庭编著：《最高人民法院人身损害赔偿司法解释的理解与适用》，人民法院出版社2004年版，第156页。

要区分两种情况：有书面雇佣合同和无书面雇佣合同。如果有合法有效的书面雇佣合同，毫无疑问，雇主和雇员之间存在雇佣关系；如果没有书面的雇佣合同，则要从以下几个方面来认定存在事实上的雇佣关系：首先，可以借鉴上级负责的责任原则来判断，如果雇主有对雇员下达指示的权利，这样就可以认定雇主和雇员之间存在一定的从属关系（雇佣责任一个重要的法律特征就是双方有人身关系的从属性，其重要表现是雇主对雇员有下达指令的权利）。这与雇员是长期被雇佣或只是作为临时的帮手没有关系。[①] 其次，雇佣期间雇员的行为通常由雇主指示监督、支配和约束。最后，雇主和雇员之间存在特定的利益关系。雇员的工作和行为直接为雇主创造经济利益，雇主因此而受益，雇员据此享受工资和报酬。总而言之，判断事实雇佣关系最为关键的因素是雇主对其执行职务行为有指示且进行了监督，雇员为此付出了劳务，雇主也接受了其劳务。总之，对于雇佣关系是否存在的认定，主要有下列标准：（1）双方有无雇佣合同（口头或者书面的）；（2）雇员有无报酬；（3）雇员是否提供劳务；（4）雇员是否受雇主的监督。

2. 雇佣活动的界定

对雇员职务行为的界定，是对雇主责任界定的关键，如果受雇人是因为自己个人独立的私人行为造成他人损害的，雇主不承担责任。

具体而言，如何判断雇员的侵权行为是否属于其职务范围以内的行为，应当从如下几个方面进行考虑：（1）与雇主的工作是否具有牵连关系。一般来讲，雇员实施侵权行为的时间、地点，是决定其侵权行为是否于职务行为的重要因素。雇员的行为仅仅在雇主授权的服务或活动期间发生，雇员的行为才能被认定为职务范围内的行为，雇主才对第三人承担侵权责任，同样，雇员的行为如果是在雇员的服务或工作场所之内实施的，则此种行为可以看作其服务范围内的行为，雇主就应当承担责任。（2）被禁止的行为。被禁止的行为是指雇主明确禁止其雇员从事的某些行为。在此要对禁止做具体的区分，依情况而定，要看雇主所做的禁止是关于哪方面的禁止。只有雇员违反雇主在职务范围方面做出的那些禁止才能让雇主承担责任。也就是说，雇主对雇员行为方式的禁止并不影响雇主对雇员致使他人损害责任的承担。（3）雇员故意的侵权行为。第一，从利益角度，看雇员的故意侵权行为是否出于个人的目的，如果是出于个人的目的，不能认定其行为是职务范围内的行为，相

---

① 【德】克雷斯蒂安·冯·巴尔：《欧洲比较侵权法》（下卷），张新宝译，法律出版社 2001 年版，第 245 页。

反，如果是为了雇主的利益而为的行为，此时，可以判定其行为是职务行为。例如，商店的售货员甲为了制止小偷乙的扒窃行为，而把乙打伤。甲是为了雇主的利益而采取故意侵权行为，这时，雇主应当对甲的行为承担责任。第二，雇员侵权行为与工作是否有内在的牵连关系。在具体的案件中，既要考虑增加被害人的求偿机会，又要考虑避免过分加重雇主的负担，使这两项原则达到最大的调和，以此最大限度地达到社会公平。

疑难问题

（一）雇佣责任中被侵权人的范围

雇主责任承担的范围包括三个方面的内容：雇主应当对雇员什么样的行为承担责任、雇主应当承担雇员侵权责任的多少、雇主应当对什么样的被侵权人承担雇主责任。对于第三种情形我国学术界和实务界讨论不多，但是在法律实践中常常遇到此类问题。

根据本司法解释以及《中华人民共和国侵权责任法》的相关规定，对于法条中的被侵权人、他人应作何解释，一般情况下根据文义解释和体系解释人、他人应指雇主和雇员以外的第三人，但是实践中存在大量雇员因职务活动造成雇主和其他雇员损害的情形，因为职务行为导致了损害的发生，只是被侵权主体具有特殊的身份，对于同样的行为造成不同身份的主体损害是否适用同样的归责原则，对雇员利益的影响颇大。如果对雇员因职务行为造成其他雇员和雇主的损害属于雇主责任，那么由雇主适用无过错责任原则对该损害承担责任；反之，不属于雇主责任这一特殊侵权类型，则适用一般侵权的过错责任原则，由雇员根据自己的过错承担责任。

应当认为，认为该种侵权属于雇主责任的特殊侵权类型，理由在于：（1）雇员对雇主以及其他雇员在职务活动中造成的损害与雇员在职务活动中造成第三人损害的构成要件是一致的，都同样发生在职务行为中；（2）雇主承担无过错责任的理论基础解释了雇主应承担雇佣活动所带来的一定风险，维护社会的公共利益，那么其职务活动的对象应是雇员以外的所有人；（3）基于雇主享有追偿权，那么雇主不分被侵权对象而承担责任之后通过行使追偿权能够对雇主的利益进行充分保护；（4）雇主责任中外部责任和内部责任的区分意义在于，雇主应对职务活动造成的损害承担责任，而不是根据被侵权主体的不同选择承担责任。笔者认为雇主责任中的被侵权人应包括雇主、其他雇员在内。因此，《中华人民共和国侵权责任法》中采用他人而非人身损害赔偿解释中人的用语，并不符合雇主责任的立法初衷，在司法实践中应进行扩大解释，他人应指雇员自身以外的所有人，而非雇佣关系以外的第三人。

（二）雇主追偿权的实现

关于雇主责任中的用人责任追偿权的规定仅见于本条司法解释和《中华人民共和国侵权责任法》第 35 条，根据法律位阶以及新法优于旧法的原则，关于个人用人责任的追偿权本应适用《中华人民共和国侵权责任法》的规定，但是由于《中华人民共和国侵权责任法》条文的原则性，在具体适用中仍然不能解决所有的问题。主要体现在：《中华人民共和国侵权责任法》第 35 条规定雇员基于雇佣关系产生的行为发生侵权，雇主承担无过错责任，这一规定将被侵权人的追责对象扩大至通常情况下较之雇员更有经济实力的雇主，增强了追责的可操作性，但是在雇员存在明显过错的情况下，雇主追偿权的缺失，使雇主无过错责任的承担显得过重，会引发道德风险。而《人身损害赔偿解释》第 9 条规定了雇员在重大过错和故意的情形下，雇主享有追偿权。从理论上讲，雇主的追偿权是符合民事行为基础的自己责任逻辑的，多国法律也进行相关的规定，而《中华人民共和国侵权责任法》并没有规定雇主的追偿权，显然有违反公平原则。

对此，应当肯定司法实践中雇主的追偿权，同时注意不同法律的衔接适用：在审判实践中如果用人单位能够举证证明侵权行为是由于其工作人员故意或者重大过失造成的，且该行为超出了法律赋予的职权或者单位的授权，用人单位在承担相应的责任后，可以向工作人员进行追偿。关于个人用人责任中的追偿权，可以继续依据《人身损害赔偿解释》第 9 条来处理。需要说明的是，《中华人民共和国侵权责任法》第 35 条并未规定雇佣关系的概念以及职务行为的判断标准，需要与《人身损害赔偿解释》第 9 条对雇佣关系和职务行为的标准的原则性规定配合使用才能对相关的概念有初步的界定以指导相关司法实践。

5 承揽人造成第三人损害或自己损害时的民事责任如何确定?

解答：《人身损害赔偿解释》第 10 条规定：“承揽人在完成工作过程中对第三人造成损害或者造成自身损害的，定作人不承担赔偿责任。但定作人对定作、指示或者选任有过失的，应当承担相应的赔偿责任。”

本条是关于在承揽情形下发生损害的责任承担规定。

随着市场经济的不断发展，承揽加工及类似的经济活动形式越来越频繁，在这些经济活动中，由于定作人的道德水准、业务水平等原因，在定作事项、定作指示以及承揽人选任过程中，难免存在过失，因而导致承揽人在执行承揽事项中造成第三人或承揽人自身的损害的事件日益增多。对此，作为承揽合同双方的定作人与承揽人是否应当对在承揽工作中造成的损害或承揽人造成的自身损害承担赔偿责任及何种责任方式的认定成为司法裁判实践中较多争议的关键点，对承揽行为与其他民事行为进行明确区分、合理明晰各方当事人的责任认定成为亟待解决的问题。

根据该条规定，定作人是承揽合同的当事人之一，在承揽合同中完成工作并将工作成果交付给对方的一方当事人为承揽人，接受工作成果并向对方给付报酬的一方当事人为定作人。由于承揽人应当以自己的设备、技术和劳力，独立地完成工作，因而承揽人在从事承揽事务过程中给第三人造成损害的，原则上应由自己承担侵权损害赔偿责任，定作人不承担任何责任。但是，如果承揽人的工作受到定作人的控制、指挥或者法律所规定的特别情形下，定作人应当对承揽人给第三人造成的损害承担侵权责任。

（一）承揽的定义与界定

承揽，指当事人双方关于一方按照另一方的要求完成一定的工作并交付工作成果，另一方应接受该工作成果并交付一定报酬的合同。应完成工作并交付成果的一方为承揽人，应接受承揽人的工作成果并给付报酬的一方为定作人，承揽人所完成的工作成果为定作物。①

在审判实践中，对承揽与雇佣关系比较难区分，尤其是个人之间的劳务关系与承揽关系之间的区分。个人之间的劳务关系是指雇员根据雇主的指示向雇主提供服务，雇主支付报酬形成的关系。而承揽关系是承揽人根据定作人的指示，为定作人完成一定的劳动成果，定作人支付对价形成的关系。在个人之间的劳务关系中，雇员提供的是劳动力，雇主支付报酬；在承揽关系中，承揽人提供劳动成果，定作人支付对价。在个人之间的劳务关系中，雇主直接支配雇员的劳动力，双方形成管理与被管理的隶属关系，雇员必须严格按照雇主的要求提供劳动；在承揽关系中，承

① 郭明瑞、王轶：《合同法新论·分则》，中国政法大学出版社 1997 年版，第 215 页。

揽人以自己的设备、技术和劳动，独立地完成定作人委托的工作，并交付成果，承揽人自己管理生产经营的全部过程，与定作人不存在管理与支配的关系。

判断当事人之间是个人之间的劳务关系还是承揽关系主要是看接受劳务的一方与提供劳务的一方是否存在管理与被管理的关系。此外还应结合以下因素进行综合判断：(1) 受雇时间是长期的，还是临时的；(2) 工作性质是日常的，还是应急的；(3) 该工作人员是否有自己的工资和业务；(4) 是谁提供工作工具和设备；(5) 是根据接受劳务一方的指示在指定地点工作，还是自己决定工作地点；(6) 领取工资的方式是固定的还是一次性的；(7) 双方事前如何确定各自的身份以及合同如何规定等。

（二）定作有过失的认定

本条司法解释后半句规定了定作人存在过失时的定作人责任。一般而言，定作人的过失包括定作过失、指示过失、选任过失三种情形。

1. 定作过失。定作过失是指定作工作本身存在缺陷，即定作事项、事务或项目自身的性质处于法律禁止或限制生产加工的状态。前者如定作人委托承揽人加工生产毒品，由于毒品是法律明确禁止私人加工生产的，因此定作事项本身违法是明显的；后者如定作人要求承揽人生产加工烟草，烟草是法律限制生产加工的物品，定作人显然应对以上承揽人的生产制作活动产生的侵权后果承担赔偿责任。

2. 指示过失。在承揽法律关系中，承揽人为承揽事务一般系依靠自身技术独立完成。但也不排除定作人为准确达到自己的经济目的而对承揽人的行为提出相关的意见或建议。若定作人提出的指导方法或意见存在错误或违法，则应认为定作人存在指示过失。承揽人在该有过失的指示下所为行为造成自身或他人人身或财产损害，定作人应承担相应的指示过失的侵权责任。例如，定作人在安全防护不充分的情况下即要求承揽人进行高空作业，承揽人在高空作业中不慎摔下造成自身身体损害，对此，定作人应对自己的指示过失承担定作人侵权责任。需要指出的是，如定作人虽存在指示过失，但承揽人完成承揽事务造成损害，并不是因定作人的错误指示引起，而是基于其他因素产生的，在这种情况下定作人不承担指示过错的侵权责任，因为此时定作人的指示过失与承揽人造成的损害之间并无任何因果关系。

3. 选任过失。所谓选任过失是指定作人对承揽人在选任上存在过失，具体表现为：选择没有资质的承揽人从事需要资质的工作或者让低资质的承揽人从事需要高资质的工作。例如，定作人聘请没有资质的承揽人盖私房或者定作人委托只具有盖四层楼以下资质的工匠去建六层楼的房屋。若承揽人在建筑楼房过程中造成自身或他人损害的，定作人基于对承揽人的选任存在过失应承担相应的定作人侵权责任。总之，一般根据承揽人是否具备相应的从业资质、资格来判断，而从业的资质、资格通常也是判断承揽人是否具备承揽事项工作能力的重要依凭。选任承揽人之时查验对方的资质和资格的证明文件，应当是定作人选任时所应承担的一项合理、谨慎的注意义务，违反这一注意义务造成损害的，自应承担赔偿责任。[①]

（三）定作人责任的归责原则

定作人侵权责任的最大特征是行为人与责任人相分离，即造成损害事实的直接行为是承揽人而不是定作人，是承揽人在执行承揽事项中，以自己的行为造成第三人的损害，而责任的承担者是定作人。在司法实践中，定作人承担责任主要有以下两种情况：其一，对于承揽人自身损害或第三人损害，定作人定作、指示、选任上具有全部过错，而承揽人的行为毫无过错时，定作人应承担完全的替代责任赔偿责任，承揽人对其行为不承担责任。其二，由于定作人侵权责任损害后果是承揽人和定作人两者的过失所引起的，因此对于该损害后果应该由定作人与承揽人共同承担。至于定作人与承揽人在对损害后果承担共同责任时，双方之间承担的是按份责任还是连带责任，则需要根据定作人过失行为与承揽人过失行为相互结合的具体情况来确定。若定作人与承揽人侵权行为的结合是直接结合，则定作人侵权责任的责任方式是连带责任；若定作人与承揽人侵权行为的结合是间接结合，则定作人侵权责任的责任方式是按份责任。由于在承揽关系的实务中，定作人定作指示选任过失与承揽人造成损害的过失总存在时间上的先后之差，定作人的过失在前，承揽人的过失在后，因此定作人过失与承揽人过失这两个过失行为只能是间接结合，即定作人侵权责任的责任方式是按份责任，而非连带责任。[②] 但是定作人也有定作、指示、选任上的过错，应与承揽人承担连带责任。[③] 换句话说，如果定作人因过错被责令就其承揽人的侵权行为承担损害赔偿责任时，所承担的是共同责任和连带责任，但在实务中，受害人往往选择更具赔偿能力的定作人来赔偿损失，那么，法院只能判令定作人向受害人承担全部赔偿责任，即定作人承担替代责任。至于追偿问题，定作

---

① 李超：《非典型承揽合同的判定及定作人过失的责任承担》，载《人民司法》2014 年第 14 期。

② 敖斌：《论定作人责任》，载《法治研究》2012 年第 7 期。

③ 彭俊良：《侵权责任法论：制度诠释与理论探索》，北京大学出版社 2014 年版，第 348 页。

人只能向承揽人追偿承揽人自身过错的赔偿份额。此外，若承揽人因执行承揽事项导致他人遭受损害，如果定作人并无过错，定作人自然无须承担责任而由承揽人自行承担，若定作人的指示虽然有过错，但承揽人没有依照定作人的指示办事，而是别出心裁、自行其是，造成了他人的损害，因为损害的发生与定作人的指示没有因果关系，即定作人的过错对损害结果不具有原因力，定作人也自然不承担责任。

（四）定作人指示过失引起的侵权责任

定作人指示过失引起的责任，是指承揽人在执行承揽合同过程中，因执行定作人的有过失内容的定作或指示而不法侵害他人权利，应由定作人承担侵权损害赔偿的民事责任形式。[1] 定作人指示过失侵权责任的法律特征是：（1）定作人与承揽人之间具有特定的承揽合同关系。依照该合同，承揽人为定作人加工承揽事项，定作人是合同的权利人，承揽人是合同的义务人。（2）侵权行为是在执行承揽合同过程中发生的。执行承揽合同，也就是完成承揽事项。造成损害的行为，是完成承揽事项的行为。超过执行承揽事项的范围，不存在定作人指示过失的侵权责任。（3）这种侵权行为侵害的是承揽合同以外的第三人的民事权利，而不是对承揽人或定作人自己权利的侵害。（4）造成损害事实的行为人是承揽人而不是定作人，是承揽人在执行承揽事项中，以自己的行为造成他人损害。（5）侵权责任的承担者是定作人，定作人为自己过失的定作或指示所造成的后果承担损害赔偿责任。

在司法实践中，定作人指示过失侵权责任经常与承揽合同责任、承揽人个人的侵权责任以及定作人、承揽人之间的共同侵权责任产生混淆，但是应当注意，上述不同民事责任之间的构成要件、法律后果都是不相同的。

定作人指示过失侵权责任与承揽合同责任不同：第一，定作人指示过失侵权责任是侵权民事责任，其发生根据是侵权行为；而承揽合同责任是违约责任，其发生根据是合同不履行或不当履行，二者的性质根本不同。第二，定作人指示过失责任是由于执行承揽事项造成合同以外的第三人损害所应承担的责任；而违反承揽合同责任是在履行合同中致合同当事人一方的损失。第三，定作人指示过失侵权责任是侵害了他人的财产权利或人身权利，侵害的是绝对权、对世权；而违反承揽合同侵害的是合同权利人的债权，侵害的是对人权、相对权。第四，定作人指示过失责任的主要责任方式是赔偿损失；而违反合同的责任方式是继续履行、修理重作、赔偿

---

① 杨立新、尹艳：《试论定作人指示过失的侵权责任》，载《河北法学》1991 年第 2 期。

损失，主要责任方式呈多元化。

定作人的过错责任与承揽人个人的侵权责任之间也有所区别，二者虽然都是在执行承揽合同的承揽事项过程中发生的侵权行为责任，也都是侵害了第三人的财产权利和人身权利，但其根本区别在于承揽人个人的侵权民事责任是由于自己在执行承揽事项中的过失致第三人损害的，因而是一般的侵权责任，责任由承揽人个人承担，定作人并不承担责任。而定作人指示过失责任则是定作人的过失定作或指示导致承揽人在执行承担事项中致人损害，定作人与损害后果具有因果联系，因而责任由定作人承担，是转承责任形式，因而是特殊侵权责任。

定作人的过错责任与定作人、承揽人之间的共同侵权责任亦不同。共同侵权行为承担连带赔偿责任，其共同加害人须有侵权的共同故意或者共同过失；而定作人指示过失责任原本指只有定作人定作或指示过失，承揽人并无过失的情况，因而不是共同侵权行为，不承担连带赔偿责任。不过，在研究的领域内，仍将定作人、承揽人在执行承揽事项中，因共同过失致人损害的情况，作为定作人指示过失责任来研究，这是在更为广泛意义上使用这一概念。

疑难问题

非典型承揽合同的判定。典型的承揽合同，一般是对有体物的制作和变更，例如房屋的维修、服装的定制；还可以是无体之精神的创作，例如电脑软件设计、广告设计、美术作品创作，这些是借有体物予以形体化的体现。[①] 特殊场合下，承揽合同中承揽人所提供的仅仅是劳务的实施，虽然仍然要求此种劳务须具有完成特定结果的特性，但实务上做合同类型上的区分却颇有难度，这种形态的承揽合同为非典型承揽合同。非典型承揽合同中，承揽人所提供的仅是劳务的实施，因此在判断承揽合同与雇佣合同的区分上仍需有所注意。（1）合同目的判断。承揽合同在完成一定工作之后一般需要交付工作成果，但工作成果并非有体物，而是无形劳务之结果，则不为一般意义的交付。因而，在判断是否为承揽合同时，就不宜考虑是否具备有体物工作成果或物质形态体现的工作成果的交付。（2）取得报酬方式的判断。定作人按照工作成果而非劳务时间支付报酬，并不是说承揽合同一定要在工作成果完成后再支付报酬，实务中也存在定作人预付部分或全部报酬的情况。在雇佣合同

---

① 黄立主编：《民法债编各论》（上册），中国政法大学出版社 2003 年版，第 390 页。

中，如果是长期用工，雇主一般都会定期支付报酬。然而，在某些需要长时间完成的承揽合同中，并不能排除定作人分期支付报酬的情况。在短期用工中，以是否定期支付报酬为判断标准显然也不可行。（3）所提供劳务是否具有独立性的判断。按照控制理论，判断被雇主雇请的人在引起他人人身或财产损害时的身份究竟是承揽人还是雇员，最根本的标准就是控制标准，如果雇主对引起损害发生的人享有控制权，则引起他人损害发生的人在侵权法上的身份就是雇员；反之，则为承揽人。[①]在承揽人仅提供劳务的承揽合同中，定作人在关注劳动成果的同时，对劳务过程也很关注，甚至指示整个劳务过程，这说明定作人是在控制承揽人，定作人因其本身具有检验、监督承揽人的义务，又由于这种合同的特殊性，如果不对劳务过程监督，工作结果就很难保证。换言之，定作人关心的仍是工作结果，对劳务过程的监督仅仅是保证工作成果顺利完成的手段而已，也应认定为承揽合同。（4）由于不具有人身专属性，承揽人可以将工作转予他人执行，这也是认定承揽合同的一个标志。

6 如何认定雇员遭受人身损害时的民事责任？

解答：《人身损害赔偿解释》第11条规定："雇员在从事雇佣活动中遭受人身损害，雇主应当承担赔偿责任。雇佣关系以外的第三人造成雇员人身损害的，赔偿权利人可以请求第三人承担赔偿责任，也可以请求雇主承担赔偿责任。雇主承担赔偿责任后，可以向第三人追偿。雇员在从事雇佣活动中因安全生产事故遭受人身损害，发包人、分包人知道或者应当知道接受发包或者分包业务的雇主没有相应资质或者安全生产条件的，应当与雇主承担连带赔偿责任。属于《工伤保险条例》调整的劳动关系和工伤保险范围的，不适用本条规定。"

本条是关于雇员遭受损害的救济规定。

自人类进入工业社会以来，大工业对雇员人身损害所造成的损害具有巨大影响，在这发展过程中，雇员人身损害纠纷愈来愈多，与侵权法过错责任的一般原则不同，本司法解释对雇员遭受人身损害时要求雇主承担无过错责任，并与第三人损害负不真正连带责任。如此的规则设定是否符合司法审判实践中雇员、雇主、第三人之间的利益衡量，是否能够平衡雇员和雇主之间的利益，从而使得纠纷、矛盾得到和谐的解决，对公平与正义、自由与秩序的相对完善起到积极作用，值得思考。

---

① 张民安：《侵权法上的替代责任》，北京大学出版社2010年版，第303页。

根据本条司法解释的前两段，可以得出，雇主对雇员的工伤应当直接承担赔偿责任，而且归责原则应当为无过错责任的严格责任，若雇佣关系以外的第三人侵权行为造成雇员的工伤，雇员可以同时请求第三人与雇主承担连带赔偿责任，并且这一责任的性质为不真正连带的侵权赔偿责任，这也意味着当雇主承担赔偿责任后可以向为侵权行为的该第三人进行追偿。

（一）雇主承担无过错责任的理论依据

一定的归责原则决定了侵权行为的分类，也决定了责任构成要件、举证责任的负担、免责条件、损害赔偿的原则和方法、减轻责任的根据，等等。[①] 确定一个合理的雇员受害责任的归责原则，对于保护雇员合法权益、兼顾雇主自身利益、便于司法实践中处理雇员受害责任纠纷都将起到极大的推动作用。

过错责任原则即只有行为人主观上存在过错才对其承担民事责任。若以该原则作为雇员受害责任的归责原则，不利于案件的处理，不利于雇员正当权益的保护，运用过错责任处理雇员受害责任问题具有诸多弊端：

（1）若将雇员受害责任的归责原则确立为过错责任原则，那么雇主的主观过错作为雇员受害责任的司法构成要件之一，就称为雇员受害责任成立的基础，雇员索赔所面临的首要难题，就是如何收集有力证据来证明雇主主观上的过错。事实上，尽管在我国，雇主多为个人、家庭、小规模组织，但是众多企业、个体经济组织、国有事业单位、社团甚至机关单位内部也存在大量雇佣关系。两者相比较，雇主无论在规模、经济实力还是在控制及转嫁风险的能力等方面都远远强于雇员，雇员若承担对一般侵权责任构成要件的全部证明责任，这无疑与雇员自身的实力极不相符。

从法律经济分析的角度来看，在预防损失方面，商事主体在其所从事的商业活动中预防损失的能力要强于民事主体，其能够以较低的预防成本避免损失的发生。[②] 既然现代社会中大量的商事主体中存在雇佣关系，这些雇主有强于雇员的预防损失的能力，其也能承担适当的证明责任，而不能将全部证明责任都交给雇员承担。

从民事诉讼证明责任分配的角度来讲，应当将经验性的公平政策作为分配提供证据责任和证明责任的最主要要素。[③] 社会公平原则也就成为证明责任的考虑要素

---

① 王利明：《侵权行为法归责原则研究》，中国政法大学出版社 2003 年版，第 145 页。

② 王成：《侵权损害赔偿的经济分析》，中国人民大学出版社 2002 年版，第 141 页。

③ 陈刚：《证明责任法研究》，中国人民大学出版社 2000 年版，第 21 页。

之一，雇员受害责任将一般侵权损害赔偿的要件及雇员主体身份的证明责任全部分配给雇员，与其自身实力不符，有违证明责任的分配原则——社会公平原则。

（2）虽然现行法律在处理雇员受害责任案件中将雇员与雇主作为平等民事主体来对待，但是从内部管理与被管理的角度来看，雇主与雇员之间实际上是一种上下级关系。在这种管理与被管理的上下级关系中，作为管理者的雇主有明显的优势去监督并发现雇员的违法行为及主观上的过错；与此相反，雇员则没有任何优势去发现雇主主观上的过错，在此方面处于劣势。这就导致了在诸多雇员受害责任案件中，雇员根本举不出雇主主观上存在过错的证据，最终败诉。过错责任使得不能举证证明雇主主观过错的雇员权益被排斥在了法律保护大门之外，从而违背了弱势群体利益优先原则。

（3）雇员在受雇工作中自身受到伤害，作为责任主体的雇主对于雇员的选任和监督、工作物的维护、工作场所安全性的营造等方面在主观上没有任何过错，也是经常发生的。在此种情况下，依据过错责任原则雇主不承担任何责任；倘若雇员主观上没有过错，依据公平责任原则，雇主对雇员所受伤害只是给予适当补偿，这显然不能完全弥补所受伤害给雇员造成的损失。

根据本条司法解释，雇主对于雇员遭受的人身损害承担的赔偿责任的归责原则为无过错原则，表明了我国民法对于雇员受害责任、雇员权益及雇佣关系本身的关注，更为重要的是本条司法解释没有要求雇主主观上存在过错才承担责任，而是坚决舍弃过错责任原则将无过错责任作为雇员受害责任的归责原则，有利于雇员权益的保护和司法实践中案件的处理，体现了法律的进步性。

雇员受害责任以无过错责任为原则，有利于雇员合法权益的保护。首先，无过错责任原则是指，无论行为人主观上有无过错，对造成的损害都应当依法承担民事责任，无过错责任的基本要求不在于对行为的制裁，而在于对不幸损害的合理分配。这就将价值判断的基点放在了作为受害人的雇员身上，以分配雇员所受损害为基本价值要求，显然是有利于雇员的。其次，按照我国现行法律有关规定，以过错原则来处理雇员受害责任，无疑给雇员的维权带来举证上的困难。在雇主与雇员之间这种具有从属性的上下级关系中，雇员没有任何优势举证证明雇主主观上的过错。而且在很多情况下，雇主从他对雇员的选人、监督到工作物的维护、工作场所安全性的保障等方面可能主观上都不存在过错，雇主主观上无过错就意味着雇员对所受的伤害要自负其责。

无过错责任原则适用，体现了我国宪法对于劳动者权益给予平等保护的原则。我国《宪法》第 33 条第 2 款明确规定，中华人民共和国公民在法律面前一律平等。法律面前一律平等含义中就必然包括公民权利受法律平等保护，公民的劳动保护权是公民权利，当然它也应当受法律平等保护。在我国，无论公民的就业形势如何，其受劳动保护的权利都是一样的，雇员在完成雇主所交付的工作中自身受到伤害，也应当按照等同于劳动关系中的职工所享受的无过错责任原则来处理。

无过错责任原则的适用，不会对雇主造成责任负担上的不公平。首先，无过错责任原则仍然具有免责条件，不可抗力、受害人故意、第三人行为均可称为无过错责任的免责条件，因此在以无过错责任来处理雇员受害责任时，雇主仍然有免责的情况。从危险分担理论上分析，雇主因承担雇员受害责任而支付的赔偿金，可以通过提高产品价格或向保险公司购买保险，最终移转给整个社会，实际上是由享受雇佣关系所带来便利的全体社会成员分担了风险。

无过错责任原则的适用有其学理上的根据。首先，根据报偿理论，即谁享受利益谁承担风险的原则，雇主享受由雇员的工作所带来的利益，自然应由雇主承担由此带来的风险；其次，根据危险制造理论，企业经营活动为意外灾害的来源，危险制造者应当承担责任；再次，根据危险控制理论，即谁能够控制、减少风险，谁承担责任的原则，在一定程度上唯有雇主能够控制危险、尽可能避免风险，使其承担责任，能够促使其更加谨慎地来创设安全的工作条件，从而避免危险、减少损害；最后，根据危险分担理论，雇主虽然承担危险责任，但能够通过提交商品价格或保险制度予以分散。①

对此，雇主的免责事由主要有不可抗力与雇员故意两种。（1）不可抗力。是指人力所不能抗拒的力量，是独立于人的行为之外，且不受当事人的意识所支配的现象，包括自然原因（如地震、台风、海啸等）和社会原因（如战争等）。②《中华人民共和国民法通则》第 107、153 条及《中华人民共和国侵权责任法》第 29 条对这一一般免责事由作出了规定。成立不可抗力必须符合以下要求：一是不可预见，是指根据现有的技术水平，一般人对某种事件的发生无法预见；二是不可避免并不能

---

① 梁慧星：《“行人违章撞了白撞”是违法的》，载《民商法论丛》（总第 19 卷），金桥文化出版（香港）有限公司 2001 年版，第 381 页；王泽鉴：《侵权行为法》，中国政法大学出版社 2001 年版，第 16 页。

② 杨立新：《侵权法论》，人民法院出版社 2011 年版，第 279 页。

克服，是指当事人已尽最大努力和采取一切可以采取的措施，仍不能避免某种损害后果的发生；三是属于客观情况，即不可抗力是外在于人的行为的事件。若雇员在从事雇佣活动中，因不可抗力遭受损害，则可依据公平责任原则，综合考虑雇员所受损害、雇主的受益情况以及双方的经济状况，由双方当事人公平分担损失。(2) 雇员的故意。是指雇员明知自己的行为会发生损害自己的后果，仍希望或者放任此种结果的发生。雇员对损害的发生具有故意，表明雇员的行为是损害结果发生的唯一原因，从而应使雇主免责。在《中华人民共和国侵权责任法》规定了雇主的过错责任之后，在雇员具有主观故意，而雇主只有轻微过失的情形下，雇主也可以免责。在认定雇员故意时，应当按照“谁主张，谁举证”的原则，由雇主承担举证责任，并结合雇员在受伤害前后的言谈举止、现场情况等因素综合判断。若雇员对损害结果具有重大过失，则只有在雇主具有轻微过失的情况下，才可以免除雇主的责任，在其余场合应按照过失相抵的规则处理。

（二）第三人致雇员伤害的赔偿责任性质

《人身损害赔偿解释》第 11 条第 1 款确定了第三人侵权情形下雇主的不真正连带责任。必须予以指出的是：不同于劳动关系，雇佣关系中的工作期间是指雇员提供劳务的期间，对于雇员在上下班途中发生事故遭受的损害，雇主无须承担责任。这是由于在劳动关系下，用人单位通过劳动者的劳动获取剩余价值，获得了比较力量上的优势，而劳动者则处于较为弱势的地位，为平衡这种关系，立法才作出了一系列向劳动者倾斜的法律规定。《工伤保险条例》第 14 条第 6 项在上下班途中，受到非本人主要责任的交通事故或者城市轨道交通、客运轮渡、火车事故伤害的应认定为工伤的规定，是对劳动者的一种倾斜保护，属于劳动法上的内容。而在个人之间形成的雇佣关系中，双方处于平等主体的地位，因此雇佣关系应严格掌握在合同履行之内，非合同期间雇员以独立主体的身份参与社会活动，到点上班后由雇主负责，下班离点后，由雇员自负，这都是由民法的平等性决定的。因此，雇员上下班途中遭受的事故伤害应由实施侵权行为的第三人承担责任，雇主无须负责。

（三）第三人追偿权的行使

雇主追偿权是雇主向雇员承担赔偿责任后，享有对第三人进行追讨的权利，目的是保障雇主的权益。《中华人民共和国侵权责任法》第 35 条规定雇员在雇佣活动中受到伤害时按照雇佣双方的过错担责，这显然不利于雇员权益的保护。而且，雇主追偿权在《中华人民共和国侵权责任法》中未被提及，这就造成司法实践中处理这类案件存在不同意见，不利于裁判保持一致性，也不利于体现民法的公正、公平的基本精神。任何人，只要实施了侵权行为并导致他人利益有损害，即要对受害人的损害承担法律责任，无论他在实施此种侵权行为时是以他本人的身份而行为还是以他人的代理人或者雇员的身份而行为。[①] 而且，不尊重他人的合法利益不仅违反了法律的规定，也是缺乏道德的表现，人们应当承受他们违反道德的代价。[②] 如果有人肆意地对他人的权益进行侵犯，行为人需要对这种不理智行为引起的不良后果承担责任。

雇主在何种条件下才能够行使追偿权？对此，由于雇主与第三人之间存在不真正连带赔偿关系，而且第三人为最终的责任人，为了更好地保障雇员的权益，合理划分雇主与第三人的责任，需要根据实际情形作不同的处理。如果第三人无力赔偿，但是雇主有能力承担责任的话，雇主必须向雇员履行了全部赔偿义务之后才可以向第三人追偿；假如雇主无力赔偿而第三人有能力赔偿的话，在法院给雇主出具的判决书生效后，雇主即可向侵权人追讨；如果雇主与第三人都只有部分赔偿能力的话，雇主在向雇员实际赔偿部分损失之后即可向第三人追偿；如果雇主和第三人均没有赔偿能力的话，雇主在法院出具的判决书生效后可立即向第三人追偿。在实际生活中，还可能存在第三人在实施侵权行为后下落不明的情况，这时候雇主在实际赔偿雇员之后，只能在第三人重新出现时才能行使追偿权。总而言之，雇主追偿权的行使，需要以最大程度保障雇员权益为前提，否则可能会因为雇主行使追偿权而损害雇员的权利，出现权利失衡的法律结果。

（四）发包人、分包人的连带赔偿责任

本条司法解释后半部分规定了发包人、分包人对雇员遭受人身损害时与雇主承担连带赔偿责任。雇员在从事雇佣活动因安全生产事故遭受人身损害，发包人、分包人知道或者应当知道接受发包或者分包业务的雇主没有相应资质或者安全生产条件的，应当与雇主承担连带赔偿责任。构成此种连带责任，除应具备雇员职务行为受害责任的构成要件外，还需符合两个条件：一是该人身损害因安全生产事故所造成，即因雇主未具备法律、行政法规和国家标准或行业规定的安全生产条件或相应

① 张民安：《侵权法上的替代责任》，北京大学出版社 2010 年版，第 179 页。
② 【美】格瑞尔德·J. 波斯特马主编：《哲学与侵权行为法》，陈敏译，北京大学出版社 2005 年版，第 3 页。

资质导致了损害发生；二是发包人、分包人在进行发包或分包时，存在选任的过失，即发包人、分包人知道或应当知道接受发包或分包的雇主没有相应资质或安全生产条件而仍然坚持将标的发包或分包给雇主。发包人、分包人与雇主对雇员承担连带责任，但其内部责任的分担，应当根据其各自对损害发生的原因力及过错程度确定。对于发包人对工伤事故有明显过错与承包人承担连带责任的法律依据，主要是《中华人民共和国安全生产法》第 17 条规定：生产经营单位应当具备本法和有关法律、行政法规和国家标准或者行业规定的安全生产条件；不具备安全生产条件的，不得从事生产经营活动。第 100 条第 1 款规定：生产经营单位将生产经营项目、场所、设备发包或者出租给不具备安全生产条件或者相应资质的单位或者个人的，责令限期改正，没收违法所得；导致发生生产安全事故给他人造成损害的，与承包方、承租方承担连带赔偿责任。《中华人民共和国建筑法》第 22 条规定：建筑工程实行直接发包的，发包单位应当将建筑工程发包给具有相应资质条件的承包单位。第 29 条规定：建筑工程总承包单位可以将承包工程的部分工程发包给具有相应资质条件的分包单位，总承包单位和分包单位就分包工程对建设单位承担连带责任。

疑难问题

（一）雇主赔偿责任的减轻与免除

《人身损害赔偿解释》第 2 条规定：受害人对同一损害的发生或者扩大有故意、过失的，依照《中华人民共和国民法通则》第 131 条的规定，可以减轻或者免除赔偿义务人的赔偿责任。但侵权人因故意或者重大过失致人损害，受害人只有一般过失的，不减轻赔偿义务人的赔偿责任。适用《中华人民共和国民法通则》第 106 条第 3 款规定确定赔偿义务人的赔偿责任时，受害人有重大过失的，可以减轻赔偿义务人的赔偿责任。因此，在雇主赔偿责任为无过错责任时，如果雇主能够证明自己具有免责事由，则可以减轻或者免除责任。对于损害事实的发生或者扩大是由于雇员自己造成的，那么雇主在向雇员赔偿时可以援引雇员存在过错作为自己的抗辩理由。雇员过错主要存在两种情况：故意和过失。所谓故意，是指行为人在预见到自己行为的后果时，仍然希望或放任该结果的发生[①]。依照《人身损害赔偿解释》第 2 条的规定，对于损害事实的发生和扩大是因受害人故意导致的，可以免除赔偿义

① 王利明、杨立新：《侵权行为法》，北京法律出版社 1996 年版，第 71 页。

务人的赔偿责任。对于受害人故意的内容，《中华人民共和国侵权责任法》也做了相应的规定并明确规定行为人不承担责任。

认定雇员故意致自身损害的举证责任应当由雇主承担，雇主需通过搜集雇员在损害事实发生前后所表现反常举动的证据，说明雇员对损害结果的发生持积极态度，从而达到减轻或免除自己责任的目的。对于雇员的过失，《人身损害赔偿解释》第 2 条第 2 款规定：受害人的过失可以作为减轻赔偿权利人赔偿责任的理由，但无过错责任对受害人的要求更加严格，即减免赔偿义务人的责任只发生在受害人存在重大过失的情况。《中华人民共和国侵权责任法》中也有类似的规定，但不如前者具体。现行法律对什么是“重大过失”没有明确规定，在具体个案中应当从损害后果的可预见性、是否具有可避免性出发，结合行为人本身的专业和认知能力，考察其行为是否严重违反保护照顾义务或操作规程、是否存在不听劝阻的行为等情形，再予以综合判断①。

（二）雇主行使追偿权的范围

《人身损害赔偿解释》只赋予了雇主的追偿权，但并没有规定追偿权范围。为了更好地划定雇主追偿权的范围，需要理顺第三人侵害雇员权益事件中所涉及到的雇佣关系和侵权关系。在第三人致雇员损害责任承担的问题上，赔偿范围可能会因雇员选择赔偿主体的不同而发生变化，进而影响到雇主的追偿范围。具体来说，存在以下几种情况：（1）雇员不存在任何过错而第三人完全过错。在此种情形下，第三人的行为造成了雇员的全部损失，终局责任主体只有第三人一方，加之雇员自身不存在任何过错，雇员可以向雇主或者第三人请求全额赔偿。如果雇主向雇员赔偿了全部损失，基于雇主和第三人的赔偿数额相同，雇主可以向第三人全额追偿。（2）雇主存在一般过失而第三人完全过错。根据《人身损害赔偿解释》第 2 条的规定，在侵权人完全过错、雇员一般过失的情况下，赔偿义务人的赔偿责任不得减轻。此时，雇员在向雇主或者第三人请求赔偿时，第三人和雇主需全额赔偿雇员的各项损失，且不得以雇员存在一般过失进行抗辩。当雇主全额赔偿雇员后，其可向第三人全额追偿。（3）第三人存在一般过错且雇员存在一般过失。在该情形下，应该理顺两种关系，即雇员和侵权第三人之间存在一般侵权关系，适用的是过错责任原则；雇员与雇主之间是基于法律规定的特殊侵权关系，适用的是无过错责任。在前者关

---

① 赵听：《雇员重大过失行为的认定》，载《人民法院报》2010 年 11 月 18 日，第 6 版。

系中，雇员的一般过失可以减轻第三人的赔偿责任，也即可以适用过失相抵原则；在后者关系中，因为雇主承担无过错责任，过失相抵原则不适用雇员一般过失的情况，雇主的赔偿责任也不得减轻，雇员受到的人身伤害应由雇主全部承担，雇主和第三人在对雇员赔偿数额上就可能存在不一致的情况，这时候第三人和雇主都是最终承担责任的主体。（4）雇员存在故意或重大过失而第三人一般过错。在此种情形下，无论是第三人与雇员之间的一般侵权关系，还是雇主与雇员之间的特殊侵权关系，此时均可适用过失相抵原则。雇主或者第三人均可以雇员存在故意或重大过失为由，减轻自己的赔偿责任。当雇主向雇员承担了相应的责任后，其向第三人追偿时，第三人可以提出仅在自己过错范围内承担赔偿责任的抗辩，此时雇主需要自行承担超出追偿范围之外的数额。所以，在第三人过错、雇员重大过失或者故意的情况下，雇主、雇员和第三人都将是最终的责任主体。

7 如何适用工伤保险与民事损害赔偿机制？

解答：《人身损害赔偿解释》第 12 条规定："依法应当参加工伤保险统筹的用人单位的劳动者，因工伤事故遭受人身损害，劳动者或者其近亲属向人民法院起诉请求用人单位承担民事赔偿责任的，告知其按《工伤保险条例》的规定处理。因用人单位以外的第三人侵权造成劳动者人身损害，赔偿权利人请求第三人承担民事赔偿责任的，人民法院应予支持。"

本条是关于工伤保险和民事损害赔偿之间的关系规定。

工伤事故是现代社会无法避免的一个问题。由于工伤事故侵害了劳动者的人身权（生命权或健康权、身体权）对受害人的救济无疑属于侵权责任法的使命之一。早期对工伤事故损害的救济，就是通过侵权责任法来实现的。工伤事故责任属于侵权损害赔偿责任之一种，受害人可以依照侵权责任法的规定就其因工伤事故遭受的人身损害请求侵权损害赔偿。但这种救济方式存在诸多局限性：受害人面临举证（雇主的过错）不能和执行不能的风险、诉讼过程漫长且成本高昂、适用过失相抵等规则会使得受害人获得的赔偿大打折扣。随着工伤事故的增多，国家为了保护劳动者的利益便设立了工伤保险制度，但是由此也产生了关于工伤保险与民事损害赔偿机制之间适用关系的障碍，这两种赔偿责任或者说受害人可能享有的双重赔偿请求权的关系如何、在我国现行法律制度下行政部门和司法部门如何适用相关的法律、受害人应该如何正确行使自己的权利以及未来的相关法制如何构建与理解，诚值思考。

根据该条司法解释，劳动关系中的劳动者因工伤事故遭受人身损害，应当按照国务院《工伤保险条例》的相关规定请求工伤保险赔偿，而不能直接对用人单位提起人身损害赔偿的民事诉讼。即使用人单位没有给劳动者建立工伤保险关系，只要用人单位依法应当参加工伤保险统筹的，就应当适用《工伤保险条例》予以赔偿，劳动者或其近亲属对此有异议的，属于劳动争议案件，不属于普通的民事侵权赔偿案件，应当首先向劳动争议仲裁委员会申请仲裁，对仲裁决定不服的，才可以向人民法院提起诉讼。当劳动者的损害是用人单位以外的第三人侵权所造成的，劳动者可以直接对第三人请求民事损害赔偿，这属于普通的民事侵权赔偿。

（一）工伤保险赔偿的内涵

所谓工伤保险赔偿，一般指用人单位应当为其职工建立工伤保险关系，一旦发生工伤事故则由保险机构对受害人予以赔偿，用人单位不再承担工伤事故的民事赔偿责任。[①] 以工伤保险的方式赔偿工业事故和职业病受害人的人身损害，具有十分明显的优势：受害人（或其近亲属）可以迅速获得赔偿，受害人和雇主都可以避免费事费钱的民事诉讼程序，不因受害人的一般过失而减少赔偿金等。

对工伤事故损害的救济制度经历了从民法到劳动法（社会保障法）的发展阶段，工伤事故社会保险得到普遍的推行。为克服工伤事故雇主责任保险的不足，工伤保险逐渐走向社会化的方式，并形成了工伤事故社会保障制度。工伤保险制度通过法定的形式，规定工伤的判断标准、工伤等级以及每级应享受的待遇。而工伤待遇的特点就是，通过测算出一个补偿标准，再套上法定的、具体的计算公式，以适用于所有工伤受害人。工伤待遇的计发根本不考虑单位、职工和第三人的主观过错。一旦发生工伤事故就按照工伤保险法的规定直接进行工伤损害填补，而不需要像私法那样维持相当高的成本。[②] 此时，工伤事故责任便实现了与传统民法的分离，成为社会保障法的一个部分。对工伤事故的救济经历了从民事侵权责任到劳工补偿再到社会保障的过程，工伤事故责任制度也经历了从民法到社会保障法的发展历程。英国著名社会保险法专家奥加斯将工伤保险制度诞生的原因归纳为四点：一是传统

---

① 最高人民法院民事审判庭编著：《最高人民法院人身损害赔偿司法解释的理解与适用》，人民法院出版社 2004 年版，第 189 页。

② 周开畅：《论工伤保险与民事赔偿的法律适用》，华东政法学院硕士学位论文 2004 年 4 月，第 23 页。

侵权体系对于工伤赔偿的局限；二是工会权力的强大；三是社会对于工伤事故频频发生的关注；四是劳动者康复和生活保障以及鼓励产业安全的需要。[①] 工伤保险制度建立的初衷就是为了弥补原有侵权损害赔偿制度的不足，原有侵权损害赔偿制度的缺陷就是工伤保险制度产生的根本原因。

（二）赔偿的项目和标准

确定工伤保险待遇的主要依据是《工伤保险条例》，确定人身损害赔偿的主要依据是最高人民法院本条司法解释。依据这两项规定，工伤保险待遇与人身损害赔偿的具体项目（名称不尽相同）与标准虽然有些是完全相同的（如丧葬费），有些是基本相同但稍有区别（如医疗费、交通费、住宿费、住院伙食补助费、康复和继续治疗费、残疾辅助器具费），但总体而言二者的差别是较大的，主要体现在：

一是残疾赔偿。工伤保险待遇中一次性伤残补助金标准是根据伤残等级不同分别发给6—24个月的本人工资。一级至六级伤残的同时按月支付伤残津贴，标准为本人工资的60%—90%；五级至十级工伤职工与用人单位终止或解除劳动关系的，还应当发放一次性工伤医疗补助金和伤残就业补助金。这两项补助合并计算，其标准为按照所在统筹地区最后一次公布的人口平均预期寿命与解除或者终止劳动关系时年龄之差和统筹地区上年度职工月平均工资为基数计算。根据不同的伤残等级，一级至五级，每满1年发给0.3—1.4个月，其中，五级至六级最低按30个月支付，七至八级最低按20个月支付，九级至十级最低按10个月支付。患职业病的工伤职工在上述标准的基础上增发30%。人身损害赔偿对残疾赔偿金的规定，主要是根据受害人丧失劳动能力程度或者伤残等级，按照受诉法院所在地上一年度城镇居民人均可支配收入或者农村居民人均纯收入标准，自定残之日起按20年计算。但60周岁以上的，年龄每增加1岁减少1年；75周岁以上的，按5年计算。受害人因伤致残但实际收入没有减少，或者伤残等级较轻但造成职业妨害严重影响其劳动就业的，可以对残疾赔偿金作相应调整。超过确定的残疾赔偿金给付年限，赔偿权利人向人民法院起诉请求继续给付残疾赔偿金的，继续给付相关费用5—10年。以定期金方式给付的，按照赔偿权利人的实际生存年限给付，不受本解释有关赔偿期限的限制。

二是死亡赔偿。工伤保险待遇中一次性工亡补助金标准为48—60个月的统筹地

---

① 钟明钊主编：《社会保障法律制度研究》，法律出版社2000年版，第263页。

区上年度职工月平均工资。人身损害赔偿对死亡赔偿金的计算则是按照受诉法院所在地上一年度城镇居民人均可支配收入或者农村居民人均纯收入标准，按 20 年计算；但 60 周岁以上的，年龄每增加 1 岁减少 1 年；75 周岁以上的，按 5 年计算。后者标准明显高于前者。

三是被扶养人生活费。工伤保险待遇只有在工伤职工死亡时才支付被扶养人生活费，人身损害赔偿则在受害人伤残和死亡时均有该赔偿项目。而且，二者在具体标准上也是不同的：工伤保险待遇中，按照职工本人工资的一定比例发给由因工死亡职工生前提供主要生活来源、无劳动能力的亲属供养亲属抚恤金，标准为配偶每月 40%，其他亲属每人每月 30%，孤寡老人或者孤儿每人每月在上述标准的基础上增加 10%；核定的各供养亲属的抚恤金之和不应高于因工死亡职工生前的工资。人身损害赔偿中被扶养人生活费按照受诉法院所在地上一年度城镇居民人均消费性支出和农村居民人均年生活消费支出标准计算：被扶养人为未成年人的，计算至 18 周岁；被扶养人无劳动能力又无其他生活来源的，计算 20 年。但 60 周岁以上的，年龄每增加 1 岁减少 1 年；75 周岁以上的，按 5 年计算。被扶养人有数人的，年赔偿总额累计不超过上一年度城镇居民人均性支出额或者农村居民人均年生活消费支出额。以定期金方式给付的，按照赔偿权利人的实际生存年限给付，不受本解释有关赔偿期限的限制。

四是赔偿基数。工伤保险待遇中，本人工资是指工伤职工因工作遭受事故伤害或者患职业病前 12 个月平均月缴费工资。本人工资高于统筹地区职工平均工资 300%的，按照统筹地区职工平均工资的 300%计算；本人工资低于统筹地区职工平均工资 60%的，按照统筹地区职工平均工资的 60%计算。人身损害赔偿中所称城镇居民人均可支配收入、农村居民人均纯收入、城镇居民人均消费性支出、农村居民人均年生活消费支出、职工平均工资，按照政府统计部门公布的各省、自治区、直辖市以及经济特区和计划单列市上一年度（指一审法庭辩论终结时的上一统计年度）相关统计数据确定。赔偿权利人举证证明其住所地或者经常居住地城镇居民人均可支配收入或者农村居民人均纯收入高于受诉法院所在地标准的，残疾赔偿金或者死亡赔偿金可以按照其住所地或者经常居住地的相关标准计算。可见，工伤保险主要以设区的市的统计数据为准，人身损害赔偿主要以省级的统计数据为准，这在经济较发达和经济欠发达的地级市的赔偿数额上会有较大出入。

五是特有项目。人身损害赔偿中，营养费、丧事相关费用/损失（受害人亲属办理丧葬事宜支出的交通费、住宿费和误工损失等其他合理费用）和精神损害赔偿等赔偿项目都是工伤保险待遇所没有的。

从总体上来看，人身损害赔偿的范围比工伤保险待遇更为宽泛，主要体现在非物质损失的精神损害赔偿部分。学者大多认为，侵权行为损害赔偿之数额多高于劳灾补偿即工伤保险待遇。这一点在死亡赔偿金和一次性工亡补助金的标准上体现的差距最为明显。但是这并非绝对，在伤残的场合，工伤保险待遇多出了一次性工伤医疗补助金和伤残就业补助金的项目，人身损害赔偿则必须考虑城镇居民人均可支配收入和农村居民人均纯收入标准的差距，再加上精神损害赔偿数额的不确定性，二者赔偿数额的高低需要进一步地具体计算后方能确定。

（三）我国现行的工伤赔偿模式

首先，工伤保险赔偿与侵权赔偿二者不具有互相取代性。工伤保险的目的在于为社会成员提供最基本的生活保障，其保险范围并不以构成侵权责任为前提。在我国，鉴于社会保障体制不健全，对于见义勇为等公益活动的人身伤害救济不足，国家也将这一部分纳入工伤救济范围。设立工伤保险制度的目的是使劳动者获得更充分、全面的保护。而侵权损害赔偿的目的是使受害人得到补偿，让加害人承担责任。仅从赔偿上说，工伤保险赔偿与侵权损害赔偿也有差别。工伤保险赔偿标准与人身损害赔偿司法解释的赔偿存在较大差别，综合起来为：其一，普通人身损害赔偿的赔偿范围大一些，有些项目是工伤保险给付所没有的，尤其是工伤保险待遇不明确包括非财产上损害赔偿、营养费、整容费等；其二，工伤赔偿的许多项目之赔偿标准十分具体而且缺乏弹性，而普通人身损害赔偿的相当多项目之赔偿标准具有较大的弹性或可选择性；其三，一些相同的赔偿项目，依据工伤保险给付计算出来的赔偿数额较低，而依据普通人身损害赔偿标准计算出来的赔偿数额则较高。综合观察，普通人身损害赔偿的赔偿范围较宽泛、赔偿标准较高、赔偿的金额较大。[①] 如果以工伤保险取代侵权损害赔偿，则劳动者会因为工伤保险而不能获得全面的救济。同时，设立工伤保险制度，可以促使从事大规模生产的用人单位对劳动者履行更重的保护义务，且他们也有能力履行这种保护义务。而如果工伤保险取代侵权责

---

① 张新宝：《工伤保险赔偿请求权与普通人身损害赔偿请求权的关系》，载《中国法学》2007 年第 2 期；董保华等：《社会保障的法学观》，北京大学出版社 2005 年版。

任，则用人单位比一般雇主承担的责任反而要轻，这也违反了制度设计目的。另外，从工伤保险与侵权损害赔偿的作用上看，二者也是不同的。侵权损害赔偿之诉中，受害人只能获得损害赔偿，而在工伤保险中劳动者除了可以获得损害赔偿外，还可以获得人身性待遇，即在工伤医疗期内，一般不得解除、终止劳动合同关系；患职业病或者因工负伤并被确认丧失或者部分丧失劳动能力的，用人单位一般不得解除劳动合同；职工因工致残被鉴定为五级、六级伤残的，经工伤职工本人提出，该职工可以与用人单位解除或者终止劳动关系；职工因工致残被鉴定为七级至十级伤残的，劳动合同期满才可以终止，或者职工本人提出解除劳动合同。这些人身性待遇，是民事赔偿制度所不能给予的。① 可见，侵权之诉着眼于一次事故创伤之愈合，而工伤保险则是在维持劳动关系的大背景下考虑赔偿范围的，除了损害赔偿外，还势必涉及劳动关系的维持等问题。这也顺便证明了工伤保险赔偿范围不可能与侵权损害赔偿的范围一致。

相对于民事损害赔偿而言，工伤保险具有特殊的优点：工伤保险实行用人单位无过错责任，并且不考虑劳动者是否有过错，只要发生工伤，工伤保险经办机构就应给予全额赔偿。民事侵权考虑受害人自身是否存在过失，实行过失相抵，即根据受害人过失程度相应减少赔偿数额。此外，工伤保险实行社会统筹，有利于受害人及时获得充分救济；企业参加工伤保险，分散了赔偿责任，有利于企业摆脱高额赔付造成的困境，避免因行业风险过大导致竞争不利；工伤保险还有利于劳资关系和谐，避免劳资冲突和纠纷。用人单位通过缴纳保险费的方式承担责任，对用人单位和劳动者双方都有利。

相较于侵权损害赔偿，工伤保险最核心的功能在于对受害人的补偿功能和对企业的免责功能。② 而传统观点认为，补偿功能和惩戒功能是侵权责任的两大主要功能。侵权法通过责令责任人支付侵权赔偿的方式威慑行为人，使之采取更谨慎的行动，从而达到预防事故发生的作用。从表面上来看，责令有过错的责任人支付侵权赔偿，既实现了对受害人的赔偿，同时也是对责任人的一种惩戒，使侵权法的补偿功能和惩戒功能相得益彰，可谓是一举两得。但实际上，就像刑罚不能完全预防犯罪行为发生一样，民事责任制度对不法行为的惩戒和遏制作用具有相当的局限

---

① 周开畅：《理顺“工伤保险和民事赔偿关系”应澄清几个问题》，载《中国劳动》2006 年第 11 期。
② 张新宝：《工伤保险赔偿请求权与普通人身损害赔偿请求权的关系》，载《中国法学》2007 年第 2 期。

性，因而其预防事故发生的作用是十分有限的。具体原因为：第一，因为传统侵权法的威慑作用是通过支付侵权赔偿的方式来实现的，因此其发生作用的前提是侵权人实际承担责任，如果责任人根本没有支付赔偿的能力，侵权人根本不可能实际支付赔偿，则支付赔偿就不能对其发生任何威慑作用。第二，侵权赔偿的金额是按照造成损害的大小，而不是按照过错程度决定的，严重的过错可能只造成很小的损害，从而只产生很小的赔偿责任，如果虽有过错但没有造成损害，行为人就不必承担责任，损害赔偿与过失的程度并不具有等比例的关系。[①]第三，由于侵权诉讼之累，起诉率是很低的，许多事故根本没有进入侵权诉讼系统，侵权责任对这些事故也没有预防作用。第四，和其他事故预防机制相比，侵权责任并不能明确地指示人们应该做什么，或者不应该做什么，不能提供指导人们避免事故的具体措施，这也是其预防作用的局限。第五，侵权责任威慑作用的发生是以事故的发生可以由人的意志控制，在实施行为时有选择的余地为条件的。但现代社会事故发生的原因多种多样，而且具有复杂化的趋势，有些事故的发生并不能由人控制，人们在事故发生时，根本没有选择的余地。在这种情况下，侵权责任的威慑作用也无从发挥。

在中国境内的企事业单位和个体工商户都要参加工伤保险统筹，为劳动者缴纳工伤保险费。违法不缴纳保险费的，发生工伤事故，要按照《工伤保险条例》的规定承担给付工伤职工相应保险待遇的责任。《人身损害赔偿解释》根据《工伤保险条例》等相关法规规定，并征求国务院法制办以及劳动和社会保障部的意见，对工伤保险与民事损害赔偿的关系按照混合模式予以规范。混合模式的实质，就是在用人单位责任范围内，以完全的工伤保险取代民事损害赔偿。但如果劳动者遭受工伤，是由于第三人的侵权行为造成的，第三人不能免除民事赔偿责任。例如，职工因工出差遭遇交通事故，工伤职工虽依法享受工伤保险待遇，但对交通肇事负有责任的第三人仍应当承担民事赔偿责任。

2011 年 7 月 1 日起施行的《中华人民共和国社会保险法》第 42 条规定：由于第三人的原因造成工伤，第三人不支付工伤医疗费用或者无法确定第三人的，由工伤保险基金先行支付。工伤保险基金先行支付后，有权向第三人追偿。从该条款的内容来看，由于第三人的原因造成工伤，受伤职工可以按照侵权责任法向肇事方请

---

① 童贵文：《从责任保险看侵权法的危机与发展趋势》，华东政法学院硕士学位论文（2004 年 4 月），第 14-15 页。

求民事侵权赔偿，也可以按社会保险法请求享受工伤保险待遇。除了工伤医疗费用外，对于工伤保险基金支付的其他工伤保险待遇，不能向侵权的第三人追偿，即工伤保险基金应当支付除工伤医疗费外的工伤保险待遇，但不能从侵权第三人处获得填补。《中华人民共和国社会保险法》并没有否定双重赔偿，而是采取了大部分兼得模式，即除医疗费之外，工伤职工的其他民事赔偿和工伤待遇可全部兼得。之所以说是大部分兼得模式，是因为实际发生的医疗费用是明确的，且费用凭证只有一份，因此对于工伤医疗费用职工只能享受一次补偿。但它只对医疗费支付进行了追偿权规定，对医疗费之外的工伤保险待遇仍然没有规定。由此，对因第三人侵权造成的工伤在社会保险基金支付工伤保险待遇后能否向第三人追偿，该法没有涉及。

根据目前立法来看，因第三人侵权赔偿与工伤保险赔偿目前在法律上是并行不悖的，一个属于私权范畴，另一个属于公权范畴（或社会法范畴），二者性质不同，也不能相互替代，正如工伤保险和商业保险不能相互替代一样。基于工伤事故的发生，劳动者与用人单位之间形成工伤保险赔偿关系；基于侵权事实的存在，受伤职工与侵权人之间形成侵权之债的法律关系。侵权成立与否，与被侵权人是否获得工伤保险赔偿无关，即使用人单位已经给予受伤职工工伤保险赔偿，也不能免除侵权人的赔偿责任。所以，因第三人侵权造成劳动者人身损害，构成工伤的，劳动者有权向用人单位主张工伤保险赔偿，同时还有权向侵权人主张人身损害赔偿，即有权获得双重赔偿。在这种情形下，用人单位和侵权人应当依法承担各自所负的赔偿责任，不因受伤职工先行获得一方赔偿而免除或减轻另一方的责任。

疑难问题

注意本单位侵权与第三人侵权的区别对待。工伤事故如果涉及民事侵权，那么可以分为两种情况：第三人侵权的工伤事故（如交通事故引起的工伤）和本单位造成的工伤事故（实践中大量存在的都是这类事故）。对于这两类工伤事故要区别对待。

鉴于劳动关系的特殊性（平等性兼隶属性、人身性兼财产性），[1] 我国立法和司法实践中将劳动争议视为特殊的法律领域，并规定劳动争议的强制性的仲裁前置程序，在处理劳动争议案件时，一般只适用劳动法律、法规，实行一裁二审。并

---

① 董保华：《劳动法论》，世界图书出版公司1999年版，第51页。

且，我国的民事法律没有明确规定工伤待遇纠纷属于民事侵权赔偿纠纷，适用民事诉讼程序。在本单位侵权的情况下，职工只能得到工伤保险待遇，而一般不能再提起民事侵权赔偿请求，即使提起了，法院一般予以驳回或者不予支持。

对于第三人侵权，就会产生第三人和本单位的责任竞合问题，依据《工伤保险条例》的规定，对于因道路交通事故或者因履行职责而造成的人身伤害，如果被认定为工伤，那么就应该先按照民事法律进行索赔，不足部分（低于工伤保险待遇的）再由工伤保险基金补足差额。对于工伤职工索赔有困难的，企业和工伤保险经办机构应当帮助其追偿，获得赔偿前可以垫付有关医疗、津贴等费用。对由于侵权者逃逸或其他原因，受伤害职工不能获得民事赔偿的，企业或者工伤保险经办机构应给予工伤保险待遇。

8 义务帮工人致人损害是否应当由被帮工人承担民事责任？

解答：《人身损害赔偿解释》第13条规定："为他人无偿提供劳务的帮工人，在从事帮工活动中致人损害的，被帮工人应当承担赔偿责任。被帮工人明确拒绝帮工的，不承担赔偿责任。帮工人存在故意或者重大过失，赔偿权利人请求帮工人和被帮工人承担连带责任的，人民法院应予支持。"

本条是关于帮工人责任的规定。

帮工现象在我国的大部分地区尤其是农村地区普遍存在，在此过程中不可避免地就会出现人身伤害问题，这就涉及到帮工责任。义务帮工损害赔偿问题，因其个案特殊性及司法解释的一般原则性，加之法官自由裁量权大量运用，导致司法实践中裁判结果不尽相同。帮工关系如何认定的问题，帮工责任与雇主责任区分的问题，明确拒绝证明责任的问题，帮工无偿性如何认定的问题，连带责任怎么承担和追偿权如何行使的问题，什么情况下适用无因管理的情形，如何正确适用公平责任的问题，补偿责任如何适用和能否行使追偿权的问题，受害人与被帮工人系同一人如何处理，作为享受帮工利益的被帮工人是否应当对帮工人在帮工行为中对第三人造成的损害承担一定的责任，帮工人与被帮工人的主观意思是否会对责任的分担产生影响，这些问题在司法裁判实践中产生较多的争议，需要在审判实务中结合实际案情，不可采取一刀切的做法，应具体问题区别对待，对于各种责任的界定与明确对于社会关系的稳定具有重要的作用，从而更好地体现司法公平公正的价值内涵。

对该条文进行字面理解：第一，一般情况而言，帮工人在帮工活动中致人损害的，由被帮工人承担赔偿责任，因为帮工人是为被帮工人无偿提供劳务的人，帮工人是不领取报酬的，或处于亲朋好友的情分来帮忙，被帮工人是受益人，从帮工活动中有所获得，因此当帮工人在帮工活动中致人损害时，应当由被帮工人承担赔偿责任。第二，被帮工人明确拒绝帮工的，不承担责任。只有在被帮工人明确表示拒绝，而帮工人仍然坚持参加帮工活动时，被帮工人不承担责任，在此之所以被帮工人不承担责任主要是因为被帮工人拒绝帮工在主观上没有过错。第三，被帮工人在帮工活动中受益是有限的，不能要求被帮工人对帮工人的所有侵权行为都承担赔偿责任，如果帮工人自身对侵权行为存在故意或者重大过失的，应当与被帮工人共同对受害人承担连带赔偿责任。

（一）帮工责任在我国现行立法体系中的规定

本条司法解释对帮工责任进行了明确的规定，但是在司法审判实践中，关于是否应当适用《中华人民共和国侵权责任法》第 35 条关于劳务责任的规定仍然有争议。《中华人民共和国侵权责任法》第 35 条规定当个人与个人形成劳务关系时，劳务提供方因职务行为造成第三人受到损害时，该侵权赔偿责任由劳务接受方承担。对于该条文中个人形成劳务关系的不同理解，直接导致了对于该条文是否包含帮工责任的不同看法。从《中华人民共和国侵权责任法》的结构体例上看，第 34 条规定的是用人单位或劳务派遣单位的责任，即纠纷的双方是单位与其工作人员，是单位雇佣个人。按此逻辑，接下来第 35 条规定的当然是个人雇佣个人的情形，且上述两条文都是有偿的，这样更符合法律条文的逻辑结构。因此综上所述，《中华人民共和国侵权责任法》并没有对帮工责任有所规定，关于帮工责任的确定还是以本条司法解释为主。

（二）帮工关系的概念

帮工是指为了满足被帮工人生产或生活方面的需要，没有法定或者约定的义务，不要求任何形式的直接报酬或其他对等给付，为他人的事务无偿提供劳务，并使被帮工人获利的行为。而义务帮工关系，是指没有法定或者约定的义务，不要求任何形式的直接报酬或其他对待给付，为他人的事务提供帮助[①]而发生的一种社会关系。对于帮工人来说，这种劳务是自愿的、无偿的；对于被帮工人来说，其没有

---

① 张新宝：《人身损害赔偿案件的法律适用》，中国法制出版社 2004 年版，第 218 页。

明确拒绝或者欣然接受这种劳务，并且通过劳务可以为被帮工人带来一定的利益。通常来说，这种劳务都是临时性的、短期的，并且带有一定的互助性质。帮工的产生方式主要有以下两种：其一是非预先协议式，即帮工人主动向被帮工人提供劳务，其并没有接到被帮工人的事先邀约，而是自己主动去帮工，而被帮工人也没有明确地拒绝其帮工行为的帮工形式；其二是特定的邀约承诺式，即被帮工人事先向自己想要邀请来帮工的特定的人提出请求，请求其给予自己帮工，被邀请的特定帮工人答应邀约，从而双方达成意思一致而形成的帮工形式。在第二种帮工产生方式的情况下，由于帮工双方的关系都比较熟悉，不是邻里关系就是亲戚朋友，所以达成的一般都是口头协议，很少有书面协议的形式。帮工的形式也可以有多种，既可以是帮工人直接到被帮工人的工作场所，提供单纯的劳务的形式，也可以是帮工人既自带帮工所需的设备和工具，同时也提供相应的劳务的形式。

帮工关系具有如下特征：

第一，帮工关系具有双方性。在帮工关系产生的第一种方式中，当帮工人主动向被帮工人提出帮工时，被帮工人如果欣然接受或者不明确拒绝时，帮工双方即达成了意思一致，此时帮工关系成立。这种情况下只有当被帮工人明确地拒绝帮工人的帮工时，帮工关系才不成立；而在帮工关系产生的第二种方式中，因为是被帮工人主动邀约帮工人进行帮工活动，所以当被邀约的特定帮工人答应帮工时，双方即达成了意思一致，从而形成帮工关系。因此，无论是以何种方式产生的帮工关系，帮工双方的意思一致都是帮工关系的特征。

第二，帮工关系具有无偿性。帮工是指个人主动或者受邀无偿为他人提供劳务，这就从根本上决定了帮工关系的无偿性。同时被帮工人与帮工人之间特殊的身份关系，如邻里之间、亲戚朋友等，大家按照当地的风俗习惯进行帮工，也决定了被帮工人不向帮工人支付报酬，而是一种互帮互助、助人为乐的行为。我们应该从当地的风俗习惯、大众的一般社会观念以及双方是否以对价劳动来交换等方面判断有偿还是无偿。在我国的很多农村地区，被帮工人为了表示对帮工人的感谢，在帮工活动过程中或者帮工活动结束后，往往会通过送红包、赠予农家土特产，或者通过烟酒、饭局等形式向帮工人表示感谢，这些都是由当地的风土人情所形成的习惯做法，我们不能由此就判定帮工行为是有偿的。另外，对于换工这种农村常有的现象，我们不能一概认定其是有偿的。只有当换工人双方明确地规定了具体的劳动时间和双方互相给予相等的劳动量等，这些能够明确体现等价有偿的原则的内容时，我们才能认为是有偿的。如果无偿地为他人提供劳务是由于负有法律上应尽的义务或者是受雇主或者单位的指派而为之，则不能算作帮工行为，应该排除在外。

第三，帮工关系具有身份性、短期性和互助性。帮工关系一般是发生在邻里之间、亲戚族人或者是朋友同事这些具有特殊身份关系的人之间的活动，很少发生在陌生人之间，因此具有一定的身份性；帮工行为的发生是由于被帮工人家里遇到一些诸如建造房屋或者婚丧嫁娶等大事，人手不够的情形下，因此一般都具有临时性、短期性的特征；另外，帮工人为被帮工人自愿无偿地提供劳务，往往是由于受到我们长期以来形成的互帮互助、助人为乐的善良风俗的影响，同时当帮工人家里需要帮助时，被帮工人也会毫不犹豫地向其提供帮工。帮工人无偿提供劳务的目的并不是追求所谓的经济价值，而是由于受感情和道德等因素的影响，其追求的是社会价值，体现的是助人为乐的道德风尚，所以说帮工关系具有互助性。

第四，帮工关系具有单务性，帮工关系中被帮工人不需要给予帮工人以报酬。在帮工活动过程中或者帮工活动结束后，以烟酒、饭局或者给予一定的礼物等表示谢意的情况，只是由于当地的风俗习惯从而形成的行为准则，并不是被帮工人的法定义务。因此可以看出帮工关系具有单务性的特征。

第五，帮工关系具有独立性。帮工关系的独立性是指帮工关系中的被帮工人和帮工人之间没有人身依赖性和隶属性，这是帮工关系和雇佣关系的区别之一。虽然在帮工活动中，帮工人要按照被帮工人的意思完成帮工活动，但是他们之间的这种关系根本不同于雇主对雇员的支配权。他们之间不存在支配与被支配的关系，而是一种为了达到工作目标，帮工人和被帮工人之间的协作关系，因此具有相当大的独立性。

（三）帮工关系的判断标准

我们在司法实践中，应该采用主客观相统一的原则，既要同时考虑帮工人和被帮工人的意思也要从外在表现形式来考察此劳务活动是否为帮工活动，从而确定帮工关系。采用主客观相统一的判断标准，不仅主观上尽量尊重当事人双方的真实意思，而且在客观上也具有可操作性，从而公正公平地限定当事人双方的关系，明确责任的归属，体现司法公正。

在司法审判实践中，对于帮工关系的认定经常与雇佣关系产生混淆。雇佣活动是指在一定时期内，受雇人按照雇佣人的指示，向其提供劳务，并且按照双方的约定领取相应的报酬，雇佣关系就是在受雇人与雇佣人之间形成的权利义务关系。当雇佣人是个人的情况下，帮工关系与雇佣关系就有很大的相似之处。如两者都是一方为另一方提供劳务的形式；提供劳务的一方在从事劳务的过程中，要按另一方的意思来完成；都是为了另一方的利益所进行的劳务活动，从外观上看两者没有什么区别。但是究其根本，雇主责任中损害事实的发生是由于雇员执行雇主意志造成的，不是雇员按照自己的意愿行为造成的结果，也不是雇员接受雇主的授权所致，所以造成的损害赔偿责任应当由雇主承担。

二者之间的区别主要有以下几点：第一，从控制力上来看，帮工关系中帮工双方的地位是平等的，虽然帮工人要按照被帮工人的意思完成帮工活动，但是其所受到的约束远远小于雇佣关系中雇佣人对于受雇人的约束和管理；在雇佣关系中，雇佣双方的地位是不平等的，双方存在一定的隶属关系，雇佣人可以通过制定一系列的规章制度实现其对受雇人的监督管理，而且受雇人必须完全按照雇佣人的要求完成其工作。第二，按照我国的法律规定来看，帮工活动是无偿的，而雇佣活动是有偿的。我国《劳动合同法》和《劳动法》中都规定：劳动报酬是劳动合同必须具备的条款，如果允许无偿的雇佣关系存在，会为雇主恶意拖欠工资提供法律依据。同时，从帮工人和受雇人的角度出发，帮工人从事帮工活动是出于道义、情感上的因素，体现了助人为乐的精神，其主观目的是为了增进感情，而不是为了经济利益，但是受雇人通常是为了追求劳动报酬才去从事雇佣活动。第三，从双方的熟识程度来看，帮工关系双方往往是相互认识的左邻右舍、亲朋好友，而雇佣关系双方往往没有这一特殊的身份属性。第四，从持续时间上来看，帮工关系大多是临时性的、短期的、一次性的，而雇佣关系却是持久的、长期的。第五，从责任认定的范围来看，对帮工行为的界定比对雇员的职务行为的界定范围要小。按照本司法解释第 9 条的规定，只要雇员的行为表现形式是履行职务或者与履行职务有内在联系，即使超出授权范围，仍认为其属于雇佣行为，由此所产生的后果仍要由雇主承担。而在帮工关系中，由于我们对帮工关系的判断标准采取主客观相统一的标准，所以当帮工人不是按照被帮工人的要求而为的行为时，责任自负。

（四）义务帮工责任的责任性质

确定侵权责任的承担时，要充分考虑我国的经济发展条件、民族文化传统以及司法实践的实践情况，应尽可能地平衡各方当事人的利益。[①] 从本条司法解释的规定来看，规定帮工人有重大过错的也承担责任，体现了侵权法最基本的原则即过错责任原则，只有这样规定才能约束帮工人尽职尽责，忠于职守，达到帮工活动的目的和初衷，尽到一般人的普通注意义务，促进社会进步。

根据本条司法解释，在法条列明的三种情形中，应当认识到帮工人与被帮工人承担的是三种不同的责任。

1. 替代责任型的帮工致人损害赔偿责任。替代责任，是指责任人为他人的行为和为他人之行为以外的自己管领下的物件所致损害负有的侵权赔偿责任。替代责任的基本特征，就是责任人与致害的行为人和致害物相分离，承担责任的责任人并不是造成损害的行为人，致害物造成损害也不是在责任人的意志支配之下。[②] 替代责任的法律特征主要有三点：一是责任人与致害行为人或致害物相分离；二是责任人为致害人或致害物承担责任须以他们之间的特定关系的存在为前提；三是责任人为赔偿义务主体承担赔偿责任。构成侵权替代责任，应当具备三个条件：第一，替代责任人与致害人或致害物之间须有特定关系，在责任人与致害人之间，表现为隶属、雇佣、劳动、代理等身份关系，在责任人与致害物之间，必须具有管领或者支配的关系；第二，替代责任人应处于特定的地位，即替代责任人在其与致害人或致害物的特定关系中所处的带有支配性质的地位；第三，致害人和致害物应处于特定状态。替代责任的具体赔偿关系，分不可追偿的替代责任和可以追偿的替代责任。不可追偿的替代责任指责任人承担赔偿责任以后，并无追偿因赔偿损失而造成的损失的对象，即责任完全由责任人自己承担的替代责任。可以追偿的替代责任是指由于具备一定的条件而使责任人产生追偿权。

替代责任型的帮工致人损害赔偿责任是指被帮工人对帮工未明确拒绝，帮工人从事帮工活动致人损害，而且帮工人对损害不存在故意或重大过失时，被帮工人所应当承当的帮工致人损害的人身损害赔偿责任。称这种责任为替代责任型的帮工致人损害的人身损害赔偿责任，是因为对于损害由被帮工人替代承担。[③] 理由为：一

---

① 最高人民法院民事审判庭编著：《最高人民法院人身损害赔偿司法解释的理解与适用》，人民法院出版社 2004 年版，第 207 页。

② 杨立新：《新类型侵权行为的责任形态及其规则——对最高人民法院有关人身损害赔偿的司法解释的解读》，载《政法学刊》2005 年第 22 卷第 3 期。

③ 陈现杰：《最高人民法院人身损害赔偿司法解释精髓诠释》（下），载王利明：《判解研究》，人民法院出版社 2004 年第 4 期。

是被帮工人对帮工未明确拒绝，因帮工利益归被帮工人享有，根据利益与风险相一致的原则，被帮工人对帮工人帮工活动致他人损害应当承担替代责任；二是被帮工人对帮工未明确拒绝，被帮工人与帮工人之间就产生了一种类似于雇主与雇员的特定关系，对帮工人致人损害承担替代责任符合雇主责任的规则；三是帮工人的活动处于特定状态，即从事帮工活动，其行为是为被帮工人利益考量。另外，在被帮工人对受害人承担了人身损害赔偿责任后，不能向帮工人进行追偿。因为帮工人提供帮工是无偿的，而且其从事帮工活动导致他人的人身损害至多是一般过失，如果帮工人有故意或重大过失时，就不再是替代责任型的帮工致人损害的人身损害赔偿责任，而是连带责任型的帮工致人损害的人身损害赔偿责任。所以，不能让帮工人最后承担责任，责任应当由被帮工人终局地承担，被帮工人对帮工人不享有追偿权。

2. 连带责任型的帮工致人损害赔偿责任。连带侵权责任，是指受害人有权向共同侵权人或共同危险行为人中的任何一个人或数个人请求赔偿全部损失，而任何一个共同侵权人或共同危险行为人都有义务向受害人负全部的赔偿责任；共同加害人中的一人或数人已全部赔偿了受害人的损失，则免除其他共同加害人向受害人应负的赔偿责任。因此，共同侵权的连带责任是对受害人的整体责任，受害人有权请求共同侵权行为人或共同危险行为人中的任何一个人承担连带责任，共同侵权连带责任的各行为人内部分有责任份额，已经承担了超出自己的份额的责任的加害人，有权向没有承担侵权责任的加害人追偿。

连带责任型的帮工致人损害赔偿责任，是指被帮工人对帮工未明确拒绝，帮工人从事帮工活动致人损害，但是帮工人对损害的发生存在故意或重大过失时，被帮工人所应当承担的帮工致人损害的人身损害赔偿责任。在此种情况下，被帮工人所承担的责任在性质上虽然仍然是替代责任，但是其特殊之处在于该条规定明确规定了帮工人和被帮工人承担连带责任，可称之为连带责任形态，即连带责任型的帮工致人损害的人身损害赔偿责任。[①] 连带责任型的帮工致人损害赔偿责任规定具有积极的意义。对存在故意或重大过失的帮工人科以连带责任，既可以对具有主观恶性的帮工人予以惩戒，促使其注意自己的帮工活动，避免或减少对第三人的人身损害，有利于对第三人人身权益的保护，又可以减轻被帮工人的责任承担，促使帮工

---

① 陈现杰：《最高人民法院人身损害赔偿司法解释精髓诠释》（下），载王利明：《判解研究》，人民法院出版社 2004 年第 4 期。

人的帮工活动健康进行，有利于维护被帮工人的利益。

当帮工人的帮工行为主观上是故意或重大过失时，帮工责任为连带赔偿责任，对此《德国民法典》第 840 条第 1 款规定，数人对某一侵权行为所发生的损害负有赔偿责任者，视为连带债务人。帮工人为被帮工人义务帮工，帮工活动中发生侵权事实理应由被帮工人承担侵权损害赔偿责任，但在帮工人存在过错的情况下，也应当对受害人承担侵权赔偿责任，两者都应当对受害人承担侵权赔偿责任。在被帮工人和帮工人都对受害人承担侵权赔偿责任的情况下，视为连带赔偿人，对受害人承担连带责任，而不是因为构成共同侵权而承担连带责任。对连带责任型的帮工致人损害赔偿责任，首先应当确认为一个整体责任，无论受害人请求帮工人和被帮工人中的一人、数人或全体承担人身损害赔偿责任，请求人都必须承担。其次是对帮工人与被帮工人双方责任份额的确定，在帮工致人损害的人身损害赔偿连带责任确定之后，应当在责任人内部确定各自的责任份额。

3. 被帮工人明确拒绝的帮工致人损害赔偿责任。被帮工人明确拒绝的，帮工人坚持帮工，造成他人损害的帮工责任，属于单方责任的类型，应由帮工人自己承担责任，被帮工人不承担责任。严格来讲，这种责任并不属于帮工责任。单方责任，就是侵权行为当事人一方承担损害后果的侵权责任形态，根据责任承担主体的不同，分为被告单方责任与原告单方责任。被告单方责任，在人身损害赔偿司法解释中没有特别规定，但凡被告自己承担侵权责任的，都是被告单方责任。原告责任，是原告一方自己承担责任的侵权责任形态。帮工人自己对自己的侵权行为负责，被告自己承担侵权责任的，是被告单方责任。

此外，被帮工人能够证明无过错情形时，根据过错推定原则，被帮工人能够证明自己对被帮工人致第三人损害无过错时，不承担帮工侵权责任，由帮工人对受害人承担侵权责任。被帮工人不承担帮工侵权责任的理由在于被帮工人证明自己无过错，被帮工人对帮工人不存在选任过失，对帮工活动不存在管理、监督过失。此种情形下被帮工人对帮工人致他人损害的侵权行为不存在控制力。根据控制力理论，被帮工人不应对于超出其控制力的行为负责，所被帮工人能够证明其无过错时，不承担帮工侵权责任。帮工人没有赔偿能力时，虽然被帮工人不承担帮工侵权责任，但是出于公平的考虑，为了平衡被帮工人所获利益与受害人的损失，被帮工人应当对受害人进行适当补偿。其一，虽然被帮工人不具有一般可责性，让作为侵权人的帮工人独自承担侵权责任具有合理性，但是帮工活动为帮工人因帮工活动侵犯他人权益提供了可能性，无帮工活动则无侵权行为。帮工人的帮工行为与侵权行为之间形成了事实上的因果关系。其二，虽然帮工人承担先究成本具有合理性，但是被帮工人毕竟因为帮工人的帮工行为而获得了一定利益，在帮工人无力赔偿受害人的损失时出于道义上的考虑被帮工人应承担适当补偿义务。并且，被帮工人的受益额应当综合考虑帮工人帮工活动的市场价值与被帮工人的预期来确定。当帮工人的帮工成果达到了同等条件下同等劳动的市场价值并且帮工成果基本符合被帮工人对于无帮工条件下的劳动成果的预期时，被帮工人的所获收益额一般应当以相应的市场价格来确定。当帮工人的帮工成果具有重大瑕疵而不具有市场价值时，被帮工人不仅没有获得利益，反而因帮工人帮工行为而遭受损失，此时帮工人的帮工行为不宜认定为给被帮工人带来了收益。当帮工人的帮工成果具有一定市场价值但是完全不符合被帮工人的预期时，例如被帮工人打算用蓝色涂料粉刷屋顶，但是帮工人私自用红色涂料帮助被帮工人粉刷屋顶，此时虽然红色涂料与蓝色涂料具有相同市场价值，但仍应认定被帮工人不仅没有获得利益，反而因帮工人单方帮工行为而遭受损失，同样不宜认定为被帮工人因帮工活动受益。

疑难问题

（一）被帮工人明确拒绝之界定

被帮工人对帮工的明确拒绝应该从以下方面认定。其一，被帮工人事先未主动请求帮工。其二，帮工人主动提出帮工时，被帮工人作出内容为拒绝的表示，这种表示在实践中往往口头表达，但也可以是书面，如设立警示牌等。对于拒绝的表示，能够证明到达帮工人，帮工人清楚了解被帮工人拒绝的意图。其三，能够以约定俗称的做法或者行业习惯确定。帮工人在帮工，被帮工人由于没看见或其他原因并不知晓，但事先已经在明显位置放置张贴警示告示，此时虽无法当面提出拒绝，但按照以往做法或者行业习惯，能够证明帮工行为被禁止或者被帮工人知晓后一定会加以拒绝。此时，也应该认定明确拒绝成立。具体案件中可以看出，实践中对于明确拒绝的认定，往往考虑帮工行为发生时帮工人主观意识和客观行为两个方面。拒绝之意思表示，更要达到帮工人明知的程度，即帮工人拒绝应该正面、严肃、坚决。若帮工人不听取劝阻警告，执意帮工，始得免责。若拒绝意思模棱两可，或者虽然主观上明确拒绝，但客观上默认帮工行为的发生，在实践中被帮工人往往出于客套，会表达不用帮忙、自己来等类似拒绝语气词语，但仍然默许甚至期待帮工行为发生，此类情形则均不能认定是明确拒绝。

（二）被帮工人明确拒绝的应否承担责任

在司法实践中，若被帮工人明确拒绝帮工人的帮工请求后，帮工人仍然实际从事了帮工活动，可能就会涉及到无因管理的问题。从概念上看，无因管理是指没有法定的或者约定的义务，为避免他人利益受损失，自愿管理他人事务或为他人提供服务的行为。[①] 无因管理的基本特征为：一是管理人要有为他人管理事务的行为；二是必须要有为维护他人利益而进行管理的意思；三是必须没有法律的义务，即既没有法律规定的义务，又没有合同规定的义务。管理人依约对于本人负有义务时不能成立无因管理，管理人对于本人依法负有义务时也不能成立无因管理。以无因管理而产生之债，并不因为善意管理人不具备民事行为能力而产生瑕疵，其仅是作为民法公平正义、诚实信用原则以及等价原则的衍生制度。

无因管理与义务帮工的区别在于：第一，义务帮工具有合意性，而无因管理并不需要双方达成合意，并不是基于合同而产生，这是帮工和无因管理最本质的区别。义务帮工是有因的而不是无因的，义务帮工必须由被帮工人作出明示或默示的意思表示，因此义务帮工关系不是无因管理的一种。从无因管理制度调整的法律关系来看，就是用以调整外出的或者因不在现场缺乏维护自身利益之人与做好事之人两者之间的关系。而义务帮工的法律性质，我们认为可以将其归入无偿服务合同，都有一个要约、承诺、履行的行为。而在无因管理中，因法律责任产生的基础不同，因此仅要求管理人一方的作出事实行为即可成立，管理人事先并没有得到本人的同意，故与义务帮工的构成要件明显不一致。无因管理一般要求本人不在场，如果本人在场而管理他人事务，则有越俎代庖之嫌。义务帮工行为一般本人在场，并经本人同意。因此，从两者法律责任产生的基础、成立的要件来看，义务帮工与无因管理都不相同，两者根本不能混为一谈。第二，赔偿责任类型不同。无因管理中，管理人一般不承担赔偿责任，管理人只有在故意或者重大过失的情况之下才承担负有赔偿责任，其责任类型为过错责任，而无因管理的受益人的赔偿责任是出于公平正义原则，对管理人的损失在其受益范围内给予补偿。而义务帮工则不同，在对第三

① 王利明：《民法学》，法律出版社 2011 年版，第 469 页。

方的赔偿责任中，被帮工人一般承担替代责任，在帮工人存在故意或重大过失的情况下，承担连带责任。第三，赔偿责任承担的范围不同。无因管理的受益人的赔偿责任一般以其受益范围为限。而义务帮工笔者在第二点已经讲到，因为其一般为替代责任，在对第三方的赔付中，并不以受益范围为限。第四，区分无因管理和义务帮工的价值不同，无因管理仅仅是出于道德上的责任，并不以成功实现他人利益的保护为要件，其制度的设计基础在于普遍的道德观。而义务帮工则与劳务合同类似，被帮工人如同雇主，需为帮工人的帮工行为承担替代责任或连带责任，或仅在受益范围内给予适当补偿。因此，帮工行为与无因管理不同，帮工是无常的，帮工人无权请求报酬，帮工与无因管理是两个性质不同的法律关系，帮工也就因此不能适用无因管理规定。

（三）帮工行为与情谊行为之区分

情谊行为，也称好意施惠。德国学者迪特尔·梅迪库斯认为：有些行为发生在法律层面之外，因此它们不能依法产生后果。这类行为没有统一的名称，学者们通常称之为纯粹的“情谊行为”或“社会层面的行为”。[①] 情谊行为主要特征在于当事人间就其约定，欠缺行为上的法律效果意思，无受其拘束的意思。[②] 在英美法系国家，这类行为往往多称为君子协定。情谊行为与义务帮工表面极为类似，两种行为均出于良好的道德情感，均包含情谊因素，且均为无偿。但对比两者之特点，区别甚大。

第一，情谊行为并不以意思表示为其要素，但义务帮工必须要考虑当事人双方之意思表示。义务帮工中，当事人之意思表示往往也并不明确，但其最显著体现在被帮工人明确拒绝帮工人帮工行为，此时帮工关系不成立，被帮工人也不需要对帮工人之行为承担责任。可见，义务帮工要求帮工双方对帮工行为的合意性。而对于情谊行为而言，帮助人的帮助行为并不需要征求被帮助人之意思，更不要求双方合意。

第二，行为人独立性不同。情谊行为双方并不产生权利义务关系，行为人独立按照自己之意愿为帮助行为，受惠者对施惠者的身份资质也无选任和注意义务。义务帮工中，帮工人一般按照被帮助工人的指示工作，帮工人在帮工内容和辅助行为

---

① 迪特尔·梅迪库斯：《德国民法总论》，邵建东译，法律出版社 2000 年版，第 148 页。

② 王泽鉴：《债法原理》，北京大学出版社 2009 年版，第 156 页。

之外所为行为，尽管有可能利于被帮工人，仍然不能认定为义务帮工。被帮工人在接受帮工时，不仅需要考察帮工人帮工所必须的能力资质，同时类似于雇佣人之义务，被帮工个人为帮工人提供相对安全的帮工用具和帮工环境。

第三，情谊行为的发生，双方当事人并无追求法律效果的意思，也并无将行为置于法律规制之下的意思。其仅仅具有社会价值和道德意义。情谊行为的内容也不具有法律规制之价值，哪怕产生法律上的价值，也不适合由法律所调整。就义务帮工而言，其作为用人者责任的一种，我国并非将其纳入雇主责任，有其独立之法律地位。

9 因无偿帮工而遭受人身损害时由谁承担民事责任?

解答:《人身损害赔偿解释》第 14 条规定:“帮工人因帮工活动遭受人身损害的，被帮工人应当承担赔偿责任。被帮工人明确拒绝帮工的，不承担赔偿责任；但可以在受益范围内予以适当补偿。帮工人因第三人侵权遭受人身损害的，由第三人承担赔偿责任。第三人不能确定或者没有赔偿能力的，可以由被帮工人予以适当补偿。”

本条是关于无偿帮工的责任承担规定。

帮工人在帮工活动中不仅可能会造成他人的人身损害，由此产生的损害赔偿责任规定已如上述，但是帮工人同样也会因自己的过失或第三人的侵害行为而遭受人身损害，在此种情况下，帮工人遭受人身损害的赔偿义务人是否应当为被帮工人，由此产生的损害赔偿责任与雇员遭受的损害赔偿责任以及工伤之间的相同点与区分为何，在司法裁判实践中对此如何判断与衡量，方能充分体现侵权行为法的立法意志同时又能起到鼓励公民乐于助人、建立和谐友善的社会风气的积极作用，值得深究。

根据本条司法解释的规定，当帮工人在帮工活动中遭受人身损害的，由被帮工人承担赔偿责任。这种情况主要发生在当帮工人遭遇人身意外事件导致人体受到伤害，而这种伤害是在帮工活动过程中造成的，被帮工人是帮工活动的受益人，被帮工人理应承担赔偿责任，这与帮工人帮工活动造成他人人身损害的法理基础是一样的。被帮工人已经明确表示拒绝帮工，而帮工人坚持帮工，在这种情况下被帮工人是不承担赔偿责任的。因为侵权赔偿责任原则上是过错责任原则，既然被帮工人已经明确拒绝了帮工人的帮工请求，帮工人执意参加帮工活动不符合被帮工人的意愿，帮工人在帮工活动中发生意外造成人身损害结果更是超出了被帮工人的主观意志，被帮工人在主观上不存在过错。一般构成侵权行为应当包括：主观过错、侵权事实、损害后果、因果关系等要素，本条司法解释规定中的被帮工人不存在主观过错，不构成侵权行为，不应当承担侵权损害的赔偿责任。此外，虽然被帮工人对帮工人遭受的人身损害不承担侵权赔偿责任，根据公平原则，被帮工人仍然应当在受益的范围内对帮工人予以补偿。

本条司法解释的第 2 款涉及到帮工人在帮工活动中遭受第三人不法侵害时责任承担的情形。根据本条司法解释，帮工人在帮工活动中因第三人的不法侵害行为而遭受人身损害的，应当由该第三侵权人即赔偿义务人承担侵权赔偿责任。但是，当第三人无法明确或者没有赔偿能力的，可以由被帮工人予以适当赔偿。因为，如果帮工人遭受损害但是无人关注时，社会公共利益无法得到保护，也与中华民族的善良风俗相悖。从本条文的文义来理解，被帮工人没有赔偿的法定义务，可以补偿也可以不予补偿，是否给予补偿的权利也不在被帮工人而在于人民法院，由人民法院根据案件的具体情况来确定是否予以补偿。具体而言，实践中涉及两个方面内容：第一，帮工人以被帮工人需要的方式帮工，帮工人即使明确拒绝，但只要帮工人一旦开始劳务工作，即使帮工人工作时间极短或者工作内容极少，就被帮工人而言或多或少会有受益，故而被帮工人若承担补偿责任，则具有实践意义的是应是对被帮工人受益大小的认定。若双方均无过错，则义务帮工产生之劳动利益归属于被帮工工人，则根据公平原则，被帮工人若受益，在此范围对帮工人可予以补偿。至于被帮工人承担补偿的范围和比例，则需要根据被帮工人的受益程度、负担能力、帮工人的损害情况、经济能力综合评定。第二，被帮工人主观上出于帮工危险性或者认为帮工人不具有相应资质等原因拒绝帮工，客观上亦无过错。但帮工人不听劝阻以帮工人需要之相反或者无关方向帮忙。通俗而言，此时帮工人并不是帮忙，反而是添乱。对被帮工人无益处甚至有害，其善意与否且无法保证。此时，义务帮工人对自身损害本身就有过失，就其过错自担损失，被帮工人对此不负有任何义务。

具体分为如下四种情形：

1. 被帮工人承担赔偿责任的情形。

这是指帮工人在从事帮工活动过程中，非因第三人的原因受到了人身损害，被帮工人所承担的赔偿责任。如果被帮工人未明确拒绝帮工，帮工人为被帮工人提供帮工时造成损害，应当由被帮工人承担赔偿责任。一般侵权的责任承担形式是直接责任，而特殊侵权的责任形式是间接责任，这是一般侵权与特殊侵权最本质的区别。[①] 本条第1款中帮工人在帮工活动中因为自己的过失遭受损害，但由于帮工人与被帮工人之间存在特殊的身份关系，帮工人具有特定的免责原因，被帮工人因帮工行为获得利益应当加重其民事责任，由其承担帮工人造成的损害后果，构成替代责任形式。正如前所述，替代责任与直接责任是有所区分的。直接责任，就是违法行为人对自己实施的行为所造成的他人人身损害和财产损害的后果由自己承担侵权责任的侵权责任形态。[②] 被帮工人未明确拒绝帮工的，则被帮工人与帮工人之间视为产生了一种特定的类似于雇主与雇员的关系，此时帮工人的帮工活动所产生的利益归属于被帮工人。由于帮工人从事帮工活动受到了人身损害，并且帮工活动是无偿的，被帮工人作为受益人应当承担一定的风险，由被帮工人对帮工人的人身损害承担赔偿责任是公正合理的。而且这种责任不能追偿，应由被帮工人终局地承担。如果帮工人在帮工活动中受到人身损害，不是由于第三人的原因，而是由于帮工人自身的故意或重大过失，此时要求被帮工人承担完全的人身损害赔偿责任是否公平合理，本司法解释对此未作规定。在民法理论上，受害人的过错是一种人身损害赔偿特别抗辩事由，该司法解释第2条规定：受害人对同一损害的发生或者扩大有故意、过失的，依照《中华人民共和国民法通则》第131条的规定，可以减轻或者免除赔偿义务人的赔偿责任。但侵权人因故意或者重大过失致人损害，受害人只有一般过失的，不减轻赔偿义务人的赔偿责任。适用《中华人民共和国民法通则》第106条第3款规定确定赔偿义务人的赔偿责任时，受害人有重大过失的，可以减轻赔偿义务人的赔偿责任。因此在帮工活动中由于帮工人自身的故意或重大过失致帮工人人身损害的，应当减轻被帮工人的赔偿责任。

2. 被帮工人不承担赔偿责任，在受益范围内承担补偿责任的情形。

帮工责任中帮工人造成自己损害，被帮工人明确拒绝的，受害人自己承担责任。当被帮工人明确拒绝帮工的，帮工人仍提供帮工造成了损害，被帮工人原则上不承担赔偿责任，但可在受益范围内予以适当补偿。被帮工人承担的补偿责任的性质是

---

① 最高人民法院民事审判庭编著：《最高人民法院人身损害赔偿司法解释的理解与适用》，人民法院出版社2004年版，第217页。

② 梁慧星：《中国民法典草案建议稿》，法律出版社2003年版，第206页。

公平责任，本条适用公平原则的法理依据在于，在侵权行为法的发展历史中原本没有公平原则，规则原则的历史是沿着加害原则——过错责任原则——过错责任原则和无过错责任原则——过错责任原则、无过错责任原则和公平原则这样的轨迹发展而来的。因此，公平原则实际是近代立法的产物。① 公平责任原则只是调整那些造成损害双方当事人都没有过错的损害的损失分担问题，并不是一个使用范围较为宽泛的规则原则。多数人认为不应当将公平原则作为一个归责原则来对待，而是将其作为一个处理问题的具体方法、一个规则加以规定。② 但是应当认识到，公平原则是损害赔偿的规则原则。从侵权法理论上来说，过错责任原则调整一般侵权损害赔偿法律关系，无过错责任原则调整一部分法律有明文规定的特殊侵权案件，过错推定原则调整一部分法律有特别规定的特殊侵权案件，公平原则有自己特定的调整领域。③ 本条司法解释运用公平责任的前提在于要求双方均无过错，由于被帮工人已经明确拒绝帮工，表明其并无过错。如果帮工人对于其自身损害有过错的，则无法适用公平原则，被帮工人也不应承担此种补偿责任。被帮工人与帮工人之间虽然不产生特定的帮工关系，但被帮工人能够从帮工人的帮工活动中受益。可以做适当补偿意味着：被帮工人作为受益人可以做适当补偿而不是必须做适当补偿，是否可以适当补偿完全根据具体案情，综合各方面的因素视受益人的受益情形而定，如受益人受益有限、无经济能力，可以不予适当补偿；适当补偿指被帮工人对帮工人所作的经济补偿只能在实际损失的范围内，承担部分损失的比例要根据对方的损害情况、发生困难的程度和负担能力，以及公平的要求予以确定。

关于第三人侵权导致帮工人损害，被帮工人承担责任后，能否向第三人追偿，被帮工人仅为垫付主体，其补偿是对帮工人的一种暂时性的救济方式，当被帮工人给予帮工人适当补偿后，理应享有补偿范围内的追偿权，其后如果能够确定实际侵权人或者实际侵权人恢复了相应的赔偿能力，应当肯定，被帮工人在一定期限内有权向侵权人行使追偿权。④ 同样，也有观点认为被帮工人可以向侵权行为人求偿，其理由有二：第一，如果无法确定侵权行为人的身份或者此人缺乏相应的赔偿

---

① 杨立新：《侵权法论》（上册），吉林人民出版社 1998 年版。

② 杨立新主编：《侵权司法政策》，吉林人民出版社 2003 年版。

③ 最高人民法院民事审判庭编著：《最高人民法院人身损害赔偿司法解释的理解与适用》，人民法院出版社 2004 年版，第 216 页。

④ 张新宝主编：《人身损害赔偿案件的法律适用》，中国法律出版社 2004 年版，第 228 页。

能力，则以一般侵权赔偿为原则。帮工人对其享有的赔偿请求权并没有灭失，否则后来一旦侵权行为人确定或者恢复了赔偿能力，帮工人在接受被帮工人补偿的前提下，又从侵权行为人处获得赔偿，即构成了不当得利。第二，按照民法公平正义的精神，被帮工人承担补偿义务后应当向终局责任人求偿，而这一终局责任人即为第三人。[①]

3. 第三人承担赔偿责任的情形。

帮工人在帮工中受到第三人损害的责任，是指由于第三人的原因致使帮工人在帮工活动中遭受生命权、健康权、身体权损害，由第三人承担的赔偿责任。从性质上来说，这种情形并不是帮工人自身遭受损害的人身损害赔偿责任的一种类型，而是第三人因侵权根据民法的自己责任原则应承担的人身损害赔偿责任，从侵权责任形态上显然属于直接责任的类型。帮工人受到第三人的损害，本质上就是侵权责任，应当按照侵权人身损害赔偿责任的规则予以确定。基于第三人侵权性质的要求，第三人造成帮工活动中的帮工人人身损害，原则上应当由第三人直接承担损害赔偿责任。

4. 帮工人遭受第三人侵害，被帮工人承担补偿责任的情形。

侵权补充责任，是指多数行为人就基于不同发生原因而产生的同一给付内容的数个责任，各个负担全部履行义务，造成损害的直接责任人按照第一顺序承担责任，承担补充责任的人只有在第一顺序的责任人无力赔偿、赔偿不足或者下落不明的情况下，才承担责任，并且可以向第一顺序的责任人请求追偿的侵权责任形态。[②]补充责任的效力分为对外效力和对内效力两个方面。补充责任的对外效力是指对责任人之一发生的事项其效力是否及于其他行为人；对内效力是指履行了全部债务的人可否以及怎样向终局责任人追偿。帮工人在帮工中受到第三人损害，原则上应由第三人承担赔偿责任。但是，如果存在侵权第三人无法确定或没有赔偿能力的情况下，为救济受害帮工人，可以由被帮工人对帮工人承担适当补偿责任。帮工人的帮工活动是为了被帮工人的利益的，而且其是在从事帮工活动中遭受第三人侵权的，对此被帮工人对帮工人承担适当补偿责任，这是十分合理的，也是一种人性化

---

① 王利明：《人身损害赔偿疑难问题：最高人民法院人身损害赔偿司法解释之评论与展望》，中国社会科学出版社 2004 年版，第 466 页。

② 杨立新：《新类型侵权行为的责任形态及其规则——对最高人民法院有关人身损害赔偿的司法解释的解读》，载《政法学刊》2005 年第 22 卷第 3 期。

的举措。但与前述的适当补偿不同，这种适当补偿只在侵权第三人不能确定或者没有赔偿能力的情况下发生，在性质上属于补充责任，这种适当补偿不受被帮工人受益范围的限制，具体的责任内容是补偿，而不是赔偿。确定补偿范围时主要考虑侵权第三人的经济负担能力和受害人的经济状况究竟达到什么程度，若第三人负担能力强，受害人的经济状况又较好，则被帮工人亦无须过多地补偿。若第三人负担能力弱，受害人经济状况较差，则被帮工人仍在一定限额内承担补偿责任。被帮工人不承担赔偿责任，在受益范围内承担补偿责任及帮工人遭受第三人侵害，被帮工人承担补偿责任的情形，可以理解为公平责任的具体化，这种新的受益人补偿公平责任类型，有助于平衡义务帮工人与被帮工人之间在分担意外伤害事故中的权益，可以缓冲因不适用雇主责任带来的帮工人人身保护不足问题。

疑难问题

（一）在司法实践中对补偿责任的适用

帮工人遭受第三人侵害，被帮工人承担补偿责任的情形，不仅有公平责任的适用，而且还有另一种侵权行为责任形态——补充责任的适用，是两种责任形态的并存。但是补充责任在此种情况下的适用，有严格的限制条件，即第三人不能确定或者没有赔偿能力，而且承担的范围还受到公平责任的限制。在具体确定侵权责任补充责任时，必须按照一定的规则进行：

第一，在存在侵权责任补充责任时，即构成直接责任与补充责任的竞合时，受害人应当直接向直接责任人请求赔偿，而直接责任人承担了全部赔偿责任后，补充责任人的赔偿责任终局消灭，受害人不得向其请求赔偿，直接责任人也不得向其追偿。

第二，根据司法解释的规定，受害人应当向直接责任人请求赔偿，在直接责任人不能全部赔偿，或者不能赔偿，或者直接责任人下落不明或者无法确认的时候，才可以请求补充责任人承担侵权损害赔偿责任。

第三，在补充责任人承担了赔偿责任之后，补充责任人对于其已经承担的责任部分，有权请求直接责任人承担其承担赔偿责任的损失。直接责任人有义务赔偿补充责任人的全部损失。侵权行为补充责任来源于大陆法系的不真正连带债务学说，目的在于充分保护受害人的利益，使受害人能够得到及时的救济。根据补充责任的内部关系和性质，被帮工人承担了补充的补偿责任后，还可以向直接责任人追偿。即在被帮工人承担责任后，如果第三人能够确定或者第三人具备了赔偿能力，被帮工人向第三人追偿的，法院应予支持。

第四，如果赔偿权利人直接起诉补充责任人的，法院应当将第三人即直接责任人作为共同被告，但第三人不能确定的除外；这时，法院应当判决直接责任人首先承担责任，补充责任人确定为补充责任，在直接责任人（第三人）不能赔偿或者赔偿不足的时候，再承担补充责任。第三人不能确定的，直接确定补充责任人的侵权责任。

（二）被帮工人明确拒绝，帮工人因第三人的侵权遭受损害的处理

本条司法解释没有明确被帮工人明确拒绝帮工的情况下，如果帮工人因第三人的侵权行为遭受损害应当如何处理？在被帮工人明确拒绝帮工，而帮工人因第三人的侵权行为遭受损害的情况下，可以通过扩张本条司法解释第1款的规定，让被帮工人在受益范围内予以适当补偿。理由在于：第一，从本条司法解释的精神来看，其注重的是帮工人和被帮工人利益的平衡。也就是说，司法解释的起草者力图通过公平责任的适用，从而让帮工人和被帮工人来分担在帮工活动中的损失。第二，在被帮工人明确拒绝帮工的情况下，帮工人因第三人侵权遭受人身损害与帮工人因帮工活动遭受人身损害并没有本质区别，应当适用相同的规则。这两种情况都是帮工人违背被帮工人的意思实施帮工行为，从而导致的损害，且被帮工人没有过错。因此，应当适用相同的规则。第三，被帮工人因帮工活动获得了利益。在被帮工人明确拒绝帮工的情况下，帮工人仍然实施了帮工活动，从而给被帮工人带来了利益。在此情况下，如果帮工人因第三人侵权遭受人身损害，让被帮工人在受益范围内予以适当补偿，既不会使被帮工人受到损失，也符合公平原则。

（三）第三人侵权致帮工人损害时诉讼当事人诉讼地位处理

在此种情况下，第三人不能确定的，应当以被帮工人为被告；第三人没有足够的赔偿能力的，第三人和被帮工人一并列为被告。帮工人因第三人侵权遭受人身损害的情况下，如果侵权人没有足够的赔偿能力，则被帮工人应当予以适当补偿。所以，被帮工人与案件的处理结果有法律上的利害关系。人民法院可以根据当事人的申请或依职权追加被帮工人为被告参加诉讼。如果帮工人分别起诉了侵权人和被帮工人，应中止对被帮工人一案的诉讼。由于被帮工人的责任的承担取决于侵权行为人的责任的承担情况，所以，帮工人起诉被帮工人一案必须以帮工人起诉侵权行为

人一案的审理结果为依据。根据《中华人民共和国民事诉讼法》第 150 条的规定，本案必须以另一案的审理结果为依据，而另一案尚未审结的，应当中止诉讼。所以，在帮工人分别起诉了侵权行为人和被帮工人的情况下，应当裁定中止帮工人起诉被帮工人一案。

⑩ 非为自身权益而遭受人身损害时应向谁主张民事责任？

解答：《人身损害赔偿解释》第 15 条规定："为维护国家、集体或者他人的合法权益而使自己受到人身损害，因没有侵权人、不能确定侵权人或者侵权人没有赔偿能力，赔偿权利人请求受益人在受益范围内予以适当补偿的，人民法院应予支持。"

本条是关于见义勇为下的责任承担规定。

关于对见义勇为者的权益保护，《中华人民共和国侵权责任法》第 23 条规定，因防止、制止他人民事权益被侵害而使自己受到损害的，由侵权人承担责任。侵权人逃逸或者无力承担责任，被侵权人请求补偿的，受益人应当给予适当补偿。此外，于 2017 年 3 月 15 日通过的《中华人民共和国民法总则》第 183 条规定，因保护他人民事权益使自己受到损害的，由侵权人承担民事责任，受益人可以给予适当补偿。没有侵权人、侵权人逃逸或者无力承担民事责任，受害人请求补偿的，受益人应当给予适当补偿。对比两个条文可以发现，事实上最新通过的民法总则在见义勇为行为中无法确定侵权人或者侵权人没有补偿能力的情况下，对见义勇为者遭受的人身损害而产生的补偿责任的观点和思路是一致的，即受益人都应当在一定范围之内予以适当补偿。

在一些地方性的立法中对见义勇为的救济制度作出了明确规定，如《重庆市鼓励公民见义勇为条例》仅对与违法犯罪作斗争的见义勇为者进行救济，明确了侵权者的赔偿责任与赔偿范围，并且规定了财政部门的在先垫付责任，也规定了在赔偿不充分的情况下，受益人的补偿责任以及补偿仍不充分情况的救济途径。《山西省保护和奖励见义勇为人员条例》规定，见义勇为人员的医疗费，由其所在单位支付，所在单位无力支付的和无固定收入的农民、城镇居民、学生等人员的医疗费用，由当地人民政府负责解决。应当由加害人赔偿的医疗、误工生活补助等费用，依照公安司法机关的裁决或判决执行。《唐山市奖励和保护公民见义勇为条例》

规定见义勇为人员的医疗费用，由其所在单位负责解决，见义勇为人员属于无固定收入的农民、城镇居民、学生等人员的医疗费用，由当地人民政府民政部门负责解决。应当由加害人赔偿的医疗、误工、生活等费用，依照公安司法机关的裁决或者判决执行。《云南省奖励和保护见义勇为公民条例》规定见义勇为公民的医疗费用按加害人承担、见义勇为公民所在单位或者医疗保险机构承担、奖励和保护见义勇为公民资金中支付的顺序解决。同时规定了对见义勇为者的奖励措施，包括一些荣誉称号的评定、物质奖励等。

（一）本条司法解释的法理基础

本条司法解释的法理基础在于民法中的公平原则，在没有侵权人、不能确定侵权人或者侵权人无力赔偿时，行为人有权请求受益人在受益范围之内对行为人进行适当补偿，以维护行为人的合法权益，同时也有利于促进对维护社会公共利益和他人利益的行为的认同和尊重，倡导新的道德风尚。公平责任作为一种独立的归责原则指的是在当事人对损害的出现均不存在过错时，按照法律规定不能适用无过错原则或者过错推定原则，受害人遭受重大损失得不到补偿，显失公平的情况下，由法院根据实际情况，依公平合理负担理念判决由双方分担损失。其目的在于对受害人进行适当的补救。[①] 见义勇为行为虽然对受益人进行了救助，但是受益人本身不是侵害人，对于见义勇为者的损害不存在过错，更无侵害行为。对于受益人来说，其与见义勇为者面临的是相同的危险，如果要求受益人承担全部的赔偿责任，无疑加重了受益人的负担。对见义勇为者的保护和救济，从长远来看，应该依靠国家和社会救济，但是现在尚不存在主要依靠国家救济的条件，因此对于见义勇为者的损失由受益人适当分担损失，给予一定的补偿，是合理的。之所以让受益人承担部分补偿，是出于人道主义和公平观念的考虑，是将道德规范中的公平内容上升为法律规范的结果。

公平原则是民法的最高原则，该原则不仅体现了民法的基本特征，而且是解决民事法律问题的准绳。对见义勇为行为进行救济体现了民法的公平原则，公平首先应当是分配方式公平，其次是分配的结果公平。保护弱势群体，弥补该群体的利益损失，使所有当事人利益达到平衡的最大化是实施民法救济的根本宗旨。见义勇为行为人在实施见义勇为行为的时候，其善意的行为往往伴随着人身损害或者财产损失，其在保护他人利益的时候，自身利益遭受了损失，这与民法救济的根本目

① 李琦主编：《民事侵权法实证分析》，中国法制出版社 2005 年版，第 92 页。

的——平衡所有人的权益不相符，因此就产生了对见义勇为行为人进行必要的救济，使其损失的利益得以适当的补偿。见义勇为行为人与实施利益破坏者即加害者之间产生损害赔偿法律关系，见义勇为行为人的权益由加害者进行赔偿，在无法找到加害者的时候或者该加害者的赔偿能力有限，不能对见义勇为行为人的权益进行完全补偿的时候，见义勇为行为人与受益人之间也可能会产生相应的法律关系，由受益人对见义勇为行为人进行补偿。

诚然，行为人在从事见义勇为行为时，目的在于使国家、社会、他人利益免受或者减少所遭受损失，用自己的行为保证了社会公共秩序的运转，见义勇为作为一种高尚的道德品格，也一直为人们所称赞，是社会善良风俗中的一种体现。因此，见义勇为行为作为一种民法上的行为，体现了民法中的公序良俗原则。在法律没有对见义勇为行为具体规定时，可以根据公序良俗原则的内容，对其进行分析，见义勇为行为弘扬了正义的道德，强调了人类之间在面临危难时互助的义务，见义勇为者为保护国家、社会公共利益以及他人生命财产免受或少受侵害，而实施救助行为。见义勇为行为不但弘扬了中华民族数千年的优良传统，而且有利于维护正常的社会秩序，是公序良俗原则社会调节功能的最好体现。并且，对见义勇为者进行民事法律救济，从法理上来说是同法律的正义价值相一致的。正义的基本法律含义是，首先，正义是一种分配方式，无论是利益或不利益，如果其分配的方式是正当的，能使分配的参与者各得其所，它就是正义的；其次，正义是通过正当的分配达到的一种理想的社会秩序状态。具体到民法的正义，就是平等的当事人之间利益的平衡，主要通过公平、诚实信用等民法基本原则体现出来。民事救济的目的就在于保护弱者，填补损失，达到当事人之间利益的平衡。当见义勇为者实施了见义勇为行为后，加害人、受害人之间发生损害赔偿之债。法律责令加害人对见义勇为者进行赔偿，填补其所遭受的损失，从而达到加害人与见义勇为者之间的利益平衡。在一定条件下，在受益人与见义勇为者之间也发生债权债务关系。如果见义勇为者因实施救助行为支出了必要费用或受到损害，法律赋予见义勇为者要求受益人偿还必要费用以及对损害加以补偿的请求权，从而达到受益人与见义勇为者双方利益的平衡。

（二）见义勇为的构成要件

见义勇为行为，是指自然人没有法定或者约定的义务，为保护国家利益、社会公共利益或者他人人身、财产安全，实施的防止、制止不法侵害或者抢险救灾的危难救助行为。见义勇为行为的定义包括多项构成要件：

第一，见义勇为的行为主体限于自然人。见义勇为行为本身属于事实行为，而非民事法律行为，对行为人的民事行为能力并无要求，立法虽不宜提倡民事行为能力不完全的未成年人等实施见义勇为行为，但一旦发生则仍应给予肯定。

第二，行为人须不负担法定或者约定的危难救助义务，这是构成见义勇为行为的前提。一方面，承担法定救助义务主体的救助行为不可能构成见义勇为。如根据《中华人民共和国人民警察法》第6、19条的规定，人民警察有危难救助义务；该法第21条第1款前段又概括规定：人民警察遇到公民人身、财产安全受到侵犯或者处于其他危难情形，应当立即救助。又如，《中华人民共和国海商法》第174条规定：船长在不严重危及本船和船上人员安全的情况下，有义务尽力救助海上人命。义务人违反这些法定救助义务，就可能构成民法上的不作为侵权。再如，根据《中华人民共和国合同法》第301条的规定，承运人对患病、分娩、遇险的乘客负有法定救助义务，承运人违反此义务可能构成违约损害赔偿责任和侵权损害赔偿责任的竞合。[①] 客运合同履行过程中其他普通乘客对处于危难状态的乘客一般则无法定或者约定的义务，他们可能成为见义勇为的主体。另一方面，根据合同约定承担救助义务的自然人也不能被认定为见义勇为的主体，如根据委托合同等保护他人人身财产安全的私人保安等。

第三，见义勇为行为人须为国家利益、社会公共利益或者他人利益而实施危难救助行为，这最能体现见义勇为行为无私利他之义的特征。如果行为人单纯为了保护自己的合法权益，则可能构成自助或者正当防卫、紧急避险等行为，不可能构成利他性的见义勇为。见义勇为者的主观目的就是为使他人合法权益免受或者少受损害，受益人不能是自己。在民法无因管理理论上有一种非典型形态是允许管理人在为他人谋利益的同时，兼带为自己的利益实施管理或服务行为，如邻家着火、为避免殃及自身而积极救助的行为就只能属于无因管理，而不是见义勇为。

（三）见义勇为与无因管理的区别

目前理论界和实务界通说认为见义勇为行为就是一种无因管理行为，且是一种

---

① 周辉：《见义勇为行为的民法思考》，载《人民法院报》2000年5月27日。

较高层次的无因管理行为。[①] 也有不同意见认为，见义勇为与无因管理属于两个不同的法律概念，行为特征和构成要件均不尽相同，不能简单地把见义勇为行为归入无因管理范畴。首先，如上所述，见义勇为维护的是非己利益。为他人利益而行为，是见义勇为的主观目的。在民事法律上，法律事实有行为和事件之分，行为是指人的有意识的活动，而事件是指与人的意志无关的客观现象。既然见义勇为是一种行为，就必然包含见义勇为者的意志，即为了维护他人的利益。此处，对非己利益的理解，采用较低标准比较适宜。其次，见义勇为者不存在法定或者约定义务。如果存在法定或者约定义务，例如警察对犯罪分子的追捕，消防队员抢救被大火围困的群众，人民解放军参与抗洪抢险抗震救灾等，由于这些都是法律上规定的工作职责，因此不属于本条司法解释所讨论的见义勇为行为。最后，见义勇为针对正在进行的侵害国家、集体或者他人财产和人身的危险行为。这也是见义勇为行为的本义所在，如果不存在危险行为的话，就没有进行见义勇为的必要。具体而言，必须要侵害他人财产人身行为的客观事实存在，不能是见义勇为者的主观想象；见义勇为者制止的应该是具有侵害性的事实；见义勇为是防止或者减少了受益人受到损害的行为。见义勇为者为了维护受益人的利益，防止受益人利益受损而挺身而出，并不以受益人完全不受损失或者伤害为必要。[②] 比如，受益人受到不法侵害，本来会受重伤，由于见义勇为者及时出现，受益人只是受了轻微伤，也视为其利益得到了保护。

而无因管理是指为了保护国家集体或者他人的合法利益免受损失，而主动对他人的事务进行管理或者服务的行为。这里的为他人事务进行管理要求没有法定或约定义务。主动对他人事务进行管理或者服务的人称为管理人，事务被管理的人称为本人。无因管理通常是一种乐于助人的行为，应当受到法律的承认。因此，它是一种单方的合法行为，是债发生的根据之一。无因管理法律事实一经发生，即在管理人和本人之间发生了特定的权利义务关系。管理人应该像管理自己的事务和财产一样对他人的财产和事务进行管理，并及时通知或寻找财产所有人，有请求补偿为了管理事务或财物所支出的必要费用的权利；财产所有人负有向管理人支付必要费用

---

① 李琨编著：《典型人身侵权改判案例精析》，中国法制出版社 2005 年版，第 55 页。

② 徐海燕主编：《债权法案例评选》，对外经济贸易大学出版社 2006 年版，第 33 页。

的义务。[①] 无因管理有三个构成要件，一是无因管理人对他人的事务不存在法定或者约定的管理义务；二是无因管理人主观上有为他人事务进行管理的意思；三是客观上无因管理人实施了对他人事物的管理或服务。

由上可知，首先，见义勇为与无因管理发生的前提条件不同。见义勇为行为发生的前提是存在正在进行的侵害行为，而无因管理的前提是本人对自己的事务或者财物一时失去控制不能进行管理，只是这种状态持续下去就有丧失的危险。并且侵害与本人的事务在性质上是不同的：在见义勇为中，行为人所防止的是一种不法行为，而无因管理的管理人管理本人事务是不存在不法问题的，只是一种事实行为。其次，两者所涉及的主体不同。见义勇为通常涉及三方当事人，即加害方、防止侵害行为的见义勇为者和受益人；但在受益人遭受的侵害来自自然力时，只涉及见义勇为者和受益人。而无因管理只涉及本人和管理人。虽然两者的当事人中都有受益人，但见义勇为中的受益人是受到了侵害威胁的人，而无因管理行为中的受益人并不一定受到不法侵害的侵袭。再次，需要承担的法律责任不同。在存在侵害人的情况下，见义勇为者所受到的损害是因侵害人的侵害引起的，见义勇为者与侵害人之间是侵权行为之债，见义勇为者有就其受到的损失向侵害人请求赔偿的权利，侵害人为赔偿义务主体；只是在侵害人无法确定或者无力赔偿时，受益人才适当补偿，受益人承担的是补充责任。[②] 在无因管理中，管理人为了本人的利益进行了积极的管理和服务，由此支出的必要费用，本人有义务承担。此处的必要费用包括管理人在管理本人事务过程中所支出的直接的费用以及为维护本人利益而受到的实际损失。最后，见义勇为与无因管理的价值取向不同。见义勇为是为了防止国家的、集体的财产或者他人的人身、财产受到侵害，具有较大的社会价值；无因管理强调本人应该管好自己的事务，管理人的管理主要是为了实现私益价值。正是因为无因管理实现的是私益价值，对管理人因无因管理和提供服务的活动而遭受的损失和实际支出，法律才规定由受益人全部赔偿；而见义勇为是为了公益价值，因而受益人只是适当补偿见义勇为者的损失。

总之，无因管理制度调整的主要是助人为乐行为，其与见义勇为行为并不相同。法律确立无因管理制度的直接目的，是赋予无因管理行为以合法性，而对于不合无

---

① 杨立新主编：《人身损害赔偿》，人民法院出版社 2004 年版，第 349 页。
② 徐海燕主编：《债权法案例评选》，对外经济与贸易大学出版社 2006 年版，第 34 页。

因管理要件的对他人事务的干涉行为则不承认其合法性。所以，无因管理实质上是法律赋予没有根据地管理他人事务的某些行为以阻却违法性。① 无因管理中管理人在无法定或者约定义务的前提下，为他人利益而管理他人事务，依法在管理人与本人之间产生法定之债。管理事务符合本人的意思，若本人能够管理时必当管理，是否管理事务乃本人享有自主决定权，故无因管理制度在一定程度上仅具有微观善的价值，只能理解为是管理人代本人行使管理权，且即便在管理人自为管理的状态下，其因管理不善或者疏于管理而使自身受到损失亦难以避免，在此状态下避免本人权益损失仅对其自身属于善的行为，在社会层面观察其仅具有中性的价值，故无因管理制度在法律上采取准契约的方式予以规范，以在管理人与本人这一微观法律关系中实现对助人为乐行为之肯定。见义勇为行为在民法上从一般无因管理中剥离出来，旨在摆脱准契约的立法模式，其实质是因见义勇为行为具有不同于一般助人为乐行为的价值。见义勇为行为是针对侵害他人民事权益行为之防止、制止，避免他人利益受损并非见义勇为行为的直接目的，对此难谓是管理他人事务。侵害他人权益的行为被定性为是恶的行为，防止、制止该行为乃社会之善，故理应将见义勇为行为从准契约调整模式的无因管理制度中分离出来。

（四）行为人请求受益人补偿的范围

无论是否有第三人造成或者促成了危险情况的发生，即无论在是否有侵害人的情况，见义勇为者都享有请求被救助人支付必要费用的权利。这里的必要费用，就是见义勇为行为必不可少的费用。它是见义勇为者因见义勇为行为导致的财产利益的直接减少。受益人应该对其进行全额的补偿。当然见义勇为者所支出的费用是否为必要，应以救助行为的客观情况而定。之所以将此种费用列入受益人应该补偿的范围，一方面是基于前文所述的原因，另一方面有助于见义勇为者权利的保护。在有侵害人的见义勇为行为中，见义勇为者因为阻止侵害人的侵害行为，通常与侵害人是对立的关系，自然赔偿就不会那么顺利。而受益人在某种程度上与见义勇为者具有一致的利益，并且基于国人传统的报恩观念，与侵害人相比，对见义勇为者的补偿则更容易实现。更何况，受益人可以将救助中产生的直接费用的支出直接作为侵害人的侵害行为的损失要求侵害人在损害赔偿之诉中进行赔偿。

对于见义勇为者在救助行为中所遭受的实际财产损失和损害的法律救济。第

① 魏振瀛主编：《民法》，高等教育出版社2010年版，第560页。

一，在没有不法侵害人的场合，受益人对见义勇为者的损害，有两种解决方案。其一是应当根据该损害与受益人所得以免遭损害的利益之比例关系确定其责任。如果受益人所得以免遭损害的利益超过见义勇为者所遭受的损失，受益人应当承担赔偿责任；如果受益人所得免遭损害的利益等于或者小于见义勇为者所遭受的损失，则受益人应当承担补偿责任。其二为不区分受益人的受益与损害之间的比例关系。受益人的受益是无法准确衡量的，如有纪念价值的物的保全，免受损害甚至保全性命，而见义勇为者所遭受的损害也不一定能够确定。除了实际的物质损失以外，见义勇为者还可能遭受人身损害，这样既有物质利益的损失还有精神痛苦。由谁来比较这些利益的大小而又如何进行比较都是不清晰的。见义勇为者实施的救助行为只是处于一种善良的理念和一种高尚的道德情操，而以受益人的受益与见义勇为者的损害进行比较，直接将见义勇为行为庸俗化了。莫不如直接依据公平责任，考量当事人双方的经济能力，作出适宜的补偿，这样才真正符合民法中的公平原则。第二，如果见义勇为行为中的侵权行为人下落不明，或者其根本无支付能力，但同时见义勇为者又因其侵权行为而导致了损害，此时，受益人应当给予见义勇为者适当的补偿。给予补偿后，受益人则享有了对侵权行为人的代位追偿权，当侵权行为人出现或者具有了偿债能力时，受益人则可享有向侵权行为人要求返还的权利。很多时候侵权行为人施行侵权行为后并不能及时被找到，此时见义勇为者面临医疗等各种费用的困扰，这种做法保证了见义勇为者在救助行为后能够得到及时救济。当然，受益人对其进行补偿的范围应体现公平合理的原则。见义勇为者一旦享有了向受益人行使适当补偿的请求权，法律和道德便完美地结合在一起，既提倡了人人互助的精神，又保障了见义勇为者的权益。

疑难问题

见义勇为行为人享有的其他请求权。在侵害人尚未伏法或没有支付能力，受益人没有补偿能力的情况下，救助者的损失应该由谁来承担？因为利益是见义勇为行为产生的基础，没有他人或社会利益客观上的需要就不可能有见义勇为行为，它产生的必然结果就是使坏人得到惩罚，正义得以伸张，公共利益免受损失，社会秩序得到最好的维护。所以笔者认为国家在这时出现非常重要，因为救助者实施的见义勇为行为归根结底还是为了维护社会的正常秩序，保护国家的长治久安，国家才是最后的最大的得益者，从某个方面来看，见义勇为者也可以被认为是在行使行政协助行为，他是在主动协助国家进行行政管理。① 那么，国家对见义勇为者进行补偿也是理所应当的。并且从行政法的角度来看，当公民受到的损害是为了公共利益而承受的负担，必须平等地分配予全体，不能由少数人负担。② 既然救助者是通过见义勇为行为从一定程度上维护了社会公共利益，国家又是公共利益的代表者和维护者，那么其维护的费用就应该由国家财政来负担，正如人民警察，其所承担的维护社会安全的费用也是由国家财政保证实施的。虽然见义勇为者对国家的利益维护是十分重要的，但是不能遗忘，其首先是通过对他人利益的维护，进而维护了公共利益，所以见义勇为者在寻求自我保护的开始，首先应该是对侵权行为人的赔偿请求权，当有某种具体情况而不能实现时，再寻求受益人的补偿，在这两种请求都不能实现或实现的只是一小部分而不足以弥补全部损失的时候，才可以要求国家补偿。这样既能保障见义勇为者的合法权益，又能在一定程度上减轻国家财政负担。关于国家补偿的范围和标准，在寻求了侵害人和受益人的补偿之后，还需要的全部费用。比如，见义勇为者有财产上的损失时，补偿其财产损失；见义勇为者受伤时，补偿其医疗费用及误工损失；见义勇为者致伤致残甚至牺牲的，还应该增加评定伤残等级或追认为烈士，并按照相应标准执行补偿。例如，《辽宁省奖励和保护见义勇为人员条例（2006 年修正）》第 12 条规定：对见义勇为人员依法给予下列保护：负伤医疗、误工补贴、生活补助、伤残抚恤和优待、人身保护。第 13 条又规定：因见义勇为牺牲的人员，符合革命烈士条件的，按国家有关规定批准为革命烈士。不符合革命烈士条件牺牲的和伤残的见义勇为人员，属于国家机关、社会团体、企业事业单位的人员按照因公（工）伤亡规定办理。不符合革命烈士条件牺牲的无工作单位的见义勇为人员，由社会治安综合治理工作机构参照因公（工）伤亡规定办理，从见义勇为奖励保护基金中给予抚恤。在维护社会治安斗争中致残的无工作单位见义勇为人员，由民政部门按照国家伤残抚恤有关规定办理。在抢险、救灾、救人活动中致残的见义勇为人员，由社会治安综合治理工作机构参照国家伤残抚恤有关规定办理，从见义勇为奖励保护基金中给予抚恤。享受当地最低生活保障的见义勇为人员家庭，其见义勇为奖金和抚恤金不计入家庭收入。

---

① 胡建淼：《行政法学》，法律出版社 1998 年版，第 211 页。

② 姜明安主编：《行政法与行政诉讼法》，北京大学出版社 1999 年版，第 475 页。

11 物件致人损害的民事责任如何确定？

解答：《人身损害赔偿解释》第16条规定："下列情形，适用民法通则第一百二十六条的规定，由所有人或者管理人承担赔偿责任，但能够证明自己没有过错的除外：（一）道路、桥梁、隧道等人工建造的构筑物因维护、管理瑕疵致人损害的；（二）堆放物品滚落、滑落或者堆放物倒塌致人损害的；（三）树木倾倒、折断或者果实坠落致人损害的。前款第（一）项情形，因设计、施工缺陷造成损害的，由所有人、管理人与设计、施工者承担连带责任。"

本条是关于物件损害事故的规定。

构筑物、堆放物、树木的所有人或者管理人因未尽到维护、管理义务致使构筑物、堆放物、树木等出现规定的情形造成他人损害，因此而产生的损害赔偿责任在理论界和实践中都存在不同的观点和多种做法，以往民法通则司法解释对于此类问题的做法采用了公平原则来进行适用协调，但是也没有从根本上解决此类纠纷的处理原则问题。在民事主体交互性不断加强的今天，对于此类物件致人损害发生的情况也越来越多，现实生活中出现的客观情况要求和呼唤必须尽早明确这类问题的处理原则，以利于法制的统一，更好地维护当事人的合法权益。

在本司法解释之后颁布的《中华人民共和国侵权责任法》第十一章对物件致人损害责任进行了更为全面、具体的规定。第85条规定，建筑物、构筑物或者其他设施及其搁置物、悬挂物发生脱落、坠落造成他人损害，所有人、管理人或者使用人不能证明自己没有过错的，应当承担侵权责任。所有人、管理人或者使用人赔偿后，有其他责任人的，有权向其他责任人追偿。第86条规定，建筑物、构筑物或者其他设施倒塌造成他人损害的，由建设单位与施工单位承担连带责任。建设单位、施工单位赔偿后，有其他责任人的，有权向其他责任人追偿。因其他责任人的原因，建筑物、构筑物或者其他设施倒塌造成他人损害的，由其他责任人承担侵权责任。可以说，侵权责任法区分建筑物等脱落、坠落与倒塌的情形，单独规定了建筑物等倒塌时建设人、施工人的连带责任，更进一步强调了建设人、施工人的责任，区分"脱落""坠落"和"倒塌"分别规定了不同的规则。此外，第88条规定，堆放物倒塌造成他人损害，堆放人不能证明自己没有过错的，应当承担侵权责任。第90条规定，因林木折断造成他人损害，林木的所有人或者管理人不能证明自己没有过错的，应当承担侵权责任。上述两个条文仍沿袭了本司法解释第1款第2、3项的规定。

（一）物件致人损害责任的背景

大陆法系各国（地区）民法典普遍将古罗马准私犯制度中的建筑物占有人的责任发展为建筑物（工作物）致人损害责任。其是对古罗马法的扬弃，继承了古罗马准私犯制度关于对物的替代责任的思想，放弃了抛出物伤人的情况，后者属于一般过错责任。大陆法系中物件致人损害责任的典型立法例有法国、德国、日本、我国台湾地区四种模式。

1. 法国法。1804年《法国民法典》继承了罗马法传统，于第1384条第1款笼统规定了准侵权行为责任，替代准私犯。第1386条则明确规定了建筑物致损害责任。随着第1384条第1款关于物的一般责任条款地位的确立，第1386条的建筑物概念在实践中受到限制解释，仅指人工建造且固定在地面的构造物或不动产。坍塌指建筑物的全部或部分坍塌。建筑物坍塌的原因必须是维护的欠缺或建筑物的瑕疵，需要受害人证明，但这与过失无关。所有权人对建筑物致害承担的是无过错责任，而不是过错推定责任。所有人不能通过证明自己没有过错的方式来免除自己的责任，他不能通过证明已请有资格的承揽人来对建筑物进行修缮，或根本不可能发现建筑物的瑕疵而免除自己的责任。但在损害由不可抗力、第三人行为或他人本身的行为引起时免责。① 意大利与法国的相关规定相近，但目前实质上采取的是过错推定原则。

2. 德国法。《德国民法典》第836—838条规定了工作物因建造瑕疵或维护不足倒塌或脱落致害的责任。将致害物的范围从建筑物扩展到了建筑物或其他附着于土地的工作物。工作物是附着于土地之上的且必须是基于人的计划和参与而完成的，大自然形成的不是工作物。其中建筑物指人工建筑成品包括还没有完工的建筑，其他工作物指其他所有用于某种目的的与土地相连接的根据一定技术规范而建造的物件、设施和装置。建筑脚手架、墓碑及地下铺设的输送管道都属于工作物。倒塌和脱落必须是因为建造缺陷或维护不足造成的。德国关于工作物责任采取过推定责任，即由责任主体证明其尽到了必要的注意义务而免责。另外，德国规定了多元责任主体。首先规定了土地占有人（即所有人）的责任。当存在建筑物占有人（主要指用益物权人、地上权人、安装脚手架的建筑企业等）或建筑物维护义务人

① 张民安：《现代法国侵权责任制度研究》，法律出版社2007年版，第246-249页。

（一般基于合同关系产生，也包括承租人和质权人合同约定维护义务）时，由其代替土地占有人承担责任，且此时并不排除土地占有人也是土地所有人时的责任（如第 823 条中的责任）。[①]

3. 日本法。最初《日本民法典》第 717 条仅规定土地工作物和竹木瑕疵致害的责任，实践中类推适用该条以实现对现代社会各种危险活动致害的保护，但最后对这些危险活动致害进行了特别立法。《日本民法典》关于损害形式没有限定于坍塌情形，工作物事故包括攻击型和守备失误型，可见其致害形式采取的是不限定模式。在综合考量法国和德国关于责任人规定的基础上，日本民法典规定占有人为第一次性责任人，所有人为第二次性责任人，以达到由直接占有控制者承担责任和加强对受害人保护的双重目的。学说和判例上通说认为占有人承担过错推定责任（已尽为防止损害发生的注意义务时免责），所有人则承担无过错责任。随着学说的发展，将义务的违反作为瑕疵加以认定，瑕疵认定与过失认定的构造是相似的。且在经验法则上，在并不是特别异常的自然状况下建筑物倒塌的场合，从事故的发生推定瑕疵的存在。另外，对于其他原因致害者，有追偿权。[②]

4. 我国台湾地区的规定。我国台湾地区 1999“民法”第 191 条规定了土地上之建筑物或其他工作物致害由所有人负责，除非设置或保管并无欠缺，或损害非因设置或保管欠缺所致，或已尽相当注意。且赋予所有人对其他应负责任人的追偿权。由此可见，物件的范围限于“土地上建筑物及其他工作物”，主体为所有人，归责原则适用推定过失。关于工作物所有人已尽相当注意的举证免责，实务上多做严格认定。此外，我国台湾地区“民法”还采取了两个推定，即推定工作物在设置或保管上有欠缺和推定因果关系。关于工作物瑕疵的推定，是我国台湾地区“民法”所特有。在我国台湾地区“民法”中，凡因工作物瑕疵致害均包括在内，如建筑内电线短路造成火灾、土墙倒塌致害、冷气设备漏水、地下管道造成道路坑洞致害等。对损害发生虽另有应负责之人，但属于内部关系，工作物所有人对外仍须负赔偿责任。应负责任之人包括工作物承揽人、承租人、借用人、工作物前所有人等。[③]

（二）物件致人损害的归责原则

表面上物件致害责任有符合替代责任的地方：（1）责任人对于非自己直接行为

① 陈卫佐译：《德国民法典》，法律出版社 2015 年版，第 320 页。
② 于敏：《日本侵权行为法》，法律出版社 2015 年版，第 389-408 页。
③ 王泽鉴：《侵权行为》，北京大学出版社 2009 年版，第 484-500 页。

导致的损害结果承担责任；（2）责任人与致害物之间存在一定的管领关系，即看责任人对致害物件是否具有事实上的支配力和控制力来决定责任人是否承担责任，这也是责任人承担物件致害责任的基础。

本条司法解释规定的是物件损害侵权行为的法律责任，责任人并非对自己的行为承担法律责任，而是对属于自己管辖的物件承担替代责任。由于这是一种特殊的责任，在物件侵权中并不存在责任的自我意志行为，因此在进行归责时无法适用一般的过错责任原则。

根据本条司法解释的规定，物件致人损害责任的归责原则是过错推定责任原则，是适用过错责任原则的一种方法，它将民事责任的主观要件的举证责任以否定的形式分配给加害人一方，从而避免了受害人因不能证明对方的过错而无法获得赔偿的情形。按照过错推定责任原则，如果被告不能证明自己没有过错，法律上就推定他有过错并确认他应当承担民事责任。[①] 根据本条司法解释，当受害人请求损害赔偿时，只需要证明该构筑物、堆放物或树木等管理瑕疵造成损害的事实，以及所有人、管理人对这些物件存在支配关系，区别于过错原则的要求，无须证明所有人、管理人在主观上存在过错。之所以要采用过错推定原则主要是基于加强受害人合法权益的保护。处于弱势群体的受害人，由于其对于工作物致害、地面施工致害等很难获取证明加害人有过错的证据，同时物件的所有人、管理人或使用人由于其与物件本身的特殊联系进行举证相对而言更为合理和经济；在适用方法上，过错推定原则使用的是举证责任倒置。

但是在侵权责任法关于物件致人损害的规定中，也有对无过错责任原则的适用。《中华人民共和国侵权责任法》第 86 条规定的建筑物、构筑物或者其他设施倒塌致人损害侵权就适用这类归责原则。从法条本身的规定来看，在构成要件上，不考虑有关单位或者个人的主观过错。也就是说，有关单位或者个人有无过错对建筑物、构筑物或者其他设施倒塌致人损害责任的构成和承担不产生影响，只要建筑物、构筑物或者其他设施倒塌造成他人损害那么就符合建筑物、构筑物或者其他设施倒塌致人损害责任的构成要件，受害人无须举证证明加害人是否有过错，法律也无须推定加害人是否有过错而径行判定侵权人的相应责任。与此相同的还有《中华人民共和国侵权责任法》中第 89 条规定的公共道路障碍物责任。在公共道路上设置路障

---

① 王家福、梁慧星主编：《中国民法学·民法债权》，法律出版社 1999 年版，第 472 页。

本身是法律、法规和其他规定所明确禁止的行为，违反这些规定本身就意味着设置人存在过错。它是一种违法视为过失的过失种类，而不属于过错推定。设置人并没有举证证明自己没有过错的余地。行为人既可能有过错也可能没有过错，法律不问其有无过错，而直接对其施加责任。

（三）物件致害的具体形态

相较于本司法解释第16条的规定，《中华人民共和国侵权责任法》第十一章对物件致人损害的形态作了更为细致全面的分类规定，区分了物件脱落、坠落、倒塌、抛掷物等多种具体形态。物件的致害行为主要是指物件由于其本身的倒塌、脱落、坠落、陷落等致使受害人人身、财产或者其他合法权益受到侵害。倒塌是指物件全部或者部分倾倒、坍塌；脱落是指附着物件上的组成部分与物件之主体相互分离而下落；坠落则是指搁置于或悬挂于建筑物上的物件离开建筑物而掉落。物件的表面陷落，指物件表面沉降因此产生落差而造成损害。① 需要注意的是，物件的致害行为具有独立性，物件的所有人或者管理人只是对物件的管领存在一定过失，而非其使用物件或者以其管理下的物件作为工具侵害他人的人身、财产以及其他合法权益，否则就会变成伤人的一般侵权行为，而非我们此处所讨论的物件致害的特殊侵权责任。或者从另一个角度看，传统的侵权行为通常都要求有加害行为，但是作为物件致害的侵权责任其加害行为有其特殊性，即损害的发生并非直接源自人的行为，而是由人对物的设置、维护、管理不当，导致物在自然力的作用下（或者他人行为介入后）致害。

（四）构筑物管理瑕疵责任的法律依据

关于本条司法解释的第1款第2、3项中堆放物及树木折落产生的损害赔偿责任的争议较小，主要针对第1款第1项中关于构筑物瑕疵致人损害，在审判实务中产生的争议较大，并且《中华人民共和国侵权责任法》第85、86条对建筑物、构筑物及其他设施脱落、坠落和倒塌的民事责任的规定与本司法解释的规定不完全一致，因此有必要对构筑物管理瑕疵的责任作进一步研究。

按照我国民法学界通说，建筑物致人损害属于物件致损的特殊侵权行为之一。包括三种情形：（1）建筑物全部或者部分倒塌致人损害；（2）附着于建筑物的物件脱落致人损害；（3）建筑物上的构筑物、悬挂物坠毁致人损害。随着我国民事立法

---

① 杨立新主编：《类型侵权行为法研究》，人民法院出版社2006年版，第696页。

的发展和民法研究的进展，对建筑物和构筑物进行了区分。[①] 建筑物，是指在土地上建设的供人们居住、生产或者进行其他活动的场所，如房屋、城墙、纪念碑、电视塔以及其他类似场所。构筑物，是指在土地上建设的不供人们直接在内进行生产和生活活动的场所，如道路、桥梁、隧道、水井等。[②] 区别于民法总则中将建筑物与构筑物进行区分，侵权行为法对建筑物、构筑物及其他设施致人损害产生的责任进行了统一的规定，其不同之处在于区分了脱落、倒塌、坠毁等不同情形。导致损害的并非来自建筑物本身这一危险源，而是来自建筑物等物的倒塌脱落与坠落等危险，倒塌针对的是建筑物、构筑物或其他设施的整体，脱落针对的是建筑物、构筑物或其他设施的部分，该“部分”的概念不同于物的成分或从物的概念，只要是基于建筑的原因或者为了建筑之目的与建筑物连接在一起即可。而坠落通常针对的是悬挂物与搁置物。倒塌、脱落或坠落通常都是非故意造成的，如故意拆迁建筑物或者构筑物的情况，并不属于脱落。

（五）林木致损责任

林木与土地紧密相连，属于不动产，但林木不属于建筑物，也不属于其他工作物，所以《中华人民共和国侵权责任法》专设第 90 条，规定了林木损害责任。在比较法上，对于林木损害责任，有从物的损害责任出发，准用建筑物损害责任规定者，如日本。[③] 我国舍弃类推适用之路径，而采用单独规定林木致损责任的思路，其范围不仅限于公共道路旁的林木，而且涉及林地以及院落周围的林木等，但在适用上，可能与公共道路损害责任（第 89 条）产生竞合。根据第 90 条的规定，林木致损必须是折断造成的，这里的折断可能是自然力造成的，而在建筑损害责任情况下，倒塌与脱落的原因必须是建筑瑕疵或者管理瑕疵，不能是自然力。

相较于本条司法解释规定的林木致人损害有树木倾倒、折断或者果实坠落三种方式，《中华人民共和国侵权责任法》第 90 条只规定了林木折断这一种情形，虽然新法只具体规定了林木折断这一种情形，但是其立法本意在于救济因林木折断等而受到伤害的人。林木本身具有一定的危险性，致人损害也存在多种情形，哪怕是林木倾倒、折断或者果实坠落都不足以涵盖全部的范围，如果严格按照字面意思理解

① 王家福、梁慧星主编：《中国民法学·民法债权》，法律出版社 1999 年版，第 521 页。
② 唐德华、高圣平主编：《房地产法及配套规定新释新解》（上），人民法院出版社 2005 年版，第 28 页。
③ 王泽鉴：《侵权行为》，北京大学出版社 2009 年版，第 487 页。

侵权行为法否定了本条司法解释是不对的。一般情况下，认定所有人或者管理人没有尽到管理职责是很容易判断的，多数情况下林木倾倒、折断都是因为枝干已经枯死或者被虫蛀空，而果实坠落一般都是因为其重量过大而使枝干无法承受或者已经成熟。一般来说，即使管理人没有进行合理的管理，林木也能够良好生长，管理人要以林木的良好生长来证明自己尽到了管理职责也是比较容易的。即使林木的管理人尽到了对林木的管理职责，林木仍然不免存在折断等危险，如果承认管理人可以仅仅通过自己尽到了管理职责就可以免责，对于受害者来说未免不公，因此需要对免责事由进行严格限制，除非是由于不可抗力、受害人以及第三人的原因造成损害才能够免责。

（六）堆放物的致损责任

堆放物本质上是动产，且与土地或建筑物没有结合关系，不能适用建筑物损害责任之规定。但堆放物亦具有一定的危险性，堆放人对其应承担管理义务，所以《中华人民共和国侵权责任法》第 88 条单独规定了堆放物损害责任，并采取了过错推定之归责原则。该条规定实际上直接来自本条司法解释第 1 款第 2 项，但仅规定了堆放物倒塌造成损害的情况，在解释上，倒塌包括整体的倒塌和部分的脱落、滑落、滚落等。[①] 倒塌之原因通常在于堆放瑕疵与管理瑕疵，所以在因为不可抗力、第三人故意造成等情况下，堆放人不承担侵权责任。《最高人民法院关于处理涉及汶川地震相关案件适用法律问题的意见（二）》第 9 条规定：因地震灾害致使堆放物倒塌、滚落、滑落致人损害的，所有人或者管理人不承担责任。

此外，堆放物致人损害责任的所有人与管理人不为同一人时，由管理人先承担对受害人的赔偿责任，强调由对堆放物进行实际管理控制的主体来承担因其未尽到管理职责而造成损害的责任。至于过错的内容，堆放物倒塌致人损害的直接原因，是堆放物倒塌，其由自然原因造成，如刮风、下雨，还是由人为原因造成的。堆放人作为对堆放物的管理者，对堆放物负有管理职责，只要因为对堆放物品管理瑕疵造成他人人身损害的，赔偿权利人都有权利提出赔偿请求。堆放人要证明自己没有过错，不承担对受害人的损害赔偿责任，就要证明自己尽到了对堆放物的管理职责。一般来说，堆放物都存在潜在的倒塌风险，在堆放人合理地履行了管理职责时，潜在的倒塌风险不足以转变为现实的损害后果，其承担的管理职责是由其向靠

---

① 全国人大常委会法制工作委员会民法室：《中华人民共和国侵权责任法条文说明、立法理由及相关规定》，北京大学出版社 2010 年版，第 356 页。

近堆放物的人对堆放物倒塌的可能进行告知，并阻止他人进行危险的范围，其目的在于防止损害的发生，其警示标志和安全措施等必须使一般人能够明确地了解堆放物存在损害的可能。作为警示标示，必须为一般人能发现，安全措施也必须能够在一般情况下防止损害的发生。

（七）赔偿主体范围的确定

物件脱落、坠落致人损害的责任主体包括所有人、管理人以及使用人三类。本条司法解释规定的是责任人对自己管理之下的物件致人损害的替代责任，其理论基础是责任人作为物件的管理者，实际控制着物并且享受了物给其带来的利益，既然享受了利益，那么就应当相应地承担物件对他人造成损害的责任。物的所有人对物件享有所有权，对其所享有的物对他人造成的损害承担侵权责任理所应当。管理人主要指非所有人依据法律规定或者合同约定对建筑物或者其他设施以及建筑物上的搁置物、悬挂物进行经营管理的人。[①] 管理人作为代所有人行使所有权的主体，对物件进行实际的控制，因此其应当对其所控制管理下的物对他人造成伤害时，承担责任。使用人是指对他人享有所有权的物件进行利用以满足自己相应需要的人，其对物件直接控制并且享受物件所带来的利益，从责任承担的角度来看，使用人承担其实际管理控制的物对他人造成的损害的责任，与所有人对自己所有的物造成他人损害所承担的责任并无不同。

当所有人就是管理人、使用人的时候，由所有人承担赔偿责任自不待言。但是当这三者相分离，不是同一人时，该由谁来承担责任，责任主体之间是连带还是单独责任，值得探讨。当所有人与管理人、使用人并存时，首先应该由直接占有人承担侵权责任，因为其直接占有该物，可以及时有效地维护该物，增加物的安全系数，从而防止损害的发生，但如果合同另有约定该物由他人管理、维护的除外。当直接占有人、管理人没有能力承担赔偿责任，为了使受害人尽早得到救助，所有人应当承担赔偿责任。如果所有人与管理人都存在过错，则由所有人与管理人对受害人承担连带责任，责任人内部之间按过错大小承担按份责任。理由如下：（1）物件脱落、坠落致人损害是责任人之间的共同过错导致的，各责任人理应对此承担损害赔偿责任；（2）让各责任人承担连带赔偿责任，有利于受害人及时得到救济；（3）各责任人内部之间按过错大小承担按份责任则也有利于加强责任主体对所占有、管理之物的管理、维护意识。值得注意的是，当建筑物上的搁置物、悬挂物的所有人与建筑

---

① 奚晓明：《〈中华人民共和国侵权责任法〉条文理解与适用》，人民法院出版社2010年版，第566页。

物所有人不一致时，首先应由设置人承担侵权责任，只有在设置人不明的情况下，才由建筑物、构筑物或者其他设施的所有人、管理人或者使用人承担赔偿责任。

疑难问题

当构筑物倒塌致人损害时的归责原则。本司法解释对构筑物瑕疵导致他人损害的发生为过错推定责任，而《中华人民共和国侵权责任法》第 86 条则规定了在建筑物倒塌致人损害时，由建筑物的建设单位和施工单位以无过错责任原则的方式来承担对受害人的连带赔偿责任，建设单位和施工单位不得以自己无过错为由请求免责。新旧两个条文对构筑物倒塌致人损害的归责原则的规定有所不同。应当认识到，《中华人民共和国侵权责任法》第 86 条第 1 款的规定不同于《中华人民共和国民法通则》第 126 条的规定，该条规定由所有人或者管理人来承担责任，并且归责原则是过错推定责任。一般的建筑物倒塌致人损害与设计施工缺陷造成损害的情形之间有差别，《中华人民共和国侵权责任法》第 86 条第 1 款针对的是“豆腐渣”工程等与建设单位、施工单位有直接联系的原因造成建筑物、构筑物倒塌问题的特殊规定。[①] 该款的立法目的在于解决建筑工程存在质量瑕疵导致损害后果的情况下，如果出现建筑物、构筑物或其他设施倒塌致人损害就可以适用该款的规定进行处理。因此，《中华人民共和国侵权责任法》第 86 条第 1 款的归责原则是无过错责任原则，有三个构成要件：（1）建筑物、构筑物或其他设施因严重质量问题而倒塌；（2）受害人受到伤害；（3）损害与建筑物等的倒塌之间存在因果关系。受害者只需要证明自己的损害与建筑物的倒塌之间存在因果关系即可。

第二节　裁判规则与典型案例

1 公共场所管理人所承担的责任

裁判规则

作为“公共场所”，其管理人应当承担更为严格的维护和管理义务，进行有效

① 奚晓明：《〈中华人民共和国侵权责任法〉条文理解与适用》，人民法院出版社 2010 年版，第 574 页。

的警示和维护，以防止意外的发生。

基本案情[①]

上诉人东营市第二人民医院（以下简称东营二院）因与被上诉人刘子亮公共场所管理人责任纠纷一案，不服东营市中级人民法院（2014）东民一初字第22号民事判决，××本院提起上诉。本院依法组成合议庭，公开开庭审理了本案，上诉人东营二院的委托代理人王哲强、李峰，被上诉人刘子亮的委托代理人刘子清、马志远到庭参加诉讼。本案现已审理终结。

原审法院查明，2012年12月13日，刘子亮因左手中指受伤入住被告处治疗。住院期间，刘子亮于2012年12月22日在被告门诊楼二楼卫生间小便时摔倒，身体后仰，枕部着地，造成右侧硬膜下血肿、脑挫裂伤。被告医务人员发现后，将刘子亮送入被告急诊科抢救。刘子亮自2012年12月13日至2013年2月14日在被告处治疗共花费医疗费110085.23元，原、被告均认可2012年12月13日至2012年12月22日期间治疗手指的花费为2500元，并同意将该款从刘子亮主张的医疗费中扣除，刘子亮2012年12月22日至2013年2月14日在被告处住院治疗花费为107585.23元。为进一步治疗，刘子亮转入滨州医学院附属医院，自2013年2月14日至2013年3月17日在滨州医学院附属医院神经外科住院治疗，花费医疗费56420.22元。后刘子亮转入东营市人民医院，于2013年3月17日至2013年8月10日、2013年8月10日至2013年9月7日在东营市人民医院神经外科治疗；后刘子亮于2013年11月28日至2013年12月27日、2013年12月29日至2014年1月13日在东营市人民医院康复医学科进行治疗；刘子亮在东营市人民医院四次住院分别花费74363.97元、31104.77元、9144.89元、3427.47元。刘子亮共计住院301天，住院时间以病历上记载的时间为准；刘子亮共计花费医疗费282046.55元。

刘子亮在起诉前，曾在广饶县人民法院起诉被告，在该案审理过程中，刘子亮申请对其伤残等级、后续治疗费、后续护理期限及护理人数进行司法鉴定，广饶县人民法院依法委托山东齐都司法鉴定所对刘子亮的申请事项进行鉴定，2013年11月28日山东齐都司法鉴定所出具（鲁）齐都司鉴所（2013）临鉴字第592号司法

---

① 刘子亮与东营市第二人民医院公共场所管理人责任纠纷二审民事判决书，来源：中国裁判文书网。

鉴定意见书，该司法鉴定意见书结论为：被鉴定人刘子亮构成一级伤残、建议后续治疗费91500元、需长期两人护理。刘子亮于2014年3月28日向广饶县人民法院申请撤回起诉，广饶县人民法院于2014年3月28日作出（2013）广民四初字第333号民事裁定，裁定准许刘子亮撤回起诉。被告在该案审理中没有对该司法鉴定意见书进行质证。

原审法院在本案审理过程中，依法委托胜利油田中心医院法医司法鉴定中心对刘子亮女儿刘沙沙（已成年）的残疾程度进行鉴定，该中心作出的胜中医法医司法鉴定中心（2015）临鉴字第60号司法鉴定意见书的鉴定意见为：被鉴定人刘沙沙脊柱-骨骺软骨发育不全诊断可能性大，目前遗留双手指间关节屈伸受限；双膝及双踝关节活动受限；双髋关节活动重度障碍。该疾病后遗症相当于职工工伤五级伤残。

2013年山东省城镇居民人均可支配收入为28264元，2013年山东省农村居民人均生活消费支出为7393元，2013年山东省农村居民人均纯收入为10620元。

东营二院上诉称，一、本案发生地点是病房的卫生间，不属于公共场所。二、被上诉人刘子亮的身份应是农村居民，而非城镇居民。三、被上诉人刘子亮是完全民事行为能力人，且当时有家人陪护，其受伤与上诉人之间没有因果关系。四、护理人员误工费不应按照一次性处理来计算，应按照阶段性实际支出计算。五、被上诉人后续医疗费应扣除鉴定之日后被上诉人新发生的医疗费。六、被上诉人医疗费已经在新农合报销的部分不应计算在赔偿总额之中，应减除报销后剩余的部分，按比例计算。七、被扶养人刘沙沙伤残鉴定依据标准不当，使用的是《劳动能力鉴定职工工伤与职业病致残等级》，与最高人民法院2013年对山东高院的答复精神矛盾。故请求依法撤销东营中院（2014）东民一初字第22号民事判决，依法改判上诉人东营二院不承担赔偿责任，本案一、二审诉讼费由被上诉人承担。

被上诉人刘子亮答辩称，一、根据国务院《公共场所卫生管理条例》相关规定，本案发生地点医院病房卫生间属于公共场所。二、被上诉人工作单位在工商行政管理机关登记的住所地在城镇，刘子亮在单位工作五年之久，工余时间居住在单位宿舍，其身份应当认定为城镇居民。三、上诉人病房的卫生间设计不符合公共设施要求，存在患者如厕的安全隐患，与被上诉人的受伤有因果关系。四、护理费用应当作出一次性处理，《人身损害赔偿解释》第21条第3款有明确规定，上诉人主张按照阶段性实际支出计算护理人员误工费没有依据。五、刘子亮伤残鉴定书中的后续治疗费，是为了防治肺炎和泌尿系统感染等并发症估算确定的，不是为了治疗原发伤害的治疗费，上诉人要求扣除鉴定之日后为治疗原发伤害的医疗费，没有依据。六、原审法院对于医疗费的判决已经按照70%的比例扣除了新农合报销的部分，原审对此判决正确。七、关于被扶养人刘沙沙的残疾鉴定意见，因刘子亮主张的扶养费本就是基于刘沙沙劳动能力的丧失，鉴定机构适用劳动能力的鉴定标准没有错误。综上，被上诉人认为，原审法院认定事实清楚，适用法律正确，但责任划分存在错误，请求在维持事实认定和法律适用的基础上，改判上诉人东营二院承担不低于70%的责任。

审理要览

原审法院认为，刘子亮在被告门诊楼二楼病房卫生间小便时，在卫生间摔伤。刘子亮作为一个具有完全民事行为能力的成年人，在手指受伤的情况下，在卫生间这种一般情况下较为湿滑且有台阶的地方理应尽到更为谨慎的注意义务，刘子亮应对自己摔伤产生的损失承担主要责任。根据《中华人民共和国侵权责任法》第37条的规定，宾馆、商场、银行、车站、娱乐场所等公共场所的管理人，未尽到安全保障义务，造成他人损害的，应当承担侵权责任。公共场所的卫生间本就是易湿滑场所，其管理人应该尽到合理的管理义务。被告门诊楼二楼卫生间设施较为陈旧，且其主要是向患者开放的公共场所，被告应当承担更为严格的维护和管理义务，进行有效的警示和维护，以防止意外的发生。虽然原、被告双方均认可刘子亮是自行摔伤，但这只能排除其被其他外力影响导致摔伤的可能性，并不能免除被告因安全保障义务而负担的管理责任，被告未能尽到合理限度内的安全保障义务，应该对刘子亮摔伤的损失承担一定的责任。考虑到刘子亮摔伤后，被告及时进行了抢救治疗的情况，被告应该对刘子亮的摔伤承担次要责任。综上，根据原、被告的过错程度，本院认定刘子亮对自己的损失承担70%的责任，被告承担30%责任较为适宜。

山东齐都司法鉴定所于2013年11月28日出具的（2013）临鉴字第592号司法鉴定意见书，被告不认可，认为刘子亮在鉴定时没有治疗终结。原审法院认为，该司法鉴定意见书的鉴定材料为刘子亮2013年9月7日之前在被告、滨州医学院附属医院、东营市人民医院治疗的 4 份病历，刘子亮虽然于 2013 年 11 月 28 日至 2013 年 12 月 27 日、2013 年 12 月 29 日至 2014 年 1 月 13 日先后在东营市人民医院住院治疗，但是刘子亮入住的是康复医学科进行康复治疗，在该 2 份病历中也没有刘子亮肢体伤情明显好转的记载。因此，在原、被告均不申请对刘子亮的伤残情况等进行鉴定的情况下，本院依法采信山东齐都司法鉴定所作出的司法鉴定意见。

关于刘子亮主张的医疗费，刘子亮在被告卫生间摔伤后在医院治疗期间共花费医疗费 282046.55 元，证据确实、充分，予以认定。被告抗辩主张刘子亮通过新农合医保报销的医疗费应该从刘子亮的医疗费中减除，刘子亮只能主张其实际花费的医疗费。原审法院认为，刘子亮认可医疗费通过新农合医保报销了平均约 60%，刘子亮承担了剩余的 40%，认定被告对刘子亮医疗费损失承担 30%的责任，被告未举证证明其承担的医疗费数额超过刘子亮自己承担的部分，即未证明刘子亮就其全部医疗费获得了双重赔偿，对被告的该抗辩理由不予支持。刘子亮认可还欠被告医疗费 19981.3 元，亦同意在本案中予以扣除，因此应该在被告应支付刘子亮的款项中扣除该款。

关于刘子亮主张的残疾赔偿金，刘子亮主张其工作单位山东恒丰橡塑有限公司住所地在城镇，刘子亮伤残等级为一级，其残疾赔偿金应该按照 2013 年山东省城镇居民人均可支配收入 28264 元的标准计算 20 年为 565280 元。原审法院认为，刘子亮工作单位山东恒丰橡塑有限公司位于广饶县××镇经济开发区，属于城镇范围。刘子亮的主要收入来源于城镇，且月平均工资超过 4000 元，如果按照农村居民标准计算其残疾赔偿金对刘子亮显失公平，因此刘子亮的残疾赔偿金应该按照 2013 年山东省城镇居民人均可支配收入 28264 元计算，刘子亮主张的残疾赔偿金 565280 元本院予以支持。

关于刘子亮主张的被扶养人生活费，刘子亮主张被扶养人刘培举、丁秀兰、刘文超、刘沙沙的被扶养人生活费应按照 2013 年山东省农村居民人均生活消费支出 7393 元计算符合法律规定，予以支持。刘子亮的父亲刘培举生于 1937 年 11 月 6 日，其母亲丁秀兰生于 1938 年 2 月 2 日，截至 2014 年，其年龄均已超过 75 周岁，刘子亮主张其被扶养人生活费赔偿年限应按 5 年计算符合法律规定。刘子亮的儿子刘文超生于 2003 年 1 月 31 日，截至 2014 年，刘文超 11 周岁，刘子亮主张其赔偿年限为 7 年符合法律规定。刘子亮的女儿刘沙沙生于 1994 年 5 月 24 日，刘子亮主张刘沙沙为残疾人，无劳动能力，赔偿年限为20年。根据胜利油田中心医院法医司法鉴定中心作出的胜中医法医司法鉴定中心（2015）临鉴字第60号司法鉴定意见书的鉴定意见，刘沙沙相当于职工工伤五级伤残。刘培举、丁秀兰有子女5人，刘文超、刘沙沙有刘子亮及其妻子两名扶养人。根据《人身损害赔偿解释》第28条第2款的规定，被扶养人有数人的，年赔偿总额累计不超过上一年度城镇居民人均消费性支出额或者农村居民人均年生活消费支出额。因此，根据该限制性规定，四被扶养人的前5年的年赔偿总额超过7393元，应该按照7393元计算5年为36965元（7393元×5年），以后年份刘文超的扶养费为7393元（7393元×2年÷2人），以后年份刘沙沙的扶养费为33268.5元（7393元×15年÷2人×伤残系数60%）。四被扶养人生活费合计应为77626.5元，刘子亮主张超出部分不予支持。被扶养人生活费应该计入残疾赔偿金。刘子亮的残疾赔偿金应为642906.5元（565280元+77626.5元）。

关于刘子亮主张的误工费，根据山东恒丰橡塑有限公司为刘子亮在中国农业银行开立的代发工资专用账户的工资发放明细计算，刘子亮事故发生前一年的平均月工资为4592.22元，所以刘子亮主张按照月工资4347.55元的标准计算误工费符合法律规定。山东恒丰橡塑有限公司提交的职工工资停发证明能够证明，山东恒丰橡塑有限公司于2013年1月开始停发刘子亮工资。自刘子亮2012年12月22日受伤之日至2013年11月28日伤残鉴定作出之日共计336天，刘子亮主张误工时间为336天符合法律规定，所以刘子亮的误工费应确定为48692.56元（4347.55元/月÷30天×336天），刘子亮主张的误工费48692.56元，予以支持。

关于刘子亮主张的护理费，刘子亮主张住院期间由刘子亮的妻子王学英、刘子亮的哥哥刘子清、刘子兵、刘子福护理，王学英为农村居民，刘子清、刘子兵、刘子福为城镇居民，东营市人民医院出具的诊断证明书证明，刘子亮住院期间需两人陪护，所以认定刘子亮住院期间为其妻子王学英和刘子亮的三个哥哥轮流护理，护理人员一名为农村居民，一名为城镇居民。刘子亮共住院301天，所以刘子亮住院期间的护理费应为32065.98元（28264元÷365天×301天+10620元÷365天×301天）。刘子亮主张出院期间由王学英和刘培竹护理，刘培竹为农村居民，自2012年12月22日刘子亮发生事故之日至2013年11月28日伤残鉴定司法意见书作出之日共计336天，扣除刘子亮的住院时间301天，刘子亮在家休养的时间为35天，在此期间的护理费为 2036. 71 元（10620 元÷365 天×35 天×2 人）。刘子亮的残后护理费，因为刘子亮居住在农村，应以农村居民的标准计算护理费，司法鉴定意见书载明需要两人长期护理，《人身损害赔偿解释》第 21 条第 3 款规定，护理期限应计算至受害人恢复生活自理能力时止。受害人因残疾不能恢复生活自理能力的，可以根据其年龄、健康状况等因素确定合理的护理期限，但最长不超过 20 年。在庭审中，刘子亮主张护理费从受伤之日起 20 年，扣除自刘子亮受伤之日 2012 年 12 月 22 日至 2013 年 11 月 28 日伤残鉴定作出之日共计 336 天，因此，刘子亮主张的残后护理时间为 19 年零 29 天，刘子亮的残后护理费为：405247. 56 元（10620 元×19 年×2 人+10620 元÷365×29 天×2 人）。刘子亮主张按照东营市盛祥家政服务有限公司出具的护工人员劳务报酬标准计算护理费的主张本院不予支持。综上，认定刘子亮的护理费总计应为 439350. 25 元（32065. 98 元+2036. 71 元+405247. 56 元），刘子亮主张的超出部分，不予支持。

关于刘子亮主张的住院伙食补助费，刘子亮共住院 301 天，按照国家机关一般工作人员出差伙食补助标准 30 元/天计算，本院确定刘子亮住院伙食补助费为 9030 元（30 元×301 天），刘子亮主张的超出部分，不予支持。

关于刘子亮主张的交通费 5000 元，虽然刘子亮没有提交交通费的单据，但刘子亮的伤情严重，多次转院、住院，住院天数达 301 天，综合刘子亮的住院情况和实际需要酌情支持其 5000 元。

关于刘子亮主张购买防褥疮气垫、轮椅、护理床辅助器具花费合计 6000 元，刘子亮提交的收据载明的数额仅为 4250 元，且刘子亮也没有提交正式的发票，但根据刘子亮的伤情和住院的实际情况，对刘子亮主张的辅助器具费酌情支持 4000 元，超出部分不予支持。

关于刘子亮主张的后续治疗费 91500 元，根据山东齐都司法鉴定所出具的（鲁）齐都司鉴所（2013）临鉴字第 592 号司法鉴定意见书的鉴定结论，建议刘子亮的后续治疗费为 91500 元，根据《人身损害赔偿解释》第 19 条的规定，关于后续治疗费，赔偿权利人可以待实际发生后另行起诉，但根据医疗证明或者鉴定结论确定必然发生的费用，可以与已经发生的医疗费一并予以赔偿。因此，刘子亮主张的后续治疗费 91500 元应予以支持。

关于刘子亮主张的精神损害抚慰金 198650 元，刘子亮虽然是在被告处摔伤，但摔伤主要是由其自身原因造成的，因此刘子亮主张的精神损害抚慰金 198650 元明显过高，根据原、被告双方的过错程度，一审法院酌情支持刘子亮的精神损害抚慰金 20000 元，超出部分不予支持。

关于刘子亮主张的鉴定费 6981.75 元，该费用是刘子亮在诉讼中实际支出的费用，予以确认。

刘子亮产生以下损失：医疗费 282046.55 元、残疾赔偿金 642906.5 元（包含被扶养人生活费 77626.5 元）、误工费 48692.56 元、护理费 439350.25 元、住院伙食补助费 9030 元、交通费 5000 元、辅助器具费 4000 元、后续治疗费 91500 元、鉴定费 6981.75 元，共计 1529507.61 元，被告第二人民医院按 30%的责任比例承担 458852.28 元。扣除刘子亮欠付被告的医疗费 19981.3 元，被告还应支付刘子亮 438870.98 元。

裁判解析

本案的争议焦点为：（1）本案上诉人东营二院应否承担对被上诉人刘子亮的赔偿责任；（2）本案原审认定的赔偿的范围、依据标准和数额是否适当。

关于东营二院应否承担对刘子亮的赔偿责任。《中华人民共和国侵权责任法》第 37 条第 1 款规定，宾馆、商场、银行、车站、娱乐场所等公共场所的管理人，未尽到安全保障义务，造成他人损害的，应当承担侵权责任。本案被上诉人刘子亮摔伤发生在东营二院门诊楼二楼病房的公共卫生间内，出入该处人员除特定的住院病患外，还多有病人家属、探视人员或候诊者，人员流动性较大，属于不特定群体，故事故发生的卫生间应属于《中华人民共和国侵权责任法》第 37 条所指的“公共场所”。上诉人东营二院辩称其病房的卫生间仅对特定住院病患开放、不属于公共场所，缺乏事实依据，本院不予采纳。本案中，刘子亮作为一个具有完全民事行为能力的成年人，应对自己摔伤产生的损失承担主要责任，东营二院门诊楼二楼卫生间作为“公共场所”，其管理人应当承担更为严格的维护和管理义务，进行有效的警示和维护，以防止意外的发生，东营二院因其未尽安全保障义务应承担次要责任，一审法院根据双方过错程度，认定刘子亮对自己的损失承担 70%的责任，东营二院承担 30%的责任，并无不当。

关于本案一审认定的赔偿范围、依据标准和数额是否适当，刘子亮的身份问题。

刘子亮的工作单位山东恒丰橡塑有限公司位于广饶县××镇经济开发区，属于城镇范围。刘子亮的月平均工资超过4000元，是其主要收入来源，一审法院据此按照城镇居民标准计算其残疾赔偿金，并无不当，本院予以支持。关于刘子亮的护理费，一审法院依据《人身损害赔偿解释》第21条第3款规定及东营市人民医院出具的诊断证明书作出认定，计算标准与确认数额，均无不当。东营二院在上诉中认为护理人员误工费不应按照一次性处理来计算，主张按照阶段性实际支出计算，缺乏法律依据，本院不予支持。关于刘子亮的后续医疗费，有山东齐都司法鉴定所出具的（鲁）齐都司鉴所（2013）临鉴字第592号司法鉴定意见书的鉴定结论作为依据，属于《人身损害赔偿解释》第19条"根据医疗证明或者鉴定结论确定必然发生的费用，可以与已经发生的医疗费一并予以赔偿"的情形。上诉人东营二院要求扣除鉴定之日后治疗原发伤害的医疗费，缺乏依据，本院不予支持。关于刘子亮通过新型农村合作医疗保险报销的医疗费，与上诉人东营二院作为公共场所管理人承担侵权责任是两种不同的法律关系，二者之间不能相互抵销，且新型农村合作医疗保险的目的是保障公民患病时能得到应有的医疗救治，而非减轻侵权人的赔偿责任。本案中，刘子亮认可医疗费通过新型农村合作医疗保险报销了约60%，一审法院认定东营二院对刘子亮医疗费承担的损失为30%，并未超过刘子亮自己承担的部分。

2 教育机构在未成年人遭受损害时应承担责任

裁判规则

未成年人在教育机构遭受损害，而教育机构未尽到教育、管理职责，具有过错，应承担赔偿责任。

基本案情[①]

原告潘某某系被告平度市某小学学生。2013年12月26日9时许，课间休息时，因当天下雪较大，导致路面湿滑，原告从教室去往厕所途中与其他同学发生碰撞，摔倒在地磕伤脸部，事故发生后，原告在老师的引导下到校二年级至六年级教

① 潘某某与平度市某小学教育机构责任纠纷二审民事判决书，来源：中国裁判文书网。

室中寻找与其相撞的同学，未找到。原告潘某某伤后被送往平度市人民医院，在青岛大学医学院附属医院多次治疗，2013年12月26日经平度市人民医院诊断为，牙折。2013年12月28日经青岛大学医学院附属医院诊断为，冠折，露髓，露髓处牙髓已坏死，需活髓切断术，花医疗费532.91元。原告潘某某之伤2014年11月3日经青岛万方医学司法鉴定所司法鉴定意见为，1. 被鉴定人潘某某受伤致牙齿损伤评为十级伤残。2. 被鉴定人潘某某的义齿安装修复费为：16岁以前每一年更换一次，费用为每次300元，共8次，年满16周岁至22周岁每2年更换一次，费用为每次400元，共3次，年满22岁以后每5年更换一次，费用为每次600元。花鉴定费1600元。

另查明，原告潘某某与其父母2011年8月1日在平度市南京路租房居住至今。平度市某小学经常以班会等形式对学生进行安全教育。

审理要览

公民的生命权、健康权、身体权受法律保护，任何人不得侵害。原告潘某某系无民事行为能力的在校生，在校学习期间，被告平度市某小学应当保证其人身不受伤害。被告平度市某小学虽然经常对学生进行安全教育，但事发当天下雪路滑，原告潘某某去往厕所途中与其他同学相撞受到伤害，造成牙齿损伤构成伤残，被告平度市某小学未尽到教育、管理职责，具有过错，应承担赔偿责任。被告平度市某小学待查明具体侵权人后可另行对具体侵权人追偿。原告潘某某在校学习期间经常接受学校举办的安全教育，虽系无民事行为能力人，事发当天，下雪路滑在去往厕所途中也应注意自身安全，防止自身受到伤害。在整个事件中，被告平度市某小学过错较大，以承担原告合理损失的80%赔偿为宜，原告应自行承担20%损失。庭审中，被告平度市某小学对原告主张伤残赔偿金按照城镇居民标准计算抗辩称，应按照农村居民标准计算。原告潘某某随父母在城镇居住多年，且在平度市某小学学习至今，其伤残赔偿金按照城镇居民标准计算，符合法律规定，原审法院予以支持。庭审中，原告主张护理费3508.5元（116.95元/天×30天），住院伙食补助费360元（12元/天×30天），被告抗辩称，因原告未住院，不予认可，原告系无民事行为能力人，受到伤害后由其父母护理前往医院检查、治疗病情，符合客观实际，结合案情、原告年龄、病情及前往医院检查、治疗病情的次数等因素，原审法院酌定原告护理费、住院伙食补助费计算时间各为 12 天，即原告护理费 1403. 4 元（116. 95 元/天×12 天），住院伙食补助费 144 元（12 元/天×12 天）。庭审中，被告平度市某小学对原告主张的交通费 1000 元，抗辩称，交通费过高，结合案情及原告在护理人陪同下前往医院检查、治疗及鉴定伤残等因素，原审法院酌定原告交通费 800 元。庭审中，被告平度市某小学对原告主张的精神抚慰金 5000 元，不予认可，原告在校学习期间受到伤害且造成伤残，造成精神上严重损害，结合案情、责任、伤残程度，原审法院酌定，原告精神抚慰金 3000 元。庭审中，被告平度市某小学对原告主张的义齿安装修复费 10800 元抗辩称，应等实际发生后按照实际数额再赔偿，原告义齿安装修复费经鉴定确定为必然发生的费用，可以与已发生的医疗费一并予以赔偿，但原告主张其年满 22 周岁以后每 5 年更换一次，每次费用 600 元，该期间按 12 次计算费用过高，参照我国现平均人均寿命年限，该期间费用按 10 次计算为宜，即原告义齿安装修复费 9600 元（8×300 元+3×400 元+10×600 元）。原告潘某某的合理损失如下：医疗费 532. 91 元，护理费 1403. 4 元，住院伙食补助费 144 元，伤残赔偿金 70454 元，义齿安装修复费 9600 元，精神抚慰金 3000 元，鉴定费 1600 元，交通费 800 元。共计 87534. 31 元，应由被告平度市李园街道西关小学按比例赔偿 67627. 4 元［（87534. 31 元−3000 元）×80%］，由被告平度市某小学赔偿原告精神抚慰金 3000 元。原审法院依据《中华人民共和国侵权责任法》第 6、12、16、22、38 条，《人身损害赔偿解释》第 7 条、第 19 条第 2 款，《最高人民法院关于民事诉讼证据的若干规定》第 2 条之规定判决：一、被告平度市某小学赔偿原告潘某某经济损失 67627. 4 元，于判决书生效后十日内付清。二、被告平度市某小学赔偿原告潘某某精神抚慰金 3000 元，于判决书生效后十日内付清。如果未按本判决指定的期间履行给付金钱义务，应当依照《中华人民共和国民事诉讼法》第 253 条的规定，加倍支付迟延履行期间的债务利息。案件受理费 2131 元，邮寄费 60 元，共计人民币 2191 元，由原告潘某某承担 438. 2 元，被告平度市某小学承担 1704. 8 元。

裁判解析

本案的学生伤害事故发生在课间学生去往厕所的途中。《中华人民共和国侵权责任法》第 38 条规定："无民事行为能力人在幼儿园、学校或者其他教育机构学习、生活期间受到人身损害的，幼儿园、学校或者其他教育机构应当承担责任，但能够证明尽到教育、管理职责的，不承担责任。”该条规定教育机构对学生伤害事故承担的是过错责任，这种过错是推定过错，教育机构需证明没有过错。只要教育机构不能证明其无过错，即推定其有过错并应承担民事责任。过错是某种民事义务的违反行为。在学生伤害事故中学校的过错就是对学生负有的安全注意义务的违反。结合本案，从本案审理查明的事实来看，事发当天下雪路滑，被上诉人潘某某去往厕所途中被其他同学撞倒受到伤害，造成牙齿损伤构成伤残，被上诉人潘某某事故发生时不满十周岁系限制民事行为能力人，上诉人提交的证据不能证明其在教学管理活动中尽到了教育、管理和保护职责，故其应当承担赔偿责任。

3 雇员重大过失致他人损害应当应与雇主承担连带责任

裁判规则

《中华人民共和国侵权责任法》没有明确规定雇主与雇员的连带责任问题，只要不与《中华人民共和国侵权责任法》冲突，《人身损害赔偿解释》仍可适用，根据该司法解释第9条规定，雇员和雇主形成雇佣关系，雇员如果在提供劳务的过程中存在重大过失，则应当应与雇主承担连带责任。

基本案情①

2012年2月13日，被告梁某驾驶桂C×××××大型普通客车从桂林往龙胜行驶，当车辆行驶至321国道679千米+200米上坡方向转弯路段，越过道路单实线超越同向行驶的一辆大型油罐车时，与原告亲属朱建明驾驶的贵H×××××小型普通客车会车时相撞，贵H×××××车在撞击后车头转向的运动过程中将车上乘客姚芳芳和原告杨某甩出车外，紧跟随在贵H×××××车后的由被告莫某驾驶的湘N×××××小型越野客车避让不及，先与贵H×××××车车头碰撞后在躲避过程中又压住了躺在路上的姚芳芳。该交通事故造成驾驶员朱建明以及车上乘客陆长果、姚芳芳当场死亡，乘客杨某、杨获林受伤，三车不同程度损坏的交通事故。事故发生后，经临桂县公安局交通警察大队作出临公交认字（2012）第009号《道路交通事故认定书》认定被告梁某承担事故主要责任，被告莫某承担事故次要责任，朱建明、杨获林、

① 临桂县人民法院（2012）临民初字第528号民事判决书，来源：中国裁判文书网。

姚芳芳、杨某、陆长果不承担事故责任。被告梁某驾驶的桂C×××××车的行驶证登记车主为被告泓顺运输公司，车辆实际出资人为被告胡某。胡某与泓顺运输公司签订了车辆挂靠合同，将自己所有的桂C×××××客车以泓顺运输公司名义对外营运，并约定泓顺运输公司人员不得使用挂靠人员车辆。梁某是胡某请来驾驶桂C×××××车的司机。该车在被告华安财保桂林支公司投保了交强险和商业三者险（限额50万，无不计免赔险）；莫某驾驶的湘N×××××小型越野客车车主为被告龙某，该车在被告民安财保湖南分公司投保了交强险和商业三者险（限额30万，不计免赔），本起交通事故均发生在保险期内。事故发生后，被告华安财保桂林支公司已按保险合同将应承担的交强险122000元及商业三者险425000元共计547000元（包括朱建明、陆长果、姚芳芳三个死者及杨某、杨获林两个伤者赔付费用）全额赔付给了泓顺运输公司。

事故发生后，泓顺运输公司已用该保险赔付款赔偿了下列款项：一、向朱建明家属赔偿了丧葬费26000元；二、向陆长果、姚芳芳家属赔偿了丧葬费26000元；三、与杨获林、杨某达成赔偿协议并按协议赔偿了杨获林、杨某误工费、护理费、营养费、交通费、住宿费、贵H×××××车辆维修费等费用36500元；四、与死者姚芳芳家属杨获林达成赔偿协议并按协议赔偿了姚芳芳的死亡赔偿金、丧葬费、被抚养人生活费等费用112000元；五、与陆长果家属龙元芝、陆家兴达成赔偿协议并按协议赔偿了陆长果死亡赔偿金、丧葬费、被抚养人生活费等费用107000元；六、赔偿了湘N×××××小型越野客车修理费100000元。泓顺运输公司按交强险先予赔付的原则，将华安财保桂林支公司赔付的交强险122000元在赔付姚芳芳、陆长果、杨获林、杨某的费用中已先行全部赔付完毕。被告梁某因交通肇事罪被追究刑事责任，被告梁某为在承担刑事责任时能从轻处罚，与死者朱建明家属达成协议，协议约定：由被告梁某一次性赔偿朱建明家属杨某、刘某人民币150000元，杨某、刘某在收到这笔款后，对被告梁某表示谅解，并出具刑事谅解书给法院和梁某，此补偿事宜与民事赔偿无关，不影响杨某、刘某另行提起民事诉讼。杨某、刘某在收到该款后，出具了谅解书。梁某于2012年5月2日被本院（2012）临刑初字第54号刑事判决书判处有期徒刑一年零七个月。原告因与被告就赔偿协商未果，为此诉至本院。

审理要览

审理法院认为：原告亲属朱建明驾驶贵 H×××××车与被告梁某驾驶桂 C×××××车及被告莫某驾驶湘 N×××××车发生交通事故。事故发生后，经临桂县公安局交通警察大队认定被告梁某承担事故主要责任，被告莫某承担事故次要责任，朱建明、杨获林、姚芳芳、杨某、陆长果不承担事故责任。本院对该责任认定书予以采信和认可，并作为证据使用。梁某辩称原告车辆检测存在刹车问题应在本起交通事故中承担责任，但其未向本院提供证据证明其刹车问题是造成本起事故的原因，对其辩解理由本院不予采信。交通事故责任认定书认定梁某承担主要责任，被告莫某承担事故次要责任，对该交通事故的责任按 7∶3 比例承担比较合适。梁某作为胡某聘请的司机，双方形成了雇佣关系，梁某在为胡某提供驾驶车辆劳务过程中造成三死两伤的重大交通事故，存在重大过失，根据《人身损害赔偿解释》的规定，雇员在从事雇佣活动中致人损害的，雇主应当承担赔偿责任；雇员因故意或重大过失致人损害的，应当与雇主承担连带赔偿责任。因此，本案梁某承担该事故的赔偿责任，应由雇主胡某承担，雇员梁某和作为挂靠公司的泓顺运输公司应承担连带赔偿责任。由于梁某驾驶的桂 C×××××车和被告莫某驾驶的湘 N×××××车均购买了交强险和商业三者险，原告主张的赔偿均为伤残赔偿费用，本案的赔偿责任先由两保险公司在交强险的责任限额内予以赔偿，华安财保桂林支公司的交强险已用于赔付该起交通事故的其他死者和伤者，已赔付完毕，本案就不再扣除华安财保桂林支公司的交强险，由被告民安财保湖南分公司先在交强险分项限额内赔偿 110000 元给原告。不足部分由华安财保桂林支公司和民安财保湖南分公司在商业三者险限额内按 70%和 30%的比例承担赔偿责任。由于华安财保桂林支公司已将商业三者险赔付给泓顺运输公司，保险责任已履行完毕，其应承担的本案保险赔付款应由泓顺运输公司承担，华安财保桂林支公司不再承担商业三者险的赔付责任。若仍有不足的部分由桂 C×××××车一方的胡某、梁某和泓顺运输公司连带承担 70%的赔偿责任，湘 N×××××车一方承担 30%的赔偿责任。原告主张的赔偿标准为 2011 年交通事故的赔偿标准，审理法院予以认可。

裁判解析

本案是一起典型的雇员致害交通道路纠纷。《中华人民共和国侵权责任法》第

35 条规定："个人之间形成劳务关系，提供劳务一方因劳务造成他人损害的，由接受劳务一方承担侵权责任。提供劳务一方因劳务自己受到损害的，根据双方各自的过错承担相应的责任。"《人身损害赔偿解释》第 9 条第 1 款规定："雇员在从事雇佣活动中致人损害的，雇主应当承担赔偿责任；雇员因故意或者重大过失致人损害的，应当与雇主承担连带赔偿责任。雇主承担连带赔偿责任的，可以向雇员追偿。"按照法律规定，作为雇主的胡某承担赔偿责任是不存在疑问的。

对于雇员梁某是否承担赔偿责任，从立法角度来看，基于报偿责任原理，劳动者的职务行为是为了用人者的利益，因此劳动者的职务行为的风险也应当归于利益的享有者，通常情况下，作为经营者的用人者也更有能力通过保险或者将赔偿费用纳入成本来提供商品或服务价格从而将损害转嫁到全社会，从而分担职务行为致害的风险。同时，雇员在从事雇佣活动时，亦有恪守职责，认真完成雇主所指示的工作的义务，若雇员因故意或者存在重大过失致人损害，此时一味让雇主承担责任则不符合法律的公平原则。《中华人民共和国侵权责任法》第 35 条未规定雇员的主观过错，而《人身损害赔偿解释》第 9 条第 1 款则较好地权衡了各方利益，此时应优先考虑适用《人身损害赔偿解释》的规定。

从本案来看，雇员梁某在提供劳务过程中，越过道路单实线超车，造成一系列的交通事故，造成三死两伤的严重后果，交通事故认定也认为雇员梁某承担事故的主要责任，可以肯定，梁某在提供劳务过程中存在重大过失。

综上所述，本案雇员梁某应与雇主胡某承担连带赔偿责任。

4 雇员过错致第三人财产损失，雇主赔偿后有权利向雇员追偿

裁判规则

《中华人民共和国侵权责任法》并没有规定雇主的追偿权，但是应当肯定司法实践中雇主的追偿权，同时注意不同法律的衔接适用：在审判实践中如果用人单位能够举证证明侵权行为是由于其工作人员故意或者存在重大过失造成的，且该行为超出了法律赋予的职权或者单位的授权，用人单位在承担相应的责任后，可以向工作人员进行追偿。

基本案情[①]

翔达公司于2014年承接鄄城县城区二支沟桥第二标段工程（汇丽服饰二支沟桥）的施工。2014年8月16日，翔达公司又与晁雷签订《工程项目施工承包合同》一份，翔达公司将鄄城县城区二支沟桥施工项目转包给不具有建设桥梁资质的原告晁雷，双方约定由晁雷负责该工程的实际施工，翔达公司按照工程承包总价的百分之五收取管理费。晁雷在没有配备专门的安全员的情况下又将该工程的4个桥墩打桩工程以包清工的方式分包给宋承占，宋承占又雇佣了包括死者单新民在内的6人具体施工，宋承占给他们配发了安全帽及不绝缘的手套。4个桥墩工程包括钻眼、下钢筋笼子、罐桩。下钢筋笼子、挪钻机需要用吊车，原告晁雷通过他人介绍联系鲁R×××××号牌吊车进行施工，吊车费用一天700元，由晁雷负责支付。原审被告邓建伟系鲁R×××××号牌吊车的登记车主，该车在被告保险公司投保了交强险和商业三者险。原审被告周新根系邓建伟雇佣的吊车司机。周新根是在2014年11月7日到鄄城施工的，先是在鄄××凤凰镇西大户的建桥工地负责开吊车吊钻机、下钢筋笼子。凤凰镇西大户的建桥工地的桥墩施工完毕后，周新根于2014年11月10日到原告晁雷所承包的鄄城县城区二支沟桥第二标段开始施工。工程先是对四个桥墩的施工，其中三个桥墩均施工完毕。2014年11月12日开始第四个桥墩的施工工作。11月13日凌晨4点左右，宋承占安排工人夜间施工，被告周新根吊起焊接好的第一节钢筋笼子放入桥墩桩孔，因第二节钢筋笼子不合格需要装车拉走，在周新根吊起第二节钢筋笼子离开地面1米多高平移过程中，因被告周新根操作失误，吊车的吊臂碰到东西走向的高压线，导致扶钢筋笼子的单新民触电死亡。2014年11月21日，原告晁雷与单新民家属达成调解协议，双方约定：晁雷赔偿单新民家属死亡赔偿金、丧葬费、赡养费、抚养费等各项费用共计550000元。该笔赔偿款已经支付给死者单新民家属。单新民属于农村居民。

原审另查明，吊车臂触及的高压线在黄河路沿，观光河北岸，是三根裸线，这条高压线从凤凰镇西大户施工工地经过，周新根在汇丽服饰二支沟桥开始施工时就发现了上方的高压线。

2014年11月20日周新根在鄄城县公安机关的询问中称自己的特种作业操作证

① 菏泽市中级人民法院（2016）鲁17民终1665号民事判决书，来源：中国裁判文书网。

是花500元买的假证。本次庭审中周新根提交了加盖菏泽市牡丹区职业技能鉴定中心印章的职业资格证书一份，用以证明其具有合法的驾驶起重机操作资格。原告对该证书提出异议，认为资格证不能等同于特种作业操作证。山东省统计部门2014年度公布的上年度城镇居民家庭人均可支配收入为28264元，城镇单位在岗职工年平均工资为46386元。

审理要览

审理法院认为：周新根作业过程中触碰高压线致涉案事故发生，是造成单新民死亡的直接侵权人。且周新根对施工处上方有高压线事实清楚，但因其疏忽大意造成涉案事故，应当认定周新根在本次事故中存在重大过失。《人身损害赔偿解释》第9条第1款规定："雇员在从事雇佣活动中致人损害的，雇主应当承担赔偿责任；雇员因故意或者重大过失致人损害的，应当与雇主承担连带赔偿责任。雇主承担连带赔偿责任的，可以向雇员追偿。"因邓建伟为周新根雇主，邓建伟应当承担赔偿责任，周新根承担连带赔偿责任。

本案工程为山东郓城翔达水利工程有限公司转包给晁雷，晁雷将部分工程项目分包给宋承占，宋承占雇佣单新民等人施工。但晁雷及宋承占均无相应资质。应当认定晁雷、翔达公司在转包分包过程中存在过错。2014年11月13日凌晨4点左右，宋承占安排工人夜间施工，并发生涉案事故。《人身损害赔偿解释》第11条第1、2款规定："雇员在从事雇佣活动中遭受人身损害，雇主应当承担赔偿责任。雇佣关系以外的第三人造成雇员人身损害的，赔偿权利人可以请求第三人承担赔偿责任，也可以请求雇主承担赔偿责任。雇主承担赔偿责任后，可以向第三人追偿。雇员在从事雇佣活动中因安全生产事故遭受人身损害，发包人、分包人知道或者应当知道接受发包或者分包业务的雇主没有相应资质或者安全生产条件的，应当与雇主承担连带赔偿责任。"因此，单新民亲属可以向宋承占主张权利，宋承占应当承担赔偿责任。晁雷、翔达公司在工程的分包、转包过程中存在过错，应当对宋承占的赔偿责任承担连带责任。而死者单新民本人在无安全防护措施的情况下，仍危险作业，其自身存在一定过错。

综合本案案情，根据各方过错程度，酌定周新根、宋承占、单新民分别承担40%、50%、10%的责任并无不当，审理法院予以认定。

裁判解析

《人身损害赔偿解释》第 9 条第 1 款规定："雇员在从事雇佣活动中致人损害的，雇主应当承担赔偿责任；雇员因故意或者重大过失致人损害的，应当与雇主承担连带赔偿责任。雇主承担连带赔偿责任的，可以向雇员追偿。"根据上述规定，对因雇员一般过失致人损害的，雇主承担责任后不享有对雇员的追偿权；雇员故意或者重大过失造成损害的，雇主承担责任后享有对雇员适当追偿的权利。实践中，对于雇主向雇员追偿的责任份额比例，应结合雇主因侵权行为支出的实际损失、雇主和雇员的受益情况和经济状况、雇主与雇员的过错情况等因素来综合考量。本案中，周新根作业过程中触碰高压线致涉案事故发生，是造成单新民死亡的直接侵权人。且周新根对施工处上方有高压线事实清楚，但因其疏忽大意造成涉案事故，应当认定周新根在本次事故中存在重大过失，雇主与雇员应当承担连带赔偿责任，并根据法院确定的过错比例分担损失。

5 雇员致雇主财产损害应当进行赔偿

裁判规则

雇员致雇主财产损害时的赔偿应以故意或重大过失为前提；在赔偿数额的确定上应综合考虑事发原因、雇员的赔偿能力、工资水平及双方的地位、风险控制等因素，且基于生存权优于财产权的理论，追偿不宜造成雇员的生活困难。

基本案情[①]

2008 年 3 月 1 日，段润珍、陈向阳雇请陈安槐到两人开办的冶炼厂担任看守员，双方口头约定陈安槐每月的工资为 400 元。当年 5 月，段润珍、陈向阳的冶炼厂出产了重约 14 吨时价约 260000 元的精铅坯，因金融危机导致产品价格下滑，段润珍、陈向阳为减少损失，遂将该冶炼厂停产，将所生产出的产品存放在冶炼厂内的仓库里锁住，并解散其他员工，只留陈安槐在厂内日夜看守。2010 年 1 月 25 日凌晨 4 时许，睡在冶炼厂内看守的陈安槐听见有车辆从冶炼厂旁边经过，并看到窗

---

① 郴州市中级人民法院（2011）郴民一终字第 225 号民事判决书，来源：中国裁判文书网。

外很亮，误以为天亮了又有铲车来修路，就又睡下。当日 7 点多钟，陈安槐起床后，发现冶炼厂的围墙被砸开了一个高约 1.2 米、宽约 0.8 米的大洞，厂内仓库门上的两把锁被剪断，仓库内的粗铅坯部分被盗，陈安槐遂到陈向阳家告知情况，之后两人一起到资兴市公安局三都派出所报案。三都派出所接到报案后，对陈安槐作了询问，陈安槐陈述了事实经过，并陈述仓库内被盗粗铅坯 122 个，每个重约 50 斤，价值约 60000 元。嗣后，三都派出所还对段润珍、陈向阳作了询问，并展开侦查，但该盗窃案至今未破获。2010 年 5 月，双方解除雇佣合同，段润珍、陈向阳拒绝发放陈安槐从 2008 年 11 月至 2010 年 4 月的工资，为此，陈安槐与段润珍、陈向阳产生纠纷，该纠纷经资兴市香花乡社会治安综合治理办公室工作人员调解，未能达成协议。2010 年 6 月，陈安槐向资兴市劳动争议仲裁委员会申请仲裁，该仲裁委员会以当事人之间不存在劳动关系且部分诉求不属仲裁范畴为由向陈安槐送达了不予受理案件通知书。陈安槐遂诉至法院。请求发放因被盗案而扣压的看厂工资，自 2008 年以来至 2010 年 4 月共计 18 个月，按每月 400 元计，总计 7200 元。段润珍、陈向阳提起反诉，请求判决陈安槐赔偿两人经济损失的 40%，即 33200 元。

审理要览

原审法院认为：陈安槐与段润珍、陈向阳之间虽未签订书面雇佣合同，但双方口头约定陈安槐在段润珍、陈向阳开办的冶炼厂担任看守员，段润珍、陈向阳每月支付陈安槐工资 400 元，且双方实际亦按此约定履行，故双方之间的雇佣合同关系成立，双方应按约定全面履行义务。陈安槐从 2008 年 11 月至 2010 年 5 月一直在段润珍、陈向阳开办的冶炼厂看守，段润珍、陈向阳应当支付陈安槐看守工资。因此，对陈安槐要求支付扣发的 7200 元工资的诉讼请求，予以支持。陈安槐作为段润珍、陈向阳雇请的看守人员，在履职期间应尽职尽责、提高警惕。当睡在冶炼厂守着价值巨大财产的陈安槐在夜里被经过的车辆惊醒时，应提高警惕，但陈安槐未采取任何防范措施，而是继续睡觉，致使厂内仓库存放的部分粗铅坯被盗，是陈安槐未尽到合理范围内的注意义务造成的，陈安槐的该行为属重大过失，应承担赔偿责任，故对段润珍、陈向阳反诉要求陈安槐赔偿损失的请求予以支持。关于赔偿损失数额的确定，应考虑到陈安槐薪酬偏低，要看守巨额财产，若要陈安槐对被盗财产全额赔偿，明显有悖于责、权、利相一致原则，同时，该盗窃案的发生有其偶然性，是犯罪分子故意作为，综合来看，酌情决定陈安槐赔偿段润珍、陈向阳6000元为宜。据此，原审依照《中华人民共和国合同法》第60条、《中华人民共和国民法通则》第106条第1款的规定，判决：一、被告陈向阳、段润珍支付原告陈安槐工资7200元。二、原告陈安槐赔偿被告陈向阳、段润珍财产损失6000元。案件受理费50元，减半收取25元，由被告陈向阳、段润珍负担；反诉案件受理费630元，减半收取315元，由原告陈安槐负担57元，由被告陈向阳、段润珍负担258元。以上判决内容及诉讼费负担项，限判决生效后五日内履行完毕。如果未按本判决指定的期间履行给付金钱义务，应当按照《中华人民共和国民事诉讼法》第229条之规定，加倍支付迟延履行期间的债务利息。

二审法院认为，上诉人提出了两项上诉请求，关于工资部分，因陈安槐在一审中的诉讼请求是7200元，原审对该诉请已予以支持，对陈安槐在二审中增加的诉讼请求本院不予审理。本案二审争议的焦点有二：1. 上诉人是否应赔偿被上诉人的经济损失；2. 如果应当赔偿，上诉人应赔偿多少数额。

1. 上诉人是否应赔偿被上诉人的损失。通常而言，上诉人作为被上诉人的雇员，上诉人的职务行为是为了雇主的利益，风险也应归于雇主，由此产生的责任应由雇主来承担。但是，如果雇员对损害的发生存在故意或者重大过失时仍然免除雇员的责任，则是对雇主利益的侵害，也有违权利义务对等原则和过错原则。本案中，上诉人作为看厂人员，主要职责是看守厂房、防止财产被盗，因此上诉人具有尽职看守的义务。但事发当天，上诉人在听到有异常声响的情况下，没有提高警惕，疏于防范与观察，没有尽到基本的注意义务，导致未及时报警，事后也不能向公安机关提供有价值的线索，属于重大过失，应承担赔偿责任。

2. 上诉人的赔偿数额如何确定。在雇员无恶意或故意的情况下，应坚持有限赔偿和适当赔偿原则。对赔偿的数额应综合考虑事发原因、雇员的赔偿能力、工资水平以及双方的地位等因素，且追偿不宜造成雇员的生活困难。本案中，导致两被上诉人财产受损的直接原因是案外人的偷盗行为，而被上诉人支付上诉人的月工资仅为400元，上诉人属于低收入群体，故本院酌情确定上诉人赔偿被上诉人2000元损失。综上，原审判决认定事实清楚，但实体处理略有不当。

裁判解析

本案的争议焦点有二：上诉人是否应承担赔偿责任；上诉人的赔偿数额应如何确定。

1. 上诉人是否应承担赔偿责任。

我国法律对雇员受害和雇员侵权有明确的规定，但对于雇员致雇主损害的赔偿无明确法律依据。通常而言，上诉人作为被上诉人的雇员，其职务行为是为了雇主的利益，风险也应归于雇主，由此产生的责任应由雇主来承担。但是，如果雇员对损害的发生存在故意或者重大过失时仍然免除雇员的责任，则是对雇主利益的侵害，也有违权利义务对等原则和过错原则。本案中，上诉人陈安槐作为看厂人员，主要职责是看守厂房、防止财产被盗，因此陈安槐具有尽职看守的义务。但事发当天，陈安槐在听到有异常声响的情况下，没有提高警惕，疏于防范与观察，没有尽到基本的注意义务，导致未及时报警，事后也不能向公安机关提供有价值的线索，属于重大过失，应承担赔偿责任。

2. 上诉人的赔偿数额应如何确定。

在雇员无恶意或故意的情况下，应坚持有限赔偿和适当赔偿原则。对赔偿的数额应综合考虑事发原因、雇员的赔偿能力、工资水平及双方的地位、风险控制等因素，且基于生存权优于财产权的理论，追偿不宜造成雇员的生活困难。本案中，造成财产受损的原因是案外人的偷盗行为，而上诉人陈安槐的月工资仅为 400 元，属低收入群体，如过度追偿可能造成陈安槐基本生活困难，也有违风险与收益对应原则。而且被上诉人段润珍、陈向阳作为雇主，更具有风险控制和防范能力。综合考虑上述因素，一审确定 6000 元赔偿额过高，二审酌情确定陈安槐赔偿段润珍、陈向阳 2000 元。

6 雇主责任和第三人侵权责任为不真正的连带责任

裁判规则

雇员的损害是雇佣关系以外的第三人的重大过失行为造成的，第三人应当依法承担赔偿责任。在此种情形下，作为赔偿权利人的雇员可以请求第三人承担赔偿责任，也可以请求雇主承担赔偿责任。第三人和雇主的责任为不真正连带的侵权赔偿责任。

基本案情[①]

原告柳显华诉称，被告三峡木业与被告物流公司系货物运输合同关系，被告三峡木业为托运人，被告物流公司为承运人。被告物流公司提供集装箱，由被告三峡木业雇佣原告等人将板材装进集装箱后，由被告物流公司从被告三峡木业院内将板材运到火车站，然后通过铁路运输将板材运到托运人指定的地点。

自2010年年初开始，被告三峡木业雇佣原告等人为三峡木业装车板材，约定：装车费每车500—550元，装完立即给付装车费，一次一结。2011年10月13日，被告三峡木业现场负责人王玉霞打电话给翟国军（与原告系工友关系），让其他人到三峡木业装车板材，被告翟国军便找到原告等人，带原告等人到三峡木业院内装车板材。原告等人在装板材过程中，被告物流公司的集装箱发生侧翻，将原告及单洪顺砸伤，原告先后经满洲里市第一医院、哈尔滨市第五医院住院治疗。事发后，经满洲里市安全生产监督管理局调查：将原告砸伤的集装箱是经过被告物流公司私自改装的。

经原告申请满洲里市人民法院委托内蒙古林业总医院司法鉴定所对原告伤残程度进行鉴定，鉴定结论为：原告损伤为颈髓损伤，伤残等级为四级伤残，生活自理能力如翻身等自主行动皆部分不能自理，需依赖他人护理，评定为部分护理依赖。请求：1. 被告三峡木业立即给付原告医疗费等共计88909.73元；2. 被告物流公司承担连带赔偿责任，给付原告医疗费82909.73元；3. 被告承担诉讼费用。增加诉讼请求：1. 被告三峡木业给付原告赔偿款504630.7元；2. 被告物流公司承担连带赔偿责任；3. 被告承担所有诉讼费用。

被告三峡木业辩称，被告物流公司应当对原告承担全部的赔偿责任。本案原告柳显华与我公司之间无任何法律关系。本案的发生是由于物流公司的过错造成的，被告物流公司应赔偿原告的全部经济损失。原告主张我公司承担雇主责任的请求，没有事实根据依法不能成立。

被告物流公司辩称，原告与被告物流公司间没有法律上的权利义务关系，原、被告之间不应承担法律上的赔偿责任，本案案由为提供劳务者受害责任纠纷，原告

---

① 内蒙古自治区满洲里市人民法院（2012）满民初字第1号民事判决书，来源：中国裁判文书网。

向谁提供劳务很清楚，被告三峡木业与物流公司之间系运输关系，原告与三峡木业是雇佣关系，原告受伤是在提供劳务时身体受到伤害，其雇主应当承担责任。将集装箱整体放到车体上，而不是进行了改装了。物流公司本身没有过错，装车的行为发生在三峡木业院内，装车的组织者、管理者都是三峡木业，物流公司只负责运输，本案原告将物流公司列为被告无法律和事实依据。

被告翟国军辩称，我与三峡木业不是承包关系，2011 年 10 月 13 日三峡木业的王玉霞给我打电话说有集装箱要装，当时约定是每车 500—550 元，我临时找了 9 个人加上我共 10 个人到三峡木业院里共同干活，我不同意赔偿原告柳显华和单洪顺，我没有责任。

满洲里市人民法院经公开审理查明：2011 年 10 月 13 日上午，原告柳显华及同组翟国军、单洪顺等十人受满洲里三峡木业雇佣，在满洲里市三峡木业的场地内将木板装到被告物流公司所有的集装箱上。由翟国军领取工资后，十人平分。原告等人到了三峡木业院内时有一个集装箱箱体等待装车，车头已经摘下去了，原告等人将板材装车，当装到前两截差两板装满、后部装了一部分时，集装箱发生侧翻，集装箱内的板材将原告柳显华砸倒。满洲里市三峡木业公司的工作人员拨打 120，把原告柳显华送到满洲里市第一医院治疗，诊断为颈部外伤、精髓损伤、高位瘫、多发软组织擦伤，于 2011 年 10 月 25 日（住院 13 天），经满洲里市第一医院出具转院证明书转院到哈尔滨市第五医院治疗，诊断为无骨折脱位型颈脊髓损伤伴不全瘫，颈骨折（纠块），住院 30 天（2011 年 10 月 26 日至 2011 年 11 月 24 日），医嘱建议：转当地医院继续治疗；颈支具保护 3 个月；每三个月拍片；随诊。原告于 2011 年 11 月 25 日转回满洲里市第一医院，诊断为颈髓损伤；四肢不全瘫。住院 5 天后于 2011 年 11 月 30 日出院，医嘱建议：营养神经，四肢功能锻炼，如有不适及时就诊，患者住院期间陪护人员两名。原告于 2011 年 12 月 21 日以提供劳务者受害责任纠纷为由起诉二被告，经原告申请，法院委托内蒙古林业总医院司法鉴定所对原告的伤残程度及护理依赖程度进行评定，鉴定结论为：四级伤残，部分护理依赖。

另查明，三峡木业与物流公司系运输合同关系，由物流公司承担多式联运集装箱板材业务，实行门到门运输服务。事故当天物流公司的驾驶员刘显军将集装箱停放在三峡木业院内，并用圆木墩及木板将拖挂车的车架支起，后刘显军将车头开走。此次事故经满洲里市安全生产监督管理局调查，物流公司为三峡木业提供的运输集装箱的拖挂车是经过改装的，尚未办理改装及营运手续，并且集装箱没有固定锁，事后右侧支腿的圆木墩已陷入土里。

上述事实有下列证据证明：

1. 证人王荣怀证言，证明装集装箱的过程。

2. 满洲里市第一医院诊断书证明书及结算收据、哈尔滨市第五医院诊断证明书、结算收据、住院费用项目汇总清单及陪伴证，证明柳显华伤情。

3. 内蒙古林业总医院司法鉴定所司法鉴定意见书，证明原告经鉴定伤残等级为四级伤残，部分护理依赖。

4. 运输合同一份，证明三峡木业与物流公司之间存在运输合同关系。

5. 刘显军证言，其将集装箱停在三峡木业指定的地点，用自带的圆木墩和木板将集装箱垫好后就把车头开走。

6. 光盘一份，证明事故发生的相关细节情况。

7. 物流公司于2011年11月10日出具的关于拖挂车的说明、满洲里市安全生产监督管理局对宫玉彬做的询问笔录、满洲里市安全生产监督管理局对纪春生做的询问笔录、满洲里市安全生产监督管理局对翟国军做的询问笔录、满洲里市安全生产监督管理局对周传富做的询问笔录、满洲里市安全生产监督管理局对刘显军做的询问笔录。

审理要览

满洲里市人民法院于2012年3月6日作出（2012）满民初字第1号民事判决：（一）被告三峡木业自本判决生效之日起十五日内给付原告柳显华各项赔偿款589003元。（二）被告物流公司自本判决生效之日起十五日内给付原告柳显华各项赔偿款470003元。（三）原告有权选择本案中第一、二判项中的任意一项执行，被告三峡木业承担赔偿责任后，可以向被告大连震东国际物流有限公司在470003元赔偿范围内追偿。（四）被告翟国军在本案中不承担赔偿责任。

满洲里市人民法院经审理认为：（1）本案原告根据《人身损害赔偿解释》第11条第1款"雇员在从事雇佣活动中遭受人身损害，雇主应当承担赔偿责任。雇佣关系以外的第三人造成雇员人身损害的，赔偿权利人可以请求第三人承担赔偿责任，也可以请求雇主承担赔偿责任。雇主承担赔偿责任后，可以向第三人追偿"之规定，将三峡木业及物流公司诉至法院，要求赔偿损失有法可依。被告物流公司作为承运人，未能提供符合承运标准的拖挂车，且拖挂车上的集装箱未有固定锁，同时违反操作规程在装卸过程中将拖挂车的车头与拖挂车分离，用原木墩及木板等将拖挂车的支架支起，但未进行加固，其在主观上具有重大过失，应承担此次事故的主要责任，即80%。（2）被告三峡木业辩称其与翟国军直接形成了装载货物的承揽合同，与原告并非雇佣关系，但并未向本院提供承揽合同及能够证明系承揽关系的证据，并且翟国军与原告等人平分工资，故本院对被告三峡木业的答辩理由不予采信，翟国军在本案中不承担赔偿责任。三峡木业作为原告的雇主，同时与物流公司形成运输合同关系，三峡木业公司在向物流公司交付运输货物板材时，发生了集装箱侧翻，集装箱内的板材将原告砸伤的事故，三峡木业公司作为原告的雇主有义务为雇员提供符合安全生产的工作环境，但三峡木业在未检查集装箱及拖挂车是否符合安全的情况下，即准许原告等人进行装卸，在主观上存在疏忽大意的过失，应承担此次事故的次要责任，即20%。

裁判解析

本案的争议焦点为原告与被告三峡木业之间是否形成雇佣关系，被告三峡木业与物流公司是否应承担连带赔偿责任。本案中被告三峡木业公司辩称其与被告翟国军直接形成了装载货物的承揽合同，与原告并非雇佣关系，但并未提供承揽合同及能够证明系承揽关系的证据，结合翟国军与原告等人平分工资事实可以认定被告三峡木业与原告之间形成雇佣关系。被告三峡木业为原告的雇主，同时与被告物流公司形成运输合同关系。被告三峡木业的雇主责任和被告物流公司的第三人侵权责任为不真正的连带责任。

本案中，被告三峡木业雇佣原告及被告翟国军等人装运板材，在具体实施装运板材的工作过程中，原告完全受被告三峡木业的安排和指挥，按车计付劳动报酬，双方之间形成了雇佣关系。三峡木业作为原告的雇主，同时与物流公司形成运输合同关系，三峡木业在向物流公司交付运输货物板材时，发生了集装箱侧翻，集装箱内的板材将原告砸伤的事故，应认定为原告在从事雇佣活动中遭受人身损害。三峡木业作为原告的雇主有义务为雇员提供符合安全生产的工作环境，但三峡木业在未检查集装箱及拖挂车是否符合安全的情况下，即准许原告等人进行装卸，在主观上存在疏忽大意的过失，应承担此次事故的次要责任。

但是，原告的损害是雇佣关系以外的第三人物流公司的重大过失行为造成，物流公司应当依法承担赔偿责任。在此种情形下，作为赔偿权利人的原告可以请求第三人物流公司承担赔偿责任，也可以请求雇主三峡木业承担赔偿责任。第三人物流公司和雇主三峡木业的责任为不真正连带的侵权赔偿责任，即 1. 原告既可以基于第三人物流公司的侵权行为向其主张权利，也可以基于雇佣关系向雇主三峡木业主张权利，并且这两个请求权是分别独立的。2. 直接侵权人物流公司应当承担侵权赔偿责任，但雇主三峡木业对于雇员的人身安全负有保护义务，雇员在从事雇佣活动中受到伤害，雇主亦应承担赔偿责任，即雇主和侵权第三人都应承担赔偿责任，但二者承担责任的原因不同。3. 雇主三峡木业与侵权第三人物流公司对原告所负的赔偿责任的发生，既无共同行为，又无相互的某种约定，只是一种偶然的巧合。4. 雇主三峡木业和侵权第三人物流公司向原告所负的赔偿责任在内容上是完全相同的，只要其中一人向原告履行了赔偿义务，原告就不能再向另一人求偿。5. 第三人物流公司作为直接的侵权行为人也是最终的责任承担者，雇主三峡木业在履行了赔偿责任后，可以向第三人物流公司追偿直接侵权人应当承担的赔偿责任。

7 公车私用发生交通事故的单位责任认定

裁判规则

单位工作人员擅自使用公车办理个人事务发生交通事故，单位对于交通事故是否承担赔偿责任，应区分不同情况处理。如果单位工作人员公车私用行为的外在表现形式仍属履行职务或者与履行职务有内在联系，对此应适用“外形理论”由单位直接承担赔偿责任。如果公车私用的情节并不符合这一条件限制，即不具有公务外形，则依法应由单位工作人员直接对受害方承担赔偿责任，单位应根据其过错程度承担相应的赔偿责任。

基本案情[①]

刘鹏程系山东省高青县永峰商贸有限公司的业务员兼驾驶员。2012 年 1 月 29

① 淄博市中级人民法院（2013）淄民三终字第 321 号民事判决书，来源：中国裁判文书网。

日上午，因高青县永峰商贸有限公司的小客车出现故障，刘鹏程向公司后勤部领导请示外出修车，领导同意后为刘鹏程开具车辆出门证，刘鹏程驾车外出。同日下午，刘鹏程驾驶该车接其朋友，在沿高淄路由南向北行驶至位堡村处时，与沿该路同向行驶至此处的宋宗海驾驶的电动二轮车相撞，致宋宗海受伤，两车损坏。经山东省淄博市公安局交警支队高青大队认定，刘鹏程负事故全部责任，宋宗海无事故责任。宋宗海因交通事故造成各项损失合计1191252.33元。事故发生后刘鹏程已支付4万元。因事故车辆在永安财产保险股份有限公司淄博中心支公司投保交强险及商业险，永安财产保险股份有限公司淄博中心支公司已支付宋宗海商业险20万元。

宋宗海向高青县人民法院提起诉讼，要求刘鹏程、高青县永峰商贸有限公司和永安财产保险股份有限公司淄博中心支公司赔偿各项经济损失合计115万元。高青县人民法院一审先行作出（2012）高民初字第303-1号民事判决，判决永安财产保险股份有限公司淄博中心支公司在交强险赔偿限额内赔偿宋宗海12万元，该判决已生效。针对宋宗海的起诉，刘鹏程辩称尽力赔偿并请求依法判决，高青县永峰商贸有限公司则辩称该事故系刘鹏程的个人行为，其不承担赔偿责任。

审理要览

山东省高青县人民法院经审理认为，用人单位的工作人员在执行工作任务中造成他人损害的，由用人单位承担侵权责任。判断是否属于执行工作任务，除一般原则外，还须考虑行为的内容、时间地点、名义、受益人以及是否与用人单位意志有关联等。刘鹏程在上班时间、因用人单位车辆出现故障、为了用人单位利益、经领导批准而驾车外出修车，从外在表现形式看其行为是执行工作任务，其因公外出，虽在办理个人事务过程中发生事故，对外仍应由用人单位承担赔偿责任。至于用人单位是否采取有效措施管理其人员和车辆，属于其内部管理问题，不能对抗受害人的诉讼请求。综上，高青县永峰商贸有限公司应当对刘鹏程因交通事故给宋宗海造成的损失承担赔偿责任，扣除永安财产保险股份有限公司淄博中心支公司已支付的商业险20万元、应支付的交强险12万元和刘鹏程已支付的4万元，高青县永峰商贸有限公司应赔偿宋宗海各项损失共计831252.33元。

据此，高青县人民法院作出（2012）高民初字第303-2号民事判决：被告高青县永峰商贸有限公司赔偿原告宋宗海医疗费、伤残赔偿金、鉴定费、护理费、住院伙食补助费、交通费合计 831252.33 元，于判决生效之日起 10 日内付清。

宣判后，高青县永峰商贸有限公司不服该一审判决，向山东省淄博市中级人民法院提起上诉。

山东省淄博市中级人民法院经审理认为，原审判决认定事实清楚，适用法律正确，依法应予维持。遂判决驳回上诉，维持原判。

裁判解析

公车私用，是指单位工作人员未经其所在单位的批准或允许，擅自使用所在单位的公车去办理个人事务。公车私用与公车公用是相对应的日常概念。从正常情况来讲，作为单位的公车只能用于执行单位公务，不应当用于单位公务以外的私人事务，但实践中由于单位在管理上的疏漏，往往会出现公车私用的情况。在公车公用即单位工作人员使用公车从事单位公务而发生交通事故的情形下，由于使用人使用车辆系职务行为，因此应当由单位在车辆保险赔偿范围之外直接对受害人承担交通事故的赔偿责任。对此，《中华人民共和国侵权责任法》第 34 条第 1 款有较为明确的规定："用人单位的工作人员因执行工作任务造成他人损害的，由用人单位承担侵权责任。"但在公车私用即单位工作人员擅自使用公车办理个人事务发生交通事故的情形下，单位对于交通事故是否需要承担赔偿责任则存在探讨的余地。例如，国内有观点认为，若单位应当采取有效的预防措施控制公车私用而没有采取的，单位应当承担赔偿责任。日本的判例则采用"外形理论"，即单位工作人员是否擅自使用公车是单位和使用人之间的内部关系，不能因此影响单位对外承担赔偿责任。本案的处理即采用了这一"外形理论"。本案中，刘鹏程因其所在的用人单位高青县永峰商贸有限公司的公车出现故障，为了用人单位利益，在经领导批准后驾驶公车外出维修过程中发生了交通事故。虽然刘鹏程因公外出后是在办理个人事务时发生事故，但从外在表现形式上看，刘鹏程的行为系执行工作任务。至于作为用人单位的高青县永峰商贸有限公司是否采取了有效措施来管理单位车辆、是否对其工作人员刘鹏程进行了有效管理，均属于其内部管理问题，不能以此来对抗受害人的请求，因此对外仍应由用人单位高青县永峰商贸有限公司承担赔偿责任。

但是应当引起注意的是，公车私用只是一种日常概念，并非一种法律概念，其在现实生活中的表现是多样化的，因此对于公车私用引发的交通事故赔偿在处理上不能一概适用这种“外形理论”。也就是说，本案可以适用“外形理论”，但并不意味着其他公车私用的情况下就可同样适用。适用“外形理论”处理公车私用问题是有一定的条件限制的，这一条件限制的核心点正如本案所表现的那样，就是单位工作人员因从事单位批准或允许的公务活动而使用车辆时，其行为虽然超出了批准或允许的范围，但其外在表现形式仍是履行职务或者与履行职务有内在联系，而非单位工作人员孤立的个人行为。如果公车私用的情节并不符合这一条件限制，则不能适用“外形理论”进行处理。

实践中常见的公车私用主要分为三种情况。

第一种情况就是像本案中这样的情况，即单位工作人员使用公车办理个人事务具有公务的外形。在这种情况下发生交通事故，应当适用《中华人民共和国侵权责任法》第 34 条第 1 款和第 48 条，由单位在车辆保险赔偿范围之外对受害人直接承担赔偿责任，具体前文已有详述。

第二种情况则是单位工作人员由于工作原因而具有对公车控制的便利，其在不具有公务外形的情形下使用公车办理个人事务。例如，某些单位的司机在日常工作中和下班后均掌握公车钥匙，由于单位管理不严，司机可以在下班后或节假日将公车开回家中停放，也就是下班后或节假日司机可以使用公车去办理个人事务。此种公车私用已不像第一种情况那样具有公务的外形，纯粹是因为单位管理不严而造成其工作人员对公车的非工作性支配。在这种情况下发生交通事故就不能再适用“外形理论”，亦即不能适用《中华人民共和国侵权责任法》第 34 条第 1 款让单位直接承担赔偿责任，而应适用《最高人民法院关于审理道路交通事故损害赔偿案件适用法律若干问题的解释》第 2 条的规定，认定单位工作人员为未经允许使用他人（即单位）机动车发生交通事故，由单位工作人员在车辆保险赔偿范围之外直接对受害人承担赔偿责任；单位对此存在过错的，承担相应的赔偿责任。

第三种情况是公车被单位工作人员私自出借，通常表现为单位领导或对公车具有控制便利的工作人员，如司机等私自而不是经单位同意后以单位名义将公车借于他人使用。这种出借仍是基于单位工作人员个人私益，即因私出借。由于公车的所有人系单位，单位工作人员私自出借并未经过单位同意，发生交通事故，依然应当适用《最高人民法院关于审理道路交通事故损害赔偿案件适用法律若干问题的解释》第 2 条的规定，由借用公车（实际系未经允许驾驶他人机动车）的驾驶人承担赔偿责任；单位作为机动车所有人，则应根据其过错程度承担相应的赔偿责任。

8 定作人选任存在重大过失须与承揽人承担连带责任

裁判规则

雇主安排没有任何安装资质的雇员从事安装工作，又在定作人未提供任何安全措施的情况下，让雇员到高空进行施工，致使雇员不慎掉下摔伤，雇主应负主要责任。定作人对承揽人即雇主有无安装资质未进行审查，在选任方面存在重大过失，且在施工现场未提供安全防护措施，应承担连带责任。作为完全民事行为能力人的雇员没有尽到安全注意义务，也应承担相应责任。

基本案情[①]

2008年7月18日被告正扬公司员工杨祥以郑州市管城区世锦装饰设计工艺部（经营者姓名孙朋飞，系个体工商户）的名义与被告冯立功签订一份正扬公司的业务合同订单，被告正扬公司对该合同订单认可是本单位与被告冯立功所签。该订单约定冯立功为被告正扬公司制作、安装大岗刘广告牌射灯业务，射灯数量59，单价265元，计款15635元，安装费2000元。2008年7月21日、23日被告正扬公司分两次给冯立功支付灯具货款16800元。2008年7月19日原告王明长受被告冯立功雇佣在为被告正扬公司安装广告牌射灯时，从约2米的石棉瓦上跌落受伤，被送至河南省直第三人民医院住院治疗33天。为此原告共花医疗费35532.69元（其中包括门诊花费421.80元），被告冯立功在此期间给原告支付医疗费13500元。原告的伤情被诊断为：（1）急性闭合性颅脑损伤；（2）右眼、脸、鼻部创伤；（3）右下肢软组织损伤；（4）吸入性肺炎。原告委托由郑州华美法医临床司法鉴定所作出鉴定意见书，鉴定意见为：被鉴定人王明长右侧顶骨局部缺损需进行颅骨修补手术，继发性癫痫需要继续药物治疗。同时该鉴定所又给原告出具一份评估意见，认为颅骨修补手术费用与继发性癫痫药物治疗费用共约15000元至2万元。原告与被告冯立功称两人均无安装灯具的相关资质，被告正扬公司称其不知道冯立功有无资质，没向他要。在安装施工现场没有安全防护措施。根据原告的申请，经该院委托郑州华

---

① 郑州市中级人民法院（2010）郑民一终字第406号民事判决书，来源：中国裁判文书网。

美法医临床司法鉴定所鉴定，结论为原告头部伤残等级评定为九级伤残，原告为此支付鉴定费1794元。

审理要览

原审法院认为，公民的生命健康权受法律保护。被告冯立功雇佣没有任何安装资质的原告为被告正扬公司安装射灯，又在正扬公司未提供任何安全措施的情况下，让原告到高空进行施工，造成原告不小心从上面掉下摔伤，由此给原告造成的损失，被告冯立功作为雇主应负主要责任。被告正扬公司作为受益方，对被告冯立功有无安装资质未进行审查，在选任方面存在重大过失，并且施工现场也未提供安全防护措施，造成原告在安装射灯时被摔伤，对此被告正扬公司应负连带责任。但原告作为一个完全民事行为能力人，其在为被告安装射灯时没尽到注意安全的义务，造成其摔伤，也应承担相应的责任。对被告孙朋飞，因其履行的是职务行为，孙朋飞个人不应承担任何责任。原告要求被告冯立功赔偿医疗费35532.69元、残疾赔偿金52924元，事实清楚，证据充分，该院予以支持。对原告要求赔偿的误工费、营养费、住院伙食补助费、护理费，时间合理，但费用过高。误工费应按2008年度建筑业每年14404元计算398天，计款15706.28元。营养费应按每天15元计算33天，计款495元。住院伙食补助费应按每天30元计算33天，计款990元。护理费应按1人每年15534元计算33天，计款1404.44元。对原告要求的精神损害抚慰金、交通费过高，应酌定精神损害抚慰金按2万元计算，交通费按1000元计算。对原告要求的购买豆浆机款，没有法律依据，该院依法不予支持。对原告要求的继续治疗费，被告均不认可，原告提供的证据，数额又不确定，应待实际发生后再另行起诉。依照《中华人民共和国民事诉讼法》第64条第1款和《中华人民共和国民法通则》第119条之规定，判决如下：一、被告冯立功赔偿原告王明长医疗费35532.69元、残疾赔偿金52924元、误工费15706.28元、营养费495元、住院伙食补助费990元、护理费1404.44元、交通费1000元，共计108052.41元的90%，计款97247.17元，并支付精神损害抚慰金2万元，共计117247.17元，扣除被告冯立功已付款13500元，剩余103747.17元。被告正扬公司负连带赔偿责任。二、驳回原告的其他诉讼请求。如果未按本判决指定的期间履行给付金钱义务，应当依照《中华人民共和国民事诉讼法》第229条的规定，加倍支付迟延履行期间的债务利息。案件受理费3700元，鉴定费1794元，由被告冯立功负担。

二审法院认为：根据法律规定“承揽人在完成工作过程中对第三人造成损害或者造成自身损害的，定作人不承担赔偿责任。但定作人对定作、指示或者选任有过失的，应当承担相应的赔偿责任”。本案中上诉人作为定作人明知被上诉人冯立功没有从业资格而选任，其对承揽人的选择具有明显的过错。同时被上诉人冯立功在执行承揽活动时未采取必要的安全防护措施，即让其雇佣的被上诉人王明长实施高空作业，致使王明长摔伤。因对于该事故的发生不仅定作人具有选任过错，承揽人亦有过错，其行为构成了共同侵权，故上诉人与被上诉人冯立功应对王明长的损害结果承担连带赔偿责任。上诉人主张应承担与其过失相当的过错责任的理由不能成立，本院不予支持。综上，上诉人的上诉理由不能成立，本院不予支持。原审判决正确，本院予以维持。

裁判解析

本案的争议焦点主要在于：1. 定作人是否应该承担连带责任；2. 受害人具有一般过失，是否适用“过失相抵”则减轻赔偿义务人的赔偿责任。

第一，在承揽合同中，定作人选任承揽人有重大过失的，应当承担连带责任。

1. 安装广告牌射灯既是高处作业，又属于安全生产活动。

《建筑施工高处作业安全技术规范JGJ80—2016》第2.1.1条规定，高处作业是在坠落高度基准面2米及以上有可能坠落的高处进行的作业。高处作业应落实所有安全技术措施和人身防护用品，否则不得施工。王某在完成工作的过程中受伤，也属于因安全生产事故遭受人身损害。

2. 定作人选任没有任何资质和安全生产条件的承揽人，具有重大过错，应当承担连带责任。所谓选任有过错，是指定作人对承揽人的选择具有明显过错，如明知承揽人没有相应的从业资格而选任。《中华人民共和国安全生产法》第100条规定，生产经营单位将生产经营项目、场所、设备发包或者出租给不具备安全生产条件或者相应资质的单位或者个人的，导致发生生产安全事故给他人造成损害的，与承包方、承租方承担连带赔偿责任。同时，《人身损害赔偿解释》第11条第2款规定：“雇员在从事雇佣活动中因安全生产事故遭受人身损害，发包人、分包人知道或者应当知道接受发包或者分包业务的雇主没有相应资质或者安全生产条件的，应当与雇主承担连带赔偿责任。”

本案中，被告冯立功当庭承认自己没有电工证等任何资质，正扬公司也承认没有审查其冯立功无安装资质，在选任承揽人上存在重大过失，应当承担连带责任。

另外，定作人选任有过失，承揽人冯立功亦有过失，则定作人和承揽人系共同侵权，应当依照《中华人民共和国民法通则》第130条“二人以上共同侵权造成他人损害的，应当承担连带责任”的规定，也需承担连带赔偿责任。需要特别强调的是，定作人的过错责任承担以后，不适用和不享有雇主替代责任的追偿权，他不能向承揽人要求追偿。

第二，定作人和承揽人系共同侵权且均具有重大过失，不能减轻赔偿义务人的赔偿责任，不适用“过失相抵”原则。

本案中，定作人正扬公司在选任上具有重大过失，承揽人冯立功不具有相应资质依然承揽安装业务，二者构成共同侵权，且都属于重大过失。原告王某直到现场才知道是给广告牌安装射灯，即使其有过失，也仅仅是一般过失。依据《人身损害赔偿解释》第2条第1款关于“受害人对同一损害的发生或者扩大有故意、过失的，依照民法通则第一百三十一条的规定，可以减轻或者免除赔偿义务人的赔偿责任。但侵权人因故意或者重大过失致人损害，受害人只有一般过失的，不减轻赔偿义务人的赔偿责任”的规定，本案因定作人和承揽人的重大过失致使原告受伤，不能适用“过失相抵”原则，原告不应承担任何责任。

9 雇佣关系与承揽关系的区分

裁判规则

承揽关系与雇佣关系最大的区别，就是合同的标的不同。承揽法律关系的合同标的是承揽人为定作人加工制作的劳动成果，而雇佣法律关系的合同标的是雇员按照雇主的指示、要求进行的劳务活动。

基本案情[①]

2007年7月19日，被告刘军经赣州拍卖中心拍卖购得了位于宁都县墩土林场

① 赣州市中级人民法院（2010）赣中民三终字第97号民事判决书，来源：中国裁判文书网。

龙归山区10号、11号、12号小班（面积为158亩）的人工杉木纯林的采伐、销售权，后刘军邀被告胡小明共同合伙经营该山场。2007年8月初，原告曹厚明经钟恩灿介绍，召集了第三人刘晓林、何爱军、刘木生以及谢发生、刘海华等十余名工人为被告胡小明、刘军合伙经营的山场砍伐、运输木材。在进山工作之前，双方约定，工人进山作业由工人修路，被告支付5元/m的修路费，工人进山砍树的工资为30元/m^3，运输木材35元/m^3，并由被告负责购买工人吃饭的炊具和支付工人的饭餐钱。2007年8月10日，原告和第三人以及其他工人在被告胡小明、刘军花费了200元钱共同举行了拜山仪式后，自带板车、斧头，携带被告购买的马钉、铁丝等工具进山砍伐木材。在砍伐木材期间，原告和第三人及其他工人一道将砍伐的树木运到被告指定的堆放场所，由被告的工作人员验收登记方量，实行同工同酬。2008年3月12日，砍伐工人刘东生推运的装满树材的双轮车被侧倒在工地的桥边，原告曹厚明一人站在车的一边，与另一边站了约十人一起共同想从桥边抬起侧倒的双轮车。不料，由于双轮车两边受力不均，造成车身侧翻将原告双腿压伤。经瑞金市人民医院抢救治疗，原告曹厚明被诊断为：Tl2骨折、Zl脱位并脊髓损伤，住院l05天，花去住院及医疗费共计人民币81160.52元。被告胡小明、刘军因原告受伤住院，支付原告医疗等费用85000元。2008年9月19日，原告的妻子周桂英为原告申请司法鉴定，同年10月9日，江西省瑞金金剑法医学司法鉴定所作出了（2008）瑞司鉴字第164号《鉴定书》，鉴定结论：评定被鉴定人曹厚明为伤残二级。同时，在原告受伤住院期间的2008年3月31日，被告胡小明与第三人何爱军、刘木生就工人在宁都墩土林场砍伐树木的工资等进行了清算，由被告胡小明执笔书写了“宁都墩土岭林场生产工资及其他清算”，总计结算给原告和第三人及其他工人工资等共计110343.80元，被告胡小明与第三人何爱军、刘木生在该清算单上签了名。其中第5项带组承包管理费6000元，在带组与管理费中间存有带勾添加的“承包”二字。被告胡小明书写了“宁都墩土岭林场生产工资及其他清算”后，第三人何爱军照着胡小明书写的“宁都墩土岭林场生产工资及其他清算”抄了一份“结算总数”，其中倒数第5行有与该书面其他字迹明显不同的“带班费6000元”。庭审中，原告曹厚明和第三人何爱军、刘木生陈述“结算总数”中的“带班费6000元”系被告胡小明所书写，被告胡小明予以了否认。2009年2月27日，原告曹厚明当庭申请对“结算总数”中的“带班费6000元”是否被告胡小明所书写进行文字鉴定。2009 年 4 月 8 日，本院委托江西求实司法鉴定中心就“带班费 6000 元”是否被告胡小明所书写进行文字鉴定，2009 年 4 月 13 日，江西求实司法鉴定中心作出了赣求司〔2009〕文鉴字第 0404 号《文检鉴定意见书》，鉴定结论：人民法院提供抬头为“结算总数”的瑞金市长源林业有限公司便笺纸背面文字中“带班费 6000 元”与胡小明样本中“带班费 6000 元”是同一人书写。2009 年 4 月 27 日，被告胡小明对江西求实司法鉴定中心作出的赣求司〔2009〕文鉴字第 0404 号《文检鉴定意见书》提出异议，申请重新鉴定。2009 年 7 月 14 日，本院委托司法鉴定科学技术研究所司法鉴定中心对“带班费 6000 元”是否被告胡小明书写进行重新鉴定，2009 年 7 月 23 日，司法鉴定科学技术研究所司法鉴定中心作出了司鉴中心〔2009〕技鉴字第 431 号鉴定意见书，鉴定结论：检材《结算总数》上需检的“带班费 6000 元”字迹与样本上的胡小明字迹不是同一人所写。

原告曹厚明原系瑞金市大柏地农民，2006 年全家搬迁到瑞金市象湖镇金都大道康居开发用地 A 栋 87 号居住至今，其父母生育子女四人。2008 年 12 月 15 日，原告曹厚明以被告仅支付其医疗费 85000 元，对其余损失至今未支付为由，向法院起诉，请求被告胡小明、刘军、瑞金市长源林业有限公司赔偿其人身损害的各项损失共计人民币 552657.38 元，诉讼中，原告变更请求被告予以赔偿的金额为 583558.21 元。

审理要览

审理法院认为：被上诉人曹厚明为上诉人胡小明、刘军提供伐木运木劳务，按验收登记木材方量结算薪酬，双方形成雇佣关系。胡小明、刘军主张双方为承揽合同关系，但未提交充分有效证据予以证明，本院不予采纳。曹厚明在劳务中遭受损害，雇主胡小明、刘军应承担赔偿责任。曹厚明提供了国有土地使用权证、房屋所有权证、办乔迁酒席礼薄、常住人口登记卡、村委会证明和派出所证明，可以证明曹厚明一家自 2006 年开始一直在瑞金市城区居住生活。曹厚明请求残疾赔偿金按 2008 年度江西省城镇住户人均年可支配收入标准计算，住院期间护理费、误工费、定残后护理费按 2007 年度江西省居民服务和其他服务业标准计算符合法律规定。上诉人胡小明、刘军以曹厚明的户籍为农民、享受政府发放的粮农补助和曹厚明《房屋所有权证》登记时间距发生事故不足一年、曹厚明搬到市区后其取得收入的来源和途径仍是在农村和边远山区从事农林牧渔业、以务农收入为其主要收入为由，要求曹厚明请求的相关赔偿费应按农村居民标准计算。上诉人主张的事实不能否认曹厚明一家在城镇居住生活的事实，其要求曹厚明的相关赔偿费用按农村居民标准计算本院不予采纳。曹厚明虽双下肢截瘫，被评为二级伤残，但还不是生活完全不能自理，一审判决曹厚明定残后的护理费偏高。根据曹厚明护理依赖程度，结合其配制残疾辅助器具的具体情况，本院酌定其定残后的护理费按2007年度江西省居民服务和其他服务业标准13277元/年，以70%的系数计算20年计185878元。本案事故发生时，曹厚明疏于注意安全，一人站在双轮车的一边与另一边十多人共同抬起双轮车，有一定过错，应适当减轻胡小明、刘军的赔偿责任。胡小明、刘军主张刘晓林、刘木生、何爱军系曹厚明的合伙人，应承担赔偿责任，但没有提供充分有效的证据予以证明，本院不予支持。上诉人胡小明、刘军的上诉理由部分成立。

裁判解析

在人身损害赔偿案件中，当事人之间是雇佣关系还是承揽关系往往成为争议的焦点；而对双方身份关系的认定对当事人的利益将产生重大影响。因此，正确把握雇佣关系与承揽关系的区别，准确区分雇佣和承揽，具有十分重要的意义。

为准确区分二者之间的关系，当事人双方就承揽与雇佣发生争议时，可以综合分析下列因素，结合案件具体情况予以认定：一是当事人之间是否存在控制、支配和从属关系；二是是否由一方指定工作场所、提供劳动工具或设备、限定工作时间；三是连续性提供劳务，还是一次性提供劳动成果；四是定期给付劳动报酬还是一次性结算劳动报酬；五是劳动成果是否完成决定了劳动报酬的给付。据此，如双方之间存在控制、支配和从属关系，由一方指定工作场所，提供劳动工具或设备，限定工作时间，定期给付劳动报酬，所提供的劳动是接受劳务一方生产经营活动的组成部分的，可以认定为雇佣关系。而承揽关系是指定作方与承揽方约定，承揽方按照定作方的要求完成工作，交付工作成果，定作方给付报酬的民事法律关系。在承揽关系中，定作方与承揽方之间的法律地位平等，承揽方以自己的设备、技术和劳动力完成工作。承揽人在完成工作中具有独立性，与定作人不存在监督管理关系，工作中的风险责任也由承揽人自己承担。本案中，原告曹厚明等人为被告刘军、胡小明伐木、运木，是被告刘军、胡小明采伐、销售杉木等经营行为的一项内容。原告等工人砍什么树，砍下的树锯成多长，锯成的木材运到什么地方等工作都由被告安排。原告所得工资是按照砍伐、搬运木材的方量计算，被告根据核准的工人作业量支付工资，这完全符合雇佣关系的法律特征。原告在从事雇佣活动中受伤，在原告没有故意和存在重大过失的情况下，雇主理应承担全部赔偿责任。

⑩ 雇佣关系与帮工关系的区分

裁判规则

雇佣关系是根据当事人的约定，一方定期或不定期地为对方提供劳务，由对方给付报酬的法律关系。而帮工关系是帮工人无偿为他人处理事务从而与他人形成的法律关系。雇佣关系与帮工关系之间的区别主要在于，雇佣关系具有有偿性，帮工关系具有无偿性；在雇佣关系中，被雇用人是在特定的工作时间内、在雇用人的监督和控制下进行劳务活动，而在帮工关系中，帮工人进行劳务活动具有自主性。基于特殊的要约承诺方式形成的帮工关系，不影响帮工风险责任的承担。根据《人身损害赔偿解释》的相关规定，在帮工关系中，帮工人因帮工活动遭受人身损害的，被帮工人应当承担赔偿责任，如果帮工人对损害的发生或者扩大有过失的，可以减轻或者免除被帮工人的赔偿责任。

基本案情①

2002年6月6日，原告朱永胜以被告世平公司下属富邦换气点从业人员的身份参加了池州市消防支队在东至县举办的液化气从业人员消防培训班。2002年年底，富邦换气点因未参加年检、变更负责人亦未向主管部门申请批准等原因而停止经营。此后，原告一直从事为客户接送液化气罐等业务而获取报酬。2003年8月5日，原告在被告下属土地局换气点等候业务时，被告的客户钱月英来到该换气点，称其家液化气打不着火，要求派人维修。原告得知后便称该客户家的液化气瓶是他检测的，该换气点负责人沈革联当即表示："是你检测的，那你就去。"原告故前往该客户家进行维修。在维修中不慎发生燃烧事故，原告及钱月英均被烧伤。经鉴定原告伤情为9级伤残，原告因此花去药费5952.90元。

---

① 《中华人民共和国最高人民法院公报》2007年第5期（总第127期）。

审理要览

本案的争议焦点是：1. 原告朱永胜与被告世平公司之间是雇佣关系还是帮工关系；2. 被告应否对原告遭受的人身损害承担赔偿责任。

东至县人民法院认为：关于原告朱永胜与被告世平公司之间是雇佣关系还是帮工关系的问题。首先，帮工关系是指帮工人无偿为他人处理事务从而与他人形成的法律关系。雇佣关系则是指根据当事人的约定，一方定期或不定期地为对方提供劳务，由对方给付报酬的法律关系。由此可见，帮工关系与雇佣关系存在明显不同。一方面，雇佣关系具有有偿性，帮工关系具有无偿性；另一方面，在雇佣关系中，被雇佣人是在特定的工作时间内、在雇佣人的监督和控制下进行劳务活动，而在帮工关系中，帮工人进行劳务活动时具有自主性。本案中，无任何证据证明原告系被告的职工。原告主要依靠为液化气客户接送气瓶获取劳动收入。案发前，原告在被告下属的土地局换气点等候个人业务，不是为被告提供劳务，被告既不向其支付报酬，也不对其进行控制、指挥和监督。原告称其与被告之间构成雇佣关系，但没有提供充分有力的证据予以证明，故不予认定。其次，原告与被告之间构成帮工关系。成立帮工关系是构成帮工风险责任的基础。本案原告与被告之间的帮工关系是基于特殊的要约承诺方式形成的。被告下属的土地局换气点设有维修业务，当有客户提出维修要求时，该换气点的负责人沈革联有权决定是否上门维修、由谁去维修。当时该换气点的维修人员不在现场，等候业务的原告听说后表示客户钱月英家的液化气瓶是他检测的，沈革联当即表示“是你检测的，那你就去”。原告遂前去钱月英家维修。原告提出客户钱月英家的液化气瓶是他检测的，这句话本身只是对客观事实的叙述，并没有明确表示原告要求负责上门维修，不属于具有帮工意愿的要约。但沈革联随后作出的让原告上门负责维修的表示，则是以请求原告为其处理事务为内容的要约。原告并非被告雇员，沈革联让原告去维修，实际上是请求原告帮工。原告随后前往客户家维修的行为，可以认定是以实际行动对该要约作出的承诺，且沈革联对于原告的承诺行为没有作出明确的拒绝。因此，原告与被告之间形成了帮工关系。

关于被告世平公司应否对原告朱永胜因帮工遭受的人身损害承担赔偿责任的问题。根据《人身损害赔偿解释》第14条的规定，帮工人因帮工活动遭受人身损害的，被帮工人应当承担赔偿责任。被帮工人明确拒绝帮工的，不承担赔偿责任；但可以在受益范围内予以适当补偿。根据本案事实，原告确实是在为被告的客户进行维修的过程中，因发生液化气燃烧事故而受伤，即原告遭受人身损害与为被告帮工具有因果关系。因此，被告应当对原告因帮工遭受的人身损害承担赔偿责任。

关于被告世平公司承担赔偿责任的数额问题。根据《人身损害赔偿解释》第2条的规定，受害人对损害的发生或者扩大有故意、过失的，可以减轻或者免除赔偿义务人的赔偿责任。原告朱永胜在维修过程中，因操作不当而引发了液化气燃烧事故，自身具有过失，可以减轻被告的赔偿责任。根据本案的案情，被告应承担的赔偿责任酌定为原告全部损失的50%，原告要求被告对其全部损失承担赔偿责任的请求不予支持。原告遭受的损失包含以下内容：1. 医药费。根据原告提供证据7，医药费金额为5952.90元。被告虽然辩称该医疗费未审核，但质证时没有提供证据进行反驳，故予以确认。2. 误工费。按每天50元计算7天，共350元。3. 护理费。按每天7元计算20天，共140元。4. 交通费50元。5. 住院伙食补助费。按每人每天10元，以20天2人计算，共400元。6. 营养费300元。7. 伤残补助费8508元。以上费用合计15700.9元，被告应对此承担50%的赔偿责任，即应赔偿原告7850.45元。

裁判解析

在司法实践中，雇佣关系与帮工关系经常产生混淆，对此应当认识到两者的区别。第一，从控制力上来看，帮工关系中帮工双方的地位是平等的，虽然帮工人要按照被帮工人的意思完成帮工活动，但是其所受到的约束远远小于雇佣关系中雇佣人对于受雇人的约束和管理，在雇佣关系中，雇佣双方的地位是不平等的，双方存在一定的隶属关系，雇佣人可以通过制定一系列的规章制度实现其对受雇人的监督管理，而且受雇人必须完全按照雇佣人的要求完成其工作。第二，按照我国的法律规定来看，帮工活动是无偿的，而雇佣活动是有偿的。《中华人民共和国劳动合同法》和《中华人民共和国劳动法》中都规定：劳动报酬是劳动合同必须具备的条款，如果允许无偿的雇佣关系存在，会为雇主恶意拖欠工资提供法律依据。同时从帮工人和受雇人的角度出发，帮工人从事帮工活动是出于道义、情感上的因素，体现了助人为乐的精神，其主观目的是为了增进感情，而不是为了经济利益，但是受雇人通常是为了追求劳动报酬去从事雇佣活动。第三，从双方的熟识程度来看，帮工关系双方往往是相互认识的左邻右舍、亲朋好友，而雇佣关系双方往往没有这一特殊的身份属性。第四，从持续时间上来看，帮工关系大多是临时性、短期的、一次性的，而雇佣关系却是持久的、长期的。第五，从责任认定的范围来看，对帮工行为的界定比对雇员的职务行为的界定范围要小。

此外，本案中，帮工关系产生的责任可以适用过失相抵规则，帮工人在帮工中因自身过失而遭受人身损害的，被帮工人可以减轻其承担的赔偿责任。义务帮工关系其实就是一种无偿的委任关系，与雇佣关系类似，而法律规定雇佣关系是不适用过失相抵原则的。雇佣关系上不适用过失相抵原则，是因为雇主责任可以由保险制度来分担，这是社会化大生产背景下孕育出来的一项风险转化机制。雇主责任由保险制度弱化，一方面，是为了在发生工伤的时候雇员能够得到及时、足额的补偿，把自己的风险由社会保险来分担；另一方面，也是为了让没有任何过错的雇主避免过多的行业风险。在当今社会化大生产的背景下，这种劳工伤害保险制度具有现实的可实施性。当然，如果雇主没有按照法律规定按时按量给其雇员交纳工伤保险，那么雇主就只能以自己所有的经济实力来赔偿雇员的人身损害了。这里，由保险制度来替代过失相抵原则在雇佣关系中的适用是符合社会化发展要求的。

反观义务帮工关系，义务帮工关系的多变性和临时性决定了被帮工人在帮工关系中并无特别的强势地位，被帮工人接受帮工不是意外伤害的来源，其对意外伤害的风险也无法控制。因此将由于帮工人自身存在重大过失而导致的帮工人人身损害后果全部由被帮工人承担不符合一般常理，也违背了公平原则，而且其被帮工人的责任风险显然并不能像雇主责任风险那样，可以用保险制度来转移。所以在这种情况下，处理义务帮工关系的责任分配时就应当引入过失相抵原则，来降低被帮工人承担赔偿责任的限度，分摊他的责任风险。所以，在民法中，对雇主责任没有限制性规定，而在义务帮工关系中，就必须以帮工人的重大过失为条件来降低被帮工人的责任限度。

⑾ 雇员可同时诉求雇主和侵权人赔偿

裁判规则

在第三人侵权、雇主同时对损害发生存有过错的情形下，雇主方的责任包括替代性的雇主责任和终局性的过错赔偿责任。根据最高人民法院法释〔2003〕20 号《人身损害赔偿解释》第 11 条规定，替代性的雇主责任与侵权第三人之间的赔偿责任形成不真正连带责任，受害人有权同时向雇主及侵权第三人主张赔偿。

基本案情[①]

2012 年 1 月 11 日，聚源公司的法定代表人邓勇俊电话联系单昌群，要求单昌群到香逸公司帮其拖运机器。此后，单昌群及邓勇俊一起到香逸公司的三楼车间，二人一前一后将机器搬运至升降机内。该升降机平时大门紧锁，主要用来运送货物（该升降机最多承重 500 斤），专职开启升降机的是香逸公司法定代表人杨正松，该公司并未在升降机处张贴禁止载人的标记。后单昌群乘坐升降机在香逸公司的工作人员韦开国操控下，行至一楼与二楼中间时被卡住。邓勇俊遂要求韦开国将升降机往上升，当升至三楼时，钢绳突然断裂，单昌群连同升降机一起坠落至一楼。事故发生后，单昌群即被送往大丰市人民医院治疗。后聚源公司向单昌群本人垫支 20000 元，香逸公司向单昌群本人垫支 3000 元。因三方就赔偿款数额分担协商未果，单长群遂起诉至大丰市人民法院要求香逸公司和聚源公司共同赔偿其目前发生的医疗费损失合计 80088.36 元。聚源公司辩称：单昌群与公司仅是临时雇佣关系，不应当承担任何责任。香逸公司辩称：单昌群自身存在过错，对自身伤害后果应承担责任。单昌群基于雇佣关系起诉聚源公司，基于侵权关系起诉香逸公司，依据相关司法解释的规定，被告一和被告二不能在同一案件中作为被告主体，请求法院依法驳回单昌群的诉讼请求。

审理要览

江苏省大丰市人民法院审理后认为，单昌群与聚源公司之间系雇佣关系，单昌群在雇佣活动中受伤，依法应享有要求赔偿的权利。香逸公司系该升降机的实际管理人和使用人，未在该升降机处张贴明显的警示标志，未对该升降机尽到日常的管理和维护义务，根据《中华人民共和国侵权责任法》第 85 条之规定，对单昌群所遭受的损害应承担特殊侵权责任。故聚源公司、香逸公司应分别基于雇佣关系和特

---

① 盐城市中级人民法院（2013）盐民终字第 0469 号民事判决书，来源：中国裁判文书网。

殊侵权关系对单昌群因人身损害形成的合理损失承担赔偿责任，且两者间应为不真正连带之债，聚源公司在本案中承担的是替代责任，香逸公司是本案侵权的直接责任人，故聚源公司在承担责任后有权向香逸公司追偿。经审核，单昌群损失数额共计 100837.34 元，扣减聚源公司和香逸公司垫支的 23000 元，单昌群应获得的赔偿数额为 77837.34 元。

大丰市人民法院判决：一、聚源公司、香逸公司应赔偿单昌群各项损失共计 77837.34 元，聚源公司、香逸公司其中一方全部给付后，单昌群不得向另一方要求给付；聚源公司承担赔偿义务后，有权就给付数额向香逸公司追偿。二、驳回单昌群的其他诉讼请求。

一审判决后，香逸公司不服，上诉称：1. 本案非特殊侵权类案件，属于一般侵权案件，应当按照各方当事人的过错程度来承担赔偿责任；2. 单昌群擅自乘坐用于运货的升降机，其自身存在重大过错；3. 聚源公司的法定代表人邓勇俊指挥了整个运输过程未能要求单昌群离开升降机，故聚源公司也存在重大过错；4. 邓勇俊在未经香逸公司同意的情况下将升降机的钥匙取出并打开升降机使用，韦开国虽是香逸公司人员，但其无权操作升降机，故其行为至多是一种无偿帮工行为。综上，香逸公司不应当承担任何赔偿责任。

江苏省盐城市中级人民法院审理后认为，在本案中，升降机由香逸公司工作人员韦开国在聚源公司法定代表人邓勇俊的指挥下操控运行，在升降机被卡后，邓勇俊又要求韦开国将升降机升至三楼后发生坠落，故升降机坠落致使单昌群受伤的事故的发生与邓勇俊、韦开国的指挥、操控不当存在因果关系，该事故不属于《中华人民共和国侵权责任法》第 85 条规定的物件致害情形。本案属于一般侵权损害赔偿纠纷，适用过错责任归责原则，一审法院对此适用严格责任归责原则并判令香逸公司承担特殊侵权责任，适用法律不当，应予纠正。聚源公司与单昌群在本案中系雇佣关系，香逸公司在损害事故中属于雇佣关系以外的侵权第三人，根据最高人民法院法释〔2003〕20 号司法解释第 11 条的规定，单昌群作为受害雇员既可以向聚源公司主张雇主赔偿责任，也可以向侵权第三人香逸公司主张侵权赔偿责任，聚源公司承担责任后可向香逸公司追偿，故单昌群有权在本案中同时起诉聚源公司和香逸公司。因聚源公司（邓勇俊系职务行为）、香逸公司对单昌群损害后果的发生均存在过错，应当对单昌群的损害承担与其过错相适应的赔偿责任。单昌群对自身安全未能尽到必要的注意义务，对自身损害的发生亦存在过错，故按照过失相抵原则可以减轻侵害人香逸公司、聚源公司的民事责任。综合本案实际情况，确定单昌群对其自身损害承担 20%的民事责任，香逸公司对单昌群的损害承担 50%的赔偿责任，聚源公司基于其法定代表人邓勇俊的行为对单昌群的损害承担 30%的赔偿责任。聚源公司作为雇主亦应对香逸公司承担的 50%赔偿责任负有不真正连带赔偿责任，聚源公司给付后可就该部分向香逸公司行使追偿权。

盐城市中级人民法院判决：一、撤销大丰市人民法院（2012）大民初字第 1529 号民事判决；二、聚源公司赔偿单昌群各项损失人民币 10251. 2 元；三、香逸公司赔偿单昌群各项损失人民币 47418. 67 元；四、聚源公司对香逸公司的上述赔偿数额向单昌群承担连带责任（不真正连带责任），并可就该赔偿数额向香逸公司追偿。

裁判解析

本案有以下两点值得讨论：1. 雇员在遭受第三人侵权的情形下，雇主与第三人责任适用法律依据以及责任形态。2. 不真正连带责任关系下雇员如何主张权利。

第一，在雇员遭受第三人侵权的情形下，雇主与第三人责任适用的法律依据以及责任形态。

（1）法律依据。《中华人民共和国侵权责任法》第 35 条规定："个人之间形成劳务关系，提供劳务一方因劳务造成他人损害的，由接受劳务一方承担侵权责任。提供劳务一方因劳务自己受到损害的，根据双方各自的过错承担相应的责任。"据此规定，侵权责任法施行前通称的"雇员"、"雇主"、"雇佣关系"已变更为"提供劳务一方"、"接受劳务一方"、"劳务关系"，雇员在雇佣活动中遭受损害后，雇主的赔偿责任也已由原来最高人民法院法释〔2003〕20 号司法解释第 11 条中的严格责任变更为过错责任，即按照雇主、雇员在遭受损害中过错大小分担责任。但是，《中华人民共和国侵权责任法》第 35 条并未对雇员在劳务过程中因第三人侵权致伤受损害情形下的雇主责任作出规定，而最高人民法院法释〔2003〕20 号司法解释第 11 条却有明确的规定，即雇佣关系以外的第三人造成雇员人身损害的，赔偿权利人可以请求第三人承担赔偿责任，也可以请求雇主承担赔偿责任。雇主承担赔偿责任后，可以向第三人追偿。因此，雇员遭受第三人侵权情形下的各方责任承担依据仍为最高人民法院法释〔2003〕20 号司法解释第 11 条的规定，而非《中华人民共和国侵权责任法》第35条的规定。

（2）责任形态。根据对最高人民法院法释〔2003〕20号司法解释第11条规定的文意解读，可以看出，雇主所承担的责任本身是一种替代责任，第三人作为直接的侵权行为人是最终的责任承担者，雇主在履行了赔偿责任后，可以向第三人追偿，这种追偿是代位清偿的追偿权。因此，在雇员遭受的第三人侵权损害中，雇主若对损失产生无过错，无须承担终局责任，仅是替代责任，其责任大小取决于第三人的责任大小。而作为直接侵权人的第三人，其承担的责任则是一般侵权责任，即按照在侵权事件中其与雇员（受害人）的过错大小承担按份责任。那么，聚源公司所承担的替代责任与香逸公司承担的侵权责任之间是一种什么样的关系？司法实务界普遍的观点认为最高人民法院法释〔2003〕20号司法解释第11条规定的雇主责任与第三人责任之间是一种不真正连带责任。不真正连带责任是指多数债务人就同一内容之给付，各负全部履行之义务，而因一债务人之履行，则全体债务消灭之债务。尽管理论界对于不真正连带责任的具体特点存有不同的观点，但在该条文表述中存在终局责任承担者，并非一般意义上的连带责任形态，故雇主与第三人之间的责任关系应是一种不真正连带责任。

第二，不真正连带责任关系下雇员受害赔偿纠纷的诉讼程序设计与判决主文表述。

本案中，受害人单昌群对于雇主以外的第三人（直接侵权人）所应承担的责任，是须选择雇主聚源公司或第三人香逸公司其一进行主张权利，还是可同时向两者主张，即雇员是否可以依据最高人民法院法释〔2003〕20号司法解释第11条的规定同时起诉雇主与第三人。在以往的司法实践中，由于受到权威解释的影响，普遍认为雇主责任和第三人侵权行为在性质上不同，受害人享有的是两个不同的权利，应当分别请求。许多法院均是在审理中释明或引导权利人选择其一进行诉讼。在审理阶段向当事人释明并要求其进行选择，实质是把将来执行阶段的选择权提前至审判阶段，但由于并未进入执行程序，当事人往往并不清楚哪一方的赔偿能力较强，若一味要求当事人进行选择，实质是强迫当事人去“赌博”并将受害人置于非常不利的境地。同时，如要求选择起诉，则有可能会造成被侵权人双重受偿的后果，也会造成诉讼时效的困扰。反之，若允许当事人同时起诉，不仅可以避免前述分别起诉的弊端，而且可以在同一案件中查明事实，分清各方当事人责任比例，保护各方当事人在同案中行使抗辩权，实现矛盾纠纷的一次性处理与解决，因此在第三人侵权情形下，雇员可以甚至是应当同时起诉雇主与第三人。

12 受害人对单位的工伤保险补偿请求权和对第三人的侵权损害赔偿请求权可以兼得

裁判规则

《中华人民共和国劳动法》第 73 条第 1 款第 3 项规定，劳动者在因工伤残或者患职业病的情形下，依法享受社会保险待遇。《工伤保险条例》第 2 条规定，中华人民共和国境内的各类企业的职工和个体工商户的雇工，均有依照本条例的规定享受工伤保险待遇的权利。第 62 条规定，用人单位依照本条例规定应当参加工伤保险而未参加的，未参加工伤保险期间用人单位职工发生工伤的，由该用人单位按照本条例规定的工伤保险待遇项目和标准支付费用。据此，职工在发生工伤事故后获得工伤保险待遇，是国家法律强制规定的社会保障机构或用人单位的法定义务，是劳动者依法所应享有的权利。如果用人单位违背法律法规，未缴纳工伤保险，则由其单独承担工伤赔偿费用。所以，劳动者在执行工作职责中因发生交通事故而死亡，侵权人对其家属的民事损害赔偿，不影响劳动者的家属再向用人单位或社会保障机构主张工伤保险待遇，两者之间不发生竞合关系。用人单位未缴纳工伤保险的，由用人单位单独承担工伤赔偿费用。

基本案情[①]

2004 年 4 月 29 日，被告亲属卢尔明驾驶原告所有的闽 H×××××号货车，途经国道 316 线 112 千米+880 米路段时，肇事司机吴荣驾驶车主范世飞所有的浙 K×××××号农用车碰撞赣 F××××号货车尾部后，又正面碰撞道路左侧正常行驶的闽 H×××××号货车，造成卢尔明当场死亡。卢尔明死亡后，被告作为卢尔明亲属以原告身份向法院提起诉讼，要求范世飞、吴荣承担民事赔偿责任，经法院调解，达成调解协议：范世飞、吴荣应赔偿卢尔明亲属死亡补偿费、丧葬费、被扶养人生活费、误工费、交通费、住宿费、精神损害赔偿费，共计 223949 元。至此，被告因亲属死亡的民事损害赔偿已得到法院的支持。2005 年 9 月 29 日，三被告在其亲属死亡后已进行民

---

① 福建省南平市中级人民法院（2006）南民终字第 405 号民事判决书，来源：中国裁判文书网。

事侵权损害并在赔偿诉讼结案的情况下，又向南平市劳动仲裁委员会提起工伤保险待遇劳动仲裁申请，仲裁机关裁决原告应支付卢尔明亲属一次性死亡补助金、供养亲属抚恤金、丧葬补助金、交通费、住宿费。

根据“补偿与损失相当”的基本原则，被告在其亲属卢尔明既是工伤死亡，又是吴荣、范世飞交通肇事侵权死亡的情况下，由于卢尔明死亡的损失在民事侵权赔偿案件中已得以全部补偿，而其所提起的工伤保险待遇请求又没有出现需要“补差”的情况。因此，被告在民事侵权案中得以补偿的损失在工伤赔偿案件中不得再另行补偿。原告请求法院依法撤销南劳仲案（2005）第043号仲裁裁决书，判决驳回被告的仲裁请求。

被告周淑英、卢意、王金英辩称：本案审理的是工伤保险赔偿，而不是审理交通事故人身损害赔偿，这是两个不同的法律关系。原告主张“补偿与损失相当”现已失去意义，因为2004年生效的《工伤保险条例》替代了原先的《企业职工工伤保险试行办法》，不存在是否补差的问题。本案死者卢尔明是在履行原告公司职责过程中发生死亡的，属于工伤，原告应当承担相应的工伤赔偿责任。根据《人身损害赔偿解释》的有关规定，劳动者因工伤事故导致死亡的，用人单位应当承担相应的工伤赔偿责任。原告不予支付工伤保险待遇的主张，其适用法律错误，请求法院驳回原告的诉讼请求。

福建省南平市延平区人民法院经公开审理查明：被告周淑英系死者卢尔明的妻子，卢意系卢尔明的儿子，王金英系卢尔明的母亲。

卢尔明受聘于原告鸿志兴公司，担任公司的驾驶员，月工资2200元。2004年4月29日，卢尔明驾驶原告鸿志兴公司的闽H×××××号货车从南平驶往福州，行至316国道樟湖段112千米+880米处，被第三人吴荣驾驶范世飞所有的浙K×××××号农用车迎面相撞，造成卢尔明当场死亡。事故发生后，卢尔明家属因办理丧事，花费交通费、住宿费用计1400元。该起交通事故，交警部门认定吴荣负全部责任。2005年8月8日，南平市劳动和社会保障局作出南劳认（2005）61号《关于卢尔明工伤认定的决定》，认定卢尔明的伤害为工伤。

死者卢尔明的亲属周淑英、卢意、王金英以吴荣、范世飞为被告，向本院提起民事赔偿，要求吴荣、范世飞支付卢尔明死亡补偿费183780元、丧葬费6635元、被扶养人生活费92848元、误工费2500元、交通费1500元、住宿费1500元、精神损害赔偿费 20000 元，总计 308763 元。2004 年 8 月 11 日，本院作出（2004）延民初字第 1020 号民事调解书，调解吴荣、范世飞赔偿周淑英、卢意、王金英 223949元。

三被告向南平市劳动争议仲裁委员会提起申诉，要求原告支付一次性工亡补助金 71550 元、供养亲属抚恤金 71550 元、丧葬补助金 7155 元以及误工费、交通费、住宿费 3000 元。2006 年 1 月 16 日，南平市劳动争议仲裁委员会作出南劳仲案（2005）第 043 号仲裁裁决书，裁决鸿志兴公司支付周淑英、卢意、王金英一次性工亡补助金 53354. 10 元、供养亲属抚恤金 39600 元、丧葬补助金 6402. 50 元、交通费和住宿费计 1400 元。鸿志兴公司不服仲裁裁决，向本院提起诉讼，认为三被告因卢尔明死亡的损失在民事侵权赔偿案件中已得到全部补偿，其不得在工伤赔偿案件中另行补偿，请求撤销仲裁裁决，驳回三被告的仲裁申请请求，即不予支付三被告一次性工亡补助金 53354. 10 元、供养亲属抚恤金 39600 元、丧葬补助金 6402. 50 元、交通费和住宿费 1400 元。

审理要览

福建省南山市延平区人民法院经审理认为：卢尔明在驾驶原告车辆过程中被第三人的车辆所撞导致死亡，其在工作时间因履行工作职责原因受到事故伤害，应认定为工伤。《工伤保险条例》第 39 条规定，职工因工死亡，其直系亲属按照规定从工伤保险基金领取丧葬补助金、供养亲属抚恤金和一次性工亡补助金。三被告系卢尔明的直系亲属，因此享有相应的工伤保险待遇。《工伤保险条例》第 62 条规定，未参加工伤保险期间用人单位职工发生工伤的，由该用人单位按照本条例规定的工伤保险待遇项目和标准支付费用。原告未为卢尔明投工伤保险，应由原告向卢尔明的亲属支付相应的工伤保险待遇。工伤保险待遇为：（1）丧葬补助金 6402. 50 元（按南平市 2004 年度职工平均工资 12805 元的 6 个月计算）；（2）供养亲属抚恤金 39600 元（王金英抚恤金按卢尔明的月平均工资 2200 元的 30%计算 60 个月），周淑英（卢尔明配偶）未满 55 周岁，卢意（卢尔明儿子）已满 18 周岁，根据《因工死亡职工供养亲属范围规定》第 3 条的规定，周淑英、卢意不属于依靠死者卢尔明生前提供生活来源、无劳动能力的亲属，不享有供养亲属抚恤金；（3）一次性工亡补助金 53354. 10 元（按南平市 2004 年度职工平均工资 12805 元的 50 个月计算）。

卢尔明亲属因办理丧事，花费的交通费、住宿费，并非卢尔明因治疗工伤所需的交通、住宿费，不属于工伤保险范围，对该项费用，本院不予支持。三被告在本案诉讼之前，向本院提起民事侵权赔偿，要求本案的第三人，即交通事故责任人赔偿损失，因三被告向第三人提出的民事损害赔偿之诉与本案的工伤保险待遇之诉，属于两个相互独立的请求权，现行法律、法规及相关的司法解释并没有规定当事人只能选择其中一种救济方式。因此，两者权利可以同时并存，并不违反法律、法规的禁止性规定，也不存在民事侵权损害范畴的损益相抵。所以，被告的工伤保险待遇应得到保护，原告提出的被告在民事侵权案中得以补偿的损失，在工伤赔偿案件中不得再另行补偿的主张，缺乏法律依据，本院不予支持。

福建省南山市延平区人民法院依照《中华人民共和国劳动法》第 73 条第 1 款第 3 项，《工伤保险条例》第 39 条第 1 款第 1、2、3 项和第 62 条的规定，作出如下判决：原告南平鸿志兴包装装潢有限公司支付给被告周淑英、卢意、王金英丧葬补助金 6402.50 元。原告南平鸿志兴包装装潢有限公司支付给被告王金英供养亲属抚恤金 39600 元。原告南平鸿志兴包装装潢有限公司支付给被告周淑英、卢意、王金英一次性工亡补助金 53354.10 元。上述三项，原告南平鸿志兴包装装潢有限公司应于本判决生效起五日内一次性付清。原告南平鸿志兴包装装潢有限公司不予支付被告周淑英、卢意、王金英交通费、住宿费。案件受理费 50 元、其他诉讼费用 25 元，由原告南平鸿志兴包装装潢有限公司负担。

裁判解析

本案涉及的一个核心问题在于工伤保险补偿和侵权损害赔偿的关系问题，具体到本案中就是受害人在已经根据侵权赔偿请求权从直接侵权人处获得赔偿后，是否还可以在本单位行使工伤保险补偿请求权，即工伤保险补偿和侵权损害赔偿是否可以兼得的问题。本案法院法官认为，向第三人提出的民事损害赔偿之诉与本案的工伤保险待遇之诉，属于两个相互独立的请求权，现行法律、法规以及相关的司法解释并没有规定当事人只能选择其中一种救济方式，因此两者权利可以同时并存，并不违反法律、法规的禁止性规定，也不存在民事侵权损害范畴的损益相抵。可见本案判决采取了工伤保险补偿和侵权损害赔偿兼得的模式，本司法解释以及《中华人民共和国侵权责任法》只是赋予了当事人均有权行使两种请求权，但是对于这一核心问题都没有作出明确的规定，因此有待于在以后的立法中作进一步的完善和明确。

13 劳务性不明显的帮忙行为不宜认定为义务帮工

裁判规则

义务帮工需由用工方提供工作环境和工作条件是其重要特征，且帮工人需受被帮工人的指挥。如果不具备上述特征，则不能认定为帮工关系。

基本案情①

原、被告系对门邻居，原告有一辆时风四轮车，为自己使用方便，购买了电瓶充电器。2010年4月3日晚被告发现自己的电瓶没电，跑到原告家问充电器在家否，原告说在，被告就把电瓶拿到原告家让其帮忙充电，第二天中午原告查看电瓶电充好没有，用手晃了下电瓶，不料电瓶爆炸，将原告右眼炸伤。原告受伤后，立即被送往荆紫关镇医院救治，随后到南阳眼科医院治疗，于2010年4月15日出院。在原告住院期间，被告支付医疗费4812.48元。2010年9月3日原告的伤经南阳丹阳法医临床司法鉴定所作出宛丹司鉴字（2010）临鉴字第55号司法鉴定意见书，认为原告的伤构成伤残七级。原、被告因赔偿协商不成，原告于2010年8月2日诉至我院，请求被告赔偿孩子抚养费27000元、检查费150元、鉴定费600元、误工费1560元、精神抚慰金10000元、残疾赔偿金35000元，以上损失合计74310元。原告请求被告支付40000元，其余部分自愿放弃。

审理要览

一审法院认为：原告系完全民事行为能力人，在给被告电瓶充电时未严格按照正规的程序进行操作，操作时也没有采取相应的安全保护措施，因此应对其损害后果承担30%的责任。被告明知原告不是专业技术人员，还将电瓶拿到原告处让其充电，且原告的伤也是在帮被告充电时所致，被告是受益人，因此被告应对原告的损害结果承担70%的责任。虽然被告辩称，找原告充电，给原告付有报酬，但无相应

① 南阳市中级人民法院（2011）南民一终字第204号民事判决书，来源：中国裁判文书网。

证据证实，一审法院不予采信。

二审法院认为：上诉人时顺志将其旧电瓶送往刘建成处充电，刘建成也实施了充电行为。这一事实双方共认。双方争议的焦点是，收费充电还是无偿帮忙，对此双方陈述不一，证言之间也存在相互矛盾。但是本院注意到，为旧电瓶充电是一种危险作业。上诉人时顺志明知刘建成并非专业维修充电人员，还将电瓶送到刘建成处充电，而不到附近其他对外营业的专业门店，对损害后果的发生存在一定过错；被上诉人刘建成应当知道自己不具备专业充电知识，在给旧电瓶充电时未严格按照操作规程进行且未采取相应的保护措施，对损害后果的发生也存在过错，双方责任应按5∶5比例承担。原判认定的医疗费110元、误工费1500元、鉴定费600元、残疾赔偿金35000元应予照准。对于精神抚慰金，由于刘建成也存在一定的过错，原判8000元过高，应支持2000元为宜。以上合计39270元，时顺志应赔偿19635元。上诉人时顺志的部分上诉理由成立，二审法院予以支持。

裁判解析

民法中的义务帮工是指帮工人自愿、短期、无偿为被帮工人提供劳务，且被帮工人没有明确拒绝而发生的一种社会关系，具有自愿性、自主性、临时性、无偿性和劳务性等法律特点。本案中原告自愿、临时、无偿接受被告邀请为被告提供帮助，被告也因此而直接受益，表面上看似符合帮工关系的某些法律特征，事实上系普通帮忙行为，原因如下：

1. 帮工关系以被帮工人对帮工人的指挥为根本判断标准。帮工人根据用工方的指示从事生产经营活动，是帮工关系的一个重要特点。如果某种行为形式上是无偿帮助关系，但具体帮助行为不受被帮工人的指挥，则不能认定为帮工关系。按有关学者的看法，这种帮助人称为独立契约人。例如，本案中被告请原告帮忙充电的行为，该行为虽然是无偿的，但充电这一高危行为具有专业性，如何完成并不受被帮助人的指挥，因此该人就属于独立契约人，与被告不构成帮工关系。从公平角度考虑，受益人应当承担适当的补偿责任。

2. 帮工人提供的帮助活动应当具有明显的劳务性。帮工关系要求帮工人为被帮工人提供劳务并完成一定的工作任务或提供一定的劳动成果。所谓劳务，指为他人提供某种特殊使用价值的劳动，而由用工方提供工作环境和工作条件是其重要特征。

在本案中，原告帮忙为被告充电，被告并未为原告提供充电工具和相应的工作环境条件，充电活动完全由原告利用自有充电工具来完成，其不符合劳务关系的法律特征。另外，被告所需帮助也仅仅是借用原告的充电设施，原告也是出于当地风俗习惯中关系较近的邻居之间的感情情分考虑而为被告帮忙，并没有为此付出太多劳动，其帮忙充电行为劳务性并不明显，依照其法律性质，其应当是一种事实行为，不是民法意义上的提供劳务的法律行为，并不能认定为帮工关系，不产生义务帮工的法律后果。

3. 劳务性不明显的帮忙行为认定为义务帮工有可能导致显失公平。义务帮工的人身损害赔偿责任是一种特殊的人身损害赔偿责任，根据《人身损害赔偿解释》第14条规定，帮工人在帮工活动中遭受人身损害时，被帮工人承担无过错责任，即在义务帮工人身损害赔偿法律关系中，不考虑承担责任的被帮工人有无过错，只要义务帮工人从事帮工活动受到损害，被帮工人就应当承担赔偿责任。本案中，帮助充电行为虽然劳务性并不明显，但需要严格按照操作规程进行且采取相应的保护措施，原告刘建成未严格按照操作规程进行充电，对于造成自身损害明显存在一定过失。如果认定双方为帮工关系，责任则完全由时顺志承担，是不公平的。

综上所述，本案中原告为被告充电应认定为事实行为。依据《人身损害赔偿解释》第2条的规定，受害人对同一损害的发生或者扩大有故意、过失的，依照《中华人民共和国民法通则》第131条的规定，可以减轻或者免除赔偿义务人的赔偿责任。但侵权人因故意或者重大过失致人损害，受害人只有一般过失的，不减轻赔偿义务人的赔偿责任。本案中，为旧电瓶充电是一种危险作业，需要相关专业知识。被告人时顺志明知原告刘建成并非专业维修人员，还将电瓶送到刘建成处充电，对损害后果发生存在一定过错；原告刘建成应当知道自己不具备专业充电知识，在给旧电瓶充电时未严格按照操作规程进行且未采取相应的保护措施，对损害后果的发生也存在一定过错，因此原告损失应当由其本人与被告双方共同承担。

14 在义务帮工人存在重大过失的情况下，不应由被帮工人对损失承担全部赔偿责任

裁判规则

义务帮工人在帮工活动中造成他人损害的，应当由被帮工人承担责任，帮工人具有故意或者重大过失的，应承担连带责任。但是在义务帮工人存在重大过失的情

况下，不应由被帮工人对损失承担全部赔偿责任，应依特殊侵权的归责原则来确定各自的责任承担。

基本案情①

原告李日光、被告林泰泽、林艺彬系朋友关系。2009 年 1 月 22 日晚，原告李日光、被告林泰泽、林艺彬等人在漳浦县绥安镇一起吃饭喝酒。饭后，原告李日光、被告林艺彬欲回沙西镇，便由被告林泰泽出面向被告李洋春借用闽 E/38766 号轿车。借车后，经李日光、林泰泽、林艺彬三人商量同意临时改变行车路线一起到漳州玩，林泰泽因喝酒不能驾驶车辆，便用手机联系他的朋友——被告李伟东，要求李伟东帮忙驾驶车辆，并将车驶到漳浦西湖公园 E 时代网吧门口，将车交给李伟东驾驶。当晚 22 时 20 分，被告李伟东驾驶该车载原告李日光、被告林泰泽、林艺彬从漳浦县绥安镇沿国道 324 线往漳州方向行驶至国道 324 线 357 千米+300 米路段，因超速逆向行驶，遇交会方向来车采取措施不当，驶向路左碰撞路外海枣树，致车上原告李日光受伤，发生交通事故。经交警察部门责任认定，李伟东负本事故的全部责任，李日光、林泰泽、林艺彬无责任。原告李日光受伤后经住院治疗，共花去医疗费 102528.82 元，陪护水电费 196 元，康复用具费 1600 元。经聘请福建宗证司法鉴定所鉴定，结论为：1. 原告李日光为一处八级伤残，一处九级伤残；2. 原告李日光的后续治疗费用为 15000 元。另查明，原告李日光的女儿李琳，于 2007 年 3 月 21 日出生。闽 E/38766 轿车由被告李洋春于 2008 年 7 月 4 日向被告平安财保漳州支公司投保了车上人员责任险及相应的不计免赔等险种，赔偿限额为 4 座位×5 万元/座位，保险期间自 2008 年 7 月 5 日 0 时起至 2009 年 7 月 4 日 24 时止。

原告李日光诉称，2009 年 1 月 22 日 22 时，被告李伟东驾驶被告李洋春所有的闽 E/38766 号小轿车，载原告、被告林泰泽、林艺彬三人自绥安镇沿国道 324 线往漳州方向行驶，遇交会方向来车措施不当，驶向路左，发生交通事故，致原告身体严重受伤。被告平安财保漳州支公司系事故车辆车上人员责任险的承保公司。请求判令五被告共同赔偿原告医疗费、精神损害抚慰金等各项损失合计人民币 230566

① 漳州市中级人民法院（2010）漳民终字第 917 号民事判决书，来源：中国裁判文书网。

元。被告李伟东辩称，本答辩人系按原告要求，无偿为其驾驶车辆，属帮工人。因此，本案原告的损失应由被帮工人及其他责任人承担责任，本答辩人不负赔偿责任。被告李洋春辩称，本答辩人将闽E/38766号轿车无偿出借给被告林泰泽，本答辩人不存在任何过错，原告身体受到损害与答辩人的行为不存在法律上的因果关系。请求驳回原告对本答辩人的诉讼请求。被告林泰泽辩称，本答辩人将车辆交给没有喝酒又有驾驶执照的被告李伟东驾驶，在本事故中没有过错，请求驳回原告对本答辩人的诉讼请求。被告林艺彬辩称，当晚本答辩人上车后就睡着了，去漳州本答辩人也不知道，不同意对原告承担赔偿责任。被告平安财保漳州支公司辩称，首先，被告李伟东不是车主李洋春允许的驾驶员，根据保险合同的约定，本答辩人不负赔偿责任；其次，原告请求赔偿的误工费、护理费、营养费偏高，被扶养人李琳不构成扶养条件，矫型肢具费用来源不合法，因此涉及到相关的赔偿数额应当相应进行调整或剔除。请求驳回原告对本答辩人的诉讼请求。

审理要览

福建省漳浦县人民法院经审理认为：被告李伟东受朋友被告林泰泽的委托，无偿为原告和被告林泰泽、林艺彬驾驶车辆，与原告李日光、被告林泰泽、林艺彬三人之间形成帮工关系，被告李伟东是帮工人，在帮工过程中致人损害，根据《人身损害赔偿解释》第13条的规定，被帮工人林泰泽、林艺彬应当承担损害赔偿责任，原告也系被帮工人，也应自行承担一定的责任。被告李伟东在帮工过程中造成事故的发生并承担事故全部责任，存在重大过错，应承担连带赔偿责任。被告平安财保漳州支公司系闽E/ 38766号车保险的承保公司，与被告李洋春建立保险合同关系，应当根据保险合同的约定在保险限额5万元内承担赔偿责任。被告平安财保漳州支公司赔偿后的余额由原告和被告林泰泽、林艺彬各承担赔偿1/3，被告李伟东对被告林泰泽、林艺彬的赔偿责任承担连带责任。被告李洋春把车辆出借给林泰泽后就失去对车辆的实际控制，林泰泽把车辆交给有驾驶资格执照的李伟东驾驶时发生事故，与李洋春没有法律上的因果关系，因此李洋春对原告的损害不承担赔偿责任。原告请求判令被告李伟东、林泰泽、林艺彬、平安财保漳州支公司赔偿有理，应予支持。但请求被告李洋春赔偿没有事实和法律依据，应予以驳回。被告林泰泽、林艺彬提出其不负赔偿责任的理由不能成立，不予采纳。被告平安财保漳州支公司提出李伟东不是李洋春允许的驾驶员，没有赔偿义务的辩解没有事实依据，不予采纳。审理中原告自愿放弃赔偿被扶养生活费是对自己民事权利的处分，应予准许。本案原告因交通事故造成的损失有：医疗费、陪护水电费、康复用具费、继续治疗费、误工费、护理费、残疾赔偿金、营养费酌定、精神损害抚慰金合计为人民币 190754.28 元。依照《中华人民共和国民法通则》第 119 条，《保险法》第 65 条，《人身损害赔偿解释》第 13、17、18 条的规定，判决：一、被告平安财保漳州支公司应支付给原告李日光保险理赔款人民币 5 万元，限于本判决生效后 15 日内付清；二、被告林泰泽应赔偿原告李日光医疗费、精神损害抚慰金等各项损失合计人民币 140754.28 元的 1/3 即人民币 46918.09 元，限于本判决生效后 15 日内付清；三、被告林艺彬应赔偿原告李日光医疗费、精神损害抚慰金等各项损失合计人民币 140754.28 元的 1/3 即人民币 46918.09 元，限于本判决生效后 15 日内付清；四、被告林泰泽、林艺彬、李伟东对上述判决主文第二、三项确定的赔偿责任承担连带责任；五、驳回原告请求被告李洋春赔偿的诉讼请求。

宣判后，被告平安财保漳州支公司不服一审判决，向漳州市中级人民法院提起上诉。

二审审理期间，上诉人与被上诉人李日光达成和解协议，上诉人同意一次性在交强险范围内赔偿被上诉人李日光经济损失人民币 48000 元。2010 年 11 月 23 日上诉人申请撤回上诉，二审法院裁定准予撤回上诉，其他各方均按原判决执行。

裁判解析

本案是一起帮工人致人损害责任纠纷。民法及相关司法解释规定的义务帮工，是指为了满足被帮工人生产或生活等方面的需要，没有义务的帮工人不以追求报酬为目的，为被帮工人无偿提供劳务或服务的行为。义务帮工的法律特征有：(1) 具有无偿性。即帮工人不向对方要求给付任何报酬。(2) 帮工关系具有互助、临时、一次性消费等特点。(3) 被帮工人对帮工人的帮工行为没有表示拒绝，是帮工人提供劳务的实际受益者。(4) 义务帮工是单务合同。根据《人身损害赔偿解释》第 13 条规定，一般情况而言，帮工人在帮工活动中致人损害的，由被帮工人承担赔偿责任。这是基于帮工具有无偿性考虑。帮工人是为被帮工人无偿提供劳务的人，帮工人不收取报酬，是出于亲朋好友的情分来帮忙的，被帮工人是受益人，帮工活动的结果是被帮工人获得利益。因此，帮工人在帮工活动中致人损害的，应由被帮工人承担赔偿责任。被帮工人明确拒绝帮工的，不承担责任。这主要是考虑被帮工人拒绝帮工在主观上没有过错。被帮工人存在故意或者重大过失的，赔偿权利人请求帮工人和被帮工人承担连带责任的，人民法院应于支持。被帮工人在帮工活动中受益有限，不能要求被帮工人对帮工人的所有侵权行为承担赔偿责任。

本案应由原告李日光、被告林泰泽、林艺彬各承担 1/3 的损失，被告李伟东承担连带赔偿责任由义务帮工人承担主要或者全部赔偿责任，不利于培育协作互助、助人为乐的社会风气。义务帮工活动是无偿提供劳务的，是一种助人为乐的行为。而被帮工人无偿使用他人劳动并获得利益，如果让义务帮工人对帮工活动中致被帮工人损害承担主要或全部赔偿责任，那么对帮工人是极不公平的，不利于助人为乐社会风气的培养和树立。即使帮工人存在重大过失，也只能由帮工人承担连带赔偿责任。

在义务帮工人存在重大过失的情况下，由被帮工人对损失承担全部赔偿责任，不利于社会进步。如果让被帮工人在任何情况下，均对帮工人的侵权行为承担侵权赔偿责任，其结果必然是加重被帮工人的责任，而且会放纵帮工人实施侵权行为，阻碍经济发展和社会进步。《人身损害赔偿解释》第 13 条规定帮工人有重大过错的亦应承担责任，体现了侵权法最基本的原则即过错责任原则，只有这样才能约束帮工人尽职尽责，忠于职守，达到帮工活动的初衷和目的，使帮工人尽到一般人的普通注意义务，促进社会发展和进步。

在义务帮工人存在重大过失的情况下，由被帮工人对损失承担赔偿责任，帮工人承担连带赔偿责任，体现民法的公平原则。一般认为，侵权行为是一种侵犯社会公共财产、侵犯他人财产和人身权利的不法行为，是指因作为或不作为而不法侵害他人财产和人身权利的行为。因此，义务帮工人在帮工过程中，因自己重大过错致被帮工人损失，依法应当承担相应的民事赔偿责任。但义务帮工所发生的侵权是一种特殊侵权，其责任承担应与一般侵权有所不同，应适用过错推定原则和无过错责任原则归责。

本案中，被告李伟东系义务帮工人，无偿为被帮工人李日光、林泰泽、林艺彬三人（作为一个整体）提供劳务，李日光、林泰泽、林艺彬三人是帮工行为共同的直接受益者，虽然在义务帮工过程中，帮工人李伟东有重大过失造成被帮工人李日光受害，但应依特殊侵权的归责原则来确定各自的责任承担。

15 当物件的所有者和管理者分离时，物件致人损害的责任如何分担？

裁判规则

物件致害责任采用过错推定责任，当物件的所有者和管理者分离时，在所有人和管理人没有事先约定责任承担的情况下，原则上应当由租赁者承担责任，如果租赁者能够证明自己没有过错或者已经尽到注意义务的，则由所有人承担责任，若双方对于损害的发生均具有一定的过错，则应当各自承担与其过错相应的赔偿责任。

基本案情[①]

2007 年 3 月 27 日，被告许显林与被告陈晓华达成口头协议，双方约定由被告陈晓华承租被告许显林位于昆明市西山区福海街道办事处船房老村房屋（该房屋无门牌号）的第三层，对于该房屋在租赁期间的维修义务，双方没有特别约定。当日，被告陈晓华支付了半年租金人民币 2500 元并开始实际使用该房屋。2007 年 9 月 9 日 11 时许，受害人陈方圆在被告许显林所有的房屋下，被安装于该房屋第三层（也即被告陈晓华所承租房屋）房间内的坠落玻璃窗砸伤。事故发生后，陈方圆被送往昆明市第一人民医院进行住院治疗，住院治疗费用为 12397.34 元。2007 年 9 月 14 日，昆明市第一人民医院出具“死亡医学证明书”，确认陈方圆因急性硬膜下血肿脑疝形成于 2007 年 9 月 14 日死亡。2007 年 10 月 10 日，受害人陈方圆的父母也即本案原告陈国昌、方桥珍诉至一审法院，请求判令被告许显林、陈晓华连带赔偿二原告死亡赔偿金 201400 元、丧葬费 9355.5 元、误工费 1200 元、差旅费 300 元、精神损害抚慰金 50000 元，合计人民币 262255.5 元。被告许显林答辩称：房屋被告已出租给陈晓华，许显林并不直接管理，其不应承担赔偿责任，但可以对二原告进行适当补偿。本案在审理过程中，被告陈晓华提起反诉并答辩称：二原告作为小孩的监护人没有尽到合理监护职责，房屋所有人许显林对房屋负有管理、修缮的

① 昆明市中级人民法院（2008）昆民三终字第 604 号民事判决书，来源：中国裁判文书网。

义务，房屋发生坠窗，许显林也有一定过错，应由房屋所有人许显林及二原告承担小孩死亡的赔偿责任。请求判令反诉被告陈国昌返还其垫付的医疗费人民币5000元并赔偿误工费400元。反诉被告陈国昌答辩称：反诉原告确实垫付过医药费人民币5000元，对该笔费用是否应当返还尊重法院的意见；误工费400元待反诉原告提交相应证据后再陈述意见。庭审中，二原告及二被告均认可，因本次事故，被告许显林为陈方圆垫付了医疗费人民币9000元，丧葬费人民币3000元，被告陈晓华垫付了医疗费人民币5000元。另，陈方圆以及二原告陈国昌、方桥珍均系农业家庭户口，原告陈国昌于2007年8月17日领取了昆明市暂住证。由昆明胜茂商务信息咨询有限公司出具的证明确认，原告陈国昌于2006年3月至2007年8月4日在该公司工作，基本工资每月约900元。

审理要览

审理法院认为：公民的身体健康权受法律保护。《人身损害赔偿解释》第1条规定，因生命、健康、身体遭受侵害，赔偿权利人起诉请求赔偿义务人赔偿财产损失和精神损害的，人民法院应予受理。本案二上诉人作为受害人的监护人提起诉讼符合法律规定。《中华人民共和国民法通则》第126条规定：“建筑物或者其他设施以及建筑物上的搁置物、悬挂物发生倒塌、脱落、坠落造成他人损害的，它的所有人或者管理人应当承担民事责任，但能够证明自己没有过错的除外。”根据上述法律规定，本案中，二被上诉人作为坠窗房屋的所有人和承租人（管理人），未能举证证实对此次事故的发生无过错，也未举证证实其对房屋尽到合理的管理、维修义务，故均应承担相应的赔偿责任。一审根据本案事实，结合损害后果所作责任划分并无不当。对于赔偿标准，二上诉人主张死者及二上诉人的经常居住地在城市，主要收入来源于城市，相关损失应按城镇标准计算，本院认为，因死者陈方圆系未成年人，在没有收入来源的情况下，以城镇标准计算其损失没有法律依据，根据公安机关出具的户籍证明，陈方圆系农业户口，故其死亡赔偿金应按农业户口相关标准计算；一审对此所作判决并无不当，本院依法予以维持。关于精神抚慰金，根据《人身损害赔偿解释》第31条规定：“……前款确定的物质损害赔偿金与按照第十八条第一款规定确定的精神损害抚慰金，原则上应当一次性给付。”并结合司法实践，本案受害人的死亡导致其预期的未来生存年限中收入因此丧失，死亡赔偿金的性质是对未来收入损失的赔偿，其性质属于财产损失赔偿，而非“精神损害抚慰金”；故精神抚慰金和死亡赔偿金属于两种不同性质的赔偿范畴，赔偿权利人主张以上两项赔偿，符合法律规定则应当支持。本案中，受害人陈方圆死亡时年仅五岁半，其死亡给二上诉人精神上的打击是巨大的，带来的痛苦也是长远的，心灵的创伤在短时间内是难以愈合的。故依据《精神损害赔偿司法解释》第 8 条规定，因侵权致人精神损害，造成严重后果的，可以根据受害人一方的请求判令其赔偿相应的精神损害抚慰金。故上诉人主张的精神抚慰金符合法律规定，本院支持二上诉人主张的精神抚慰金人民币 50000 元。一审判决对此处理不当，二审法院依法予以纠正。

裁判解析

本案的关键在于本案的事实是否符合物件致害责任的构成要件和责任的分担。首先，关于是否构成物件致害的构成要件。由于物件致害责任重实行过错推定原则，所以推定建筑物的所有人或者管理人具有过失。二被告针对“自己对损害后果无过错”的主张所举证据不足以证明其没有过错，因此对于窗户坠落、造成受害人死亡，作为坠窗房屋的所有人及管理人，在二被告不能举证证明自己没有过错的情况下，被告应当依法承担民事赔偿责任。其次，关于二被告之间责任的分担问题。由于涉案房屋的所有人和管理人是分离的，依照租赁等法律行为经营、使用物件的，由所有人承担还是占有人承担责任，应当由双方约定，由约定的责任者承担责任，没有约定的，原则上由租赁者承担责任。但是，如果租赁者能够证明其管理没有过错或者为了防止损害的发生已经尽到必要的注意义务的，则由所有人承担责任。二被告均不能证明其已对房屋财物采取了各种积极、合理、有效的防范措施和手段，以消除和避免房屋及其附着物可能产生、存在的各种不安全因素和隐患，也不能证明致害物是由他人的行为导致的坠落，也即自己对于损害的发生没有过错，遂应当对坠窗损害的后果承担民事责任。

⑯ 非公共场所的堆放物倒塌造成他人损害的民事责任如何确定？

裁判规则

本司法解释第 16 条与《中华人民共和国侵权责任法》第 88 条都规定了堆放物

倒塌造成他人损害的，堆放人应当承担过错推定的责任，如果堆放物处于非公共场所中而造成他人损害的，仍然属于堆放物倒塌致人损害这一特殊侵权责任。堆放物属于与建筑物类似的地上工作物。

基本案情[①]

2011年10月18日，温州龙湾万达广场投资有限公司（以下简称万达投资公司）与温州万达广场商业管理有限公司（以下简称万达管理公司）签订一份《温州万达广场物业管理服务合同》，对开业前物业管理服务内容约定为保安管理服务、前期开荒、清洁管理服务、前期广场绿化管理服务。

2012年2月2日，侨信装饰公司与中国建筑第二工程局有限公司签订一份合同，合同约定工程名称为温州龙湾万达广场，工程内容为温州龙湾万达广场西段步行街室内装饰工程，以26轴和27轴的变形缝为界，4轴-26轴为室内步行街内装一标段施工范围（包含变形缝部位的装饰工程）。依照该合同第13条，万达投资公司在合同上签章，表明知晓并同意侨信装饰公司作为分包商承揽本分包工程。施工过程中，经万达投资公司与侨信装饰公司协商一致，增加施工内容，为长街东侧幼儿园增加玻璃栏杆。需增加玻璃栏杆的具体位置在妙妙乐童玩城室内、童玩城栏杆与大楼外幕墙背面的电子显示屏之间。

2012年8月22日，案外人陈淑林与万达投资公司签订一份《租赁合同》，约定万达投资公司在商业广场建设完成后将其中室内步行街二层2051B、2052A、2052B号商铺出租给陈淑林使用。同时约定该房屋的套内建筑面积为633平方米，租赁期限为33个月，计租日开始计算，为自2012年11月30日起至2015年8月29日止，进场日为2012年8月15日，开业日暂定为2012年11月30日，陈淑林在该房屋内经营品牌为“妙妙乐”。

2012年8月22日，万达管理公司（甲方）与案外人陈淑林（乙方）签订一份《温州龙湾万达广场室内步行街物业管理服务协议》，约定乙方承租坐落位置温州龙湾万达广场室内步行街二层2051B、2052A、2052B号商铺，套内建筑面积633.00平方米，类型为商用。其中，第1条物业管理服务事项，约定甲方为乙方提供的物

---

① 温州市中级人民法院（2014）浙温民终字第885号民事判决书，来源：中国裁判文书网。

业管理服务有：……3. 本物业装饰装修管理服务。第 2 条双方的权利和义务，约定甲方的权利义务有：……9. 甲方对乙方及其雇员和顾客违反物业管理法规政策、本物业相关管理规定（包括《装修守则》、《租户手册》、《消防安全责任书》、统一经营管理守则、设施设备运行及维护、消防管理等相关制度）及本协议的行为进行处理，包括但不限于责令停止违法违规行为，要求乙方承担违约赔偿责任及支付违约金，对不按时足额缴纳有关费用或拒不改正违章行为者，有权依法中止或停止提供物业服务（包括但不限于安防、保洁、空调、货品出入、照明、停车、供暖、供水等），并采取符合本协议约定的催交催改措施。10. 甲方对本物业实施统一的经营管理，包括：统一招商和调整布局，统一组织开业仪式，统一商铺装修管理，统一组织宣传推广和营销活动，统一日常营运管理，统一管理经营质量保证金和促销费用等。但双方特别明确，甲方不承担乙方的经营风险。第 3 条物业服务费等费用，(一) 物业服务费……4. 双方并进一步明确，于免租装修期间（即自进场日起至开业日前一日的期间，但如该承租商铺在前述期间内开业经营的（即乙方在该承租商铺内开始经营，实际接待顾客，而无论乙方是否试营业、试运行或顾客的数量及销售数量如何，或者万达广场内其他商家是否开业，但不包括按甲方要求进行试营业的情况），免租装修期截至该房屋对外营业之日的前一日）。乙方应按照每平方米每月人民币 55 元（大写：伍拾伍元）的标准向甲方缴纳装修管理、物业管理费，并按照甲方规定缴纳装修押金、装修垃圾清运费以及该承租商铺发生的水、电、燃气、势力能源等费用。本项上述免租装修期间的装修管理、物业服务费及其他各项费用应由乙方在免租装修期间届满后三日内向甲方支付。合同附件《消防安全责任书》第 1 条，甲方责任……（六）对乙方的进场装修进行方案审核，为乙方办理《装修施工许可证》、《动火作业许可证》，通过现场监控进行消防安全管理，并进行装修验收。

2012 年 10 月 14 日，案外人陈淑林以妙妙乐童玩城的名义与明道法签订一份《妙妙乐欢乐城堡万达店装修协议》，将店内装修发包给明道法施工。此后，万达投资公司、案外人陈淑林、温州承成亲子健身有限公司（以下简称承成亲子健身公司）三方签订一份《温州龙湾万达广场三方主体变更协议》，约定陈淑林将之前与万达投资公司签订的《租赁合同》项下承租人的全部权利、义务和责任一并转让给承成亲子健身公司，承成亲子健身公司同意自转让日起概括承受《租赁合同》项下承租人全部权利和义务，继续履行《租赁合同》，万达投资公司予以同意。妙妙乐童玩城装修期间，程红霞经明道法介绍，在妙妙乐童玩城做清洁工作，约定工资2000元/月。长街东侧幼儿园玻璃栏杆施工期间，侨信装饰公司将待安装的玻璃靠墙放在妙妙乐童玩城室内施工位置旁边。2012年11月23日上午8时许，程红霞在清理玻璃周边垃圾过程中处理不慎，引起靠墙斜放的玻璃滑塌，导致程红霞的右脚被压伤。程红霞受伤后被送到温州一一八医院救治，被诊断为右足1—5趾骨及跖骨多发粉碎性骨折等，住院至2013年1月7日出院。后因右足外伤皮瓣术，于2013年4月23日至4月29日再次住院治疗。程红霞两次住院共计51天，产生医疗费65713元，万达管理公司支付了其中30000元，其余医疗费用已由案外人明道法支付。受程红霞的委托，温州律政司法鉴定所于2013年5月24日作出温律司鉴所〔2013〕临鉴字第598号法医临床鉴定意见书，认定程红霞系外伤致右足1—5趾骨及跖骨多发粉碎性骨折伴多发关节囊、韧带损伤、右前足皮肤软组织大面积脱套伤、撕脱伤，遗留右足趾缺失及足弓结构破坏的伤残等级综合评定为VIII（8）级；同时评定程红霞误工期限为150日、护理期限为75日、营养期限为75日，以上期限自受伤之日开始计算。程红霞支付鉴定费1960元。程红霞需扶养的有父亲程良裕（1951年9月13日出生）、儿子向伟（1998年11月10日出生）。程良裕共生育两个子女，分别为女儿程红霞和儿子程时福，均已成年。2012年浙江省全社会在岗职工年平均工资为40087元，居民服务业年平均工资为28434元，农村居民人均纯收入为14552元，农村居民人均生活消费支出为10208元。

程红霞因本次受伤造成的损失，确定如下：医疗费为65693元（其中包括伙食费918元），但该费用已经由万达管理公司和案外人明道法支付，不计入程红霞的损失金额。护理费，住院期间可按上年度全社会在岗职工年平均工资计算，出院后可按上年度居民服务业平均工资计算，为7471元［40087元÷365天×51天+28434元÷365天×（60天+15天-51天）］。住院伙食补助费为612元（30元/天×51天-医疗费中包含的伙食费918元）。残疾赔偿金，应为87312元（14552元/年×20年×30%）；被扶养人生活费，程红霞定残时其母亲未满60周岁，且无证据证明存在无劳动能力、无其他生活来源的情形，故其请求支付其母亲的被扶养人生活费不予支持；其父亲和儿子符合被扶（抚）养的规定，予以支持，为32155元［10208元/年×18年/2×30%+10208元/年×3年/2×30%］，该金额计算在残疾赔偿金内。误工费，结合程红霞的陈述，可按上年度居民服务业年平均工资计算，为11685元（28434元÷365天×1500天）。营养费，酌情支持1000元。交通费，酌情支持800元。精神损害抚慰金，程红霞请求10000元，予以支持。鉴定费，1960元。上述除医疗费外合计为152995元。

审理要览

二审经审查当事人一审提供的证据，认定程红霞在清理玻璃周边垃圾过程中因处理不慎，引起靠墙斜放的玻璃倒塌，而致右脚被压伤。另，关于程红霞在妙妙乐童玩城做清洁工的工资为2000元/月，仅有程红霞的陈述，而无其他证据证明，原审判决认定其工资2000元/月，依据不足，本院不予确认。本院认定的其他事实与原审判决认定的事实一致。

二审法院审理认为，程红霞系在提供劳务过程中，因处理不慎，引起靠墙堆放的玻璃倒塌而受伤，因此，其既可选择依据《中华人民共和国侵权责任法》第35条的规定，向接受劳务一方主张赔偿，也可选择依据《中华人民共和国侵权责任法》第88条的规定，向玻璃堆放人主张赔偿。因此，其在本案中选择向玻璃堆放人主张侵权责任，于法有据。侨信装饰公司关于本案只能按工伤事故或雇主责任处理的上诉主张不成立，本院不予支持。《中华人民共和国侵权责任法》第88条规定："堆放物倒塌造成他人损害，堆放人不能证明自己没有过错的，应当承担侵权责任。"该条规定并未对堆放物的堆放场所作出限定，因此侨信装饰公司关于该条仅适用于公共场所堆放物倒塌致害责任的观点，与法律规定不符，本院不予采纳。侨信装饰公司系将玻璃堆放在妙妙乐童玩城室内，而妙妙乐童玩城正在进行室内装修，因此，玻璃的堆放给相关装修施工人员及场地清理人员带来一定的安全隐患。现侨信装饰公司不能举证证明自己已进行必要的警示，或已采取安全防护措施，确保他人不因误碰而导致玻璃倒塌，因此，其应对程红霞的损伤承担侵权责任。侨信装饰公司关于其自身没有过错的上诉理由不成立，本院不予支持。侨信装饰公司上诉主张程红霞系装修工人，且系在擅自搬运玻璃时受伤，但对该事实主张没有提供证据加以证明，本院不予采信。

裁判解析

堆放物倒塌致人损害责任与一般侵权责任在规则原则上有很大的不同，前者适用过错推定原则，后者适用过错责任原则。在堆放物致人损害案件中，关于堆放物的地点不必是公共场所，非公共场所的堆放物倒塌造成他人损害的，仍然应当属于堆放物倒塌致人损害这一特殊的侵权责任。《中华人民共和国侵权责任法》第 91 条规定的是在公共场所或者道路上挖坑、修缮安装地下设施等，关于堆放物致人损害的条款并未规定“公共场所”或类似的字眼。堆放物是堆放于地上的物品，与建筑物同属“与土地相连的地面以上的物体”，同为地上工作物。根据本司法解释第 16 条的规定，堆放物属于与建筑物类似的地上工作物，而建筑物倒塌等致人损害也不要求建筑物必须在公共场所。

17 见义勇为者的补偿请求权

裁判规则

因防止、制止他人民事权益受侵害而使自己受到损害的，由侵权人承担责任。侵权人逃逸或者无力承担责任，被侵权人请求补偿的，受益人应当给予适当补偿。

基本案情[①]

原审法院审理查明，李英所在单位与胜华实业公司存在承揽合同关系。2006 年 6 月 12 日，胜华实业公司将乙炔、油漆、稀料等物品堆放在李英工作单位院内准备施工。因气温较高，堆放物自燃，李英及其同事发现火情后进行扑救，在救火过程中，李英腿部被烧伤。自 2006 年 6 月 12 日起，李英在胜利石油管理局运输卫生院治疗 36 天。2006 年 7 月 21 日至同年 9 月 14 日在胜利医院住院治疗 55 天。胜华实业公司为李英支付医疗费 12117.52 元，另外支付李英现金 2000 元。2007 年 1 月 26 日，胜利油田中心医院出具司法鉴定书，李英伤情构成十级伤残，李英支付鉴定费 800 元。2006 年 9 月 14 日，胜利医院出具出院诊断证明书，建议李英出院休息 3 个月，需一人陪护。2006 年 12 月 29 日，胜利医院出具诊断证明，建议李英休息 4 个月。李英单位出具证明证实 2006 年 7 月至 2007 年 5 月李英因受伤休息未上班，与

---

① 东营市中级人民法院（2008）东民一终字第 9 号民事判决书，来源：中国裁判文书网。

其相同情况人员效益工资差额为 18795 元，李英主张误工费 18272 元。2007 年 6 月 25 日，胜利石油管理局运输总公司客车运输公司出具证明，李英妻子雍春秀自 2006 年 6 月 12 日至同年 9 月 30 日因请假护理李英，被单位扣发工资 7027 元。2007 年 6 月 24 日盘锦市公安局双台子分局红旗派出所、盘锦市双台子区石油街道石油社区居民委员会出具证明，李英父亲李学贵于 1939 年 10 月 21 日出生，李英母亲郝永贤于 1946 年 12 月 11 日出生，有子女 3 人。李英依照 2006 年城镇居民消费性支出 8468 元，要求胜华实业公司支付其子李某某及其父母生活费 9879.33 元。

2007 年 5 月 31 日，东营市劳动和社会保障局作出东劳工认字（2007）-203 号工伤认定书，认定李英 2006 年 6 月 12 日因救火被烧伤为工伤。李英诉请胜华实业公司赔偿其残疾赔偿金 24384 元、住院伙食补助费 1116 元、误工费 18272 元、护理费 7072 元、被扶养人生活费 9879.33 元、鉴定费 800 元、精神损害赔偿费 5000 元，共计 66523.33 元。

审理要览

原审法院认为，胜华实业公司堆放在李英工作单位院内的物品自燃，李英为维护胜华实业公司的利益而积极进行扑救，在救火过程中，其身体受到伤害，李英因此遭受的损失，虽可以通过工伤保险获得补偿，但李英在未获得工伤保险补偿前，可以要求胜华实业公司承担相应的赔偿责任，胜华实业公司已支付李英的 2000 元，应予扣除。胜华实业公司只在工伤保险赔偿范围外承担赔偿责任的抗辩理由，没有法律依据，不予采信。胜华实业公司堆放物品是否存在过错，应由劳动安全监察部门作出认定，李英主张胜华实业公司在李英单位堆放物品，存在过错，证据不足，不予采信。李英主张伤残补助费、鉴定费、误工费、护理费、被扶养人生活费，证据充分，符合法律规定，予以支持。根据李英提供的证据，李英住院治疗的时间应为 91 天，且李英均在本市地住院治疗，住院伙食补助费应按每天 6 元计算，对超出部分，不予支持。因胜华实业公司对造成李英的伤害没有明显过错，李英遭受的伤害程度较轻，李英主张精神损害赔偿金，依法不予支持。根据《中华人民共和国民法通则》第 109、119 条，《人身损害赔偿解释》第 12、17、20、21、23、25 条之规定，判决：一、胜华实业公司于判决生效之日起 10 日内赔偿李英伤残赔偿金 24384 元、鉴定费 800 元、误工费 18272 元、护理费 7072 元、住院伙食补助费 546 元、被扶养人生活费 9879. 33 元，共计 58953. 33 元（已扣除胜华实业公司已支付的 2000 元）。二、驳回李英其他诉讼请求。案件受理费 1463 元，李英负担 189 元，胜华实业公司负担 1274 元。如果未按判决指定的期间履行给付金钱义务，应当依照《中华人民共和国民事诉讼法》第 232 条之规定，加倍支付迟延履行期间的债务利息。

二审法院认为：因上诉人堆放在被上诉人工作单位院内的物品自燃，被上诉人为维护上诉人利益而积极扑救，由此受到人身伤害，其行为系见义勇为行为，该行为符合社会道德准则，也益于他人和社会，应得到鼓励和法律的保护。依照《中华人民共和国民法通则》第 109 条、《人身损害赔偿解释》第 15 条的规定，上诉人作为受益人，对被上诉人的损失，其应在受益范围内适当补偿，因此原判判令上诉人承担被上诉人损失符合民法中的公平原则，本院依法予以维持。上诉人堆放物品是否存在过错，应由劳动安全监察部门作出认定，被上诉人仅以乙炔和稀料的有关技术资料主张上诉人堆放存有过错，证据不足，原判未予采信正确。

关于上诉人受益范围的界定问题，本案中，被上诉人见义勇为行为所保护的上诉人的物质财产虽价值不高，但应该看到的是，如果引发火灾的话，将不可避免地造成更大范围的人员伤亡或财产损失，因此上诉人主张仅以其存放物品的经济价值作为衡量其受益价值和范围的观点，显然有失偏颇，本院依法不予支持。原判判令上诉人承担被上诉人因遭受人身损害而导致的利益损失，符合前述法律的规定，本院依法予以支持。

关于原判适用法律的问题，原判适用《中华人民共和国民法通则》第 109 条关于公平责任的条款和第 119 条关于赔偿范围的条款，并非矛盾，不影响判决结果。

综上，原判认定事实正确，程序合法，上诉人的上诉理由不能成立。

裁判解析

本案中的争议主要在于受益人承担补偿责任的条件和范围。《中华人民共和国侵权责任法》第 23 条规定：“因防止、制止他人民事权益受侵害而使自己受到损害的，由侵权人承担责任。侵权人逃逸或者无力承担责任，被侵权人请求被赔偿的，受益人应当给予适当补偿。”受益人承担补偿责任应当具备以下条件：1. 行为人实施了维护他人合法权益的行为。在国家、集体、他人的财产安全或者公民的人身安全正处于危难境地，行为人为了使其利益受到危害或者减少其损害而主动实施了救助行为，救助行为是否有明显的效果不应该作为请求补偿要件，主要行为人不顾个人安危而主动实施了救助行为，就具备了请求受益人补偿的前提。2. 行为人实施救助行为没有法定或者约定的义务，在现实生活中，如消防队员之救火、警察之救助等行为，虽然行为人也承受了一定的人身危险并实施了救助行为，但由于这是法定职责所在，与不负救助义务而为救助行为的情况有所不同。同理，根据事先的约定而负有救助义务的救助行为，亦不得请求受益人补偿。3. 行为人主观上具有为他人谋利益的意思。救助行为是不负义务而主动管理他人的事务，其行为性质是合法的，不仅不应该作为侵权行为而加以禁止，理由在于行为人的目的是保护他人的利益。4. 行为人因实施救助行为实际遭受了人身、财产损害。行为人在实际救助行为时只有实际遭受了损害才能请求补偿，实施救助行为仅仅使行为人处于危险状况还不够。5. 侵权人逃逸或者无力承担责任，一般情况下，行为人所遭受的各种损失应该请求实际侵权人来赔偿，但是在没有侵权人、不能确定侵权人或者侵权人没有赔偿能力的情况下，如果行为人因此而得不到任何的赔偿或者补偿，那么无疑与民法的公平精神不符。6. 行为主体一般仅为自然人。救助行为是一种事实行为，而非法律行为。救助行为的内容和效力完全基于法律的直接规定，而不是行为人自身意思自治的结果。本案中，因胜华实业公司堆放在李英工作单位内的物品自燃，李英为维护上诉人利益而积极扑救，因此受到人身伤害，其行为系见义勇为行为，该行为符合社会道德准则，也益于他人和社会，应得到鼓励和法律的保护。

18 劳动者因见义勇为受伤的视同工伤

裁判规则

职工见义勇为旨在排除国家利益和公共利益所面临的紧迫危险，并未超越视同工伤条款的文义射程，亦符合视同工伤制度的立法目的和价值导向，应认定为工伤。

基本案情[①]

涪陵志大物业公司成立于1998年4月9日。2009年12月4日，因涪陵志大物

① 重庆市涪陵区人民法院（2011）涪法行初字第23号行政判决书，来源：中国裁判文书网。

业公司未参加工伤保险，重庆市涪陵区人力资源和社会保障局责令其2009年12月24日前到涪陵区社会保险局为职工办理工伤保险登记、缴费申报手续。原告涪陵志大物业公司于2009年12月23日向被告申请办理工伤保险手续。被告经审查同意从2010年1月1日起参保缴费。2010年10月25日，涪陵区地方税务局出具2010年1—10月《重庆市财政性资金通用缴款书》10份，分别载明缴费单位、费种类型、金额、费款属期、限缴日期、收款单位及账号等，限缴日期均为2010年12月31日。2010年10月25日，涪陵志大物业公司缴纳了2010年1—10月的工伤保险费。2010年9月29日14时30分左右，胡昌荣值班时突发疾病，经涪陵中心医院抢救无效死亡。2010年9月30日，涪陵志大物业公司与胡昌荣的女儿胡鑫达成工伤赔偿协议并于当日申请工伤认定。2010年10月14日，涪人社伤险认决字（2010）844号《工伤认定决定书》认定胡昌荣属于因工死亡。原告涪陵志大物业公司要求被告支付工伤保险费，涪陵区社保局2010年11月24日作出涪社保函（2010）7号《关于涪陵志大物业管理公司再次要求支付胡昌荣工伤死亡待遇的复函》，认定涪陵志大物业公司2010年10月25日前从未缴纳工伤保险费，欠费事实客观存在，胡昌荣因工死亡后的工伤保险待遇，即一次性丧葬补助金和一次性工亡补助金由原告单位承担。涪陵志大物业公司不服，申请复议。2011年2月16日，重庆市涪陵区人力资源和社会保障局作出涪人社复决字（2011）1号行政复议决定书，予以维持。

审理要览

审理法院认为：被告涪陵区社保局是依法设立的工伤保险经办机构，具有依法受理参加工伤保险申请，核定工伤保险缴费基数、费率、应缴数额，受理工伤保险待遇申请，核定并支付工伤保险待遇等法定职责。根据《工伤保险条例》第10条第1款规定，用人单位应当按时缴纳工伤保险费。但根据《重庆市工伤保险登记和工伤保险费征缴暂行办法》第14、18条和《重庆市涪陵区工伤保险经办业务操作规程》第17条规定，工伤保险经办机构核定缴费单位每月应缴工伤保险费数额后，应当向缴费单位发送《重庆市工伤保险缴费通知单》，告知缴费单位缴纳多少费、怎样缴费以及不按时缴费的法律后果；缴费单位收到《重庆市工伤保险缴费通知单》后，每月10日前到当地地方税务机关缴费。被告未向原告发送《重庆市工伤保险缴费通知单》，也没有证据证明被告已经履行了告知原告按月缴费的义务或者原告明知应当按月缴纳工伤保险费而拒不缴纳，并且涪陵区地方税务局出具的《重庆市财政性资金通用缴款书》明确载明限缴日期为2010年12月31日。原告已经按照地方税务机关的限期足额缴纳了工伤保险费。因此，被告不能以原告未按时足额缴纳工伤保险费为由拒绝支付胡昌荣的一次性丧葬补助金和一次性工亡补助金。

裁判解析

根据本司法解释关于见义勇为的相关规定，应当由见义勇为的受益人进行一定补偿。在司法实践中，考虑到受益人可能不具有补偿能力或没有受益人的补偿，往往会借助社会保障制度，通过工伤的性质认定以社保经办机构来进行补偿，以维护受害人的合法权益。《工伤保险条例》第15条确立了视同工伤制度，其中第1款第2项规定：职工在抢险救灾等维护国家利益、公共利益活动中受到伤害的，视同工伤。

1. 视同工伤制度的立法目的。劳动者抢险救灾、见义勇为等维护国家或者公共利益的行为，既不是发生在工作地点，也不是发生在工作时间，更不是发生在劳动者的工作职责范围，无论从哪个方面都不符合“工伤”的语意射程，立法者将这类情形另行处理，规定为视同工伤并享受工伤待遇，意在彰显社会对优良传统和高尚行为的推崇。

2. 视同工伤条款文义解读。视同工伤条款规定：职工“在抢险救灾等维护国家利益、公共利益活动中受到伤害的”，视同工伤。从立法技术上看，这是一条列举与概括相结合的例示规则。从性质上看，这是一条概括性条款，其中，“抢险救灾”是列举式规定，而“等”字后面的内容是对前面列举对象未能穷尽的一种概括性规定。根据例示规则原理，例示与概括虽相互区分，但又同在一个上位概念之下，因而它们具有某种一致性。但这种一致性并非例示与概括所指事项或事实层面的相似性，而应理解为价值层面的一致性，否则会导致概括标准的窄化甚至虚化，进而使得概括立法毫无必要。进言之，立法对例示与概括的划分正是基于它们的对象在事实特征上的差别，或者说概括指示的事项不在例示的对象范围，但却位于例示事项所体现的中心价值范畴之内。

在本案中，视同工伤条款通过例示规则树立了中心价值：为排除国家利益和公共利益所面临的紧迫危险而受伤，国家为其提供法律保护。这一中心价值也延伸于规则的概括部分，概括所指事项在事实特征上虽不同于例示事项，但只要符合相同的价值标准，也应为规则适用的对象。

人身损害赔偿计算释疑

04 第四章

第一节　司法解释中的疑难问题

1 哪些费用属于人身损害赔偿的范围？

解答：《人身损害赔偿解释》第 17 条规定："受害人遭受人身损害，因就医治疗支出的各项费用以及因误工减少的收入，包括医疗费、误工费、护理费、交通费、住宿费、住院伙食补助费、必要的营养费，赔偿义务人应当予以赔偿。受害人因伤致残的，其因增加生活上需要所支出的必要费用以及因丧失劳动能力导致的收入损失，包括残疾赔偿金、残疾辅助器具费、被扶养人生活费，以及因康复护理、继续治疗实际发生的必要的康复费、护理费、后续治疗费，赔偿义务人也应当予以赔偿。受害人死亡的，赔偿义务人除应当根据抢救治疗情况赔偿本条第一款规定的相关费用外，还应当赔偿丧葬费、被扶养人生活费、死亡补偿费以及受害人亲属办理丧葬事宜支出的交通费、住宿费和误工损失等其他合理费用。"

本条对受害人因人身损害所产生的相关费用得以主张损害赔偿的费用范围进行了规定。

关于人身损害赔偿的范围，《中华人民共和国民法通则》第 119 条规定："侵害公民身体造成伤害的，应当赔偿医疗费、因误工减少的收入、残废者生活补助费等费用；造成死亡的，并应当支付丧葬费、死者生前扶养的人必要的生活费等费用。"《中华人民共和国侵权责任法》第 16 条规定："侵害他人造成人身损害的，应当赔偿医疗费、护理费、交通费等为治疗和康复支出的合理费用，以及因误工减少的收入。造成残疾的，还应当赔偿残疾生活辅助具费和残疾赔偿金。造成死亡的，还应当赔偿丧葬费和死亡赔偿金。"而《人身损害赔偿解释》中将受害人在遭受人身侵害后，所能主张的损害赔偿范围进行了进一步明确规定，包括医疗费、误工费、护理费、交通费、住宿费、住院伙食补助费、必要的营养费，因误工减少的收入；如果因侵权行为造成伤残，则应当赔偿受害人因伤残导致生活上增加的必要费用和收入损失，包括残疾赔偿金、残疾辅助器具费、被扶养人生活费，以及因康复护理、继续治疗实际发生的必要的康复费、护理费、后续治疗费；如果侵权行为导致受害人死亡，除了应当支付受害人抢救的相关费用外，还应当赔偿丧葬费、被扶养人生活费、死亡补偿费以及受害人亲属办理丧葬事宜支出的交通费、住宿费和误工损失等其他合理费用。本条是对《人身损害赔偿解释》第 19 条至第 27 条的总括性说明。以下是对第 17 条的具体说明：

（一）人身损害赔偿主体范围

人身损害的赔偿主体是人身损害赔偿法律关系中的重要内容，包括赔偿权利主体和赔偿义务主体。人身损害赔偿的权利主体是受害人，分为直接受害人和间接受害人两类。直接受害人是侵权行为的直接承受者，因侵权行为导致伤残甚至死亡的自然人；间接受害者是因侵权行为造成间接损害后果的民事主体，一般是指因侵权行为为直接受害者承担医疗等相关费用的承担者，受害者丧失劳动能力前或者受害者生前实际扶养的人。

其中，如何确定“被扶养者”的身份范围，根据《人身损害赔偿解释》第 28 条第 2 款的规定，被扶养人是指受害人依法应当承担扶养义务的未成年人或者丧失劳动能力又无其他生活来源的成年近亲属。根据该款对被扶养人的定义，被扶养人可以是依法对受害人有扶养义务的未成年人，并不对其劳动能力和是否有其他生活来源做要求，这侧重于保护未成年人的权益。依照《中华人民共和国婚姻法》和《民通意见》的规定，这些未成年人包括受害人的未成年子女（包括养子女和已经形成抚养关系的继子女），父母已经死亡或者父母无力抚养的未成年孙子女和未成年外孙子女，父母已经死亡或父母无力抚养的未成年弟、妹；除了未成年人，被扶养人也包括既丧失劳动能力又无其他生活来源的成年近亲属，包括丧失劳动能力又无其他生活来源的配偶，丧失劳动能力又无其他生活来源的父母（包括养父母和已经形成抚养关系的继父母），子女已经死亡或子女无力赡养、本人无劳动能力又无其他生活来源的祖父母、外祖父母，无劳动能力又无其他生活来源的兄、姐。除了满足第 28 条被扶养人的身份要求外，被扶养人应当是侵权行为的间接受害者。涉及到被扶养人的生活费问题，往往意味着特定侵权行为造成了受害人伤残或者死亡的结果。将被扶养人作为侵权行为法律关系的一个主体，在直接受害人死亡时，可以独立于直接受害人，单独作为权利主体请求损害赔偿。

（二）关于损害的定义

损害作为侵权行为的构成要件，意味着任何人只有因他人的行为或物件造成损害时，才能成为损害赔偿的权利人，而行为人也只有在行为造成损害后果时才会承担民事责任。对于损害这一概念，学界有以下认识：史尚宽先生将损害看作在财产或法益上遭受的不利益。[①] 王利明先生认为损害是指因一定的行为或物件致使某人受侵权法保护的权利和利益受到不利益的影响。[②] 杨立新先生将损害定义为一种因一定的行为致使权利主体的人身权、财产权受到侵害，并造成财产和非财产利益减少或灭失的客观事实。[③] 由此我们可以发现，损害不仅仅是财产上的损失，还包括人身伤害、死亡、精神损失、社会评价降低等其他非财产的损害。

侵权法中的损害应当具有如下特征：首先，损害是一种侵害他人合法权益所产生的不良后果。这意味着只有合法的权益在受到侵害的情况下才能称之为损害，反之，如果被侵害的不是合法的权益，例如赃款或者赃物，在这种情况下受害人所承受的不利益就不再是侵权法中所称之“损害”。其次，这种损害后果必须已经发生，因为没有侵权的后果发生，就不存在损害，即损害应当具有实在性，损害不能是虚构的、臆想的。有人对此持反对意见，认为未实际发生的损害也能请求损害赔偿，并以本解释第 19 条第 2 款的规定为例：“医疗费的赔偿数额，按照一审法庭辩论终结前实际发生的数额确定。器官功能恢复训练所必要的康复费、适当的整容费以及其他后续治疗费，赔偿权利人可以待实际发生后另行起诉。但根据医疗证明或者鉴定结论确定必然发生的费用，可以与已经发生的医疗费一并予以赔偿。”持这种观点的人认为，本条中所提及的“后续治疗费”并未实际发生，不属于“实在的”损害，但法院对于这部分费用的请求却予以支持，认为侵权法上所谓的损害不应当以实际发生的为限。但在此我们应当注意，这些后续治疗费必须是“根据医疗证明或者鉴定结论确定必然发生的费用”，是确定必然发生的，因此对于这部分损害赔偿请求，出于节约司法成本的角度考量，应当允许受害人将这部分费用与已经

---

① 史尚宽：《债法总论》（上册），中国政法大学出版社 2000 年版，第 277 页。

② 王利明：《侵权行为法归责原则研究》，中国政法大学出版社 1992 年版，第 361 页。

③ 杨立新：《侵权法论》（上册），吉林人民出版社 2001 年版，第 191 页。

发生的医疗费一并予以赔偿。最后，损害必须在法律上有可补救性。损害过于轻微的，往往不在法律的调整范围之内，如果任何轻微的损害都要求赔偿，这将是对有限的司法成本的极大浪费，因此对于这类损害，社会往往要求人们予以容忍，或将它们交给私人调整。此外，对于法律不保护的权利和利益，受害人也不能要求得到法律救济，这类损害自然也不属于侵权法意义上的损害。

（三）人身损害赔偿的原则

所谓人身损害赔偿，是指当自然人的生命、身体、健康受到侵害而导致伤残、死亡等后果后，有权利依法要求赔偿义务人以财产赔偿的方式予以救济。

根据本条司法解释的规定，受害人遭受损害，有权要求加害人对治疗费及因误工减少的收入，包括医疗费、误工费、护理费、交通费、住宿费、住院伙食补助费、必要的营养费这七项费用进行赔偿。如果因加害人的加害行为导致伤残的，对残疾赔偿金、残疾辅助器具费、被扶养人生活费，以及因康复护理、继续治疗实际发生的必要的康复费、护理费、后续治疗费，“赔偿义务人也应当予以赔偿”。根据文义解释，除了法条中提到的这六项费用，还应当包含本条第 1 款中规定的七项费用，因此，受害人因伤致残的，有权要求共计十三项赔偿项目；如果受害人因加害行为导致死亡，赔偿义务人除应当根据抢救治疗情况赔偿本条第 1 款规定的相关费用外，还应当赔偿丧葬费、被扶养人生活费、死亡补偿费以及受害人亲属办理丧葬事宜支出的交通费、住宿费和误工损失等其他合理费用。因此，我国对于人身损害赔偿遵循的第一项原则是全部赔偿原则。换言之，赔偿义务人的赔偿范围以实际造成的损害为限，全部予以赔偿。需要注意的是，全部赔偿原则不意味着全额赔偿，前者意味着赔偿范围不仅包括财产损害，还应当包含精神损害的赔偿，而后者将赔偿范围局限在财产损害上。精神损害或许无法用金钱衡量，但将精神损害赔偿包含在损害赔偿的范围内在一定程度上抚慰了受害人受到的精神伤害。

对于全部赔偿原则，应当注意所谓全部赔偿，意味着赔偿的数额只能以实际损害为标准，全部损害赔偿的是合理的损失，即受害人因侵权行为所导致的损失，都应当得到补偿，但对于不合理的损失、借故增加的费用不应予以赔偿，且加害人的过错程度和社会危险性不应当作为影响加害人赔偿数额的因素。这并不意味着加害人的主观状态在侵权法中没有意义，事实上，过错作为判断加害人主观状态的标准，对于认定加害人是否承担责任具有重要意义，但对于赔偿数额的确定，对过错的考量就不应当作为影响赔偿数额的因素，对于社会危害性的考量也是如此。对于人身损害赔偿，最重要的是对受害人所受损害的补偿，这也正是全部赔偿原则的应有之义。此外，全部赔偿意味着对于受害人的损失，不仅应当赔偿其所受的“积极损失”，即现有财产的减少或支出，还应当赔偿其所受的“消极损失”，即本该获得的利益。根据本条的规定，所谓“积极损失”包括因就医治疗支出的费用——医疗费、护理费、交通费、住宿费、住院伙食补助费、必要的营养费以及因康复护理、继续治疗实际发生的必要的康复费、护理费、后续治疗费等，因伤残导致的生活上所需费用的增加——残疾辅助器具费。“消极损害”，指的就是本条规定的因伤残或死亡导致的收入损失，如本条规定的误工费、残疾赔偿金、死亡赔偿金、被扶养人生活费等项目。

对于人身损害赔偿，还应当以财产赔偿为原则。对于人身损害，以及由此产生的财产损失和精神损失，都以财产赔偿作为原则，不能用其他方式代替财产赔偿。[①]因为人身损害赔偿的首要目的，是弥补受害人在侵权中所受到的损害，对于人身损害，无论致伤、致残还是致死，都应当用财产弥补受害人所受的损失，而对损害的赔偿，须以实际所受损失为限，受害人因为加害行为受有多少损失，加害人就应当赔偿多少。

在人身损害赔偿中，除了遵循全额赔偿原则和财产赔偿原则，还应当注意遵循过失相抵原则。即在侵权行为中，加害人与受害人都存在过错，在这种情况下，受害人对特定的侵权行为也负有责任，因此在这种情境下，在决定责任的承担和责任的范围时，应当比较受害人和加害人的过错程度。在此应当注意，所谓过失相抵，并不是在进行损害赔偿的金额认定时，加害者和受害者对双方造成的损害在赔偿时可以互相抵销，也不能单纯地将双方的过失进行抵销，而应当依据双方的过失程度决定责任的范围由哪一方负责。

以上三点均为人身损害赔偿中所应当遵守的三项原则，在适用人身损害赔偿的有关条款时，应当将这些原则与法律规范进行综合考虑，确定人身损害赔偿的范围和金额。

---

① 杨立新：《侵权法论》（下册），吉林人民出版社 2001 年版，第 599 页。

（四）人身损害赔偿的范围

《人身损害赔偿解释》第 17 条中最重要的部分，就是明确了人身损害赔偿的范围。

根据杨立新先生的观点，所谓人身损害包括：（1）侵害身体权所造成的损害；（2）致人受伤，即造成他人身体上的伤害，但这种伤害是可被治愈的，这也是与致残可以相区别的地方；（3）致人残疾，指侵权行为导致他人身体受到伤害，且这种伤害经过治疗还会留有残疾；（4）致人死亡，指加害人的加害行为导致被害人丧失生命，导致这一后果仍必须以人身伤害为前提；（5）侵害他人的身体权、生命权、健康权所致的精神损害，包括受害人因致伤、致残导致的精神损害，因侵害生命权导致受害人的近亲属所受的精神损害。

对于人身损害的赔偿范围，最早做出规定的是在《中华人民共和国民法通则》第 119 条中，该条规定："侵害公民身体造成伤害的，应当赔偿医疗费、因误工减少的收入、残废者生活补助费等费用；造成死亡的，并应当支付丧葬费、死者生前扶养的人必要的生活费等费用。"但由于该条内容过于概括，在适用中可操作性不强，因此在随后制定的其他法律法规中可以散见对人身损害赔偿的相关规定。在《民通意见》中，对误工费、医疗费、护理费、残疾者生活补助费、被扶养人生活费做出了规定。

关于人身损害赔偿的具体范围，根据《人身损害赔偿解释》的规定，具体内容如下：

1. 医疗费赔偿：根据《人身损害赔偿解释》第 17 条和第 19 条的规定，受害人因治疗人身损害而产生的医疗费应当予以赔偿，医疗费包括诊察费、化验费、医药费、住院费等治疗人身伤害所产生的费用。医疗费根据医疗机构出具的医药费、住院费等收费凭证，结合病例和诊断证明等相关证据确定。赔偿医疗费的数额，应当在一审法庭辩论终结前根据实际发生的数额确定，但根据医疗证明或者鉴定结论确定必然会发生的后续费用，可以与已经发生的医疗费一并予以赔偿。

2. 误工费：对于受害人误工工资的赔偿，应当根据受害人的实际损伤程度、恢复情况、误工时间和收入状况，并参照治疗医院出具的证明或者法医鉴定等确定。赔偿误工的日期，以治疗单位出具的诊断证明书或者法医鉴定为依据；赔偿费用标准，按受害人的平均工资或者实际收入数额确定。对于有固定工资的受害人，赔偿的误工费可以根据固定工资计算；没有固定工资的受害人，可以按照年工资计算，也可以参照同地区同一工种的平均工资计算。

3. 护理费：对于因人身伤害导致的不得不增加的护理费用，根据本解释第21条的规定，应当根据护理人员的收入情况和护理人数、护理期限确定。护理人员有收入的，参照误工费的规定计算；没有固定工资的，参照当地同级别从事护理工作的劳务报酬确定。护理人员原则上为一人，除非医疗机构或鉴定机构对于护理情况有明确意见。

4. 交通费：根据本解释第22条的规定，治疗中受害人和护理人花去合理的交通费，如果有正式的票据为凭证，与就医的地点、时间、人数、次数相符合的，应当进行赔偿。

5. 住宿费：关于因人身伤害所产生的住宿费用的问题，本解释中没有进行专门规定，只有在第23条关于住院伙食补助中有所提及。应当明确的是，这里所称的住宿费，不应当等同于住院费，因为住院费已经包含在医疗费用当中。本条所规定的住宿费，是指受害人本人到外地就医、因医院无床位且伤情不允许返回家中，或往返家中的交通费用高于住宿费，参加事故处理等必须支出的合理住宿费用。换言之，在人身损害赔偿中需要进行赔付的住宿费，只有因侵权行为导致人身伤害后不在医院住宿，但与治疗损害相关的实际发生的合理住宿费用。在此种情况下产生的住宿费，数额参照事故发生地国家机关一般工作人员的出差住宿标准计算。

6. 住院伙食补偿费：根据本解释第23条的规定，住院伙食补助费不应超过国家工作人员当地出差补助的标准，受害人因客观情况需要到外地治疗而又不能住院的，受害人本人及其陪护人员所产生的合理伙食费，应当得到赔偿。

7. 必要的营养费。本解释第24条规定："营养费根据受害人伤残情况参照医疗机构的意见确定。"经治疗的医疗机构或法医鉴定机构核定，确认为受害人确需补充的营养食品，作为受害人辅助治疗所需的，应当进行赔偿。

以上七项是受害人在遭受一般人身损害时所能够请求赔偿的项目，如果受害人因为人身伤害导致伤残，致使部分或者全部丧失劳动能力，依据《中华人民共和国民法通则》第119条的规定有权要求赔偿。对于人身损害导致受害人伤残的赔偿范围，存在三种学说：第一，收入丧失说。该种学说认为，对于因人身损害致人伤残的赔偿目的，在于填补受害人因为人身伤害所导致的收入损失。如果受伤前后的收入没有区别，就不得请求赔偿。第二，劳动能力丧失说。该说认为，对于因人身伤害导致伤残的赔偿，应当是因伤害导致劳动能力部分或者全部丧失的损害，不应当仅限于实际收入上的损失。第三，生活来源丧失说。该说认为，对于因人身伤害导致伤残的赔偿，应当赔偿受害人生活补助费，由于受害人因劳动能力受伤或减少导致生活来源丧失，因此应当补偿受害人恢复其生活来源。

本解释第 25 条规定："残疾赔偿金根据受害人丧失劳动能力程度或者伤残等级，按照受诉法院所在地上一年度城镇居民人均可支配收入或者农村居民人均纯收入标准，自定残之日起按二十年计算。但六十周岁以上的，年龄每增加一岁减少一年；七十五周岁以上的，按五年计算。受害人因伤致残但实际收入没有减少，或者伤残等级较轻但造成职业妨害严重影响其劳动就业的，可以对残疾赔偿金作相应调整。"由此可以看出，本解释采取的是"劳动能力丧失说"，同时兼采"收入丧失说"的合理部分，即以劳动能力的丧失程度作为评价收入减少的标准，同时考虑到因伤残等级较轻但造成职业妨害严重影响其劳动就业的，可以对赔偿金作相应的调整。定残之后，对劳动能力部分或全部丧失的赔偿范围包括以下六项：

1. 残疾赔偿金。根据本解释第 25 条规定，残疾赔偿金根据受害人丧失劳动能力程度或者伤残等级确定，按照受诉法院所在地上一年度城镇居民人均可支配收入或者农村居民人均纯收入标准，自定残之日起按二十年计算。但六十周岁以上的，年龄每增加一岁减少一年；七十五周岁以上的，按五年计算。受害人因伤致残但实际收入没有减少，或者伤残等级较轻但造成职业妨害严重影响其劳动就业的，可以对残疾赔偿金作相应调整。

2. 残疾辅助器具费。对于因残废需要配置补偿功能的器具，如轮椅、拐杖、助听器等所产生的费用，规定在本解释第 26 条中。残疾辅助器具费按照普通适用器具的合理费用标准计算，如有特殊需要的，可以参照辅助器具配制机构的意见确定相应的合理费用标准。对于辅助器具的更换周期和赔偿期限应当参照配置机构的意见，赔偿损失。

3. 被扶养人生活费。本解释第 28 条规定，被扶养人生活费根据扶养人丧失劳动能力程度，按照受诉法院所在地上一年度城镇居民人均消费性支出和农村居民人均年生活消费支出标准计算。所谓被扶养人，应当限于因伤致残者丧失劳动能力前实际抚养的，没有其他生活来源的人。

4. 康复费。对于受害人因人身伤害致残所发生的康复费，本解释在第 17 条第 2 款和第 19 条第 2 款中有所提及，即对于受害人因康复护理、继续治疗实际发生的必要的康复费，赔偿义务人应当予以赔偿，但并没有像医疗费、误工费等一样进行详细的规定。在实践中，人民法院在援引这两条确定对于康复费的赔偿时，只需要注意哪些是"实际发生的""必要的"康复费用。只有同时满足这两项要求的康复费用，赔偿义务人才有义务进行赔偿。另外，对于后续发生的有关器官功能恢复所发生的必要的康复费，可另行起诉，也可以与已经发生的医疗费一并予以赔偿。

5. 护理费。对于护理费的有关规定见于本解释的第 17 条和第 21 条第 3 款，受害人因康复护理、继续治疗实际发生的必要的护理费，赔偿义务人应予赔偿。若受害人因残疾不能恢复自理能力的，可以按其年龄、健康状况等因素确定合理的护理期限，但最长不能超过 20 年。

6. 后续治疗费。根据第 17 条第 2 款的规定，受害人因康复护理、继续治疗所实际发生的后续治疗费，赔偿义务人应予赔偿；适当的整容费以及其他后续治疗费，可以待实际发生后另行起诉，但根据医疗机构证明或者鉴定结论确定必然发生的费用，可以与已经发生的医疗费一并予以赔偿。

本解释第 17 条第 3 款中关于受害人死亡的赔偿范围的法律依据是《中华人民共和国民法通则》第 119 条。受害人死亡后，其权利能力自然归于消灭，其也不可能作为法律主体主张死亡赔偿，此时，死者的近亲属将作为实际上的赔偿权利人主张赔偿。对于受害人近亲属的赔偿，主要有两种学说：

第一种为"扶养丧失说"，即认为损害赔偿应当以被扶养人丧失的生活来源来计算，受害人死亡后，其生前依法有义务进行扶养的被扶养人失去了生活来源，因此赔偿义务人应对被扶养人的生活费进行赔偿，生活费外的其他费用不在赔偿范围内。《中华人民共和国民法通则》第 119 条中"应当支付丧葬费、死者生前抚养的人必要的生活费等费用"在解释时一直被认定为是"扶养丧失说"的证明。因此，在接下来的一系列有关人身损害造成受害人死亡的赔偿条款中，往往在"被扶养人生活费"外规定了"死亡补偿费"，而这里的"死亡补偿费"也被理解为精神损害抚慰金。但这一学说在运用到刑事附带民事诉讼中会存在一些问题。根据《中华人民共和国刑事诉讼法》的相关规定，受害人的近亲属不能通过刑事附带民事诉讼获得精神损害赔偿，这就导致受害者近亲属不能得到很好的救济。

第二种学说为“继承丧失说”，即对受害人因人身损害导致死亡的赔偿应当以受害人死亡导致的家庭整体收入的减少为标准。这种学说的合理性在于，由于个人的收入并不会完全用于个人消费，除了部分用于个人消费外，其余部分会用于整体的家庭消费，而受害人的死亡会导致家庭财产的损失。

本解释采取的是“继承丧失说”，目的是更好地保护受害人及其近亲属的权利。对造成人身损害并导致受害人死亡的，赔偿范围如下：

1. 丧葬费。根据本解释第 27 条的规定，丧葬费按照受诉法院所在地上一年度职工月平均工资标准，以 6 个月总额计算。

2. 被扶养人生活费。受害人因侵害生命权导致死亡，赔偿义务人应对受害人依法应当承担扶养义务的未成年人或者丧失劳动能力又无其他生活来源的成年近亲属的生活费进行赔偿。被扶养人生活费根据扶养人丧失劳动能力程度，按照受诉法院所在地上一年度城镇居民人均消费性支出和农村居民人均年生活消费支出标准计算。对于被扶养人生活费的赔偿见于本解释第 28 条中。

3. 死亡赔偿金。根据本解释第 29 条的规定，死亡赔偿金按照受诉法院所在地上一年度城镇居民人均可支配收入或者农村居民人均纯收入标准，按二十年计算。对于年龄在 60 周岁和 75 周岁的，死亡赔偿金标准不同。因同一侵权行为造成多人死亡的，可以以相同金额确定死亡赔偿金。

4. 交通费。根据第 17 条第 3 款的规定，这里的交通费是指受害人亲属办理丧葬事宜所支出的合理交通费，交通费的计算标准参照本解释第 22 条的规定计算。

5. 住宿费。与交通费一样，住宿费是受害人近亲属办理丧葬事宜所产生的合理的住宿费用，赔偿标准参照人身损害赔偿的一般赔偿范围中的住宿费标准确定。

6. 误工损失。根据本解释第 17 条第 3 款的规定，这里赔偿的误工损失是指受害人亲属为办理丧葬事宜，耽误工作所造成的损失。

对于人身损害造成被害人死亡的，除了赔偿以上内容，还应当根据抢救治疗情况赔偿在本解释第 17 条第 1 款中规定的相关费用，包括因就医治疗支出的各项费用以及因误工减少的收入，包括医疗费、误工费、护理费、交通费、住宿费、住院伙食补助费、必要的营养费。

本条解释是对人身损害的赔偿范围的概括性规定，对于人身损害赔偿的赔偿标准，理论上有“差额说”和“定型化说”两种原则。本解释折中了“差额说”与

“定型化说”，在对具体的损失诸如医疗费、误工费、交通费、营养费等问题上采取差额说，对于抽象的损失，如因劳动能力丧失或受害人死亡等因素导致的收入损失、残疾赔偿金和死亡赔偿金采取定型化说。尽管对于抽象损失采取定型化说可能导致受害人得到的赔偿与实际生存利益不一致，但事实上即使按照差额说进行赔偿，在对受害人按平均寿命计算赔偿数额时也存在同样的问题。因此，在本解释中对于计算抽象损失时可能存在的对受害人救济不足，本解释第 32 条规定，超过确定的护理期限、辅助器具费给付年限或者残疾赔偿金给付年限，赔偿权利人向人民法院起诉请求继续给付护理费、辅助器具费或者残疾赔偿金的，人民法院应予受理。赔偿权利人确需继续护理、配制辅助器具，或者没有劳动能力和生活来源的，人民法院应当判令赔偿义务人继续给付相关费用五至十年。

2 精神损害赔偿应当如何认定？

解答：《人身损害赔偿解释》第 18 条规定：“受害人或者死者近亲属遭受精神损害，赔偿权利人向人民法院请求赔偿精神损害抚慰金的，适用《精神损害赔偿司法解释》予以确定。精神损害抚慰金的请求权，不得让与或者继承。但赔偿义务人已经以书面方式承诺给予金钱赔偿，或者赔偿权利人已经向人民法院起诉的除外。”

本条是在受害人的生命、身体、健康遭到侵害后，受害人本人或死者近亲属就其所遭受的精神损害要求赔偿精神损害抚慰金的规定。

关于“精神损害赔偿”这一表达，《中华人民共和国侵权责任法》最早在立法层面上提出：“侵害他人人身权益，造成他人严重精神损害的，被侵权人可以请求精神损害赔偿。”在此之前，《中华人民共和国民法通则》第 120 条关于姓名权、名誉权等权利受到侵害的，可以请求“赔偿损失”，这一条在解释论上也被解释为包含精神损害的赔偿。此后，对于精神损害赔偿的制度不断完善，《中华人民共和国国家赔偿法》第 35 条规定：“有本法第 3 条或者第 17 条规定情形之一，致人精神损害的，应当在侵权行为影响的范围内，为受害人消除影响，恢复名誉，赔礼道歉；造成严重后果的，应当支付相应的精神损害抚慰金。”《中华人民共和国消费者权益保护法》第 51 条规定：“经营者有侮辱诽谤、搜查身体、侵犯人身自由等侵害消费者或者其他受害人人身权益的行为，造成严重精神损害的，受害人可以要求精神损害赔偿。”尤其在 2001 年《精神损害赔偿司法解释》（法释〔2001〕7 号）

中，更是作了详尽的规定。在人民法院的审判实践中，由于迫切需要解决对于精神损害能否让与或继承的问题，因此在本条解释中也做出了规定。以下是对本条解释的分析：

（一）精神损害请求权的发生条件

所谓精神损害赔偿，是指自然人因其人身权受到不法侵害，使其人格利益和身份利益受到损害或遭受精神痛苦，受害人本人或者死者近亲属要求侵权人通过财产赔偿等方法进行救济和保护的民事法律制度。精神损害赔偿的目的在于：第一，填补损害，精神损害赔偿的最主要的目的就是填补受害者及其近亲属所受到的精神损害，而不在于惩罚加害人；第二，抚慰功能，通过精神损害赔偿在一定程度上抚慰受害人及其近亲属所遭受的精神痛苦；第三，惩罚加害人，这一目的在学界存在争议，尽管民法的主要目的是补偿功能，但要求加害人承担损害赔偿，本身就意味着对加害人的一种惩罚，只是这种惩罚更多的是一种附带效果。

现行《中华人民共和国侵权责任法》第22条规定："侵害他人人身权益，造成他人严重精神损害的，被侵权人可以请求精神损害赔偿。"根据本条规定，被侵权人可以请求精神损害赔偿的前提，是被侵权人的人身权益受到侵害，并导致了严重的精神损害。该条规定具有很大的弹性，所谓"人身权益"可以包括人格权益和身份权益，而唯一限制的条件是精神损害的严重性，而这一点也取决于法政策的考量，可以说，关于人身损害的精神赔偿，这是一条弹性规则。

在《人身损害赔偿解释》中，生命权、身体权和健康权受到侵害，受害人或者死者近亲属可以要求精神损害赔偿。在本解释中只提到了物质性人格权遭受侵害，受害人可以要求精神损害赔偿，但并没有提到精神型人格权受到侵害，赔偿权利人可以请求精神损害赔偿的情况，这是由本解释的调整对象确定的，根据《精神损害赔偿司法解释》第1条的规定，精神性人格权，诸如姓名权、肖像权、名誉权等受到侵害的，受害人可以以侵权为由向人民法院主张精神损害赔偿。

引起精神损害赔偿的侵权事实，需要具备以下要件：

1. 存在侵权事实。

在《人身损害赔偿解释》中，侵权事实意味着存在侵害自然人生命权、健康权、身体权的事实。生命权，是以自然人生命安全的利益为内容的权利。生命权的基本内容是维护自然人生命活动，禁止他人非法剥夺生命。健康权，是以自然人的生理机能正常运转和功能正常发挥为具体内容，它旨在保护身体机能的正常发挥和正常运转。身体权是指公民维护期身体的完全并支配其机体、器官和其他组织的人格权。健康权和身体权在实践中会很容易出现混淆。在此应当指出，身体权和健康权应当有所区别。身体权侧重于肉体组织的功能，健康权则侧重于生理机能的正常运转。举例而言，致人身体残疾属于侵害他人身体权，如果同时造成生理机能的损害的，可能同时构成侵害他人健康权。换言之，健康权维护身体功能的完善性，身体权维护身体构成部分的完整性。

是否存在侵害生命权、身体权、健康权的事实，可以从以下三个角度进行分析：第一，侵权行为导致受害人生命丧失、健康或其身体受损的事实，通常意味着受害人死亡，受到外伤、内伤、精神疾病等健康问题，造成残疾等后果；第二，侵权行为导致受害人的财产损失或死亡导致死者家庭整体收入的减少以及近亲属的财产损失，包含就医产生的医疗费、护理费、交通费、住宿费、医院伙食补偿费、营养费、误工导致的收入减少，或者自然人死亡后导致的积极和消极的财产利益的损失，积极的财产利益损失包括因办理丧葬事宜导致的丧葬费、交通费、住宿费和误工损失等，消极的财产利益损失包括被扶养人的生活费等；第三，受害人或死者近亲属遭受精神损害的事实，亲人因加害人的行为导致死亡，或受害人因为加害行为导致身体、健康受损后，必然导致受害人及其近亲属巨大的精神痛苦。以上三点为侵权产生的侵权事实所包含的内容。

2. 存在侵害人身权利的违法行为。

侵害人身权利的违法行为，包括一切违反民事法律关于保护自然人生命权、健康权、身体权规定的行为。这种行为可能以积极作为的形式表现，也可能以不作为的方式体现。

3. 因果关系。

这里的因果关系，是指违法行为与受害人死亡或者受害人的身体、健康受损的侵权事实具有因果联系。对于因果关系的判断，采取相当因果关系理论，即根据原因力大小，判断加害人对侵权后果的责任。[①] 如果加害人的加害行为不是导致受害人死亡或者伤残的主要责任，则加害人对死者的死亡不承担主要责任。例如，加害人一拳并未打在受害人的要害部位，但由于受害人自身存在心脏问题，诱发受害人

---

① 王利明、杨立新、姚辉编著：《人格权法》，法律出版社 1997 年版，第 58 页。

本身的疾病，导致受害人突然死亡。在这种情况下，我们应当承认加害人的行为与死亡结果存在因果关系，受害人的死亡是由其自身疾病和加害人行为共同导致的，但加害人的行为只是次要原因，死者自身的疾病才是主要原因。在这种情况下，要求加害人承担主要责任是不合理的。

4. 归责原则。

在适用过错责任原则和过错推定原则时，认定加害人的赔偿责任，除了满足以上三个要件外，还要求加害人主观上没有过错。在适用过错责任和公平责任时，往往不要求加害人主观上有过错。一般而言，加害人的侵权行为导致受害人的身体权受到侵害，加害人主观上往往存在过错，但是在采取公平责任的情况中，只要满足以上三个要件，受害人就可以要求加害人赔偿精神损害。

在具备以上构成要件的情况下，侵权人应当承担相应的民事责任，包括停止侵害、恢复名誉、消除影响、赔礼道歉。根据《中华人民共和国侵权责任法》第22条的相关规定，请求精神损害赔偿，除了要求人身权益受损，还要求受害人因侵害生命权、健康权或身体权造成了严重的精神损害。对于未造成严重精神损害的人身伤害，受害人主张精神损害赔偿，一般不予支持，造成严重精神损害的，人民法院根据受害人的诉讼请求，可以判令侵权人赔偿相应的精神损害抚慰金。《精神损害赔偿司法解释》中对此作出了具体规定，该解释在第8条中规定：“因侵权致人精神损害，但未造成严重后果，受害人请求赔偿精神损害的，一般不予支持，人民法院可以根据情形判令侵权人停止侵害、恢复名誉、消除影响、赔礼道歉。因侵权致人精神损害，造成严重后果的，人民法院除判令侵权人承担停止侵害、恢复名誉、消除影响、赔礼道歉等民事责任外，可以根据受害人一方的请求判令其赔偿相应的精神损害抚慰金。”对于“严重后果”的判断问题，属于在具体个案中法官自由裁量的问题，由法官结合具体案件认定。一般认为，侵害人身权益造成严重后果，应当从受害人肢体、器官是否还健全、生理功能是否完备，生命是否受到侵害等方面进行判断。侵害人身权益导致被害人死亡的，是人身损害中最严重的损害结果，其余大多体现在对自然人健全的生理机制、完整的身体上的损害，且这种损害往往具有不可逆性。这种损害会导致受害人产生精神痛苦，包括积极的精神损害，也包括消极意义的知觉丧失与心智丧失。由此我们认为，侵害他人物质性人身权利导致受害人精神损害达到严重后果的情况包括：（1）侵害受害人物质性人身权益造成受害人死亡的；（2）侵害健康权、身体权，导致受害人伤残或者虽未造成长残但造成受害人永久性伤害，严重影响受害人工作、生活的；（3）对于受害人没有死亡且也没有残疾的，对于造成的精神损害是否属于“造成严重后果”的情形，要视具体情况而定，应当结合受害人所受具体损害，是否住院、住院时间长短，是否影响受害人正常生活等具体情况确定精神损害是否属于“造成严重后果”的情形。不能武断地认为造成受害人残疾时所遭受的精神损害必然比较严重，事实上有些受害人虽然没有造成残疾的后果，但也可能遭受比较严重的精神损害。

（二）自然人因侵权行为死亡的，请求精神损害赔偿的赔偿权利人

对于自然人因侵权行为死亡能否请求精神损害赔偿的问题，《中华人民共和国侵权责任法》第22条规定：“侵害他人人身权益，造成他人严重精神损害的，被侵权人可以请求精神损害赔偿。”第18条第1款规定：“被侵权人死亡的，其近亲属有权请求侵权人承担侵权责任。被侵权人为单位，该单位分立、合并的，承继权利的单位有权请求侵权人承担侵权责任。”《精神损害赔偿司法解释》第7条规定，自然人因侵权行为致死，或者自然人死亡后其人格或者遗体遭受侵害，死者的配偶、父母和子女向人民法院起诉请求赔偿精神损害的，列其配偶、父母、子女为原告；没有配偶、父母和子女的，可以由其他近亲属提起诉讼，列其他近亲属为原告。

因侵权行为导致自然人死亡后，死者的配偶、子女、父母承受了巨大的伤害，因此有必要对其给予补偿和抚慰。因此，受害人因侵权行为死亡后，有权提起精神损害赔偿，且应当作为第一顺位的赔偿权利人。除此之外，有权提起精神损害赔偿的，还包括其他近亲属。在我国，亲属之间的关系往往非常密切，受害人的死亡对于亲属也意味着精神上的痛苦。因此，如果在精神损害赔偿问题上排除近亲属的请求权，这显然是不公平的，不符合我国的实际情况，也有悖于精神损害赔偿制度的宗旨。但是，其他近亲属就被害人死亡导致的精神损害，相较而言，肯定不如死者的配偶、子女、父母伤害大、痛苦深，因此近亲属只能作为第二顺位提起精神损害赔偿，换言之，只有在受害人没有配偶、父母、子女的情况下，其他近亲属才有权提出精神损害赔偿。

应当注意的是，对于死者的配偶、父母、子女要求的所谓精神损害赔偿，并不是死者遭受的精神损害的赔偿，而是死者的配偶、父母、子女因为受害人死亡所遭受的精神损害的赔偿。

（三）确定精神损害赔偿的具体数额

精神损害赔偿请求权，是通过一定数额的金钱支付来实现的。这一问题的困难之处在于精神损害与金钱之间的不可通约。对于精神损害赔偿金的数额确定，是一个比较复杂的问题，不仅要考虑受害人因人身权益受到侵犯所造成的精神痛苦的程度，也要考虑侵权人侵权行为的性质、情节、主观过错及经济承受能力，在综合考虑多项因素后，确定具体的精神损害赔偿金。以下几点原则是确定赔偿金数额时应当遵循的：

1. 抚慰为主，补偿为辅的原则。这是由精神损害原则的属性决定的。设立精神损害赔偿的目的就在于抚慰受害者及其近亲属因侵权行为导致的创伤，而填补损害和惩罚都只是次要的功能，因此应当首先根据受害人所受的精神痛苦程度来确定精神损害赔偿。对于没有造成精神损害后果或者精神损害后果甚微的，一般不适用精神损害赔偿，可以要求侵权人承担其他民事责任；对于造成严重精神损害结果的，应当对受害人给予足够的赔偿。

2. 允许法官进行自由裁量，即对于精神损害赔偿案件，法官在具体数额的确定中应当享有适当的自由裁量权。尽管我国奉行严格的裁判规则，不允许法官创制和解释法律，但精神损害赔偿的确定必须根据个案决定，因此赋予法官适当的自由裁量权是十分必要的。根据《民通意见》第 150 条的规定，“人民法院可以根据侵权人的过错程度、侵权行为的具体情节、后果和影响确定其赔偿责任”。

3. 适当限制原则。对于精神损害赔偿的数额，应当做必要的限制。原因在于，首先，精神损害赔偿是以金钱的方式赔偿受害人及其近亲属所受的精神痛苦，但其功能是有限的；其次，精神损害赔偿虽然有一定的惩罚性功能，但这种惩罚必须控制在合理的范围内，既要考虑到受害人的损害程度，也要考虑到侵权人的承受能力；除此之外，对精神损害赔偿金的限制也是考虑到我国现在的经济发展水平所做的安排。

《精神损害赔偿司法解释》第 10 条中规定：“精神损害的赔偿数额根据以下因素确定：（一）侵权人的过错程度，法律另有规定的除外；（二）侵害的手段、场合、行为方式等具体情节；（三）侵权行为所造成的后果；（四）侵权人的获利情况；（五）侵权人承担责任的经济能力；（六）受诉法院所在地平均生活水平。法律、行政法规对残疾赔偿金、死亡赔偿金等有明确规定的，适用法律、行政法规的规定。”在适用本条时，应当注意以下几点：

1. 适用本条司法解释的前提是第 8 条，即受害人“因侵权而致精神损害，造成严重后果”，人民法院才能根据受害人的请求判令加害人赔偿相应的精神损害抚慰金。

2. 在确定精神损害赔偿的具体数额时，应当考虑上文所提到的三项原则。所确定的精神损害赔偿金额既要对受害人或者死者近亲属有一定的抚慰作用，也要对加害人起到一定的惩罚作用，根据受害人与加害人的实际情况以及所在地区的经济水平确定实际赔偿的金额。根据本解释的规定，残疾赔偿金和死亡赔偿金的性质都不属于精神损害赔偿的内容，如果要求加害人赔偿受害人或者死者近亲属过高的精神损害赔偿金，对于加害人的责任过重，不符合社会公平正义的实现。

3. 侵权人的过错程度。过错是侵权责任的构成要件之一，包括故意和过失两种。对于一般的损害赔偿，其数额一般由实际所造成的损害进行判断，加害人的过错对于数额的确定影响不大。但是在对受害人或死者近亲属的精神损害赔偿问题上，区分过错程度对于金额的确定有重要的影响。根据一般的认识，故意或重大过失所造成的精神损害往往相对严重，而一般或者轻微过失所导致的侵害所造成的精神损害往往相对轻微一些。因此，侵权人的过错程度应当作为确定精神损害赔偿金额的参考因素之一。

如果受害人对于损害事实和损害后果的发生有过错的，根据《精神损害赔偿司法解释》第 11 条的规定：“受害人对损害事实和损害后果的发生有过错的，可以根据其过错程度减轻或者免除侵权人的精神损害赔偿责任。”这是过失相抵原则的具体体现。

4. 侵权行为的具体情节和侵害行为后果。侵权行为的具体情节包括侵权的手段、场合、行为方式、方法，侵权的场合和次数，侵害持续的时间等。侵权行为的具体情节往往反映出侵权人的主观恶意和社会危害性大小的不同，对受害人所造成的精神损害也不同；侵害行为所造成的后果即受害人的精神损害程度，精神损害赔偿金的首要目的在于抚慰受害人及死者近亲属因侵权后果所导致的伤害，因此赔偿金的数额应当充分考虑到受害人及死者近亲属所遭受的精神痛苦，才能保证判决的公正、合法、合理。

同时应当注意，根据本条规定，结合本解释第 36 条第 2 款的规定，《精神损害赔偿解释》第9条的规定实际上已被废止。《精神损害赔偿解释》第9条规定：“精神损害抚慰金包括以下方式：（一）致人残疾的，为残疾赔偿金；（二）致人死亡的，为死亡赔偿金；（三）其他损害情形的精神抚慰金。”根据这一规定，残疾赔偿金和死亡赔偿金在《精神损害赔偿司法解释》中被视为精神损害赔偿的一部分，这一规定与本解释存在冲突，因此在受害人或者近亲属遭受精神损害，向人民法院请求精神损害抚慰金的，不再适用《精神损害赔偿司法解释》第9条的规定。

（四）精神损害抚慰金赔偿的请求权一般不得让与或继承及例外情形

精神损害赔偿请求权是与自然人的人身不可分的、密切相关的一种权利，是自然人人身受到侵害时一种补救的权利。离开了自然人人身，精神损害赔偿金就无从谈起。因此，精神损害赔偿金原则上应当由本人行使。《人身损害赔偿解释》第18条第2款前半句中规定：“精神损害抚慰金的请求权，不得让与或者继承。”同时，如果允许精神损害赔偿抚慰金请求权可以让与或继承，受让人还要面临举证的困难。

虽然对精神损害赔偿金的请求权与自然人的人身密不可分，但是就其赔偿形式而言，本质上还是财产责任，对于财产责任，应当允许转让和继承。因此在本解释第18条第2款中进行了例外规定：“……但赔偿义务人已经以书面方式承诺给予金钱赔偿，或者赔偿权利人已经向人民法院起诉的除外。”本条款规定，在两种情况下，精神损害赔偿的请求权可以例外地由他人行使：第一，赔偿义务人以书面的方式承诺给予金钱赔偿。在这一情况下，赔偿义务人应当以书面形式向受害人或者死者近亲属签订赔偿协议，内容是对受害人或者死者近亲属所遭受的精神损害给予金钱赔偿，且数额必须确定。如果没有采用书面形式承诺，则视为没有承诺；如果约定的金钱赔偿数额不确定，也视为没有承诺。第二，赔偿权利人已经向人民法院起诉。赔偿权利人一旦向法院起诉，精神损害赔偿金的数额就能够确定，精神损害赔偿金的请求权就可以转让或继承。在两种例外情形中，精神损害抚慰金请求权都变成了具体的财产债权，因此可以让与或继承。

在此，还有一种情况，虽然在本解释中没有进行规定，但在实践中必须考虑：受害人死亡前向人民法院起诉精神损害赔偿，起诉后死亡的，其近亲属可以继承其精神损害赔偿请求权。受害人因侵权行为死亡后，其近亲属自身遭受的精神损害是否还可以要求加害人赔偿？对于这种情况，司法解释并没有规定。一般认为，死者近亲属就其自身遭受精神损害仍可以要求加害人负责赔偿，原因就在于遭受精神损害的主体不同。根据本条第 2 款的规定，该请求权得到保护并可以继承。死亡后，其近亲属自身遭受的精神损害，应该得到赔偿。当然，为了防止对加害人科以过重的负担，可以在精神损害赔偿金的总量上进行控制，但是对这两项精神损害赔偿金都必须赔偿。

（五）精神损害赔偿中的“一事不再理”规则

根据《精神损害赔偿司法解释》第 6 条的规定，当事人在侵权诉讼中没有提出赔偿精神损害的诉讼请求，但在诉讼终结后又基于同一侵权事实另行起诉要求精神损害赔偿的，人民法院不予受理。换言之，受害人被侵犯身体权、健康权提起诉讼或死者近亲属提起诉讼，其诉讼请求中不包含请求精神损害赔偿的，在诉讼后又基于同一侵权事实另行起诉赔偿精神损害的，人民法院不予受理。这也就是诉讼法上的“一事不再理”规则。这一规则的目的在于防止法院对同一事实做出两份不同的或相互抵触的判决，以维持生效判决的既判力，同时避免诉讼资源的浪费。在这里，“一事不再理”原则意味着当事人不得就已经起诉的事实，在诉讼进行中另行起诉，即诉讼进行中不得再以同一诉讼标的在同一法院或其他法院提起诉讼；另外，对于诉讼标的在生效判决中已经做出裁判的，除法律另有规定外，当事人不得就同一诉讼标的另行起诉。在“一事不再理”规则下，前后两个诉讼必须为同一当事人，基于同一法律事实而提出同一诉讼请求，同一当事人并不限于在前后两个诉讼中同处于原告或被告的诉讼地位，只有以上三个条件同时具备，才能称之为同一事件。

根据《精神损害赔偿司法解释》第 6 条的规定，受害人或者死者近亲属在需要提起精神损害赔偿请求时，应当在侵权诉讼中一并提起，人民法院一并解决。若在侵权诉讼中没有提起，诉讼终结后另行起诉的，人民法院不予受理，这是为了督促受害人及死者近亲属及时、正当地行使权利，节约诉讼资源，也能防止法院对同一事实作出相互矛盾的判决。

3 如何具体认定医疗费的赔偿数额？

解答：《人身损害赔偿解释》第 19 条规定：“医疗费根据医疗机构出具的医药费、住院费等收款凭证，结合病历和诊断证明等相关证据确定。赔偿义务人对治疗的必要性和合理性有异议的，应当承担相应的举证责任。医疗费的赔偿数额，按照一审法庭辩论终结前实际发生的数额确定。器官功能恢复训练所必要的康复费、适当的整容费以及其他后续治疗费，赔偿权利人可以待实际发生后另行起诉。但根据医疗证明或者鉴定结论确定必然发生的费用，可以与已经发生的医疗费一并予以赔偿。”

本条确定的是人身损害中医疗费的赔偿原则、赔偿标准、赔偿数额的计算、举证责任规则等。

医疗费包括医药费和治疗费，是指受害人遭受人身伤害后接受医学上的检查、治疗过程中必须支出的各种费用。它不仅包括已经支出的费用，也包括将来要发生的医疗费用，即后续治疗费，如治疗后遗症的费用、二次治疗的费用等。赔偿原则是赔偿义务人赔偿受害人在遭受不法侵害时实际支出的医疗费，人民法院应当按照医疗机构出具的医疗费、住院费等收款凭证并结合病例和诊断证明等相关证据确定医疗费的数额，采取“差额赔偿”的方法作为赔偿标准，既包括已经支出的医疗费，也包括器官功能恢复训练所必须的康复费、适当的整容费以及将来可能发生的后续治疗费等。赔偿数额包括已经发生的费用，也包括将来可能发生的费用。已经发生的费用计算到一审法庭辩论终结前，将来发生的费用在实际发生后由权利人另行起诉，但根据医疗证明或者鉴定结论确定必然发生的费用，可以与已经发生的医疗费一并予以赔偿。医疗费的举证责任采取一般的举证原则，即“谁主张，谁举证”的原则，若赔偿义务人对治疗的必要性和合理性有异议的，应当承担相应的举证责任。

对于医疗费的赔偿标准，《民通意见》第 144 条规定：“医药治疗费的赔偿，一般应以所在地治疗医院的诊断证明和医药费、住院费的单据为凭。应经医务部门批准而未获批准擅自另找医院治疗的费用，一般不予赔偿；擅自购买与损害无关的药品或者治疗其他疾病的，其费用则不予赔偿。”

（一）医疗费的赔偿原则

医疗费的赔偿原则是赔偿义务人赔偿受害人在遭受不法侵害后实际支出的医疗费，即对于医疗费用的赔偿采取全部赔偿原则。《人身损害赔偿解释》对受害人医疗费的赔偿采取了较为宽松且更加有利于受害人的态度，赔偿义务人对受害人诊疗期间的合理支出均应当予以赔偿。换言之，只要受害人主张损失并有证据支持，在诉讼中得到认定的损失，不应当对其请求进行限制。由于医疗费是受害人因侵权行为导致人身伤害所造成的财产损害，因此对医疗费的补偿应当以财产赔偿作为原则。同时，若赔偿权利人基于发生损害的同一原因受有利益的，应当在损害额内扣除所受利益，赔偿义务人就差额进行赔偿，这是过失相抵原则的要求。所谓过失相抵原则，是在混合过错中适用的减轻加害人赔偿责任的原则。

根据《人身损害赔偿解释》第 18 条的规定，对于医疗费的赔偿采取对差额赔偿和定型化赔偿折中的方式，在对医药费等具体的损失中采取差额赔偿，对于后续治疗费采取定型化赔偿原则。在实际的财产损失中，我们将财产损失分为积极损失和消极损失两部分。医疗费的损失属于积极损失，因为这部分损失是因为侵权行为所致的受害人所应当支出费用的增加和财产的减少。对于后续治疗费用则不考虑具体受害人财产损失的算数差额，而是从损害赔偿的社会妥当性和社会公正性出发，对损害确定一个固定的标准。

（二）医疗费的具体内容

在实践中，医疗费具体包括：

1. 挂号费。

挂号费一般包括门诊挂号、专家门诊挂号和法医验伤门诊挂号。凡是为了治疗所需向医院指出的挂号费用，均应当属于赔偿范围之内。在农村乡医务室和个人诊所的挂号费，凡是收费合理又为了治疗所需要的，也应当被列入赔偿范围。

2. 医药费。

医药费应当以医疗机构出具的收款凭证，结合病例和诊断证明等相关证据确定。依照《民通意见》第 144 条的规定："医药治疗费的赔偿，一般应以所在地治疗医院的诊断证明和医药费、住院费的单据为凭。应经医务部门批准而未获批准擅自另找医院治疗的费用，一般不予赔偿；擅自购买与损害无关的药品或者治疗其他疾病的，其费用则不予赔偿。"这条规定在 2008 年失效，并且在现在看来这条规定显得过于生硬，使得对于受害人的保护不充分，也因此未被《人身损害赔偿解释》所采纳。

3. 治疗费。

此项费用包括打针、换药、针灸、理疗、手术、化学疗法、激光疗法、骨折固定、骨牵引、矫形、疤痕消除、必要的整容等一系列与治疗有关的费用。

“器官功能恢复所必要的康复费、适当的整容费”不应当包括心理治疗费，受害人受到不法侵害，精神必然受到伤害，但由于精神损害情况复杂，心理治疗的范围难以界定，对受害人的进一步保护尚不成熟，但受害人可以主张精神损害赔偿。

后续治疗费，是指“对损伤经治疗后体征固定而遗留功能障碍确需再次治疗的或伤情尚未恢复需要二次治疗所需要的费用”。① 根据《中华人民共和国侵权责任法》第16条的规定，只要是“为治疗和康复指出的合理费用”，都是人身损害赔偿的范围。对于后续治疗费的赔偿可以等后续治疗费实际发生后，由赔偿权利人另行起诉；或者采取定型化赔偿的方法，只要根据医疗证明或者鉴定结论确定必然发生。

4. 检查费。

检查费包括为确诊和治疗中各种医疗检查所必需的费用，例如X光透视、CT检查、B超检查等费用。

5. 住院费。

住院费以医疗机构出具的收款凭证，结合病历和诊断证明等相关证据确定。不同地区、不同医院甚至不同受害人的住院费是不同的。例如，农村医院与城市医院不同、小医院与大医院不同，但是只要符合相关制度的规定，经医院同意的，均应当予以赔偿。

6. 其他医疗费用。

所谓其他医疗费用，是指一些例如有必要施行的器官移植费用、聘请院外专家的会诊费，如果伤势过重，确需增加营养辅助治疗，经医院同意或认定的营养费等，均需列入赔偿范围。

（三）关于医疗费的举证责任

关于医疗费的举证责任问题，立法上采取了一般的“谁主张，谁举证”的举证原则，即由受害方对其所受伤害支出的诊疗费用进行举证。受害方提供的证据应当符合《最高人民法院关于民事诉讼证据的若干规定》第50条规定的真实性、合法性、关联性的标准，由法院结合案情加以审查，并确定受害人所提出的医疗费的诉讼请求是否合理。若赔偿义务人对于诊疗的必要性和合理性、对于受害方提出的证据有异议的，应当负举证责任予以反驳，没有证据证明其主张的，就应当对受害人提出的医疗支出予以赔偿。

---

① 最高人民法院研究室编：《最高人民法院司法解释理解与适用（2001）》，中国法制出版社2002年版。

具体分析这条规定，受害人对于自己因遭受侵害而支出的医疗费提供证据，证据包括住院费、医药费、住院费等收款凭证，包括转院前后的收费凭证，也应包括因受侵害而引发的其他并发症的治疗凭证，病情特殊需要的医药费等方面的证据。法官对于受害人提供的证据，应当结合案情审查。医疗费包括诊疗费、治疗费、化验费、医药费、住院费等治疗人身伤害的费用。法官应当审查受害人用药、转院是否合理，总体花费是否与病情相符等等，并结合病例和诊断证明等相关证据予以确定。赔偿义务人若对治疗的必要性和合理性有异议，应当承担举证责任。《中华人民共和国民事诉讼法》第 64 条第 1 款规定："当事人对自己提出的主张，有责任提供证据。"《最高人民法院关于民事诉讼证据的若干规定》第 2 条规定："当事人对自己提出的诉讼请求所依据的事实或者反驳对方诉讼请求所依据的事实有责任提供证据加以证明。没有证据或者证据不足以证明当事人的事实主张的，由负有举证责任的当事人承担不利后果。"由此可以看到，本条解释的规定与《中华人民共和国民事诉讼法》中有关证据方面的规定是相符的，与最高人民法院有关证据的司法解释也是相符的。

本条第 2 款规定，医疗费的赔偿数额，按照一审法庭辩论终结前实际发生的数额确定。《最高人民法院关于民事诉讼证据的若干规定》第 42 条第 1 款规定，当事人在一审程序中提供新的证据的，应当在一审开庭前或者开庭审理时提出。依据此规定，一审举证的最后期限为一审法庭辩论终结前，与证据规则的司法解释保持一致。

（四）关于医疗费的其他问题

关于就医和转院，本解释在原稿中有"受害人原则上应当根据损害情况和治疗需要就近地选择医疗机构接受治疗。确有必要转院的，应经原就诊医院同意"的表述。绝大多数反馈的社会意见不同意解释稿中"就近就地选择医疗机构"和转院需经过原就诊医院同意的意见，受害人有权根据病情和医疗机构治疗水平、技术条件、服务质量、患者信任度等具体情形选择就医医院，不应受"就近就地"的限制。而事实上，我国相关法律对受害人就诊医疗机构的选择问题有着诸多限制。在实践中，患者往往处在弱势地位，医院出于经济利益的考虑有时会出现不考虑患者的病情状况，一律不允许转院，这实际上第二次损害了已经受到不法侵害的受害人的利益，给受害人身体恢复健康的路上平添阻碍，不利于对受害人的权利进行保护。因此，对于受害人选择就医的医疗机构不应当进行限制，只要受害人选择的医疗机构对其治疗合理和正当，就应当得到支持。

对于转院和超标的医疗费用的认定。转院问题其实是就诊医疗机构选择问题的延伸。当受害人因就诊医院的医疗水平的限制或者病情的变化需要转到更适合病人的医院进行治疗活动时，应该从保护受害人人身权利的角度出发，允许受害人的该转院行为。对于超标的医疗费的问题，应当首先参考医疗保险的标准确定加害人的赔偿标准，按医保标准不能确定的，人民法院可以根据当事人的申请，指定有社会公信力的机构鉴定，来对超标准的医疗费用进行认定。

4 误工费应当如何确定？

解答：《人身损害赔偿解释》第 20 条规定："误工费根据受害人的误工时间和收入状况确定。误工时间根据受害人接受治疗的医疗机构出具的证明确定。受害人因伤致残持续误工的，误工时间可以计算至定残日前一天。受害人有固定收入的，误工费按照实际减少的收入计算。受害人无固定收入的，按照其最近三年的平均收入计算；受害人不能举证证明其最近三年的平均收入状况的，可以参照受诉法院所在地相同或者相近行业上一年度职工的平均工资计算。"

本条主要规定了误工费的计算标准、误工时间的确定和受害人收入状况的确定。误工费的计算应当通过其收入状况和误工时间来具体确定。对于误工时间，应当根据受害人自接受治疗到康复所需要的时间来确定，受害人因伤致残或者致其死亡的，误工时间应当计算至定残之日的前一日或者根据实际的误工时间来计算。对于受害人的收入状况，应当区别受害人有无固定收入两种情况，有固定收入的，以其实际减少的收入计算，没有固定收入的，以其最近三年的平均收入确定，受害人无法证明的，则参照受诉法院所在地相同或者相近行业上一年度职工的平均工资计算。

关于误工费的认定，《民通意见》第 143 条规定："受害人的误工日期，应当按其实际损害程度、恢复状况并参照治疗医院出具的证明或者法医鉴定等认定。赔偿费用的标准，可以按照受害人的工资标准或者实际收入的数额计算。受害人是承包经营户或者个体工商户的，其误工费的计算标准，可以参照受害人一定期限内的平均收入酌定。如果受害人承包经营的种植、养殖业季节性很强，不及时经营会造成更大损失的，除受害人应当采取措施防止损失扩大外，还可以裁定侵害人采取措施防止扩大损失。"《医疗事故处理条例》第50条第1款第2项规定："误工费：患者有固定收入的，按照本人因误工减少的固定收入计算，对收入高于医疗事故发生地上一年度职工年平均工资3倍以上的，按照3倍计算；无固定收入的，按照医疗事故发生地上一年度职工年平均工资计算。"参考我国相关的法律规定，对于误工费的认定作以下分析：

（一）人身损害赔偿中误工费的赔偿原则

在人身侵权案件中，误工费的计算往往是人民法院确认损害赔偿中一个难点问题。对于误工费的计算，如果计算的时间过长、标准过高可能对致害人不公平，而对于受害人的保护过度；反之，如果计算时间过短、标准过低，则会对受害人保护不利。对于受害人收入状况的确定，实践中存在标准不一、标准过低的问题。在《人身损害赔偿解释》出台前，原有的规定存在一些理论依据、适用范围的问题，因此有必要采取一种更为科学、合理和公平的计算方法。

对于人身损害赔偿金的计算，本解释第17条确立了积极损害、消极损害全面赔偿原则，差额赔偿与定型化赔偿相结合原则，主观计算（具体计算）与客观计算（抽象计算）相结合的原则。误工费是受害人如未遭受人身侵害本应获得但由于侵权人的侵害行为无法得到的利益，这在学理上归属于消极利益的丧失或者遗失利益。误工费也是受害人实际发生的损失，但依据受害人的具体收入不同而有所区别。受害人有固定收入的，应当以受害人发生损害前后财产减少的差额作为赔偿标准，也就是差额赔偿原则；受害人若无固定收入的，无法准确计算其误工损失的，则只能从损害赔偿的社会妥当性和社会公正性出发，为受害人确定一个相对固定的标准。在本条第3款规定，受害人无固定收入的，按照其最近三年的平均收入计算；受害人不能举证证明其最近三年的平均收入状况的，可以参照受诉法院所在地相同或者相近行业上一年度职工的平均工资计算。在此，赔偿标准采取客观计算的方法。

（二）误工时间的确定

误工费的计算标准是受害人的收入状况乘以误工时间，因此误工时间的确定在确定误工费的过程中就尤其重要。根据《人身损害赔偿解释》第20条第2款的规定，误工时间应当根据受害人自接受治疗到康复所需时间确定，其标准以相应医疗机构出具的证明为依据。受害人因伤致残或者死亡的，误工时间应当计算至定残之日的前一日或者按照实际误工时间计算。该条明确误工时间应当根据医疗机构出具的证明确定，持续误工的，误工时间可以计算至定残日的前一天。公安部 2004 年颁布的《人身损害受伤人员误工损失日评定准则》规定，误工时间是指“人体损伤后经过诊疗、治疗达到临床医学一般原则所承认的治愈（即临床症状和体征消失）或体征固定所需要的时间”。但在实际情况下，这些规定在一定程度上混淆了医疗时限与误工时间，因为在通常情况下，临床治愈并不意味着受害人就能够正常从事工作或劳动，一般还需要经过一段时间的修养后方可恢复受伤前的劳动时间。因此所谓的误工时间应当包括两个时间段：一是治疗期，二是必要的休养期。

对于《人身损害赔偿解释》第 20 条第 2 款的规定有以下问题需要解决：

第一，如果受害人的实际误工时间与医疗机构建议的休养时间不一致，应当如何认定误工时间？根据前文中所述，误工时间应当包含治疗期和必要的休养期。治疗期的认定可以参照公安部《人身损害受伤人员误工损失日评定准则》来确定，而对于休养期的规定则原则上由治疗机构出具的证明为准。但对于误工时间的计算标准，本解释中认为误工时间“可以”计算至定残日前一天，即如果受害人能够证明医疗机构建议的休养时间不符合当事人的身体状况的，则应当依据当事人的伤病情况及实际的误工时间来合理确定。

第二，受害人因伤而导致持续误工的情况下，本解释第 20 条第 2 款将误工时间定为计算至定残日，对于定残日后产生的损害，受害人可以主张残疾赔偿金。这是基于残疾赔偿金的性质是对受害人因劳动能力受损导致收入减少的补偿，如果在定残后再给予误工费的补偿，则是对受害人的双重补偿，超出了受害人的实际损失，给致害人带来了不利益。但是，这样的计算方法一方面承认了受害人自受到损害之日起到法院审理期间一直未能正常地工作或劳动，另一方面又否认了受害人自定残之日至审理期间的误工损失赔偿请求权，尽管可以通过残疾赔偿金得到弥补，但在受害人收入高于“受诉法院所在地上一年度城镇居民人均可支配收入或者农村居民人均纯收入标准”时，其误工损失可能得不到完全的弥补，导致实践中出现受害人故意拖延评残时间的做法。

（三）关于受害人收入状况的确定

在对受害人收入状况进行确定时，有几个概念需要厘清：

第一，关于“实际减少的收入”的理解。根据本解释规定，受害人有固定收入的，赔偿数额按照实际减少的收入计算。对于这部分收入，首先需要有合法证明。在解释的征求意见稿中曾经对该固定收入的认定附加“实际收入超出个人所得税起征点部分，没有完税证明的人民法院不予支持”。但在定稿中没有加入这一认定标准的原因是有些受害人虽没有完税证明，但不能代表其收入不具有合法性，同时也不会与对于一些高收入主张还须提供“完税证明”的要求产生矛盾。而在受害人的收入属于违法所得的情况下，对其误工费的损失不应当予以支持。对于实质违法所得的收入，例如从事走私、贩毒、卖淫等法律禁止的事项，其所谓的收入属于违法所得，自然不能得到赔偿；对于一些形式违法所得的收入，只是在程序上违反了法律规定，但受害人的劳动本身并不违反公序良俗，因此不应将此类受害人的收入当作违法所得来对待，即应当允许此类受害人提出误工费的损害赔偿请求权。此外，受害人的误工损失应当是其“实际减少的收入”，即受害人受有实际损失。有些受害人受到损害后，其所在的用人单位并不会扣发或者不会全部扣发其工资。对于这部分受害人而言，不存在或者只是部分存在误工损失。如果对他们同样进行误工损失的赔偿，势必使他们获得法外利益，这与侵权法损害填补的功能相悖。另外，应当注意，企业经营者的经营利益的损失不属于误工损失的范畴。对于这两点，在适用本条规定时应当格外予以关注。

第二，关于“受诉法院所在地”的理解。本解释中所称的“受诉法院所在地”，是指受诉法院所在的省、自治区、直辖市。对于这一规定，主要考虑的是我国不同地区的发展水平存在较大差异，尤其体现在各个具体的市、县。为了避免同类案件在不同地域的裁判结果不同导致不公平，有必要统一到省、自治区、直辖市一级。同时，这一规定也考虑在受害人无法证明其最近三年的平均收入时，需要按照“相同或者相近行业上一年度职工的平均工资”计算，但受害人所在的市、县可能没有该统计指标。

第三，关于“相同或者相近行业”的理解。对于相同或者相近行业的判断标准主要有两个：一是产业分类标准，比如关于第一产业、第二产业、第三产业的理解。二是同一产业内的社会评价标准。这是一个主观色彩很强的标准，但是对于相同或者相近行业的理解应当符合行业普遍认知和社会公众认同上，法官的判断结果不能与社会一般观念出现明显的“与众不同”，否则会对当事人的权利和义务产生较大的影响。

第四，关于“最近三年平均收入”的理解。本解释第 20 条规定，受害人无固定收入的，按照其最近三年的平均收入计算。对于受害人收入状况的认定，我们认为，受害人自己提供的平均收入标准最接近实际损害结果，而有的受害人无法举证证明上一年度的平均收入的，应当给他一个适当的较长期间去确定平均收入，这对于受害人损害的填补是有利的。

此外，关于误工费的损害赔偿，还有一个重要的问题是关于无收入人员的误工费问题。对于无劳动收入者，实践中可以分为两类：一是因为丧失劳动能力而无劳动收入者，这部分群体不在误工费赔偿的范围内，误工费的赔偿应当以有劳动能力的人为限。二是有劳动能力但无劳动收入者，对于这部分群体又可以做以下分类：因为主客观原因未从事任何工作或劳动的人，即一般所说的无业人员；从事家务劳动者，即一般的家庭主妇这类受害者。

对于无业人员而言，由于其在受害前并不从事一定的工作或劳动，因此在这种情形下通常并不存在误工损失。但是虽然无业人员目前没有从事一定的工作或者劳动，不能完全排除其在不受伤害的情形下可能获得工作或者劳动机会，因此对其主张的误工费损失应当予以支持。[①] 但这并不意味着司法实践中应当不加区别地一律支持无业人员误工费损失赔偿请求权。实际上，是否存在工作机会应当根据受害人的自身情况以及治疗期间的长短等因素进行判断，而不能仅凭推测认定受害人存在无限的工作可能性，否则，对于误工费的赔偿就会失去其原本的意义。

对于家庭主妇这类受害人而言，已经有越来越多的国家承认其误工费的损失赔偿请求权。这是由于家务劳动作为非商品交换的劳动，其对社会虽无经济价值，但对于整个家庭而言，不仅有用，而且有价值。因为家务劳动可以使家庭不再需要支付给他人相应的对价，使家务费用减少，而这部分减少的支出即家务劳动的价值。家务劳动防止了家庭中积极财产的流出。因此事实上，只要承认家务劳动具有财产价值，就应当承认家庭主妇这类家务劳动者也是一种收入的获得者，承认其享有误工费损失请求权是理所应当的。

还有一部分无劳动收入者，具有劳动能力，也从事相应的工作，但其从事的工作是无偿的。对于这类群体能否主张误工费的损失赔偿也存在诸多争论。极为典型的是在对“僧侣受害”这一类型的案例中，僧侣在受到人身伤害时，能否请求加害

---

① 杨立新：《侵权法论》，人民法院出版社 2005 年版。

人赔偿受伤期间的收入损失？一般认为，僧侣不应当得到赔偿，因为他们没有将劳动用于获取经济利益。也许这一类受害人从事的无偿劳动对他人或者对社会往往具有十分重要的社会价值甚至是经济价值，但事实上他们并没有遭受收入上的任何损失，因而不能要求误工费的赔偿。

综上所述，部分无业人员和从事无偿劳动的人在通常情况下不能够主张误工费的损害赔偿。这是否会导致此类受害者主体遭受不公平的对待？答案应当是否定的。因为任何一个财产损害的赔偿项目都有特定的救济对象，误工费的损害赔偿本身就是对受害人因伤治疗期间劳动收入丧失的经济救济。如果受害人本身不存在误工损失，当然也不能够得到相应的误工费的赔偿。如果一味地扩大对于误工费的适用范围，很有可能导致这一赔偿项目丧失其原本存在的意义，也不适当地加重了加害人的负担。因此，对于主张误工费的主体条件，更应当结合相关法律规定，在个案中具体审查，合理确定赔偿数额。

（四）误工费损失的赔偿范围与计算标准

误工费的赔偿范围即误工损失的范围，是指受害人因为暂时丧失或降低劳动能力而无法从事正常的工作或者劳动所造成的损失。主要包括因无法从事原有的工作或者劳动所造成的收入损失，或者因为丧失确定的工作机会导致的收入损失，或者是受害人为了避免收入损失所支出的相应费用。这里值得讨论的是，临时性的，或者说随机的劳动报酬的减少是否属于误工损失。例如，受害人与他人签订临时的劳务合同，但因为受到人身伤害无法履行合同而丧失了基于该合同的劳动报酬，此项损失能否被认为是误工损失并获得赔偿请求权呢？从设立误工费赔偿的目的来看，主要是为了保证受害人在治疗期间能够维持基本的收入状况，如果以此为基础，我们应当认为，误工损失的认定应当以受害人的整体收入状况为依据，而不能将临时性的报酬计算进误工损失。从侵权损害赔偿的原理来看，损害只有在与权利受到侵害之间存在相当因果关系时才能得到救济，这种具有随机性的违反特定合同所造成的损失并不是在人身损害下所造成的通常发生的后果，因此对于这部分损失不能作为误工费的损失被纳入损害赔偿的范围。但如果受害人收入的主要来源就是这种临时的、随机性很强的劳务收入，在这种情况下应当将这类受害者确定为无固定收入者，并按照无固定收入的劳动者的误工费计算标准进行赔偿。

对于误工费损失的计算标准，本解释第 20 条规定，误工费根据受害人的误工时间和收入状况确定。受害人有固定收入的，误工费按照实际减少的收入计算。受害人无固定收入的，按照其最近三年的平均收入计算；受害人不能举证证明其最近三年的平均收入状况的，可以参照受诉法院所在地相同或者相近行业上一年度职工的平均工资计算。据此，影响误工费计算的主要有三个因素：一是受害人是否有固定收入；二是受害人的收入情况，或者受诉法院所在地相同或者相近行业上一年度职工的平均工资；三是误工时间。因此，对于受害人误工费损失的计算，需要明确受害人是否为有固定收入的群体、收入额的确定以及误工时间的确定，以上三个问题在前文中均有提及，在此不加赘述。对于误工损失赔偿，应当建立在对其性质的明确界定之上，本着既保护受害人合法权益，又不对加害人科以过重的负担的原则，对这部分损害赔偿确定一个切实可行的标准，实现该制度真正的科学化和合理化。

5 护理费应当如何确定？

解答：《人身损害赔偿解释》第 21 条规定："护理费根据护理人员的收入状况和护理人数、护理期限确定。护理人员有收入的，参照误工费的规定计算；护理人员没有收入或者雇佣护工的，参照当地护工从事同等级别护理的劳务报酬标准计算。护理人员原则上为一人，但医疗机构或者鉴定机构有明确意见的，可以参照确定护理人员人数。护理期限应计算至受害人恢复生活自理能力时止。受害人因残疾不能恢复生活自理能力的，可以根据其年龄、健康状况等因素确定合理的护理期限，但最长不超过二十年。受害人定残后的护理，应当根据其护理依赖程度并结合配制残疾辅助器具的情况确定护理级别。"

本条解释规定了护理费的给付标准。本条解释分为 4 款，分别规定了护理费数额确定中所包含的项目，护理费计算的具体标准，护理期限的确定标准以及护理级别的确定。根据本条解释的规定，护理费数额根据护理人员的花费确定，包括护理人员的收入状况、护理人数和护理期限三个维度的考量。在护理费的确定上，如果护理人员有收入的，参照误工费的规定计算；如果护理人员没有收入或者雇佣护工的，参照当地护工从事同等级别护理的劳务报酬标准计算。护理人员原则上为一人，但医疗机构或者鉴定机构有明确意见的，可以参照确定护理人员人数。护理期限的确定应自受害人受到损害至恢复生活能力为止；如果受害人因残疾不能恢复生活自理能力的，法官可以根据其年龄、健康状况等因素确定合理的护理期限，但最长不超过二十年。护理级别的确定应当根据其护理依赖程度并结合配制残疾辅助器具的情况确定护理级别。

我国多项法律法规中存在对于护理费进行规范的条款，《中华人民共和国民法通则》第119条规定："侵害公民身体造成伤害的，应当赔偿医疗费、因误工减少的收入、残废者生活补助费等费用；造成死亡的，并应当支付丧葬费、死者生前扶养的人必要的生活费等费用。"该条规定是制定本司法解释的最主要现行法依据，在本条法律规范中规定的"等费用"，为司法解释提供了空间，护理费的支出应当被包含在这一规定中。《中华人民共和国侵权责任法》第16条规定："侵害他人造成人身损害的，应当赔偿医疗费、护理费、交通费等为治疗和康复支出的合理费用，以及因误工减少的收入。造成残疾的，还应当赔偿残疾生活辅助具费和残疾赔偿金。造成死亡的，还应当赔偿丧葬费和死亡赔偿金。"《中华人民共和国产品质量法》第44条第1款规定："因产品存在缺陷造成受害人人身伤害的，侵害人应当赔偿医疗费、治疗期间的护理费、因误工减少的收入等费用；造成残疾的，还应当支付残疾者生活自助具费、生活补助费、残疾赔偿金以及由其扶养的人所必需的生活费等费用；造成受害人死亡的，并应当支付丧葬费、死亡赔偿金以及由死者生前扶养的人所必需的生活费等费用。"《中华人民共和国消费者权益保护法》第49条规定："经营者提供商品或者服务，造成消费者或者其他受害人人身伤害的，应当赔偿医疗费、护理费、交通费等为治疗和康复支出的合理费用，以及因误工减少的收入。造成残疾的，还应当赔偿残疾生活辅助具费和残疾赔偿金。造成死亡的，还应当赔偿丧葬费和死亡赔偿金。"《中华人民共和国社会保险法》第38条规定："因工伤发生的下列费用，按照国家规定从工伤保险基金中支付：（一）治疗工伤的医疗费用和康复费用；（二）住院伙食补助费；（三）到统筹地区以外就医的交通食宿费；（四）安装配置伤残辅助器具所需费用；（五）生活不能自理的，经劳动能力鉴定委员会确认的生活护理费；（六）一次性伤残补助金和一至四级伤残职工按月领取的伤残津贴；（七）终止或者解除劳动合同时，应当享受的一次性医疗补助金；（八）因工死亡的，其遗属领取的丧葬补助金、供养亲属抚恤金和因工死亡补助金；（九）劳动能力鉴定费。"国务院颁布的《工伤保险条例》第34条规定："工伤职工已经评定伤残等级并经劳动能力鉴定委员会确认需要生活护理的，从工伤保险基金按月支付生活护理费。生活护理费按照生活完全不能自理、生活大部分不能自理或者生活部分不能自理 3 个不同等级支付，其标准分别为统筹地区上年度职工月平均工资的 50%、40%或者 30%。”除以上列明的法律法规之外，还有一些法律规定中对护理费有所规定，在此不再一一列明。

（一）护理费赔偿的法理依据

在前文中有所论述的有关损害赔偿的规则，包括全部赔偿、财产赔偿、损益相抵、过失相抵、衡平原则。以金钱方式进行的赔偿一般包括恢复原状或者折价赔偿、全部赔偿的原则及例外，赔偿的范围包括财产损失和非财产损失、对受害人的损失和对第三人的反射性赔偿。恢复原状与折价赔偿的关系为“恢复原状这一法律原则首先面临的不是赔偿方式的问题而是如何确定损害的大小，即以金钱折算。通过对物的受损情况的替代原则和折价赔偿原则的比较能更好地理解恢复原状方式的这一功能”。“损害赔偿有两种方式，即恢复原状和金钱赔偿，许多学者认为金钱赔偿方式有时也是恢复原状的赔偿方式。”全部赔偿意味着加害人必须对其侵权行为所导致的损害尽赔偿义务，或者说必须将现状恢复到造成损害之前的情况。在讨论这一规则时，有一个重要问题是对全部赔偿原则偏离或者何种程度的偏离才是公平而合理的，加害人的过错程度能否对其承担责任的范围带来影响。在普通法上，对于财产损失的赔偿分为特别损害赔偿和一般损害赔偿。特别损害是对能够用金钱准确计算因此必须由原告在诉状中列明并有证据证明的损失。典型的例子是对于治疗费的赔偿。而一般损害赔偿针对的是那些主张权利时不能精确计算也没有实践证明，因此只能进行定型化赔偿的损失。这种损失既可以是财产损失也可以是非财产损失，例如尚未发生的误工损失等。按照欧洲侵权法的理念，本条规定属于全部赔偿的情形。对于未来发生损失可以一次判定，也可以在判定后，如赔偿数额仍远不能支付实际损失，权利人可以另行起诉主张权利。

（二）护理费赔偿的适用条件

《人身损害赔偿解释》第 17 条规定：受害人遭受人身损害，因就医治疗支出的各项费用以及因误工减少的收入，包括医疗费、误工费、护理费、交通费、住宿费、住院伙食补助费、必要的营养费，赔偿义务人应当予以赔偿。受害人因伤致残的，因康复护理、继续治疗实际发生的必要的康复费、护理费、后续治疗费，赔偿义务人也应当予以赔偿。在实践中当事人常常因为是否产生护理费、是否应当进行护理费赔偿的问题产生争议。以下对于护理费的适用条件进行分析。

侵权法上的护理费与医学上的医疗护理费不是同一个概念，后者是指医院为了补偿在护理工作中的支出而向接受护理的病人收取的与护理工作消耗相对应的费用。在住院期间，医院根据病人的护理级别收取相应的护理费，并包含在医疗费中；而侵权法中的护理费是对因受害人恢复健康所需要护理而产生的损失的赔偿，可以将护理费所对应的这一损失认定为护理损失，属于恢复受害人身体健康所产生的实际损失。护理可以分为两种：一是因为受害人的恢复需要聘请护工而向护工支付的报酬；二是人身伤害发生后受害人的亲属因护理受害人而耽误工作，造成的损失。护理费正是对符合条件的护理损失进行的赔偿，既包含受害人向护工支付报酬的损失弥补，也包括对受害人亲属因护理受害人而遭受的误工损失的弥补。

依据《民通意见》中的规定，护理费的损失只有经过医院批准才能够得到赔偿；但《人身损害赔偿解释》对此则没有规定。护理费的赔偿是否需要医院的批准？仅从医学治疗的角度来看，虽然生活能够自理的受害人无须护理，但受害人及其家属出于对受害人的关怀以及对受害人顺利恢复健康的目的希望对受害人提供护理服务，这也是可以理解的。因此，对于护理的必要性以及护理费赔偿的必要性问题，首先，应当考虑护理费的目的在于帮助受害人更好地恢复健康；其次，侵权法具有补偿受害人损失的功能，而加害人的加害行为导致了受害人受到伤害并有了护理的需要，由此看来，要求加害人对护理费承担损害赔偿责任是合理的。但与此同时，对于护理费也应当进行适当的限制，目的在于不对加害人科以过重的负担。考虑到以上因素，在对护理费的赔偿中应当遵循以下原则：对于医院批准产生的护理费，应当进行赔偿；在住院期间产生的护理费，不论是否获得医院批准，都应当赔偿；出院后，对于生活不能自理的受害人产生的护理费，应当予以赔偿，反之，生活能够自理的受害人，即使产生了实际护理费，也不应当获得赔偿。

在受害人家属单人护理人员的情况下，受害人实际支出了护理费用，该项费用造成的实际损失，应当得到赔偿；若受害人未支出费用，但担任护理工作的家属受到误工损失，在此种情况下，人身伤害的受害人并未受到损害，而是进行护理工作的家属受到损害，这种损失在这种情况下属于纯粹经济损失，对于这种损失，能否得到赔偿？按照侵权法的原理，对于纯粹经济损失，由于在大多数情况下难以预料和控制，为避免对加害人造成过重的负担，在一般情况下不予赔偿。但若是考虑到对护理人员利益的维护，尤其是护理费的损失应当是加害人在造成人身侵害时应当预料到的一种后果，并不完全符合纯粹经济损失不予赔偿的法理依据。如果护理家属的误工损失也需要进行赔偿，而家属进行护理的误工损失比聘请护工的花费更高，此时对于赔偿标准就会存在争议。单纯从医疗护理的角度看，护理工作只需要护工担任即可，允许受害人的亲属担任护理人员是考虑到受害人及其亲属的心理感受，但不能因此造成对侵权人的过度负担。因此，对于近亲属担任护理人员时可以按照误工费的标准确定护理费的赔偿标准，但其他人员担任护理人员时，就只能按照当地护工从事同等级别护理的劳务报酬标准计算。

（三）护理费赔偿适用中应当注意的问题

本条解释规定：护理期限应计算至受害人恢复生活自理能力时止。受害人因残疾不能恢复生活自理能力的，可以根据其年龄、健康状况等因素确定合理的护理期限，但最长不超过二十年。但是，如果超出法院判决确定的护理期限以及最长护理期限 20 年后，受害人仍然需要护理费的，受害人提起新的诉讼的侵权法依据为何？从侵权法理论上讲，损害赔偿的基本理念是实现矫正争议，赔偿的目的在于使受害人恢复至损害发生前的状况，即对于受害人的全部损失采取完全赔偿原则。全部损失包括精神损失和物质损失两个部分。财产损失包括积极损失和消极损失，所谓积极损失是受害人现有财产因侵权行为带来的减少或者支出，消极损失则是受害人因侵权行为导致的原本可得利益的丧失。在本解释中，对于护理费的赔偿最终确定了法院可以根据其年龄、健康状况等因素确定合理的护理期限，但法院判决确定的护理期限最长不能超过 20 年。如果在人民法院确定的护理期限未届满时，受害人已经死亡，赔偿义务人已经支付的护理费是否应当退还等，对此，应当认为不能退还。护理期限是法官依据法律授权在自由裁量权范围内确定的，旨在保护受害人的权利，不存在退还。若超过判决确定的期限或超过法律规定的最长 20 年的期限，受害人仍然存活，且需要护理的情况下，受害人应当有权提起新的诉讼向加害人主张权利。超出判决护理期限后，当事人仍享有诉权，有权就增加的超出部分主张赔偿，可以更加充分地保护受害人的利益。这也是本条解释确定在超出判决确定护理期限或最长 20 年的护理期限所确定的赔偿数额后有权提出增加的护理费的诉讼的理由。

对于护理费人员的收入状况，根据本解释第 21 条第 2 款的规定，应当分为两种情况。如果护理人员本身有收入的，在本条解释中规定："护理人员有收入的，参照误工费的规定计算；……"本解释第20条规定："误工费根据受害人的误工时间和收入状况确定。误工时间根据受害人接受治疗的医疗机构出具的证明确定。受害人因伤致残持续误工的，误工时间可以计算至定残日前一天。受害人有固定收入的，误工费按照实际减少的收入计算。受害人无固定收入的，按照其最近三年的平均收入计算；受害人不能举证证明其最近三年的平均收入状况的，可以参照受诉法院所在地相同或者相近行业上一年度职工的平均工资计算。"在本解释出台前，有关护理人员的误工费标准主要依据在《道路交通事故处理办法》《最高人民法院关于审理触电人身损害赔偿案件若干问题的解释》等法律规定中的护理费赔偿标准。但由于当时我国经济发展水平较低，故确定的赔偿标准较低，在此种背景下，本解释制定并确定了新的护理费赔偿标准。本解释中采取了差额赔偿原则，对受害人的损失进行了全部赔偿，这体现了现代侵权赔偿的理念。在护理人员没有收入或者雇佣护工的，参照当地护工从事同等级别的劳务报酬标准计算。应当注意，这里的"没有收入"与"没有固定收入"是不同的，在适用时应当进行严格区分。在本条解释中明确了护理人员有收入的，护理费参照误工费的规定计算。这一规定表明护理人员可以由护工以外的人担任，解决了受害人家属担任护理人员的损失计算问题。同时，按照收入计算误工费的规则也符合公平原则。误工费是对护理人员因护理受害人耽误工作而未能取得劳动报酬的赔偿，是对护理人员可得利益的赔偿。本条解释中确定了可得利益以护理人员的收入状况为标准进行赔偿，符合社会公平和侵权法损害填补的规则。

关于护理费的赔偿，还有一个重要的问题是关于护理级别的确定。本条解释中对于护理费级别的确定按照"护理依赖程度结合配置残疾辅助器具的情况确定护理级别"。对于"护理依赖程度"和"配制残疾器具情况"的标准可以参考最高人民法院、最高人民检察院、公安部等联合制定的《人体损伤程度鉴定标准》，原国家技术监督局颁布的《职工工伤与职业病致残程度鉴定》和原劳动和社会保障部颁布的《职工非因工伤残或因病丧失劳动能力程度鉴定标准（试行）》。《职工工伤与职业病致残程度鉴定》第3.1.4条规定："护理依赖指伤、病致残者因生活不能自理需依赖他人护理者。生活自理范围主要包括下列五项：a）进食；b）翻身；c）大、小便；d）穿衣、洗漱；e）自我移动。护理依赖的程度分三级：a）完全护理依赖指生活不能自理，上述五项均需护理者。b）大部分护理依赖指生活大部不能自理，上述五项中三项需要护理者。c）部分护理依赖指部分生活不能自理，上述五项中一项需要护理者。”

6 如何确定人身损害赔偿中交通费的数额？

解答：《人身损害赔偿解释》第22条规定：“交通费根据受害人及其必要的陪护人员因就医或者转院治疗实际发生的费用计算。交通费应当以正式票据为凭；有关凭据应当与就医地点、时间、人数、次数相符合。”

本条解释确定了交通费的赔偿标准。

其中包含三个层次：第一，交通费是受害人及其必要的陪护人员因就医，包括陪护人员陪护病人，受害人转院治疗实际发生的费用。强调的是受害人就医支出的费用，且须是实际发生的费用。第二，赔偿权利人在请求赔偿义务人赔偿交通费时应当以受害人提供整个票据作为支付凭证，没有正式票据的一律不予赔偿。第三，正是票据所表明的因就医产生的交通费应当与就医地点、时间、人数、次数相吻合。

关于因侵害他人人身权益所产生的人身损害赔偿中交通费赔偿的部分，我国相关法律法规中也有所规定。《中华人民共和国侵权责任法》第16条规定：“侵害他人造成人身损害的，应当赔偿医疗费、护理费、交通费等为治疗和康复支出的合理费用，以及因误工减少的收入。造成残疾的，还应当赔偿残疾生活辅助具费和残疾赔偿金。造成死亡的，还应当赔偿丧葬费和死亡赔偿金。”《中华人民共和国消费者权益保护法》第49条规定：“经营者提供商品或者服务，造成消费者或者其他受害人人身伤害的，应当赔偿医疗费、护理费、交通费等为治疗和康复支出的合理费用，以及因误工减少的收入。造成残疾的，还应当赔偿残疾生活辅助具费和残疾赔偿金。造成死亡的，还应当赔偿丧葬费和死亡赔偿金。”《医疗事故处理条例》第50条第9项规定：“医疗事故赔偿，按照下列项目和标准计算：……（九）交通费：按照患者实际必需的交通费用计算，凭据支付。”第51条规定：“参加医疗事故处理的患者近亲属所需交通费、误工费、住宿费，参照本条例第五十条的有关规定计算，计算费用的人数不超过2人。医疗事故造成患者死亡的，参加丧葬活动的患者的配偶和直系亲属所需交通费、误工费、住宿费，参照本条例第五十条的有关规定计算，计算费用的人数不超过2人。”结合相关法条，对于本条解释关于人身损害中关于交通费的赔偿进行如下分析。

（一）关于交通费赔偿的理论依据

我国台湾地区的学者认为，确定损害赔偿的范围，应当从赔偿义务人和赔偿权利人双方的角度来考察。从赔偿义务人的角度看，有两个重要的问题，一是赔偿权利人的范围如何，即赔偿义务人须对哪个赔偿权利人承担赔偿责任；二是对赔偿权利人的损害有多大，即赔偿义务人如何承担赔偿义务。从赔偿权利人的角度考察，最重要的问题是发生于特定权力上的损害有多大，即赔偿义务人对于其侵权行为造成赔偿权利人的何种损害以及损害应当承担多大的责任。财产赔偿的数额应从所受损失和所失利益两个角度考察。所受损害是指因损害事故的发生赔偿权利人现有财产减少的数额。在此应当注意的是，损害包括财产上的损害和非财产上的损害两种，财产上的损害既包括受害人因侵权行为所受的损害，也包括受害人由于侵害所导致的利益损失。所受损害往往表现为人的死亡、受伤；物的毁损、灭失；人身自由被剥夺、对物的占有的剥夺；由于污染或干扰导致的损害；权利的损害；不履行的损害；等等。同时，这些损害结果与肇事行为之间应当存在因果关系。所失利益则通常是指因损害事故的发生而导致的赔偿权利人应当增加而未增加的财产数额。所失利益在本质上是期待权的一种，所失利益的大小，原则上应当以损害事故发生前后赔偿权利人总共的财产状况计算。所失利益分为可得预期之利益和依特别情事可得之利益，前者不以赔偿权利人的实际情况为赔偿标准，而是以一般人作为赔偿标准；后者以赔偿权利人的个体实际情况为赔偿标准。本条关于交通费的赔偿标准采用的就是“依特别情事可得预期利益”的方式确定赔偿标准的。

《中华人民共和国民法通则》第119条规定：“侵害公民身体造成伤害的，应当赔偿医疗费、因误工减少的收入、残废者生活补助费等费用；造成死亡的，并应当支付丧葬费、死者生前扶养的人必要的生活费等费用。”与关于护理费的赔偿标准一样，本条解释的制定所依据的主要法律渊源就是《中华人民共和国民法通则》第119条的规定。在第119条中的“等规定”下，包括交通费这一部分损失。《民通意见》中没有关于交通费的规定。结合目前现有的关于交通费的规定，可以发现对于交通费的赔偿标准还不够完善。对比本解释与本解释制定之前有关交通费的赔偿标准，可以看出本条解释规定的交通费的赔偿标准较医疗费、误工费、护理费的赔偿条件更加严格。例如，对于医疗费的赔偿，按照本解释第 19 条的规定，用证据规则调整赔偿义务人和赔偿权利人的侵权赔偿数额，对于医疗费的构成没有特别的限制，对于转院治疗、因人身损害引起的并发症、特殊需要的超标医药费等费用，只要受害人有充分的证据证明费用支出的合理性，赔偿义务人就应当进行赔偿。医疗费、护理费的后续费用采取定型化赔偿的方式予以赔偿。而误工费的赔偿也突破了此前《道路交通事故处理办法》中规定的“对收入高于交通事故发生地平均生活费 3 倍以上的，按 3 倍计算”的规定。与上述规定相比，本条解释对于交通费的赔偿进行了相对严格的解释，只有受害人和必要的陪护人员支出的交通费才有可能获得赔偿。举例而言，如果受害人因侵权行为导致的人身伤害需要医生出诊，医生出诊支出的交通费能否得到赔偿？对于条文规定进行文义解释时，很容易得出不能得到赔偿的结论。但对此应当具体问题具体分析。如果受害人因人身损害无法到医院就医，或医生出诊可以节省赔偿费用、提高治疗效果，在此种情况下，产生医生出诊的交通费就是合理的，对于这部分合理的支出赔偿义务人应当进行赔偿。同时，我们还看到，对于应当赔偿的交通费的认定条件较为严格。只有就医、转院两项支出的交通费才能获得赔偿，同时受害人还应当提供支付交通费的凭证并且与就医的地点、时间、人数、次数相符。这些要求与医疗费、误工费赔偿相比要严格得多。此外，尽管交通费的赔付条件比其他项目的赔偿严格得多，但较《最高人民法院关于贯彻执行民事政策法律若干问题的意见》（1984 年 8 月 20 日颁布）而言，赔偿条件宽松了很多。根据《最高人民法院关于贯彻执行民事政策法律若干问题的意见》的规定，交通费支出的目的必须是“需送医院抢救或必须转院”，本条规定的是“就医或者转院治疗”，比较这两条规定，本解释中对于交通费的赔偿规定显得宽松很多。本条规定了支出交通费的主体应当是受害人和受害人所必要的陪护人员。《最高人民法院关于贯彻执行民事政策法律若干问题的意见》规定交通费的支出主体必须是受害人。本条解释规定的交通费的赔偿原则为“就医或者转院治疗实际发生的费用”，而在《最高人民法院关于贯彻执行民事政策法律若干问题的意见》中规定的是“应当根据实际情况，由受害人酌情补付”。根据本解释第 17 条的规定，交通费属于赔偿义务人应当向受害人赔偿的费用，而在《最高人民法院关于贯彻执行民事政策法律若干问题的意见》中，交通费“应当根据实际情况，由加害人酌情补付”，这意味着在 1984 年的解释中，交通费尚不是必须予以赔付的内容。

（二）交通费赔偿中应当注意的问题

人身损害赔偿中的交通费赔偿，是指受害人及其必要的陪护人员因为就医、陪护人员陪护病人，受害人转院治疗中实际发生的费用。对于交通费的赔偿问题，《中华人民共和国民法通则》中由于经济条件所限并没有在人身损害赔偿条款中对这部分费用进行规定，《民通意见》中也没有规定。《中华人民共和国民法通则》第119条规定："侵害公民身体造成伤害的，应当赔偿医疗费、因误工减少的收入、残废者生活补助费等费用；造成死亡的，并应当支付丧葬费、死者生前扶养的人必要的生活费等费用。"该规定为人身损害赔偿中交通费项目的赔偿确立了空间，也是《人身损害赔偿解释》的主要法律渊源。

对于交通费的赔偿，应当注意以下问题：

1. 对于交通费的赔偿，原则上采取赔偿实际损害与法定范围相结合的原则。在交通费赔偿条件的尺度把握上，可以明显看到，交通费的赔偿条件相较医疗费、误工费、护理费的赔偿更为严格，因此对于交通费赔偿的认定上应当严格遵循法律的有关规定，不宜对交通费赔偿进行从宽认定。

2. 交通费的赔偿不仅仅包括受害人因为就医、转院治疗所实际发生的费用，还应当包括陪护人员因为陪护病人而发生的实际支出的必要费用。

3. 交通费的赔偿必须与受害人就医治疗有关，应当是受害人因就医而实际支出的费用。

4. 交通费的赔偿必须遵循严格的依票据赔偿原则。即赔偿义务人赔偿交通费应当以受害人所提供的正式的票据作为支付凭证，没有正式票据的一律不进行赔偿。这里的正式票据，不仅指正式的税务发票，也可以是汽车票、火车票、船票、出租汽车票等正式的票据。

5. 在对交通费用的证据进行审查方面，遵循的标准是受害人所提供的正式交通票据应当与就医的时间、地点、人数、次数相吻合。

6. 交通费一般应当参照侵权行为地的国家机关一般工作人员的出差车旅费标准支付交通费。乘坐交通工具原则上应当以普通公交汽车为主，在特殊情况下，受害人及其陪护人员也可以乘坐救护车、出租汽车，但受害人应当说明使用的合理性。乘坐火车时，原则上应当以乘坐普通硬卧火车为主，特殊情况下需要乘坐软座、卧铺的，应当允许，但赔偿权利人应当说明选择乘坐此种交通工具的合理性。一般情况下，不应当准许乘坐飞机，但在紧急的情况下可以有例外，在此同样也需要赔偿权利人说明选择此种交通方式的合理性。

交通费的赔偿一般属于人身损害赔偿费用中所占比例较少的费用，在法院裁判实践中，往往会以酌定金额确定交通费的赔偿。由于对交通费赔偿的严格限制，对于赔偿权利人提出了较高的要求，需要建立在公共交通发达、票据支付手段完善的条件下。法院对于没有正式票据但合理的交通费，例如郊区县或者偏远农村地区打私人出租车或者雇车产生的费用，借用他人或者使用本人车辆时所产生的燃油费和过桥费，很多情况下并不能提供交通票据，但如果拒绝赔偿，对于受害人遭受的交通费的损失会有失公允。在实践中，法院针对这样的情况，结合当地的交通话费水平，在受害人对其支付的交通费用提供了充分有力证据的情况下，可以对受害人所遭受的交通损失予以酌定。因此，对于交通费的赔偿问题应当把握从严赔偿原则，但也要根据人身损害案件的具体问题进行具体分析，从而更好地保证受害人的合法权益。

7 如何确定就医住院产生的相关费用的赔偿？

解答：《人身损害赔偿解释》第 23 条规定："住院伙食补助费可以参照当地国家机关一般工作人员的出差伙食补助标准予以确定。受害人确有必要到外地治疗，因客观原因不能住院，受害人本人及其陪护人员实际发生的住宿费和伙食费，其合理部分应予赔偿。"

本条针对的是受害人因侵权导致必须住院治疗后，产生的相关费用的赔偿标准。

本条第 1 款是有关住院伙食补助费的标准的规定。本条第 2 款规定的是受害人在外地治疗并且不能住院的情况下，受害人本人以及其陪护人员发生的住宿费和伙食费的处理标准。

对于有关受害人因就医住院而产生的费用，我国现行法律进行了规定。《中华人民共和国社会保险法》第 38 条规定："因工伤发生的下列费用，按照国家规定从工伤保险基金中支付：（一）治疗工伤的医疗费用和康复费用；（二）住院伙食补助费；（三）到统筹地区以外就医的交通食宿费；（四）安装配置伤残辅助器具所需费用；（五）生活不能自理的，经劳动能力鉴定委员会确认的生活护理费；（六）一次性伤残补助金和一至四级伤残职工按月领取的伤残津贴；（七）终止或者解除劳动合同时，应当享受的一次性医疗补助金；（八）因工死亡的，其遗属领取的丧葬补助金、供养亲属抚恤金和因工死亡补助金；（九）劳动能力鉴定费。”《工伤保险条例》第30条第4款规定：“职工住院治疗工伤的伙食补助费，以及经医疗机构出具证明，报经办机构同意，工伤职工到统筹地区以外就医所需的交通、食宿费用从工伤保险基金支付，基金支付的具体标准由统筹地区人民政府规定。”《医疗事故处理条例》第50条规定：“医疗事故赔偿，按照下列项目和标准计算：……（三）住院伙食补助费：按照医疗事故发生地国家机关一般工作人员的出差伙食补助标准计算……（十）住宿费：按照医疗事故发生地国家机关一般工作人员的出差住宿补助标准计算，凭据支付。”第51条第1款规定：“参加医疗事故处理的患者近亲属所需交通费、误工费、住宿费，参照本条例第五十条的有关规定计算，计算费用的人数不超过2人。”

（一）对于就医住院产生的住院伙食费、为治疗目的产生的治疗费和伙食费认定的依据

对于住院伙食补助费，《中华人民共和国民法通则》第119条没有明文规定，《民通意见》也没有进行规定。有关的规定最早见于1992年施行的《道路交通事故处理办法》（已失效）第37条第3项规定：“住院伙食补助费：按照交通事故发生地国家机关工作人员的出差伙食补助标准计算。”1992年施行的《最高人民法院关于审理涉外海上人身伤亡案件损害赔偿的具体规定（试行）》（已失效）第3条规定：“伤残赔偿范围：（一）收入损失。是指根据伤残者受伤致残之前的实际收入水平计算的收入损失。因受伤、致残丧失劳动能力者，按受伤、致残之前的实际收入的全额赔偿；因受伤、致残丧失部分劳动能力者，按受伤、致残前后的实际收入的差额赔偿。（二）医陪、护理费。医疗费包括挂号费、检查诊断费、治疗医药费、住院费等；护理费包括住院期间必需陪护人的合理费用和出院后生活不能自理所雇请的护理人的费用。（三）安抚费。是指对受伤致残者的精神损失所给予的补偿。可按伤势轻重、伤痛情况、残废程度，并考虑其年龄、职业等因素作一次性的赔付。（四）其他必要的费用。包括运送伤残人员的交通、食宿之合理费用、伤愈前的营养费、补救性治疗（整容、镶牙等）费、残疾用具（假肢、代步车等）费、医疗期间陪住家属的交通费、食宿费等合理支出。”这些规定都与住院伙食补助费有关，但也并不是纯粹对于住院伙食补助费的规定。2001年施行的《最高人民法院关

于审理触电人身损害赔偿案件若干问题的解释》（已失效）第4条第3项规定：“住院伙食补助费和营养费：住院伙食补助费应当根据受害人住院或者在外地接受治疗期间的时间，参照事故发生地国家机关一般工作人员的出差伙食补助标准计算。人民法院应当根据受害人的伤残情况、治疗医院的意见决定是否赔偿营养费及其数额。”《医疗事故处理条例》第50条第3项也做出了相关规定：“住院伙食补助费：按照医疗事故发生地国家机关一般工作人员的出差伙食补助标准计算。”可见，在司法解释中，除1992年的司法解释和2001年的司法解释对于住院伙食补助有所规定外，再没有其他的司法解释对此进行规定了，而1992年施行的《最高人民法院关于审理涉外海上人身伤亡案件损害赔偿的具体规定（试行）》是针对特定的适用对象制定的，即涉外海上人身损害赔偿，2001年的《最高人民法院关于审理触电人身损害赔偿案件若干问题的解释》的适用情况也是特定的，即针对触电人身伤亡的情况。因此，本司法解释是关于人身损害赔偿的一般性司法解释，应当对受害人住院伙食补助费的标准进行统一规定，包括对受害人到外地治疗，不能住院，受害人本人以及其陪护人员发生的住宿费即伙食费计算作出规定。

从已有的规范来看，在确定住院伙食补助费的标准时，一般都以当地国家机关一般工作人员的出差伙食补助情况作为标准，这不仅可以方便统一计算，也能够保障社会公平。在本条解释中，对于住院伙食补助费的计算，将“按照”、“应当根据”改成了“可以参照”，既保持了连续性、原则性，也不失灵活性，更加符合审判实际。

（二）对于住院伙食补助费应当如何赔偿

在解释上，“住院伙食补助费”属于《中华人民共和国侵权责任法》第16条所规定的“为治疗和康复支出的合理费用”，一般而言，受害人住院治疗，其伙食费的支出往往会超过其在家中的标准，这部分的损失属于积极损失，应当由赔偿义务人予以赔偿。因此，在本条解释第1款规定，对于受害人在住院期间的伙食补助可以参照当地国家机关一般工作人员的出差伙食补助的标准予以确定。依此条规定，在赔偿受害人在住院期间的伙食补助费时应当注意以下问题：

第一，对于住院伙食补助费，其权利人应当限于住院的受害人。伙食补助费，根据本条解释的规定，补助的是“住院”的“受害人”。因此，如果受害人没有住院，就没有对这项费用的赔偿。如果受害人需要陪护人员的，因为陪护人员有护理费，而护理费用包含了陪护人员的生活费，且根据本条解释，陪护人员不是“住院”伙食补助费的补助对象，所以对于陪护人员，不应当有住院伙食补助费这一项内容。

第二，住院伙食费的补助标准，应当参照当地国家机关一般工作人员的出差标准予以确定。2013 年制定的《关于印发〈中央和国家机关差旅费管理办法〉的通知》第 17 条规定：“财政部分地区制定伙食补助费标准。各省、自治区、直辖市和计划单列市财政厅（局）负责根据当地经济社会发展水平、市场价格、消费水平等因素，参照所在市公务接待工作餐、会议用餐等标准提出伙食补助费标准报财政部，经财政部统筹研究提出意见反馈地方审核确认后，由财政部统一发布作为中央单位工作人员到相关地区出差的伙食补助费标准。”中央国家机关的一般工作人员，是指处级以及处级以下的工作人员。这里对于“当地”的理解，司法解释中没有明确说明是县、市级，还是“省、自治区、直辖市”，也没有规定“当地”的概念是侵权行为发生地还是侵权行为结果地，抑或是受诉法院所在地，但是根据 2013 年制定的《关于印发〈中央和国家机关差旅费管理办法〉的通知》中所明确的“各省、自治区、直辖市和计划单列市财政厅（局）负责”，一般认为对于“当地”理解为省级标准。

第三，人民法院可以对住院伙食补助费的标准进行调整。根据《人身损害赔偿解释》第 23 条的规定，人民法院确定的住院伙食补助费“可以参照”当地国家机关一般工作人员的出差伙食补助标准，这意味着针对具体个案的特殊情况，人民法院可以适当地对住院伙食补助费进行“自由裁量”。

（三）受害人到外地治疗，因为不能住院而发生的住宿费和伙食费应当如何赔偿

《人身损害赔偿解释》第 23 条第 2 款规定：“受害人确有必要到外地治疗，因客观原因不能住院，受害人本人及其陪护人员实际发生的住宿费和伙食费，其合理部分应予赔偿。”由此可见，对于受害人在外地不能住院而产生的住宿费和伙食费的赔偿具有严格的条件和限制。

第一，该住宿费和伙食费必须是“受害人确有必要到外地治疗，因客观原因不能住院”而发生的费用。这意味着赔偿权利人必须举证证明受害人“确有必要”到外地治疗，且证据必须确实、充分。比如，当地没有条件治疗受害人所受的伤

害，或者受害人需要进行的手术当地医疗水平尚且不能达到等，如果当地医院能够完全治愈受害人所受伤害，例如一些常规的手术，受害人就没有必要到外地进行治疗。这里的住宿费，是指受害人本人到外地就医、参加事故处理等必须支出的合理的住宿费用，包括受害人受伤后因医院无床位或其他原因确需候诊，当天不能返回及等待检查结果而产生的伤者的住宿费用；伤者因伤情确需住院，但无病床，确需等待床位而产生的伤者的住宿费用；伤者确有必要到外地治疗，因客观原因不能住院，伤者本人及其陪护人员实际发生的合理的住宿费用和伤者参加事故处理所产生的住宿费用。住宿费用的计算可以参照事故发生地的国家机关一般工作人员的出差住宿费用计算。

第二，对于发生的住宿费和伙食费，必须是实际发生的合理的费用。受害人到外地治疗实际发生的住宿费和伙食费，赔偿义务人只赔偿其中的合理部分，至于对合理部分如何确定，要根据个案的具体境况进行认定，做出个案处理结果。

第三，该住宿费和伙食费必须是受害人本人和陪护人员实际发生的。受害人确有必要到外地进行治疗的，则需要陪护人员，对于陪护人员所发生的住宿费和伙食费的合理部分也应当获得赔偿。

8 对受害人的营养费应当如何认定？

解答：《人身损害赔偿解释》第 24 条规定：“营养费根据受害人伤残情况参照医疗机构的意见确定。”

本条解释是关于确定营养费赔偿的根据和营养费标准确定的规定。

对于营养费的赔偿，除了本解释之外，在此前提到过的关于人身损害赔偿相关的司法解释中，即《民通意见》、1992 年的《道路交通事故处理办法》、2002 年施行的《医疗事故处理条例》中都没有关于营养费赔偿的有关规定，可以说，本解释中对于营养费的有关规定，体现了最高人民法院在制定司法解释时“以人为本”的精神。关于营养费的赔偿，最早规定在 1992 年施行的《最高人民法院关于审理涉外海上人身伤亡案件损害赔偿的具体规定（试行）》第 3 条第 4 款中：“其他必要的费用。包括运送伤残人员的交通、食宿之合理费用、伤愈前的营养费、补救性治疗（整容、镶牙等）费、残疾用具（假肢、代步车等）费、医疗期间陪住家属的交通费、食宿费等合理支出。”2001 年施行的《最高人民法院关于审理触电人身损害赔偿案件若干问题的解释》第 4 条第 3 项规定："住院伙食补助费和营养费：住院伙食补助费应当根据受害人住院或者在外地接受治疗期间的时间，参照事故发生地国家机关一般工作人员的出差伙食补助标准计算。人民法院应当根据受害人的伤残情况、治疗医院的意见决定是否赔偿营养费及其数额。"但由于以上两个司法解释都已经废止，因此本解释中有关营养费的规定是现行的关于营养费赔偿标准的仅有规定。根据本解释规定，营养费根据受害人伤残情况参照医疗机构的意见确定，以下是对本条解释的分析：

（一）受害人营养补充的特殊性和重要性

必要的营养能够帮助受害人所受伤害的恢复。受害人的营养状况，直接关系到受害人手术的成败和伤害的恢复，创伤、手术、感染以及肝、肾、心、脑等疾病都会引起从体液到神经、生化代谢中的一系列复杂变化。受害人受伤害的情况不同，其营养需求也不大，同时在临床上也面临需要进行营养补充以帮助提高疗效。例如，在面对严重创伤、大面积烧伤、大手术等情况下，分解代谢亢进，热能消耗和氮的丢失量显著增加；病人虚弱、疼痛、不适应，以及由于某些治疗手段和药物导致的副作用，往往会使病人食欲不振，甚至由于受害人消化道阻隔导致不能进食，或者出现一进食导致病情加重、不利于术后愈合和恢复，尤其是一些危重病人往往不能进食，或者一般的进食不能解决其营养问题。临床资料表明，病人营养不良现象非常普遍，病人住院时营养状况不良的原因是多方面的。例如，病人可能由于恶心、呕吐、腹泻、吸收不良综合征，手术后部分消化道被切除，肾病透析以及瘘管等而使营养素丢失、吸收不良、利用下降；或因为大面积烧伤、多发性骨折、感染、创伤、高烧等产生的应激反应，分解代谢亢进，需要增加营养；也可能由于药物的影响，或者某些营养成分相拮抗或促进其分解，使得营养素的破坏加剧；还有可能由于近期饮食受限制，或者为了化验检查需要多次禁食导致营养摄入不足；或者接受静脉营养或经肠营养，但其配方不当或者数量不足，等等。以上种种情况都可能造成原发性或者继发性营养缺乏。①

对需要营养的受害人实施营养治疗，给予及时的营养支持，能显著地改善受害人的营养状况，有效地配合临床治疗，提高手术的成功率和治愈率，减少死亡率，缩短住院时间，促进受害者的康复。因此，对受害人实际需要补充营养所需要

① 查良锭、周睿、崔月荣、杜寿玢、关桂梧编著：《实用营养手册》（第二版），中国标准出版社 1994 年版。

的费用，赔偿义务人应予赔偿。

（二）确定营养费的根据

根据本条解释的规定，营养费的确定应当根据受害人的伤残情况参照医疗机构的意见确定，换言之，确定受害人营养费的赔偿最重要的依据，首先应当依据受害人的伤残情况确定，同时医疗机构的意见可以作为确定营养费赔偿的参考依据。

这里所说的“伤残情况”，是包括一般伤害，还是仅指造成残疾的情形？按照文义理解，这里的伤残情况，应当包含一般伤害，也包括残疾的情况。一般来说，一般的伤害可能不需要赔偿受害人的营养费，但是也存在例外情况，因为伤害重不一定意味着造成残疾，反之，伤害较轻的情况下也可能会造成残疾。那是不是只要受害人遭受的人身伤害达到残疾的程度，就应当支付营养费呢？就本条的解释看不能这样理解，是否对受害人营养费进行赔偿，应当视受害人受伤害或者残疾的具体情况确定。在残疾的情况下，只要鉴定机构出具了市级以上的伤残等级的鉴定意见书，一般应当对营养费进行赔偿，这是因为受害人已经因为侵害行为导致残疾，伤情确实比较严重，对于受害人的身心造成了较大的伤害，对其增加营养帮助身体正常恢复是有必要的；在受伤但未致残的情况下，没有鉴定机构的伤残鉴定意见，则应当根据具体案情进行确定。如果受害人的伤情确实比较严重，同时有医疗机构加强营养的意见，法官可以对营养费酌情认定。

人民法院在审理人身损害赔偿案件时，赔偿权利人要求赔偿义务人对营养费进行赔偿的，除了考虑受害人的伤残情况外，还应当参考医疗机构就受害人的情况提出的参考意见。尽管这里对于医疗机构的意见的定位在“参考依据”上，但事实上在人民法院审理案件的过程中，医疗机构所出具的意见往往是涉及营养费赔偿的非常重要的依据。如果赔偿义务人对医疗机构出具的意见有异议，可以就受害人不需要营养费、医疗机构出具意见中所提的营养费数额过高进行举证，由人民法院依据证据裁判规则进行裁判。此外，对于医疗机构出具的意见，也应当进行审查，审查的标准为是否符合证据的真实性、关联性和合法性原则，主要注意审查营养意见出具的医疗机构的级别，一般应当以二级甲等以上综合性医院或者专门的专科医院出具的医疗机构营养意见为准，对于其他医院或者诊所、卫生所等其他医疗机构出具的意见则需要采取慎重的态度，一般情况下不予采信，对于医疗机构意见的形式，一般应当载明于诊断证明书、出院病案等文件上，因为其有医疗机构的公章，证据的证明力较高；相反，医嘱、门诊病历等文件，普通的医疗机构人员均可开具，对其采信应当慎重，一般不予采信。

《人身损害赔偿解释》中仅确定了医疗机构意见和受害人伤残情况两个主要依据。当然，这两个依据已经足以构成大部分此类案件的裁判依据。但是在具体案件中还会存在一些特殊的情况应当予以考虑，例如受害人的年龄、身体特质等具体状况应当列入法官的考量因素之内，对于儿童来说，本身就需要足够的营养生长，在骨折等情况下需要加强营养维持生长以及身体恢复所需；而对于老人而言，因为恢复能力较差，也需要加强营养保证身体恢复。所谓应当注意的身体特质，例如一些残疾人士，或者孕妇等身体状况特殊的人，此类受害者可能需要比正常人更多的营养。因此，在此种状况下，也应当发挥法官的自由裁量权，对于受害人的营养费酌情予以补偿。

（三）营养费的给付标准

对于营养费的具体的给付标准，本条没有明确的规定，审判实践中可以参照受害人实际需要补充营养的情况酌定。受害人实际须要补充的营养，是受害人因为侵权行为受到伤害，为了弥补该损害实际需要补充的营养。如果受害人因为侵权行为受到损害之前的营养状况本身不好，存在营养不良的情况，即使没有遭受人身损害，也需要进行营养的补充，在这种情况下，原本就需要补充的营养费不应由赔偿义务人支付。人民法院在审理涉及年老体弱的受害人的人身损害赔偿案件时，应当对此特别注意。要正确区分受害人原本就需要补充的营养和为身体康复所需要补充的营养，采取民法中原因力的理论进行区分。与确定营养费的根据一样，在确定营养费的给付标准时，应当严格根据受害人的伤残情况，同时参照医疗机构的意见，确定赔偿义务人应当赔偿的数额。在审判实践中应当注意，受害人要求赔偿义务人支付的营养费必须根据其实际需要，根据案件的具体情况和医疗机构出具的意见斟酌确定。对于赔偿权利人超过实际需要的营养费支付请求，人民法院不应当予以支持。同时，对于营养费的支付还涉及到法政策的考量，即营养费的支付应当考虑到我国的现实国情，目前我国仍然处于社会主义的初级阶段，经济不发达，人民生活水平总体上还需要提高，对于营养费的支付标准在法律规定中也不如其他赔偿项目标准具体，相对来说更加侧重原则性的规范而少见对其具体使用过程中具体标准的确定，在此种状况下，人民法院在针对营养费问题的审判实践中，应当注意对于营养费的赔偿金额确定不应过高，以避免出现因为营养费过高而对赔偿义务人科以负担过重的情况。

9 如何确定人身损害赔偿中残疾赔偿金的数额？

解答：《人身损害赔偿解释》第25条规定："残疾赔偿金根据受害人丧失劳动能力程度或者伤残等级，按照受诉法院所在地上一年度城镇居民人均可支配收入或者农村居民人均纯收入标准，自定残之日起按二十年计算。但六十周岁以上的，年龄每增加一岁减少一年；七十五周岁以上的，按五年计算。受害人因伤致残但实际收入没有减少，或者伤残等级较轻但造成职业妨害严重影响其劳动就业的，可以对残疾赔偿金作相应调整。"

本条是关于残疾赔偿金计算标准和期限的规定。本条解释规定，对于残疾赔偿金，在理论上采取"劳动能力丧失"说，根据因伤致残的受害人全部或部分丧失劳动能力的情况，客观计算受害人未来的收入损失；同时本条解释考虑职业因素对受害人未来收入的影响，对此应当斟酌平衡。赔偿期间按照二十年的固定期限计算，实行定型化赔偿。

对于残疾赔偿金的规定，我国相关法律中也有着相关规定。《中华人民共和国侵权责任法》第16条规定："侵害他人造成人身损害的，应当赔偿医疗费、护理费、交通费等为治疗和康复支出的合理费用，以及因误工减少的收入。造成残疾的，还应当赔偿残疾生活辅助具费和残疾赔偿金。造成死亡的，还应当赔偿丧葬费和死亡赔偿金。"《中华人民共和国产品质量法》第44条第1款规定："因产品存在缺陷造成受害人人身伤害的，侵害人应当赔偿医疗费、治疗期间的护理费、因误工减少的收入等费用；造成残疾的，还应当支付残疾者生活自助具费、生活补助费、残疾赔偿金以及由其扶养的人所必需的生活费等费用；造成受害人死亡的，并应当支付丧葬费、死亡赔偿金以及由死者生前扶养的人所必需的生活费等费用。"《中华人民共和国消费者权益保护法》第49条规定："经营者提供商品或者服务，造成消费者或者其他受害人人身伤害的，应当赔偿医疗费、护理费、交通费等为治疗和康复支出的合理费用，以及因误工减少的收入。造成残疾的，还应当赔偿残疾生活辅助具费和残疾赔偿金。造成死亡的，还应当赔偿丧葬费和死亡赔偿金。"《精神损害赔偿司法解释》第9条规定："精神损害抚慰金包括以下方式：（一）致人残疾的，为残疾赔偿金；……”对于本解释中关于残疾赔偿金的适用，做如下分析：

（一）关于残疾赔偿金的性质的分析

残疾赔偿金的性质，是指残疾赔偿金是对因残疾导致的收入减少或者收入来源的丧失给予财产损害性质的赔偿，还是对赔偿权利人遭受精神损害给予的精神抚慰性质的赔偿？这个问题在理论和实务中都没有明确的理解。《中华人民共和国民法通则》中没有关于残疾赔偿金的规定，其中第119条不完全列举了对于残疾赔偿金的赔偿范围：“侵害公民身体造成伤害的，应当赔偿医疗费、因误工减少的收入、残废者生活补助费等费用；造成死亡的，并应当支付丧葬费、死者生前扶养的人必要的生活费等费用。”对该条进行文义解释，对于“残废者生活补助费等费用”应当理解为对于受害人因侵权行为导致的生活资源的减少或者丧失的财产损害性质的赔偿。残疾者生活补助费的赔偿数额与受害人残疾等级或者劳动丧失程度成正相关，据此，有关残疾者生活补助费的内容是对赔偿权利人生活资源丧失或减少的赔偿，在性质上属于对财产损害的赔偿。

《中华人民共和国消费者权益保护法》第49条规定，“造成残疾的，还应当赔偿残疾生活辅助具费和残疾赔偿金”。《中华人民共和国产品质量法》第44条第1款规定，“造成残疾的，还应当赔偿残疾生活辅助具费和残疾赔偿金”。两部立法都对人身损害中致人残疾的部分规定了“残疾赔偿金”这一项目，但对于残疾赔偿金的赔偿标准或计算方法没有进行具体规定，因此从法律规定本身很难对残疾赔偿金的性质作出认定。对于“残疾赔偿金”，有关部门的解释是包含“多种损害的赔偿，如某种功能的丧失、影响美观、造成精神痛苦等”。据此，学者普遍认为，“残疾赔偿金”不是赔偿劳动收入的减少，也不是赔偿劳动能力的丧失或减少的损失，而是功能丧失本身引起的损失，或者影响美观、精神痛苦造成的损失，对于残疾赔偿仍然主要是“生活补助费”的赔偿。在审判实践中，根据上述有关部门的解释，一般将“残疾赔偿金”的性质认定为损害抚慰金。2001年颁布的《精神损害赔偿司法解释》第9条中明确规定：“精神损害抚慰金包括以下方式：（一）致人残疾的，为残疾赔偿金；……”据此，残疾赔偿金的性质在司法中被认定为精神损害抚慰金。根据《中华人民共和国国家赔偿法》第34条规定：“侵犯公民生命健康权的，赔偿金按照下列规定计算：……（二）造成部分或者全部丧失劳动能力的，应当支付医疗费、护理费、残疾生活辅助具费、康复费等因残疾而增加的必要支出和继续治疗所必需的费用，以及残疾赔偿金。残疾赔偿金根据丧失劳动能力的程度，按照国家规定的伤残等级确定，最高不超过国家上年度职工年平均工资的二十倍。造成全部丧失劳动能力的，对其扶养的无劳动能力的人，还应当支付生活费；……”本条法律规范在修正前被规定在《中华人民共和国国家赔偿法》第25条中，这也是立法层面首次对“残疾赔偿金”的性质作出明确规定，即残疾赔偿金是对公民健康权受到侵害导致其全部或部分丧失劳动能力的赔偿；根据丧失劳动能力的程度，按照国家规定的伤残等级确定，最高不超过国家上年度职工年平均工资的二十倍。根据本条规定，国家赔偿法中对于“残疾赔偿金”的规定有如下特点：第一，《中华人民共和国国家赔偿法》中将残疾赔偿金的性质认定为财产损害赔偿，而不是精神损害赔偿；第二，对于残疾赔偿是根据劳动能力丧失程度确定的，采取的是抽象损失认定的标准，而非具体认定，即残疾赔偿金不根据受害人实际收入减少情况依差额具体计算收入损失，而是根据劳动能力丧失程度抽象确定收入损失；第三，对于残疾损害金的赔偿标准是上年度职工工资标准，即对抽象意义上的全部财产损失的赔偿；第四，由于采取职工工资标准计算赔偿数额，因此理论上残疾赔偿金应当包含对被扶养人生活费的赔偿，无须再对被扶养人的生活费进行赔偿，但《中华人民共和国国家赔偿法》仍然规定，对于受害人全部丧失劳动能力的，对其扶养的无劳动能力人，还应当支付生活费。

（二）残疾赔偿金计算的理论基础

对于定额化计算的理论根据是“死伤损害说”，是对于“利益说”进行批判后所提出的理论。该说认为，利益说将所受损害与应得利益相等同，认为可以发现因为死伤而实际发生的财产损失额和精神损害额，注重的是对于逸失利益为中心的财产性损害的赔偿。但是，实际上在人死伤的时候并不存在与物的灭失时同样意义的具体损害数额，因此应当将死伤本身作为损害加以把握，即在人身损害当中，实际上实在对本来就不可能用金钱换算的身体、生命进行金钱评价，这是对人类平等和尊重个人存在的违背，将人当作生产利益的工具，因此应当认识到，对于人身损害，不可能在事实上完全认识到赔偿数额，而只能创造赔偿金额。差额说对于因为死伤造成的逸失利益作为应得利益的计算模式，是极不正确的，因为其计算的前提是个人的实际收入状况，但对于现在得到比较安定收入的工薪阶层来说，尚不能断言其将来的收入状况，而对于个体工商户、私营业主等身份的受害者，想要预测他们的未来收入就更加困难。除此之外，对于尚无收入的未成年人、家庭主妇、待业者，为了确定赔偿额计算的标准，应当确定何种程度的预想得到的收入标准，是一个极其微妙的问题，此外，受害人在未来生存年限内实际上的劳动可能的盖然性的程度也是不明确的。因此，“所得利益丧失说”表面上看来极尽精确之能，但实质上是一种极其不正确的计算方法，在对人的身体、生命作评价时，应当采取定额化的标准。定额化赔偿有以下优点：首先，将法学家从“实费注意”的束缚中解放出来；其次，定额化赔偿反映了在大量交通事故和伤害出现的现代社会，为了救济而做定型化处理的法技术、法理论和时代的要求；可以避免因为个人财富、收入的不平等导致认定的损害赔偿额的不平等；此外，应当认为定额化赔偿的模式是对只注重保护被害者、轻视加害者利益，使加害人因为一时的事故而破产的学说、判例的反省。但有反对的意见认为，人的生命的价值虽然没有上下，但人的作用或者说个人所创造的社会价值是有上下的，所以，对于生命、身体的损害规定额是有疑问的。同时，虽然定额化处理对于迅速认定损害赔偿金额是有帮助的，但完全平等的定额化赔偿忽视了个案中的区别，进行“一刀切”的处理，反倒显得不合理。

我国对于逸失利益的损害赔偿，历来采取的是定型化赔偿的方法。在《道路交通事故处理办法》《中华人民共和国国家赔偿法》《医疗事故处理条例》中均对逸失利益的赔偿采取了此种模式。这种模式的理论基础，是以“劳动能力丧失说”作为基础的。该种学说的实质可以认为是“死伤损失说”在受害人因残疾丧失劳动能力情况下的体现，而这两者的思想脉络是一致的。劳动能力丧失说认为受害人的劳动能力的丧失就是人身损害的损害后果，不管受害人受害前是否有收入所得，只要有劳动能力，加害人就应当赔偿此种能力丧失或可能导致的收入减少的损失，对于其损失的计算可以参照社会劳动力价值及受害人的具体状况进行计算。

如前所述，我国法律法规对逸失利益的赔偿原则上采取定型化赔偿。其实，有关残疾赔偿的定型化计算吸收的是“劳动能力丧失说”的思想，该种理论的特点一般是根据受害人的残疾等级评定其劳动能力丧失的程度，并以此作为评价受害人逸失利益损失的依据。鉴于我国立法一般采取“劳动能力丧失说”，本解释中对于逸失利益的损失亦采取了“劳动能力丧失说”予以定型化而赔偿。对比“劳动能力丧失说”和“收入丧失说”两种理论，如果严格依据“收入丧失说”的理论，我们会发现只有实际取得收入的受害人才会有收入损失，同时也只有实际收入减少的人才会出现收入损失，依据此理论继续推演，未成年人、家庭主妇、待业人员都不会存在收入损失，不能依据收入差额获得赔偿。再进一步思考，受害人虽然因伤致残，但实际收入并没有因此减少的，也不能够获得赔偿。但是依据这种理论所得出的结论显然并不合理，因为我们应当承认由于家庭主妇在家庭中的劳动为家庭减少了生活支出，而待业人员也很有可能因为残疾丧失了未来就业的机会。因此，事实上没有人会主张完全的、绝对的“收入丧失说”，很多时候，往往都是以“收入丧失说”和“劳动能力丧失说”的结合作为评价残疾赔偿的理论依据。本解释原则上采取的是“劳动能力丧失说”，同时也考虑赔偿权利人的收入丧失与否的实际情况，作为决定残疾赔偿的因素，以平衡双方当事人的利益。

（三）残疾赔偿金的计算标准及相关因素

本条第 1 款规定：“残疾赔偿金根据受害人丧失劳动能力程度或者伤残等级，按照受诉法院所在地上一年度城镇居民人均可支配收入或者农村居民人均纯收入标准，自定残之日起按二十年计算。但六十周岁以上的，年龄每增加一岁减少一年；七十五周岁以上的，按五年计算。”根据本款规定，残疾赔偿金的两个计算标准分别是“城镇居民人均可支配收入”以及“农村居民人均纯收入”。所谓城镇居民人均可支配收入是指城镇居民家庭在支付个人所得税、财产税及其他经常性转移支出后所余下的实际收入。农村居民人均纯收入是指农村常住居民家庭总收入中，扣除从事生产和非生产经营费用支出、缴纳税款和上交承包集体任务金额后剩余的，可以直接用于进行生产性、非生产性建设投资、生活消费和储蓄的那一部分收入。农村居民家庭纯收入包括从事生产性和非生产性的经营收入，除在外人口带回和国家财政救济、各种补贴等非经营收入；既包括货币收入，也包括实物收入。

由于我国对残疾赔偿金的计算采取的是劳动能力丧失说，因此确定残疾赔偿金的数额，应当首先考虑受害人丧失劳动能力的程度或者伤残等级。受害人丧失劳动能力的程度越重，伤残等级越高，获得的赔偿金相应就会越多，反之则递减。残疾赔偿金的计算标准，是以受诉法院上一年度城镇居民人均纯收入为标准。同时，根据本条第 1 款的规定，残疾赔偿金的计算期限为自定残之日起 20 年。但 60 周岁以上的，年龄每增加 1 岁减少 1 年；75 周岁以上的，按 5 年计算。要说明的是，残疾赔偿金的计算除依据上述标准和时间外，还应当结合受害人的劳动能力丧失程度或伤残等级来加以确定。

确定20年赔偿期限的原因在于，按二十年计算残疾赔偿金是大陆法系国家的传统做法。由于残疾赔偿金的计算方法是指向未来的一次性赔偿，计算期限过程中难免会发生实际赔偿与未来生活实际情况不一致的情况，过分加重赔偿义务人的负担有可能导致损害赔偿变为一种不当的利益。为了避免因为赔偿期限过长导致不确定因素的发生概率增加，规定一个较为适当的期限非常重要。我国的法律法规对于残疾赔偿金期限规定为20年的办法由来已久，在《中华人民共和国国家赔偿法》《道路交通事故处理办法》等法律法规中对残疾赔偿金的赔偿期限为二十年，因此对于这种赔偿模式已经过了长期的实践，在过去的立法实践和审判实践中都已被社会所接受，因此在社会效果上和当事人双方的利益平衡上都是一个较为恰当和适中的期限。同时，为了防止按二十年计算残疾赔偿金可能会导致的不公正，本解释第32条中规定了赔偿权利人在赔偿期限届满后可以再次起诉。

对于60周岁以上的残疾赔偿金逐年递减的理由，主要是根据国家统计局的咨询意见，同时参考了2000年第五次全国人口普查的资料，将赔偿期限的递减起点调整为60周岁，75周岁以上的按照5年计算。

关于确定残疾赔偿金的相关因素，本条第2款中规定："受害人因伤致残但实际收入没有减少，或者伤残等级较轻但造成职业妨害严重影响其劳动就业的，可以对残疾赔偿金作相应调整。"根据本款规定，涉及赔偿权利人的主观损害和客观损害是否应当予以斟酌的问题，在理论上和实务上均有重要的意义。所谓客观因素，是针对特定的损害事故而言，不会因为被害人的不同而存在区别。而所谓的主观因素则会因为被害人不同而有所区别。换言之，因损害事故发生于不同的人身，损害的构成因素就会因人而异。因人而异的这种损害，就是主观损害，反之则为客观损害。[①] 在计算损害时，本解释中对于收入损失采取定型化赔偿的方式，以客观因素计算损害；但在实践中也应当兼顾主观损害的填补和个体正义的实现，考量相关的因素并结合个案情况进行计算。关于人身损害遭受侵害而导致劳动能力减少的受害人，劳动能力减少的程度通常由专业机构鉴定，但这种鉴定结果往往也是按照客观方式进行认定。按主观方式计算，就应当考虑被害人的职业，如果受害人的劳动能力减少对其职业毫无影响，或者损害较小，例如一个售票员，其腿部的伤害可能对其实际劳动不会产生影响；也可能虽然劳动能力减少的鉴定虽然很低，但

---

① 曾世雄：《损害赔偿法院里》，中国政法大学出版社2001年版，第161-164页。

伤害对于被害人的职业影响很大，例如受害人从事对于容貌有较高要求的行业，而伤害导致受害人面部受损导致其不再适于从事原本工作的情形。因此，在实践中对于残疾赔偿金的认定，应当遵循主观与客观相结合的原则。

⑽ 如何认定残疾辅助器具的赔偿费用？

解答：《人身损害赔偿解释》第 26 条规定："残疾辅助器具费按照普通适用器具的合理费用标准计算。伤情有特殊需要的，可以参照辅助器具配制机构的意见确定相应的合理费用标准。辅助器具的更换周期和赔偿期限参照配制机构的意见确定。"

本条是对于确定残疾辅助器具赔偿费用的原则规定。

根据损害赔偿的"利益说"，残疾辅助器具是为了弥补受害人所受创伤导致肢体器官功能、辅助其实现自主的生产生活而购买、配制的辅助器具。因残疾辅助器具属于赔偿权利人因损害所致的生活上增加的必要费用，应当根据辅助器具配置机构的意见确定合理的赔偿费用标准，以及辅助器具的更换周期和赔偿期限。

残疾生活辅助器具的赔偿也属于《中华人民共和国侵权责任法》第 16 条规定的残疾赔偿范围之一。残疾生活辅助器具，是因人身侵害导致身体受创后为弥补生理功能而配制的生活自助器具，例如瘫痪后所需的轮椅、截肢后配制的假肢、失明后安装的义眼、听力减弱后购买佩戴的助听器等等。《中华人民共和国民法通则》未就购买或配制的残疾辅助器具的费用赔偿问题作出规定，《道路交通事故处理办法》首次明确了残疾辅助器具属于交通事故责任者承担损害赔偿责任的范围，"损害赔偿的项目包括：医疗费、误工费、住院伙食补助费、护理费、残疾者生活补助费、残疾用具费、丧葬费、死亡补偿费、被扶养人生活费、交通费、住宿费和财产直接损失"。同时在该办法的第 37 条第 6 款对"残疾用具费"的计算标准进行规定——"因残疾需要配制补偿功能的器具的，凭医院证明按照普及型器具的费用计算"。根据《中华人民共和国消费者权益保护法》、《中华人民共和国产品质量法》的规定，对于在消费领域或者产品质量领域侵权造成残疾的，也应当赔偿残疾辅助器具费。在本解释中，根据相关的法律、法规和司法解释的规定，确认侵权人身损害的赔偿范围应当包括对因购买或配制残疾辅助器具而支出的费用的赔偿，并根据民政部的意见，将该项费用称为"残疾辅助器具费"。

（一）赔偿残疾辅助器具费的法理依据

残疾辅助器具的赔偿，应当与受害人所受损害有相当的因果关系。在侵权法中，因果关系又分为责任成立的因果关系和责任范围的因果关系两个层次。所谓责任成立的因果关系，是指可归责的行为与权利受侵害之间有因果关系。而责任范围的因果关系，是在责任成立的前提下，进一步确定哪些损害后果与权利受侵害之间具有因果关系，即赔偿义务人应当进行赔偿的损害范围。换言之，责任成立的因果关系侧重于探求侵权构成要件的问题，而责任范围的因果关系则侧重于在侵权事实成立后的损害赔偿范围的问题。残疾辅助器具的赔偿问题，是否属于人身损害赔偿的范围，即属于责任范围的因果关系问题。残疾辅助器具的支出与身体被侵害的侵权行为是否存在相当因果关系，首先应当与损害赔偿体系中的“损害”的认定进行关联。前文中述及，实务中对于损害的认定一般采取差额说，即判断受害人由于该特定的事故所损害的利益，或者说损害事故发生后被害人总财产状况发生的变化与未发生损害事故情况下所产生的差额。

当然“差额说”也有一定的局限，尤其在人身损害赔偿制度下，由于按照“差额说”对于损害额定义，人身伤害的损害被认定为因为损害造成的纯粹财产状况变动，因此若人身损害造成了可计算的财产变动的，则对于这部分损害应当予以赔偿。若未造成财产变动的，则无可计算的利益。以此类推，则可能导致受害人所受损害较大但所获赔偿却不如损害较轻者的情况。

此外，“差额说”又被称为“利益说”，将“损害”区分为积极损害和消极损害两种。积极损害谓之财产的减少，消极损害则是应得财产的不增加。《德国民法典》第 843 条规定：“因侵害他人身体或者健康致受害人丧失或者减少劳动能力，或者增加生活上的需要，应以支付金钱定期金，以赔偿受害人所受损害。”我国台湾地区“民法”第 193 条亦规定：“不法侵害他人身体或健康者，对于被害人因此丧失或减少劳动能力或增加生活上之需要时，应当负损害赔偿责任。”可以看到，《德国民法典》和我国台湾地区的“民法”中均将“增加生活上的需要”作为损害赔偿的范围。而本解释第 26 条中规定的残疾辅助器具，是由于受侵害人因侵害导致需要长期护理、配制辅助器具乃至需要接受特殊教育所支出的费用，均属于受害人财产的积极减少，赔偿义务人对此部分支出应当予以赔偿。

（二）残疾辅助器具费的计算标准

根据《人身损害赔偿解释》第 26 条第 1 款的规定，残疾辅助器具的赔偿标准首先应当按照普通适用器具的合理费用标准计算，对于伤情有特殊需要的，可以参照辅助器具配制机构的意见确定相应的合理费用标准。

所谓“普通适用标准”，是指人民法院在确定“合理费用”中的指导原则，即所配制的器具应当排除过高品质的辅助器具，不能一味追求豪华；且该器具能够确实起到帮助受害人恢复生活自理能力，起到功能补偿的作用，同时保证器具的安全性与稳定性。换言之，过于奢侈的配制或存在不符合安全性要求、不能帮助受害者从事生产生活劳动的残疾辅助器具，都不属于“普通使用器具的合理费用标准”。

本解释中对于残疾辅助器具费的计算标准，除要求“普通适用标准”这一原则性规定外，解释中也根据受害者的实际情况对残疾辅助器具费的赔偿标准进行了例外规定，即如果受害人“伤情有特殊需要的，可以参照辅助器具配置机构的意见确定相应的合理费用标准”。所谓伤情有特殊需要的，是指受害人的伤情有别于一般情况，对于其残疾辅助器具需要个别化处理，才能帮助受害人恢复生产生活的自理。对于这种情形，人民法院可以根据鉴定机构的意见确定相应的费用进行赔偿。

残疾辅助器具的更换周期和赔偿期限，也是认定残疾辅助器具费的重要内容。一般认为，对于残疾辅助器具的更换周期和赔偿年限的认定，受诉法院应当根据专门的残疾辅助器具的鉴定机构进行认定，按照受诉法院所在地平均寿命和残疾辅助器具的使用年限进行确定。

对于残疾辅助器具的赔偿费用，本解释第 32 条对残疾辅助器具的赔偿年限进行了补充规定：“超过确定的护理期限、辅助器具费给付年限或者残疾赔偿金给付年限，赔偿权利人向人民法院起诉请求继续给付护理费、辅助器具费或者残疾赔偿金的，人民法院应予受理。赔偿权利人确需继续护理、配制辅助器具，或者没有劳动能力和生活来源的，人民法院应当判令赔偿义务人继续给付相关费用五至十年。”根据该条规定，对于超过确定的赔偿辅助器具的给付年限，而赔偿权利人确需继续配置残疾辅助器具的，人民法院应当判令赔偿义务人继续给付相关费用五至十年。

11 如何确定丧葬费的赔偿费用？

解答：《人身损害赔偿解释》第 27 条规定：“丧葬费按照受诉法院所在地上一

年度职工月平均工资标准，以六个月总额计算。”

本条是关于受害人因人身侵害致死后，赔偿义务人赔偿丧葬费的标准问题的规定。

本条规定中，有三个方面需要引起关注：第一，受害人死亡后，赔偿义务人有义务赔偿受害人近亲属一定数额的丧葬费用以安排受害人死亡后事；第二，丧葬费的确定标准以对案件有管辖权的人民法院所在地的标准来确定赔偿；第三，具体计算标准为法院所在地职工前一年度月平均工资为标准，计算六个月，作为赔偿义务人应当赔偿的丧葬费总额。本条解释为丧葬费数额计算确定了一个标准，解决了丧葬费标准长期不统一的问题。

（一）本条解释起草的背景

在《人身损害赔偿解释》出台前，对于因侵权行为致受害人死亡的，丧葬费的确定标准大多参照《道路交通事故处理办法》第 37 条第 7 项的规定：“丧葬费：按照交通事故发生地的丧葬费标准支付”。但各地法院对于此类纠纷中丧葬费的标准和办法还是不尽相同，且当事人向人民法院请求的涉及丧葬费的项目种类也不一样，计算方法也不统一，有的包括安葬费、火化费、仪容整理费用、死亡者家属为办理丧葬事宜支出的交通费用、其他人工费用等。法院在确定费用项目及种类时也不尽相同，有的按照实际支出计算，有的按照必须支付的费用标准来确定。因此，由于在丧葬费的问题上长期没有统一的标准，仅靠原则性规定并不能实现对于丧葬费赔偿公平公正的解决，同时考虑到各地对于确定丧葬费数额标准各不相同的现实情况，因侵权行为造成受害人死亡需要进行一次性赔偿的情况下，确定一个便于当事人和人民法院审理时确定的计算标准，符合《中华人民共和国民法通则》第 119 条规定的精神，也符合我国传统的习惯，也方便各级各地的人民法院在审理此类纠纷案件时的具体操作，因此统一确定丧葬费的赔偿标准为受理案件的法院所在地六个月的上一年度月平均工资标准。

在本解释向社会各界征求意见时，本条解释被排在第 30 条，具体内容为：“丧葬费，按照国家有关部门或受诉法院所在地有关部门规定的标准计算。但确需必要超出规定标准的，可以按照实际支出计算，受害人家属超出规定的期限殡葬面增加的费用，不予赔偿。”对于本条解释的修改意见，主要在三个方面：

首先，丧葬费是否应该支付的问题。对于丧葬费的赔偿，是传统习惯和一般使用的对侵权人进行经济惩罚的措施。有意见认为，死亡是人类不能避免的，因此丧葬费属于必然支出，特别是在已存在精神损害赔偿的情况下，丧葬费不应被列为财产损失要求赔偿义务人进行赔偿。因此，建议在本解释中取消赔偿丧葬费的规定。

其次，受诉法院所在地的范围应当如何确定。有意见认为，对于本条解释中的“受诉法院所在地”，应当明确受诉法院所在地到底是指省级、地市级还是区县级。不同的范围会导致丧葬费最后认定的实际标准区分很大，不利于实际执行。

最后，丧葬费支付标准的问题。根据征求意见稿所确定的标准，丧葬费确定的标准是“按照国家有关部门或受诉法院所在地有关部门规定的标准计算”，但此规定认定的计算标准与现实情况并不吻合，显然并不合适；而其后补充的“确需必要超出规定标准”的内容，则会导致丧葬费的计算标准更难界定。

在征求意见中，国家有关部门均认为对于丧葬费的计算标准应当确立一个合理、具体的丧葬费标准；法院系统基于多年实践经验，从便于纠纷解决确立一个相对公平的丧葬费标准的角度，认为最好确定一个便于操作的合理标准。因此可以看到，对于丧葬费标准进行具体化，是审判实践中的实际迫切需要。因此，考虑到社会各界的广泛意见，同时参照我国各地区间经济发展不平衡的问题，在定稿中将丧葬费问题与各省、自治区、直辖市的职工平均工资参照，较为合理，也便于计算。

（二）丧葬费的计算

《中华人民共和国民法总则》第 120 条规定：“民事权益受到侵害的，被侵权人有权请求侵权人承担侵权责任。”《中华人民共和国侵权责任法》第 16 条规定：“侵害他人造成人身损害的，应当赔偿医疗费、护理费、交通费等为治疗和康复支出的合理费用，以及因误工减少的收入。造成残疾的，还应当赔偿残疾生活辅助具费和残疾赔偿金。造成死亡的，还应当赔偿丧葬费和死亡赔偿金。”根据《中华人民共和国民法总则》所确定的原则以及《中华人民共和国侵权责任法》中确立的规则，虽然死亡是人所不能避免的，但不同原因造成的死亡，所产生的法律后果就不一样，反映在丧葬费的赔偿上也不一样。《中华人民共和国侵权责任法》第 16 条和原《中华人民共和国民法通则》第 119 条中明确规定了对于因人身损害致死的，赔偿义务人要承担的民事责任中包含了支付丧葬费的项目。但在《中华人民共和国民法通则》和《中华人民共和国侵权责任法》中均未涉及丧葬费的具体标准和数额，也未规定哪些内容是丧葬费必须赔偿的项目，因此本条解释要解决的，就是对于丧葬费细化、量化的具体问题的规定。殡葬中所必须支出的合理费用，是审理损害赔偿案件中确定赔偿项目。例如，为安排死者近亲属与生前朋友举行告别仪式所租用场地的费用，为死者整理仪容所花费的费用、火化费、运尸费、预订灵车、骨灰寄存、购买墓碑等；在允许土葬的地方，为安葬死者的符合省、自治区、直辖市人民政府规定标准的墓穴使用费、购买棺材的费用、合理的送葬宴席费用，都可以理解为属于丧葬活动支出的合理费用。

可以看到，丧葬费中应予赔偿的费用种类繁多，且根据不同地方的风俗习惯不同，其赔偿种类和项目的标准也不一致，这会导致在最后确定丧葬费用需要支出的合理费用具有不确定性，有时赔偿权利人的权利得不到合理的救济，有时又会过分加重赔偿义务人的负担，导致新的不公平。为此，确定一个固定的、可量化的、具体的赔偿标准，比较合乎情理，符合社会承受能力的预期，有利于保护双方当事人的合法权益，有利于纠纷的妥善解决。《工伤保险条例》第 39 条第 1 款第 1 项规定："丧葬补助金为 6 个月统筹地区上年度职工月平均工资。"

因此，在把握本条解释所规定的丧葬费的赔偿标准时应当注意：

第一，对受诉法院所在地的认定。因侵权行为提起诉讼的由受诉法院所在地的规定作为参照。所谓受诉法院所在地，是指受理案件所在地的省、自治区、直辖市。

第二，对"上一年度职工月平均工资"的理解。所谓上一年度，根据《人身损害赔偿解释》第 35 条第 2 款的规定，是指一审法庭辩论终结时的上一统计年度。因此，对于丧葬费的赔偿，受诉法院应当按照政府统计部门公布的省、自治区、直辖市上一年度 6 个月的职工平均工资确定。这也就意味着，因人身损害造成受害人死亡后，支付丧葬费的标准不能因为受害人的职业、身份、工作、性别、年龄等情况的不同而不同，都应当适用统一的标准予以确定。

⑫ 如何计算被扶养人的生活费？

解答：《人身损害赔偿解释》第 28 条规定："被扶养人生活费根据扶养人丧失劳动能力程度，按照受诉法院所在地上一年度城镇居民人均消费性支出和农村居民人均年生活消费支出标准计算。被扶养人为未成年人的，计算至十八周岁；被扶养人无劳动能力又无其他生活来源的，计算二十年。但六十周岁以上的，年龄每增加一岁减少一年；七十五周岁以上的，按五年计算。被扶养人是指受害人依法应当承担扶养义务的未成年人或者丧失劳动能力又无其他生活来源的成年近亲属。被扶养人还有其他扶养人的，赔偿义务人只赔偿受害人依法应当负担的部分。被扶养人有数人的，年赔偿总额累计不超过上一年度城镇居民人均消费性支出额或者农村居民人均年生活消费支出额。”

本条解释是用以确定扶养人生活费的原则、扶养年限的计算、被扶养人范围以及抚养费计算方法的问题的规定。

本条规定涉及四个方面：第一，根据扶养人因人身损害造成死亡或残疾等丧失劳动能力的程度，再结合政府统计部门公布的受理诉讼的法院所在的省、自治区、直辖市上一年度城镇居民人均消费性支出或者农村居民人均年生活消费支出标准，计算出被扶养人的生活费标准；第二，针对被扶养人的不同情况，区分未成年人与成年人，确定不同的扶养年限以及计算方法；第三，本条解释还规定了被扶养人的范围——包括受害人应当依法承担扶养义务的未成年人或者丧失劳动能力又无其他生活来源的成年近亲属；第四，当被扶养人有两个以上扶养人或者有两个以上被扶养人的情况下，赔偿义务人所应承担的赔偿份额。

（一）立法意见

《中华人民共和国民法通则》第 119 条规定，对侵害公民身体造成死亡的，应当支付死者生前扶养人的必要的生活费。《中华人民共和国民法通则》施行以来，实践中出现了许多新问题。例如，受害人虽遭受人身损害且没有死亡，但却造成了严重的残疾，丧失了劳动能力，导致其应依法扶养的未成年人或者其他需要扶养的成年人的生活。对此，1988 年《民通意见》中进行了原则性规定，侵害他人身体致人死亡或者丧失劳动能力的，依靠受害人实际扶养而又没有其他生活来源的人要求侵害人支付必要生活费的，应当予以支持，其数额根据实际情况确定。但是，赔偿权利人因不同程度丧失劳动能力提出诉讼请求的，人民法院是否支持此项诉请，依旧缺乏明确的法律上的依据。此外，对被扶养人的生活费按照什么标准来确定，也一直都缺乏统一的具体的参照标准。各地法院在处理被扶养人生活费的问题时，往往参照 1991 年发布的《道路交通事故处理办法》（已失效）中规定的因交通事故赔偿义务人需要赔偿被扶养人的生活费的，“以死者生前或者残者丧失劳动能力前实际扶养的、没有其他生活来源的人为限，按照交通事故发生地居民生活困难补助标准计算。对不满十六周岁的人抚养到十六周岁。对无劳动能力的人扶养二十年，但五十周岁以上的，年龄每增加一岁减少一年，最低不少于十年；七十周岁以上的按五年计算。对其他的被扶养人扶养五年”。也有的按照当地居民平均生活费的标准，有的按照当地城市居民最低生活保障费等作为标准确定。同时，随着我国城乡居民生活水平和医疗保健质量的提高，人均期望寿命不断延长，再按以往的标准结算被扶养人的扶养年限，显然已经与我国的现实严重脱节，需要重新确定被扶养人的扶养年限。基于以上几个方面的考虑，本条解释对于抚养费的赔偿问题进行了相关明确、具体的规定。

在本解释的征求意见稿中，本条规定为，被扶养人的生活费，以死者生前或者残疾者丧失劳动能力前应当承担扶养义务的人为限，按照受诉法院所在地城市居民最低生活保障标准计算。被扶养人住所地或者经常居住地城市居民最低生活保障标准高于受诉法院所在地标准的，可以按照被扶养人住所地或者经常居住地标准计算，赔偿权利人对此承担举证责任。被扶养人有数人的，其总额不得超过受诉法院所在地城镇居民人均消费性支出标准，被扶养人还有其他扶养人的，侵权人只赔偿受害人生前或者丧失劳动能力前依法应当负担的部分。被扶养人为未成年人的，计算至十八岁，被扶养人无劳动能力又无其他生活来源的，按照受诉法院所在地人均期望寿命减去实际年龄的生存年限计算，但最高不得超过根据扶养人余命年岁计算的实际扶养年限，最低不少于五年。

而针对征求意见稿，社会各界也有许多不同意见：第一，关于胎儿扶养费的问题。本条解释第 2 款中的“被扶养人为未成年人的”中的未成年人是否应当包含胎儿的问题，很多意见认为对于胎儿生命权、健康权、身体权受到侵害时也应当予以赔偿，这也会同时导致请求权由谁行使的问题。但由于解释中并未涉及遗腹子扶养费的问题，对于胎儿扶养费的赔偿需要进行谨慎裁量。第二，关于生活来源不足以维持当地最低生活水平的情况是否予以赔偿。本条解释中对于成年的被扶养人要求“无劳动能力”且“无其他生活来源”。但当被扶养人有其他生活来源，却不足以维持当地最低生活水准的情况下，是否应当对被扶养人进行赔偿的问题，在本条解释中也未得到明确。第三，本条解释第 2 款中规定，被扶养人无劳动能力又无其他生活来源的，侵权人只承担被扶养人的生活费。但是，在此种情况下还可能会存在被扶养人对护理依赖程度的问题。事实上，很多时候被扶养人的扶养问题不仅仅是生活费的问题，仅对生活费进行赔偿并不能解决被扶养人的生存问题，应当一并考虑侵权人承担受害人需要承担的被扶养人的护理费用，还有未成年被扶养人必要的教育费用，等等。

对此，最高人民法院在归纳整理有关方面提出的修改建议时，考虑到各方提出的修改建议，对本条解释进行了修改，并最终确定了对被扶养人生活费赔偿的标准。

（二）解释适用中的问题整理

在对本条解释进行适用的过程中，存在几个问题需要在适用解释时注意：

第一，《中华人民共和国民法通则》第 119 条规定了侵害公民身体造成死亡的，应当支付死者生前扶养的人必要的生活费。《中华人民共和国消费者权益保护法》第 42 条和《中华人民共和国产品质量法》第 44 条中都有关于“被扶养人生活费”的赔偿项目。从现行法律和行政法规中的有关规定来看，赔偿义务人应当承担被扶养人生活费的问题是明确的。那么，对于被扶养人生活费赔偿的理论依据何在?对此，有不同的观点。一种观点认为，对被扶养人的赔偿属于“扶养丧失说”。根据该理论，被扶养人生活费确定的依据是受害人死亡后，其生前所扶养的未成年人或者成年人因其死亡丧失了生活来源，赔偿义务人应当予以赔偿。另一种观点则认为，对被扶养人的赔偿属于“继承丧失说”，根据该说，被扶养人的生活费应依据被扶养人本应当获得的利益进行赔偿。受害人的个人收入中除用于个人消费的部分，本应用于家庭共同消费或者家庭财产积累，但因为受害人因人身伤害死亡，其家庭的年收入就因此部分丧失，造成了家庭财产的消极减少，按照该理论，被扶养人的生活费应当也属于家庭财产的消极减少的“收入损失”，因此不需要继续计算被扶养人的生活费。

第二，在计算被扶养人的生活费时，应当以受害人的劳动能力丧失程度来评价受害人收入减少的程度。对于受害人劳动能力丧失程度，首先，应当参照被害人劳动能力丧失程度。受害人丧失劳动能力的程度是评价受害人因人身损害导致收入减少的重要参考因素。我国对于劳动能力的丧失程度由高到低分为一到十级。一级伤残属于完全丧失劳动能力，二到四级伤残一般也被视为丧失劳动能力。但要确定受害人因人身侵害导致的损失，并不能绝对地按照伤残等级来确定。因为即使受害人的伤残等级评定为最轻的十级，也可能对于不同的受害人导致不同的收入损失，因此法官在处理此类问题时，应当注意发挥自由裁量权，综合考虑受害人因伤残导致的实际收入损失。其次，赔偿义务人对受害人的被扶养人生活费的赔偿标准，应当按照受理案件人民法院所在地的省、自治区、直辖市上一年度城镇居民人均消费性支出或者农村居民人均年生活消费支出标准，综合确定被扶养人的生活费标准。

第三，对于被扶养人范围的确定。本条解释规定，“被扶养人是指受害人依法应当承担扶养义务的未成年人或者丧失劳动能力又无其他生活来源的成年近亲属。被扶养人还有其他扶养人的，赔偿义务人只赔偿受害人依法应当负担的部分。被扶养人有数人的，年赔偿总额累计不超过上一年度城镇居民人均消费性支出额或者农村居民人均年生活消费支出额”。由此可见，对被扶养人的界定是本条解释中极为重要的内容。被扶养人是受害人根据法律规定应当承担扶养义务的人，包括不满十八周岁的由受害人需要尽扶养义务的未成年人和虽已经成年，但无劳动能力又无其他生活来源的由受害人对其承担扶养义务的人，例如精神病人或者生活不能自理的人等。这些人在受害人生前靠受害人扶养，维持他们生活所必须的费用，因此在受害人死亡或致残后，由赔偿义务人承担因其侵权行为所造成的生活费。

第四，关于被扶养人扶养年限的起算和确定。被扶养人是未成年人的，对其抚养年限计算至十八岁，因为《中华人民共和国民法通则》规定十八周岁成年人，以及年满十六周岁，但以自己的劳动收入作为主要生活来源的人，视为完全民事行为能力人。对于完全民事行为能力人，不属于本条解释所规定的被扶养人之列。被扶养人属于没有劳动能力又没有其他生活来源的成年人，以二十年为期限计算扶养年限。对于六十周岁以上的以及七十五周岁以上的，分别进行计算。对于六十周岁以上的被扶养人，年龄每增加一岁减少一年；对于七十五周岁以上的被扶养人，按照五年计算。超过二十年后，被扶养人仍然属于既无劳动能力也无生活来源的，有权向人民法院起诉要求判令赔偿义务人支付相关扶养费五至十年。超过此期限的，赔偿权利人有权继续提出请求。

第五，对于在有多个扶养人的情况下，应当如何确定被抚养人的生活费数额，也在本条解释中进行了规定。“被扶养人有数人的，年赔偿总额累计不超过上一年度城镇居民人均消费性支出额或者农村居民人均年生活消费支出额。”根据本条解释中的规定，在确定赔偿被扶养人的生活费时，既要保护受害人及其被扶养人的利益，也要保护其他当事人的合法权益。因此，在被扶养人有多个扶养人的情况下，赔偿义务人只赔偿受害人自己依法应当承担的那一部分，不管依据“扶养丧失说”或者“继承丧失说”，赔偿义务人都应当承担受害人相应部分的扶养费用。例如，在夫妻双方中其中一方受到人身损害时，对于受害人的子女，赔偿义务人只需要承担被扶养人一半的生活费，即上一年度城镇居民人均消费性支出额或者农村居民人均年生活消费性支出额的二分之一。在受害人有两个以上需要其扶养的被扶养人时，赔偿义务人所需赔偿的生活费金额累计不超过上一年度城镇居民人均消费性支出额或者农村居民人均年生活消费支出额，即赔偿义务人应当赔偿的至多也只能是上一年度城镇居民人均消费性支出或者农村居民人均年生活消费额，而不能按照受害人实际用于被扶养人的费用总额计算赔偿义务人所需要赔偿的被扶养人生活费。

第六，对于本条所属的“城镇居民人均消费性支出额”和“农村居民人均年生活消费支出额”，应当根据政府统计部门公布的受诉人民法院所在的省、自治区、直辖市的上一年度城镇居民和农村居民的有关数据确定。

⑬ 如何计算死亡赔偿金？

解答：《人身损害赔偿解释》第29条规定：“死亡赔偿金按照受诉法院所在地上一年度城镇居民人均可支配收入或者农村居民人均纯收入标准，按二十年计算。但六十周岁以上的，年龄每增加一岁减少一年；七十五周岁以上的，按五年计算。”

本条解释针对的是死亡赔偿金的计算标准和期限的规定。

对于死亡赔偿金的计算标准，本条采纳了“继承丧失说”的观点，死亡赔偿金的目的是弥补因受害人死亡导致的受害人家庭的未来收入的损失，属于财产损失的赔偿，而非“精神抚慰金”。同时，本条解释还确定了对于死亡赔偿金的计算标准和计算方法，系依据受诉法院所在地上一年度城镇居民人均可支配收入或者农村居民人均纯收入标准，并根据受害人的年龄计算死亡赔偿金的计算年限。

（一）死亡赔偿金的性质

对于死亡赔偿金的规定，散见于不同的法律中。在侵害公民人身权的原则性规定——《中华人民共和国民法通则》第119条规定，侵害公民身体造成伤害的，应当赔偿医疗费、因误工减少的收入、残废者生活补助费等费用；造成死亡的，并应当支付丧葬费、死者生前扶养的人必要的生活费等费用。在《中华人民共和国民法通则》对于侵害公民人身权利的赔偿规定中，并没有关于死亡补偿费或者死亡赔偿金的规定。在立法中首次出现对“死亡赔偿金”赔偿的规定，是在1994年1月1日开始施行的《中华人民共和国消费者权益保护法》第42条中，该条规定，“经营者提供商品或者服务，造成消费者或者其他受害人死亡的，应当支付丧葬费、死亡赔偿金以及由死者生前扶养的人所必需的生活费等费用；构成犯罪的，依法追究刑事责任”。2013年修正后的《中华人民共和国消费者权益保护法》第49条继承了之前的规定：“经营者提供商品或者服务，造成消费者或者其他受害人人身伤害的，应当赔偿医疗费、护理费、交通费等为治疗和康复支出的合理费用，以及因误工减少的收入。造成残疾的，还应当赔偿残疾生活辅助具费和残疾赔偿金。造成死亡的，还应当赔偿丧葬费和死亡赔偿金。”2009年修正的《中华人民共和国产品质量法》第44条第1款规定：“因产品存在缺陷造成受害人人身伤害的，侵害人应当赔偿医疗费、治疗期间的护理费、因误工减少的收入等费用；造成残疾的，还应当支付残疾者生活自助具费、生活补助费、残疾赔偿金以及由其扶养的人所必需的生活费等费用；造成受害人死亡的，并应当支付丧葬费、死亡赔偿金以及由死者生前扶养的人所必需的生活费等费用。”

对于死亡赔偿金的性质，通说认为，其与《道路交通事故处理办法》中的“死亡补偿费”应当属于同一性质，因为《道路交通事故处理办法》第37条第8项规定：“死亡补偿费：按照交通事故发生地平均生活费计算，补偿十年。对不满十六周岁的，年龄每小一岁减少一年；对七十周岁以上的，年龄每增加一岁减少一年，最低均不少于五年。”本条规定与《中华人民共和国消费者权益保护法》和《中华人民共和国产品质量法》中对于受害人死亡赔偿的结构设计完全一致，包含“丧葬费”“死亡赔偿金”或“死亡补偿费”，以及“被扶养人生活费”，因此对于“死亡赔偿金”的性质，应当认定其具有精神损害赔偿的性质。《精神损害赔偿司法解释》第9条第2项也对这一性质进行了明确：“（二）致人死亡的，为死亡赔偿金。”即精神损害抚慰金应当包含侵害人身权利致人死亡时的死亡赔偿金。

民法理论认为，受害人因为侵权行为死亡后，其作为民事主体的资格已经消灭，因此受害人不能以主体资格主张民事权利，请求损害赔偿。在此种情况下，只有死者近亲属享有精神损害赔偿请求权。侵权损害赔偿的目的在于填补损害，因此实际损害后果是损害赔偿的重要构成要件。因侵权行为致死的受害人的近亲属，不仅受有财产损害，还受有精神损害。

对于“死亡赔偿金”的性质问题我国的司法实践中出现过多次反复，从法释7号到法释20号，从《中华人民共和国民法通则》《道路交通事故处理办法》到《中华人民共和国消费者权益保护法》《中华人民共和国产品质量法》《中华人民共和国侵权责任法》《中华人民共和国国家赔偿法》，对于“死亡赔偿金”的解释依旧没有做出明确规定。在本解释第31条第1款中规定：“人民法院应当按照民法通则第一百三十一条以及本解释第二条的规定，确定第十九条至第二十九条各项财产损失的实际赔偿金额。”依据此条解释，本解释第29条规定的“死亡赔偿金”属于财产损失，而在本解释第18条第1款中对于精神损害赔偿“适用《精神损害赔偿司法解释》予以确定”（即法释7号），检索法释7号中对于精神损害赔偿的定义是：“致人死亡的，为死亡赔偿金。”这就会导致赔偿权利人可以同时请求作为财产损失赔偿的死亡赔偿金和作为精神抚慰金的死亡赔偿金。

同时，在刑事附带民事诉讼方面，本解释与法释7号之间的冲突也会影响法律的适用。根据《中华人民共和国刑事诉讼法》第99条之规定：“被害人由于被告人的犯罪行为而遭受物质损失的，在刑事诉讼过程中，有权提起附带民事诉讼……”对于刑事案件被害人由于被告人的犯罪行为而遭受的精神损失提起的附带民事诉讼，或在刑事案件审结后被害人另行提起有关精神损害赔偿的民事诉讼的，人民法院不予受理。而在人身损害赔偿的相关民事法律规定中不能明确区分作为财产损失补偿的“死亡赔偿金”和作为精神抚慰金的“死亡赔偿金”，无疑对刑事附带民事诉讼的法律实践也造成了极大困难。

（二）死亡赔偿金的计算

自然人因人身侵权而致死亡的，其权利能力消灭，法律主体资格不复存在，因此死者不能以权利主体资格主张死亡赔偿。此时，便由死者的近亲属即受人身侵害的间接受害人来主张权利。

遵循本解释的逻辑体系，同时也为了更好地保障被害人及其近亲属的利益，受害人死亡导致的财产损失，应当以受害人个人收入除去其用于个人消费部分（通常占全部收入的25%—30%），作为家庭整体收入因受害人死亡减少的部分。

对于死亡赔偿金的赔偿标准，采取定型化赔偿的方式。本解释中对于死亡赔偿金的计算以“受诉法院所在地上一年度城镇居民人均可支配收入或者农村居民人均纯收入”为标准，可见本解释的赔偿标准较为客观，并以二十年固定赔偿期限作为计算的平均期限，既能够保证与过去的立法规范相衔接，又不至于因为过于主观的赔偿计算标准导致两极分化、“同命不同价”的问题。进一步对本条解释进行解析，将“人均可支配收入”作为“死亡赔偿金”的计算标准，也与《中华人民共和国民法通则》等相关立法进行衔接，对死亡的受害人的近亲属因为受害人死亡而导致的逸失利益按照“收入损失”计算，使“被扶养人生活费”这一赔偿项目在计算上被“收入损失”吸收。同时，由于《中华人民共和国民法通则》《中华人民共和国消费者权益保护法》等立法上均有对“被扶养人生活费”这一项赔偿，由此看来，本解释试图避免与现行的法律、法规相冲突。

关于赔偿期限的问题，本条解释中规定，死亡赔偿金按二十年计算，对于受害人年龄在六十周岁以上的，年龄每增加一岁减少一年；七十五周岁以上的，按五年计算。如此计算，主要是根据国家统计局的咨询意见，因此可以参照本解释第 25 条中对于残疾赔偿金期限计算的说明。平均寿命在统计学上是一个动态概念。对于 60 周岁以上的死亡赔偿金逐年递减的理由，是根据国家统计局 2000 年第五次人口普查中有关 60、70、75 周岁人口预期寿命的资料决定的，将赔偿期限的递减起点调整为 60 周岁，75 周岁以上的按照五年计算。

⑭ 权利人证明收入高于法院所在地标准时，如何计算赔偿范围？

解答：《人身损害赔偿解释》第 30 条规定：“赔偿权利人举证证明其住所地或者经常居住地城镇居民人均可支配收入或者农村居民人均纯收入高于受诉法院所在地标准的，残疾赔偿金或者死亡赔偿金可以按照其住所地或者经常居住地的相关标准计算。被扶养人生活费的相关计算，依照前款原则规定。”

本条是关于赔偿金计算标准所依据所在地的规定。

本司法解释第 25、28、29 条分别规定了残疾赔偿金、死亡赔偿金以及被扶养人生活费的损害赔偿。这些赔偿在理论上被称为消极损失或者所失利益，指的是受害人因为他人的侵权行为而丧失原本能够得到的利益。根据本司法解释的规定，残疾赔偿金和死亡赔偿金按照受诉法院所在地上一年度城镇居民人均可支配收入或者农村居民人均纯收入计算，被扶养人生活费按照受诉法院所在地上一年度城镇居民或者农村平均生活费标准计算。损害赔偿的计算一般依照受诉法院标准，这是世界上主要国家都采取的标准。本司法解释采用抽象的客观计算方法，将残疾赔偿金、死亡赔偿金及被扶养人生活费的赔偿标准与医疗费、误工费、护理费等一样，也参照受诉法院所在地。这样不仅保护了受害人的利益，也适当兼顾社会公平。

受诉法院主要是对管辖法院的判断。而在侵权行为之中，管辖法院根据法律规定是侵权行为地或者被告住所地法院。侵权行为地包括侵权行为实施地和侵权结果发生地。因此，人身损害赔偿的受诉法院地可能是侵权行为实施地、侵权结果发生地或者被告住所地。住所地与经常居住地不一致的，为经常居住地。一般情况下，赔偿权利人的住所地或者经常居住地与受诉法院所在地是不相同的。由于我国幅员辽阔，各地经济发展很不平衡，居民生活水平差距较大，受诉法院所在地与赔偿权利人住所地或者经常居住地的城镇居民人均可支配收入或者农村居民人均纯收入标准，及城镇居民或者农村居民平均生活费标准可能是不同的。在此前提下，将主观计算和客观计算方法相结合，规定赔偿权利人的残疾赔偿金、死亡赔偿金及被扶养人生活费的赔偿原则上以受诉法院所在地标准为主，例外情况下可以采用赔偿权利人住所地或者经常居住地标准。

采取这种计算方法的原因在于，如果赔偿权利人提起损害赔偿之诉，只能在被告住所地或者经常居住地、侵权行为实施地或者侵权结果发生地法院之中选择其一。但是，其日常的生活则可能并不在以上任何一地，当其住所地或者经常居住地的城镇居民人均可支配收入或者农村居民人均纯收入标准、城镇居民或者农村居民平均生活费标准高于受诉法院所在地标准时，对其残疾赔偿金、死亡赔偿金及被扶养人生活费等所失利益的赔偿按照其住所地或者经常居住地的标准来计算，有利于实现公平，也体现了对于赔偿权利人人性化的关怀。这是因为，残疾赔偿金、死亡赔偿金及被扶养人生活费是因受害人受到侵权损害致残丧失劳动能力或者致死，而使赔偿权利人受到的损失，赔偿权利人平常赖以生活的地方是其住所地或者经常居住地，以此地为赔偿标准，能够相对公平地填补赔偿权利人的损害。相反，赔偿不足以维持受害人日后的基本生活，那么就是不公平的。

可能会有人质疑，以较高的赔偿权利人住所地或者经常居住地标准进行赔偿对义务人不公平。但是，侵权行为人由于故意或者过失侵害赔偿权利人，恰当保护赔偿权利是侵权法的应有之义。具体而言，如果侵权行为人没有实施其侵权行为，赔偿权利人就不会受到损害，也就无须赔偿。如果赔偿权利人应当得到赔偿时，对于赔偿权利人损害的补足，换句话说，以赔偿权利人住所地或者经常居住地标准进行赔偿，只是填补其受到损害后所受损失，其并未得到额外的利益，因此侵权行为人并没有承担额外的负担。在实践中，可能出现赔偿权利人住所地或者经常居住地的城镇居民人均可支配收入或者农村居民人均纯收入标准，及城镇居民或者农村居民平均生活费标准远高于受诉法院所在地标准的情况，如果侵权行为人是法院地居民或者农民，甚至更为贫穷地区的居民或者农民，将可能出现远超出其负担能力的情况。因此，法院可以考虑赔偿义务人的经济负担能力，在赔偿的具体数额中予以适当酌减。

当赔偿权利人为外国人时，赔偿的标准低又该如何确定。理论上大致有三种学说，即母国基准说、损害发生地基准和生活实态说。生活实态说认为，损害赔偿的计算应当以填补受害人的实际损失为准。而对于受害人未来可得利益的损失，在某个国家居住期间以居住国为标准。我国学者认为，如果对外国人的赔偿标准一律按照我国法院地的标准，则违背法律规定的侵权行为法制度填补受害人损害。由于各国的经济发展水平相差悬殊，不同国家的生活费用和工资收入水平相差较大，一律按照我国境内标准赔偿，对于经济较我国发达的国家的公民而言，由于不能补足其损害，有违我国侵权行为法的价值和目的。因此，对外国受害人的赔偿，伤亡者本人有固定收入的，在中国居留期间，按照中国职工平均收入标准计算，在本国期间，按照其所在国或者地区正常年度内的收入计算。伤亡者没有固定收入的，在中国居留期间，按照中国居民平均生活水平计算，在本国期间，按照其所在国或者地区的平均生活水平计算。

⑮ 实际赔偿金额如何计算和给付？

解答：《人身损害赔偿解释》第 31 条规定：“人民法院应当按照民法通则第一百三十一条以及本解释第二条的规定，确定第十九条至第二十九条各项财产损失的实际赔偿金额。前款确定的物质损害与按照第十八条第一款规定确定的精神损害抚慰金，原则上应当一次性给付。”

本条是关于实际赔偿金的计算和支付的规定。

《中华人民共和国民法通则》第 131 条规定：“受害人对于损害的发生也有过错的，可以减轻侵害人的民事责任。”《人身损害赔偿解释》第 2 条规定：“受害人对同一损害的发生或者扩大有故意、过失的，依照民法通则第一百三十一条的规定，可以减轻或者免除赔偿义务人的赔偿责任。但侵权人因故意或者重大过失致人损害，受害人只有一般过失的，不减轻赔偿义务人的赔偿责任。适用民法通则第一百零六条第三款规定确定赔偿义务人的赔偿责任时，受害人有重大过失的，可以减轻赔偿义务人的赔偿责任。”

损害赔偿金数额的确定，要从归责原则开始，因为归责原则是确定赔偿金数额的基础，而赔偿金数额是归责原则的具体体现。根据《中华人民共和国民法通则》和《中华人民共和国侵权责任法》的相关规定，归责原则是过错责任、过错推定、无过错责任和公平责任原则。过错责任原则是《侵权责任法》基本的归责原则，以过错为价值判断标准，判断行为人对其造成的损害应否承担侵权责任的归责原则。主观上的过错是损害赔偿责任构成的基本要件之一，缺少这一要件，即使加害人造成了损害事实，并且加害人行为与损害结果之间有因果关系，也不应承担责任。过错是关于侵权人对损害结果发生的心理状态的描述。过错一般分为故意和过失两种形式：故意指的是行为人能够预见自己的行为将要产生的后果，希望这种后果发生或者听任这种后果发生的主观心理状态；过失是行为人对自己的行为后果应当预见而没有预见，或者虽然预见但轻信可以避免的主观心理状态。也就是说，过失是行为人对自己应尽的注意义务的疏忽或者懈怠，是对法定注意义务的违反。因此，侵权人主观上具有过错，过错程度是否严重，是故意还是过失，是确定加害人侵权责任的基本依据。

在侵权行为实施过程中，有可能存在加害人和受害人均有过错的情况，即混合过错。混合过错指的是对损害结果的发生或者扩大，不仅加害人有过错，受害人也有过错，即损害结果的发生或者扩大，是加害人和受害人双方的过错导致的。受害人过错指的是受害人对于损害的发生或者扩大具有过失，未尽到注意自身的人身和财产利益的义务。《中华人民共和国民法通则》第 131 条规定，受害人对于损害的发生也有过错的，可以减轻侵害人的民事责任。当混合过错成立的时候，应当减轻加害人的赔偿责任。而本司法解释第 2 条规定受害人对损害的发生或者损害结果的扩大有过失的，可以减轻赔偿义务人的赔偿责任。但是，也有两个例外情况：一是侵权人因故意或者重大过失致人损害，受害人只有一般过失的，不减轻赔偿义务人的赔偿责任；二是受害人有重大过失的，可以减轻赔偿义务人的赔偿责任。本解释第 31 条就是对第 2 条确定的赔偿责任原则在实际赔偿金数额上的具体体现。

混合过错体现在损害赔偿上，即过失相抵。过失相抵是受害人在损害的发生或者扩大上也有过失，从而减轻或者免除加害人的赔偿责任，从受害人蒙受的损害额中减少一定的金额的法律规定。因此，过失相抵是损害赔偿的原则之一，是混合过错的法律后果。确立过错相抵原则的理由在于，行为人仅仅应该对自己的过错行为负责，而不必对他人的过错行为造成的损害结果负责，否则有悖于社会公平。在侵权行为之中，受害人有义务注意自身的安全，在损害发生后有义务防止损失扩大，如因过错使损害扩大，即违背诚实信用原则，应该对扩大部分承担责任。

过失相抵实际上是通过比较加害人和受害人的过失程度，以决定责任的承担和确定赔偿数额。因此，适用过失相抵应从加害人和受害人两个方面进行判断。对于加害人的责任，一般按照侵权损害赔偿责任的构成要件即可。对于受害人应承担的责任，其构成要件应具备：一是受害人对损害的发生和扩大有过错，表现为受害人对损害事件的起因有过错；损害结果是受害人和加害人的行为结合直接造成的；损害结果发生之后，受害人没有及时采取合理的措施防止损害扩大，此时，应判断受害人采取的措施是否及时、是否合理，也就是说，基于社会一般人的判断，受害人是否出于善意采取较小的花费来减轻损害。二是受害人的行为是损害发生或者扩大的共同原因。共同原因是受害人的行为与加害人的行为共同作用，促成了损害结果的发生或者扩大，或者是受害人的行为作用在已经发生的损害结果上，使其继续扩大。三是受害人的行为须不当，即为自己的利益或者在伦理的观念上不当，但无须所有行为都是违法行为。

实行过失相抵原则，应当通过对过错的比较和原因力的比较，加害人和受害人的过失相比较，在此基础上确定双方当事人各自的责任，并依此减少加害人的赔偿数额。比较过错是指在混合过错中，通过确定并比较加害人的过错程度，决定责任的承担比例和责任的范围。判断标准是，将双方当事人的过错程度具体确定为一定的比例，从而确定责任范围。在无过错责任的侵权行为中，过失相抵也可以适用。当受害人有重大过失时，也可以减轻赔偿义务人的赔偿责任。在实践中，应根据注意义务的内容和注意标准，确定过失责任的大小。也就是说，首先，要确定双方当事人所负注意义务的内容，确认哪一方在损害发生时负有特殊的注意义务，如果没有履行此种义务，则过错程度比重就大。其次，如果双方都没有承担特殊的注意义务，则应该依据社会一般合理人的标准来衡量双方的行为，以决定双方的过失和过失轻重，其行为距这个标准越近，则过错程度就越轻。比较原因力，是过失相抵的重要因素。原因力是指在构成损害结果的共同原因中，每一个原因对于损害结果的发生或者扩大所产生的作用力。原因力对于过失相抵责任范围的影响是相对的，如果双方当事人的过错程度无法确定，则应该以各自行为的原因力大小，确定各自责任的比例。如果双方当事人的过错程度相等，则各自行为的原因力大小对损害责任起到调整的作用，即双方原因力相差悬殊时，适当调整责任范围，赔偿责任可以在同等责任的基础上适当增加或者减少。如果加害人依照其过错承担主要责任或者次要责任，双方行为的原因力仍起作用，即原因力不等时，依照原因力的大小，相应调整主要责任或者次要责任的比例。

本条第 2 款规定物质损害赔偿金和精神损害抚慰金确定之后，应该一次性给付的原则。人身损害赔偿金分为一次性给付和定期金给付的方式。一次性给付是以赔偿金总额确定为前提条件的，根据请求给付的时间不同，分为现在给付和将来给付。将来给付指的是从现在开始至将来的多次给付或者将来的一次性给付，此时多次给付即分期给付。定期金给付，赔偿金总额是不确定的，因为不知道受害人何时可以停止受偿，而一次性给付下的多次给付，赔偿金总额是确定的。

在实践中，对于一次性确定的赔偿金总额，大多采取分期给付的方式支付。因为虽然确立了一次性给付的原则，不等于实际的支付方式都必须是一次性的，在赔偿权利人同意的前提下，法院可以根据当事人双方的经济状况，特别是赔偿义务人的支付能力，判断一次性给付或者是分期给付。但是在具体执行中，应该遵循损益相抵的原则，考虑孳息。也就是说，如果一次性给付的总额确定之后，采取多次给付方式时，由于受害人将法律规定的现时一次性取得的款项作为分期多次取得，使他本可以存入银行或者进行投资而获取的利息或者利润不能获得，将使受害人的利益受到损失。同时，加害人将法律规定的现时一次性给付的款项作为分期多次给付，他可以将尚未给付的款项存入银行或进行投资，以获取利息或利润。如果是一次性支付，要扣除中间利息。一般情况下，一次性给付是计算应赔偿的年限，每年应赔偿的数额，一并加以计算后，一次性支付。本司法解释确立的一次性赔偿原则虽然限定为最长不超过 20 年，但并没有扣除中间利息的规定。

⑯ 超过法定护理期限、辅助器具费给付年限或残疾赔偿金给付年限，权利人仍请求继续给付应该如何处理？

解答：《人身损害赔偿解释》第 32 条规定："超过确定的护理期限、辅助器具费给付年限或者残疾赔偿金给付年限，赔偿权利人向人民法院起诉请求继续给付护理费、辅助器具费或者残疾赔偿金的，人民法院应予受理。赔偿权利人确需继续护理、配制辅助器具，或者没有劳动能力和生活来源的，人民法院应当判令赔偿义务人继续给付相关费用五至十年。”

本条是关于护理费、辅助器具费或者残疾赔偿金继续给付的规定。

本司法解释肯定了护理费、辅助器具费和残疾赔偿金继续给付。这是因为，首先，护理费、辅助器具费和残疾赔偿金都属于继续性发生的费用，如果超出法律规定和法院判决确定的年限后，受害人继续生存的，为维持其生存和生活，可能还要发生以上的费用。如果赔偿权利人和义务人对以上继续发生和将要发生的费用发生争议后，应当允许双方通过诉讼解决。其次，诉是在发生民事争议时由当事人一方向法院提出关于解决争议的请求。当赔偿权利人因受伤害产生的护理费、辅助器具费或者残疾赔偿金超过法定和判决期限后的费用向法院主张赔偿义务人继续给付时，即具备了诉的要素。赔偿权利人和义务人在法院的第一次诉讼，已经将双方在法定或者法院判决期限内的争议解决，当期限超过时，如果护理费、辅助器具费或者残疾赔偿金继续发生，便在双方当事人之间产生新的权利义务关系，义务人在诉讼生效内当然可以再次请求法院予以审判。

本司法解释对于赔偿标准，采取了差额赔偿与定型化赔偿相结合的原则。差额赔偿是以受害人发生损害前后费用增加或者财产减少的差额作为赔偿依据。由于损害的发生，可能带来受害人费用的增加或者财产的减少，损害赔偿的基本价值理念是要实现平均的正义或者矫正的正义，赔偿目的是使受害人的状况恢复到如同损害没有发生过一样。传统损害赔偿采用差额赔偿，但由于其过分与个人的收入状况相联系，客观上导致损害赔偿的两极分化和贫富差距。逸失利益，也就是应得利益，在差额赔偿的情况下，通常是从死伤者的年收入中扣除生活费等，在此基础上乘以就职就劳可能年数算出的，这种计算是以模糊的盖然性为基础的。因为对于收入比较稳定的工薪阶层来说，也无法断言将来的收入。也就是说，差额赔偿将通过不确切的年收入乘以就职就劳可能年数，算出终身的应得利益，而关于该死伤者在该期间内实际上的劳动可能的盖然性程度也是不明确的。因此，差额赔偿使本来应该是平等的对受害人生命、身体的赔偿额产生极端的个人之间的差别。对于当事人来说，谋求定型化、类型化是切实有效的。

定型化赔偿则不考虑具体受害人财产损失的差额，而是从损害赔偿的社会妥当性和社会公众性出发，为损害确定固定标准和期限的赔偿原则。但是，差额说本身并未被彻底否定，因为差额说在根本上符合填平损害的侵权责任法价值。本司法解释于是采取了折衷的原则，具体损失即根据受害人的具体情况和特点等主观利益量化计算。抽象损失即劳动能力丧失或者受害人死亡等因素只能抽象评价的未来收入损失，设置有固定的赔偿标准和期限。但是，一些损失例如护理费、辅助器具费等，既具有具体损失性质，也具有抽象损失的性质。采取定型化赔偿也是有弊端的，即可能产生法定期限或者判决期限与受害人的实际生存不一致的情况，因为受害人的个体毕竟是有差异的，统一的年限规定不可能适用于每一个人，况且按照平均寿命计算同样存在问题。对此，本解释采取补救的方法，赔偿权利人可以再行起诉。法院在受理赔偿权利人的起诉后，对于其继续给付护理费、辅助器具费或者残疾赔偿金的诉讼请求经审查后，如果认为其生活仍不能自理，确实需要继续护理；行动不便的，需要继续配置辅助器具；仍然没有恢复劳动能力的，缺少生活来源的，法院应当判决给付以上的费用。

在实践中，赔偿权利人就其护理费、辅助器具费或者残疾赔偿金超过法定或者判决期限，继续发生的损害请求赔偿的争议必须发生在第一次审判的赔偿权利人和义务人之间。并且，赔偿权利人继续发生的损害认定，应该根据医疗机构的诊断、鉴定机构或者辅助器具配置机构的意见、受害人的实际情况来确定。对于权利人就护理费、辅助器具费或者残疾赔偿金继续给付的请求，法院只能根据实际情况，判决给付五至十年。护理费的计算按照护理人员的收入或者当地护工从事同等级别护理的劳务报酬标准计算，残疾赔偿金按照受诉法院所在地上一年度城镇居民人均可支配收入或者农村居民人均纯收入标准计算，辅助器具费按照普通适用器具的费用标准或者辅助器具配置机构的意见计算。在五年、十年或者二十年的时间内，护工的收入或者劳务报酬可能增加，城镇居民人均可支配收入或者农村居民人均纯收入标准可能提高，物价可能上涨，辅助器具费用可能增加，此时一次性支付的赔偿金可能在法定或者判决的期限内提前用完，赔偿权利人不能再行就增加费用提起诉讼。

17 人身损害赔偿中的定期金如何适用与限制?

解答:《人身损害赔偿解释》第 33 条规定:“赔偿义务人请求以定期金方式给

付残疾赔偿金、被扶养人生活费、残疾辅助器具费的，应当提供相应的担保。人民法院可以根据赔偿义务人的给付能力和提供担保的情况，确定以定期金方式给付相关费用。但一审法庭辩论终结前已经发生的费用、死亡赔偿金以及精神损害抚慰金，应当一次性给付。”

本条是关于定期金的规定。

本司法解释第 31 条确立了人身损害赔偿金一次性给付的原则，但是在司法审判实践中，要求赔偿义务人一次性给付高昂的赔偿金往往比较困难，也会给自己的生活带来巨大压力，对于残疾赔偿金、被扶养人生活费、残疾辅助器具费是否可以以定期金的方式进行给付，如果以定期金的方式进行给付需要设置怎样的条件，是否所有的损害赔偿都可以适用定期金，这些问题在司法审判实践中都有争议，各地法院也有不同的做法。为了进一步维护受害人的合法权益，合理平衡双方当事人之间的权利义务，应当对人身损害赔偿中定期金的适用进行明确规定并辅以适当限制。

根据该条司法解释，赔偿义务人可以请求法院将残疾赔偿金、被扶养人生活费、残疾辅助器具费以定期金的方式进行给付，但应当为将来履行判决提供法律所要求的担保。若赔偿义务人具有一次性给付能力，或者不能提供担保，或者侵权行为地与赔偿义务人的住所地或经常居住地不一致的，则不能以定期金的方式进行赔偿。并且，并不是所有的人身损害赔偿金都可以适用定期金的方式，其适用范围只包括给付残疾赔偿金、被扶养人生活费、残疾辅助器具费。此外，赔偿义务人应当一次性给付一审法庭辩论终结前已经发生的费用，包括医疗费、误工费、护理费、交通费、住院伙食补助费、营养费、丧葬费和残疾赔偿金、被扶养人生活费、残疾辅助器具费，以及死亡赔偿金、精神损害抚慰金。

（一）采用定期金的法律依据

定期金是指法院判决加害人在未来的一段时间按照一定的期限（如按照年或者季度、月度）向受害人支付赔偿，主要适用于残疾赔偿金、被扶养人生活费、急需治疗费用、护理费用、更换辅助器具等需要以后继续支出费用的场合。[①] 之所以在传统一次性支付损害赔偿金之外辅以规定可以采用定期金的支付方式，理由主要如下：第一，近年来，由于我国社会经济发展，人们收入增加，特别是随着法治建设

---

① 最高人民法院民事审判庭编著：《最高人民法院人身损害赔偿司法解释的理解与适用》，人民法院出版社 2004 年版，第 401 页。

的加强，人身损害赔偿法律制度日臻完善，人们的法律意识、权利意识普遍增强，人身损害赔偿出现高额化趋势，赔偿几十万元、一百万元比比皆是，赔偿几百万元的也不再是凤毛麟角。由于大额赔偿的出现，加害人一次性赔偿往往不大可能，这就要求我们改进执法方式，采用定期金赔偿方式。第二，定期金赔偿方式是按照受害人实际寿命进行赔偿，而不像一次性支付损害赔偿金的方式采用平均寿命的方式计算赔偿额，导致有的受害人已经死亡，赔偿义务人却对死亡以后已经作了赔偿，有的受害人超过平均寿命而健在却得不到赔偿的不公正现象。第三，把将来的多次性终身赔偿改为现在的一次性终身赔偿，等于将加害人若干年以后的赔偿义务强令其现在履行，也会造成加害人在给付赔偿金上利息的损失。第四，国外的人身损害赔偿中须终身赔偿的主要采用定期金支付方式，如《德国民法典》第834条、《意大利民法典》第2057条均对此作了规定。当然，定期金支付赔偿方式赔偿给付的时间长，易受加害人的经济状况变化、物价变化影响，风险较大，而且加害人以后可能无力偿债或故意逃避债务。定期金制度的优越性之一主要在于为当事人选择赔偿方式提供了可能，有利于赔偿制度的合理化，也有利于平衡当事人双方的利益。此外，适用定期金支付方式还有以下优越性：（1）可以避免通货膨胀给赔偿权利人带来的可能不利，以赔偿权利人接受每一期定期金时的有关统计标准和辅助器具的价格标准作为给付标准，更符合定期金支付的本来意义；（2）避免了赔偿义务人因一次性支付过多的赔偿金而破产或支付不能；（3）避免了受害人（尤其是受害人的监护人）提前花费补偿金，而使其未来生活发生重大困难；（4）避免受害人近亲属得到重大不当得利（如受害人在判决生效后很短时间内死亡，而判决确定的是一次性支付20年的残疾赔偿金）；（5）避免了当事人的多次诉讼，节约了有限的审判资源；（6）使将来的损害发生与对损害的赔偿在时间上和损害标准的价值比上更趋接近，从而也更为公平。

定期金赔偿方式首次出现在《最高人民法院关于审理触电人身损害赔偿案件若干问题的解释》中，该解释第4条明确规定，人身损害赔偿范围包括医疗费、误工费、住院伙食补助费和营养费、护理费、残疾人生活补助费等共计十二项，并对每一项赔偿的计算标准作出详细说明。对已满十八周岁但无劳动能力人的抚养费、生活费供给年限由“直至死亡”修改至仅“支付二十年”。这一修改有其合理之处：毕竟被侵害人在绝大多数情况下并不能扶养无劳动能力人至死；但若该无劳动能力人在被纳入被扶养人范围当年刚满十八周岁，则对其扶养费只支付二十年却又有失偏颇。此外，该解释第 5 条明确规定：因触电产生的损害赔偿费用，因紧急情况分别采用不同的支付方式：已发生和急需的赔偿，应采用一次性支付；其他费用依据是否急需、赔偿额的多少及加害人的支付能力，在提供适当担保的前提下，可以选择定期金赔偿方式。该解释首次将定期金赔偿方式作为人身损害赔偿支付形式之一，并被以后有关人身损害赔偿的法律及司法解释所沿用，极具开创性意义。我国现行法律对赔偿金的支付兼采一次性支付和定期支付两种形式，以一次性支付为原则，定期支付为补充，同时规定定期支付额，赔偿义务人应当提供担保，进一步完善了定期支付的保障制度。

（二）定期金赔偿的适用条件

第一，主要适用于人身损害赔偿。人身损害赔偿是指加害人或赔偿义务人因侵权行为致受害人健康权受损或生命权丧失后，而须承担的赔偿受害人因此而造成的经济损失及精神损失的责任。损害赔偿对于受害人而言是一种保护自身权利的手段，而对于加害人而言则是承担民事责任的方式。“损害赔偿”与民事权利救济的其他方式相比，最突出的特征便是财产性。因较严重的人身损害的不可自行恢复性使得对该类损害赔偿不能采用停止侵害、排除妨碍等救济方式，而必须通过支付确定赔偿款，保障受害人进行必要的医疗救治的方式来维护其权利。定期金赔偿方式首先作为一种损害赔偿支付方式，可确保受害人得到必要的治疗费进行医治；其次也是一种分期的支付方式，能满足较严重的人身损害需得到持续救治的要求。故定期金赔偿方式是一种对严重人身损害赔偿进行支付的理想方式。

第二，用于支付未来所产生的费用。综观本司法解释及《中华人民共和国侵权责任法》的有关规定，二者都大致规定了相同的损害赔偿范围，包括医疗费、误工费、护理费、交通费、住宿费等共计十七项费用。同时，要求对现期产生的各项费用，必须采用一次性方式支付。而对将来一段时间内会持续产生的费用，如康复费、更换器具费、残疾赔偿金等费用，可采用定期金支付。故由此可得，定期金赔偿主要用来支付未来产生的具有期待性的费用。

第三，以赔偿义务人提出请求为前提。赔偿义务人可依据自己的经济状况和支付能力综合考虑是否申请定期金支付，若认为一次性赔付会给自己的生活带来巨大的压力或者可能给企业造成莫大的经济负担甚至可能直接导致其破产，便可向法院请求对一审辩论终结后产生的费用采取定期金方式支付。但法官不可自主决定适用定期金赔偿方式。

第四，须提供必要的担保。定期金赔偿的期限以受害人的生存年限为标准，因赔偿期限上的终身性、赔偿总额的不确定性，要使权利人有理由相信义务人在未来相当长的一段时间内有赔偿能力，故需赔偿义务人提供必要的担保作为前提。一旦赔偿义务人不再具有赔偿能力，受害人便可依据法律规定请求法院对担保财产进行拍卖、变卖，用以满足赔偿要求。

（三）定期金的适用范围

对于受害人已经发生的费用和减少的损失，赔偿义务人一次性给予赔偿能够及时填补由于损害给受害人所带来的财产和精神损失，符合损害赔偿法的原理。而实际已经发生的费用，应当是一个确定的数额，在法院的判决中应当有明确、具体的体现，并有准确的判决。残疾赔偿金是指受害人因受损害致残，导致不能胜任正常的工作或劳动而给予的生活补助费；残疾辅助器具费是指因残疾而造成身体功能全部或者部分丧失需要配置辅助功能的器具的费用；被扶养人生活费是指受害人丧失劳动能力前或死亡前实际扶养的、没有其他生活来源的人的生活费用。[①] 以上三种费用都具有时间的持续性、将来性和费用数额的不确定性。说其具有时间上的持续性和将来性，是因为受害人致残后如果不能马上康复，其损害后果将会在一定时期内持续存在，而这种损害后果的存在更多的是发生在将来。说其具有费用数额的不确定性，是因为受害人致残后，对于残疾赔偿金、辅助器具费和被扶养人生活费的需要总额是不确定的，因为受害人可以生存多长时间是不确定的，辅助器具费的价格水平、对于残疾赔偿和被扶养人生活费的给付标准随着社会经济的发展也是不确定的，所以难以计算出赔偿权利人究竟需要多少赔偿金。因此对于以上的费用，采用定期金的给付方式，除具有前述的优越性外，还可以将来损害的发生与对损害的赔偿在时间上和赔偿标准的价值比上更趋接近，从而也更趋公平。

疑难问题

1. 定期金给付与分期付款在司法审判实践中的区分。定期金给付是在未来的一

---

① 最高人民法院民事审判庭编著：《最高人民法院人身损害赔偿司法解释的理解与适用》，人民法院出版社2004年版，第405页。

段时间内，赔偿义务人按照一定的期限向赔偿权利人支付一定的赔偿金额。其给付是以赔偿权利人的生存年限为限，由于其今后能够生存多少年是不确定的，因而赔偿金的给付年限、给付次数和给付总额也是不确定的。分期付款是在赔偿总额一定的情况下，赔偿义务人经法院判决可以分 N 次给付，在最长 20 年的时间内，赔偿义务人每次给付的数额和分期给付的数额是确定的。此外，定期金给付要经赔偿义务人的申请，由人民法院决定不需要赔偿权利人的同意，并且只限于残疾赔偿金、被扶养人生活费、残疾辅助器具费的场合，但是因为分期给付是对法律规定一次性给付的具体执行方式的变通，因而需要赔偿权利人的同意，并且适用于所有的赔偿项目。

2. 实现担保物权的途径。如本条司法解释的规定，适用定期金赔偿的前提是提供担保。我国法定的担保方式有保证、抵押、质押、留置和定金等五种，结合定期金赔偿方式的特点，较适宜的担保方式为保证、抵押和质押。为确保担保物在必要情形下能被实现，在确保担保物是否适格方面，人民法院必须从以下几个方面进行审查：(1) 审查赔偿义务人的经济状况是否确实困难，已无支付能力。若如此，需由赔偿义务人承担举证责任。(2) 审查赔偿义务人所提供的担保。如保证人是否具备保证能力，在赔偿义务人因经济状况恶化、无力履行能力时，是否能起到担保的作用、保证人是否具备担保的资格、保证人是否自愿、抵押的财产是否合法等。(3) 审查赔偿义务人是否有故意逃避责任的嫌疑。(4) 采用定期金给付方式是否具有现实性。① 依《中华人民共和国物权法》的规定，我国担保物权的实现方式有协议，单方拍卖、变卖，请求法院拍卖、变卖和提起诉讼四种，兼具自力救济和公力救济两类。但从维护社会秩序及公平公正的角度来讲，请求法院拍卖、变卖能最高效、便捷地解决纠纷。其既可避免因单方拍卖、变卖而导致损害担保人、债务人或者是第三人合法利益的状况发生，又可避免因屡次提起诉讼而造成人力、物力及司法资源的巨大浪费。通过请求法院拍卖、变卖，将担保物权置于法院的监督之下，法院通过委托享有拍卖资质的中介机构进行拍卖、变卖，从而可切断担保物权的实际变现者与最终利益归属者之间的联系，能够保证拍卖、变卖活动公正、公平地进行下去。② 此外，还可以采用其他具有担保作用的方式进行损害赔偿，如由银

① 李振江：《审理人身损害赔偿案件如何正确适用“定期金”制度》，载民权法院网，http：//hnmqfy. chinacourt. org/public/detail. php？ id=37，最后访问时间：2017 年 11 月 10 日。

② 金殿军：《请求法院拍卖、变卖担保财产的法律问题》，载《法学》2010 年第 1 期。

行代管、代发赔偿金。

⑱ 定期金的判决与执行过程中应当注意什么?

解答:《人身损害赔偿解释》第 34 条规定:“人民法院应当在法律文书中明确定期金的给付时间、方式以及每期给付标准。执行期间有关统计数据发生变化的,给付金额应当适时进行相应调整。定期金按照赔偿权利人的实际生存年限给付,不受本解释有关赔偿期限的限制。”

本条是关于定期金的具体规定。

如本司法解释第 33 条关于定期金的规定所述,定期金是人民法院判决赔偿义务人在未来的一定时间按照一定期限向赔偿权利人支付赔偿金的方式。既然是一定时间按照一定期限内给付,关于给付时间的支付方式以及支付标准是否因此应当由人民法院在法律文书中予以确定。在某些情况中,如定期金的给付年限不受最长 20 年的限制,即定期金是按照赔偿权利人的实际生存年限进行给付的,是否又应当在法律文书中予以明确。定期金的适用是我国法律为了纠正人身损害赔偿金一次性给付的弊端所生,由于其本身的特点和具体实施中的要求,对于判决和执行就提出了更高的要求,因此法律对关于审判机关对于其具体的判决与执行更应当有明确的规制。

(一)定期金赔偿的计算标准

明确各项费用的计算标准是适用定期金赔偿方式的前提。目前理论界或实务界都对残疾赔偿金及被扶养人生活费的计算标准争议较大,笔者对此予以明确。

1. 残疾赔偿金的赔偿标准及年限。

残疾赔偿金自《中华人民共和国民法通则》施行以来就一直被列入人身损害赔偿的范围内,只是在不同的法律中表达方式上有所不同。本司法解释规定,残疾赔偿金应根据受害人丧失劳动能力程度或者伤残等级,按照受诉法院所在地上一年度城镇居民人均可支配收入或者农村居民人均纯收入为标准进行赔偿。《中华人民共和国侵权责任法》第 16 条又规定因侵权行为造成受害人残疾的,应当赔偿残疾生活辅助具费和残疾赔偿金。由此可知,残疾赔偿金是对受害人因丧失劳动能力而对其进行的物质性补偿。与《中华人民共和国国家赔偿法》规定的“参照当地最低生活保障的标准”相比,本司法解释规定按受诉法院所在地上一年度城镇居民人均可支配收入或农村居民人均纯收入为标准、采用“就高不就低”原则进行赔偿较为合理，更能充分地保障受害人及其近亲属的生存权。因此，残疾损害赔偿金是对受害人因劳动能力的丧失而进行的物质性补偿，应根据受诉地上一年度城镇居民人均可支配收入或农村居民人均纯收入为标准，采用“就高不就低”原则进行赔偿。

2. 被扶养人生活费的赔偿标准及年限。

有关被扶养人生活费的赔偿标准及年限，在不同立法文件的规定中也存在较大差异。《民通意见》规定，支持对该费用的赔偿，并依照实际情况确定数额；《中华人民共和国国家赔偿法》规定，对扶养人生活费发放标准按照当地民政部门生活救济标准办理；被扶养人是未成年人的，生活费给付至 18 周岁止；其他无劳动能力的，生活费给付至死亡时止。从上述规定中可知，对被扶养人生活费的给付标准不一，年限也不一。生活费的赔偿标准应按照“被扶养人城镇人均可支配收入或农村居民人均纯收入为标准”，这样可以在保障被扶养人基本生活水平的同时，又不会使得该家庭因残致贫或因残返贫，有利社会秩序的维护和和谐社会的构建。针对被扶养人生活费的赔偿年限，笔者建议分情况讨论：（1）给付未成年人的生活费至其年满 18 周岁；（2）对已年满 18 周岁且无劳动能力的人的生活费给付年限，因受害人是否当场死亡而异。若受害人已死，对该类被扶养人的赔偿给付期限可先依法判决支付二十年；20 年后该无劳动能力人可向赔偿义务人请求再继续支付 5 年至 15 年[①]的生活费；若受害人未死，对该类被扶养人的给付期限，始于一审法院判决后，止于受害人或被扶养人死亡，哪个先死亡则以该人的死亡时间为准。

（二）定期金赔偿金额的浮动调整标准

在统一赔偿标准和赔付期限后，因定期金赔偿周期较长，其间因通货膨胀和经济发展而引发的物价上涨在所难免，必然会导致未来的实际花费与判决给付数额间存在较大差距，因此在判决采用定期金方式赔偿时，应允许其根据社会经济发展状况予以适当调整。《人身损害赔偿解释》中规定可对赔偿金额予以调整，但对数额调整的前提条件、调整幅度及享有调整权的主体未作规定。

（三）定期金赔偿的支付周期

根据本司法解释第 25、26、28 的规定，残疾赔偿金和被扶养人生活费的最长给付年限为二十年，残疾辅助器具费的赔偿期限参照配置机构的意见确定。同时，根

---

① 据《人身损害赔偿解释》第 32 条第 2 款的规定，延长给付相关费用五至十年；若损害赔偿当年，被扶养人刚年满 18 周岁且无劳动能力，因其未来生存年数较长，故应对此予以区别对待。在原延续年限基础上加上 5 年，继续支付年限最多延长至 15 年。

据本司法解释第 32 条的规定，若残疾赔偿金和辅助器具费超过确定的给付年限的，赔偿权利人可以继续向人民法院提起诉讼。无论是一次性给付，还是定期给付，原则上都以赔偿权利人的权利为限，但定期金给付是按照赔偿权利人的生存年限按期支付赔偿金的，与赔偿权利人的生存年限应当更为接近。因此，本条司法解释规定定期金按照赔偿权利人的实际生存年限给付，不受本解释有关赔偿期限的限制。

疑难问题

定期金的变更处理。本条司法解释规定，执行期间有关统计数据发生变化的，给付金额应当适时进行相应调整。对于确认残疾赔偿金是对未来收入损失的补偿，被扶养人生活费是将来被扶养人生活的来源，残疾辅助器具费也是对判决后受害人因伤害行为需要支出的购置安装必要器具的费用，因支付时间跨度较大，随着经济发展和科技进步，将来的花费与判决时比较会有所变化。对于变化不大，当事人不予申请变更的，可以按照当时判决确定的标准执行；如果变化明显，再按照原判决执行会对权利人显失公平，因此可以按照权利人的申请变更。一般来说，如果变化幅度不超过原标的额的 30%，一般不宜变更判决，以维护判决的稳定性。对于超过这个幅度的，应由利害关系当事人另行起诉追加或者减少，终止原判决执行，等法官判决后按照新生效法律文书执行。如果因为赔偿义务人死亡、破产或者被撤销等，对定期金的履行产生重大影响，权利人可以申请法院变更为一次性赔偿。对损害赔偿金按一定标准确定定期给付，实现了给付时间与赔偿权利人实际生存年限的一致性，是人身损害案件赔偿方式的一大进步，也是目前情况下比较合理的赔偿方式，但立法中存在的缺陷根本性地限制了其在审判实践中的应用，需要我们不断探索改进，使这种赔偿方式更趋合理和便于操作，以适应社会经济形势的发展。

19 赔偿标准的统计依据为何?

解答：《人身损害赔偿解释》第 35 条规定："本解释所称'城镇居民人均可支配收入''农村居民人均纯收入''城镇居民人均消费性支出''农村居民人均年生活消费支出''职工平均工资'，按照政府统计部门公布的各省、自治区、直辖市以及经济特区和计划单列市上一年度相关统计数据确定。'上一年度'，是指一审法庭辩论终结时的上一统计年度。”

本条是关于赔偿所依据的统计数据确定的规定。

本条司法解释第1款提到“城镇居民人均可支配收入”、“农村居民人均纯收入”、“城镇居民人均消费性支出”、“农村居民人均年生活消费支出”、“职工平均工资”，其中“城镇居民人均可支配收入”、“农村居民人均纯收入”作为确定残疾赔偿金和死亡赔偿金的标准术语、“农村居民平均生活费”作为确定被扶养人生活费的标准术语、“职工平均工资”作为确定误工费的标准术语对于普通公民来说比较难理解，并且“上一年度”也会在司法审判实践中存在争议，因此对于这些法律专业术语概念应当予以明晰。

（一）城镇居民人均可支配收入

要解释“城镇居民人均可支配收入”的含义，先要明确什么是“可支配收入”。所谓可支配收入，是指城镇居民可用于最终消费支出和其他非义务性支出以及储蓄的总和，即居民家庭可以用来自由支配的收入。它是家庭总收入扣除交纳的所得税、个人交纳的社会保障费以及调查户的记账补贴后的收入。计算公式为：

可支配收入=家庭总收入-交纳所得税-个人交纳的社会保障支出-记账补贴

其中的家庭总收入是指生活在一起的所有家庭成员在调查期得到的工薪收入、经营净收入、财产性收入、转移性收入的总和，不包括出售财物和借贷收入。收入的统计标准以实际发生的数额为准，无论收入是补发还是预发，只要是调查期得到的都应如实计算，不作分摊。

“城镇居民人均可支配收入”是按家庭常住人口平均计算的可支配收入。

（二）农村居民人均纯收入

“农村居民人均纯收入”是指农村住户当年从各个来源得到的总收入相应地扣除所发生的费用后的收入总和。它包括四个部分：工资性收入、家庭经营收入、财产性收入、转移性收入。农村居民人均纯收入是按家庭常住人口平均的纯收入水平，反映的是一个地区或一个农户的平均收入水平。这里的家庭常住人口，是指全年经常在家或在家居住6个月以上，而且经济和生活与本户连成一体的人口。外出从业人员在外居住时间虽然在6个月以上，但收入主要带回家中，经济与本户连为一体，仍视为家庭常住人口。在家居住，生活与本户连成一体的国家职工、退休人员也视为家庭常住人口。但现役军人、中专及以上（走读生除外）的在校学生以及常年在外（不包括探亲、看病等）且已有稳定的职业与居住场所的外出从业人员，不应当作家庭常住人口。计算方法为：纯收入=总收入-家庭经营费用-税费支出-生产性固定资产折旧-赠送农村外部亲友支出。纯收入主要用于再生产投入和当年生活费支出，也可用于储蓄和各种非义务性支出。

（三）城镇居民人均消费性支出

“城镇居民人均消费性支出”是指城镇居民人均用于满足家庭日常生活消费需要的全部支出，包括食品、衣着、家庭设备及服务、医疗保健、交通和通信、娱乐教育文化服务、居住、杂项商品和服务等八大类。

（四）农村居民人均年生活消费支出

“农村居民人均年生活消费支出”是指农村住户用于物质生活和精神生活方面的支出。生活消费支出包括食品、衣着、居住、家庭设备用品及服务、医疗保健、交通和通讯、文化教育娱乐用品及服务、其他商品和服务等消费支出。农村居民人均生活消费支出是按家庭常住人口平均的生活消费支出，反映的是一个地区或一个农户的平均消费水平的指标。

（五）职工平均工资

“职工平均工资”是指（在岗职工工资总额+不在岗职工生活费）-（在岗职工人数+不在岗职工人数）。

在岗职工工资总额，是一个看似简单实际上却非常复杂的概念。它是指单位在报告期内直接支付给在岗职工的劳动报酬总额，包括基础工资、职务工资、级别工资、工龄工资、计件工资、奖金、各种津贴和补贴、旅游费、过节费、交通费、洗理费、书报费、伙食补助（出差人员在途的误餐补贴统计在工资外收入中）、住房、租房补贴以及由单位代扣代缴的个人所得税、住房基金、各项社会保险基金、房水电费等。

在统计工资总额时不管是预算内资金，还是预算外资金；不管是单位自筹的资金，还是上级（或政府财政部门）下拨的资金；在财务账目上不管是工资科目，还是其他科目，只要符合工资统计指标的规定，就应统计在工资总额中。

各企业、事业、机关单位发放的住房、租房补贴、通信工具补助、住宅电话补助应计入工资总额项中的各种津贴。

房改一次性补贴款，如补贴发放到个人，可自行支配的则计入工资总额内；如补贴为专款专用存入专门的账户，不计入工资总额统计。

单位为职工缴纳的补充养老保险和补充医疗保险暂不做工资总额统计，其他各种商业性保险如储蓄性保险其性质为劳动报酬，因此应计入工资总额统计；单位给职工个人实报实销的职工个人家庭使用的固定电话费、职工个人使用的手机费、职工个人购买的服装费（不包括工作服）等各种费用，其实质为岗位津贴或补贴，应计入工资总额统计。有些地区为不休假的职工发放一定的现金或补贴，其性质为劳动报酬，计入工资总额统计；试行企业经营者年薪制的经营者，其工资正常发放部分和年终结算后补发的部分属于劳动报酬性质，应计入工资总额统计。

（六）“上一年度”理解

关于对“上一年度”的理解实际上是在依据有关赔偿参数计算损害赔偿金额的大小时应当以哪一个时间点为标准进行计算。在审判实践中关于“上一年度”有一定争议，具体是指侵权行为发生时的“上一年度”还是侵权结果发生时的“上一年度”，或者是损害结果确定时的“上一年度”，不同的时间起算点所计算出来的损害赔偿金数额都是不同的。理论上对侵权损害赔偿计算的标准时间主要有两个时间点：其一是侵权行为，具体也区分为侵权行为发生时以及侵权结果发生时；其二是一审法庭辩论终结前。后一时间点靠近对受害人损失的实际填补，对于受害人而言比较有利。本司法解释涉及损害赔偿计算标准时间的主要是残疾赔偿金和死亡赔偿金，其对赔偿权利人利益损失的填补主要指向未来，因此确定以最近实际填补时间的一审法庭辩论终结时作为损害赔偿计算的标准时间更有利于维护受害人的合法权益。

疑难问题

关于“上一年度”在发回重审案件中的法律适用。本条司法解释第 2 款规定，上一年度，是指一审法庭辩论终结时的上一统计年度。在案件发回重审时，由于没有具体规定“一审”的含义，因此该问题存在较大争议。对此，各法院做法不一，即使同一法院不同法官也适用不同的标准，这极大地影响了法律适用的统一和司法权威。应当明确被二审发回重审后，“一审”法庭辩论终结时的上一统计年度的认定，对此，“一审”仍应认定为原审法院第一次开庭审理时的“一审”，而非发回重审后重新进行审理时的“一审”。发回重审并不意味着原一审诉讼的消灭，如原一审采取的保全措施并不一定要重新采取，因此法庭辩论终结时的上一统计年度仍应以一审第一次法庭辩论终结时的上一统计年度为标准。本条司法解释出台的立法宗旨在于给被侵权人的赔偿是一种补偿，而不具有惩罚性，其赔偿应当以侵权行为发生时被侵权人所受损失为准。司法解释之所以规定为"上一年度，是指一审法庭辩论终结时的上一统计年度"，是考虑到侵权行为发生时当年的统计数据并未得出，考虑到被侵权人在经过治疗及诉讼、伤残鉴定等一系列程序至一审法庭辩论终结时，其受侵害时当年的统计数据通常已经公布，才做出如此规定的。如果按"发回重审"最后一次法庭辩论终结时的上一统计年度作为赔偿标准，则可能导致被侵权人为获得更高的赔偿款，致使被侵权人一方反复上诉申诉，反复申请鉴定，甚至故意隐瞒一些案件事实，使案件陷入反复发回重审、再审、再审再发回重审的怪圈，令赔偿义务人不堪其扰，这既不公平，也不利于社会秩序的稳定。这样的规定，一方面是为了便于案件查明事实，另一方面是为了将赔偿的金额限定在一个合理的限度内。故"一审法庭辩论终结的上一年度"的含义应当确定为"一审第一次法庭辩论终结的上一年度"，此种认定最符合民法的公平原则，亦最贴近司法解释的本意。

第二节　裁判规则与典型案例

1 人身损害赔偿的范围

裁判规则

受害人遭受人身损害，因就医治疗支出的各项费用以及因误工减少的收入，包括医疗费、误工费、护理费、交通费、住宿费、住院伙食补助费、必要的营养费，赔偿义务人应当予以赔偿。

受害人因伤致残的，其因增加生活上需要所支出的必要费用以及因丧失劳动能力导致的收入损失，包括残疾赔偿金、残疾辅助器具费、被扶养人生活费，以及因康复护理、继续治疗实际发生的必要的康复费、护理费、后续治疗费，赔偿义务人也应当予以赔偿。

受害人死亡的，赔偿义务人除应当根据抢救治疗情况赔偿本条第 1 款规定的相关费用外，还应当赔偿丧葬费、被扶养人生活费、死亡补偿费以及受害人亲属办理丧葬事宜支出的交通费、住宿费和误工损失等其他合理费用。

基本案情[①]

申请再审人（一审原告、二审上诉人、原申请再审人）：李普仁。

申请再审人（一审原告、二审上诉人、原申请再审人）：李琳慧。

申请再审人（一审原告、二审上诉人、原申请再审人）：李君慧。

申请再审人（一审原告、二审上诉人、原审申请再审人）：李嘉慧。

申请再审人（一审原告、二审上诉人、原申请再审人）：李丽慧。

申请再审人（一审原告、二审上诉人、原申请再审人）：李淑慧。

申请再审人（一审原告、二审上诉人、原申请再审人）：李慧华。

申请再审人（一审原告、二审上诉人、原申请再审人）：李慧彬。

申请再审人（一审原告、二审上诉人、原申请再审人）：李军。

申请再审人（一审原告、二审上诉人、原申请再审人）：李军龙。

上述9位申请再审人共同委托的代理人：李普仁。

被申请人（一审被告、二审被上诉人、原被申请人）：乐昌市疾病预防控制中心。

法定代表人：彭记伍，该中心主任。

委托代理人：胡慧明，该中心副主任。

委托代理人：吴凌霄，该中心副主任。

广东省乐昌市人民法院（以下简称乐昌法院）一审查明：2002年10月30日凌晨5时40分许，李普仁之妻曹有凤在自家门口被一条不明主人的狗咬伤下嘴唇后，在李普仁陪同下到疾控中心坪石门诊部救治，见门未开，随即转往坪石医院（即乐昌市第二人民医院）治疗。该院为曹有凤做了伤口处理和缝合包扎（因伤口创面较大而施缝合术）。当日上午8时30分左右，李普仁陪同曹有凤又到坪石门诊部就诊，该门诊部医护人员对曹有凤的伤口用1%的新洁尔灭进行清洗，用碘酊消毒，然后为曹有凤注射了狂犬疫苗和干扰素各一支。但因当时疾控中心未备有抗狂

① 最高人民法院（2013）民提字第48号民事判决书，来源：中国裁判文书网。

犬病毒血清，无法对曹有凤注射血清。当日，坪石镇人民政府，坪石门诊部及时组织人员外出采购抗狂犬病血清，同时还在乐昌市广播电视事业管理局坪石站有线台每天播放《紧急通知》3—5次至12月6日止，该通知要求被犬咬伤者立即到坪石门诊部注射狂犬疫苗，并于当日下午5时后到坪石门诊部注射抗狂犬病血清。但曹有凤受伤后始终未在坪石门诊部注射过抗狂犬病血清，其虽经常规治疗，仍于11月16日狂犬病病发。11月9日，曹有凤到广州治疗，经广州市第八人民医院确诊，其患狂犬病。次日，曹有凤返回坪石入住乐昌市第二人民医院治疗，后因病情无好转而出院。2002年11月21日晚，曹有凤因患狂犬病无法治愈死亡。

2003年11月19日，李普仁等人以疾控中心在为曹有凤治疗狂犬病过程中存在重大过错，且该过错与曹有凤死亡有因果关系为由，向乐昌法院起诉，请求判令疾控中心向李普仁等赔偿死亡补偿费80990元、医疗费3831.50元、丧葬费4000元、误工费360元、交通费749元、护理费及伙食补助费300元、被扶养人的生活补助费（10人）227109.45元、精神损害抚慰金88000元，合计405342.95元。

在一审诉讼过程中，乐昌法院于2004年2月26日委托韶关市医学会医疗事故技术鉴定机构，对双方争议的医疗事件作鉴定。但是李普仁于同年3月3日向该鉴定办公室提出，不同意由该医学会组织鉴定的书面意见。为此，韶关市医学会医疗事故技术鉴定办公室向广东省高级人民法院发出终止鉴定通知书。此后，乐昌法院又根据李普仁提出的意见，并在征得韶关市卫生局疾控科的同意的情况下，于2004年3月25日委托韶关市预防接种异常反应及事故诊断小组作鉴定。同年10月26日，该小组作出书面鉴定结论，“曹有凤的死不属于预防接种异常反应或接种事故所致”。2004年11月3日，在一审庭审质证中，李普仁对该鉴定结论提出异议，要求上一级鉴定机构重新进行鉴定。为此，乐昌法院于2004年11月23日委托广东省预防接种异常反应诊断小组作鉴定。2005年5月20日，广东省预防接种异常反应诊断小组作出书面鉴定结论，“李普仁妻子曹有凤的死不属于预防接种异常反应或事故所致”。同年6月14日，双方在一审庭审质证中，李普仁对省级的鉴定仍持异议，认为疾控中心存在医疗过错，但鉴定小组对疾控中心在治疗（曹有凤）过程中是否有过错的问题没有涉及，该鉴定结论不提及这个问题，是鉴定小组不作为。疾控中心则认为，从一开始其提出的是医疗事故鉴定，但是李普仁不同意，才进行接种异常反应或事故鉴定的，省级的鉴定是科学、合法、正确的，从而排除了疾控中心有过错的问题。此后，李普仁等到广东省有关部门上访反映意见。2005 年 7 月 4 日，广东省预防接种异常反应诊断小组在给李普仁等的《关于李普仁等三人二 00 五年六月二十二日“申请报告”的回复函》中指出：你们提出的“曹有凤被狂犬咬伤后在乐昌市疾控中心坪石工作站预防接种，当地疾控中心在预防接种中有无过错”的认定不属于广东省诊断小组的职责范围。同年 8 月 15 日，乐昌法院再次向广东省预防接种异常反应诊断小组（办公室）提出鉴定委托意见书，要求该机构考虑组织当事人进行听证，重新（或补充）鉴定，对乐昌市疾控中心在预防接种过程中是否存在过错给予客观评价。2006 年 3 月 13 日，乐昌法院从收到广东省预防接种异常反应诊断小组的复函中获悉，广东省预防接种异常反应诊断小组不再组织另行鉴定。

李普仁等不服一审判决，向广东省韶关市中级人民法院提出上诉，请求二审法院改判疾控中心赔偿其死亡赔偿金 272540 元、精神损害赔偿金 60000 元、安葬费 10569 元、误工费 800 元、医疗费 1200 元、交通费 800 元、伙食陪护费 700 元，共计 346609 元。

二审法院查明：李普仁与曹有凤共生育七名儿女，分别为：李琳慧（女，1984 年 12 月 30 日出生）、李君慧（女，1985 年 12 月 29 日出生）、李嘉慧（女，1987 年 4 月 22 日出生）、李丽慧（女，1988 年 10 月 24 日出生）、李淑惠（女，1990 年 5 月 14 日出生）、李慧华（男，1992 年 6 月 8 日出生）、李慧彬（男，1994 年 2 月 6 日出生）；此外，李普仁的侄子李军（男，1985 年 5 月 19 日出生）、李军龙（男，1994 年 10 月 15 日出生）一直随李普仁夫妻生活。郑二满（系死者曹有凤的母亲）已于 2003 年 12 月去世。

二审法院还查明，2002 年 10 月 29 日至 30 日，因湖南及乐昌市遇强降雨发生洪涝，坪石镇南下的公路、铁路交通均中断，坪石镇亦有部分地区受浸。在此期间，坪石镇被疯狗咬伤的共 24 人。李普仁为治疗曹有凤的伤病先后向坪石门诊部、乐昌市第二人民医院、坪石金鸡卫生站支付医疗费合计 1577.50 元。

疾控中心坪石门诊部于 2003 年 12 月 8 日出具了一份说明，内容为：狂犬病抗毒血清，生产厂家：长春生物制品厂，批号：2000301-9，失效期：2004 年 6 月 1 日；纯化狂犬疫苗，生产厂家：辽宁生物技术有限公司，批号：20020725，失效期：2003 年 9 月。并写明以上疫苗是坪石防保所 2002 年购苗批号和厂家。在该说明上，签注有曹有风、周永斌、温宇曦三人批号一样，在郴州提货（市防疫站）字样。2004 年 3 月 18 日，坪石门诊部又出具了一份说明，其内容为：狂犬疫苗批号，生产厂家：长春股份有限公司，批号：0202651－20，失效期：2003 年 3 月 7 日。乐昌市卫生局在赴湖南追踪调查时，湖南省衡阳市石鼓区卫生防疫站于 2005 年 3 月 14 日出具了一份证明，该证明称：广东坪石防保所邓日地于 2002 年 4 月至 9 月，在我站门诊部购买过大连高新生物制药厂生产的狂犬疫苗二件，每件计 120 人份。具体批号、失效期详见生产厂家质检报告单。所附报告单注明的批号分别为：20020702、20020806。

事发后，因协商赔偿事宜未果，李普仁等先后向有关部门反映情况，要求解决赔偿问题。疾控中心、广东省卫生厅、广东省食品药品监督管理局、韶关市卫生局、乐昌市卫生局等单位先后对此事作了答复、调查和处理，有关情况如下：

1. 2005 年 3 月 23 日，广东省疾病预防控制中心、广东省卫生监督所作出粤疾控〔2005〕80 号《关于乐昌市坪石镇曹有凤等三人所用狂犬病疫苗来源的调查报告》，向广东省卫生厅作出汇报。该报告称：2005 年 3 月 9 日，广东省疾控中心和广东省卫生监督所组成调查组，赴韶关、乐昌等地进行了调查。有关情况如下：被调查单位：韶关市疾控中心、乐昌市疾控中心、乐昌市坪石工作站（原乐昌市坪石卫生防疫保健所）。被调查人员：事件涉及单位及有关人员，上访者李普仁、辽宁生物技术公司生产的批号为 20020725 的人用狂犬病纯化疫苗的购销、调拨、库存和使用情况。调查方法：现场询问有关人员，查阅该批疫苗出入库登记本、调拨单和接种登记本等。疫苗流通情况：2002 年 10 月 24 日，湖南省疾病预防控制中心从辽宁生物技术公司购进 3000 人份上述批号的人用狂犬病纯化疫苗；2002 年 10 月 24 日，湖南省疾病预防控制中心转让韶关市疾病预防控制中心 1000 人份同批疫苗；2002 年 10 月 29 日，韶关市疾病预防控制中心对该批疫苗正式入库（填写了入库单）；2002 年 11 月 19 日，乐昌市疾控中心从韶关市疾病预防控制中心购进 100 人份（韶关市疾病预防控制中心疫苗出库登记本疫苗发货记录没有注明生产厂家和批号）；2002 年 11 月 20 日，乐昌市疾控中心正式入库该批疫苗 100 人份；2002 年 12 月 2 日，乐昌市疾控中心转让原乐昌市坪石卫生防疫保健所 50 人份（乐昌市疾控中心 2002 年生物制品进销记录没有注明生产厂家和批号）；2002 年 10 月 30 日，原乐昌市坪石卫生防疫保健所（现改为乐昌市疾控中心坪石工作站）从湖南省郴州市疾病预防控制中心购进40人份狂犬病疫苗（原乐昌市坪石卫生防疫保健所物资调拨单没有注明生产厂家和批号）。调查结论：按以上调查的情况推论，批号为20020725的辽宁生物技术公司生产的人用狂犬病纯化疫苗（Vero）按湖南省逐级供应渠道，最早到达乐昌市疾控中心的日期为2002年11月20日，而温宇曦（温生才之子）、周永斌（周安才之子）接种该批号疫苗的最早日期为2002年10月29日，曹有凤（李普仁之妻）接种该批号疫苗的最早日期为2002年10月30日。由此可见，本案中使用的批号为20020725人用狂犬病纯化疫苗（Vero）并非来源于我省、市、县逐级供应的疫苗。

2. 广东省卫生厅于2005年4月25日在给李普仁、温生才、周安才的答复〔粤卫信（2005）05号〕中称："省人民政府人民来访接待室转来你们关于要求对乐昌市疾控中心坪石工作站使用非正常渠道的狂犬病疫苗等情况进行调查，参照《医疗事故处理条例》对曹有凤等三人死因进行预防接种异常反应和事故省级鉴定的来信收悉。对你们反映的问题，广东省卫生厅组织了调查组进行了调查。现就有关问题答复如下：经查证，本案中为曹有凤、周永斌、温宇曦接种的批号为20020725的辽宁生物技术有限公司生产的人用狂犬病纯化疫苗（Vero）不是按照我省疫苗逐级供应渠道获得的疫苗。对此，广东省卫生厅将按有关规定进行处理。鉴于此案已进入司法程序，是否参照《医疗事故处理条例》对曹有凤等三人死因进行预防接种异常反应和事故省级鉴定，应由司法机关决定。"

3. 广东省食品药品监督管理局于2005年12月8日对李普仁及另两案（温生才、周安才）作出《关于对李普仁等三位同志的信访答复》，该答复称：2005年9月8日，李普仁同志向我局递交了《再次复查（按假药论处）的申请书》，反映你们亲属曹有凤、周永斌、温宇曦于2002年10月至11月在乐昌市疾控中心坪石门诊部（原坪石防保所）注射的狂犬病疫苗是"长春股份有限公司"和"辽宁生物技术有限公司"生产的，并附上乐昌市疾控中心坪石门诊部出具的证明材料，要求广东省食品药品监督管理局依法认定为假药。我局对此事高度重视，立即通知韶关市食品药品监督管理局调查，并去函吉林省、辽宁省食品药品监督管理局核实有关情况。2005年11月25日，我局收到吉林、辽宁两省局的复函，复函称：吉林省2002年没有名称为"长春股份有限公司"的药品生产企业；辽宁省无名称为"辽宁生物技术有限公司"的药品生产企业。根据吉林、辽宁两省局的核实结果，依据《药品管理法》第48条第3款第2项的规定，由“长春股份有限公司”和“辽宁生物技术有限公司”生产的药品应按假药论处。

4. 乐昌市卫生局于2006年11月6日作出《关于对李普仁等三位同志的信访答复》，该答复称：2002年10月29日至10月30日在我市坪石镇发生一起一只狂犬连续咬伤24人，并最后造成3人因狂犬病死亡事件。2005年9月，3名死者家属向省食品药品监督管理局递交了《再次复查（按假药论处）的申请书》，2005年12月8日，省食品药品监督管理局信访处依据《药品管理法》第48条第3款第2项的规定，对3名死者家属作出由“长春股份有限公司”和“辽宁生物技术有限公司”生产的药品应按假药论处的答复。为此，现就3名狂犬病患者的狂犬疫苗使用情况说明如下：经核实，3名狂犬病患者均因被狂犬咬伤，分别于2002年10月29日晚和10月30日早晨到坪石防保所，坪石防保所及时为3人进行了狂犬疫苗注射。但坪石门诊部为患者家属出具的使用了长春股份有限公司的疫苗（批号0202651-20）及辽宁生物技术有限公司的疫苗（批号20020725）的证明材料。该证明材料是坪石门诊部原负责人利用掌握科室公章的权力私自提供的证明材料，我局及市疾控中心也没有认真核实，在2005年3月前也一直根据原门诊部负责人提供的证明材料错误地认为3名死者使用的是辽宁生物技术有限公司的疫苗（批号20020725）。2005年3月，市疾控中心领导班子调整，新班子对此事非常重视，全方位地对3名死者使用的疫苗进行调查，通过调查大量的原始资料，发现乐昌市卫生防疫站做的狂犬病流行病学个案调查表上的疫苗厂家及批号与原坪石门诊部负责人提供的证明材料不一致。2002年乐昌市卫生防疫站做的狂犬病流行病学个案调查表如实反映了当时坪石防保所为3名患者使用的疫苗是大连高新生物制药有限公司的狂犬疫苗，批号分别为2002070207、2002080621。机构改革前乐昌市卫生防疫站及坪石防保所是两个独立的法人单位，乐昌市卫生防疫站当时是根据《传染病防治法》第四章第40条规定实事求是地去坪石防保所进行狂犬病流行病学个案调查，根据《狂犬病疫情控制处理》的要求：个案调查表以月为单位逐级上报至中国疾病预防控制中心传染病预防控制所，3名患者狂犬病流行病学个案调查表已逐级上报给了韶关市疾病预防控制中心、省疾病预防控制中心。狂犬病流行病学个案调查表至今在省及韶关市疾病预防控制中心存档。从2002年乐昌市卫生防疫站做的狂犬病流行病学个案调查表可以看出，原乐昌市疾控中心坪石门诊部原负责人为患者家属出具的使用了长春股份有限公司的疫苗（批号0202651－20）及辽宁生物技术有限公司的疫苗（批号20020725）并没有使用在3名患者身上。为查清为患者使用疫苗的真伪，我局及韶关市疾病预防控制中心对此事非常重视，调出坪石防保所2002年所有购疫苗票据，2005年3月派出专人到湖南省追踪调查批号分别为2002070207、2002080621大连高新生物制药有限公司生产的疫苗，最后查清坪石防保所用于3名死者身上的疫苗是湖南省衡阳市石鼓区卫生防疫站购进的疫苗，该站同时也提供了大连高新生物制药有限公司生产的批号分别为2002070207、2002080621的成品检验报告单。查清情况后韶关市疾病预防控制中心也及时向韶关市卫生局作了说明，并将狂犬病流行病学个案调查表及湖南省衡阳市石鼓区卫生防疫站提供的证明材料上报韶关市卫生局，2005年9月，韶关市食品药品监督管理局稽查分局组织力量到韶关市疾病预防控制中心调查，韶关市疾病预防控制中心也如实向韶关市食品药品监督管理局稽查分局反映了掌握的情况，同时也提供了狂犬病流行病学个案调查表及湖南省衡阳市石鼓区卫生防疫站提供的证明材料。以上情况说明坪石防保所当时为3名犬伤者注射的狂犬疫苗不是辽宁生物技术有限公司的疫苗（批号20020725），而是大连高新生物制药有限公司的狂犬疫苗，批号分别为2002070207、2002080621（此两号中尾数中07、21是亚批号，成品检验报告单不显示）。尽管作了疫苗注射等处理，但由于3名伤者咬伤部位在头面部，距中枢神经系统近，潜伏期短，患病的凶险性较大，仍未能有效防止狂犬病的发生而死亡，对此我们深感遗憾，并向死者家属作了解释。死者家属于2003年12月将韶关市疾病预防控制中心告上法庭，目前此事已进入司法程序，广东省、韶关市预防接种异常反应诊断小组都已作鉴定，鉴定结论为：李普仁妻子曹有凤死亡不属于预防接种异常反应或事故所致。

5. 2006年9月6日，广东省卫生厅作出粤卫办函〔2006〕455号《关于查处乐昌市疾控中心违规使用人用狂犬疫苗的通知》，要求韶关市卫生局责成乐昌市卫生局对此事进行查处，并将查处情况汇报省卫生厅。同年10月18日，乐昌市卫生局将查处结果报韶关市卫生局，同年11月3日，韶关市卫生局将乐昌市卫生局查处的情况上报省卫生厅，查处情况如下：我局于2006年9月22日接到韶关市卫生局转来省卫生厅《关于查处乐昌市疾控中心违规使用人用狂犬疫苗的通知》（粤卫办函〔2006〕455号），要求对原坪石防保所及当事人依法查处。坪石防保所原是我局下属的一个独立股级单位，主要负责北片乡镇的防疫保健工作，2002年12月在防保体制改革中撤销并入乐昌市疾控中心。经查在2002年9月至10月间，未经上级主管部门批准，原所长邓日地擅自到湖南省郴州市采购使用人用狂犬疫苗。此行为违反了《中华人民共和国传染病防治法》及其实施办法第69条和卫生部37号令第14条等有关规定。坪石防保所并入疾控中心后，邓日地任中心副主任。到2004年年初，乐昌市纪委接到反映邓日地违纪的信件后，对邓日地进行了立案调查，经调查：邓日地不仅违规在郴州市防疫站购买了人用狂犬疫苗，还加大票额，进行贪污，证据确凿，经乐昌市卫生系统党委讨论建议开除其党籍，乐昌市纪委于2004年10月26日常委会议讨论决定给予邓日地开除党籍处分（乐纪审〔2004〕8号）。同时，卫生局领导班子建议撤销其中心副主任职务，乐昌市监察局于2004年10月26日决定给予邓日地行政撤销疾控中心副主任职务（乐监审〔2004〕10号）。2005年年初，韶关市检察院接到举报邓日地违纪的举报信，要求乐昌市检察院查处，经立案调查，邓日地于2005年4月21日被刑事拘留，同年4月30日被依法逮捕。经乐昌市人民检察院调查，邓日地在郴州市防疫站不仅购买了人用狂犬疫苗，还加大票额，将差额部分占为己有，同时还有其他贪污行为。乐昌法院于2005年9月5日对邓日地判处有期徒刑十年。

二审期间，李普仁等提出追加乐昌市卫生局、韶关市卫生局、韶关市药品监督管理局及韶关市疾病预防控制中心为被告。

李普仁等不服广东省韶关市中级人民法院二审判决，向广东省高级人民法院申请再审，请求改判疾控中心承担一切赔偿责任，赔偿其扶养费、误工费、医疗费、交通费、精神损害赔偿金、死亡赔偿金，以及为本案诉讼所花费的费用共计515069元。

广东省高级人民法院再审查明如下事实：

1. 依照《中国生物制品规程》《人用狂犬病纯化疫苗制造及检定规程》的规定，一般咬伤者于0天（第一天，当天）、3天（第4天，以下类推）、7天、14天、28天各注射疫苗1剂，共5针，儿童用量相同。严重咬伤者（头、面、颈、手指、多部位3处咬伤者，咬伤皮或舔触黏膜者），应按上述方法注射本疫苗，于0天、3天注射加倍量疫苗，并于0天注射本疫苗的同时，用抗狂犬病毒血清（40IU/kg）或抗狂犬病免疫球蛋白浸润咬伤局部和内注射。根据坪石所出具的处方笺反映，疾控中心为曹有凤注射疫苗的时间分别为2002年10月30日、11月2日、11月4日、

11月6日、11月8日。

2.《韶关市防制狂犬病工作方案》第6条载明，各级防疫机构、乡镇医院应随时备有充足的人用狂犬病疫苗，一旦出现犬咬伤者，应及时实行伤口消毒处理，并根据犬伤程度使用抗病毒血清及按程序接种疫苗。

3.《预防用生物制品生产供应管理办法》第4条规定，县级以上卫生行政部门负责对所辖区域预防用生物制品的统一监督管理；第5条规定，各级卫生防疫站负责本办法规定管理的预防用生物制品逐级订购、分发和周转储存；第6条规定，各级各类医疗保健、卫生防疫机构，必须使用由卫生防疫机构、逐级分发或供应的预防用生物制品。而本案中，疾控中心在接收曹有凤就诊时未储备抗狂犬病毒血清，未经批准跨省向周边邻近地区（湖南郴州）购买抗狂犬病疫苗。

广东省高级人民法院再审查明的其他事实与一审、二审法院查明的事实相同。

李普仁等不服该判决，向本院申请再审称：（一）疾控中心在治疗过程中存在重大过错。1. 其未及时储备血清，导致未能及时给曹有凤注射血清；2. 其在注射疫苗过程中违法操作；3. 其故意隐匿信息。（二）疾控中心给曹有凤注射疫苗系假药的事实清楚，证据确凿、充分。（三）因医疗行为引起的侵权诉讼，由医疗机构就医疗行为与损害结果之间不存在因果关系及不存在医疗过错承担举证责任。（四）广东省高级人民法院再审判决确认的赔偿数额与法律规定不符合。《中华人民共和国侵权责任法》第17条规定：因同一侵权行为造成多人死亡的，可以以相同数额确定死亡赔偿金。《人身损害赔偿解释》第29条规定：死亡赔偿金按照受诉法院所在地上一年度城镇居民人均可支配收入或者农村居民人均纯收入标准按20年计算。曹有凤、温宇曦、周永斌的死亡赔偿金应统一按20年计算。曹有凤离开户口住所地已二十多年，居住在城镇靠买卖为生，与上述解释确立的采用“就高不就低”赔偿原则相一致应按城镇居民计算，死亡赔偿金按2003年度城镇居民人均可支配收入12380.40元×20=247608元。请求法院依法判令疾控中心赔偿其抚养费144543.60元，死亡赔偿金247608元，精神损害赔偿金110000元，安葬费6190元，医疗费1577.50元，误工费800元，交通费660元，住院生活费、陪护费800元，鉴定交通费402.50元，住宿费800元，4次上访费28000元，共计616329.60元以及诉讼中产生的其他费用。

最高人民法院再审查明：2006年7月，疾控中心提交《狂犬病流行病学个案调查表》，该表上载明的制作时间为 2002 年 11 月。再审查明的其他事实与一审法院、二审法院、广东省高级人民法院再审查明的事实相同。

审理要览

乐昌法院一审认为，李普仁的妻子曹有凤死于狂犬病，已是不争的事实。曹有凤被犬咬伤，本依法由伤其犬的饲养人承担相应的民事责任，但因该犬的饲养人不能确定，而无法追究饲养人的民事责任。然而，曹有凤被犬咬伤后又是经过一定治疗的，当其在经疾控中心所属坪石门诊部的常规治疗后，仍免疫失败，其终因狂犬病病发死亡。因此，李普仁等向乐昌法院提起民事诉讼，要求疾控中心承担医疗事故损害赔偿责任，并无不妥。但是，医疗事故损害赔偿责任的构成，需具备四个要件：1. 必须有医疗损害存在，即医方在治疗过程中造成了患者的人身或财产损害；2. 诊疗护理行为具有违法性，即违反了法律、规章制度、操作规程或技术要求；3. 医护人员主观上有过失；4. 诊疗护理行为与患者的损害事实间有因果关系。据此，结合双方争议的焦点问题（即第 1、2 针应否加倍量注射狂犬疫苗，狂犬疫苗与抗狂犬病毒血清应否合用，疾控中心是否履行了有关告知义务等）及各自向法庭提供的证据材料分析：1. 曹有凤确死于狂犬病，这是否属疾控中心在给曹有凤被犬咬伤后的治疗过程中造成的人身损害，依广东省、韶关市两级预防接种异常反应诊断小组的鉴定结论，“曹有凤的死不属于预防接种异常反应或事故所致”，本案没有医疗损害存在。2. 疾控中心对曹有凤被犬咬伤后的诊疗护理行为是否具有违法性，因疾控中心是按常规给予治疗，且狂犬病的防治工作具有一定的特殊性、复杂性，就本案争议的一些焦点问题，在鉴定机构不予评价的情况下，更是难以确定疾控中心的治疗护理行为具有违法性。3. 当时发生犬伤多人事件，从疾控中心所属坪石门诊部的实际医疗状况和条件看，其医护人员还是采取了一定的积极措施进行防治的，医护人员履行了注意（或告知）义务，主观上没有明显过失。疾控中心对曹有凤没有合用狂犬疫苗和抗狂犬病毒血清，并不能证明就是医护人员没有履行告知应用血清的义务而造成的。4. 曹有凤是因狂犬病死亡，依广东省、韶关市两级鉴定机构的鉴定意见书，可以推定，曹有凤的死与疾控中心的医疗行为间没有因果关系。综上所述，疾控中心不构成医疗事故损害赔偿责任。对李普仁等的诉求，一审法院不予支持。依照《中华人民共和国民法通则》第 106 条第 2 款的规定，经乐昌法院审判委员会讨论，一审法院于2006年4月14日作出（2003）乐法民一初字第107号民事判决：驳回李普仁等的诉讼请求。案件诉讼费7761元，免除李普仁等负担部分。

广东省韶关市中级人民法院二审认为，本案是因预防接种免疫失败导致患者死亡造成的损害赔偿纠纷。疾控中心有别于一般的医疗机构，而是属于疾病预防控制机构，其主要的职能是疾病预防与控制、突发公共卫生事件应急处置、疫情报告等。从本案中其实施的有偿诊治活动性质来看，其提供的是一种服务公众的服务行为，因此，本案应当定性为医疗服务合同纠纷。一审将本案案由定性为医疗事故损害赔偿纠纷不当，应予纠正。

1. 关于疾控中心在处置被犬咬伤后的诊疗行为有否过错的问题。从本案现已查明的事实来看，疾控中心在接诊曹有凤时虽然依照常规处理伤口并注射了狂犬疫苗和干扰素，此后亦是按照卫生部的免疫程序依时注射疫苗，但其未在当天注射狂犬疫苗的同时用抗狂犬病毒血清或抗狂犬病免疫球蛋白浸润咬伤局部和内注射，曹有凤被咬伤部位在脸部，依照《中国生物制品规程》、《人用狂犬病纯化疫苗制造及检定规程》的规定，一般咬伤者于0天（第1天，当天）、3天（第4天，以下类推）、7天、14天、28天各注射疫苗1剂，共5针，儿童用量相同。严重咬伤者（头、面、颈、手指、多部位3处咬伤者，咬伤皮或舔触黏膜者），应按上述方法注射本疫苗，于0天、3天注射加倍量疫苗，并于0天注射本疫苗的同时，用抗狂犬病毒血清（40IU/kg）或抗狂犬病免疫球蛋白（20IU/kg）浸润咬伤局部和内注射。事发时因疾控中心处无储备抗狂犬病毒血清，且有客观情况，其未注射抗狂犬病毒血清亦属正常，但其未能考虑伤者的实际情况，在0天（当天）、3天加倍注射狂犬疫苗，其行为有不当之处。李普仁主张疾控中心存在过错的上诉理由部分成立，予以采信。由于疾控中心并非诊疗单位，其对因犬咬伤的患者实施的仅是事后免疫，而该免疫能否成功，取决于患者受伤部位及程度、能否及时注射免疫药物、患者个人的体质差异等诸多因素，即使完成全部免疫程序，也不可能保证患者不发病。本案中，曹有凤在尚未完成全部免疫程序时即发病导致死亡，其间亦未发生注射疫苗后的副反应，根据广东省、韶关市两级预防接种异常反应诊断小组“不属于预防接种异常反应或接种事故所致”的鉴定结论来看，疾控中心的接种处理应属符合常规。

2. 疾控中心所使用的人用狂犬疫苗应否认定为假药的问题。本案中，疾控中心在自己无抗狂犬病毒血清储备、突发洪涝灾害通行中断的情况下，违反相关行政法规逐级配置的规定，未经批准跨省向周边邻近地区（湖南郴州）购买抗狂犬病毒血清。且疾控中心在购回血清后，已通过电视播放《紧急通知》要求被犬咬伤者立即到坪石门诊部注射疫苗和抗狂犬病毒血清，其已履行了相应的告知义务。故疾控中心的出发点还是为了尽可能快和多地拯救患者生命，在紧急情况下，该行为具有合理性，至于其违反相关行政行为的问题，不属于本案审理范围。本案中，当事人争议最大的是注射抗狂犬病毒血清问题。事发时，疾控中心在接诊时已为患者注射了人用狂犬疫苗。从现已查明的事实来看，曹有凤未注射血清。疾控中心主张其向患者注射的抗狂犬病毒血清疫苗是长春生物制品厂生产的，批号 2000301-9，这与坪石门诊部 2003 年 12 月 8 日出具的证明内容一致，亦与疾控中心提供的狂犬病流行病学个案调查表记录的内容一致，但与湖南省衡阳市石鼓区卫生防疫站所称 2002 年 4 月至 9 月购买的时间不吻合，存在明显的瑕疵。李普仁等虽然提供了广东省食品药品监督管理局 2005 年 12 月 8 日《关于对李普仁等三位同志的信访答复》，该答复是基于没有“长春股份有限公司”、“辽宁生物技术有限公司”药品生产企业的前提下应按假药论处，该局并未对药品进行检测、鉴定，且李普仁等向广东省食品药品监督管理局反映时已将坪石门诊部出具的证明中生产厂家“长春生物制品厂”误为“长春股份有限公司”，再结合同期其他被犬咬伤患者亦注射该批血清的并未发生病变的事实，如仅以广东省食品药品监督管理局《关于对李普仁等三位同志的信访答复》为据认定该批药为假药缺乏相应的证据，亦与查明的事实不符。因此，李普仁等主张疾控中心使用假药的主张不予采信。

3. 疾控中心应否对本案承担民事责任的问题。根据本案现有的证据和查明的事实，虽然曹有凤的死亡不属于预防接种异常反应或接种事故所致，疾控中心的接种处理符合常规，但疾控中心在接诊处置过程中存在一定的瑕疵和过错，其应当依照《中华人民共和国民法通则》第 106 条第 2 款“公民、法人由于过错侵害国家的、集体的财产，侵害他人财产、人身的应当承担民事责任”的规定对曹有凤做出适当的赔偿。综合全案，考虑到疾控中心的过错并非直接导致曹有凤死亡的原因，且曹有凤的死亡与其自身体质有较大的关系，其在被犬咬伤后，先到其他医疗机构处理，缝合了伤口，对免疫失败造成了一定的影响，故疾控中心对此后果应承担次要责任。综合全案考虑，应以疾控中心承担10%的责任较为适宜。因此，李普仁主张疾控中心给予赔偿的上诉理由部分成立，对其合理部分予以采纳。本案中，曹有凤死亡时42岁，依照《中华人民共和国民法通则》第119条“侵害公民身体造成伤害的，应当赔偿医疗费、因误工减少的收入、残废者生活补助费等费用；造成死亡的，并应当支付丧葬费、死者生前扶养的人必要的生活费等费用”与《道路交通事故处理办法》第37条第8项“死亡补偿费：按照交通事故发生地平均生活费计算，补偿10年。对不满16周岁的，年龄每小1岁减少1年；对于70周岁以上的，年龄每增加1岁减少1年，最低均不少于5年”及第9项“被扶养人生活费：以死者生前或者残者丧失劳动能力前实际扶养的、没有其他生活来源的人为限，按照交通事故发生地居民生活困难补助标准计算。对不满16周岁的人扶养到16周岁。对无劳动能力的人扶养20年，但50周岁以上的，年龄每增加1岁减少1年，最低不少于10年；70周岁以上按5年计算。对其他的被扶养人抚养5年”之规定，参照《广东省2003年度道路交通事故损害赔偿计算标准》，本案应赔偿范围为丧葬费、死亡补偿费、误工费、医疗费、交通费及死者生前扶养的人必要的生活费。由于曹有凤死亡时为2002年11月21日，本案诉讼一审法庭辩论终结时的上一统计年度为2003年，依照上述规定，丧葬费为4000元，死亡补偿费为61695.60元（6169.56元×10年）；医疗费为1577.50元；误工费371.86元（误工时间为2002年10月30日至11月22日，共22日，按1人计算，以上一年度劳动力人均年纯收入为标准计算；交通费660元；生前扶养的人必要的生活费27600元，其中：至本案诉讼时止，李琳慧、李君慧、李嘉慧及李军均已满十六周岁，不再计算生活费；李丽慧应计算1年为1200元（即200元/月×12月×1年÷2=1200元，以下计算方式相同），李淑慧应计算3年为3600元，李慧华应计算5年为6000元，李慧彬应计算7年为8400元，李军龙应计算7年为8400元。

上述各项费用合计为95901.96元。按照前述负担比例，疾控中心应承担9590.50元。至于李普仁等主张由疾控中心给予精神赔偿费60000元一项，由于曹有凤的死亡的确给李普仁等带来了不可弥补的精神痛苦，但其死亡是他人饲养的动物加害导致狂犬病发作，疾控中心在疫苗接种中所存在的不足并非狂犬病发作的直接原因，故李普仁等的该主张二审不予采信。

此外，李普仁等在二审时向二审法院提出追加乐昌市卫生局、韶关市卫生局、韶关市药品监督管理局及韶关市疾病预防控制中心为被告的申请，因乐昌市卫生局、韶关市卫生局、韶关市药品监督管理局及韶关市疾病预防控制中心，不属必须参加诉讼的被告，且与本案中曹有凤死亡无任何关系，故对该项请求二审法院不予支持。

综上所述，李普仁等的上诉理由部分成立，二审法院予以采信。一审判决认定事实基本清楚，但适用法律及实体处理不当，应予撤销。依照《中华人民共和国民事诉讼法》第153条第1款第2项、《中华人民共和国民法通则》第106、119条、《道路交通事故处理办法》第37条第8、9项之规定，判决：一、撤销乐昌法院（2004）乐法民一初字第157号民事判决；二、限疾控中心在判决发生法律效力之日起10日内，赔偿李普仁等9590.50元。二审诉讼费用7761元，由李普仁等负担6981.90元，疾控中心负担776.10元。李普仁等负担部分二审法院予以免除。

广东省高级人民法院再审认为：1. 本案疾控中心在接诊患者曹有凤时已按常规处理伤口并注射了人用狂犬疫苗，李普仁等人以坪石门诊部原负责人出具证明及由广东省食品药品监督管理局对3名死者家属答复函主张假药。经审查本案事实，疾控中心坪石门诊部曾为患者家属出具的使用长春股份有限公司的疫苗（批号0202651-20）及辽宁生物技术有限公司的疫苗（批号20020725）的证明材料，致使李普仁根据疾控中心坪石门诊部出具证明向广东省食品药品监督管理局反映，广东省食品药品监督管理局是基于没有“长春股份有限公司”、“辽宁生物技术有限公司”药品生产企业的前提下应按假药论处而答复3名死者家属。但经乐昌市卫生局调查，疾控中心坪石门诊部原负责人利用掌握科室公章的权力私自提供的证明材料，且经乐昌市卫生局新班子全方位地对3名死者使用的疫苗进行调查，查阅了大量的原始资料，调出坪石防保所2002年所有购疫苗票据，并于2005年3月派出专人到湖南省追踪调查批号分别为2002070207、2002080621的大连高新生物制药有限公司生产的疫苗，最后查明坪石防保所用于3名死者身上的疫苗是从湖南省衡阳市石鼓区卫生防疫站购进的疫苗，该站同时也提供了大连高新生物制药有限公司生产的批号分别为2002070207、2002080621的成品检验报告单。从上述情况可以看出，乐昌市卫生局所调查的情况与疾控中心坪石门诊部原负责人为患者家属出具的证明不一致。据此，广东省食品药品监督管理局《关于对李普仁等三位同志的信访答复》不实，且该局亦并未对药品进行检测、鉴定，再结合同期其他被犬咬伤患者亦注射该批疫苗血清但并未发生病发的事实，本案仅以广东省食品药品监督管理局

《关于对李普仁等三位同志的信访答复》为据认定假药证据不充分。此外，李普仁等人提出疾控中心违反相关行政法规逐级配置的规定采购的疫苗是假药的理由亦不成立。虽然疾控中心购买的疫苗是未经批准跨省向周边邻近地区（湖南郴州）购买的，但疾控中心的采购行为应属行政部门调整范围。据此，从现有证据不能完全推定疾控中心购买的抗狂犬病疫苗、血清属于假药。李普仁等人主张疾控中心使用的人用狂犬疫苗为假药事实依据不足，不予采信。

2. 从本案现已查明的事实看，曹有凤被狗咬伤的部位在脸部的下嘴唇，依照《中国生物制品规程》、《人用狂犬病纯化疫苗制造及检定规程》的规定，一般咬伤者于 0 天（第 1 天，当天）、3 天（第 4 天，以下类推）、7 天、14 天、28 天各注射疫苗 1 剂，共 5 针，儿童用量相同。严重咬伤者（头、面、颈、手指、多部位 3 处咬伤者，咬伤皮或舔触黏膜者），应按上述方法注射本疫苗。而本案，坪石门诊部在接诊曹有凤时虽然依照常规处理伤口并注射了狂犬疫苗和干扰素，但由于曹有凤被犬咬到的是脸部的下嘴唇这一严重部位，按照上述规程，应在当天注射狂犬疫苗的同时用抗狂犬病毒血清或抗狂犬病免疫球蛋白浸润咬伤局部和内注射，由于疾控中心当时无储备抗狂犬病毒血清，致使曹有凤未及时注射血清。虽然疾控中心主张购回血清后即通过电视播放了《紧急通知》，要求被犬咬伤者立即到坪石门诊部注射疫苗和抗狂犬病毒血清，其已履行了相应的告知义务，但涉及到人的生命抢救的关键时刻，需采用何种药物救治只有专业医疗机构的医生才清楚，只是通过电视播放《紧急通知》，存在通知不到的情况，即疾控中心未完全尽到告知义务。且根据坪石门诊部处方笺载明给曹有凤注射疫苗时间与上述规程要求时间未完全一致，故疾控中心在为曹有凤救治的过程中存在未能及时注射疫苗、血清救治的过错；而曹有凤被犬伤后先到了乐昌市第二人民医院对伤口进行简单处理后相隔两小时再到回坪石门诊部救治。因此，李普仁等认为疾控中心未及时给曹有凤注射血清存在过错的理由成立。

3. 如前所述，本案仅以广东省食品药品监督管理局《关于对李普仁等三位同志的信访答复》为据认定疾控中心使用的假药证据不充分，而且由于曹有凤被咬的脸部的下嘴唇属重要部位，在及时注射血清情况下，也存在死亡的高风险，但疾控中心在接诊病人处置过程中存在未及时告知病人应打血清及接种疫苗时间与规程要求时间不完全一致，因此，二审依照《中华人民共和国民法通则》相关规定认定疾控中心因上述行为对曹有凤死亡的后果应承担一定的民事赔偿责任并无不当，但二审判决疾控中心对曹有凤的死亡只承担10%责任明显偏低，应予变更。依据本案实际以及公平原则，疾控中心的上述行为所承担的民事赔偿责任与李普仁等人承担的民事责任同等，即疾控中心对曹有凤死亡应赔偿各项费用共计95901.96元承担50%的责任（金额47952.48元）。李普仁等认为疾控中心给予赔偿数额偏低有理，予以变更。但李普仁等请求疾控中心赔偿其515069元缺乏事实和法律依据，不予支持。

综上所述，广东省韶关市中级人民法院二审判决认定事实部分不清，实体处理欠妥，予以变更。判决：1. 维持广东省韶关市中级人民法院（2006）韶中法民一终字第586号民事判决第一项；2. 变更广东省韶关市中级人民法院（2006）韶中法民一终字第586号第二项为：疾控中心在判决发生法律效力之日起30日内，赔偿李普仁等47952.48元。

最高人民法院再审认为：1. 疾控中心对坪石门诊部给曹有凤等人注射疫苗的来源陈述前后矛盾。其先主张给曹有凤等人注射的是辽宁生物技术有限公司生产的批号为20020725狂犬疫苗，后又主张注射的疫苗是从湖南省衡阳市石鼓区卫生防疫站购买的大连高新生物制药有限公司生产的批号为2002080621狂犬疫苗。曹有凤死亡后，李普仁找到疾控中心坪石门诊部，疾控中心坪石门诊部于2003年12月8日出具了一份说明，内容为：狂犬病抗毒血清，生产厂家：长春生物制品厂，批号：2000301-9，失效期：2004年6月1日；纯化狂犬疫苗，生产厂家：辽宁生物技术有限公司，批号：20020725，失效期：2003年9月。并写明以上疫苗是坪石防保所2002年购苗批号和厂家。在该说明上，签注有曹有凤、周永斌、温宇曦三人批号一样，在郴州提货（市防疫站）字样，并盖有坪石门诊部的公章。这是最初的原始证据，实施疫苗注射的为坪石门诊部，因此其应当最清楚疫苗的来源。广东省疾病控制中心、广东省卫生监督所经调查认为，该疫苗不属于其省、市、县逐级供应的疫苗，这说明疾控中心给曹有凤使用的疫苗不是来源于正规渠道。广东省食品药品监督管理局还针对李普仁的上访，出具了该疫苗应当按假药论处的答复意见。后疾控中心虽以《狂犬病流行病学个案调查表》否认其先前的说法，主张给曹有凤等人注射疫苗为大连高新生物制药有限公司生产的批号为2002080621的人用狂犬疫苗，但是《狂犬病流行病学个案调查表》不能作为定案的依据。从该证据的来源看，《狂犬病流行病学个案调查表》是疾控中心单方制作、提交的证据，在没有相关证据佐证的情况下，不能直接作为有效证据采信；从证据提交的时间看，该表上写明的制作时间是 2002 年 11 月，但疾控中心实际提交该证据的时间为 2006 年 7 月，是在案件二审期间，该证据并不属于《最高人民法院关于适用〈中华人民共和国民事诉讼法〉审判监督程序若干问题的解释》第 10 条规定的新证据，因此不能作为定案的依据。广东省高级人民法院认定曹有凤等人注射的是大连高新生物制药有限公司生产的批号为 2002080621 狂犬病疫苗，属于认定事实错误。疾控中心未能提供疫苗质量合格的有效证据。此外，从狂犬病的发病规律看，被狂犬咬伤后，即使没有采取任何预防措施，也并非一定发病。因此，广东省高级人民法院以其他注射疫苗的人未发生死亡的事实推导出疫苗不存在问题的结论，缺乏科学依据。

2. 本案中，对于曹有凤死亡，疾控中心在诊治过程中存在重大过错。其使用的疫苗并非来源于逐级供应的正规渠道，且已被行政主管部门认定为按假药论处；在治疗方法上未按规定用药，未及时注射血清，使曹有凤错过最佳治疗时机。广东省高级人民法院再审判决仅以疾控中心存在通知不到位和未按规程注射疫苗为由，认定疾控中心承担 50%的责任，显属不当，应予纠正。疾控中心作为防治狂犬病的机构，对其过错应当承担赔偿责任，本院酌定疾控中心承担 90%的责任，即为 86310. 90 元。鉴于曹有凤的死亡给李普仁等造成很大精神痛苦，酌定疾控中心给付李普仁等精神抚慰金 5 万元，以上共计 136310. 90 元。李普仁等主张应当按照《人身损害赔偿解释》来计算死亡赔偿金和被扶养人生活费，但该解释第 36 条第 1 款规定："本解释自 2004 年 5 月 1 日起施行。2004 年 5 月 1 日后新受理的一审人身损害赔偿案件，适用本解释的规定。已经作出生效裁判的人身损害赔偿案件依法再审的，不适用本解释的规定"。因此，李普仁等的该项主张缺乏依据，本院不予支持。

综上，本院依照《中华人民共和国民事诉讼法》第 207 条第 1 款、第 170 条第 1 款第 3 项之规定，判决如下：

一、撤销广东省高级人民法院（2010）粤高法民一提字第 16 号民事判决、广东省韶关市中级人民法院（2006）韶中法民一终字第 586 号民事判决、广东省乐昌市人民法院（2004）乐法民一初字第 157 号民事判决；

二、广东省乐昌市疾病预防控制中心在本判决发生法律效力之日起 10 日内，赔偿李普仁、李琳慧、李君慧、李嘉慧、李丽慧、李淑慧、李慧华、李慧彬、李军、李军龙 136310. 90 元，已经支付的部分从中扣减；

三、驳回李普仁等申请再审人的其他诉讼请求。

裁判解析

关于人身损害赔偿的范围，《中华人民共和国民法通则》第119条规定：“侵害公民身体造成伤害的，应当赔偿医疗费、因误工减少的收入、残疾者生活补助费等费用；造成死亡的，并应当支付丧葬费、死者生前扶养的人必要的生活费等费用。”《中华人民共和国侵权责任法》第16条规定：“侵害他人造成人身损害的，应当赔偿医疗费、护理费、交通费等为治疗和康复支出的合理费用，以及因误工减少的收入。造成残疾的，还应当赔偿残疾生活辅助具费和残疾赔偿金。造成死亡的，还应当赔偿丧葬费和死亡赔偿金。”而《人身损害赔偿解释》中将受害人在遭受人身侵害后，所能主张的损害赔偿范围进行了进一步明确规定，包括医疗费、误工费、护理费、交通费、住宿费、住院伙食补助费、必要的营养费，因误工减少的收入；如果因侵权行为造成伤残，则应当赔偿受害人因伤残导致生活上增加的必要费用和收入损失，包括残疾赔偿金、残疾辅助器具费、被扶养人生活费，以及因康复护理、继续治疗实际发生的必要的康复费、护理费、后续治疗费；如果侵权行为导致受害人死亡，除了应当支付受害人抢救的相关费用外，还应当赔偿丧葬费、被扶养人生活费、死亡补偿费以及受害人亲属办理丧葬事宜支出的交通费、住宿费和误工损失等其他合理费用。

所谓人身损害赔偿，是指当自然人的生命、身体、健康受到侵害而导致伤残、死亡等后果后，有权利依法要求赔偿义务人以财产赔偿的方式予以救济。

我国对于人身损害赔偿遵循全部赔偿原则。换言之，赔偿义务人的赔偿范围以实际造成的损害为限，全部予以赔偿。需要注意的是，全部赔偿原则不意味着全额赔偿，前者意味着赔偿范围不仅包括财产损害，还应当包含精神损害的赔偿，而后者将赔偿范围局限在财产损害上。精神损害或许无法用金钱衡量，但将精神损害赔偿包含在损害赔偿的范围内在一定程度上抚慰了受害人受到的精神伤害。

对于全部赔偿原则，应当注意所谓全部赔偿，意味着赔偿的数额只能以实际损害为标准，全部损害赔偿的是合理的损失，即受害人因侵权行为所导致的损失，都应当得到补偿，但对于不合理的损失、借故增加的费用不应予以赔偿，且加害人的过错程度和社会危险性不应当作为影响加害人赔偿数额的因素。这并不意味着加害人的主观状态在侵权法中没有意义，事实上，过错作为判断加害人主观状态的标准，对于认定加害人是否承担责任具有重要意义，但对于赔偿数额的确定，对过错的考量就不应当作为影响赔偿数额的因素，对于社会危害性的考量也是如此。对于人身损害赔偿，最重要的是对受害人所受损害的补偿，这也正是全部赔偿原则的应有之义。此外，全部赔偿意味着对于受害人的损失，不仅应当赔偿其所受的“积极损失”，即现有财产的减少或支出，还应当赔偿其所受的“消极损失”，即本该获得的利益。根据本条规定，所谓“积极损失”，包括因就医治疗支出的费用——医疗费、护理费、交通费、住宿费、住院伙食补助费、必要的营养费以及因康复护理、继续治疗实际发生的必要的康复费、护理费、后续治疗费等，因伤残导致的生活上所需费用的增加——残疾辅助器具费。对于“消极损害”，指的就是本条规定的因伤残或死亡导致的收入损失，如本条规定的误工费、残疾赔偿金、死亡赔偿金被扶养人生活费等项目。

在人身损害赔偿中，还应当注意遵循过失相抵原则，即在侵权行为中，加害人与受害人都存在过错，在这种情况下，受害人对特定的侵权行为也负有责任，因此在这种情形下，在决定责任的承担和责任的范围时，应当比较受害人和加害人的过错程度。在此应当注意，所谓过失相抵，并不是在进行损害赔偿的金额认定时，加害者和受害者对双方造成的损害在赔偿时可以互相抵销，也不能单纯地将双方的过失进行抵销，而应当依据双方的过失程度决定责任的范围由哪一方负责。以上均为人身损害赔偿中所应当遵守的原则，在适用人身损害赔偿的有关条款时，应当将这些原则与法律规范进行综合考虑，确定人身损害赔偿的范围和金额。

关于人身损害赔偿的具体范围，根据《人身损害赔偿解释》的规定，具体内容如下：

1. 医疗费赔偿。根据《人身损害赔偿解释》第 17 条和第 19 条的规定，受害人因治疗人身损害而产生的医疗费应当予以赔偿，医疗费包括诊疗费、化验费、医药费、住院费等治疗人身伤害所产生的费用。医疗费根据医疗机构出具的医药费、住院费等收费凭证，结合病例和诊断证明等相关证据确定。根据医疗证明或者鉴定结论来确定必然会发生的后续费用，可以与已经发生的医疗费一并予以赔偿。

2. 误工费。对于受害人误工工资的赔偿，应当根据受害人的实际损伤程度、恢复情况、误工时间和收入状况，并参照治疗医院出具的证明或者法医鉴定等确定。

赔偿误工的日期，以治疗单位出具的诊断证明书或者法医鉴定为依据；赔偿费用标准，按受害人的平均工资或者实际收入数额确定。对于有固定工资的受害人，赔偿的误工费可以根据固定工资计算；没有固定工资的受害人，可以按照年工资计算，也可以参照同地区同一工种的平均工资计算。

3. 护理费。对于因人身伤害导致的不得不增加的护理费用，根据本解释第 21 条之规定，应当根据护理人员的收入情况和护理人数、护理期限确定。护理人员有收入的，参照误工费的规定计算；没有固定工资的，参照当地同级别从事护理工作的劳务报酬确定。护理人员原则上为一人，除非医疗机构或鉴定机构对于护理情况有明确意见。

4. 交通费。根据本解释第 22 条之规定，治疗中受害人和护理人花去合理的交通费，如果有正式的票据为凭证，与就医的地点、时间、人数、次数相符合的，应当进行赔偿。

5. 住宿费。关于因人身伤害所产生的住宿费用的问题，本解释中没有进行专门规定，只有在第 23 条关于住院伙食补助中有所提及。应当明确的是，这里所称的住宿费，不应当等同于住院费，因为住院费已经包含在医疗费用当中。

6. 住院伙食补偿费。根据本解释第 23 条之规定，住院伙食补助费不应超过国家工作人员当地出差补助的标准，受害人因客观情况需要到外地治疗而又不能住院的，受害人本人及其陪护人员所产生的合理伙食费，应当得到赔偿。

7. 必要的营养费。本解释第 24 条规定："营养费根据受害人伤残情况参照医疗机构的意见确定。"经过治疗的医疗机构或法医鉴定机构核定，确认为受害人确需补充的营养食品，作为受害人辅助治疗所需的，应当进行赔偿。

本解释第 17 条第 3 款中关于受害人死亡的赔偿范围的法律依据是《中华人民共和国民法通则》第 119 条的规定。受害人死亡后，其权利能力自然归于消灭，其也不可能作为法律主体主张死亡赔偿，此时，死者的近亲属将作为实际上的赔偿权利人主张赔偿。对于受害人近亲属的赔偿，主要有两种学说：第一种为"扶养丧失说"，即认为损害赔偿应当以被扶养人丧失的生活来源来计算，受害人死亡后，其生前依法有义务进行扶养的被扶养人失去了生活来源，因此赔偿义务人应对被扶养人的生活费进行赔偿，生活费外的其他费用不在赔偿范围内。《中华人民共和国民法通则》第 119 条中"应当支付丧葬费、死者生前扶养的人必要的生活费等费用"

在解释时一直被认定为是“扶养丧失说”的证明。因此，在接下来的一系列有关人身损害造成受害人死亡的赔偿条款中，往往在“被扶养人生活费”外规定了“死亡补偿费”，而这里的“死亡补偿费”也被理解为精神损害抚慰金。第二种学说为“继承丧失说”，即对受害人因人身损害导致死亡的赔偿应当以受害人死亡导致的家庭整体收入的减少为标准。这种学说的合理性在于，由于个人的收入并不会完全用于个人消费，除了部分用于个人消费外，其余部分会用于整体的家庭消费，而受害人的死亡会导致家庭财产的损失。

本解释采取的是“继承丧失说”，目的在于更好地保护受害人及其近亲属的权利。对于造成人身损害并导致受害人死亡的，赔偿范围如下：

1. 丧葬费。根据本解释第 27 条之规定，按照受诉法院所在地上一年度职工平均月工资标准，以六个月计算。

2. 被扶养人生活费。受害人因侵害生命权导致死亡，赔偿义务人对受害人依法应当承担扶养义务的未成年人或者丧失劳动能力又无其他生活来源的成年近亲属的生活费进行赔偿。被扶养人生活费根据扶养人丧失劳动能力程度，按照受诉法院所在地上一年度城镇居民人均消费性支出和农村居民人均年生活消费支出标准计算。对于被扶养人生活费的赔偿见于本解释第 28 条中。

3. 死亡赔偿金。根据本解释第 29 条之规定，死亡赔偿金按照受诉法院所在地上一年度城镇居民人均可支配收入或者农村居民人均纯收入标准，按 20 年计算。对于年龄在 60 周岁和 75 周岁之间的，死亡赔偿金标准不同。因同一侵权行为造成多人死亡的，可以以相同金额确定死亡赔偿金。

4. 交通费。根据本解释第 17 条第 3 款的规定，这里的交通费是指受害人亲属办理丧葬事宜所支出的合理交通费，交通费的计算标准参照本解释第 22 条计算。

5. 住宿费。与交通费一样，住宿费是受害人近亲属办理丧葬事宜所产生的合理的住宿费用，赔偿标准参照人身损害赔偿的一般赔偿范围中的住宿费标准确定。

6. 误工损失。根据本解释第 17 条第 3 款的规定，这里赔偿的误工损失是指受害人亲属为办理丧葬事宜，耽误工作所造成的损失。

对于人身损害造成被害人死亡的，除了赔偿以上内容，还应当根据抢救治疗情况赔偿在本解释第 17 条第 1 款中规定的相关费用，包括因就医治疗支出的各项费用以及因误工减少的收入，包括医疗费、误工费、护理费、交通费、住宿费、住院伙食补助费、必要的营养费。

② 受害人或者死者近亲属遭受精神损害，赔偿权利人向人民法院请求赔偿精神损害抚慰金

裁判规则

受害人或者死者近亲属遭受精神损害，赔偿权利人向人民法院请求赔偿精神损害抚慰金的，适用《精神损害赔偿司法解释》予以确定。精神损害抚慰金的请求权，不得让与或者继承。但赔偿义务人已经以书面方式承诺给予金钱赔偿，或者赔偿权利人已经向人民法院起诉的除外。

基本案情①

李成亮、李卉、臧银松、陆才英因与安徽省池州杰达汽车运输股份有限公司（以下简称杰达公司）、池瑛、中国人民财产保险股份有限公司池州市分公司（以下简称人保池州分公司）道路交通事故人身损害赔偿纠纷一案，向无锡市北塘区人民法院提起诉讼。2009 年 7 月 11 日 9 时 42 分许，王振辉驾驶制动系统不合格的皖 R00056 号大型普通客车，从江苏省昆山市开往安徽省池州市，途经锡宜高速公路行驶至锡宜线 41 公里处，在左侧行车道内行驶时追尾撞击前方同车道内由池瑛驾驶的苏 DY3570 号轿车（经鉴定速度小于 52.19km/h），造成两车损坏，池瑛受伤，苏 DY3570 号轿车内乘坐人姚惠芬、刘遂梅、臧晏萍受伤，经送医院抢救无效先后死亡。该事故经交警部门调查认定：王振辉负事故主要责任，池瑛负事故次要责任。

皖 R00056 号大型普通客车系杰达公司所有，在人保池州分公司投保了交强险，保险期间自 2008 年 12 月 31 日起至 2009 年 12 月 30 日止。王振辉系杰达公司驾驶员，肇事时属于职务行为。王振辉的行为构成交通肇事罪，被判处有期徒刑四年。李成亮、李卉、臧银松、陆才英在诉讼中自愿撤回对王振辉的起诉。

李成亮系臧晏萍之夫，二人生育一女即李卉，臧银松、陆才英系臧晏萍之父母，二人共生育臧晏萍等三子女。臧晏萍在抢救中花费医疗费 22258.66 元，其中杰达公司垫付 16408.66 元，人保池州分公司垫付 5000 元。另臧晏萍亲属收到由杰达

---

① 江苏省高级人民法院（2012）苏民再提字第 0116 号民事判决书，来源：中国裁判文书网。

公司转交的人保池州分公司预付赔款30000元。亲属为处理事故花费交通费、食宿费4119元。经委托青海省海晏县人民法院调查，臧银松每月退休工资3766.80元，陆才英每月退休工资2588.20元。据此，无锡市北塘区人民法院依照《中华人民共和国道路交通安全法》第76条第1款，《最高人民法院关于审理人身损害赔偿案件适用法律若干问题的解释》第17、19、27、28、29条之规定，于2010年3月15日作出（2009）北民一初字第1466号民事判决：

一、被告人保池州分公司赔偿李成亮、李卉、臧银松、陆才英37500元（已履行35000元）；

二、杰达公司赔偿李成亮、李卉、臧银松、陆才英354941.43元（已履行16408.66元）；

三、池瑛赔偿李成亮、李卉、臧银松、陆才英62636.72元；

四、杰达公司与池瑛互负连带责任；

五、驳回李成亮、李卉、臧银松、陆才英的其他诉讼请求。

李成亮、李卉、臧银松、陆才英不服一审判决，向无锡市中级人民法院上诉称：(1) 殡仪馆费用是因处理交通事故需要发生的，不应计算至丧葬费内；(2) 一审核定误工费、交通费过低；(3) 王振辉虽已受刑事处罚，仍应赔偿精神损害抚慰金。请求二审法院撤销一审判决，改判支持其一审的全部诉讼请求。无锡市中级人民法院二审审理认为：《人身损害赔偿解释》规定，丧葬费按照受诉法院所在地上一年度职工月平均工资标准，以六个月总额计算。鉴于丧葬费包含的项目繁多，有火化费、运尸费、尸体冷藏停放费等，且收费标准亦不统一，该规定确定了一个固定的一次性量化的具体标准。李成亮、李卉、臧银松、陆才英提出在丧葬费用外，应另行计算臧晏萍无锡殡仪馆费用的意见，没有法律依据，不予支持。经审查，一审法院核定处理臧晏萍事故的误工费按三人每人七天计算共1827元，交通费和食宿费共4119元并无不当。臧晏萍的死亡给其亲属不可避免地带来了精神损害，侵权人因侵权行为造成他人精神损害承担责任的方式也有所不同：构成刑事犯罪的承担刑事责任；不构成刑事犯罪的，对造成精神损害的亲属承担民事赔偿责任。本案中，侵权人王振辉的行为已构成犯罪，国家公权力对其进行了刑事制裁。李成亮等上诉人要求赔偿义务人另外再承担民事赔偿责任没有法律依据，亦不予支持。

江苏省人民检察院抗诉认为：原审判决不支持李成亮、李卉、臧银松、陆才英的精神损害赔偿请求属适用法律错误。理由为：根据《最高人民法院关于人民法院是否受理刑事案件被害人提起精神损害赔偿民事诉讼问题的批复》之规定，对于刑事案件被害人由于被告人的犯罪行为而遭受精神损失提起的附带民事诉讼，或者在该刑事案件审结以后，被害人另行提起精神损害赔偿民事诉讼的，人民法院不予受理。根据该规定，侵权人被刑事处罚的，精神损害不予赔偿。反之，如果侵权人没有被刑事处罚的，精神损害仍应当予以赔偿。

审理要览

审理法院认为，本案中，王振辉和池瑛两人的共同侵害行为造成臧晏萍死亡，给其亲属造成了严重的精神损害。王振辉由于已被处以刑罚，依法可以不再承担精神损害赔偿责任。但本案另一个共同侵权人池瑛并未被追究刑事责任，其依法应当承担精神损害赔偿责任。根据《精神损害赔偿司法解释》第 8 条的规定，因侵权致人精神损害，造成严重后果的，人民法院除判令侵权人承担停止侵害、恢复名誉、消除影响、赔礼道歉等民事责任外，可以根据受害人一方的请求判令其赔偿相应的精神损害抚慰金。第 10 条规定，精神损害的赔偿数额是由侵权人的过错程度等因素决定。因此，池瑛应当按其过错程度承担相应的精神损害赔偿责任。二审判决没有对两个侵权人予以区分，以王振辉已受刑事制裁为由，免除了另一共同侵权人池瑛侵权行为应当承担的精神损害赔偿责任，没有相应的法律依据。

根据《精神损害赔偿司法解释》《人身损害赔偿解释》的相关规定，侵害他人生命、健康、身体等人身权益，致人精神损害，造成严重后果的，侵权人应当赔偿精神损害抚慰金。本案中，王振辉和池瑛的共同侵权行为造成臧晏萍死亡，给其亲属造成了严重的精神损害，王振辉和池瑛应当连带承担精神损害赔偿责任。杰达公司作为王振辉的雇主，依据《人身损害赔偿解释》的规定，亦应承担连带赔偿责任。因王振辉的行为已构成交通肇事罪，被判处有期徒刑四年，依据《中华人民共和国刑事诉讼法》《最高人民法院关于人民法院是否受理刑事案件被害人提起精神损害赔偿民事诉讼问题的批复》的规定，人民法院不受理刑事案件被害人对由于被告人的犯罪行为遭受精神损失而提起的民事诉讼，且李成亮、李卉、臧银松、陆才英已于本案一审程序中撤回对王振辉的起诉，故对王振辉的精神损害赔偿责任，法院不予理涉。

关于池瑛的精神损害赔偿责任。因池瑛和王振辉两人的共同侵害行为造成臧晏萍死亡，给其亲属造成了严重的精神损害，故池瑛依法应承担精神损害赔偿责任。

关于杰达公司的精神损害赔偿责任。因王振辉是杰达公司的雇用人员，其驾驶的肇事机动车皖R00056号大型客车所有人为杰达公司，依据《人身损害赔偿解释》的规定，杰达公司依法应当承担雇主责任，而杰达公司提供给王振辉驾驶的机动车制动系统不合格，其对本案民事侵权行为的发生负有重大过错，故依法应当承担被侵权人的精神损害赔偿责任。原审认定杰达公司不承担精神损害赔偿责任不当。尽管检察机关并未对杰达公司是否承担精神损害赔偿责任提出抗诉，但是当事人对此提出了申诉，且原审判决对此认定确有错误，再审审理时应当予以纠正。

综上，江苏省高级人民法院经审判委员会讨论决定，依照《中华人民共和国民法通则》第119条，《中华人民共和国道路交通安全法》第76条第1款，《精神损害赔偿司法解释》第1、8条，《人身损害赔偿解释》第1、9、17、18、27条，《中华人民共和国民事诉讼法》第170条第1款第2项、第207条第1款之规定，认为原一、二审判决认定事实清楚，但对杰达公司和池瑛的精神损害赔偿责任认定不当，再审予以纠正。

裁判解析

所谓精神损害赔偿，是指自然人因其人身权受到不法侵害，使其人格利益和身份利益受到损害或遭受精神痛苦，受害人本人或者死者近亲属要求侵权人通过财产赔偿等方法进行救济和保护的民事法律制度。精神损害赔偿的目的在于：第一，填补损害，精神损害赔偿的最主要的目的就是填补受害者及其近亲属所受到的精神损害，而不在于惩罚加害人；第二，抚慰功能，通过精神损害赔偿在一定程度上抚慰受害人及其近亲属所遭受的精神痛苦；第三，惩罚加害人，这一目的在学界存在争议，尽管民法的主要目的是补偿功能，但要求加害人承担损害赔偿，本身就意味着对加害人的一种惩罚，只是这种惩罚更多的是一种附带效果。

《中华人民共和国侵权责任法》第22条规定："侵害他人人身权益，造成他人严重精神损害的，被侵权人可以请求精神损害赔偿。"根据本条规定，被侵权人可以请求精神损害赔偿的前提，是被侵权人的人身权益受到侵害，并导致了严重的精神损害。该条规定具有很大的弹性，所谓"人身权益"可以包括人格权益和身份权益，而唯一限制的条件是精神损害的严重性，而这一点也取决于法政策的考量，可以说，关于人身损害的精神赔偿，是一条弹性规则。

根据《人身损害赔偿解释》的规定，生命权、身体权和健康权受到侵害，受害人或者死者近亲属可以要求精神损害赔偿。引起精神损害赔偿的侵权事实，需要具备以下要件：

1. 存在侵权事实。

根据《人身损害赔偿解释》的规定，侵权事实意味着存在侵害自然人生命权、健康权、身体权的事实。生命权，是以自然人生命安全的利益为内容的权利。生命权的基本内容是维护自然人生命活动，禁止他人非法剥夺生命。健康权，是以自然人生理机能正常运转和功能正常发挥为具体内容，它旨在保护身体机能的正常发挥和正常运转。身体权是指公民维护期身体的完全并支配其机体、器官和其他组织的人格权。健康权和身体权在实践中很容易出现混淆。在此应当指出，身体权和健康权应当有所区别。身体权侧重于肉体组织的功能，健康权则侧重于生理机能的正常运转。举例而言，致人身体残疾属于侵害他人身体权，如果同时造成生理机能的损害的，可能同时构成侵害他人健康权。

2. 存在侵害人身权利的违法行为。

存在侵害人身权利的违法行为，包括一切违反民事法律关于保护自然人生命权、健康权、身体权规定的行为，这种行为无论以积极作为的形式表现，还是以不作为的方式体现，都是侵犯自然人人身权利的违法行为。

3. 因果关系。

这里的因果关系，是指违法行为与受害人死亡或者受害人的身体、健康受损的侵权事实具有因果联系。对于因果关系的判断，采取相当因果关系理论，即根据原因力大小，判断加害人对侵权后果的责任。[①] 如果加害人的加害行为不是导致受害人死亡或者伤残的主要责任，则加害人对死者的死亡不承担主要责任。例如，加害人一拳并未打在受害人的要害部位，但由于受害人自身存在心脏问题，诱发受害人本身的疾病，导致受害人突然死亡。在这种情况下，我们应当承认加害人的行为与死亡结果存在因果关系，受害人的死亡是由其自身疾病和加害人的行为共同导致的，但加害人的行为只是次要原因，死者自身的疾病才是主要原因。在这种情况

---

① 王利明、杨立新、姚辉编著：《人格权法》，法律出版社 1997 年版，第 58 页。

下，要求加害人承担主要责任是不合理的。

4. 归责原则。

在适用过错责任原则和过错推定原则时，认定加害人的赔偿责任，除了满足以上三个要件外还要求加害人主观上没有过错。在适用过错责任和公平责任时，往往不要求加害人主观上有过错。一般而言，加害人的侵权行为导致受害人的身体权受到侵害，加害人主观上往往存在过错，但是在采取公平责任的情况中，只要满足以上三个要件，受害人就可以要求加害人赔偿精神损害。

在具备以上构成要件的情况下，侵权人应当承担相应的民事责任，包括停止侵害、恢复名誉、消除影响、赔礼道歉。根据《中华人民共和国侵权责任法》第 22 条的相关规定，请求精神损害赔偿，除了要求人身权益受损，还要求受害人因侵害生命权、健康权或身体权造成了严重的精神损害。对于未造成严重精神损害的人身伤害，受害人主张精神损害赔偿，一般不予支持，造成严重精神损害的，人民法院根据受害人的诉讼请求，可以判令侵权人赔偿相应的精神损害抚慰金。《精神损害赔偿司法解释》中对此作出了具体规定。该解释第 8 条中规定："因侵权致人精神损害，但未造成严重后果，受害人请求赔偿精神损害的，一般不予支持，人民法院可以根据情形判令侵权人停止侵害、恢复名誉、消除影响、赔礼道歉。因侵权致人精神损害，造成严重后果的，人民法院除判令侵权人承担停止侵害、恢复名誉、消除影响、赔礼道歉等民事责任外，可以根据受害人一方的请求判令其赔偿相应的精神损害抚慰金。"对于"严重后果"的判断问题，属于在具体个案中法官自由裁量的问题，由法官结合具体案件认定。一般认为，侵害人身权益造成严重后果，应当从受害人肢体、器官是否还健全，生理功能是否完备，生命是否受到侵害等方面进行判断。侵害人身权利导致被害人死亡的，是人身损害中最严重的损害结果，其余大多体现在对自然人健全的生理机制、完整的身体上的损害，且这种损害往往具有不可逆性。这种损害会导致受害人产生精神痛苦，包括积极的精神损害，也包括消极意义的知觉丧失与心智丧失。由此我们认为，侵害他人物质性人身权利导致受害人精神损害达到严重后果的情况包括：（1）侵害受害人物质性人身权益造成受害人死亡的；（2）侵害健康权、身体权，导致受害人伤残或者虽未造成伤残但造成受害人永久性伤害，严重影响受害人工作、生活的；（3）对于受害人既没有死亡，也没有残疾的，对于造成的精神损害是否属于"造成严重后果"的情形，要视具体情况而定，应当结合受害人所受具体损害，是否住院、住院时间长短，是否影响受害人正常生活等具体情况确定精神损害是否属于“造成严重后果”的情形。不能武断地认为造成受害人残疾时所遭受的精神损害必然比较严重，事实上有些受害人虽然没有造成残疾的后果，但也可能遭受比较严重的精神损害。

对于精神损害赔偿金的数额确定，是一个比较复杂的问题，不仅要考虑受害人因人身权益受到侵犯所造成的精神痛苦的程度，也要考虑侵权人侵权行为的性质、情节、主观过错及经济承受能力，在综合考虑多项因素后，确定具体的精神损害赔偿金。确定赔偿金数额时应当遵循以下几点原则：抚慰为主，补偿为辅；允许法官进行自由裁量，即对于精神损害赔偿案件，法官在具体数额的确定中应当享有适当的自由裁量权；适当限制原则，对于精神损害赔偿的数额，应当做必要的限制。

精神损害赔偿请求权是与自然人的人身不可分的、密切相关的一种权利，是自然人人身受到侵害时一种补救的权利。离开了自然人人身，精神损害赔偿金就无从谈起。因此，精神损害赔偿金原则上应当由本人行使。《人身损害赔偿解释》第18条第2款前半句中规定：“精神损害抚慰金的请求权，不得让与或者继承。”虽然对精神损害赔偿金的请求权与自然人的人身密不可分，但是就其赔偿形式而言，本质上还是财产责任，对于财产责任，应当允许转让和继承。因此在本解释第18条第2款中进行了例外规定：“……但赔偿义务人已经以书面方式承诺给予金钱赔偿，或者赔偿权利人已经向人民法院起诉的除外。”根据本条款的规定，在两种情况下，精神损害赔偿的请求权可以例外地由他人行使：第一，赔偿义务人以书面的方式承诺给予金钱赔偿。在这一情况下，赔偿义务人应当以书面形式向受害人或者死者近亲属签订赔偿协议，内容是对受害人或者死者近亲属所遭受的精神损害给予金钱赔偿，且数额必须确定。如果没有采用书面形式承诺，则视为没有承诺；如果约定的金钱赔偿数额不确定，也视为没有承诺。第二，赔偿权利人已经向人民法院起诉。赔偿权利人一旦向法院起诉，精神损害赔偿金的数额就能够确定，精神损害赔偿金的请求权就可以转让或继承。在两种例外情形中，精神损害抚慰金请求权都变成了具体的财产债权，因此可以让与或继承。

《精神损害赔偿司法解释》第6条规定，受害人或者死者近亲属在需要提起精神损害赔偿请求时，应当在侵权诉讼中一并提起，人民法院一并解决。若在侵权诉讼中没有提起，诉讼终结后另行起诉的，人民法院不予受理，这是为了督促受害人及死者近亲属及时、正当地行使权利，节约诉讼资源，也防止法院对同一事实作出相互矛盾的判决。

3 侵害老年人身体，致使其无法从事劳动的，可向赔偿义务人主张误工费赔偿

裁判规则

误工费根据受害人的误工时间和收入状况来确定。误工时间根据受害人接受治疗的医疗机构出具的证明确定。受害人因伤致残持续误工的，误工时间可以计算至定残日前一天。受害人有固定收入的，误工费按照实际减少的收入计算。受害人无固定收入的，按照其最近三年的平均收入计算；受害人不能举证证明其最近三年的平均收入状况的，可以参照受诉法院所在地相同或者相近行业上一年度职工的平均工资计算。

基本案情[①]

2008年4月22日早晨6时左右，河南省内乡县余关乡黄沟村农民黄金定（71岁）骑着装满蔬菜的人力三轮车赶往县城出卖时，在距离县城不到3公里的312国道上与迎面驶来的一辆两轮摩托车相撞，造成黄金定和摩托车驾驶人张红军共同受伤的交通事故。该事故经县交警队认定，张红军应负交通事故的全部责任，黄金定在交通事故中无责任。事故发生后，黄金定入住县医院治疗，其伤情经医院诊断为：右颞骨骨折、右颞部硬膜外血肿伴气颅，需住院治疗。2008年7月18日，黄金定出院后，在多次要求赔偿无果的情况下，将张红军诉至河南省内乡县人民法院，要求张红军赔偿其医疗费6753.15元、误工费5300元、护理费1800元、住院期间伙食补助费1000元、营养费1000元，共计15853.15元。黄金定为支持其误工的主张，向法院提交了其所在村民委员会的证明，以证明其多年来一直靠种菜、卖菜为生。

张红军辩称：黄金定请求的误工费不应得到支持。理由是：参照劳动和社会保障部于1999年3月9日发布的《关于制止和纠正违反国家规定办理企业职工提前退休有关问题的通知》中的规定，国家法定的企业职工退休年龄是男年满60周岁；

① 河南省内乡县人民法院（2008）内法民初字第2723号，来源：中国裁判文书网。

从事井下、高温、高空、特别繁重体力劳动或其他有害身体健康工作的，退休年龄为男年满55周岁；因病或非因工致残完全丧失劳动能力的，退休年龄为男年满50周岁。而黄金定已年过七旬，属于自然丧失劳动能力人，因而其该项请求不应得到支持。

审理要览

河南省内乡县人民法院经审理认为，维护道路交通秩序，预防和减少交通事故的发生，保护自然人人身安全、财产安全及其他合法权益，是我国《道路交通安全法》的基本精神。本案中，张红军驾驶两轮摩托车与原告黄金定发生相撞后，造成黄金定右颞骨骨折、右颞部硬膜外血肿伴气颅和自己也受伤的交通事故，且该交通事故已经交警部门作出的事故认定书认定，张红军应负道路交通事故的全部责任，黄金定无责任。因此，黄金定要求张红军赔偿合理经济损失的请求，本院予以支持，至于赔偿范围和金额应根据相关法律规定和实际产生予以确定。张红军辩称黄金定已年过七旬，属于自然丧失劳动能力人，误工费不应得到支持的主张，因法律并没有明文规定自然人在多大年龄下丧失劳动能力，且黄金定提供的村委会的证明也证实其仍然依靠自己的劳动为生，并没有丧失劳动能力。同时，黄金定系农村承包经营的种植、卖菜专业户，属于有固定收入的人。因此，被告张红军的上述辩称主张本院依法不予采信。张红军赔偿黄金定的范围包括医疗费6753.15元，误工费4300元（50元×86天），护理费946元（3851.60÷365天×86天×1人）、住院伙食补助费860元（10元×86天），营养费860元（10元×86天）。故根据《人身损害赔偿解释》和《中华人民共和国民法通则》第119条之规定，判决张红军赔偿黄金定上述各项费用共计13719.15元（含张红军已付的1500元）。

裁判解析

《人身损害赔偿解释》第20条规定："误工费根据受害人的误工时间和收入状况确定。误工时间根据受害人接受治疗的医疗机构出具的证明确定。受害人因伤致残持续误工的，误工时间可以计算至定残日前一天。受害人有固定收入的，误工费按照实际减少的收入计算。受害人无固定收入的，按照其最近三年的平均收入计算；受害人不能举证证明其最近三年的平均收入状况的，可以参照受诉法院所在地相同或者相近行业上一年度职工的平均工资计算。”本条主要规定了误工费的计算标准、误工时间的确定和受害人收入状况的确定。误工费的计算应当通过其收入状况和误工时间来具体确定。对于误工时间，应当根据受害人自接受治疗到康复所需要的时间来确定，受害人因伤致残或者致其死亡的，误工时间应当计算至定残之日的前一日或者根据实际的误工时间计算。对于受害人的收入状况，应当区别受害人有无固定收入两种情况，有固定收入的，以其实际减少的收入计算，没有固定收入的，以其最近三年的平均收入确定，受害人无法证明的，则参照受诉法院所在地相同或者相近行业上一年度职工的平均工资计算。

误工费的赔偿范围即误工损失的范围，是指受害人因为暂时丧失或降低劳动能力无法从事正常的工作或者劳动所造成的损失。主要包括因无法从事原有的工作或者劳动所造成的收入损失，或者因为丧失确定的工作机会导致的收入损失，或者是受害人为了避免收入损失所支出的相应费用。受害人受到人身损害，导致无法正常进行原来从事的工作，就会造成可预期的财产利益损失，这是受害人应当得到的但却因为损害而丧失的财产利益，对于这一损失，受害人有权要求赔偿义务人进行补偿。

对于误工费属于何种性质的赔偿，有以下不同观点：第一，收入丧失说。即认为损害赔偿的目的在于填补受害人实际所产生的损害，因此受害人纵然丧失或者部分丧失劳动能力，但如果未发生实际损害，或受伤前后的收入没有区别，就不得请求赔偿。第二，劳动能力丧失说。该说认为，受害人因为身体或者健康受损，以至于丧失或者部分丧失劳动能力，本身即已经受损害，因此并不限于实际所受的损失，劳动能力丧失即应当予以赔偿。第三，生活来源丧失说。根据该说，受害人劳动能力丧失与减少，必然导致其生活来源丧失，因此应当赔偿受害人的生活补助费，使其生活来源能够恢复。在本解释中，误工费的损失赔偿是对受害人在遭受人身损害到完全治愈这一期间内因为暂时丧失或部分丧失劳动能力而无法从事正常工作或劳动导致的收入损失赔偿。本解释第 20 条第 1 款规定：“误工费根据受害人的误工时间和收入状况确定。”第 3 款规定：“受害人有固定收入的，误工费按照实际减少的收入计算。受害人无固定收入的，按照其最近三年的平均收入计算；受害人不能举证证明其最近三年的平均收入状况的，可以参照受诉法院所在地相同或者相近行业上一年度职工的平均工资计算。”据此，影响误工费计算的主要有三个因素：

一是受害人是否有固定收入；二是受害人的收入情况，或者受诉法院所在地相同或者相近行业上一年度职工的平均工资；三是误工时间。因此，对于受害人误工费损失的计算，需要明确受害人是否为有固定收入的群体、收入额的确定以及误工时间的确定，以上三个问题在前文中均有提及，在此不加赘述。

任何一个财产损害的赔偿项目都有特定的救济对象，误工费的损害赔偿本身就是对受害人因伤治疗期间劳动收入丧失的经济救济。在实践中，主张以受害人超过60周岁为由拒绝赔偿误工费的意见不在少数，实际上，我国真正能在60周岁退休的只适用于"全民所有制企业、事业单位和党政机关、群众团体的工人"，农民、律师、企业经营者等职业几乎不存在退休一说，农民几乎是终身劳动的，以"超过60周岁可以要求子女赡养"为由拒绝赔偿误工费，剥夺了老年人通过劳动获取报酬的权利。因此，在本案中，农村那些六七十岁仍然靠从事种植、养殖等承包经营为生的老人，属于超龄劳动者，他们在诉讼中主张的误工费，只要能够举证证明误工费损失，就应当得到法律的支持。

4 当事人死亡系交通事故和自身疾病结合所致，医疗费应当分担

裁判规则

医疗费根据医疗机构出具的医药费、住院费等收款凭证，结合病历和诊断证明等相关证据确定。赔偿义务人对治疗的必要性和合理性有异议的，应当承担相应的举证责任。

基本案情[①]

2012年5月18日10时，王红云驾驶津N×××××号"夏利"牌轿车，沿果园东路由北向南行驶至北辰区果园东路与旭日里小区交口处向西右转旭日里小区时未保证安全，其车右侧后部剐碰由北向南行驶的张玉珍骑行的人力三轮车前部，造成双方车辆不同程度损坏、张玉珍受伤的交通事故。天津市公安交通管理局北辰支队引河桥大队2012年5月21日出具道路交通事故认定书认定：王红云负事故全部责任，张玉珍不负事故责任。另查明：津N×××××号"夏利"牌轿车的登记所有人及

① 天津市北辰区人民法院（2012）辰民初字第3445号民事判决书，来源：中国裁判文书网。

实际所有人均为王金良，王金良以自己为被保险人为该车在天平汽车保险股份有限公司天津分公司投有机动车交通事故责任强制保险一份，保险期间自2012年3月24日至2013年3月23日，其中，医疗费用赔偿限额为1万元，死亡伤残赔偿限额为11万元，财产损失赔偿限额为2000元。事故发生时王红云借用王金良的车出行。

张玉珍在本次事故中受伤，2012年5月18日在天津市北辰医院急诊，并于同日至2012年5月29日在该医院住院11天，入院诊断记载：（1）头外伤后头痛头晕；（2）胸部、左肩、左膝软组织损伤，左侧第四肋骨骨折；（3）双眼顿挫伤，眼睑皮下淤血；（4）冠心病、支气管哮喘、糖尿病。张玉珍于2012年5月29日至2012年6月2日住院4天，入院诊断记载：（1）肺炎；（2）Ⅱ型糖尿病；（3）原发性高血压3级极高危；（4）冠心病，慢性心功能不全。出院医嘱记载：注意休息，不适随诊，定期复查。张玉珍于2012年6月7日至2012年6月9日住院2天，并于2012年6月9日18：22死亡。入院诊断记载：（1）急性脑梗塞；（2）高血压病；（3）Ⅱ型糖尿病，糖尿病周围神经病；（4）冠心病；（5）陈旧脑梗塞。死亡原因记载：呼吸衰竭、循环衰竭。死亡诊断记载：（1）急性脑梗塞；（2）高血压病；（3）Ⅱ型糖尿病，糖尿病周围神经病；（4）冠心病，心肌缺血；（5）双侧颈动脉粥样硬化；（6）脂质代谢紊乱；（7）高黏滞血症；（8）泌尿系统感染；（9）轻度肾功能不全；（10）陈旧脑梗塞；（11）创伤性溃疡。张玉珍总计花费医疗费11753.10元（已扣除社保报销部分）。

诉讼中，原告尚春祥、尚春梅、尚春伟申请对张玉珍死亡与交通事故是否有因果关系及事故参与度进行评定。天津市天永法医司法鉴定所于2012年12月24日出具鉴定意见：交通事故是导致张玉珍原有系统疾病加重的诱发因素，与张玉珍的死亡之间存在一定的因果关系，应在20%左右。

据此，原告起诉请求：（1）依法判令被告王红云赔偿原告医疗费11753.10元、原告护理张玉珍护理费及处理事故发生的误工费15740元、交通费1704元、住院伙食补助费1350元、丧葬费21120元、死亡赔偿金188447元、精神损害赔偿金110544元、停尸费4020元、减少房屋补偿款95480元、鉴定费2000元；（2）判令被告王金良与被告王红云承担连带赔偿责任；（3）判令被告天平汽车保险股份有限公司天津分公司在“交强险”保险范围内承担赔偿责任；（4）诉讼费由被告承担。

审理要览

天津市北辰区人民法院经审理认为：公民的生命健康权受法律保护，机动车驾驶员应严格遵守交通安全法律法规，安全驾驶，预防和减少事故发生。本案中，被告王红云有驾驶机动车未保证行车安全的违法行为，是形成事故的全部原因，故天津市公安交通管理局北辰支队引河桥大队认定王红云承担事故全部责任并无不当，本院予以确认。

天津市北辰区人民法院依照《中华人民共和国侵权责任法》第 2 条，《中华人民共和国道路交通安全法》第 76 条，《中华人民共和国民法通则》第 134 条第 1 款第 7 项，《人身损害赔偿解释》第 17、18、19、21、22、23、27、29 条，《中华人民共和国民事诉讼法》第 130 条的规定，判决如下：

（1）原告尚春祥、尚春梅、尚春伟赔偿经济损失：医疗费 11753. 1 元、住院伙食补助费 850 元，共计 12603. 1 元，由被告天平汽车保险股份有限公司天津分公司在机动车交通事故责任强制保险医疗限额内赔偿原告 1 万元，超出部分 2603. 1 元由被告王红云赔偿原告。

（2）原告尚春祥、尚春梅、尚春伟赔偿经济损失：护理费 5598 元、死亡赔偿金 26921 元、丧葬费 21120 元、精神损害抚慰金 15000 元、原告因处理事故的误工费及交通费 3000 元，共计 71639 元，由被告天平汽车保险股份有限公司天津分公司在机动车交通事故责任强制保险死亡伤残限额内赔偿原告。

（3）原告尚春祥、尚春梅、尚春伟赔偿经济损失：鉴定费 1400 元，由被告王红云赔偿原告。

（4）综合上述主文一、二、三项被告天平汽车保险股份有限公司天津分公司赔偿原告尚春祥、尚春梅、尚春伟 81639 元；被告王红云赔偿原告尚春祥、尚春梅、尚春伟 4003. 1 元，又因被告王红云已给付原告现金 4000 元，垫付药费 976 元，故折抵后被告王红云对原告尚春祥、尚春梅、尚春伟无实际给付义务。（上述款项均于本判决生效后 10 日内给付）

（5）原告尚春祥、尚春梅、尚春伟的其他诉讼请求，本院不予支持。

裁判解析

本案争议焦点在于：第一，张玉珍的死亡结果是否完全为交通事故所导致；第二，原告的损失是否应由侵权人全额赔偿。

关于争议焦点一，本院认为，张玉珍的死亡结果是交通事故致伤和其自身病变共同作用的结果，根据张玉珍的住院病案记载可确认其在事故发生前就存在多种疾病，且司法鉴定意见书已在分析中作出了明确的意见，所以张玉珍的死亡后果是交通事故和其自身原有疾病相结合而造成的，且交通事故因素所占比例较小。

关于争议焦点二，本院认为，原告的大部分损失应由侵权人承担。张玉珍在事故发生前，虽患有多种疾病，但在事故发生前其可以骑三轮车独自出行，表明此病情并不影响其正常生活，更不会因此引发住院、护理等情况出现。张玉珍自事故发生日至死亡 23 天内连续 3 次住院治疗，完全系交通事故所引发，故因住院而直接支出的医疗费、住院伙食补助费、护理费、交通费、鉴定费应由侵权方承担，而不应考虑事故损伤参与度。对于死亡赔偿金和精神损害抚慰金等非直接性财产损失，应考虑事故参与度予以赔偿：因残疾赔偿金是对受害人今后预期收入减少的一种补偿，精神损害抚慰金是指受害人死亡后对其近亲属精神上的一种慰藉，而本案中张玉珍的死亡结果是交通事故和其自身原有疾病相结合而造成的，如不考虑事故参与度，由侵权人全额赔偿残疾赔偿金、精神损害抚慰金，有失公平，故在计算上述两项费用时应乘以 20%的事故损伤参与度。

《中华人民共和国道路交通安全法》第 76 条规定：机动车发生交通事故造成人身伤亡、财产损失的，由保险公司在机动车第三者责任强制保险责任限额范围内予以赔偿，不足的部分，非机动车驾驶人没有过错的，由机动车一方承担赔偿责任。故原告因本次事故产生的合理损失应由被告天平汽车保险股份有限公司天津分公司在机动车交通事故责任强制保险医疗及死亡伤残限额内先行承担赔偿责任，原告损失超出机动车交通事故责任强制保险医疗及死亡伤残限额的部分应由被告王红云承担因交通事故引起的直接财产损失的全额赔偿责任，并按 20%事故损伤参与度比例承担非直接财产损失的赔偿责任。

因此，对于原告的第一项诉讼请求，法院认为：

（1）住院伙食补助费，张玉珍住院共计 17 天，本院依法支持其住院伙食补助费 850 元（17 天×50 元/天＝850 元），对原告主张过高部分不予支持。

（2）护理费。结合张玉珍伤情，支持张玉珍自事故发生日至其死亡日共 23 天由其子女两人护理，原告已提供尚春伟、尚春梅该期间的工资标准，本院予以采信，故尚春伟护理费为3024元，尚春梅护理费为2574元。

（3）原告处理事故的误工费及交通费。结合张玉珍入院、出院及原告处理交通事故及张玉珍丧葬等事宜，综合考虑支持3000元。

（4）死亡赔偿金。张玉珍系非农业户籍，应按受诉法院所在地上一年度城镇居民人均可支配收入标准计算，故原告应得死亡赔偿金为26921元（5年×26921元/年×20%-26921元）。

（5）精神损害抚慰金。综合考虑事故责任、张玉珍伤情及事故损伤参与度，本院支持原告精神损害抚慰金15000元。

（6）丧葬费。《人身损害赔偿解释》第27条规定：丧葬费按照受诉法院所在地上一年度职工月平均工资标准，以六个月总额计算，故原告主张的丧葬费符合法律规定，本院依法予以支持。原告主张的停尸费4020元，其提供的票据的记载内容为：脱穿衣、尸体美容、收尸车费及各项服务，该费用虽系本次事故造成的直接经济损失，但该费用与丧葬费属于重复请求，本院不予支持。

（7）鉴定费。原告提供的鉴定费发票1400元，确系本次事故发生的合理损失，本院予以支持。因该费用不属于机动车交通事故责任强制保险限额项下应支付的费用，故应由被告王红云赔偿原告。至于原告主张为鉴定而支付的医学专家会诊费及被告主张垫付的尸检费，双方均未能提供正规发票，故本院不予支持。

（8）原告关于因张玉珍死亡而减少房屋补偿款95480元，无法律依据，本院不予支持。

5 被害人后续医疗费已经司法鉴定意见书确定并必然发生，后续治疗费可与实际发生的医疗费一并判决

裁判规则

医疗费的赔偿数额，按照一审法庭辩论终结前实际发生的数额确定。器官功能恢复训练所必要的康复费、适当的整容费以及其他后续治疗费，赔偿权利人可以待实际发生后另行起诉。但根据医疗证明或者鉴定结论确定必然发生的费用，可以与已经发生的医疗费一并予以赔偿。

基本案情①

2014年1月25日11时许，武来仓骑自行车从宁县早胜镇院子村村道自东向西行至院子村小学门前路段时，遇刘建军驾驶三轮摩托车迎面驶来，双方发生肇事，武来仓自行车倒地受伤。受伤后武来仓在庆阳市人民医院住院治疗49天，被确诊为：广泛性脑挫裂伤并脑内出血；左侧颞顶部硬膜下血肿；蛛网膜下腔出血；枕骨骨折；左侧颞顶骨折；头皮血肿；左手中指皮肤挫裂伤。经甘肃省立明司法鉴定所司法鉴定意见评定：1. 颞顶骨骨折开颅术后评定为十级伤残；2. 后期医疗费评定为50000元。住院期间刘建军垫付5000元。双方纠纷发生后，宁县公安局交通警察大队以事故成因无法查清为由出具了宁公交证字（2014）第009号道路交通事故证明。武来仓遂起诉至法院。

宁县人民法院经审理认为：武来仓与刘建军因道路通行发生碰撞致武来仓受伤，刘建军无证驾驶无牌机动车载客上路，且在与武来仓发生交通事故后未及时报案致事故成因无法查清，其负有较大过错，应承担主要责任，武来仓骑自行车行驶过程中未尽安全注意义务致事故发生，可适当减轻刘建军的赔偿责任。武来仓系退休教师，不产生误工损失，对武来仓主张的误工费不予支持，武来仓主张的后期治疗费可待实际费用产生后另行主张。武来仓主张的营养费因未有明确医嘱，不予考虑。一审法院经审查认定武来仓受伤后产生的损失有：医疗费60721.4元、护理费3454.5元（70.5元/天×49天）、住院伙食补助费1960元（40元/天×49天）、交通费500元、伤残赔偿金24654.2元（18964.78元/年×13年×10%），以上共计91290.1元。根据《中华人民共和国道路交通安全法》第8、19条及第70条第1款之规定，判决：1. 被告刘建军赔偿原告武来仓医疗费、护理费、住院伙食补助费、交通费、伤残赔偿金共计54774.06元（包含刘建军已支付的5000元）；2. 驳回原告武来仓要求被告刘建军赔偿其误工费、营养费的诉讼请求。上述金钱给付义务，限判决生效后30天内一次性付清。如果未按判决指定的期间履行给付金钱义务，应当依照《中华人民共和国民事诉讼法》第253条之规定，加倍支付迟延履行期间的债务利息。案件受理费1008元，由武来仓负担403.2元，刘建军负担604.8元；伤残鉴定费1300元，由武来仓负担520元，刘建军负担780元。

---

① 甘肃省庆阳市中级人民法院（2014）庆中民终字第664号民事判决书，来源：中国裁判文书网。

武来仓不服宁县人民法院上述民事判决，向庆阳市中级人民法院提起上诉称：1. 刘建军无证驾驶无牌三轮车侵占其路面，将其撞倒在道路北边的水渠内致伤，且肇事发生后，刘建军及三轮车上乘坐人对三轮车及自行车进行了移动，导致现场被破坏，刘建军应承担全部赔偿责任；2. 其护理期限应确定为180天，原审判决护理费显失公平；3. 其实际支出的交通费为2500元，原审判决认定的交通费偏低，应按其实际支出的交通费确定；4. 其后续治疗费已经鉴定机构评估确定，与实际发生的医疗费应合并判处。请求撤销原判，改判由刘建军赔偿其全部损失。

审理要览

二审查明的事实与原审认定的事实一致。有双方当事人陈述、证人证言、宁县公安局交通警察大队宁公交证字（2014）第009号道路交通事故证明、诊断证明、出院证明、住院病历、住院费用结算单、门诊收费票据、交通费票据及收条、甘肃省立明司法鉴定所司法鉴定意见书、宁县公安局交通警察大队对刘建军的三轮摩托车车体痕迹检验记录等证据在卷证实，应予认定。

二审法院认为，该案双方争议焦点为：1. 原审判决认定武来仓的护理费、交通费及双方责任的承担是否适当；2. 武来仓的后续治疗费是否应与其已实际发生的医疗费合并判处。

关于焦点一，护理期限应计算至受害人恢复生活自理能力时止。原审根据武来仓的住院天数认定其护理期限正确，所判决的护理费适当，应予认定，武来仓请求按180天确定其护理期限未提供相应证据，其上诉理由不能成立。《人身损害赔偿解释》第22条规定："交通费根据受害人及其必要的陪护人员因就医或者转院治疗实际发生的费用计算。交通费应当以正式票据为凭；有关凭据应当与就医地点、时间、人数、次数相符合。"原审根据实际情况酌情认定武来仓500元交通费适当，武来仓请求判决其2500元的交通费无事实依据。双方发生交通事故后，未及时保护事故现场，公安局交警部门无法进行责任认定。原审判决根据双方的陈述及相关证人证言和过错程度认定刘建军承担主要赔偿责任，武来仓承担次要赔偿责任适当，武来仓上诉称刘建军驾驶三轮车迎面侵占其路面，将其正常行驶的自行车撞倒，应承担全部责任的理由无证据证实，此上诉理由亦不能成立。

关于焦点二，甘肃省立明司法鉴定所司法鉴定意见书的鉴定意见：武来仓颞顶骨骨折开颅术后评定为十级伤残；武来仓后期医疗费评定为约人民币 50000 元。依据《人身损害赔偿解释》第 19 条及《中华人民共和国民事诉讼法》第 170 条第 1、2 款之规定，判决：一、维持宁县人民法院（2014）宁民初字第 616 号民事判决；二、武来仓的后续医疗费 50000 元，由刘建军赔偿 30000 元，其余由武来仓自负。上述金钱给付义务，限判决生效后 30 天内一次性付清。如果未按判决指定的期间履行给付金钱义务，应当依照《中华人民共和国民事诉讼法》第 253 条之规定，加倍支付迟延履行期间的债务利息。

裁判解析

医疗费的赔偿原则是赔偿义务人赔偿受害人在遭受不法侵害后实际支出的医疗费，即对于医疗费用的赔偿采取全部赔偿原则。《人身损害赔偿解释》对受害人医疗费的赔偿采取了较为宽松且更加有利于受害人的态度，赔偿义务人对受害人诊疗期间的合理支出均应当予以赔偿，换言之，只要受害人主张损失并有证据支持，在诉讼中得到认定的损失，不应当对其请求进行限制。由于医疗费是受害人因侵权行为导致人身伤害所造成的财产损害，因此对医疗费的补偿应当以财产赔偿作为原则。

后续治疗费，是指“对损伤经治疗后体征固定而遗留功能障碍确需再次治疗的或伤情尚未恢复需要二次治疗所需要的费用”[①]。根据《中华人民共和国侵权责任法》第 16 条的规定，只要是“为治疗和康复指出的合理费用”，都是人身损害赔偿的范围。对于后续治疗费的赔偿可以等后续治疗费实际发生后，由赔偿权利人另行起诉；或者采取定型化赔偿的方法，只要根据医疗证明或者鉴定结论确定必然发生。《人身损害赔偿解释》第 18 条规定对于医疗费的赔偿采取对差额赔偿和定型化赔偿折中的方式，在对医药费等具体的损失中采取差额赔偿，对于后续治疗费采取定型化赔偿原则。在实际的财产损失中，我们将财产损失分为积极损失和消极损失两部分。医疗费的损失属于积极损失，因为这部分损失是因为侵权行为所致的受害人所应当支出费用的增加和财产的减少。对于后续治疗费用则不考虑具体受害人财产损失的算数差额，而是从损害赔偿的社会妥当性和社会公正性出发，将损害确定一个固定的标准。因此，因人身侵害受伤的后续医疗费已经司法鉴定意见书确定并必然

① 最高人民法院研究室编：《最高人民法院司法解释理解与适用（2001）》，中国法制出版社 2002 年版。

发生，后续治疗费可与实际发生的医疗费一并判决。

在本案中，武来仓举证提出由甘肃省立明司法鉴定所司法鉴定意见书的鉴定意见：武来仓颞顶骨骨折开颅术后评定为十级伤残；武来仓后期医疗费评定为约人民币 50000 元。因此，依据《人身损害赔偿解释》第 19 条及《中华人民共和国民事诉讼法》第 170 条第 1、2 款之规定，判决：一、维持宁县人民法院（2014）宁民初字第 616 号民事判决；二、武来仓的后续医疗费 50000 元，由刘建军赔偿 30000 元，其余由武来仓自负。

6 索赔医疗费须提供相应凭证，不须要另找医院治疗却擅自另找医院治疗的，由此产生的医疗费不予赔偿

裁判规则

医疗费根据医疗机构出具的医药费、住院费等收款凭证，结合病历和诊断证明等相关证据确定。赔偿义务人对治疗的必要性和合理性有异议的，应当承担相应的举证责任。

基本案情①

上诉人（原审原告）樊宝贵，男，汉族，1966 年 5 月 9 日生，居民。

上诉人（原审被告）刘剑，男，汉族，1951 年 2 月 3 日生，退休干部。

原审被告刘建林，男，汉族，1973 年 10 月 5 日生。

原审被告刘柏林，男，汉族，1965 年 1 月 3 日生。

原审法院审理查明：原告与三被告同村居住，2014 年 3 月 25 日 8 时许，原告在其门前村庄道路上盖房，被告刘剑前去阻拦，双方发生争吵、厮打，被告刘剑殴打致伤原告。在刘剑离开后，原告电话报警，并于当日上午到庆城县人民医院门诊诊治，门诊体查：神清、精神差，头颅五官端正无畸形，双孔等大等圆约 3mm，右眼充血，面部多处擦伤，左肩触疼（+），余未见明显特殊异常体征。辅助检查：头颅 CT，未见明显异常。胸部、左肩 X 线拍片，骨质未见明显异常。初步诊断：1. 外伤性头痛；2. 面部皮肤擦伤；3. 右眼钝挫伤；4. 左肩软组织损伤；5. 外伤性胸痛。

① 甘肃省庆阳市中级人民法院（2014）庆民终字第 611 号民事判决书，来源：中国裁判文书网。

处理意见：1. 脑复康（口服）；2. 活血止痛胶囊（口服）；3. 眼科进一步诊治；4. 不适随诊。庆城县人民医院眼科检查：右眼上、下睑轻度肿胀、淤血，球结膜下呈大片状出血，角膜正常，眼底未见明显异常。初步诊断：1. 右眼眶软组织损伤；2. 右眼外伤性球结膜下出血。处理：1. 温毛巾敷；2. 观察视力变化，必要时复诊；3. 用药同前。共花取医疗费523元。当日下午14时，原告到庆城县岐伯中医医院外科就诊，随后住院治疗，该院未作特殊检查，沿用庆城县人民医院所做的头颅CT、X线拍片，并确定该两项检查未见异常。入院诊断：1. 闭合性颅脑损伤；2. 全身多发性软组织损伤。2014年4月22日出院诊断：1. 闭合性颅脑损伤；2. 全身多发性软组织损伤；3. 右侧上额窦炎。该病历中无病程记录、无明显诊断原告患闭合性颅脑损伤的依据。2014年4月20日前去庆阳市红十字骨科医院检查，花去医疗费238元。庆城县公安局司法鉴定中心鉴定原告的伤情为轻微伤。上述纠纷经庆城县公安局城关派出所处理，对被告刘剑进行了行政处罚，罚款500元。

另查明，原告在庆城县恒森油气工程技术服务有限公司工作，月工资4500元。

原审法院根据《人身损害赔偿解释》规定的赔偿项目结合本案认定的事实，确定原告合理损失为：在庆城县人民医院门诊治疗费用523元，及该院所诊断病情应当休息治疗期间的误工损失。根据中华人民共和国公共安全行业标准GA/T521－2004《人身损害受伤人员误工损失日评定准则》中关于眼部受伤误工损失日标准，确定原告误工损失15日，日损失额按原告提交的收入证明计算，原告的误工费为2250元（150元/天×15天）元。对原告上述合理损失医疗费、误工费共计2773元，由被告刘剑承担80%，即2218.4元。依据《中华人民共和国侵权责任法》第2、6、16、26条，《人身损害赔偿解释》第17、19、20条及《中华人民共和国民事诉讼法》第64条之规定，判决：一、刘剑于判决生效后五日内赔偿樊宝贵医疗、误工费共计2218.4元；二、刘建林、刘柏林不承担赔偿责任。三、驳回原告的其他诉讼请求。如果未按本判决指定的期间履行给付金钱义务，应当依照《中华人民共和国民事诉讼法》第253条之规定，加倍支付迟延履行期间的利息。案件受理费100元，由樊宝贵负担20元，刘剑负担80元。

上诉人樊宝贵、刘剑不服庆城县人民法院上述民事判决，均提起上诉。

审理要览

第一，关于刘剑应否对樊宝贵身体伤害承担责任。庆城县公安局城关派出所庆公（城）刑罚决字（2014）145号行政处罚决定书认定，当天，樊宝贵与同村村民刘建林、刘柏林因土地问题发生口角，后刘剑将樊宝贵殴打致伤。该所以此事实决定对刘剑罚款500元，在法律规定的申请复议期内，刘剑未向庆城县公安局或庆城县人民政府提起行政复议，且刘剑在行政处罚决定书生效后缴纳了500元罚款。上述由公安机关作出的行政处罚决定及刘剑之后对决定书内容、结果默认并接受处罚的行为，以及樊宝贵于当天即进行治疗诊断有外伤症状和庆城县公安司法鉴定中心鉴定樊宝贵伤情为轻微伤的损害后果，均可推定并证实，刘剑对樊宝贵存在侵权行为。根据《中华人民共和国侵权责任法》第2条之规定，侵害民事权益，应当依照本法承担侵权责任。刘剑应对其侵权行为，即对樊宝贵身体伤害承担侵权赔偿责任。

第二，樊宝贵在庆城县岐伯中医院住院治疗费用及其他相关费用应否得到赔偿。《民通意见》第144条规定，“医药治疗费的赔偿，一般应以所在地治疗医院的诊断证明和医药费、住院费的单据为凭。应经医务部门批准而未获批准擅自另找医院治疗的费用，一般不予赔偿”。本案中，樊宝贵初次就医选择庆城县人民医院，该院门诊和眼科经过检查，给予口服用药治疗后，均建议必要时复诊，并未建议其住院治疗，但其擅自另找医院治疗。因此，樊宝贵之后住院治疗费用及相关伴随的护理费、误工费等费用应不予赔偿。至于樊宝贵提出刘剑应赔偿其营养费、交通费、财产损失费，因其无相关医疗机构出具的确需补充营养食品，作为辅助治疗的证据或意见，对交通费、财产损失费又未提供证据证实，根据《人身损害赔偿解释》第22、24条及《最高人民法院关于民事诉讼证据的若干规定》第2条的规定，樊宝贵就其上述请求有责任提供证据加以证明，但其没有证据证明其主张，应承担对其不利的后果，即该部分请求依法不能得到支持。根据《中华人民共和国侵权责任法》第22条“侵害他人人身权益，造成他人严重精神损害的，被侵权人可以请求精神损害赔偿”的规定，本案中，刘剑的伤情为轻微伤，属一般人身损害，并未对其造成严重精神损害，精神损害赔偿金不属于赔偿范围。

第三，樊宝贵的误工费应按无固定收入还是固定收入人员标准计算。一审审理中，樊宝贵提交了庆城县恒森油气工程技术服务有限公司证明一份，用于证实其本人为该公司压裂队合同工，月工资为4500元的有固定收入人员。虽然刘剑对该证明的真实性提出异议，但其对该主张并未提供证据证实，根据《最高人民法院关于民事诉讼证据的若干规定》第 2 条的规定，刘剑没有证据证明其主张，也应承担对其不利的法律后果。

裁判解析

关于医疗费的举证责任问题，立法上采取了一般的“谁主张，谁举证”的举证原则，即由受害方对其所受伤害支出的诊疗费用进行举证。受害方提供的证据应当符合民事诉讼证据规则中规定的真实性、合法性、关联性的标准，由法院结合案情加以审查，并确定受害人所提出的医疗费的诉讼请求是否合理。若赔偿义务人对诊疗的必要性和合理性、对受害方提出的证据有异议的，应当负举证责任予以反驳，没有证据证明其主张的，就应当对受害人提出的医疗支出予以赔偿。

受害人对于自己因遭受侵害而支出的医疗费提供证据，证据包括住院费、医药费等收款凭证，包括转院前后的收费凭证，也应包括因受侵害而引发的其他并发症的治疗凭证，病情特殊需要的医药费等方面的证据。法官对受害人提供的证据，应当结合案情审查。医疗费包括诊疗费、治疗费、化验费、医药费、住院费等治疗人身伤害的费用。法官应当审查受害人用药、转院是否合理，总体花费是否与病情相符等，并结合病例和诊断证明等相关证据予以确定。赔偿义务人若对治疗的必要性和合理性有异议，应当承担举证责任。《中华人民共和国民事诉讼法》第 64 条第 1 款规定：“当事人对自己提出的主张，有责任提供证据。”《最高人民法院关于民事诉讼证据的若干规定》第 2 条规定：“当事人对自己提出的诉讼请求所依据的事实或者反驳对方诉讼请求所依据的事实有责任提供证据加以证明。没有证据或者证据不足以证明当事人的事实主张的，由负有举证责任的当事人承担不利后果。”由此可以看到，本条解释的规定与民事诉讼法中有关证据方面的规定是相符的，与最高人民法院有关证据的司法解释也是相符的。

被告刘剑前去阻止原告违章建房，但方法欠妥，引起厮打，并致伤原告，侵犯了原告的身体健康权，应承担侵权责任，现原告要求被告刘剑赔偿其损失，对合理的部分应予以支持。原告违章建房，在三被告的劝阻下，不能及时认识到自己的错误，语言欠妥，对损害的发生也有过错，可以减轻被告刘剑的赔偿责任。被告刘剑辩称其并未与原告发生厮打，但该次纠纷经庆城县公安局城关派出所调查并对被告刘剑进行了行政处罚，被告刘剑对该处罚决定无异议，并缴纳了罚款，被告刘剑的侵权行为与原告的外伤存在因果关系，故其反驳理由不能成立。原告称被告刘柏林、刘建林、刘剑共同对其实施殴打行为，但未提交相应的证据，故原告诉请被告刘柏林、刘建林赔偿其损失的证据不足，不予支持。本案中，原告在事发当日上午即到庆城县人民医院门诊外科治疗，该院外科检查后实施了治疗方案，原告根据外科的建议到眼科做了眼部检查，该院的外科、眼科均未要求原告住院治疗，之后原告并未遵守医嘱，擅自去庆城县岐伯中医医院，在原告提交该院的病历中，无对原告做进一步检查的记载，沿用了原告在庆城县人民医院的颅脑 CT 等辅助检查，该院诊断原告患有闭合性颅脑外伤，缺乏科学依据，且病历中只有入院及出院记载，无病程记录，缺少原告因外伤住院的必要性，故对原告在庆城县岐伯中医医院住院治疗的花费及相应的住院损失，不予支持。原告称事发当日庆城县人民医院因无床位，故其去庆城县岐伯中医医院住院，但无证据印证，故对原告该转院理由不予认可。原告虽提交其在庆阳市红十骨科医院的医疗费票据，但无检查单，无法确定其检查项目与本案的关联性，对此费用不予认可。原告未提交交通费票据及需要营养费的证据，故对原告主张的交通费、营养费不予支持。原告的伤情经鉴定为轻微伤，故对原告的护理、精神损失费的主张亦不予支持，原告称三被告损坏其盖房材料，价值 23898 元，但未提交相应证据，本院对原告要求三被告赔偿其财产损失的诉请不予支持。依据《人身损害赔偿解释》第 19 条第 1 款之规定："医疗费根据医疗机构出具的医药费、住院费等收款凭证，结合病历和诊断证明等相关证据确定。赔偿义务人对治疗的必要性和合理性有异议的，应当承担相应的举证责任。"由于原告对于其主张的医疗费不能提供相应凭证，其所主张的医疗费不予赔偿。

7 配置残疾辅助器具后被害人仍然主张护理费，应当如何确定被害人护理费？

裁判规则

护理费根据护理人员的收入状况和护理人数、护理期限确定。护理人员有收入的，参照误工费的规定计算；护理人员没有收入或者雇佣护工的，参照当地护工从事同等级别护理的劳务报酬标准计算。护理人员原则上为一人，但医疗机构或者鉴定机构有明确意见的，可以参照确定护理人员人数。护理期限应计算至受害人恢复生活自理能力时止。受害人因残疾不能恢复生活自理能力的，可以根据其年龄、健康状况等因素确定合理的护理期限，但最长不超过二十年。受害人定残后的护理，应当根据其护理依赖程度并结合配制残疾辅助器具的情况确定护理级别。

基本案情①

2013年12月6日晚，原告杜伟醉酒后驾驶闽C×××××号两轮摩托车，由罗源县松山镇岐头村往城关方向行驶，途经松山镇江滨南路岐头新村路段，超越前方同向行驶由被告王正洪驾驶的闽A×××××号重型货车时，与对向驶来的无牌电动三轮车相碰，导致两轮摩托车及原告向前右滑移后被闽A×××××号重型货车碾轧，造成原告受伤及三车局部损坏的交通事故，事后电动三轮车驾驶员驾车逃离事故现场。罗源县公安局交通管理大队认定，原告杜伟和无牌电动三轮车驾驶员应共负事故主要责任，被告王正洪负事故次要责任。事发当晚，原告被送至罗源县医院治疗，次日转宁德市医院治疗，于2014年7月15日出院，共住院220天，用去医疗费431216.63元，其中非医保费用90943.09元。福建南方司法鉴定中心鉴定，原告双大腿自上段永远缺失构成二级伤残。

闽A×××××号肇事车辆系被告王正洪所有，向被告阳关保险投保了交强险和商业三者险1000000元。案发后阳光保险先行支付给原告交强险费120000元，被告王正洪支付医疗费87000元。原告杜伟于2012年11月起暂住于罗源县松山镇岐后村，事发时在罗源县滨海新城务工。

原告杜伟诉称：2013年12月6日，原告杜伟驾驶闽C×××××号两轮摩托车，由罗源县松山镇岐头村往罗源城关方向行驶时，与对向驶来的无牌电动三轮车相碰后，被被告王正洪驾驶的闽A×××××重型货车碾轧，造成原告受伤及三车局部损坏的交通事故。罗源县公安局认定原告负本事故主要责任，被告王正洪负本事故次要责任。事发当晚，原告被送至罗源县医院治疗，次日转宁德市医院治疗，共住院220天。福建南方司法鉴定中心鉴定，原告构成二级伤残。被告王正洪所驾驶车辆闽A×××××在被告阳关保险公司投保了交强险和商业险。请求判令：1. 被告王正洪赔偿原告医疗费431216.63元、误工费29731.9元、护理费1016291.9元、住院伙食补助费11050元、营养费50000元、交通费952元、残疾赔偿金554695.2元、精

① 福建省罗源县人民法院（2014）罗民初字第1368号民事判决书，来源：中国裁判文书网。

神损害抚慰金100000元、残疾辅助器具费1401762元、鉴定费1400元，扣除被告阳关保险公司已付交强险120000元及原告承担的事故主要责任比例，合计1043129.9元；2. 被告阳关保险在商业险限额内赔偿原告各项经济损失；3. 保留向被告追诉其他未尽事宜的权利；4. 本案诉讼费用由被告承担。

被告阳光保险辩称：1. 对本事故的事实及责任认定没有异议。2. 肇事车辆投保交强险及商业三者险，已投保不计免赔，愿意按照保险合同规定承担赔偿义务，已经在交强险内先行支付了120000元，交强险的赔偿义务已履行完毕。3. 对医疗费，认可406256.63元，其他数额与本案不具有关联性，不予认可，医疗费中含有非医保90943.09元，该费用不予承担；误工费，原告定残时间是2014年1月10日，误工时间为34天，计算标准为农林牧渔业平均工资，每天按88.74元计算，误工费为3017.16元；护理费，应按照每天88.74元计算，共计19522.8元，对于出院后的护理费，因原告所作的完全护理依赖的鉴定是在其未安装假肢前提下，待原告安装完假肢之后，其依赖程度必定不同，原告在主张器具费用的前提下再行主张完全依赖费用，属于重复主张，与原告之后的生存状态不相符，出院后的护理费可待原告安装完假肢之后再行护理依赖程度的鉴定；住院伙食补助费，按照每天30元计算；营养费按照6000元认定；交通费按500元认定；残疾赔偿金554695.2元，原告在事故发生之前，在罗源县办理了暂住证，而不是原告所主张的暂住在长乐市，在本案中，原告也未提供任何其在城镇居住、生活、工作及收入来源于城镇的证据材料，残疾赔偿金应当按照农村居民标准计算，共计201315.6元；对于精神损害抚慰金，应按照双方过错程度，被告驾驶员负次要责任，被告可承担15000元；对于残疾辅助器具费，原告至今并未安装假肢，每副装配实际费用，无法认定，应待实际发生后再另行主张，而对器具费用的计算应当参照福建省人社厅相关的文件，其中对于大腿假肢的费用应当是36000元，更换周期也应按该文件的数据进行；对于假肢所需要更换的周期，先行酌定两到三个周期，之后再行主张；对于鉴定费，因不属于保险责任，不承担，鉴定费中护理依赖的鉴定费用，不应支持；不承担诉讼费用。

审理要览

针对原告的各项诉讼请求，受理法院作出如下判断：

1. 原告诉请医疗费431216.63元，被告提出异议，依据宁德市医院疾病证明书，原告治疗需要添加环素32支，因医院无该药，同意原告外购，因此原告诉请的医疗费数额本院予以支持；福建鼎力司法鉴定中心鉴定非医保费用为90943.09元，该数额依法不属于保险赔付范围，阳光保险的该项抗辩，本院予以支持。

2. 原告诉请误工费29731.9元（49328元/年÷365天×220天），被告提出异议，因事发时原告在罗源县滨海新城务工，收入来源于城镇，误工标准可以2014年度单位从业人员平均工资计算，对于误工日期，原告诉请计算为住院期间，于法有据，因此原告该项诉请，本院予以支持。

3. 原告诉请护理费及出院后护理费共计1016291.9元，被告抗辩住院期间以每天88.74元计算，护理费为19522.8元，该抗辩于法有据，予以支持；对于出院后护理费，被告抗辩完全护理依赖的鉴定是原告未安装假肢情况下做出，而安装假肢后护理依赖必定不同，应待原告安装假肢之后再行鉴定，被告该抗辩于法有据，本院予以支持。因此，本院确认护理费数额应为19522.8元，出院后的护理费用原告应另行主张。

4. 原告诉请住院伙食补助费11050元，被告抗辩应以每天30元计算，本院予以支持，因此该项费用数额应为6600元（30元/天×220天）。

5. 原告诉请营养费50000元，被告提出异议，依据原告伤情，住院期间增加营养是必要的，原告诉请数额偏高，本院酌情确定为6600元。

6. 原告诉请交通费952元，被告提出异议，因原告提供的交通费票据不足以对应就医的时间、人数、次数，但考虑交通费用确有必要，被告认可500元，本院予以支持。

7. 原告诉请残疾赔偿金554695.2元（30816元/年×18年），被告提出异议，因原告可以城镇标准计算残疾赔偿金，并依据司法鉴定原告伤残等级为二级，因此该项数额计算于法有据，本院予以支持。

8. 原告诉请精神损害抚慰金100000元，被告抗辩可承担15000元，依据原告伤残程度及本事故责任比例，被告抗辩的数额比较合理，本院予以支持。

9. 原告诉请残疾辅助器具费用1401762元，被告抗辩应以福建省人力资源和社会保障厅印发的《福建省工伤职工辅助器具配置项目和指导价目（价格限额）》中所规定价格计算假肢费用，被告抗辩于法有据，予以支持。依据人社厅指导价目，原告假肢费用每具 36000 元，保修期 3 年，使用年限 8 年，保修期后年度维修保养费用不超过产品价格的 10%，则原告每具假肢装配维修保养费用应为 108000 元（36000 元×2 具+36000 元×2 具×10%×5 年），事发时原告 21 岁，福建省男性平均预期寿命 73. 27 岁，则需更换 6. 54 具［（73. 27 岁−21 岁）÷8 年］，因此，原告残疾辅助器具费用应为 706320 元（108000 元/具×6. 54 具），原告装配维修保养残疾辅助器具的其他费用可待实际发生后另行主张。

10. 原告诉请鉴定费 1400 元，被告抗辩该费用系护理依赖程度及护理期限的鉴定费用，不应支持，且不由保险公司承担，关于护理依赖及护理期限的鉴定，本院未予采纳，因此该项费用本院不予支持。

裁判解析

《人身损害赔偿解释》第 17 条规定：受害人遭受人身损害，因就医治疗支出的各项费用以及因误工减少的收入，包括医疗费、误工费、护理费、交通费、住宿费、住院伙食补助费、必要的营养费，赔偿义务人应当予以赔偿。受害人因伤致残的，因康复护理、继续治疗实际发生的必要的康复费、护理费、后续治疗费，赔偿义务人也应当予以赔偿。

侵权法上的护理费与医学上的医疗护理费不是同一个概念，侵权法中的护理费是对因受害人恢复健康所需要护理而产生的损失的赔偿，可以将护理费所对应的这一损失称为护理损失，属于恢复受害人身体健康所产生的实际损失。护理可以分为两种，一是因为受害人的恢复需要聘请护工而向护工支付的报酬，二是人身伤害发生后受害人的亲属因护理受害人而耽误工作，造成的损失。护理费正是对符合条件的护理损失进行的赔偿，既包含受害人向护工支付报酬的损失弥补，也包括对受害人亲属因护理受害人而遭受的误工损失的弥补。

依据《民通意见》的规定，护理费的损失只有经过医院批准才能够得到赔偿；但《人身损害赔偿解释》对此则没有规定。护理费的赔偿是否需要医院的批准？仅从医学治疗的角度来看，虽然生活能够自理的受害人无须护理，但受害人及其家属出于对受害人的关怀以及对受害人顺利恢复健康的目的希望对受害人提供护理服务，这也是可以理解的。因此，对于护理的必要性以及护理费赔偿的必要性问题，首先，应当考虑护理费的目的在于帮助受害人更好地恢复健康；其次，侵权法具有补偿受害人损失的功能，而加害人的加害行为导致了受害人受到伤害并有了护理的需要，由此看来，要求加害人对护理费承担损害赔偿责任是合理的。但与此同时，对于护理也应当进行适当的限制，目的在于不对加害人科以过重的负担。考虑到以上因素，在对护理费的赔偿中应当遵循以下原则：对于医院批准产生的护理费，应当进行赔偿；在住院期间产生的护理费，不论是否获得医院批准，都应当赔偿护理费；出院后，对于生活不能自理的受害人产生的护理费，应当予以赔偿，反之，生活能够自理的受害人，即使产生了实际的护理费，也不应当获得赔偿。

在受害人家属单人护理人员的情况下，受害人实际支出了护理费用，该项费用造成的实际损失，应当得到赔偿；若受害人未支出费用，但担任护理工作的家属受到误工损失，在此种情况下，人身伤害的受害人并未受到损害，而是进行护理工作的家属受到损害，这种损失属于纯粹经济损失，这种损失能否得到赔偿？按照侵权法的原理，对于纯粹经济损失，由于在大多数情况下难以预料和控制，为避免对加害人造成过重的负担，因此在一般情况下不予赔偿。但若是考虑到对护理人员利益的维护，尤其是护理费的损失应当是加害人在造成人身侵害时应当预料到的一种后果，并不完全符合纯粹经济损失不予赔偿的法理依据。如果护理家属的误工损失也需要进行赔偿，而家属进行护理的误工损失比聘请护工的花费更高，此时对于赔偿标准就会存在争议。单纯从医疗护理的角度看，护理工作只需要护工担任即可，允许受害人的亲属担任护理人员是考虑到受害人及其亲属的心理感受，但不能因此造成对侵权人的过度负担。因此，对于近亲属担任护理人员时可以按照误工费的标准确定护理费的赔偿标准，但其他人员担任护理人员时，就只能按照当地护工从事同等级别护理的劳务报酬标准计算。

对于配置残疾辅助器具后被害人仍然主张护理费，应当如何确定被害人的护理级别，本条解释规定，应当按照“护理依赖程度结合配置残疾辅助器具的情况确定护理级别”。对于“护理依赖程度”和“配制残疾器具情况”的标准可以参考最高人民法院、最高人民检察院、公安部等联合制定的《人体损伤程度鉴定标准》，原国家技术监督局颁布的《职工工伤与职业病致残程度鉴定》和原劳动和社会保障部颁布的《职工非因工伤残或因病丧失劳动能力程度鉴定标准（试行）》。《职工工伤职业病致残程度鉴定》第 3.1.4 条规定：“护理依赖指伤、病致残者因生活不能自理需依赖他人护理者。生活自理范围主要包括下列五项：a）进食；b）翻身；

c）大、小便；d）穿衣、洗漱；e）自我移动。护理依赖的程度分三级：a）完全护理依赖指生活不能自理，上述五项均需护理者。b）大部分护理依赖指生活大部不能自理，上述五项中三项需要护理者。c）部分护理依赖指部分生活不能自理，上述五项中一项需要护理者。”

在本案中，罗源县公安局交通管理大队做出事故认定，被告王正洪负事故次要责任，原告杜伟和无牌电动三轮车驾驶员共负事故主要责任，事实清楚，程序合法，受理法院予以采信。被告王正洪驾驶其所有的闽A×××××号重型货车造成原告人身伤害，依法应承担赔偿责任，出院后护理费，被告抗辩完全护理依赖的鉴定是原告未安装假肢情况下做出的，而安装假肢后护理依赖必定不同，应待原告安装假肢之后再行鉴定，被告该抗辩于法有据，本院予以支持；该车已向被告阳光保险投保了交强险及商业三者险，原告要求被告阳光保险在保险限额内赔偿，本院予以支持。被告阳光保险已支付交强险限额赔偿费，还应当在商业三者险限额内，依照事故责任比例，赔付原告467773元［（1679243.44元-120000元）×30%］。不属于保险赔付的非医保数额90943.09元，依照事故责任比例，应由被告王正洪负担27283元（90943.09元×30%），被告王正洪已支付赔偿款87000元，其超额支付的59717元，可抵扣被告阳光保险在商业三者险内赔付的数额，即被告阳光保险应支付408056.2元。被告王正洪超额支付的款项可向被告阳光保险另行主张。据此，依照《中华人民共和国侵权责任法》第6、16、22、48条，《中华人民共和国道路交通安全法》第76条，《最高人民法院关于审理道路交通事故损害赔偿案件适用法律若干问题的解释》第16条，《人身损害赔偿解释》第17、19、20、21、22、23、24、25、26条，《最高人民法院关于民事诉讼证据若干规定》第2条之规定，判决：被告阳光财产保险股份有限公司福州中心支公司应于本判决生效之日起十日内在商业三者险责任限额内，赔偿原告杜伟人民币467773元，扣除被告王正洪已垫付的59717元，应付款项408056元；被告王正洪应赔偿原告杜伟人民币27283元（该款已支付）。驳回原告杜伟的其他诉讼请求。

8 因伤残造成职业妨害，应当对残疾赔偿金调整

裁判规则

残疾赔偿金根据受害人丧失劳动能力程度或者伤残等级，按照受诉法院所在地

上一年度城镇居民人均可支配收入或者农村居民人均纯收入标准，自定残之日起按二十年计算。但六十周岁以上的，年龄每增加一岁减少一年；七十五周岁以上的，按五年计算。

受害人因伤致残但实际收入没有减少，或者伤残等级较轻但造成职业妨害严重影响其劳动就业的，可以对残疾赔偿金作相应调整。

基本案情[①]

原告：冷炜。

被告：张红生、沈宝琴、华安财产保险股份有限公司江苏分公司。

2006年3月21日凌晨，原告冷炜在南京市秦虹南路被被告张红生驾驶牌号为苏A×××××的轿车撞伤后，被告张红生逃逸。经南京市交警三大队作出事故责任认定，被告张红生负全责。被告沈宝琴系苏A×××××车主，被告华安保险股份有限公司江苏分公司承保了被告沈宝琴投保的第三者责任险，保险金额为20万元。原告冷炜于2006年3月26日起诉请求法院判令被告赔偿原告医疗费252227.44元、残疾赔偿金197176元、误工费49400元、护理费77794.70元、交通费11826元、伙食补助费2304元、营养费2890元、鉴定费2500元、精神损害抚慰金5万元，总计646118.14元。

在本案审理过程中，双方当事人对各项具体费用的计算均无争议，争议焦点在于原告请求法院根据原告的情况调整残疾赔偿金，由7级伤残按4级伤残标准计算。因原告目前已无法胜任工作而与单位解除了劳动合同，日常生活不能自理，原告今后将不能从事复杂工作，有轻度精神障碍，病情将趋于复杂化等。被告认为既然已经做了鉴定，就应该按照鉴定等级计算残疾赔偿金，不能要求改变。

审理要览

江苏省南京市秦淮区人民法院经审理认为，原告冷炜系网络科技有限公司职员，从事网络维护工作，因交通事故致残后生活上无法自理，且因脑部损伤较严重，有轻度精神障碍，情绪不稳定，今后继续从事原来工作的可能性不大，在当今

---

① 江苏省南京市秦淮区人民法院（2006）秦民一初字第381号民事判决书，来源：中国裁判文书网。

社会很难再有类似单位接受，继续从事其他工作亦有很大难度。原告的现实情况是已被原单位解雇，而专家证人的证言也证实原告今后的病情趋向复杂，最多能维持现状。综上，无论从现实还是从未来的可能性看，原告冷炜在交通事故发生后客观上已经产生严重职业妨害，所以对原告要求依照《人身损害赔偿解释》第25条第2款之规定进行调整的请求应予支持，但从7级调整到4级幅度明显过大，故将原告的残疾赔偿金计算标准从7级提高到5级。依照《中华人民共和国民法通则》第119条，参照《人身损害赔偿解释》第25条之规定，法院判决如下：一、被告张红生、沈宝琴于本判决生效之日起10日内赔偿原告冷炜316502.77元（含医疗费52227.44元、交通费8000元、营养费2890元、住院伙食补助费2304元、残疾赔偿金169008元、护理费54353.33元、误工费25220元、鉴定费2500元）；二、被告华安保险公司赔偿原告冷炜医疗费20万元整（已支付）；三、被告张红生于判决生效之日起10日内赔偿原告冷炜精神抚慰金3万元；四、驳回原告冷炜的其他诉讼请求。

宣判后，当事人均未上诉，并已履行完毕。

裁判解析

残疾赔偿金的性质，是指残疾赔偿金是对因残疾导致的收入减少或者收入来源的丧失给予财产损害性质的赔偿，还是对赔偿权利人遭受精神损害给予的精神抚慰性质的赔偿。这个问题在理论和实务中都没有明确的理解。《中华人民共和国民法通则》中没有关于残疾赔偿金的规定，其中第119条不完全列举了对于残疾赔偿金的赔偿范围："侵害公民身体造成伤害的，应当赔偿医疗费、因误工减少的收入、残废者生活补助费等费用；造成死亡的，并应当支付丧葬费、死者生前扶养的人必要的生活费等费用。"对该条进行文义解释，对于"残废者生活补助费等费用"应当理解为对于受害人因侵权行为导致的生活资源的减少或者丧失的财产损害性质的赔偿。残疾者生活补助费的赔偿数额与受害人残疾等级或者劳动丧失程度呈正相关，据此，有关残疾者生活补助费的内容是对赔偿权利人生活资源丧失或减少的赔偿，在性质上属于对财产损害的赔偿。

关于确定残疾赔偿金的相关因素，《人身损害赔偿解释》第25条第2款规定："受害人因伤致残但实际收入没有减少，或者伤残等级较轻但造成职业妨害严重影响其劳动就业的，可以对残疾赔偿金作相应调整。”本款规定涉及到赔偿权利人的主观损害和客观损害如何予以斟酌的问题，在理论和实务上均有重要的意义。所谓客观因素，是针对特定的损害事故而言，不会因为被害人的不同而存在区别。而所谓的主观因素则会因为被害人不同而有所区别。换言之，因损害事故发生于不同的人身，损害的构成因素就会因人而异。因人而异的这种损害，就是主观损害，反之则为客观损害。① 在计算损害时，本解释对于收入损失采取定型化赔偿的方式，以客观因素计算损害；但在实践中也应当兼顾主观损害的填补和个体正义的实现，考量相关的因素并结合个案情况进行计算。关于人身损害遭受侵害而导致劳动能力减少的受害人，劳动能力减少的程度通常由专业机构鉴定，但这种鉴定结果往往也是按照客观方式进行认定的。按主观方式计算，就应当考虑被害人的职业，如果受害人的劳动能力减少对其职业毫无影响，或者损害较小，如一个售票员，其腿部的伤害可能对其实际劳动不会产生影响；也可能虽然鉴定的劳动能力减少很低，但伤害对于被害人的职业影响很大，例如受害人从事对于容貌有较高要求的行业，而伤害导致受害人面部受损导致其不再适于从事原本工作的情形。因此，在实践中对于残疾赔偿金的认定，应当遵循主观与客观相结合的原则。

本案中，原告冷炜系计算机专业本科毕业，受伤前系湖南省电子工业集团网络科技分公司的一名员工，2006 年 3 月 21 日被张红生致伤。2007 年 3 月，其被鉴定为轻度精神障碍 7 级伤残。案件审理过程中，原告所在企业认为原告已无法从事原工作，与原告解除了劳动合同。伤残鉴定专家认为原告的病情今后会呈现复杂化的趋势，根据临床经验，加重的可能性较大，今后继续从事复杂劳动的可能性较小。

法院认为，原告冷炜构成 7 级伤残，属于伤残等级较轻的范畴。原告受伤前从事网络科技管理工作，属于较复杂的劳动，现已被原所属企业解雇，今后继续从事原来工作的可能性很小。因此法院可以认定，原告的伤残已造成职业妨害，严重影响其劳动就业，原告的请求应该是符合《人身损害赔偿解释》第 25 条规定的。在决定调整幅度时，法院考虑到本案作为在本地区对该条款的首次适用，调整幅度不宜过大，因为毕竟在我国残疾赔偿金兼采劳动能力与收入丧失标准，尚不能充分考虑受害人个人的身体健康状态、受教育程度、专门技能、社会经验等方面因素，尚

① 曾世雄：《损害赔偿法原理》，中国政法大学出版社 2001 年版，第 161-164 页。

须注意到不同案件加害人之间利益的平衡，且对于受害人未来利益的保护也须持一种相对保守的态度。基于此，法院按 5 级伤残标准计算残疾赔偿金。

9 残疾辅助器具费的赔偿期限应当如何计算？

裁判规则

残疾辅助器具费按照普通适用器具的合理费用标准计算。伤情有特殊需要的，可以参照辅助器具配制机构的意见确定相应的合理费用标准。辅助器具的更换周期和赔偿期限参照配制机构的意见确定。

基本案情[①]

原告（上诉人）：宋某。

被告（被上诉人）：杨槐祥。

被告（被上诉人）：北京宏洲晟业建筑工程有限公司。

宋某（1971 年 8 月出生）为杨槐祥劳务分包的北京市怀柔区琉璃庙镇河北村新农村建设工程提供劳务，主要负责带班，工作内容包括记工、报表、宏洲晟业公司送来建筑材料的查收以及工人日常用品、食品材料的采购等。该工程的承包方为北京宏洲晟业建筑工程有限公司（以下简称宏洲晟业公司），杨槐祥与宏洲晟业公司系劳务分包合同关系。

2013 年 5 月 6 日，宋某乘坐无驾驶资格的靖某驾驶的杨槐祥所有的无号牌农用三轮车前去购买食品材料等，途中因农用三轮车制动失灵导致侧翻，车厢与路边护栏将宋某的右大腿挤伤。后宋某被送往北京市红十字会急诊抢救中心治疗，经诊断为：右下肢毁灭伤、右大腿开放伤口、右腹股沟散在撕裂伤伴软组织损伤、右大腿残端感染、右大腿残端皮肤缺损。并于当日行右大腿上端截肢术等，后于同年 6 月 20 日行右大腿制皮术等。经北京华夏物证鉴定中心鉴定，宋某右股骨近端以远缺失构成五级伤残，受伤后的护理期为 120 日。恩德莱精博假肢矫形器（北京）有限公司出具的假肢评估鉴定写明，建议宋某装配普通适用型五连杆自锁大气压膝单轴踝单轴脚，价格为 43800 元，该产品使用寿命为 4 年，每年的维修保养费用约假肢装

---

① 北京市第三中级人民法院（2014）三中民终字第 02409 号民事判决书，来源：中国裁判文书网。

配价格的10%，假肢在公司训练约30天，需1名陪护，每人每天食宿费80元，宋某需终身佩戴假肢。为此，宋某诉至法院，要求杨槐祥与宏洲晟业公司赔偿各项费用共计977102元，其中假肢安装费498720元（4年更换一次，计算8次）。

审理要览

北京市怀柔区人民法院于2013年11月10日作出（2013）怀民初字第04343号民事判决：一、杨槐祥、宏洲晟业公司于判决生效后七日内给付宋某医疗费、误工费、护理费、住院伙食补助费、伤残赔偿金、被扶养人生活费、假肢安装费、精神抚慰金、营养费等合计27万元；二、驳回宋某的其他诉讼请求。宣判后，宋某提出上诉。北京市第三中级人民法院于2014年3月19日作出（2014）三中民终字第02409号民事判决：一、撤销北京市怀柔区人民法院（2013）怀民初字第04343号民事判决第二项；二、变更北京市怀柔区人民法院（2013）怀民初字第04343号民事判决第一项为：杨槐祥、宏洲晟业公司于本判决生效后七日内赔偿宋某医疗费、误工费、护理费、住院伙食补助费、伤残赔偿金、被扶养人生活费、残疾辅助器具费、精神抚慰金、营养费等合计385330.4元；三、驳回宋某的其他诉讼请求。

裁判解析

《人身损害赔偿解释》第26条规定，残疾辅助器具费按照普通适用器具的合理费用标准计算。伤情有特殊需要的，可以参照辅助器具配制机构的意见确定相应的合理费用标准。辅助器具的更换周期和赔偿期限参照配制机构的意见确定。本案中，参照假肢评估鉴定，宋某的残疾辅助器具费（假肢安装费）系明确损失，为了减少诉累，维护受害人的合法权益，结合宋某的年龄和健康状况、公民平均寿命、器具使用年限、赔偿人承担责任的经济能力等因素，本院综合确定赔偿期限暂以20年为宜。按照假肢使用寿命为4年计算，20年应更换5次，每次费用为43800元，共计219000元。一审法院仅判令单次残疾辅助器具费，属于赔偿期限考虑不周，二审法院予以调整。遂依法作出上述判决。

根据《人身损害赔偿解释》第26条第1款的规定，残疾辅助器具的赔偿标准首先应当按照普通适用器具的合理费用标准计算，对于伤情有特殊需要的，可以参照辅助器具配制机构的意见确定相应的合理费用标准。

解释中对于残疾辅助器具费的计算标准，除了要求“普通适用标准”这一原则性规定外，解释中也根据受害者的实际情况对于残疾辅助器具费的赔偿标准进行了例外规定，即如果受害人“伤情有特殊需要的，可以参照辅助器具配置机构的意见确定相应的合理费用标准”。所谓伤情有特殊需要的，是指受害人的伤情有别于一般情况，对于其残疾辅助器具需要个别化处理，才能帮助受害人恢复生产生活的自理。对于这种情形，人民法院可以根据鉴定机构的意见确定相应的费用进行赔偿。

残疾辅助器具的更换周期和赔偿期限，也是认定残疾辅助器具费的重要内容。一般认为，对于残疾辅助器具的更换周期和赔偿年限的认定，受诉法院应当根据专门的残疾辅助器具的鉴定机构进行认定，按照受诉法院所在地平均寿命和残疾辅助器具的使用年限进行确定。

对于残疾辅助器具的赔偿费用，本解释第 32 条对于残疾辅助器具的赔偿年限做了补充规定：“超过确定的护理期限、辅助器具费给付年限或者残疾赔偿金给付年限，赔偿权利人向人民法院起诉请求继续给付护理费、辅助器具费或者残疾赔偿金的，人民法院应予受理。赔偿权利人确需继续护理、配制辅助器具，或者没有劳动能力和生活来源的，人民法院应当判令赔偿义务人继续给付相关费用五至十年。”根据该条规定，对于超过确定的赔偿辅助器具的给付年限，而赔偿权利人确需继续配置残疾辅助器具的，人民法院应当判令赔偿义务人继续给付相关费用五至十年。

10 丧失劳动能力但有少量收入的成年近亲属能否主张被扶养人生活费？

裁判规则

被扶养人生活费根据扶养人丧失劳动能力程度，按照受诉法院所在地上一年度城镇居民人均消费性支出和农村居民人均年生活消费支出标准计算。被扶养人为未成年人的，计算至十八周岁；被扶养人无劳动能力又无其他生活来源的，计算二十年。但六十周岁以上的，年龄每增加一岁减少一年；七十五周岁以上的，按五年计算。

被扶养人是指受害人依法应当承担扶养义务的未成年人或者丧失劳动能力又无其他生活来源的成年近亲属。被扶养人还有其他扶养人的，赔偿义务人只赔偿受害人依法应当负担的部分。被扶养人有数人的，年赔偿总额累计不超过上一年度城镇居民人均消费性支出额或者农村居民人均年生活消费支出额。

基本案情[①]

2012年9月27日14时40分许，被告张建新驾驶浙FN××××小型普通客车途经320国道桐乡市梧桐街道中华路交叉口处，与由原告驾驶的浙FE××××号普通两轮摩托车发生碰撞，造成车辆损失及原告受伤的道路交通事故。该事故经交警认定，被告张建新负事故的全部责任。原告施永良受伤后经治疗，住院30天，支付医疗费31092.95元。2013年12月19日，经嘉兴新联司法鉴定所鉴定，原告构成十级伤残，误工期限建议5个月，护理期限建议2个月，营养期限建议2个月，支付鉴定费1800元。

另认定，被告张建新驾驶浙FN××××小型普通客车投保交强险于被告阳光保险嘉兴公司处。原告施永良家庭为非农业家庭户。被告张建新已支付赔偿款15500元。被告阳光保险嘉兴公司已支付赔偿款1万元。

嘉兴市中级人民法院除对桐乡市人民法院认定的事实予以确认之外，另认定：原告施永良尚有父亲施宝庆（1935年1月29日出生）及母亲施雪娜（1940年12月1日出生）需要扶养，其父母共育有5个子女。在事故发生时，施永良的母亲施雪娜每月领取退休金1061.9元。当前，施永良的父亲施宝庆每月领取养老金175元。

原告施永良起诉称：2012年9月27日14时40分许，被告张建新驾驶浙FN××××小型普通客车途经320国道桐乡市梧桐街道中华路交叉口处，与由原告驾驶的浙FE××××号普通两轮摩托车发生碰撞，造成车辆损失及原告受伤的道路交通事故。该事故经交警认定，被告张建新负事故的全部责任。被告对相关赔偿费用166195.92元尚未支付。故原告起诉请求：（1）依法判令被告张建新赔偿原告医疗费等损失共计166195.92元；（2）判令被告阳光财产保险股份有限公司嘉兴中心支公司（以下简称阳光保险嘉兴公司）在第三者强制责任险限额范围内承担先行赔偿责任。

被告阳光保险嘉兴公司答辩称：原告主张的赔偿金额过高，愿意在法律规定的范围之内承担赔偿责任。

被告张建新表示了相同的答辩意见。

---

① 浙江省嘉兴市中级人民法院（2015）浙嘉民终字第491号民事判决书，来源：中国裁判文书网。

审理要览

浙江省桐乡市人民法院于 2015 年 4 月 9 日作出（2014）嘉桐民初字第 1470 号民事判决：一、被告阳光财产保险股份有限公司嘉兴中心支公司赔偿原告施永良 112000 元；二、被告张建新赔偿原告施永良 24944. 95 元；三、驳回原告施永良其余诉讼请求。

一审宣判后，被告阳光保险嘉兴公司提起上诉。浙江省嘉兴市中级人民法院于 2015 年 6 月 8 日作出（2015）浙嘉民终字第 491 号民事判决：一、维持桐乡市人民法院（2014）嘉桐民初字第 1470 号民事判决第一项，即“阳光财产保险股份有限公司嘉兴中心支公司赔偿施永良 112000 元”；二、撤销桐乡市人民法院（2014）嘉桐民初字第 1470 号民事判决第二、三项；三、张建新赔偿施永良 21555. 54 元；四、驳回施永良的其他诉讼请求。法院生效裁判认为：根据《人身损害赔偿解释》第 28 条的相关规定，在计算被扶养人生活费时，如果被扶养人还有其他扶养人的，赔偿义务人只赔偿受害人依法应当负担的部分。同时，如果被扶养人尚有一定收入的，在计算被扶养人生活费时，也应将该收入予以相应扣减。因此，施永良父亲的被扶养人生活费为 2115. 7 元［（23257 元－175 元× 12 月）/年×10%÷5×5 年］，其母亲的被扶养人生活费为 1471. 99 元［（23257 元－1061. 9 元/月×12 月）/年× 10%÷5×7 年］。上述两项合计 3587. 69 元，加上原审认定的施永良子女的被扶养人生活费 16279. 9 元，本案被扶养人生活费共计 19867. 59 元。原审未考虑施永良父母尚有其他扶养人且有一定收入的事实，导致被扶养人生活费计算有误，应予纠正。

各方当事人对原审认定的施永良的其他损失未提上诉，视为服判。施永良的损失为：（1）医疗费用赔偿限额项下的损失为 33342. 95 元；（2）伤残赔偿限额项下的损失为 121462. 59 元；（3）财产损失赔偿限额项下为 2150 元；（4）其他损失为 2100 元，合计 159055. 54 元。该 159055. 54 元由阳光保险嘉兴公司在交强险限额内赔偿 122000 元，扣除其已支付的 10000 元，阳光保险嘉兴公司尚需赔偿 112000 元。剩余损失 37055. 54 元，应全部由张建新赔偿，扣除其已支付的 15500 元，张建新尚需赔偿 21555. 54 元。

综上，阳光保险嘉兴公司的上诉理由成立，其上诉请求应予以支持。

裁判解析

《人身损害赔偿解释》第28条规定："被扶养人生活费根据扶养人丧失劳动能力程度，按照受诉法院所在地上一年度城镇居民人均消费性支出和农村居民人均年生活消费支出标准计算。被扶养人为未成年人的，计算至十八周岁；被扶养人无劳动能力又无其他生活来源的，计算二十年。但六十周岁以上的，年龄每增加一岁减少一年；七十五周岁以上的，按五年计算。被扶养人是指受害人依法应当承担扶养义务的未成年人或者丧失劳动能力又无其他生活来源的成年近亲属。被扶养人还有其他扶养人的，赔偿义务人只赔偿受害人依法应当负担的部分。被扶养人有数人的，年赔偿总额累计不超过上一年度城镇居民人均消费性支出额或者农村居民人均年生活消费支出额。"本条解释是用以确定扶养人生活费的原则、扶养年限的计算、被扶养范围以及扶养费计算方法的问题的规定。本条解释规定：首先，根据扶养人因人身损害造成死亡或残疾等丧失劳动能力的程度，再结合政府统计部门公布的受理诉讼的法院所在的省、自治区、直辖市上一年度城镇居民人均消费性支出或者农村居民人均年生活消费支出标准，计算出被扶养人的生活费标准；其次，针对被扶养人的不同情况，区分未成年人与成年人，确定不同的扶养年限以及计算方法；最后，本条解释还规定了被扶养人的范围——包括受害人应当依法承担扶养义务的未成年人或者丧失劳动能力又无其他生活来源的成年近亲属。其他生活来源是指除了扶养人的扶养之外的生活来源，收入包括很多方面，主要有工资，奖金，生产、经营收益，知识产权收益，理财投资性收益，继承或者赠与所得，拆迁补偿金，各类保险金、补助金等。受害人的成年近亲属虽然丧失劳动能力，但如果其还有其他生活来源的，则不是被扶养人，不能获得被扶养人生活费这一项补偿。但是，并不是说有收入就不能获得被扶养人生活费这一项赔偿，如果被扶养人的收入不足以维持本人基本生活的，即未到达当地城镇居民人均消费性支出水平的，还是应当支持被扶养人生活费。另外，在认定被扶养人生活费时，有些收入来源因其自身特性应当被排除在其他生活来源范畴之外，只能作为计算被扶养人生活费时是否应当扣减的考虑因素。例如，对于投资理财收入，比如股票、债券、基金收益等，由于这部分收入不具有稳定性和持续性，具有一定风险，对于此类收入一般应当予以扣减，还有对于继承、赠与所得，此类收入往往具有一次性、偶然性、非持续性的特点，不宜从被扶养人生活费中扣减；另外，对于土地征收、征用或房屋拆迁补偿金，因其作为国家征收征用土地、房屋后的政策性补偿，而非作为维持居民生活、提供收入来源而创设，因此也不应当计入被扶养人生活费中进行扣减。当然，对于房屋租金存款利息，一般不应扣减，但如有充分证据证明此类收入系其主要生活来源的，可以从被扶养人生活费中扣减。

在本案中，对于丧失劳动能力但有少量收入来源的成年被扶养人，赔偿义务人当然应当赔偿其生活费。

11 75周岁以上的受害人生前扶养的60周岁以下的无劳动能力又无其他生活来源的人的生活费计算年限为多少年?

裁判规则

被扶养人生活费根据扶养人丧失劳动能力程度，按照受诉法院所在地上一年度城镇居民人均消费性支出和农村居民人均年生活消费支出标准计算。被扶养人为未成年人的，计算至18周岁；被扶养人无劳动能力又无其他生活来源的，计算20年。但60周岁以上的，年龄每增加1岁减少1年；75周岁以上的，按5年计算。

基本案情[①]

2006年10月10日9时7分许，陈伟驾驶一辆中型普通货车在上海市金山区山阳镇红旗东路玉兰新村门口倒车时撞倒王效尧（1920年10月28日出生）。经复旦大学附属金山医院抢救无效，王效尧于2006年10月30日死亡，终年86岁。2006年10月11日，上海市公安局金山分局交通警察支队出具交通事故认定书，认定陈伟应负事故的全部责任。肇事货车登记车主为上海市金山区吉顺汽车运输有限公司（以下简称吉顺汽车运输公司），王强系陈伟的担保人。后因双方对赔偿事宜协商未果，受害人王效尧的子女王江帆、王国珍等人提起诉讼，请求判令陈伟承担共计35万余元的赔偿责任，王强和吉顺汽车运输公司承担连带赔偿责任。作为原告之一的王国珍系王效尧之子，重智残、无业，受王效尧扶养。

上海市金山区人民法院一审判决：被告陈伟应赔偿原告王江帆等死亡赔偿金、

① 上海市第一中级人民法院（2007）沪民一终字第1567号民事判决书，来源：中国裁判文书网。

丧葬费、医疗费、精神损害抚慰金等各项费用合计34万余元，其中被扶养人王国珍的生活费（扶养费）按上海市上一年度城镇居民人均消费性支出13773元计算20年，扣除其每月的416元社会救助金，为175620元。被告王强、吉顺汽车运输公司对上述被告陈伟所负赔偿义务承担连带责任。

一审判决后，被告不服，向上海市第一中级人民法院提起上诉，认为受害人王效尧去世时已近86周岁，对于该年龄阶段的人员，即使有需被扶养的人员，该扶养期间应不同于一般的人员。原审法院未能正视该事实，仍判被扶养人可得扶养费的时限为20年，该认定与事实不符。故请求二审法院撤销原审法院的相关判决。

审理要览

对于被扶养人生活费的问题，《人身损害赔偿解释》采取了“快刀斩乱麻”的便宜做法和保护弱势群体的原则，确立了以被扶养人的生存年限为标准的计算规则：单独一条——第28条，而与其他条款无涉及，特别是与第29条并行不悖：一个规定了被扶养人的生活费计算年限，一个规定了受害人的死亡赔偿金计算年限，两者之间并没有法律意义上的任何关联。易言之，两个年限之间世俗意义上的关联在法律上没有任何意义，并不为法律所认可或肯定，而只能在世俗社会中发挥其对应的关联作用。此外，《人身损害赔偿解释》第28条将被扶养人的生存年限进行了不同阶段的法律推定：“被扶养人无劳动能力又无其他生活来源的，计算二十年。但六十周岁以上的，年龄每增加一岁减少一年；七十五周岁以上的，按五年计算。”可以看出，之所以采用了20年的定量化赔偿标准，在一定意义上也考虑了赔偿义务人的负担能力问题，进行了相对的利益衡平。由于本案中的被扶养人王国珍在受害人王效尧事故发生时为55周岁（60周岁以下），因此根据《人身损害赔偿解释》第28条的规定，显然应该计算20年。据此，上海市第一中级人民法院审理后认为，原审法院认定事实清楚，适用法律正确，处理并无不当。遂作出终审判决：驳回上诉，维持原判。

裁判解析

本案看似比较普通，而且证据确凿、事实清楚，在判决确定的责任承担上应该也没有问题，但是在被扶养人王国珍的生活费计算年限上却是存有争议的。第一种意见认为应该计算 20 年，理由是《人身损害赔偿解释》第 28 条明确规定，被扶养人（60 周岁以下）无劳动能力又无其他生活来源的，其生活费计算 20 年；第二种意见认为应该计算 5 年，理由是《人身损害赔偿解释》第 29 条规定，受害人 75 周岁以上的，死亡赔偿金按 5 年计算。依据常识，被扶养人受扶养的年限不能超过扶养人生存的年限，因此只能计算 5 年。

初看两种意见，对照两个相关法条，可能感觉第二种意见更具合理性。因为本案中的受害人王效尧已经 80 多岁，如果对于其子王国珍的扶养年限确定为 20 年，那么依据判决就可以推定王效尧将活到 100 多岁（死亡时的年龄加上 20 年），这不但不符合常规，更重要的是与另一种年限的推定存在矛盾。根据《人身损害赔偿解释》第 29 条的规定，能够推定出王效尧可以活到 90 余岁（死亡时的年龄加上 5 年）。但是，深入分析，就会发现第一种意见更具有法律意义上的合法性和合理性，而且两个法条之间也并不存在法律意义上的关联。从理论上来讲，在人身损害赔偿案件中，被扶养人（特指无劳动能力又无其他生活来源的被扶养人，下同）的生活费年限如何计算，可以有三种标准：一是取决于被扶养人的生存年限，二是取决于扶养人的生存年限，三是取决于被扶养人和扶养人生存年限的交集。第一种标准显然有利于保护被扶养人这一特殊的弱势群体，但是脱离了与扶养人的生存年限关系，使受扶养的年限可能长于或短于扶养人的自然生存年限。第二种标准以扶养人这一扶养主体的生存年限为依据，符合常理，但是脱离了与被扶养人的生存年限关系，使扶养的年限可能长于或短于被扶养人的自然生存年限。第三种标准最切合实际情况，使扶养人的扶养期限等于被扶养人的生存年限，但是其间关系复杂，可操作性不强。《人身损害赔偿解释》中规定"被扶养人生活费"这一项赔偿内容，其目的就在于对受害人失去生活来源的被扶养人进行补偿。据此，《人身损害赔偿解释》第 28 条规定，60 周岁以下无劳动能力又无其他生活来源的被扶养人，生活费按照 20 年计算；第 29 条规定，受害人 75 周岁以上的，死亡赔偿金按 5 年计算。这两条规定并没有法律意义上的关联，因此对于 75 周岁以上的受害人生前扶养的 60 周岁以下的无劳动能力又无其他生活来源的人的生活费年限，应该计算 20 年而非 5 年。

⑫ 受害人为农村户口，但居住地和收入来源地均为城镇的，其死亡后应按何种标准给付死亡赔偿金？

裁判规则

死亡赔偿金按照受诉法院所在地上一年度城镇居民人均可支配收入或者农村居民人均纯收入标准，按20年计算。但60周岁以上的，年龄每增加一岁减少一年；75周岁以上的，按5年计算。

基本案情①

申诉人（一审原告、二审被上诉人）：吴家英，女，汉族，1948年3月5日出生，湖南省澧县人，无业，住湖南省澧县张公庙镇荣家河居委会108号。

被申诉人（一审被告、二审上诉人）：邱忠华，男，汉族，1976年10月19日出生，湖南省浏阳市人，驾驶员，住湖南省浏阳市大瑶镇天河社区红卫组308号。

被申诉人（一审被告、二审上诉人）：邱忠炼，男，汉族，1982年12月11日出生，湖南省浏阳市人，驾驶员，住湖南省浏阳市大瑶镇连心村。

被申诉人（一审被告、二审上诉人）：中国人民财产保险股份有限公司长沙市分公司（以下简称财保公司长沙市分公司）。住所地：长沙市城南东路291号。代表人：刘长君，总经理。

邱忠华与邱忠炼系嫡亲兄弟，邱忠华是赣J×××××号重型厢式货车的所有权人，邱忠炼是邱忠华聘请的驾驶员。邱忠华于2005年4月29日在财保公司长沙市分公司对其所有的赣J×××××号重型厢式货车投了车辆损失险、第三者责任险等8个险种，并签订了书面合同。2005年12月16日6时30分左右，邱忠炼驾驶赣J×××××号重型厢式货车沿207国道由东向西行驶至澧县张公庙镇黄河村路段，超越骑自行车的龚道贵（吴家英的丈夫）时，货车右前部位撞在自行车尾部，造成龚道贵倒地并当场死亡的交通事故。事故发生后，澧县公安局交通警察大队作出澧公交认字（2005）第02038号交通事故的认定书，认定邱忠炼夜间行车注意力不集中，驾车超越同向行驶的自行车没有与前面的自行车保持必要的安全距离，其行为

---

① 最高人民检察院民事行政检察厅：《人民检察院民事行政抗诉案例选（第17集）》，中国检察出版社2012年版，第125-137页。

违反了《中华人民共和国道路交通安全法》第42条第2款及第47条的规定，应承担事故的全部责任，龚道贵无违章行为，不负事故责任。龚道贵之妻吴家英因龚道贵死亡后相关赔偿问题与邱忠炼等人协商不成，遂向澧县人民法院提起诉讼。

另查明：龚道贵系农业人口，从1991年6月至去世之前一直在澧县张公庙镇荣家河居委会从事小商品经营，但自2000年起未年检，2004—2005年度缴纳了工商管理费。

审理要览

澧县人民法院经审理认为，被告邱忠炼受被告邱忠华雇请为其驾驶赣J×××××号重型厢式货车，其在从事正常的雇佣活动中因交通违法行为致龚道贵交通事故死亡，邱忠华作为赣J×××××号重型厢式货车的所有权人应对龚道贵死亡的后果承担法定赔偿责任，邱忠炼为受雇人员不承担赔偿责任；被告财保公司长沙市分公司作为赣J×××××号重型厢式货车的保险人，应在承保金额200000元内承担赔偿责任；关于龚道贵因交通事故死亡的赔偿标准事宜，虽龚道贵系农村居民人口，但龚道贵已离开户籍地多年且长期从事小商品经营，其死亡后的赔偿标准应以其实际从事的职业为准。诉讼中，原告吴家英提出的赔偿标准在法定的赔偿标准范围内，其诉请主张应予支持。综上所述，依照《中华人民共和国民事诉讼法》第130条，《中华人民共和国民法通则》第119条，《人身损害赔偿解释》第17条第3款、第18条之规定，判决：一、吴家英因龚道贵死亡应获得死亡补偿费153484元（7674.2元/年×20年）、丧葬费4927.8元、被扶养人生活费121652.4元（6082.62元/年×20年）、运尸费500元、精神损害抚慰金20000元，共计人民币300564.2元，由财保公司长沙市分公司赔偿200000元、邱忠华赔偿100564.2元（于判决生效起10日内一次性付清）；二、驳回吴家英要求邱忠炼承担赔偿责任的诉讼请求。

邱忠华不服，上诉于常德市中级人民法院。常德市中级人民法院审理认为，本案争议的焦点之一是以什么标准确定对龚道贵的死亡赔偿金额；焦点之二是吴家英是否能享有被扶养人生活费；焦点之三是财保公司在本案中是否应承担诉讼费。

本案中，龚道贵的户籍从幸福村迁至荣家河居委会后，其户籍性质仍是农业人口，属于农村居民。根据《人身损害赔偿解释》第29条关于“死亡赔偿金按照受诉法院所在地上一年度城镇居民人均可支配收入或者农村居民人均纯收入标准，按二十年计算。但六十岁以上的，年龄每增加一岁减少一年；七十五周岁以上的，按五年计算”和第35条第1款关于“本解释所称‘城镇居民人均可支配收入’、‘农村居民人均纯收入’、‘城镇居民人均消费性支出’、‘农村居民人均年生活消费支出’、‘职工平均工资’，按照政府统计部门公布的各省、自治区、直辖市以及经济特区和计划单列市上一年度相关统计数据确定”的规定，依据湖南省统计局《2005年湖南省国民经济和社会发展统计公报》公布的农村居民人均纯收入和职工月平均工资计算，龚道贵于1944年9月22日出生至2005年12月16日死亡时已满61周岁，其死亡赔偿金计算的年限为19年，死亡赔偿金为59237.06元（3117.74元/年×19年），丧葬费7830元（1305元/月×6个月），运尸费为500元，精神损害抚慰金为20000元，合计87567.06元。

被扶养人生活费是对受害人依法应当承担抚养义务的未成年人或者丧失劳动能力又无其他生活来源的成年近亲属生活的补偿，根据《中华人民共和国民事诉讼法》第64条第1款关于“当事人对自己提出的主张有责任提供证据”的规定，吴家英未提供证据对其丧失劳动能力又无其他生活来源的事实予以证明，故吴家英要求邱忠华赔偿被扶养人生活费缺乏事实和法律依据，对其相应的请求依法不予支持。邱忠华上诉理由成立，对其相应的请求依法予以支持。财保分公司对交通事故的发生无过错，在本案中，财保分公司是依据与邱忠华签订的保险合同履行支付保险金的合同义务，故判决财保分公司承担诉讼费缺乏事实和法律依据，依法应当予以纠正。

综上所述，原判认定事实清楚，但按城镇居民人均可支配收入标准确定死亡赔偿金和判决对吴家英承担被扶养人生活费，缺乏事实和法律依据，依法应当予以改判。依照《中华人民共和国民事诉讼法》第153条第1款第1，3项，第64条第1款及《中华人民共和国道路交通安全法》第76条和《人身损害赔偿解释》第18、27、29、35条之规定，判决：一、维持澧县人民法院（2006）澧法民初字第136号民事判决第二项，即驳回吴家英要求邱忠炼承担赔偿责任的诉讼请求。二、撤销澧县人民法院（2006）澧法民初字第136号民事判决第一项，即吴家英因龚道贵死亡应获得的死亡补偿费153484元（7674.2元/年×20年）、丧葬费4927.8元、被扶养人生活费121652.4元（6082.62元/年×20年）、运尸费500元、精神损害抚慰金20000元共计人民币300564.2元。由财保公司长沙市分公司赔偿200000元、邱忠华赔偿 100564.2 元（于判决生效起 10 日内一次性付清）。三、邱忠华于本判决生效之日起 10 日内向吴家英支付因龚道贵交通事故的死亡赔偿金、丧葬费、运尸费、精神赔偿抚慰金共计 87567.06 元。中国人民财产保险股份有限公司长沙市分公司对上述债务，在第三人责任保险范围内履行支付义务。四、驳回吴家英对邱忠华的其他诉讼请求。

吴家英不服二审判决，向检察机关提出申诉。湖南省人民检察院以湘检民抗（2007）第 16 号民事抗诉书向湖南省高级人民法院提出抗诉，理由如下：

1. 原判决认为，“营业执照没有年检的记载，澧阳工商所的证明仅可以证明龚道贵交纳了工商管理费，不能证明办理了年检手续。龚道贵的经营行为不具有合法性。”这一认定错误。吴家英提供给原审法院的“营业执照”虽然没有年检记载，但并不是被工商机关吊销的营业执照。连续 2 年以上未经工商年检的后果是“可由工商机关公告吊销营业执照”。未经公告方式吊销营业执照的，营业执照仍然合法有效，其经营资格亦合法有效。本案中，工商机关不仅没有在未年检的情况下吊销营业执照，反而收取了工商管理费，显然认可了执照和营业的合法性和有效性。原审判决认定龚道贵的经营行为不具有合法性属认定事实不清，适用法律错误。

原告吴家英提供了税务登记证、烟草专卖证、烟花爆竹销售证、缴税发票凭证、工商营业执照、从农村迁居城镇其现居住地购房的国有土地使用证、建房证、房屋产权证等一系列证据材料，均充分证实死者生前离开农村进入城镇合法经营的事实，原判决对此事实不予认定属认定事实错误。

2.《人身损害赔偿解释》第 29 条的规定是考虑到城镇居民的平均消费水平和收入水平高于农村居民，为合理地补偿受害人的损失，同时避免加重赔偿人的责任，而对城镇居民和农村居民的死亡赔偿金计算标准加以区别，其本意并非人为地以户籍因素划分生命价值的高低。故对上述规定不能简单地依据户籍登记确认死亡赔偿金计算标准，而应当综合考虑受害人的经常居住地、工作地、获取报酬地、生活消费地等因素加以判断。本案受害人龚道贵虽系农村户口，但已在城镇购置了房产，常年生活工作在城镇，从事个体工商业，收入相对稳定，消费水平也和一般城镇居民基本相同，已经融入城镇生活，应当按照城镇居民的标准计算死亡赔偿金。这一原则，已被多级人民法院的判例所明确。2005 年，最高人民法院民一庭给云南省高级人民法院的一项复函中表示，在人身损害赔偿案件中，受害人在城市经商、居住，其经常居住地和主要收入来源地均为城市的，残疾赔偿金、死亡赔偿金和被扶养人生活费标准按城镇居民的相关标准计算。常德市中级人民法院下发的《关于审理道路交通事故损害赔偿案件座谈会会议纪要》第13条亦规定："赔偿权利人的户口在农村，但发生交通事故时已在城镇居住一年以上，且有固定收入的，在计算赔偿数额时按城镇居民的标准计算。"原判决无视受害人的实际情况，按农村居民标准计算死亡赔偿金，违背了法律规定的原意。

3. 关于吴家英应否享有被扶养人生活费的问题。吴家英年近60岁，已超过普通女职工退休年龄，丧失劳动能力。1998年9月即从幸福村6组迁至荣家河居委会，幸福村村委会出具的证明亦证实其在农村已无耕地，一直靠丈夫龚道贵从事小商品经营维持基本生活。吴家英所出具的证据已证明其丧失劳动能力又无其他生活来源。根据《人身损害赔偿解释》第28条之规定，赔偿义务人应当赔偿被扶养人生活费，即使被扶养人还有其他抚养人，赔偿义务人也应当赔偿受害人依法应当负担的部分。原审判决赔偿义务人不承担任何被扶养人生活费适用法律错误。

湖南省高级人民法院受理本案后，裁定由常德市中级人民法院再审。常德市中级人民法院再审认为，本案诉争的焦点之一是以城镇居民标准还是以农村居民标准来确定对死者龚道贵的死亡赔偿金。焦点之二是吴家英作为死者龚道贵的妻子是否应获得被扶养人生活费赔偿。关于死亡赔偿金的确定标准，死者龚道贵虽系农业家庭户口，但至死亡前早已从澧县张公庙镇幸福村迁至该镇荣家河居委会，原来承包的耕地被村集体组织收回，在农村已无生产生活资料，后龚道贵一直居住在荣家河居委会，靠从事小商品经营生活，龚道贵的居住地和收入来源地均为城镇，对龚道贵的死亡赔偿金应按城镇居民标准确定。关于吴家英是否应获得被扶养人生活费赔偿，吴家英虽系农业家庭户口，但早已随夫居住在城镇，在农村已无生产生活资料，吴家英无子女，靠龚道贵从事小商品经营生活，龚道贵死亡时吴家英年近60岁，已超过普通女职工退休年龄，已丧失劳动能力又无其他生活来源，吴家英应获得被扶养人生活费赔偿，且其标准应以城镇居民的标准计算。考虑到龚道贵死亡时已61岁，且夫妻间有相互扶养的义务，赔偿义务人只赔偿受害人一方应当负担的部分，故赔偿金额以城镇居民的标准计算后的一半来确定。根据《人身损害赔偿解释》第27、28、29条的规定，死亡赔偿金应以受诉法院所在地上一年度相关标准按20年计算，60岁以上的，年龄每增加1岁减少一年，龚道贵死亡时已61岁，死亡赔偿金应按19年计算；被扶养人生活费应按受诉法院所在地上一年度相关标准计算20年，对吴家英的生活费应按20年计算；丧葬费按受诉法院所在地上一年度职工月工资标准，以6个月总额计算。吴家英因龚道贵交通事故死亡而于2006年向法院起诉，各项赔偿数额相关的计算标准应以《2005年湖南省国民经济和社会发展统计公报》公布的相关统计数据确定。吴家英应获得的各项赔偿为死亡赔偿金180955.43元、被扶养人生活费75049.9元、丧葬费7830元、运尸费500元、精神损害赔偿金20000元，以上共计284335.33元。此外，关于财保长沙市分公司在诉讼案件中应否承担诉讼费用，诉讼费用由败诉方承担是人民法院裁判案件时确定诉讼费用分担的基本原则，财保长沙市分公司作为诉讼中的一方当事人，如果败诉却不需要承担诉讼费用，显然与人民法院确定的诉讼费用分担的基本原则相冲突。综上所述，原审判决认定对龚道贵的死亡赔偿金适用农村居民标准确定、吴家英不能获得被扶养人生活费赔偿及财保长沙市分公司不应承担诉讼费不当，应予纠正。据此，依照《中华人民共和国民事诉讼法》第186、130条，《民通意见》第201条，《中华人民共和国民法通则》第119条，《中华人民共和国道路交通安全法》第76条，《人身损害赔偿解释》第9条、第17条第3款、第18、27、28、29条之规定，并经审判委员会讨论决定，判决：一、维持本院（2006）常民三终字第39号民事判决第一、二项；二、撤销本院（2006）常民三终字第39号民事判决第三、四项，即邱忠华于本判决生效之日起10日内向吴家英支付因龚道贵交通事故的死亡赔偿金、丧葬费、运尸费、精神损害赔偿抚慰金共计87567.06元，中国人民财产保险股份有限公司长沙市分公司对上述债务在第三人责任保险范围内履行支付义务；驳回吴家英对邱忠华的其他诉讼请求；三、吴家英因龚道贵死亡应获得的死亡赔偿金、被扶养人生活费、丧葬费、运尸费、精神损害赔偿金共计284335.33元，由中国人民财产保险股份有限公司长沙分公司赔偿200000元，邱忠华赔偿84335.33元（于本判决生效后10日内给付）。

裁判解析

对于死亡赔偿金的规定，在侵害公民人身权的原则性规定——《中华人民共和国民法通则》第119条规定，侵害公民身体造成伤害的，应当赔偿医疗费、因误工减少的收入、残废者生活补助费等费用；造成死亡的，并应当支付丧葬费、死者生前扶养的人必要的生活费等费用。在《中华人民共和国民法通则》对于侵害公民人身权利的赔偿规定中，并没有关于死亡补偿费或者死亡赔偿金的规定。在立法中首次出现对“死亡赔偿金”赔偿的规定，是在1994年1月1日开始施行的《中华人民共和国消费者权益保护法》第42条中，该条规定，“经营者提供商品或者服务，造成消费者或者其他受害人死亡的，应当支付丧葬费、死亡赔偿金以及由死者生前扶养的人所必需的生活费等费用；构成犯罪的，依法追究刑事责任。”在2013年修正后的《中华人民共和国消费者权益保护法》第49条继承了之前的规定：“经营者提供商品或者服务，造成消费者或者其他受害人人身伤害的，应当赔偿医疗费、护理费、交通费等为治疗和康复支出的合理费用，以及因误工减少的收入。造成残疾的，还应当赔偿残疾生活辅助具费和残疾赔偿金。造成死亡的，还应当赔偿丧葬费和死亡赔偿金。”2009年修正的《中华人民共和国产品质量法》第44条第1款规定：“因产品存在缺陷造成受害人人身伤害的，侵害人应当赔偿医疗费、治疗期间的护理费、因误工减少的收入等费用；造成残疾的，还应当支付残疾者生活自助具费、生活补助费、残疾赔偿金以及由其扶养的人所必需的生活费等费用；造成受害人死亡的，并应当支付丧葬费、死亡赔偿金以及由死者生前扶养的人所必需的生活费等费用。”

本案即一起典型的经常居住地在城镇的农村户口居民因交通事故死亡而产生的赔偿纠纷。原审法院机械地按照法律条文审理，导致判决明显不公。再审法院采纳检察机关的抗诉理由，改判按照城镇居民标准确定死者龚道贵的死亡赔偿金，平衡了原、被告之间的利益。

⑬ 残疾赔偿金或者死亡赔偿金就高不就低

裁判规则

赔偿权利人举证证明其住所地或者经常居住地城镇居民人均可支配收入或者农村居民人均纯收入高于受诉法院所在地标准的，残疾赔偿金或者死亡赔偿金可以按照其住所地或者经常居住地的相关标准计算。

基本案情[①]

上诉人广西防城港市泰盛船舶有限公司（下称泰盛公司）因与被上诉人徐国祥、中国人民财产保险股份有限公司防城港市分公司（下称人保财险防城港公司）海上人身损害责任纠纷一案，不服北海海事法院（2016）桂72民初33号民事判决，向本院提起上诉，本院于2016年10月28日受理后，依法组成合议庭，并公开开庭进行了审理。上诉人泰盛公司的委托诉讼代理人欧敬新、被上诉人徐国祥的委托诉讼代理人虞琦芬、人保财险防城港公司的委托诉讼代理人唐程到庭参加诉讼。本案现已审理终结。

上诉人泰盛公司上诉请求：1. 撤销北海海事法院（2016）桂72民初33号民事判决；2. 改判驳回被上诉人徐国祥的全部诉讼请求。理由：一、一审庭审中，泰盛公司对徐国祥单方委托的浙江绿城医院司法鉴定所作出的《法医临床鉴定意见书》提出了异议，对其关联性及真实性均不予确认。司法鉴定意见书对伤残等级的确定对本案的赔偿数额具有十分重大的影响，泰盛公司对于作为本案认定事实和确定赔偿数额依据的司法鉴定书提出异议，一审法院没有指定重新鉴定，也没有要求出具该鉴定意见的鉴定人出庭作证，就以该鉴定意见作为本案认定事实和确定赔偿数额的依据，严重损害泰盛公司的权利。二、一审法院的责任分配错误，徐国祥具有严重过错，应承担主要责任。1. 徐国祥在一审中主张事故发生时厨师陈哲瑞已请假下船，但并没有举证证明该事实，应承担相应的不利后果。2. 一审判决认为本案侵权责任适用无过错责任归责原则是错误的，本案应适用过错责任归责原则。徐国祥在本次事故中存在重大过错，应负主要责任，泰盛公司只需负次要责任。（1）一审判决在确认泰盛公司与徐国祥之间存在劳动合同关系前提下，又适用《人身损害赔偿解释》第11条第1款无过错责任原则，但《人身损害赔偿解释》第11条第3款明确排除了劳动关系和工伤保险不适用该条规定，因此，一审判决适用法律错误，本案应适用《人身损害赔偿解释》第2条的规定，适用过错责任原则。（2）徐国祥对事故的发生存在过错：作为轮机长超出职权范围做饭；在非用餐时间擅自做饭不符合常理，而只可能是自己饿了做饭加餐；徐国祥用火操作不当；做饭时没有穿上衣；事故发生后用冷水冲洗，加重了伤势。三、泰盛公司已向人保财险防城港公司投保

---

① 广西防城港市泰盛船务有限公司、徐国祥海上、通海水域人身损害责任纠纷二审民事判决书，来源：中国裁判文书网。

了雇主责任险，徐国祥为泰盛公司的雇员，则本案所涉的赔偿责任也在该保险的理赔范围内，人保财险防城港公司应在其保险责任范围内理赔，只有在赔偿数额超出理赔额时泰盛公司才需要补足不足部分，人保财险防城港公司与本案有直接关系，应该承担赔偿责任。

被上诉徐国祥辩称：一审判决查明事实清楚，法律适用正确。一、浙江绿城医院司法鉴定所具有鉴定资质，一审中，泰盛公司对鉴定意见有异议但没有提出重新鉴定申请，也没有反驳证据，该鉴定结论应予采信。二、泰盛公司与徐国祥构成雇佣关系，泰盛公司除了每个月支付徐国祥劳动报酬外，没有为其缴纳各种社会保险，且从泰盛公司与人保财险防城港公司之间保险合同来看，也可以认为他们之间存在雇佣关系。一审判决适用《人身损害赔偿解释》第 11 条第 1 款无过错责任原则是正确的，无论徐国祥是否有过错，均不影响责任的认定。徐国祥在船上是轮机长职务，因为厨师请假在班长调配下代班，是临时调整，而且船员的工作和生活都在船上，其履行职务的时间和空间的区分比陆地工作人员困难，即使是自己做饭造成伤害，雇主也应承担责任。故请驳回上诉，维持原判。

被上诉人人保财险防城港公司辩称：同意上诉人泰盛公司提出的上诉理由中除了要求人保财险防城港公司承担赔偿责任之外的理由。本案是基于人身伤亡提起的诉讼，人保财险防城港公司与泰盛公司存在雇主责任险关系是另一法律关系，而且是商业性责任险，不是类似交强险的保险。如果本案确实需要赔偿，应由泰盛公司承担赔偿责任。至于赔偿后如何理赔是其他法律关系，请求驳回泰盛公司针对人保财险防城港公司的上诉请求。

徐国祥一审诉请：1. 泰盛公司赔付徐国祥损失 378614.47 元；2. 人保财险防城港公司在保险范围内承担连带赔偿责任。

一审法院查明：被告泰盛公司为“远东 9”号船的所有权人。2015 年 4 月 24 日，原告经人介绍到“远东 9”号船工作，上船任职轮机长，至 8 月 4 日，原告解职离船。在“远东 9”号船任职期间，原告持有合法有效的中华人民共和国海船船员适任证书，具备履行管理级轮机工程、电气电子和控制工程、维护和修理、船舶作业和人员管理职能的资格。2015 年 6 月 27 日下午，“远东 9”号船正在中国西沙海域作业，由于船上的专职厨师请假上岸，船长让原告在空闲时帮代班做饭。在炒菜过程中，原告在关火后重新点火时引起大火瞬间喷烧，其身体被火焰烧伤多处，而周边的物品未被烧及。原告立即关掉燃气灶开关，火很快熄灭。原告担心第二次着火，随即跑出厨房进行呼救，随后跑到机舱间用冷水冲身体。事故发生后，“远东9”号船立即请求救援，南海舰队航空兵某飞行团救援直升机搭载两名医生紧急升空，并于次日凌晨抵达西沙机场，在对原告进行紧急救治后，将原告送往三亚中国人民解放军第四二五医院救治，入院时间为2015年6月28日。经诊断，原告为“火焰烧伤全身多处，面积59%，浅Ⅱ度35%，深Ⅱ度18%，Ⅲ度6%，吸入性肺炎”。2015年9月22日，原告从解放军第四二五医院出院，并于10月14日转院至岱山县人民医院继续进行治疗，于11月25日从岱山县第一人民医院出院。原告在解放军四二五医院住院治疗期间，被告泰盛公司已支付医疗费93500元。原告在岱山县人民医院住院治疗期间，产生医疗费16722.97元，原告已自行支付并持医疗费票据原件向民生人寿保险股份有限公司浙江分公司进行人身意外伤害保险理赔。被告盛泰公司还另行向原告赔付了2万元，其后再没有赔偿其他费用。2015年11月13日，原告委托浙江绿城医院司法鉴定所对其进行伤残程度鉴定，11月18日，该司法鉴定所作出浙绿医〔2015〕临鉴字第1982号法医临床鉴定意见书，鉴定意见为：徐国祥遗留全身多处瘢痕形成，达体表总面积30%以上，其损害鉴定为人体损伤残疾程度八（捌）级伤残。同时，该司法鉴定所还对原告伤后误工期、营养期作出评定意见：一、鉴于被鉴定人伤后不能正常工作劳动，结合其严重烧伤情况，建议评定伤后误工期130日为宜；二、鉴于被鉴定人伤后发生代谢变化，通过日常饮食已不能满足其营养需求，须从其他食物中获得必要的营养素以提高治疗质量、加速损伤康复，结合其损失情况，建议评定伤后营养期120日为宜。当日，原告向该鉴定所支付鉴定费用1800元。法医临床鉴定、法医物证鉴定，该鉴定意见书的署名鉴定人都某具有法医临床鉴定的执业资质。

另查明：被告泰盛公司向被告人保财险防城港公司投保了雇主责任险，被保险人和投保人都是泰盛公司。就本案原告被火烧伤事故，泰盛公司已经向人保财险防城港公司口头报案。

“远东9”号轮船籍港为防城港，船舶类型为海船，船舶所有人登记为被告盛泰公司。按本案诉讼中，原告向本院提出海事请求保全申请，请求扣押被告泰盛公司所有的“远东9”号轮，对该船舶采取限制船舶处分或者抵押等保全措施。经审查，本院于2016年5月26日裁定扣押被告泰盛公司所有的“远东9”号轮，允许该船舶继续营运，但不得进行转让、抵押、赠与、注销及其他处分或者限制所有权的行为，并于6月8日通知中华人民共和国防城港海事局协助执行对该轮的扣押。

原告的户籍资料显示，其住所地在浙江省岱山县高亭镇，属于浙江省城镇居民。根据2015年8月18日实施的《2015年广西壮族自治区道路交通事故人身损害赔偿项目计算标准》，上一统计年度广西壮族自治区交通运输、仓储及邮政业城镇单位在岗职工年平均工资为55447元/年。根据政府统计部门公开的统计数据显示：2015年度广西壮族自治区城镇居民人均可支配收入为26416元/年，2015年度浙江省城镇居民人均可支配收入为43714元/年；2015年度浙江省全社会单位就业人员年平均工资为51463元，2015年度海南省全省在岗职工年平均工资为45573元。2015年，海南省一般国家工作人员出差伙食补助为50元/日，浙江省一般国家工作人员出差伙食补助为30元/日。

审理要览

本案系海上人身损害责任纠纷。原告在本案中已举证其于2015年4月24日至8月4日在被告泰盛公司所有的“远东9”号船担任轮机长，虽然双方未签订书面劳动合同，但结合本案的证据来看，该院认定原、被告之间形成事实上的劳动合同关系，双方均应依法享有权利，并承担和履行相应的义务。被告泰盛公司否认原告为其雇员，无相反证据证明，该院不予采纳。由于原告与被告泰盛公司之间的劳动合同关系不属于个人劳务关系，本案应适用《人身损害赔偿解释》第11条第1款“雇员在从事雇佣活动中遭受人身损害，雇主应承担赔偿责任”的规定，以无过错责任归责原则认定本案的侵权责任构成。本案中，虽然原告在船上的职务是轮机长，煮菜做饭并非其固有职责范围，但由于船上的专职厨师请假上岸，船长让原告在空闲时帮代班做饭。这是一种临时性的工作调整，并且也是在船长的安排下进行。在船舶海上作业期间，船员工作和生活的场所都在船上，其履行职务的行为与非履行职务的行为在空间和时间上的区分，相比陆上工作人员而言更为困难。因此，该院认为，根据《人身损害赔偿解释》第9条第2款“前款所称‘从事雇佣活动’，是指从事雇主授权或者指示范围内的生产经营活动或者其他劳务活动。雇员的行为超出授权范围，但其表现形式是履行职务或者与履行职务有内在联系的，应当认定为‘从事雇佣活动’”的规定，原告被烧伤应当属于雇员在从事雇佣活动中遭受人身损害，二被告均辩称原告的损失是在非履行职务期间超出职权范围的行为导致，但未提供反驳证据加以证实，无事实及法律依据，该院不予采纳。关于本案失火事故的原因，原被告均未充分举证证明，该院认为，由于适用无过错归责原则，原告无须举证证明被告泰盛公司具有过错，更无须证明自己在使用燃气灶的过程中无过错。二被告认为原告在做饭时用火不当，操作失误，但未举证证明，该院不予采纳。二被告还认为原告在失火时未穿上衣，被烧伤后用冷水冲洗，系自身过错扩大了受伤的程度及损失。对此，该院认为，原告持有海员船员适任证书级别为管理级，具有丰富的船上工作经验和资历。事发地为西沙海域，事发当时为夏季，做饭并非具有危险性的工作而需要穿着特定工作服，原告在做饭时穿着较少甚至不穿上衣，符合人体对当时的气温、湿度等环境因素的适应需求，无任何过错；原告被烧伤后忍受剧烈痛苦，第一反应即关火防止火势扩大并进行呼救，已经尽到通常人的最大理性，其之后再用冷水冲洗身体，即便此行为在医学上有所不当，但对于一个被严重烧伤而遭受剧烈痛苦的人来说也符合本能反应。因此，该院认为原告在事故中并无明显过错，被告泰盛公司并未举证证明其对原告主张的人身损害存在不承担责任或减轻责任的情形，根据《中华人民共和国侵权责任法》第 7 条“行为人损害他人民事权益，不论行为人有无过错，法律规定应当承担侵权责任的，依照其规定”和《人身损害赔偿解释》第 11 条第 1 款之规定，被告泰盛公司应该承担原告因本案事故受到的损失。

关于原告主张的各项损失的赔偿数额如何确定的问题。该院认为，根据《人身损害赔偿解释》第 17 条第 1 款“受害人遭受人身损害，因就医治疗支出的各项费用以及因误工减少的收入，包括医疗费、误工费、护理费、交通费、住宿费、住院伙食补助费、必要的营养费，赔偿义务人应当予以赔偿”和第 2 款“受害人因伤致残的，其因增加生活上需要所支出的必要费用以及因丧失劳动能力导致的收入损失，包括残疾赔偿金、残疾辅助器具费、被扶养人生活费，以及因康复护理、继续治疗实际发生的必要的康复费、护理费、后续治疗费，赔偿义务人也应当予以赔偿”及《精神损害赔偿司法解释》第 1 条第 1 款“自然人因下列人格权利遭受非法侵害，向人民法院起诉请求赔偿精神损害的，人民法院应当依法予以受理：（一）生命权、健康权、身体权；”、第 8 条第 2 款“因侵权致人精神损害，造成严重后果的，人民法院除判令侵权人承担停止侵害、恢复名誉、消除影响、赔礼道歉等民事责任外，可以根据受害人一方的请求判令其赔偿相应的精神损害抚慰金”的规定，原告主张的赔偿项目包括医疗费、误工费、残疾赔偿金、住院伙食补助费、营养费、交通费、护理费、精神损害抚慰金，属于法定赔偿范围。

裁判解析

根据《人身损害赔偿解释》第30条第1款“赔偿权利人举证证明其住所地或者经常居住地城镇居民人均可支配收入或者农村居民人均纯收入高于受诉法院所在地标准的，残疾赔偿金或者死亡赔偿金可以按照其住所地或者经常居住地的相关标准计算”之规定，浙江省2015年度的城镇居民人均可支配收入是43714元，高于广西壮族自治区2015年度的城镇居民人均可支配收入26416元，即原告住所地的城镇居民人均可支配收入水平高于法院地的标准，伤残赔偿金应该按照浙江省的标准43714元/年计算。根据《人身损害赔偿解释》第25条第1款“残疾赔偿金根据受害人丧失劳动能力程度或者伤残等级，按照受诉法院所在地上一年度城镇居民人均可支配收入或者农村居民人均纯收入标准，自定残之日起按二十年计算。但六十周岁以上的，年龄每增加一岁减少一年；七十五周岁以上的，按五年计算”的规定，参照《道路交通事故受伤人员伤残评定》第3.6条“本标准根据道路交通事故受伤人员的伤残状况，将受伤人员伤残程度划分为10级，从第Ⅰ级（100%）到第Ⅹ级（10%），每级相差10%”的规定，原告被鉴定为8级伤残，该院酌定原告伤残赔偿系数为30%；原告在定残之日2015年11月18日已满61岁，故赔偿年限为19年，残疾赔偿金计为249169.80元（43714元/年×19年×30%）。

⑭ 超过确定的期限而可以继续向法院请求护理费、辅助器具费或者残疾赔偿金

裁判规则

超过确定的护理期限、辅助器具费给付年限或者残疾赔偿金给付年限，赔偿权利人有权利向人民法院起诉请求继续给付护理费、辅助器具费或者残疾赔偿金。

基本案情[①]

再审申请人赵亚华因与被申请人七台河市茄子河区茄子河镇人民政府（以下简称茄子河镇政府）生命权、健康权、身体权纠纷一案，不服七台河市中级人民法院（2016）黑09民终96号民事裁定，向本院申请再审。本院于2016年10月31日作出（2016）黑民申1722号民事裁定提审本案。本院依法组成合议庭审理了本案，本案现已审理终结。

赵亚华申请再审称，2012年经法院调解，茄子河镇政府给付赵亚华生活补偿费3万元，从2012年7月开始每月给付生活费700元。现赵亚华病情加重，经司法鉴定现已完全丧失劳动能力，且需要护理依赖，茄子河镇政府给付的每月700元生活费已不能满足赵亚华的生存。根据《人身损害赔偿解释》第32条的规定，茄子河镇政府应继续给付赵亚华相关费用5—10年，赵亚华起诉符合法律规定，不属于重复诉讼。原审法院驳回赵亚华的起诉错误。

被申请人茄子河镇政府辩称，赵亚华、茄子河镇政府在（2007）茄民初字第56号民事调解书中已就同一事件、同一主体以人身损害赔偿纠纷为由达成了调解协议，该调解协议已生效，且已实际履行。现赵亚华起诉茄子河镇政府是基于同一事实的重复诉讼，依法应不予受理，原审驳回赵亚华的起诉正确。

审理要览

虽然2012年经法院调解赵亚华与茄子河镇政府达成了调解协议，茄子河镇政府给付赵亚华生活补偿费3万元，从2012年7月开始每月给付生活费700元。但赵亚华2015年重新起诉的目的是原调解协议给付的费用已不能满足其生存，且经法院委托司法鉴定机构对其目前的伤残进行了鉴定。

裁判解析

虽然2012年经法院调解赵亚华与茄子河镇政府达成了调解协议，茄子河镇政府给付赵亚华生活补偿费3万元，从2012年7月开始每月给付生活费700元，但赵亚

① 赵亚华与七台河市茄子河区茄子河镇人民政府生命权、健康权、身体权纠纷一案的民事裁定书，来源：中国裁判文书网。

华2015年重新起诉的目的是原调解协议给付的费用已不能满足其生存，且经法院委托司法鉴定机构对其目前的伤残进行了鉴定，鉴定意见：1. 赵亚华之损伤构成三级伤残；2. 支持后续医疗终结期三个月；3. 支持伤后长期部分护理依赖，护理人数一人；4. 后期治疗费，支持1万元左右，或以实际发生额为准。支持假眼一只，金额2000元，最低使用年限四年。根据《人身损害赔偿解释》第32条的规定，赵亚华的起诉不属于重复诉讼。

图书在版编目（CIP）数据

最高人民法院专家法官阐释疑难问题与案例指导．损害赔偿卷／《最高人民法院专家法官阐释疑难问题与案例指导》编写组编．—北京：中国法制出版社，2018.6

ISBN 978-7-5093-9474-8

Ⅰ.①最… Ⅱ.①最… Ⅲ.①人身权—侵权行为—赔偿—法律解释—中国②人身权—侵权行为—赔偿—案例—中国 Ⅳ.①D920.5

中国版本图书馆 CIP 数据核字（2018）第 111015 号

策划编辑 袁笋冰　　责任编辑 王林林　　封面设计 杨泽江

最高人民法院专家法官阐释疑难问题与案例指导：损害赔偿卷

ZUIGAO RENMIN FAYUAN ZHUANJIA FAGUAN CHANSHI YINAN WENTI YU ANLI ZHIDAO：SUNHAI PEICHANG JUAN

编者／《最高人民法院专家法官阐释疑难问题与案例指导》编写组

经销／新华书店

印刷／三河市紫恒印装有限公司

开本／710 毫米×1000 毫米 16 开　　印张／29.5 字数／493 千

版次／2018 年 8 月第 1 版　　2018 年 8 月第 1 次印刷

中国法制出版社出版

书号 ISBN 978-7-5093-9474-8　　定价：88.00 元

北京西单横二条 2 号　　值班电话：66026508

邮政编码 100031　　传真：66031119

网址：http：//www.zgfzs.com　　**编辑部电话：66067369**

市场营销部电话：66033393　　**邮购部电话：66033288**

（如有印装质量问题，请与本社编务印务管理部联系调换。电话：010-66032926）